Aushangpflichtige Unfallverhütungsvorschriften und Technische Regeln für Baustellen

Textausgabe

Aushangpflichtige Unfallverhütungsvorschriften und Technische Regeln für Baustellen

FORUM
WISSEN,
DAS ANKOMMT.

Bibliografische Information der Deutschen Bibliothek
Die Deutsche Bibliothek verzeichnet diese Publikation in der Deutschen Nationalbibliografie; detaillierte bibliografische Daten sind im Internet über http://dnb.dnb.de abrufbar.

Mandichostraße 18
86504 Merching

Telefon: +49 (0)8233 381-123
Fax: +49 (0)8233 381-222
E-Mail: service@forum-verlag.com
Internet: www.forum-verlag.com

Hinweis: Aus Gründen der besseren Lesbarkeit und Einfachheit wird in den folgenden Texten meist die männliche Form verwendet. Die verwendeten Bezeichnungen sind als geschlechtsneutral bzw. als Oberbegriffe zu interpretieren und gelten gleichermaßen für alle Geschlechter.

Titelfoto/-illustration: © Lichtfexx– stock.adobe.com
Satz: Fotosatz Hartmann, 86441 Zusmarshausen
Druck: Druckerei Steinmeier, 86738 Deiningen
Printed in Germany

ISBN 978-3-98875-180-5

Vorwort

Eine Vielzahl rechtlicher Bestimmungen verpflichtet den Arbeitgeber zur Bekanntgabe bestimmter Gesetze, Verordnungen, Vorschriften und Mitteilungen. Diese ergeben sich insbesondere aus dem Arbeits- und Arbeitsschutzrecht. Gegenstand des vorliegenden Bandes sind die aushangpflichtigen Unfallverhütungsvorschriften sowie wichtige Technische Regeln, die auf Baustellen zu beachten sind.

Wir haben uns bei der Auswahl vorrangig auf solche beschränkt, die auf nahezu allen Baustellen in geeigneter Form betriebsöffentlich gemacht werden müssen oder von besonderer Wichtigkeit sind. Die Form der betrieblichen Bekanntmachung ist auf unterschiedliche Weise vorstellbar. Naheliegend ist der Aushang direkt neben einem Erste-Hilfe-Kasten oder am Schwarzen Brett. Auch ein allgemein zugänglicher und von jedem Arbeitnehmer frequentierter Ort, z. B. im Baustellenbüro oder in den Aufenthaltsräumen, kann für die Auslage oder den Aushang infrage kommen. Besonders praktisch für den Aushang erweist sich bei der vorliegenden Textsammlung die Lochung am linken oberen Rand.

Der Gesetzgeber schreibt vor, dass sich die Bekanntmachungen nicht nur in einem gut lesbaren Zustand befinden, sondern auch aktuell sein müssen. Bei Vorschriftenänderungen sind die Aushänge oder Auslagen baldmöglichst durch die aktuellsten Fassungen auszutauschen. Die genaue Beobachtung der Tätigkeit der Berufsgenossenschaft der Bauwirtschaft (BG Bau) im Bereich der Unfallverhütungsvorschriften wird dem Arbeitgeber daher empfohlen.

FORUM VERLAG HERKERT GMBH
Merching, 2025

Unser Service für Sie:
Da einige Technische Regeln sehr umfangreich sind, drucken wir diese nur im Auszug ab. Nicht abgedruckte Abschnitte und Anhänge, die mit einem QR-Code versehen sind, finden Sie hier https://shop.forum-verlag.com/beiblatt-3289-juni25.
Die Beiblätter stehen Ihnen im PDF-Format zur Verfügung.
Zudem stellen wir Ihnen hier zwischen den Aktualisierungen wichtige Änderungen bereit.

Inhalt

Unfallverhütungsvorschriften

DGUV Vorschrift 1
Grundsätze der Prävention

Erstes Kapitel
Allgemeine Vorschriften

§ 1 Geltungsbereich von Unfallverhütungsvorschriften

(1) Unfallverhütungsvorschriften gelten für Unternehmer und Versicherte; sie gelten auch

- für Unternehmer und Beschäftigte von ausländischen Unternehmen, die eine Tätigkeit im Inland ausüben, ohne einem Unfallversicherungsträger anzugehören;
- soweit in dem oder für das Unternehmen Versicherte tätig werden, für die ein anderer Unfallversicherungsträger zuständig ist.

(2) Für Unternehmer mit Versicherten nach § 2 Absatz 1 Nummer 8 Buchstabe b Sozialgesetzbuch Siebtes Buch (SGB VII) gilt diese Unfallverhütungsvorschrift nur, soweit nicht der innere Schulbereich betroffen ist.

Zweites Kapitel
Pflichten des Unternehmers

§ 2 Grundpflichten des Unternehmers

(1) Der Unternehmer hat die erforderlichen Maßnahmen zur Verhütung von Arbeitsunfällen, Berufskrankheiten und arbeitsbedingten Gesundheitsgefahren sowie für eine wirksame Erste Hilfe zu treffen. Die zu treffenden Maßnahmen sind insbesondere in staatlichen Arbeitsschutzvorschriften (Anlage 1), dieser Unfallverhütungsvorschrift und in weiteren Unfallverhütungsvorschriften näher bestimmt. Die in staatlichem Recht bestimmten Maßnahmen gelten auch zum Schutz von Versicherten, die keine Beschäftigten sind.

(2) Der Unternehmer hat bei den Maßnahmen nach Absatz 1 von den allgemeinen Grundsätzen nach § 4 Arbeitsschutzgesetz auszugehen und dabei

vorrangig das staatliche Regelwerk sowie das Regelwerk der Unfallversicherungsträger heranzuziehen.

(3) Der Unternehmer hat die Maßnahmen nach Absatz 1 entsprechend den Bestimmungen des § 3 Absatz 1 Sätze 2 und 3 und Absatz 2 Arbeitsschutzgesetz zu planen, zu organisieren, durchzuführen und erforderlichenfalls an veränderte Gegebenheiten anzupassen.

(4) Der Unternehmer darf keine sicherheitswidrigen Weisungen erteilen.

(5) Kosten für Maßnahmen nach dieser Unfallverhütungsvorschrift und den für ihn sonst geltenden Unfallverhütungsvorschriften darf der Unternehmer nicht den Versicherten auferlegen.

§ 3 Beurteilung der Arbeitsbedingungen, Dokumentation, Auskunftspflichten

(1) Der Unternehmer hat durch eine Beurteilung der für die Versicherten mit ihrer Arbeit verbundenen Gefährdungen entsprechend § 5 Absatz 2 und 3 Arbeitsschutzgesetz zu ermitteln, welche Maßnahmen nach § 2 Absatz 1 erforderlich sind.

(2) Der Unternehmer hat Gefährdungsbeurteilungen insbesondere dann zu überprüfen, wenn sich die betrieblichen Gegebenheiten hinsichtlich Sicherheit und Gesundheitsschutz verändert haben.

(3) Der Unternehmer hat entsprechend § 6 Absatz 1 Arbeitsschutzgesetz das Ergebnis der Gefährdungsbeurteilung nach Absatz 1, die von ihm festgelegten Maßnahmen und das Ergebnis ihrer Überprüfung zu dokumentieren.

(4) Der Unternehmer hat dem Unfallversicherungsträger alle Informationen über die im Betrieb getroffenen Maßnahmen des Arbeitsschutzes auf Wunsch zur Kenntnis zu geben.

(5) Für Personen, die in Unternehmen zur Hilfe bei Unglücksfällen oder im Zivilschutz unentgeltlich tätig werden, hat der Unternehmer, der für die vorgenannten Personen zuständig ist, Maßnahmen zu ergreifen, die denen nach Absatz 1 bis 4 gleichwertig sind.

§ 4 Unterweisung der Versicherten

(1) Der Unternehmer hat die Versicherten über Sicherheit und Gesundheitsschutz bei der Arbeit, insbesondere über die mit ihrer Arbeit verbundenen Gefährdungen und die Maßnahmen zu ihrer Verhütung, entsprechend § 12 Absatz 1 Arbeitsschutzgesetz sowie bei einer Arbeitnehmerüberlassung entsprechend § 12 Absatz 2 Arbeitsschutzgesetz zu unterweisen; die Unterweisung muss erforderlichenfalls wiederholt werden, mindestens aber einmal jährlich erfolgen; sie muss dokumentiert werden.

(2) Der Unternehmer hat den Versicherten die für ihren Arbeitsbereich oder für ihre Tätigkeit relevanten Inhalte der geltenden Unfallverhütungsvorschriften und Regeln der Unfallversicherungsträger sowie des einschlägigen staatlichen Vorschriften- und Regelwerks in verständlicher Weise zu vermitteln.

(3) Der Unternehmer nach § 136 Absatz 3 Nummer 3 Alternative 2 Sozialgesetzbuch Siebtes Buch (SGB VII) hat den Schulhoheitsträger hinsichtlich Unterweisungen für Versicherte nach § 2 Absatz 1 Nummer 8 Buchstabe b SGB VII zu unterstützen.

§ 5 Vergabe von Aufträgen

(1) Erteilt der Unternehmer den Auftrag,

1. Einrichtungen zu planen, herzustellen, zu ändern oder in Stand zu setzen,
2. Arbeitsverfahren zu planen oder zu gestalten,

so hat er dem Auftragnehmer schriftlich aufzugeben, die in § 2 Absatz 1 und 2 genannten für die Durchführung des Auftrags maßgeblichen Vorgaben zu beachten.

(2) Erteilt der Unternehmer den Auftrag, Arbeitsmittel, Ausrüstungen oder Arbeitsstoffe zu liefern, so hat er dem Auftragnehmer schriftlich aufzugeben, im Rahmen seines Auftrags die für Sicherheit und Gesundheitsschutz einschlägigen Anforderungen einzuhalten.

(3) Bei der Erteilung von Aufträgen an ein Fremdunternehmen hat der den Auftrag erteilende Unternehmer den Fremdunternehmer bei der Gefährdungsbeurteilung bezüglich der betriebsspezifischen Gefahren zu unterstützen. Der Unternehmer hat ferner sicherzustellen, dass Tätigkeiten mit

besonderen Gefahren durch Aufsichtführende überwacht werden, die die Durchführung der festgelegten Schutzmaßnahmen sicherstellen. Der Unternehmer hat ferner mit dem Fremdunternehmen Einvernehmen herzustellen, wer den Aufsichtführenden zu stellen hat.

§ 6 Zusammenarbeit mehrerer Unternehmer

(1) Werden Beschäftigte mehrerer Unternehmer oder selbstständige Einzelunternehmer an einem Arbeitsplatz tätig, haben die Unternehmer hinsichtlich der Sicherheit und des Gesundheitsschutzes der Beschäftigten, insbesondere hinsichtlich der Maßnahmen nach § 2 Absatz 1, entsprechend § 8 Absatz 1 Arbeitsschutzgesetz zusammenzuarbeiten. Insbesondere haben sie, soweit es zur Vermeidung einer möglichen gegenseitigen Gefährdung erforderlich ist, eine Person zu bestimmen, die die Arbeiten aufeinander abstimmt; zur Abwehr besonderer Gefahren ist sie mit entsprechender Weisungsbefugnis auszustatten.

(2) Der Unternehmer hat sich je nach Art der Tätigkeit zu vergewissern, dass Personen, die in seinem Betrieb tätig werden, hinsichtlich der Gefahren für ihre Sicherheit und Gesundheit während ihrer Tätigkeit in seinem Betrieb angemessene Anweisungen erhalten haben.

§ 7 Befähigung für Tätigkeiten

(1) Bei der Übertragung von Aufgaben auf Versicherte hat der Unternehmer je nach Art der Tätigkeiten zu berücksichtigen, ob die Versicherten befähigt sind, die für die Sicherheit und den Gesundheitsschutz bei der Aufgabenerfüllung zu beachtenden Bestimmungen und Maßnahmen einzuhalten. Der Unternehmer hat die für bestimmte Tätigkeiten festgelegten Qualifizierungsanforderungen zu berücksichtigen.

(2) Der Unternehmer darf Versicherte, die erkennbar nicht in der Lage sind, eine Arbeit ohne Gefahr für sich oder andere auszuführen, mit dieser Arbeit nicht beschäftigen.

§ 8 Gefährliche Arbeiten

(1) Wenn eine gefährliche Arbeit von mehreren Personen gemeinschaftlich ausgeführt wird und sie zur Vermeidung von Gefahren eine gegenseitige

Verständigung erfordert, hat der Unternehmer dafür zu sorgen, dass eine zuverlässige, mit der Arbeit vertraute Person die Aufsicht führt.

(2) Wird eine gefährliche Arbeit von einer Person allein ausgeführt, so hat der Unternehmer über die allgemeinen Schutzmaßnahmen hinaus für geeignete technische oder organisatorische Personenschutzmaßnahmen zu sorgen.

§ 9 Zutritts- und Aufenthaltsverbote

Der Unternehmer hat dafür zu sorgen, dass Unbefugte Betriebsteile nicht betreten, wenn dadurch eine Gefahr für Sicherheit und Gesundheit entsteht.

§ 10 Besichtigung des Unternehmens, Erlass einer Anordnung, Auskunftspflicht

(1) Der Unternehmer hat den Aufsichtspersonen des Unfallversicherungsträgers die Besichtigung seines Unternehmens zu ermöglichen und sie auf ihr Verlangen zu begleiten oder durch einen geeigneten Vertreter begleiten zu lassen.

(2) Erlässt die Aufsichtsperson des Unfallversicherungsträgers eine Anordnung und setzt sie hierbei eine Frist, innerhalb der die verlangten Maßnahmen zu treffen sind, so hat der Unternehmer nach Ablauf der Frist unverzüglich mitzuteilen, ob er die verlangten Maßnahmen getroffen hat.

(3) Der Unternehmer hat den Aufsichtspersonen des Unfallversicherungsträgers auf Verlangen die zur Durchführung ihrer Überwachungsaufgabe erforderlichen Auskünfte zu erteilen. Er hat die Aufsichtspersonen zu unterstützen, soweit dies zur Erfüllung ihrer Aufgaben erforderlich ist.

§ 11 Maßnahmen bei Mängeln

Tritt bei einem Arbeitsmittel, einer Einrichtung, einem Arbeitsverfahren bzw. Arbeitsablauf ein Mangel auf, durch den für die Versicherten sonst nicht abzuwendende Gefahren entstehen, hat der Unternehmer das Arbeitsmittel oder die Einrichtung der weiteren Benutzung zu entziehen oder stillzulegen bzw. das Arbeitsverfahren oder den Arbeitsablauf abzubrechen, bis der Mangel behoben ist.

§ 12 Zugang zu Vorschriften und Regeln

(1) Der Unternehmer hat den Versicherten die für sein Unternehmen geltenden Unfallverhütungsvorschriften und Regeln der Unfallversicherungsträger sowie die einschlägigen staatlichen Vorschriften und Regeln an geeigneter Stelle zugänglich zu machen.

(2) Der Unternehmer hat den mit der Durchführung und Unterstützung von Maßnahmen nach § 2 Absatz 1 betrauten Personen die nach dem Ergebnis der Gefährdungsbeurteilung (§ 3 Absatz 1 und 2) für ihren Zuständigkeitsbereich geltenden Vorschriften und Regeln zur Verfügung zu stellen.

§ 13 Pflichtenübertragung

Der Unternehmer kann zuverlässige und fachkundige Personen schriftlich damit beauftragen, ihm nach Unfallverhütungsvorschriften obliegende Aufgaben in eigener Verantwortung wahrzunehmen. Die Beauftragung muss den Verantwortungsbereich und Befugnisse festlegen und ist vom Beauftragten zu unterzeichnen. Eine Ausfertigung der Beauftragung ist ihm auszuhändigen.

§ 14 Ausnahmen

(1) Der Unternehmer kann bei dem Unfallversicherungsträger im Einzelfall Ausnahmen von Unfallverhütungsvorschriften schriftlich beantragen. Dem Antrag ist eine Stellungnahme der betrieblichen Arbeitnehmervertretung beizufügen; im Falle eines Antrages durch eine Kindertageseinrichtung, eine allgemein bildende oder berufsbildende Schule oder eine Hochschule ist zusätzlich der Leitung der Einrichtung Gelegenheit zur Stellungnahme zu geben.

(2) Der Unfallversicherungsträger kann dem Antrag nach Absatz 1 entsprechen, wenn

1. der Unternehmer eine andere, ebenso wirksame Maßnahme trifft oder
2. die Durchführung der Vorschriften im Einzelfall zu einer unverhältnismäßigen Härte führen würde und die Abweichung mit dem Schutz der Versicherten vereinbar ist.

(3) Betrifft der Antrag nach Absatz 1 Regelungen in Unfallverhütungsvorschriften, die zugleich Gegenstand staatlicher Arbeitsschutzvorschriften sind, hat der Unfallversicherungsträger eine Stellungnahme der für die Durch-

führung der staatlichen Arbeitsschutzvorschriften zuständigen staatlichen Arbeitsschutzbehörde einzuholen und zu berücksichtigen.

(4) In staatlichen Arbeitsschutzvorschriften enthaltene Verfahrensvorschriften, insbesondere über Genehmigungen, Erlaubnisse, Ausnahmen, Anzeigen und Vorlagepflichten, bleiben von dieser Unfallverhütungsvorschrift unberührt; die nach diesen Bestimmungen zu treffenden behördlichen Maßnahmen obliegen den zuständigen Arbeitsschutzbehörden.

Drittes Kapitel
Pflichten der Versicherten

§ 15 Allgemeine Unterstützungspflichten und Verhalten

(1) Die Versicherten sind verpflichtet, nach ihren Möglichkeiten sowie gemäß der Unterweisung und Weisung des Unternehmers für ihre Sicherheit und Gesundheit bei der Arbeit sowie für Sicherheit und Gesundheitsschutz derjenigen zu sorgen, die von ihren Handlungen oder Unterlassungen betroffen sind. Die Versicherten haben die Maßnahmen zur Verhütung von Arbeitsunfällen, Berufskrankheiten und arbeitsbedingten Gesundheitsgefahren sowie für eine wirksame Erste Hilfe zu unterstützen. Versicherte haben die entsprechenden Anweisungen des Unternehmers zu befolgen. Die Versicherten dürfen erkennbar gegen Sicherheit und Gesundheit gerichtete Weisungen nicht befolgen.

(2) Versicherte dürfen sich durch den Konsum von Alkohol, Drogen oder anderen berauschenden Mitteln nicht in einen Zustand versetzen, durch den sie sich selbst oder andere gefährden können.

(3) Absatz 2 gilt auch für die Einnahme von Medikamenten.

§ 16 Besondere Unterstützungspflichten

(1) Die Versicherten haben dem Unternehmer oder dem zuständigen Vorgesetzten jede von ihnen festgestellte unmittelbare erhebliche Gefahr für die Sicherheit und Gesundheit sowie jeden an den Schutzvorrichtungen und Schutzsystemen festgestellten Defekt unverzüglich zu melden. Unbeschadet dieser Pflicht sollen die Versicherten von ihnen festgestellte Gefahren für Sicherheit und Gesundheit und Mängel an den Schutzvorrichtungen

und Schutzsystemen auch der Fachkraft für Arbeitssicherheit, dem Betriebsarzt oder dem Sicherheitsbeauftragten mitteilen.

(2) Stellt ein Versicherter fest, dass im Hinblick auf die Verhütung von Arbeitsunfällen, Berufskrankheiten und arbeitsbedingten Gesundheitsgefahren

- ein Arbeitsmittel oder eine sonstige Einrichtung einen Mangel aufweist,
- Arbeitsstoffe nicht einwandfrei verpackt, gekennzeichnet oder beschaffen sind
  oder
- ein Arbeitsverfahren oder Arbeitsabläufe Mängel aufweisen,

hat er, soweit dies zu seiner Arbeitsaufgabe gehört und er über die notwendige Befähigung verfügt, den festgestellten Mangel unverzüglich zu beseitigen. Andernfalls hat er den Mangel dem Vorgesetzten unverzüglich zu melden.

§ 17 Benutzung von Einrichtungen, Arbeitsmitteln und Arbeitsstoffen

Versicherte haben Einrichtungen, Arbeitsmittel und Arbeitsstoffe sowie Schutzvorrichtungen bestimmungsgemäß und im Rahmen der ihnen übertragenen Arbeitsaufgaben zu benutzen.

§ 18 Zutritts- und Aufenthaltsverbote

Versicherte dürfen sich an gefährlichen Stellen nur im Rahmen der ihnen übertragenen Aufgaben aufhalten.

Viertes Kapitel
Organisation des betrieblichen Arbeitsschutzes

Erster Abschnitt
Sicherheitstechnische und betriebsärztliche Betreuung, Sicherheitsbeauftragte

§ 19 Bestellung von Fachkräften für Arbeitssicherheit und Betriebsärzten

(1) Der Unternehmer hat nach Maßgabe des Gesetzes über Betriebsärzte, Sicherheitsingenieure und andere Fachkräfte für Arbeitssicherheit (Arbeitssicherheitsgesetz) und der hierzu erlassenen Unfallverhütungsvorschriften Fachkräfte für Arbeitssicherheit und Betriebsärzte zu bestellen.

(2) Der Unternehmer hat die Zusammenarbeit der Fachkräfte für Arbeitssicherheit und der Betriebsärzte zu fördern.

§ 20 Bestellung und Aufgaben von Sicherheitsbeauftragten

(1) In Unternehmen mit regelmäßig mehr als 20 Beschäftigten hat der Unternehmer unter Berücksichtigung der im Unternehmen bestehenden Verhältnisse hinsichtlich der Arbeitsbedingungen, der Arbeitsumgebung sowie der Arbeitsorganisation Sicherheitsbeauftragte in der erforderlichen Anzahl zu bestellen. Kriterien für die Anzahl der Sicherheitsbeauftragten sind:

- Im Unternehmen bestehende Unfall- und Gesundheitsgefahren,
- Räumliche Nähe der zuständigen Sicherheitsbeauftragten zu den Beschäftigten,
- Zeitliche Nähe der zuständigen Sicherheitsbeauftragten zu den Beschäftigten,
- Fachliche Nähe der zuständigen Sicherheitsbeauftragten zu den Beschäftigten,
- Anzahl der Beschäftigten.

(2) Die Sicherheitsbeauftragten haben den Unternehmer bei der Durchführung der Maßnahmen zur Verhütung von Arbeitsunfällen und Berufskrankheiten zu unterstützen, insbesondere sich von dem Vorhandensein und der ordnungsgemäßen Benutzung der vorgeschriebenen Schutzein-

richtungen und persönlichen Schutzausrüstungen zu überzeugen und auf Unfall- und Gesundheitsgefahren für die Versicherten aufmerksam zu machen.

(3) Der Unternehmer hat den Sicherheitsbeauftragten Gelegenheit zu geben, ihre Aufgaben zu erfüllen, insbesondere in ihrem Bereich an den Betriebsbesichtigungen sowie den Untersuchungen von Unfällen und Berufskrankheiten durch die Aufsichtspersonen der Unfallversicherungsträger teilzunehmen; den Sicherheitsbeauftragten sind die hierbei erzielten Ergebnisse zur Kenntnis zu geben.

(4) Der Unternehmer hat sicherzustellen, dass die Fachkräfte für Arbeitssicherheit und Betriebsärzte mit den Sicherheitsbeauftragten eng zusammenwirken.

(5) Die Sicherheitsbeauftragten dürfen wegen der Erfüllung der ihnen übertragenen Aufgaben nicht benachteiligt werden.

(6) Der Unternehmer hat den Sicherheitsbeauftragten Gelegenheit zu geben, an Aus- und Fortbildungsmaßnahmen des Unfallversicherungsträgers teilzunehmen, soweit dies im Hinblick auf die Betriebsart und die damit für die Versicherten verbundenen Unfall- und Gesundheitsgefahren sowie unter Berücksichtigung betrieblicher Belange erforderlich ist.

Zweiter Abschnitt
Maßnahmen bei besonderen Gefahren

§ 21 Allgemeine Pflichten des Unternehmers

(1) Der Unternehmer hat Vorkehrungen zu treffen, dass alle Versicherten, die einer unmittelbaren erheblichen Gefahr ausgesetzt sind oder sein können, möglichst frühzeitig über diese Gefahr und die getroffenen oder zu treffenden Schutzmaßnahmen unterrichtet sind. Bei unmittelbarer erheblicher Gefahr für die eigene Sicherheit oder die Sicherheit anderer Personen müssen die Versicherten die geeigneten Maßnahmen zur Gefahrenabwehr und Schadensbegrenzung selbst treffen können, wenn der zuständige Vorgesetzte nicht erreichbar ist; dabei sind die Kenntnisse der Versicherten und die vorhandenen technischen Mittel zu berücksichtigen.

(2) Der Unternehmer hat Maßnahmen zu treffen, die es den Versicherten bei unmittelbarer erheblicher Gefahr ermöglichen, sich durch sofortiges Verlassen der Arbeitsplätze in Sicherheit zu bringen.

§ 22 Notfallmaßnahmen

(1) Der Unternehmer hat entsprechend § 10 Arbeitsschutzgesetz die Maßnahmen zu planen, zu treffen und zu überwachen, die insbesondere für den Fall des Entstehens von Bränden, von Explosionen, des unkontrollierten Austretens von Stoffen und von sonstigen gefährlichen Störungen des Betriebsablaufs geboten sind.

(2) Der Unternehmer hat eine ausreichende Anzahl von Versicherten durch Unterweisung und Übung im Umgang mit Feuerlöscheinrichtungen zur Bekämpfung von Entstehungsbränden vertraut zu machen.

§ 23 Maßnahmen gegen Einflüsse des Wettergeschehens

Beschäftigt der Unternehmer Versicherte im Freien und bestehen infolge des Wettergeschehens Unfall- und Gesundheitsgefahren, so hat er geeignete Maßnahmen am Arbeitsplatz vorzusehen, geeignete organisatorische Schutzmaßnahmen zu treffen oder erforderlichenfalls persönliche Schutzausrüstungen zur Verfügung zu stellen.

Dritter Abschnitt
Erste Hilfe

§ 24 Allgemeine Pflichten des Unternehmers

(1) Der Unternehmer hat dafür zu sorgen, dass zur Ersten Hilfe und zur Rettung aus Gefahr die erforderlichen Einrichtungen und Sachmittel sowie das erforderliche Personal zur Verfügung stehen.

(2) Der Unternehmer hat dafür zu sorgen, dass nach einem Unfall unverzüglich Erste Hilfe geleistet und eine erforderliche ärztliche Versorgung veranlasst wird.

(3) Der Unternehmer hat dafür zu sorgen, dass Verletzte sachkundig transportiert werden.

(4) Der Unternehmer hat im Rahmen seiner Möglichkeiten darauf hinzuwirken, dass Versicherte

1. einem Durchgangsarzt vorgestellt werden, es sei denn, dass der erstbehandelnde Arzt festgestellt hat, dass die Verletzung nicht über den Unfalltag hinaus zur Arbeitsunfähigkeit führt oder die Behandlungsbedürftigkeit voraussichtlich nicht mehr als eine Woche beträgt,
2. bei einer schweren Verletzung einem der von den Unfallversicherungsträgern bezeichneten Krankenhäuser zugeführt werden,
3. bei Vorliegen einer Augen- oder Hals-, Nasen-, Ohrenverletzung dem nächst erreichbaren Arzt des entsprechenden Fachgebiets zugeführt werden, es sei denn, dass sich die Vorstellung durch eine ärztliche Erstversorgung erübrigt hat.

(5) Der Unternehmer hat dafür zu sorgen, dass den Versicherten durch Aushänge der Unfallversicherungsträger oder in anderer geeigneter schriftlicher Form Hinweise über die Erste Hilfe und Angaben über Notruf, Erste-Hilfe- und Rettungs-Einrichtungen, über das Erste-Hilfe-Personal sowie über herbeizuziehende Ärzte und anzufahrende Krankenhäuser gemacht werden. Die Hinweise und die Angaben sind aktuell zu halten.

(6) Der Unternehmer hat dafür zu sorgen, dass jede Erste-Hilfe-Leistung dokumentiert und diese Dokumentation fünf Jahre lang verfügbar gehalten wird. Die Dokumente sind vertraulich zu behandeln.

(7) Der Schulsachkostenträger als Unternehmer nach § 136 Absatz 3 Nummer 3 Alternative 2 Sozialgesetzbuch Siebtes Buch (SGB VII) hat den Schulhoheitsträger bei der Durchführung von Maßnahmen zur Sicherstellung einer wirksamen Ersten Hilfe für Versicherte nach § 2 Absatz 1 Nummer 8 Buchstabe b SGB VII zu unterstützen.

§ 25 Erforderliche Einrichtungen und Sachmittel

(1) Der Unternehmer hat unter Berücksichtigung der betrieblichen Verhältnisse durch Meldeeinrichtungen und organisatorische Maßnahmen dafür zu sorgen, dass unverzüglich die notwendige Hilfe herbeigerufen und an den Einsatzort geleitet werden kann.

(2) Der Unternehmer hat dafür zu sorgen, dass Mittel zur Ersten Hilfe jederzeit schnell erreichbar und leicht zugänglich in geeigneten Behältnissen,

gegen schädigende Einflüsse geschützt, in ausreichender Menge bereitgehalten sowie rechtzeitig ergänzt und erneuert werden.

(3) Der Unternehmer hat dafür zu sorgen, dass unter Berücksichtigung der betrieblichen Verhältnisse Rettungsgeräte und Rettungstransportmittel bereitgehalten werden.

(4) Der Unternehmer hat dafür zu sorgen, dass mindestens ein mit Rettungstransportmitteln leicht erreichbarer Erste-Hilfe-Raum oder eine vergleichbare Einrichtung

1. in einer Betriebsstätte mit mehr als 1000 dort beschäftigten Versicherten,
2. in einer Betriebsstätte mit 1000 oder weniger, aber mehr als 100 dort beschäftigten Versicherten, wenn ihre Art und das Unfallgeschehen nach Art, Schwere und Zahl der Unfälle einen gesonderten Raum für die Erste Hilfe erfordern,
3. auf einer Baustelle mit mehr als 50 dort beschäftigten Versicherten

vorhanden ist.

Nummer 3 gilt auch, wenn der Unternehmer zur Erbringung einer Bauleistung aus einem von ihm übernommenen Auftrag Arbeiten an andere Unternehmer vergeben hat und insgesamt mehr als 50 Versicherte gleichzeitig tätig werden.

(5) In Kindertageseinrichtungen, allgemein bildenden und berufsbildenden Schulen sowie Hochschulen hat der Unternehmer geeignete Liegemöglichkeiten oder geeignete Räume mit Liegemöglichkeit zur Erstversorgung von Verletzten in der erforderlichen Anzahl vorzuhalten.

§ 26 Zahl und Ausbildung der Ersthelfer

(1) Der Unternehmer hat dafür zu sorgen, dass für die Erste-Hilfe-Leistung Ersthelfer mindestens in folgender Zahl zur Verfügung stehen:

1. Bei 2 bis zu 20 anwesenden Versicherten ein Ersthelfer,
2. bei mehr als 20 anwesenden Versicherten
   a) in Verwaltungs- und Handelsbetrieben 5 %,
   b) in sonstigen Betrieben 10 %,
   c) in Kindertageseinrichtungen ein Ersthelfer je Kindergruppe,
   d) in Hochschulen 10 % der Versicherten nach § 2 Absatz 1 Nummer 1 Sozialgesetzbuch Siebtes Buch (SGB VII).

Von der Zahl der Ersthelfer nach Nummer 2 kann im Einvernehmen mit dem Unfallversicherungsträger unter Berücksichtigung der Organisation des betrieblichen Rettungswesens und der Gefährdung abgewichen werden.

(2) Der Unternehmer darf als Ersthelfer nur Personen einsetzen, die bei einer von dem Unfallversicherungsträger für die Ausbildung zur Ersten Hilfe ermächtigten Stelle ausgebildet worden sind oder über eine sanitätsdienstliche/rettungsdienstliche Ausbildung oder eine abgeschlossene Ausbildung in einem Beruf des Gesundheitswesens verfügen. Die Voraussetzungen für die Ermächtigung sind in der Anlage 2 zu dieser Unfallverhütungsvorschrift geregelt.

(3) Der Unternehmer hat dafür zu sorgen, dass die Ersthelfer in der Regel in Zeitabständen von zwei Jahren fortgebildet werden. Für die Fortbildung gilt Absatz 2 entsprechend. Personen mit einer sanitätsdienstlichen/rettungsdienstlichen Ausbildung oder einer entsprechenden Qualifikation in einem Beruf des Gesundheitswesens gelten als fortgebildet, wenn sie an vergleichbaren Fortbildungsveranstaltungen regelmäßig teilnehmen oder bei ihrer beruflichen oder ehrenamtlich sanitätsdienstlichen/rettungsdienstlichen Tätigkeit regelmäßig Erste-Hilfe-Maßnahmen durchführen. Der Unternehmer hat sich Nachweise über die Fortbildung vorlegen zu lassen.

(4) Ist nach Art des Betriebes, insbesondere aufgrund des Umganges mit Gefahrstoffen, damit zu rechnen, dass bei Unfällen Maßnahmen erforderlich werden, die nicht Gegenstand der allgemeinen Ausbildung zum Ersthelfer gemäß Absatz 2 sind, hat der Unternehmer für die erforderliche zusätzliche Aus- und Fortbildung zu sorgen.

(5) Die Absätze 1 bis 4 gelten nicht für Unternehmer hinsichtlich der nach § 2 Absatz 1 Nummer 8 Buchstabe b Sozialgesetzbuch Siebtes Buch (SGB VII) Versicherten.

§ 27 Zahl und Ausbildung der Betriebssanitäter

(1) Der Unternehmer hat dafür zu sorgen, dass mindestens ein Betriebssanitäter zur Verfügung steht, wenn

1. in einer Betriebsstätte mehr als 1500 Versicherte nach § 2 Absatz 1 Nummer 1 Sozialgesetzbuch Siebtes Buch (SGB VII) anwesend sind,

2. in einer Betriebsstätte 1500 oder weniger, aber mehr als 250 Versicherte nach § 2 Absatz 1 Nummer 1 SGB VII anwesend sind und Art, Schwere und Zahl der Unfälle den Einsatz von Sanitätspersonal erfordern,
3. auf einer Baustelle mehr als 100 Versicherte nach § 2 Absatz 1 Nummer 1 SGB VII anwesend sind.

Nummer 3 gilt auch, wenn der Unternehmer zur Erbringung einer Bauleistung aus einem von ihm übernommenen Auftrag Arbeiten an andere Unternehmer vergibt und insgesamt mehr als 100 Versicherte gleichzeitig tätig werden.

(2) In Betrieben nach Absatz 1 Satz 1 Nummer 1 kann im Einvernehmen mit dem Unfallversicherungsträger von Betriebssanitätern abgesehen werden, sofern nicht nach Art, Schwere und Zahl der Unfälle ihr Einsatz erforderlich ist. Auf Baustellen nach Absatz 1 Satz 1 Nummer 3 kann im Einvernehmen mit dem Unfallversicherungsträger unter Berücksichtigung der Erreichbarkeit des Unfallortes und der Anbindung an den öffentlichen Rettungsdienst von Betriebssanitätern abgesehen werden.

(3) Der Unternehmer darf als Betriebssanitäter nur Personen einsetzen, die von Stellen ausgebildet worden sind, welche von dem Unfallversicherungsträger in personeller, sachlicher und organisatorischer Hinsicht als geeignet beurteilt werden.

(4) Der Unternehmer darf als Betriebssanitäter nur Personen einsetzen, die

1. an einer Grundausbildung und
2. an einem Aufbaulehrgang

für den betrieblichen Sanitätsdienst teilgenommen haben.

Als Grundausbildung gilt auch eine mindestens gleichwertige Ausbildung oder eine die Sanitätsaufgaben einschließende Berufsausbildung.

(5) Für die Teilnahme an dem Aufbaulehrgang nach Absatz 4 Satz 1 Nummer 2 darf die Teilnahme an der Ausbildung nach Absatz 4 Satz 1 Nummer 1 nicht mehr als zwei Jahre zurückliegen; soweit aufgrund der Ausbildung eine entsprechende berufliche Tätigkeit ausgeübt wurde, ist die Beendigung derselben maßgebend.

(6) Der Unternehmer hat dafür zu sorgen, dass die Betriebssanitäter regelmäßig innerhalb von drei Jahren fortgebildet werden. Für die Fortbildung gilt Absatz 3 entsprechend.

§ 28 Unterstützungspflichten der Versicherten

(1) Im Rahmen ihrer Unterstützungspflichten nach § 15 Absatz 1 haben sich Versicherte zum Ersthelfer ausbilden und in der Regel in Zeitabständen von zwei Jahren fortbilden zu lassen. Sie haben sich nach der Ausbildung für Erste-Hilfe-Leistungen zur Verfügung zu stellen. Die Versicherten brauchen den Verpflichtungen nach den Sätzen 1 und 2 nicht nachzukommen, soweit persönliche Gründe entgegenstehen.

(2) Versicherte haben unverzüglich jeden Unfall der zuständigen betrieblichen Stelle zu melden; sind sie hierzu nicht imstande, liegt die Meldepflicht bei dem Betriebsangehörigen, der von dem Unfall zuerst erfährt.

Vierter Abschnitt
Persönliche Schutzausrüstungen

§ 29 Bereitstellung

(1) Der Unternehmer hat gemäß § 2 der PSA-Benutzungsverordnung den Versicherten geeignete persönliche Schutzausrüstungen bereitzustellen; vor der Bereitstellung hat er die Versicherten anzuhören.

(2) Der Unternehmer hat dafür zu sorgen, dass die persönlichen Schutzausrüstungen den Versicherten in ausreichender Anzahl zur persönlichen Verwendung für die Tätigkeit am Arbeitsplatz zur Verfügung gestellt werden. Für die bereitgestellten persönlichen Schutzausrüstungen müssen EG-Konformitätserklärungen vorliegen. Satz 2 gilt nicht für Hautschutzmittel.

§ 30 Benutzung

(1) Der Unternehmer hat dafür zu sorgen, dass persönliche Schutzausrüstungen entsprechend bestehender Tragezeitbegrenzungen und Gebrauchsdauern bestimmungsgemäß benutzt werden.

(2) Die Versicherten haben die persönlichen Schutzausrüstungen bestimmungsgemäß zu benutzen, regelmäßig auf ihren ordnungsgemäßen Zustand zu prüfen und festgestellte Mängel dem Unternehmer unverzüglich zu melden.

§ 31 Besondere Unterweisungen

Für persönliche Schutzausrüstungen, die gegen tödliche Gefahren oder bleibende Gesundheitsschäden schützen sollen, hat der Unternehmer die nach § 3 Absatz 2 der PSA-Benutzungsverordnung bereitzuhaltende Benutzungsinformation den Versicherten im Rahmen von Unterweisungen mit Übungen zu vermitteln.

Fünftes Kapitel
Ordnungswidrigkeiten

§ 32 Ordnungswidrigkeiten

Ordnungswidrig im Sinne des § 209 Absatz 1 Nummer 1 Sozialgesetzbuch Siebtes Buch (SGB VII) handelt, wer vorsätzlich oder fahrlässig den Bestimmungen der

§ 2 Abs. 5,
§ 12 Abs. 2,
§ 15 Abs. 2,
§ 20 Abs. 1,
§ 24 Abs. 6,
§ 25 Abs. 1, 4 Nr. 1 oder 3,
§ 26 Abs. 1 Satz 1 oder Abs. 2 Satz 1,
§ 27 Abs. 1 Satz 1 Nr. 1 oder 3, Abs. 3,
§ 29 Abs. 2 Satz 2 oder
§ 30 zuwiderhandelt.

Sechstes Kapitel
Aufhebung von Unfallverhütungsvorschriften

§ 33 Aufhebung von Unfallverhütungsvorschriften

Folgende Unfallverhütungsvorschrift wird aufgehoben:
„Grundsätze der Prävention" (BGV A1) vom 01.01.2012

Siebtes Kapitel
Inkrafttreten

§ 34 Inkrafttreten

Diese Unfallverhütungsvorschrift tritt am 01.01.2021 in Kraft.

Anlage 1

Zu § 2 Abs. 1:

Staatliche Arbeitsschutzvorschriften, in denen vom Unternehmer zur Verhütung von Arbeitsunfällen, Berufskrankheiten und arbeitsbedingten Gesundheitsgefahren zu treffende Maßnahmen näher bestimmt sind, sind – in ihrer jeweils gültigen Fassung – insbesondere:

- Arbeitsschutzgesetz (ArbSchG),
- Arbeitsstättenverordnung (ArbStättV),
- Baustellenverordnung (BaustellV),
- Bildschirmarbeitsverordnung (BildscharbV),
- Biostoffverordnung (BioStoffV),
- Betriebssicherheitsverordnung (BetrSichV),
- Gefahrstoffverordnung (GefStoffV),
- Lärm- und Vibrations-Arbeitsschutzverordnung (LärmVibrations-ArbSchV),
- Lastenhandhabungsverordnung (LasthandhabV),
- PSA-Benutzungsverordnung (PSA-BV),
- Verordnung zur arbeitsmedizinischen Vorsorge (ArbMedVV),
- Verordnung zum Schutz der Beschäftigten vor Gefährdungen durch künstliche optische Strahlung (OStrV).

Die vorstehende Auflistung ist nicht abschließend.

Der gesetzliche Auftrag der Unfallversicherungsträger zur Verhütung von Arbeitsunfällen, Berufskrankheiten und arbeitsbedingten Gesundheitsgefahren gilt auch für Unternehmer und Versicherte, die nicht unmittelbar durch die Anwendungsbereiche der staatlichen Arbeitsschutzvorschriften erfasst sind.

Anlage 2

Zu § 26 Abs. 2:

Voraussetzungen für die Ermächtigung als Stelle für die Aus- und Fortbildung in der Ersten Hilfe

Stellen, die Aus- und Fortbildung in der Ersten Hilfe durchführen, bedürfen einer schriftlichen Vereinbarung, welche Art und Umfang der Aus- und Fortbildungsleistungen und die Höhe der Lehrgangsgebühren regelt.

1 Allgemeine Grundsätze

1.1 Antrag auf Ermächtigung

Der Antrag auf Ermächtigung ist beim zuständigen Unfallversicherungsträger einzureichen.

1.2 Prüfung

Der Unfallversicherungsträger sowie von dem Unfallversicherungsträger beauftragte Personen sind jederzeit berechtigt, die Lehrgangsräume, die Lehrgangseinrichtungen, die Unterrichtsmittel sowie die Durchführung der Lehrgänge zu prüfen.

1.3 Befristung, Widerruf der Ermächtigung

Die Ermächtigung wird befristet und unter dem Vorbehalt des Widerrufes nach Prüfung der personellen, sachlichen und organisatorischen Voraussetzungen erteilt.

1.4 Änderung einer Voraussetzung

Jede Änderung einer Voraussetzung, die der Ermächtigung zugrunde liegt, ist unverzüglich dem zuständigen Unfallversicherungsträger anzuzeigen.

2 Personelle Voraussetzungen

2.1 Medizinischer Hintergrund

Der Antragsteller muss nachweisen, dass die Aus- und Fortbildung in der Ersten Hilfe unter der Verantwortung eines hierfür geeigneten Arztes steht.

Geeignet sind Ärzte mit dem Fachkundenachweis Rettungsdienst oder der Zusatzbezeichnung Rettungsmedizin oder vergleichbarer Qualifikation.

Ferner müssen die Ärzte eingehende Kenntnisse über Empfehlungen für die Erste Hilfe des Deutschen Beirates für Erste Hilfe und Wiederbelebung bei der Bundesärztekammer besitzen.

2.2 Lehrkräfte

Der Antragsteller muss nachweisen, dass er selbst zur Ausbildung befähigt ist oder über entsprechende Lehrkräfte in ausreichender Zahl verfügt.

Die Befähigung ist gegeben, wenn die Lehrkraft durch Vorlage einer gültigen Bescheinigung nachweist, dass sie an einem speziellen Ausbildungslehrgang für die Erste Hilfe bei einer geeigneten Stelle zur Ausbildung von Lehrkräften teilgenommen hat. Die Lehrkraft muss in angemessenen Zeitabständen fortgebildet werden.

2.3 Erfahrung in Organisation und Durchführung der Ersten Hilfe

Der Antragsteller muss nachweisen, dass er über besondere Erfahrungen in Organisation und Durchführung der Ersten Hilfe verfügt. Das ist der Fall, wenn er oder seine Lehrkräfte in der Regel seit mindestens drei Jahren im öffentlichen oder betrieblichen Rettungsdienst tätig sind und Einsatzerfahrung nachweisen können.

2.4 Versicherungsschutz

Der Antragsteller muss nachweisen, dass er eine Haftpflichtversicherung abgeschlossen hat, die eventuelle Personen- und Sachschäden, die im Zusammenhang mit der Aus- und Fortbildung stehen, abdeckt.

3 Sachliche Voraussetzungen

3.1 Lehrgangsräume, -einrichtungen und Unterrichtsmittel

Für die Lehrgänge müssen geeignete Räume, Einrichtungen und Unterrichtsmittel vorhanden sein. Es muss mindestens ein Raum zur Verfügung stehen, in dem 20 Personen durch theoretischen Unterricht, praktische Demonstrationen und Übungen in der Ersten Hilfe unterwiesen werden können. Der Raum muss über ausreichende Beleuchtung verfügen. Zudem müssen Sitz- und Schreibmöglichkeiten sowie Waschgelegenheiten und Toiletten vorhanden sein.

Es müssen die notwendigen Unterrichtsmittel, insbesondere Demonstrations- und Übungsmaterialien sowie geeignete Medien, wie Tageslichtprojektor und Lehrfolien, vollzählig und funktionstüchtig zur Verfügung stehen.

Die Demonstrations- und Übungsmaterialien, insbesondere die Geräte zum Üben der Atemspende und der Herzdruckmassage, unterliegen besonderen Anforderungen der Hygiene und müssen nachweislich desinfiziert werden.

4 Organisatorische Voraussetzungen

4.1 Anzahl der Teilnehmer

An einem Lehrgang sollen in der Regel mindestens 10 und nicht mehr als 15 Personen teilnehmen. Die Teilnehmerzahl darf jedoch, auch bei Anwesenheit eines Ausbildungshelfers, 20 Personen nicht übersteigen.

4.2 Ausbildungsleistung

Der Antragsteller muss gewährleisten, dass jährlich mindestens 100 Versicherte aus- oder fortgebildet werden.

4.3 Inhalt und Umfang der Lehrgänge

Die Aus- und Fortbildung muss nach Inhalt und Umfang sowie in methodisch-didaktischer Hinsicht mindestens dem Stoff entsprechen, der in sachlicher Übereinstimmung mit den in der Bundesarbeitsgemeinschaft Erste Hilfe vertretenen Hilfsorganisationen und unter Berücksichtigung von Empfehlungen des Deutschen Beirates für Erste Hilfe und Wiederbelebung bei der Bundesärztekammer in den Lehrplänen und Leitfäden zum Erste-Hilfe-Lehrgang festgelegt ist.

4.4 Teilnehmerunterlagen

Jedem Teilnehmer an einer Aus- und Fortbildungsmaßnahme ist eine Informationsschrift über die Lehrinhalte auszuhändigen, die mindestens den Inhalten der DGUV Information 204-007 „Handbuch zur Ersten Hilfe" (bisher BGI/GUV-I 829) entspricht.

4.5 Teilnahmebescheinigung

Jedem Teilnehmer ist eine Teilnahmebescheinigung auszuhändigen. Die Bescheinigung über die Aus- und die Fortbildung in der Ersten Hilfe darf jeweils nur erteilt werden, wenn die Lehrkraft die Überzeugung gewonnen hat, dass der Teilnehmer nach regelmäßigem Besuch die erforderlichen Kenntnisse und Fähigkeiten gemäß Abschnitt 4.3 besitzt.

4.6 Dokumentation

Die ermächtigte Stelle hat über die durchgeführten Lehrgänge folgende Aufzeichnungen zu führen:

- Art der jeweiligen Aus- oder Fortbildungsmaßnahme,
- Ort und Zeit der Maßnahme,
- Name des verantwortlichen Arztes,
- Name der Lehrkraft,
- Name, Geburtsdatum und Unterschrift des Teilnehmers,
- Arbeitgeber des Teilnehmers,
- Kosten tragender Unfallversicherungsträger.

Die Aufzeichnungen sind fünf Jahre aufzubewahren und auf Anforderung des Unfallversicherungsträgers vorzulegen.

5 Besondere Voraussetzungen für die Erste-Hilfe-Aus- und -Fortbildung in Bildungs- und Betreuungseinrichtungen für Kinder

Diese Ausbildung enthält Erste-Hilfe-Maßnahmen für Erwachsene und Kinder und bedarf neben den oben genannten Voraussetzungen auf die Ausbildungsform abgestimmte Lehrgangsinhalte, weitere sachliche Ausstattungen, eine Zusatzqualifikation der Lehrkräfte sowie die Aushändigung einer Informationsschrift, die mindestens der DGUV Information 204-008 „Handbuch zur Ersten Hilfe in Bildungs- und Betreuungseinrichtungen für Kinder“ (bisher BGI/GUV-I 5146) entspricht.

DGUV Vorschrift 2
Betriebsärzte und Fachkräfte für Arbeitssicherheit

Erstes Kapitel
Allgemeine Vorschriften

§ 1 Geltungsbereich

Diese Unfallverhütungsvorschrift bestimmt näher die Maßnahmen, die der Unternehmer zur Erfüllung der sich aus dem Gesetz über Betriebsärzte, Sicherheitsingenieure und andere Fachkräfte für Arbeitssicherheit (Arbeitssicherheitsgesetz) ergebenden Pflichten zu treffen hat.

§ 2 Bestellung

(1) Der Unternehmer hat Betriebsärzte und Fachkräfte für Arbeitssicherheit zur Wahrnehmung der in den §§ 3 und 6 des Arbeitssicherheitsgesetzes bezeichneten Aufgaben schriftlich nach Maßgabe der nachfolgenden Bestimmungen zu bestellen. Der Unternehmer hat dem Unfallversicherungsträger auf Verlangen nachzuweisen, wie er die Verpflichtung nach Satz 1 erfüllt hat.

(2) Bei Betrieben mit bis zu 10 Beschäftigten richtet sich der Umfang der betriebsärztlichen und sicherheitstechnischen Betreuung nach Anlage 1.

(3) Bei Betrieben mit mehr als 10 Beschäftigten gelten die Bestimmungen nach Anlage 2.

(4) Abweichend von Absatz 2 kann der Unternehmer nach Maßgabe der Anlage 4 ein alternatives Betreuungsmodell durch Kompetenzzentren wählen, wenn er aktiv in das Betriebsgeschehen eingebunden ist und die Zahl der Beschäftigten bis zu 10 beträgt. Abweichend von Absatz 3 kann der Unternehmer nach Maßgabe von Anlage 3 ein alternatives Betreuungsmodell wählen, wenn er aktiv in das Betriebsgeschehen eingebunden ist und die Zahl der Beschäftigten bis zu 50 beträgt.

(5) Bei der Berechnung der Zahl der Beschäftigten sind jährliche Durchschnittszahlen zugrunde zu legen; bei der Berechnung des Schwellenwertes in den Absätzen 2, 3 und 4 findet die Regelung des § 6 Abs. 1 Satz 4 des Arbeitsschutzgesetzes entsprechende Anwendung.

(6) Der Unfallversicherungsträger kann im Einzelfall im Einvernehmen mit der nach § 12 Arbeitssicherheitsgesetz zuständigen Behörde Abweichungen von den Absätzen 2, 3 und 4 zulassen, soweit im Betrieb die Unfall- und Gesundheitsgefahren vom Durchschnitt abweichen und die abweichende Festsetzung mit dem Schutz der Beschäftigten vereinbar ist. Als Vergleichsmaßstab dienen Betriebe der gleichen Art.

§ 3 Arbeitsmedizinische Fachkunde

Der Unternehmer kann die erforderliche arbeitsmedizinische Fachkunde als gegeben ansehen bei Ärzten, die nachweisen, dass sie berechtigt sind,

1. die Gebietsbezeichnung „Arbeitsmedizin" oder
2. die Zusatzbezeichnung „Betriebsmedizin" zu führen.

§ 4 Sicherheitstechnische Fachkunde

(1) Der Unternehmer kann die erforderliche sicherheitstechnische Fachkunde von Fachkräften für Arbeitssicherheit als nachgewiesen ansehen, wenn diese den in den Absätzen 2 bis 5 festgelegten Anforderungen genügen.

(2) Sicherheitsingenieure erfüllen die Anforderungen, wenn sie

1. berechtigt sind, die Berufsbezeichnung Ingenieur zu führen oder einen Bachelor- oder Masterabschluss der Studienrichtung Ingenieurwissenschaften erworben haben,
2. danach eine praktische Tätigkeit in diesem Beruf mindestens zwei Jahre lang ausgeübt
   und
3. einen staatlichen oder von Unfallversicherungsträgern veranstalteten Ausbildungslehrgang
   oder
   einen staatlich oder von Unfallversicherungsträgern anerkannten Ausbildungslehrgang eines anderen Ausbildungsträgers mit Erfolg abgeschlossen haben.

Sicherheitsingenieure, die auf Grund ihrer Hochschul-/Fachhochschulausbildung berechtigt sind, die Berufsbezeichnung „Sicherheitsingenieur" zu führen und eine einjährige praktische Tätigkeit als Ingenieur ausgeübt haben, erfüllen ebenfalls die Anforderungen.

(3) In der Funktion als Sicherheitsingenieur können auch Personen tätig werden, die über gleichwertige Qualifikationen verfügen.

(4) Sicherheitstechniker erfüllen die Anforderungen, wenn sie

1. eine Prüfung als staatlich anerkannter Techniker erfolgreich abgelegt haben,
2. danach eine praktische Tätigkeit als Techniker mindestens zwei Jahre lang ausgeübt haben
   und
3. einen staatlichen oder von Unfallversicherungsträgern veranstalteten Ausbildungslehrgang
   oder
   einen staatlich oder von Unfallversicherungsträgern anerkannten Ausbildungslehrgang eines anderen Veranstaltungsträgers mit Erfolg abgeschlossen haben.

Die Anforderungen erfüllt auch, wer ohne Prüfung als staatlich anerkannter Techniker mindestens vier Jahre lang als Techniker tätig war und einen staatlichen oder von Unfallversicherungsträgern veranstalteten Ausbildungslehrgang oder einen staatlich oder von Unfallversicherungsträgern anerkannten Ausbildungslehrgang eines anderen Veranstaltungsträgers mit Erfolg abgeschlossen hat.

(5) Sicherheitsmeister erfüllen die Anforderungen, wenn sie

1. die Meisterprüfung erfolgreich abgelegt haben,
2. danach eine praktische Tätigkeit als Meister mindestens zwei Jahre lang ausgeübt haben
   und
3. einen staatlichen oder von Unfallversicherungsträgern veranstalteten Ausbildungslehrgang
   oder
   einen staatlich oder von Unfallversicherungsträgern anerkannten Ausbildungslehrgang eines anderen Veranstaltungsträgers mit Erfolg abgeschlossen haben.

Die Anforderungen erfüllt auch, wer ohne Meisterprüfung mindestens vier Jahre lang als Meister oder in gleichwertiger Funktion tätig war und einen staatlichen oder von Unfallversicherungsträgern veranstalteten Ausbildungslehrgang oder einen staatlich oder von Unfallversicherungsträgern anerkannten Ausbildungslehrgang eines anderen Veranstaltungsträgers mit Erfolg abgeschlossen hat.

(6) Der Ausbildungslehrgang nach den Absätzen 2, 4 und 5 umfasst die Ausbildungsstufe I (Grundausbildung), Ausbildungsstufe II (Vertiefende Ausbildung), Ausbildungsstufe III (Bereichsbezogene Ausbildung) und das begleitende Praktikum. Bestandteile der Ausbildungsstufe III sind die nachfolgenden Rahmenthemen:

- Brand- und Explosionsschutz,
- Schutz vor Sturz aus der Höhe/in die Tiefe,
- Arbeiten mit/in der Nähe von Energieträgern und Strahlungsquellen,
- Arbeiten in Bereichen mit Kontaminationsgefahr,
- Erstellung, Instandhaltung und Beseitigung von baulichen Einrichtungen und Anlagen,
- komplexe Verkehrssituationen,
- Gefährdung/Belastung bestimmter Personengruppen.

(7) Bei einem Wechsel einer Fachkraft für Arbeitssicherheit, die die Ausbildungsstufe III (Bereichsbezogene Ausbildung) entsprechend den Festlegungen eines anderen Unfallversicherungsträgers absolviert hat, in eine andere Branche, hat der Unternehmer dafür zu sorgen, dass die Fachkraft für Arbeitssicherheit die erforderlichen bereichsbezogenen Kenntnisse durch Fortbildung erwirbt. Der Unfallversicherungsträger entscheidet über den erforderlichen Umfang an Fortbildung unter Berücksichtigung der Inhalte seiner Ausbildungsstufe III.

§ 5 Bericht

Der Unternehmer hat die gemäß § 2 dieser Unfallverhütungsvorschrift bestellten Betriebsärzte und Fachkräfte für Arbeitssicherheit zu verpflichten, über die Erfüllung der übertragenen Aufgaben regelmäßig schriftlich zu berichten. Die Berichte sollen auch über die Zusammenarbeit der Betriebsärzte und Fachkräfte für Arbeitssicherheit Auskunft geben.

Zweites Kapitel
Übergangsbestimmungen

§ 6 Übergangsbestimmungen

(1) Der Unternehmer kann abweichend von § 3 davon ausgehen, dass Ärzte über die erforderliche Fachkunde verfügen, wenn sie

1. eine Bescheinigung der zuständigen Ärztekammer darüber besitzen, dass sie vor dem 1. Januar 1985 ein Jahr klinisch oder poliklinisch tätig gewesen sind und an einem arbeitsmedizinischen Einführungslehrgang teilgenommen haben
   und
2. a) bis zum 31. Dezember 1985 mindestens 500 Stunden innerhalb eines Jahres betriebsärztlich tätig waren
      oder
   b) bis zum 31. Dezember 1987 einen dreimonatigen Kurs über Arbeitsmedizin absolviert haben
      und
      über die Voraussetzungen nach Nummer 2 Buchstabe a) oder b) eine von der zuständigen Ärztekammer erteilte Bescheinigung beibringen.

Die Bescheinigung der zuständigen Ärztekammer muss vor dem 31. Dezember 1996 ausgestellt worden sein.

(2) Der Nachweis der Fachkunde nach § 4 Abs. 2 bis 5 gilt als erbracht, wenn eine Fachkraft für Arbeitssicherheit im Zeitpunkt des Inkrafttretens dieser Unfallverhütungsvorschrift als solche tätig ist und die Fachkundevoraussetzungen der Unfallverhütungsvorschrift „Fachkräfte für Arbeitssicherheit“ (BGV A 6) in ihrer jeweiligen letzten Fassung [siehe dazu UVV „Bauwirtschaft“ (BGV A 10) in der Fassung vom 01.06.2005] vorliegen.

(3) entfällt.

(4) entfällt.

Drittes Kapitel
In-Kraft-Treten und Außer-Kraft-Treten

§ 7 In-Kraft-Treten und Außer-Kraft-Treten

Diese Unfallverhütungsvorschrift tritt am 1. Januar 2011 in Kraft. Gleichzeitig tritt die Unfallverhütungsvorschrift „Betriebsärzte und Fachkräfte für Arbeitssicherheit“ (BGV A2) vom 1. Januar 2007 in der Fassung vom 1. Januar 2009 außer Kraft.

Die Vertreterversammlung der Berufsgenossenschaft der Bauwirtschaft hat in ihrer Sitzung am 02.12.2010 die Unfallverhütungsvorschrift „Betriebsärzte und Fachkräfte für Arbeitssicherheit“ (DGUV Vorschrift 2) beschlossen.

Genehmigt durch das Bundesministerium für Arbeit und Soziales am 17.12.2010 unter Gesch.-Z.: III b1 – 36051-37

Anlage 1
(zu § 2 Abs. 2)

Betriebsärztliche und sicherheitstechnische Regelbetreuung in Betrieben mit bis zu 10 Beschäftigten

Wesentliche Grundlage von Art und Umfang der betriebsärztlichen und sicherheitstechnischen Betreuung sind die im Betrieb vorliegenden Gefährdungen für Sicherheit und Gesundheit der Beschäftigten sowie die Aufgaben gemäß den §§ 3 beziehungsweise 6 Arbeitssicherheitsgesetz.

Der Umfang der zu erbringenden betriebsärztlichen und sicherheitstechnischen Betreuung besteht in der Durchführung von **Grundbetreuungen und anlassbezogenen Betreuungen** im Betrieb beziehungsweise auf der Baustelle. Sie können kombiniert werden.

Grundbetreuungen beinhalten die Unterstützung bei

- der Erstellung beziehungsweise
- der Aktualisierung der Gefährdungsbeurteilung.

Bei der Grundbetreuung muss der Sachverstand der bestellten Betriebsärzte und Fachkräfte für Arbeitssicherheit einbezogen werden. Dies kann dadurch geschehen, dass der Erstberatende den Sachverstand des jeweils anderen Sachgebietes hinzuzieht.

Die Grundbetreuung wird bei maßgeblicher Änderung der Arbeitsverhältnisse, spätestens aber nach 2 Jahren wiederholt.

Fristen für arbeitsmedizinische Vorsorgeuntersuchungen bleiben unberührt.

Die **Gefährdungsbeurteilung** besteht aus einer systematischen Feststellung und Bewertung von relevanten Gefährdungen der Beschäftigten. Aus der Gefährdungsbeurteilung sind entsprechende Arbeitsschutzmaßnahmen abzuleiten. Die Gefährdungsbeurteilung und die Maßnahmen sind auf ihre Wirksamkeit zu überprüfen und erforderlichenfalls an sich ändernde Gegebenheiten anzupassen.

Anlassbezogene Betreuungen

Der Unternehmer ist verpflichtet, sich bei besonderen Anlässen durch einen Betriebsarzt oder eine Fachkraft für Arbeitssicherheit mit branchenbezogener Fachkunde in Fragen der Sicherheit und des Gesundheitsschutzes betreuen zu lassen.
Besondere Anlässe für eine Betreuung durch den Betriebsarzt und die Fachkraft für Arbeitssicherheit können unter anderem sein, die

- Planung, Errichtung und Änderung von Betriebsanlagen,
- Einführung neuer Arbeitsmittel, die ein erhöhtes Gefährdungspotenzial zur Folge haben,
- grundlegende Änderung von Arbeitsverfahren,
- Einführung neuer Arbeitsverfahren
- Gestaltung neuer Arbeitsplätze und -abläufe,
- Einführung neuer Arbeitsstoffe beziehungsweise Gefahrstoffe, die ein erhöhtes Gefährdungspotenzial zur Folge haben,
- Beratung der Beschäftigten über besondere Unfall- und Gesundheitsgefahren bei der Arbeit,
- Untersuchung von Unfällen und Berufskrankheiten,
- Erstellung von Notfall- und Alarmplänen.

Ein weiterer Anlass für das Tätigwerden einer Fachkraft für Arbeitssicherheit kann unter anderem die

- Durchführung sicherheitstechnischer Überprüfungen und Beurteilungen von Anlagen, Arbeitssystemen und Arbeitsverfahren sein.

Weitere Anlässe für das Tätigwerden des Betriebsarztes können unter anderem sein

- eine grundlegende Umgestaltung von Arbeitszeit-, Pausen- und Schichtsystemen,
- die Erforderlichkeit der Durchführung arbeitsmedizinischer Vorsorgeuntersuchungen, Beurteilungen und Beratungen,
- Allgemeine arbeitsmedizinisch-toxikologische Beratungen nach § 14 Abs. 3 Gefahrstoffverordnung,
- Suchterkrankungen, die ein gefährdungsfreies Arbeiten beeinträchtigen; psychosoziale Fehlbelastungen,
- Fragen des Arbeitsplatzwechsels sowie der Eingliederung und Wiedereingliederung behinderter Menschen und der (Wieder-)Eingliederung von Rehabilitanden,
- die Häufung gesundheitlicher Probleme,
- das Auftreten posttraumatischer Belastungszustände.

Der Betrieb muss über angemessene und aktuelle Unterlagen verfügen, aus denen das Ergebnis der Gefährdungsbeurteilung, die abgeleiteten Maßnahmen und das Ergebnis der Überprüfung ersichtlich sind. Solche Unterlagen können auch Berichte nach § 5 dieser Unfallverhütungsvorschrift sein.

Ergänzend zur Grundbetreuung können anlassbezogene Beratungen zu spezifischen Fachthemen im Einzelfall auch durch Personen mit spezieller anlassbezogener Fachkunde erbracht werden, die nicht über eine Qualifikation als Betriebsarzt beziehungsweise Fachkraft für Arbeitssicherheit verfügen. Dies kann beispielsweise für Beratungen im Zusammenhang mit Lärmminderungs-, Brandschutz- und Lüftungsmaßnahmen zutreffen. Eine Kombination mit der Grundbetreuung ist in diesen Fällen nicht zulässig.

Unternehmer können sich zur gemeinsamen Nutzung betriebsärztlicher und sicherheitstechnischer Regelbetreuung zusammenschließen, soweit die Möglichkeiten zur Organisation im Betrieb nicht ausreichen.

Die Beschäftigten sind über die Art der praktizierten betriebsärztlichen und sicherheitstechnischen Betreuung zu informieren und darüber in Kenntnis zu setzen, welcher Betriebsarzt und welche Fachkraft für Arbeitssicherheit anzusprechen ist.

Anlage 2
(zu § 2 Abs. 3)

Betriebsärztliche und sicherheitstechnische Regelbetreuung in Betrieben mit mehr als 10 Beschäftigten

1. Allgemeines

Grundlagen von Art und Umfang der betriebsärztlichen und sicherheitstechnischen Betreuung sind die im Betrieb vorliegenden Gefährdungen für Sicherheit und Gesundheit der Beschäftigten sowie die Aufgaben gemäß den §§ 3 beziehungsweise 6 Arbeitssicherheitsgesetz.

Die betriebsärztliche und sicherheitstechnische Betreuung besteht aus der **Grundbetreuung** und dem **betriebsspezifischen Teil der Betreuung**. Grundbetreuung und betriebsspezifische Betreuung bilden zusammen die **Gesamtbetreuung**.

Der Unternehmer hat die Aufgaben der Betriebsärzte und Fachkräfte für Arbeitssicherheit entsprechend den betrieblichen Erfordernissen unter Mitwirkung der betrieblichen Interessenvertretung (z. B. entsprechend Betriebsverfassungsgesetz) sowie unter Verweis auf § 9 Abs. 3 Arbeitssicherheitsgesetz zu ermitteln, aufzuteilen und mit ihnen schriftlich zu vereinbaren.

Die Aufgaben der in allen Betrieben anfallenden **Grundbetreuung** nach Abschnitt 2 werden in Anhang 3 näher erläutert. Maßgeblich für die Bemessung des Betreuungsumfangs der Grundbetreuung sind die für alle Betriebe geltenden Einsatzzeiten gemäß Abschnitt 2.

Zweiter Bestandteil der Gesamtbetreuung ist der **betriebsspezifische Teil**, dessen Aufgaben nach Abschnitt 3 in Anhang 4 näher erläutert werden. Relevanz und Umfang des betriebsspezifischen Teils der Betreuung werden durch den Unternehmer gemäß Abschnitt 3 ermittelt und regelmäßig überprüft.

Der Unternehmer hat sich durch Betriebsarzt und Fachkraft für Arbeitssicherheit bei der Festlegung der Grundbetreuung und des betriebsspezifischen Teils der Betreuung beraten zu lassen.

Die Beschäftigten sind über die Art der praktizierten betriebsärztlichen und sicherheitstechnischen Betreuung zu informieren und darüber in Kenntnis zu setzen, welcher Betriebsarzt und welche Fachkraft für Arbeitssicherheit anzusprechen ist.

Arbeitsmedizinische Vorsorgeuntersuchungen sind nicht auf die Einsatzzeiten der Grundbetreuung anzurechnen, sondern Bestandteil des betriebsspezifischen Teils der Betreuung.

Wegezeiten können nicht als Einsatzzeiten angerechnet werden.

Maßnahmen und Ergebnisse der Leistungserbringung sind im Rahmen der regelmäßigen Berichte von Betriebsarzt und Fachkraft für Arbeitssicherheit nach § 5 zu dokumentieren.

2. Grundbetreuung

Die Grundbetreuung weist drei Betreuungsgruppen auf, für die jeweils feste Einsatzzeiten als Summenwerte für Betriebsarzt und Fachkraft für Arbeitssicherheit gelten. Die Betriebe sind über ihre jeweilige Betriebsart den Betreuungsgruppen gemäß Abschnitt 4 zugeordnet. Für die Grundbetreuung ist je nach Zuordnung in eine der drei Gruppen folgende Einsatzzeit in Stunden pro Beschäftigtem/r und Jahr erforderlich:

	Gruppe I	Gruppe II	Gruppe III
Einsatzzeit (Std./Jahr pro Beschäftigtem/r)	2,5	1,5	0,5

Bei der Aufteilung der Zeiten auf Betriebsärzte und Fachkräfte für Arbeitssicherheit ist ein Mindestanteil von 20 % der Grundbetreuung, jedoch nicht weniger als 0,2 Std./Jahr pro Beschäftigtem/r, für jeden Leistungserbringer anzusetzen.

Die Grundbetreuung umfasst folgende Aufgabenfelder:

1 Unterstützung bei der Gefährdungsbeurteilung (Beurteilung der Arbeitsbedingungen)
  - 1.1 Unterstützung bei der Implementierung eines Gesamtkonzeptes zur Gefährdungsbeurteilung
  - 1.2 Unterstützung bei der Durchführung der Gefährdungsbeurteilung
  - 1.3 Beobachtung der gelebten Praxis und Auswertung der Gefährdungsbeurteilung

2 Unterstützung bei grundlegenden Maßnahmen der Arbeitsgestaltung – Verhältnisprävention
   2.1 Eigeninitiatives Handeln zur Verhältnisprävention an bestehenden Arbeitssystemen
   2.2 Eigeninitiatives Handeln zur Verhältnisprävention bei Veränderung der Arbeitsbedingungen

3 Unterstützung bei grundlegenden Maßnahmen der Arbeitsgestaltung – Verhaltensprävention
   3.1 Unterstützung bei Unterweisungen, Betriebsanweisungen, Qualifizierungsmaßnahmen
   3.2 Motivieren zum sicherheits- und gesundheitsgerechten Verhalten
   3.3 Information und Aufklärung
   3.4 Kollektive arbeitsmedizinische Beratung der Beschäftigten

4 Unterstützung bei der Schaffung einer geeigneten Organisation und Integration in die Führungstätigkeit
   4.1 Integration des Arbeitsschutzes in die Aufbauorganisation
   4.2 Integration des Arbeitsschutzes in die Unternehmensführung
   4.3 Beratung zu erforderlichen Ressourcen zur Umsetzung der Arbeitsschutzmaßnahmen
   4.4 Kommunikation und Information sichern
   4.5 Berücksichtigung der Arbeitsschutzbelange in betrieblichen Prozessen
   4.6 Betriebliche arbeitsschutzspezifische Prozesse organisieren
   4.7 Ständige Verbesserung sicherstellen

5 Untersuchung nach Ereignissen
   5.1 Untersuchungen von Ereignissen, Ursachenanalysen und deren Auswertungen
   5.2 Ermitteln von Unfallschwerpunkten sowie Schwerpunkten arbeitsbedingter Erkrankungen
   5.3 Verbesserungsvorschläge

6 Allgemeine Beratung von Arbeitgebern und Führungskräften, betrieblichen Interessenvertretungen, Beschäftigten
   6.1 Beratung zu Rechtsgrundlagen, Stand der Technik und Arbeitsmedizin, wissenschaftlichen Erkenntnissen
   6.2 Beantwortung von Anfragen
   6.3 Verbreitung der Information im Unternehmen, einschließlich Teambesprechungen

6.4 Externe Beratung zu speziellen Problemen des Arbeitsschutzes organisieren

7 Erstellung von Dokumentationen, Erfüllung von Meldepflichten
7.1 Unterstützung bei der Erstellung von Dokumentationen
7.2 Unterstützung bei der Erfüllung von Meldepflichten gegenüber den zuständigen Behörden und Unfallversicherungsträgern
7.3 Dokumentation von Vorschlägen an den Arbeitgeber einschließlich Angabe des jeweiligen Umsetzungsstandes
7.4 Dokumentation zur eigenen Tätigkeit und zur Inanspruchnahme der Einsatzzeiten

8 Mitwirken in betrieblichen Besprechungen
8.1 Direkte persönliche Beratung von Arbeitgebern
8.2 Teilnahme an Dienstgesprächen des Arbeitgebers mit seinen Führungskräften
8.3 Teilnahme an Besprechungen der betrieblichen Beauftragten entsprechend §§ 9, 10 und 11 Arbeitssicherheitsgesetz
8.4 Teilnahme an sonstigen Besprechungen, einschließlich Betriebsversammlung
8.5 Nutzung eines ständigen Kontaktes mit Führungskräften
8.6 Sitzung des Arbeitsschutzausschusses

9 Selbstorganisation
9.1 Ständige Fortbildung organisieren (Aktualisierung und Erweiterung)
9.2 Wissensmanagement entwickeln und nutzen
9.3 Erfassen und Aufarbeiten von Hinweisen der Beschäftigten
9.4 Erfahrungsaustausch insbesondere mit den Unfallversicherungsträgern und den zuständigen Behörden nutzen

3. Betriebsspezifischer Teil der Betreuung

Der Bedarf an betriebsspezifischer Betreuung wird vom Unternehmer in einem Verfahren ermittelt, das die nachfolgend aufgeführten Aufgabenfelder sowie Auslöse- und Aufwandskriterien berücksichtigt. Das Verfahren erfordert, dass der Unternehmer alle Aufgabenfelder hinsichtlich ihrer Relevanz für die betriebsärztliche und sicherheitstechnische Betreuung regelmäßig, insbesondere nach wesentlichen Änderungen, prüft. Die Aufgabenfelder sind:

1 Regelmäßig vorliegende betriebsspezifische Unfall- und Gesundheitsgefahren, Erfordernisse zur menschengerechten Arbeitsgestaltung

1.1 Besondere Tätigkeiten
1.2 Arbeitsplätze und Arbeitsstätten, die besondere Risiken aufweisen
1.3 Arbeitsaufgaben und Arbeitsorganisation mit besonderen Risiken
1.4 Erfordernis arbeitsmedizinischer Vorsorge
1.5 Erfordernis besonderer betriebsspezifischer Anforderungen beim Personaleinsatz
1.6 Sicherheit und Gesundheit unter den Bedingungen des demografischen Wandels
1.7 Arbeitsgestaltung zur Vermeidung arbeitsbedingter Gesundheitsgefahren, Erhalt der individuellen gesundheitlichen Ressourcen im Zusammenhang mit der Arbeit
1.8 Unterstützung bei der Weiterentwicklung eines Gesundheitsmanagements

2 Betriebliche Veränderungen in den Arbeitsbedingungen und in der Organisation
2.1 Beschaffung von grundlegend neuartigen Maschinen, Geräten
2.2 Grundlegende Veränderungen zur Errichtung neuer Arbeitsplätze beziehungsweise der Arbeitsplatzausstattung; Planung, Neuerrichtung von Betriebsanlagen; Umbau, Neubaumaßnahmen
2.3 Einführung völlig neuer Stoffe, Materialien
2.4 Grundlegende Veränderung betrieblicher Abläufe und Prozesse; grundlegende Veränderung der Arbeitszeitgestaltung; grundlegende Änderung, Einführung neuer Arbeitsverfahren
2.5 Spezifische Erfordernisse zur Schaffung einer geeigneten Organisation zur Durchführung der Maßnahmen des Arbeitsschutzes sowie der Integration in die Führungstätigkeit und zum Aufbau eines Systems der Gefährdungsbeurteilung

3 Externe Entwicklung mit spezifischem Einfluss auf die betriebliche Situation
3.1 Neue Vorschriften, die für den Betrieb umfangreiche Änderungen nach sich ziehen
3.2 Weiterentwicklung des für den Betrieb relevanten Stands der Technik und Arbeitsmedizin

4 Betriebliche Aktionen, Programme und Maßnahmen
Schwerpunktprogramme, Kampagnen sowie Unterstützung von Aktionen zur Gesundheitsförderung

Ein Verfahren zur Ermittlung der Betreuungsleistungen einschließlich der Anwendung der Auslöse- und Aufwandskriterien ist in Anhang 4 näher erläutert.

Die Ermittlung von Dauer und Umfang der betriebsspezifischen Betreuung beinhaltet die Prüfung durch den Unternehmer, welche Aufgaben im Betrieb erforderlich sind und die Festlegung des entsprechenden Personalaufwandes für die Aufgabenerledigung. Er hat auf der Grundlage des ermittelten Personalaufwandes die Betreuungsleistung mit Betriebsarzt und Fachkraft für Arbeitssicherheit festzulegen und schriftlich zu vereinbaren.

4. Zuordnung der Betriebsarten zu den Betreuungsgruppen

Die nachfolgende Tabelle weist die Zuordnung der Betriebe anhand des WZ-Schlüssels der jeweiligen Betriebsart zu den Betreuungsgruppen der Grundbetreuung nach Abschnitt 2 aus.

Auszug für die Berufsgenossenschaft der Bauwirtschaft aus der Klassifikation der Wirtschaftszweige, Ausgabe 2008 (WZ 2008). Eine vollständige Liste mit den Angaben aller Unfallversicherungsträger wird bei der Deutschen Gesetzlichen Unfallversicherung (DGUV) geführt.

Lfd. Nr.	WZ 2008 Kode	WZ 2008-Bezeichnung	Gruppe I 2,5 h	Gruppe II 1,5 h	Gruppe III 0,5 h
	23.72	Steinmetzmäßige Bearbeitung von Naturwerkstein		x	
677	30.1	Schiff- und Bootsbau	x		
823	41.2	Bau von Gebäuden	x		
829	42.11	Bau von Straßen		x	
831	42.12	Bau von Bahnverkehrsstrecken	x		
833	42.13	Brücken- und Tunnelbau	x		
836	42.21	Rohrleitungstiefbau, Brunnenbau und Kläranlagenbau		x	
840	42.9	Sonstiger Tiefbau		x	
846	43.1	Abbrucharbeiten und vorbereitende Baustellenarbeiten	x		
861	43.3	Sonstiger Ausbau		x	
1576	81.21	Allgemeine Gebäudereinigung			x

Anlage 3
(zu § 2 Abs. 4)

Alternative bedarfsorientierte betriebsärztliche und sicherheitstechnische Betreuung in Betrieben mit bis zu 50 Beschäftigten

1. Allgemeines

Bei der Anwendung der alternativen bedarfsorientierten betriebsärztlichen und sicherheitstechnischen Betreuung wird der Unternehmer zu Fragen der Sicherheit und des Gesundheitsschutzes im Betrieb informiert und für die Durchführung der erforderlichen Maßnahmen motiviert. Die alternative bedarfsorientierte betriebsärztliche und sicherheitstechnische Betreuung besteht aus Informations- und Motivationsmaßnahmen, Fortbildungsmaßnahmen und der Inanspruchnahme der bedarfsorientierten Betreuung.

Die Beschäftigten werden über die Art der praktizierten betriebsärztlichen und sicherheitstechnischen Betreuung informiert und wissen, welcher Betriebsarzt und welche Fachkraft für Arbeitssicherheit anzusprechen ist.

2. Motivations-, Informations- und Fortbildungsmaßnahmen

Die Informations- und Motivationsmaßnahmen umfassen insgesamt 24 Lehreinheiten in Präsenz sowie 8 Lehreinheiten als Selbstlernmaßnahme inkl. Lernerfolgskontrollen. Sie sind innerhalb von 3 Jahren zu absolvieren.

Eine entsprechende Vorbildung der Unternehmer kann durch die Berufsgenossenschaft bei der Festlegung des Umfangs der Informations- und Motivationsmaßnahmen berücksichtigt werden. Der Erwerb dieser Vorbildung sollte nicht länger als 5 Jahre zurückliegen.

Im Anschluss an die Informations- und Motivationsmaßnahmen nimmt der Unternehmer im Abstand von höchstens 3 Jahren an von der Berufsgenossenschaft durchgeführten oder von der Berufsgenossenschaft anerkannten Fortbildungsmaßnahmen teil; der Umfang beträgt mindestens 8 Lehreinheiten.

Inhalte der Motivations- und Informationsmaßnahmen sind insbesondere:

- die Integration des Arbeits- und Gesundheitsschutzes in die betrieblichen Entscheidungen,

- die rechtliche Verantwortlichkeit der Unternehmer für den Arbeitsschutz,
- die wirtschaftliche Bedeutung des Arbeitsschutzes,
- die Umsetzung der Arbeitsschutzvorschriften im Betrieb anhand konkreter Beispiele,
- das Erkennen von Belastungen und Gefährdungen des Arbeitnehmers bei der Arbeit und deren Auswirkungen,
- die Berücksichtigung von Belangen des Arbeitsschutzes bei der Planung von Neu-, Ergänzungs- und Umbauten im Betrieb,
- die Beurteilung von Maschinen, Betriebsanlagen, Arbeitsmitteln und -verfahren anhand konkreter Beispiele unter sicherheitstechnischen und ergonomischen Gesichtspunkten,
- spezielle Gefährdungen, z. B. durch Gefahrstoffe, Lärm und Vibration.

3. Bedarfsorientierte Betreuung

Nach dem Abschluss der Motivations- und Informationsmaßnahmen kann der Unternehmer über die Notwendigkeit und das Ausmaß einer externen Betreuung selbst entscheiden. Eine sachgerechte bedarfsorientierte betriebsärztliche und sicherheitstechnische Betreuung im Betrieb erfolgt auf der Grundlage der Gefährdungsbeurteilung, die erforderlichenfalls unter Einschaltung von Betriebsarzt und Fachkraft für Arbeitssicherheit mit branchenspezifischen Kenntnissen durchgeführt wird.

Darüber hinaus ist der Unternehmer verpflichtet, sich bei **besonderen Anlässen** qualifiziert in Fragen der Sicherheit und des Gesundheitsschutzes durch einen Betriebsarzt oder eine Fachkraft für Arbeitssicherheit mit branchenbezogener Fachkunde betreuen zu lassen. Besondere Anlässe für eine Betreuung durch den Betriebsarzt und die Fachkraft für Arbeitssicherheit können unter anderem sein, die

- Planung, Errichtung und Änderung von Betriebsanlagen,
- Einführung neuer Arbeitsmittel, die ein erhöhtes Gefährdungspotenzial zur Folge haben,
- grundlegende Änderung von Arbeitsverfahren,
- Einführung neuer Arbeitsverfahren,
- Gestaltung neuer Arbeitsplätze und -abläufe,
- Einführung neuer Arbeitsstoffe beziehungsweise Gefahrstoffe, die ein erhöhtes Gefährdungspotenzial zur Folge haben,
- Untersuchung von Unfällen und Berufskrankheiten,

- Beratung der Beschäftigten über besondere Unfall- und Gesundheitsgefahren bei der Arbeit,
- Erstellung von Notfall- und Alarmplänen.

Ein weiterer Anlass für das Tätigwerden einer Fachkraft für Arbeitssicherheit kann unter anderem sein, die

- Durchführung sicherheitstechnischer Überprüfungen und Beurteilungen von Anlagen, Arbeitssystemen und Arbeitsverfahren.

Weitere Anlässe für das Tätigwerden eines Betriebsarztes können unter anderem sein

- eine grundlegende Umgestaltung von Arbeitszeit-, Pausen- und Schichtsystemen,
- die Erforderlichkeit der Durchführung arbeitsmedizinischer Vorsorgeuntersuchungen, Beurteilungen und Beratungen,
- allgemeine arbeitsmedizinisch-toxikologische Beratungen nach § 14 Abs. 3 Gefahrstoffverordnung,
- Suchterkrankungen, die ein gefährdungsfreies Arbeiten beeinträchtigen; psychosoziale Fehlbelastungen,
- Fragen des Arbeitsplatzwechsels sowie der Eingliederung und Wiedereingliederung behinderter Menschen und der (Wieder-)Eingliederung von Rehabilitanden,
- die Häufung gesundheitlicher Probleme,
- das Auftreten posttraumatischer Belastungszustände.

Anlassbezogene Beratungen zu spezifischen Fachthemen können im Einzelfall auch durch Personen mit spezieller anlassbezogener Fachkunde erbracht werden, die nicht über eine Qualifikation als Betriebsarzt beziehungsweise Fachkraft für Arbeitssicherheit verfügen. Dies kann beispielsweise für Beratungen im Zusammenhang mit Lärmminderungs-, Brandschutz- und Lüftungsmaßnahmen zutreffen.

4. Schriftliche Nachweise

Im Betrieb sind die nachfolgend aufgeführten schriftlichen Nachweise zur Einsichtnahme durch die zuständigen Aufsichtsorgane vorzuhalten:

- Teilnahmenachweise an den Maßnahmen zur Motivation, Information sowie der Fortbildung,

- aktuelle Unterlagen über die im Betrieb durchgeführte Gefährdungsbeurteilung,
- Berichte nach § 5 dieser Unfallverhütungsvorschrift.

Erfüllt der Unternehmer seine Verpflichtungen im Rahmen der alternativen bedarfsorientierten Betreuungsform nicht, unterliegt er mit seinem Betrieb der Regelbetreuung nach § 2 Abs. 2 oder 3 dieser Unfallverhütungsvorschrift.

Anlage 4
(zu § 2 Abs. 4)

Alternative bedarfsorientierte betriebsärztliche und sicherheitstechnische Betreuung in Betrieben mit bis zu 10 Beschäftigten durch Kompetenzzentren

Als Voraussetzung für die Teilnahme am alternativen Betreuungsmodell der bedarfsorientierten betriebsärztlichen und sicherheitstechnischen Betreuung durch Kompetenzzentren wird der Unternehmer zu Fragen der Sicherheit und des Gesundheitsschutzes im Betrieb informiert und für die Durchführung der erforderlichen Maßnahmen motiviert. Die alternative bedarfsorientierte betriebsärztliche und sicherheitstechnische Betreuung besteht aus Motivations- und Informationsmaßnahmen und der Inanspruchnahme der bedarfsorientierten Betreuung.

Es können nur Kompetenzzentren gewählt werden, die von der Berufsgenossenschaft der Bauwirtschaft anerkannt sind.

Die Motivations- und Informationsmaßnahmen umfassen 8 Lehreinheiten in Präsenz sowie Selbstlernmaßnahmen inkl. Lernerfolgskontrollen.

Schwerpunktthemen sind insbesondere:

- Arbeitsschutz als Führungsaufgabe und Unternehmensziel,
- Grundlagen des Arbeits- und Gesundheitsschutzes,
- Wirtschaftliche Aspekte des Arbeitsschutzes,
- Branchenspezifische Gefährdungspotenziale und Probleme des Arbeitsschutzes,
- Durchführung und Dokumentation von Gefährdungsbeurteilungen,
- Verfahren zur Feststellung des betrieblichen Beratungsbedarfs.

Der Fortbildung dienen Veranstaltungsangebote der Kompetenzzentren sowie Fachinformationen des Unfallversicherungsträgers.

Nach dem Abschluss der Motivations- und Informationsmaßnahmen kann der Unternehmer über die Notwendigkeit und das Ausmaß einer externen Betreuung selbst entscheiden. Die Betreuung der Betriebe erfolgt über Kompetenzzentren.

Eine sachgerechte bedarfsorientierte betriebsärztliche und sicherheitstechnische Betreuung im Betrieb erfolgt auf der Grundlage der Gefährdungsbeurteilung. Zu deren Erstellung oder Aktualisierung kann der Unternehmer sein zuständiges Kompetenzzentrum hinzuziehen.

Darüber hinaus ist der Unternehmer verpflichtet, sich bei **besonderen Anlässen** qualifiziert in Fragen der Sicherheit und des Gesundheitsschutzes durch das Kompetenzzentrum betreuen zu lassen. Besondere Anlässe für eine Betreuung durch den Betriebsarzt und die Fachkraft für Arbeitssicherheit können sein, die

- Planung, Errichtung und Änderung von Betriebsanlagen,
- Einführung neuer Arbeitsmittel, die ein erhöhtes Gefährdungspotenzial zur Folge haben,
- grundlegende Änderung von Arbeitsverfahren,
- Einführung neuer Arbeitsverfahren,
- Gestaltung neuer Arbeitsplätze und -abläufe,
- Einführung neuer Arbeitsstoffe beziehungsweise Gefahrstoffe, die ein erhöhtes Gefährdungspotenzial zur Folge haben,
- Untersuchung von Unfällen und Berufskrankheiten,
- Beratung der Beschäftigten über besondere Unfall- und Gesundheitsgefahren bei der Arbeit,
- Erstellung von Notfall- und Alarmplänen.

Ein weiterer Anlass für das Tätigwerden einer Fachkraft für Arbeitssicherheit kann sein, die

- Durchführung sicherheitstechnischer Überprüfungen und Beurteilungen von Anlagen, Arbeitssystemen und Arbeitsverfahren.

Weitere Anlässe für das Tätigwerden eines Betriebsarztes können sein

- eine grundlegende Umgestaltung von Arbeitszeit-, Pausen- und Schichtsystemen,

- die Erforderlichkeit der Durchführung arbeitsmedizinischer Vorsorgeuntersuchungen, Beurteilungen und Beratungen,
- allgemeine arbeitsmedizinisch-toxikologische Beratungen nach § 14 Abs. 3 Gefahrstoffverordnung,
- Suchterkrankungen, die ein gefährdungsfreies Arbeiten beeinträchtigen; psychosoziale Fehlbelastungen,
- Fragen des Arbeitsplatzwechsels sowie der Eingliederung und Wiedereingliederung behinderter Menschen und der (Wieder-)Eingliederung von Rehabilitanden,
- die Häufung gesundheitlicher Probleme,
- das Vorliegen posttraumatischer Belastungszustände.

Im Betrieb sind die nachfolgend aufgeführten schriftlichen Nachweise zur Einsichtnahme durch die zuständigen Aufsichtsorgane vorzuhalten:

- Teilnahmenachweise an den Maßnahmen zur Motivation und Information,
- aktuelle Unterlagen, über die im Betrieb durchgeführte Gefährdungsbeurteilung,
- Die Berichte nach § 5 dieser Unfallverhütungsvorschrift über die Inanspruchnahme externer bedarfsorientierter Betreuung.

Die Beschäftigten werden über die Art der praktizierten betriebsärztlichen und sicherheitstechnischen Betreuung informiert und wissen, welches Kompetenzzentrum anzusprechen ist.

Erfüllt der Unternehmer seine Verpflichtungen im Rahmen der alternativen bedarfsorientierten Betreuungsform nicht, unterliegt er mit seinem Betrieb der Regelbetreuung nach § 2 Abs. 2 dieser Unfallverhütungsvorschrift.

Hinweis: Auf den Abdruck der Anhänge 1 bis 4 wurde verzichtet. Sie enthalten keine rechtsverbindlichen Regelungen.

Anhang 5

Gesetz über Betriebsärzte, Sicherheitsingenieure und andere Fachkräfte für Arbeitssicherheit – ASiG

„Gesetz über Betriebsärzte, Sicherheitsingenieure und andere Fachkräfte für Arbeitssicherheit vom 12. Dezember 1973 (BGBl. I S. 1885), das zuletzt durch

Artikel 226 der Verordnung vom 31. Oktober 2006 (BGBl. I S. 2407) geändert worden ist”

Stand: Zuletzt geändert durch Art. 226 V v. 31.10.2006 I 2407

Erster Abschnitt

§ 1 Grundsatz

Der Arbeitgeber hat nach Maßgabe dieses Gesetzes Betriebsärzte und Fachkräfte für Arbeitssicherheit zu bestellen. Diese sollen ihn beim Arbeitsschutz und bei der Unfallverhütung unterstützen. Damit soll erreicht werden, dass

1. die dem Arbeitsschutz und der Unfallverhütung dienenden Vorschriften den besonderen Betriebsverhältnissen entsprechend angewandt werden,
2. gesicherte arbeitsmedizinische und sicherheitstechnische Erkenntnisse zur Verbesserung des Arbeitsschutzes und der Unfallverhütung verwirklicht werden können,
3. die dem Arbeitsschutz und der Unfallverhütung dienenden Maßnahmen einen möglichst hohen Wirkungsgrad erreichen.

Zweiter Abschnitt
Betriebsärzte

§ 2 Bestellung von Betriebsärzten

(1) Der Arbeitgeber hat Betriebsärzte schriftlich zu bestellen und ihnen die in § 3 genannten Aufgaben zu übertragen, soweit dies erforderlich ist im Hinblick auf

1. die Betriebsart und die damit für die Arbeitnehmer verbundenen Unfall- und Gesundheitsgefahren,
2. die Zahl der beschäftigten Arbeitnehmer und die Zusammensetzung der Arbeitnehmerschaft und
3. die Betriebsorganisation, insbesondere im Hinblick auf die Zahl und die Art der für den Arbeitsschutz und die Unfallverhütung verantwortlichen Personen.

(2) Der Arbeitgeber hat dafür zu sorgen, dass die von ihm bestellten Betriebsärzte ihre Aufgaben erfüllen. Er hat sie bei der Erfüllung ihrer Aufgaben

zu unterstützen; insbesondere ist er verpflichtet, ihnen, soweit dies zur Erfüllung ihrer Aufgaben erforderlich ist, Hilfspersonal sowie Räume, Einrichtungen, Geräte und Mittel zur Verfügung zu stellen. Er hat sie über den Einsatz von Personen zu unterrichten, die mit einem befristeten Arbeitsvertrag beschäftigt oder ihm zur Arbeitsleistung überlassen sind.

(3) Der Arbeitgeber hat den Betriebsärzten die zur Erfüllung ihrer Aufgaben erforderliche Fortbildung unter Berücksichtigung der betrieblichen Belange zu ermöglichen. Ist der Betriebsarzt als Arbeitnehmer eingestellt, so ist er für die Zeit der Fortbildung unter Fortentrichtung der Arbeitsvergütung von der Arbeit freizustellen. Die Kosten der Fortbildung trägt der Arbeitgeber. Ist der Betriebsarzt nicht als Arbeitnehmer eingestellt, so ist er für die Zeit der Fortbildung von der Erfüllung der ihm übertragenen Aufgaben freizustellen

§ 3 Aufgaben der Betriebsärzte

(1) Die Betriebsärzte haben die Aufgabe, den Arbeitgeber beim Arbeitsschutz und bei der Unfallverhütung in allen Fragen des Gesundheitsschutzes zu unterstützen. Sie haben insbesondere

1. den Arbeitgeber und die sonst für den Arbeitsschutz und die Unfallverhütung verantwortlichen Personen zu beraten, insbesondere bei
   a) der Planung, Ausführung und Unterhaltung von Betriebsanlagen und von sozialen und sanitären Einrichtungen,
   b) der Beschaffung von technischen Arbeitsmitteln und der Einführung von Arbeitsverfahren und Arbeitsstoffen,
   c) der Auswahl und Erprobung von Körperschutzmitteln,
   d) arbeitsphysiologischen, arbeitspsychologischen und sonstigen ergonomischen sowie arbeitshygienischen Fragen, insbesondere des Arbeitsrhythmus, der Arbeitszeit und der Pausenregelung, der Gestaltung der Arbeitsplätze, des Arbeitsablaufs und der Arbeitsumgebung,
   e) der Organisation der „Ersten Hilfe" im Betrieb,
   f) Fragen des Arbeitsplatzwechsels sowie der Eingliederung und Wiedereingliederung Behinderter in den Arbeitsprozess,
   g) der Beurteilung der Arbeitsbedingungen,

2. die Arbeitnehmer zu untersuchen, arbeitsmedizinisch zu beurteilen und zu beraten sowie die Untersuchungsergebnisse zu erfassen und auszuwerten,

3. die Durchführung des Arbeitsschutzes und der Unfallverhütung zu beobachten und im Zusammenhang damit
   a) die Arbeitsstätten in regelmäßigen Abständen zu begehen und festgestellte Mängel dem Arbeitgeber oder der sonst für den Arbeitsschutz und die Unfallverhütung verantwortlichen Person mitzuteilen, Maßnahmen zur Beseitigung dieser Mängel vorzuschlagen und auf deren Durchführung hinzuwirken,
   b) auf die Benutzung der Körperschutzmittel zu achten,
   c) Ursachen von arbeitsbedingten Erkrankungen zu untersuchen, die Untersuchungsergebnisse zu erfassen und auszuwerten und dem Arbeitgeber Maßnahmen zur Verhütung dieser Erkrankungen vorzuschlagen,

4. darauf hinzuwirken, dass sich alle im Betrieb Beschäftigten den Anforderungen des Arbeitsschutzes und der Unfallverhütung entsprechend verhalten, insbesondere sie über die Unfall- und Gesundheitsgefahren, denen sie bei der Arbeit ausgesetzt sind, sowie über die Einrichtungen und Maßnahmen zur Abwendung dieser Gefahren zu belehren und bei der Einsatzplanung und Schulung der Helfer in „Erster Hilfe" und des medizinischen Hilfspersonals mitzuwirken.

(2) Die Betriebsärzte haben auf Wunsch des Arbeitnehmers diesem das Ergebnis arbeitsmedizinischer Untersuchungen mitzuteilen; § 8 Abs. 1 Satz 3 bleibt unberührt.

(3) Zu den Aufgaben der Betriebsärzte gehört es nicht, Krankmeldungen der Arbeitnehmer auf ihre Berechtigung zu überprüfen.

§ 4 Anforderungen an Betriebsärzte

Der Arbeitgeber darf als Betriebsärzte nur Personen bestellen, die berechtigt sind, den ärztlichen Beruf auszuüben, und die über die zur Erfüllung der ihnen übertragenen Aufgaben erforderliche arbeitsmedizinische Fachkunde verfügen.

Dritter Abschnitt
Fachkräfte für Arbeitssicherheit

§ 5 Bestellung von Fachkräften für Arbeitssicherheit

(1) Der Arbeitgeber hat Fachkräfte für Arbeitssicherheit (Sicherheitsingenieure, -techniker, -meister) schriftlich zu bestellen und ihnen die in § 6 genannten Aufgaben zu übertragen, soweit dies erforderlich ist im Hinblick auf

1. die Betriebsart und die damit für die Arbeitnehmer verbundenen Unfall- und Gesundheitsgefahren,
2. die Zahl der beschäftigten Arbeitnehmer und die Zusammensetzung der Arbeitnehmerschaft,
3. die Betriebsorganisation, insbesondere im Hinblick auf die Zahl und Art der für den Arbeitsschutz und die Unfallverhütung verantwortlichen Personen,
4. die Kenntnisse und die Schulung des Arbeitgebers oder der nach § 13 Abs. 1 Nr. 1, 2 oder 3 des Arbeitsschutzgesetzes verantwortlichen Personen in Fragen des Arbeitsschutzes.

(2) Der Arbeitgeber hat dafür zu sorgen, dass die von ihm bestellten Fachkräfte für Arbeitssicherheit ihre Aufgaben erfüllen. Er hat sie bei der Erfüllung ihrer Aufgaben zu unterstützen; insbesondere ist er verpflichtet, ihnen, soweit dies zur Erfüllung ihrer Aufgaben erforderlich ist, Hilfspersonal sowie Räume, Einrichtungen, Geräte und Mittel zur Verfügung zu stellen. Er hat sie über den Einsatz von Personen zu unterrichten, die mit einem befristeten Arbeitsvertrag beschäftigt oder ihm zur Arbeitsleistung überlassen sind.

(3) Der Arbeitgeber hat den Fachkräften für Arbeitssicherheit die zur Erfüllung ihrer Aufgaben erforderliche Fortbildung unter Berücksichtigung der betrieblichen Belange zu ermöglichen. Ist die Fachkraft für Arbeitssicherheit als Arbeitnehmer eingestellt, so ist sie für die Zeit der Fortbildung unter Fortentrichtung der Arbeitsvergütung von der Arbeit freizustellen. Die Kosten der Fortbildung trägt der Arbeitgeber. Ist die Fachkraft für Arbeitssicherheit nicht als Arbeitnehmer eingestellt, so ist sie für die Zeit der Fortbildung von der Erfüllung der ihr übertragenen Aufgaben freizustellen.

§ 6 Aufgaben der Fachkräfte für Arbeitssicherheit

Die Fachkräfte für Arbeitssicherheit haben die Aufgabe, den Arbeitgeber beim Arbeitsschutz und bei der Unfallverhütung in allen Fragen der Arbeitssicherheit einschließlich der menschengerechten Gestaltung der Arbeit zu unterstützen. Sie haben insbesondere

1. den Arbeitgeber und die sonst für den Arbeitsschutz und die Unfallverhütung verantwortlichen Personen zu beraten, insbesondere bei
   a) der Planung, Ausführung und Unterhaltung von Betriebsanlagen und von sozialen und sanitären Einrichtungen,
   b) der Beschaffung von technischen Arbeitsmitteln und der Einführung von Arbeitsverfahren und Arbeitsstoffen,
   c) der Auswahl und Erprobung von Körperschutzmitteln,
   d) der Gestaltung der Arbeitsplätze, des Arbeitsablaufs, der Arbeitsumgebung und in sonstigen Fragen der Ergonomie,
   e) der Beurteilung der Arbeitsbedingungen,

2. die Betriebsanlagen und die technischen Arbeitsmittel insbesondere vor der Inbetriebnahme und Arbeitsverfahren insbesondere vor ihrer Einführung sicherheitstechnisch zu überprüfen,

3. die Durchführung des Arbeitsschutzes und der Unfallverhütung zu beobachten und im Zusammenhang damit
   a) die Arbeitsstätten in regelmäßigen Abständen zu begehen und festgestellte Mängel dem Arbeitgeber oder der sonst für den Arbeitsschutz und die Unfallverhütung verantwortlichen Person mitzuteilen, Maßnahmen zur Beseitigung dieser Mängel vorzuschlagen und auf deren Durchführung hinzuwirken,
   b) auf die Benutzung der Körperschutzmittel zu achten,
   c) Ursachen von Arbeitsunfällen zu untersuchen, die Untersuchungsergebnisse zu erfassen und auszuwerten und dem Arbeitgeber Maßnahmen zur Verhütung dieser Arbeitsunfälle vorzuschlagen,

4. darauf hinzuwirken, dass sich alle im Betrieb Beschäftigten den Anforderungen des Arbeitsschutzes und der Unfallverhütung entsprechend verhalten, insbesondere sie über die Unfall- und Gesundheitsgefahren, denen sie bei der Arbeit ausgesetzt sind, sowie über die Einrichtungen und Maßnahmen zur Abwendung dieser Gefahren zu belehren und bei der Schulung der Sicherheitsbeauftragten mitzuwirken.

§ 7 Anforderungen an Fachkräfte für Arbeitssicherheit

(1) Der Arbeitgeber darf als Fachkräfte für Arbeitssicherheit nur Personen bestellen, die den nachstehenden Anforderungen genügen: Der Sicherheitsingenieur muss berechtigt sein, die Berufsbezeichnung Ingenieur zu führen und über die zur Erfüllung der ihm übertragenen Aufgaben erforderliche sicherheitstechnische Fachkunde verfügen. Der Sicherheitstechniker oder -meister muss über die zur Erfüllung der ihm übertragenen Aufgaben erforderliche sicherheitstechnische Fachkunde verfügen.

(2) Die zuständige Behörde kann es im Einzelfall zulassen, dass an Stelle eines Sicherheitsingenieurs, der berechtigt ist, die Berufsbezeichnung Ingenieur zu führen, jemand bestellt werden darf, der zur Erfüllung der sich aus § 6 ergebenden Aufgaben über entsprechende Fachkenntnisse verfügt.

Vierter Abschnitt
Gemeinsame Vorschriften

§ 8 Unabhängigkeit bei der Anwendung der Fachkunde

(1) Betriebsärzte und Fachkräfte für Arbeitssicherheit sind bei der Anwendung ihrer arbeitsmedizinischen und sicherheitstechnischen Fachkunde weisungsfrei. Sie dürfen wegen der Erfüllung der ihnen übertragenen Aufgaben nicht benachteiligt werden. Betriebsärzte sind nur ihrem ärztlichen Gewissen unterworfen und haben die Regeln der ärztlichen Schweigepflicht zu beachten.

(2) Betriebsärzte und Fachkräfte für Arbeitssicherheit oder, wenn für einen Betrieb mehrere Betriebsärzte oder Fachkräfte für Arbeitssicherheit bestellt sind, der leitende Betriebsarzt und die leitende Fachkraft für Arbeitssicherheit, unterstehen unmittelbar dem Leiter des Betriebs.

(3) Können sich Betriebsärzte oder Fachkräfte für Arbeitssicherheit über eine von ihnen vorgeschlagene arbeitsmedizinische oder sicherheitstechnische Maßnahme mit dem Leiter des Betriebs nicht verständigen, so können sie ihren Vorschlag unmittelbar dem Arbeitgeber und, wenn dieser eine juristische Person ist, dem zuständigen Mitglied des zur gesetzlichen Vertretung berufenen Organs unterbreiten. Ist für einen Betrieb oder ein Unternehmen ein leitender Betriebsarzt oder eine leitende Fachkraft für

Arbeitssicherheit bestellt, steht diesen das Vorschlagsrecht nach Satz 1 zu. Lehnt der Arbeitgeber oder das zuständige Mitglied des zur gesetzlichen Vertretung berufenen Organs den Vorschlag ab, so ist dies den Vorschlagenden schriftlich mitzuteilen und zu begründen; der Betriebsrat erhält eine Abschrift.

§ 9 Zusammenarbeit mit dem Betriebsrat

(1) Die Betriebsärzte und die Fachkräfte für Arbeitssicherheit haben bei der Erfüllung ihrer Aufgaben mit dem Betriebsrat zusammenzuarbeiten.

(2) Die Betriebsärzte und die Fachkräfte für Arbeitssicherheit haben den Betriebsrat über wichtige Angelegenheiten des Arbeitsschutzes und der Unfallverhütung zu unterrichten; sie haben ihm den Inhalt eines Vorschlags mitzuteilen, den sie nach § 8 Abs. 3 dem Arbeitgeber machen. Sie haben den Betriebsrat auf sein Verlangen in Angelegenheiten des Arbeitsschutzes und der Unfallverhütung zu beraten.

(3) Die Betriebsärzte und Fachkräfte für Arbeitssicherheit sind mit Zustimmung des Betriebsrats zu bestellen und abzuberufen. Das gleiche gilt, wenn deren Aufgaben erweitert oder eingeschränkt werden sollen; im übrigen gilt § 87 in Verbindung mit § 76 des Betriebsverfassungsgesetzes. Vor der Verpflichtung oder Entpflichtung eines freiberuflich tätigen Arztes, einer freiberuflich tätigen Fachkraft für Arbeitssicherheit oder eines überbetrieblichen Dienstes ist der Betriebsrat zu hören.

§ 10 Zusammenarbeit der Betriebsärzte und der Fachkräfte für Arbeitssicherheit

Die Betriebsärzte und die Fachkräfte für Arbeitssicherheit haben bei der Erfüllung ihrer Aufgaben zusammenzuarbeiten. Dazu gehört es insbesondere, gemeinsame Betriebsbegehungen vorzunehmen. Die Betriebsärzte und die Fachkräfte für Arbeitssicherheit arbeiten bei der Erfüllung ihrer Aufgaben mit den anderen im Betrieb für Angelegenheiten der technischen Sicherheit, des Gesundheits- und des Umweltschutzes beauftragten Personen zusammen.

§ 11 Arbeitsschutzausschuss

Soweit in einer sonstigen Rechtsvorschrift nichts anderes bestimmt ist, hat der Arbeitgeber in Betrieben mit mehr als zwanzig Beschäftigten einen Arbeitsschutzausschuss zu bilden; bei der Feststellung der Zahl der Beschäftigen sind Teilzeitbeschäftigte mit einer regelmäßigen wöchentlichen Arbeitszeit von nicht mehr als 20 Stunden mit 0,5 und nicht mehr als 30 Stunden mit 0,75 zu berücksichtigen. Dieser Ausschuss setzt sich zusammen aus:

dem Arbeitgeber oder einem von ihm Beauftragten,

zwei vom Betriebsrat bestimmten Betriebsratsmitgliedern, Betriebsärzten,

Fachkräften für Arbeitssicherheit und

Sicherheitsbeauftragten nach § 22 des Siebten Buches Sozialgesetzbuch.

Der Arbeitsschutzausschuss hat die Aufgabe, Anliegen des Arbeitsschutzes und der Unfallverhütung zu beraten. Der Arbeitsschutzausschuss tritt mindestens einmal vierteljährlich zusammen.

§ 12 Behördliche Anordnungen

(1) Die zuständige Behörde kann im Einzelfall anordnen, welche Maßnahmen der Arbeitgeber zur Erfüllung der sich aus diesem Gesetz und den die gesetzlichen Pflichten näher bestimmenden Rechtsverordnungen und Unfallverhütungsvorschriften ergebenden Pflichten, insbesondere hinsichtlich der Bestellung von Betriebsärzten und Fachkräften für Arbeitssicherheit, zu treffen hat.

(2) Die zuständige Behörde hat, bevor sie eine Anordnung trifft,

1. den Arbeitgeber und den Betriebsrat zu hören und mit ihnen zu erörtern, welche Maßnahmen angebracht erscheinen und
2. dem zuständigen Träger der gesetzlichen Unfallversicherung Gelegenheit zu geben, an der Erörterung mit dem Arbeitgeber teilzunehmen und zu der von der Behörde in Aussicht genommenen Anordnung Stellung zu nehmen.

(3) Die zuständige Behörde hat dem Arbeitgeber zur Ausführung der Anordnung eine angemessene Frist zu setzen.

(4) Die zuständige Behörde hat den Betriebsrat über eine gegenüber dem Arbeitgeber getroffene Anordnung schriftlich in Kenntnis zu setzen.

§ 13 Auskunfts- und Besichtigungsrechte

(1) Der Arbeitgeber hat der zuständigen Behörde auf deren Verlangen die zur Durchführung des Gesetzes erforderlichen Auskünfte zu erteilen. Er kann die Auskunft auf solche Fragen verweigern, deren Beantwortung ihn selbst oder einen der in § 383 Abs. 1 Nr. 1 bis 3 der Zivilprozessordnung bezeichneten Angehörigen der Gefahr strafgerichtlicher Verfolgung oder eines Verfahrens nach dem Gesetz über Ordnungswidrigkeiten aussetzen würde.

(2) Die Beauftragten der zuständigen Behörde sind berechtigt, die Arbeitsstätten während der üblichen Betriebs- und Arbeitszeit zu betreten und zu besichtigen; außerhalb dieser Zeit oder wenn sich die Arbeitsstätten in einer Wohnung befinden, dürfen sie nur zur Verhütung von dringenden Gefahren für die öffentliche Sicherheit und Ordnung betreten und besichtigt werden. Das Grundrecht der Unverletzlichkeit der Wohnung (Artikel 13 des Grundgesetzes) wird insoweit eingeschränkt.

§ 14 Ermächtigung zum Erlass von Rechtsverordnungen

(1) Das Bundesministerium für Arbeit und Soziales kann mit Zustimmung des Bundesrates durch Rechtsverordnung bestimmen, welche Maßnahmen der Arbeitgeber zur Erfüllung der sich aus diesem Gesetz ergebenden Pflichten zu treffen hat. Soweit die Träger der gesetzlichen Unfallversicherung ermächtigt sind, die gesetzlichen Pflichten durch Unfallverhütungsvorschriften näher zu bestimmen, macht das Bundesministerium für Arbeit und Soziales von der Ermächtigung erst Gebrauch, nachdem innerhalb einer von ihm gesetzten angemessenen Frist der Träger der gesetzlichen Unfallversicherung eine entsprechende Unfallverhütungsvorschrift nicht erlassen hat oder eine unzureichend gewordene Unfallverhütungsvorschrift nicht ändert.

(2) (weggefallen)

§ 15 Ermächtigung zum Erlass von allgemeinen Verwaltungsvorschriften

Das Bundesministerium für Arbeit und Soziales erlässt mit Zustimmung des Bundesrates allgemeine Verwaltungsvorschriften zu diesem Gesetz und den auf Grund des Gesetzes erlassenen Rechtsverordnungen.

§ 16 Öffentliche Verwaltung

In Verwaltungen und Betrieben des Bundes, der Länder, der Gemeinden und der sonstigen Körperschaften, Anstalten und Stiftungen des öffentlichen Rechts ist ein den Grundsätzen dieses Gesetzes gleichwertiger arbeitsmedizinischer und sicherheitstechnischer Arbeitsschutz zu gewährleisten.

§ 17 Nichtanwendung des Gesetzes

(1) Dieses Gesetz ist nicht anzuwenden, soweit Arbeitnehmer im Haushalt beschäftigt werden.

(2) Soweit im Bereich der Seeschifffahrt die Vorschriften der Verordnung über die Seediensttauglichkeit und der Verordnung über die Krankenfürsorge auf Kauffahrteischiffen gleichwertige Regelungen enthalten, gelten diese Regelungen für die beschäftigten Kapitäne, Besatzungsmitglieder und sonstige, an Bord tätigen Personen deutscher Seeschiffe. Soweit dieses Gesetz auf die Seeschifffahrt nicht anwendbar ist, wird das Nähere durch Rechtsverordnung geregelt.

(3) Soweit das Bergrecht diesem Gesetz gleichwertige Regelungen enthält, gelten diese Regelungen. Im übrigen gilt dieses Gesetz.

§ 18 Ausnahmen

Die zuständige Behörde kann dem Arbeitgeber gestatten, auch solche Betriebsärzte und Fachkräfte für Arbeitssicherheit zu bestellen, die noch nicht über die erforderliche Fachkunde im Sinne des § 4 oder § 7 verfügen, wenn der Arbeitgeber sich verpflichtet, in einer festzulegenden Frist den Betriebsarzt oder die Fachkraft für Arbeitssicherheit entsprechend fortbilden zu lassen.

§ 19 Überbetriebliche Dienste

Die Verpflichtung des Arbeitgebers, Betriebsärzte und Fachkräfte für Arbeitssicherheit zu bestellen, kann auch dadurch erfüllt werden, dass der Arbeitgeber einen überbetrieblichen Dienst von Betriebsärzten oder Fachkräften für Arbeitssicherheit zur Wahrnehmung der Aufgaben nach § 3 oder § 6 verpflichtet.

§ 20 Ordnungswidrigkeiten

(1) Ordnungswidrig handelt, wer vorsätzlich oder fahrlässig

1. einer vollziehbaren Anordnung nach § 12 Abs. 1 zuwiderhandelt,
2. entgegen § 13 Abs. 1 Satz 1 eine Auskunft nicht, nicht richtig oder nicht vollständig erteilt oder
3. entgegen § 13 Abs. 2 Satz 1 eine Besichtigung nicht duldet.

(2) Eine Ordnungswidrigkeit nach Absatz 1 Nr. 1 kann mit einer Geldbuße bis zu fünfundzwanzigtausend Euro, eine Ordnungswidrigkeit nach Absatz 1 Nr. 2 und 3 mit einer Geldbuße bis zu fünfhundert Euro geahndet werden.

§ 21 (gegenstandslos)

§ 22 Berlin-Klausel

(gegenstandslos)

§ 23 Inkrafttreten

(1) Dieses Gesetz, ausgenommen § 14 und § 21, tritt am ersten Tag des auf die Verkündung folgenden zwölften Kalendermonats in Kraft. § 14 und § 21 treten am Tag nach der Verkündung des Gesetzes in Kraft.

DGUV Vorschrift 2 (Mustertext) Betriebsärztinnen und Betriebsärzte sowie Fachkräfte für Arbeitssicherheit

abgestimmter Mustertext in der Fassung vom 29. November 2024

Hinweis:

Zur Drucklegung lag die DGUV Vorschrift 2 in der Fassung der BG BAU noch nicht vor. Im Folgenden finden Sie den Mustertext der DGUV sowie die Fassung der BGHM (Berufsgenossenschaft Holz und Metall).

Erstes Kapitel Allgemeine Vorschriften

§ 1 Geltungsbereich

Diese Unfallverhütungsvorschrift bestimmt näher die Maßnahmen, die der Unternehmer zur Erfüllung der sich aus dem Gesetz über Betriebsärzte, Sicherheitsingenieure und andere Fachkräfte für Arbeitssicherheit (Arbeitssicherheitsgesetz) ergebenden Pflichten zu treffen hat.

§ 2 Bestellung

(1) Der Unternehmer hat Betriebsärztinnen oder Betriebsärzte sowie Fachkräfte für Arbeitssicherheit zur Wahrnehmung der in den §§ 3 und 6 Arbeitssicherheitsgesetz bezeichneten Aufgaben schriftlich nach Maßgabe der nachfolgenden Bestimmungen zu bestellen. Der Unternehmer hat auf Verlangen nachzuweisen, wie er die Verpflichtung nach Satz 1 erfüllt hat.

(2) Bei Betrieben mit bis zu 20 Beschäftigten richtet sich der Umfang der betriebsärztlichen und sicherheitstechnischen Betreuung nach Anlage 1.

(3) Bei Betrieben mit mehr als 20 Beschäftigten gelten die Bestimmungen nach Anlage 2.

(4) Abweichend von den Absätzen 2 und 3 kann der Unternehmer nach Maßgabe von Anlage 3 bzw. Anlage 4 ein alternatives Betreuungsmodell wählen, wenn er aktiv in das Betriebsgeschehen eingebunden ist und die Zahl der Beschäftigten bis zu

BGHM	50

beträgt

(5) Bei der Berechnung der Zahl der Beschäftigten sind jährliche Durchschnittszahlen zugrunde zu legen; bei der Berechnung des Schwellenwertes in den Absätzen 2, 3 und 4 sind Teilzeitbeschäftigte mit einer regelmäßigen wöchentlichen Arbeitszeit von

- nicht mehr als 20 Stunden mit 0,5
- von mehr als 20 und nicht mehr als 30 Stunden mit 0,75
- von mehr als 30 Stunden mit 1,0 zu berücksichtigen.

(6) Der Unfallversicherungsträger kann im Einzelfall im Einvernehmen mit der nach § 12 Arbeitssicherheitsgesetz zuständigen Behörde Abweichungen von den Absätzen 2, 3 und 4 zulassen, soweit im Betrieb die Unfall- und Gesundheitsgefahren vom Durchschnitt abweichen und die abweichende Festsetzung mit dem Schutz der Beschäftigten vereinbar ist. Als Vergleichsmaßstab dienen Betriebe der gleichen Art.

(7) Die Beschäftigten sind über die Art der betriebsärztlichen und sicherheitstechnischen Betreuung sowie die bestellten Betriebsärztinnen oder Betriebsärzte sowie Fachkräfte für Arbeitssicherheit oder das zuständige Kompetenzzentrum zu informieren.

§ 3 Arbeitsmedizinische Fachkunde

Der Unternehmer kann die erforderliche arbeitsmedizinische Fachkunde als gegeben ansehen bei Ärztinnen und Ärzten, die nachweisen, dass sie berechtigt sind,

1. die Gebietsbezeichnung „Arbeitsmedizin“ oder
2. die Zusatzbezeichnung „Betriebsmedizin“ zu führen.

§ 4 Sicherheitstechnische Fachkunde

(1) Der Unternehmer kann die erforderliche sicherheitstechnische Fachkunde von Fachkräften für Arbeitssicherheit als nachgewiesen ansehen, wenn diese den in den Absätzen 2 bis 6 festgelegten Anforderungen genügen.

(2) Sicherheitsingenieurinnen und Sicherheitsingenieure erfüllen die Anforderungen, wenn sie

1. berechtigt sind, die Berufsbezeichnung Ingenieurin oder Ingenieur zu führen oder einen Bachelor- oder Masterabschluss der Studienrichtung Ingenieurwissenschaften erworben haben,
2. danach eine praktische Tätigkeit in diesem Beruf mindestens zwei Jahre lang ausgeübt und
3. einen staatlichen oder von Unfallversicherungsträgern veranstalteten Qualifizierungslehrgang zur Fachkraft für Arbeitssicherheit oder einen entsprechenden staatlich oder von Unfallversicherungsträgern anerkannten Qualifizierungslehrgang eines anderen Qualifizierungsträgers mit Erfolg abgeschlossen haben.

Sicherheitsingenieurinnen und Sicherheitsingenieure, die aufgrund ihrer Hochschulausbildung berechtigt sind, die Berufsbezeichnung „Sicherheitsingenieurin oder Sicherheitsingenieur" zu führen und eine einjährige praktische Tätigkeit als Ingenieurin oder Ingenieur ausgeübt haben, erfüllen ebenfalls die Anforderungen.

(3) In der Funktion als Sicherheitsingenieurin oder Sicherheitsingenieur können auch Personen tätig werden, die über gleichwertige Qualifikationen verfügen. Ihr Einsatz in der Funktion als Sicherheitsingenieurin oder Sicherheitsingenieur im Betrieb erfordert eine Zulassung im Einzelfall nach § 7 Absatz 2 Arbeitssicherheitsgesetz durch die zuständige Behörde.

(4) Sicherheitstechnikerinnen und Sicherheitstechniker erfüllen die Anforderungen, wenn sie

1. eine Prüfung als staatlich anerkannte Technikerin oder staatlich anerkannter Techniker erfolgreich abgelegt haben,
2. danach eine praktische Tätigkeit als Technikerin oder Techniker mindestens zwei Jahre lang ausgeübt und

3. einen staatlichen oder von Unfallversicherungsträgern veranstalteten Qualifizierungslehrgang zur Fachkraft für Arbeitssicherheit oder einen entsprechenden staatlich oder von Unfallversicherungsträgern anerkannten Qualifizierungslehrgang eines anderen Qualifizierungsträgers mit Erfolg abgeschlossen haben.

Die Anforderungen erfüllt auch, wer ohne Prüfung als staatlich anerkannte Technikerin oder staatlich anerkannter Techniker mindestens vier Jahre lang als Technikerin oder Techniker oder in gleichwertiger Funktion tätig war und einen Qualifizierungslehrgang nach Satz 1 Nummer 3 mit Erfolg abgeschlossen hat.

(5) Sicherheitsmeisterinnen und Sicherheitsmeister erfüllen die Anforderungen, wenn sie

1. die Meisterprüfung erfolgreich abgelegt haben,

2. danach eine praktische Tätigkeit als Meisterin oder Meister mindestens zwei Jahre lang ausgeübt und

3. einen staatlichen oder von Unfallversicherungsträgern veranstalteten Qualifizierungslehrgang zur Fachkraft für Arbeitssicherheit oder einen entsprechenden staatlich oder von Unfallversicherungsträgern anerkannten Qualifizierungslehrgang eines anderen Qualifizierungsträgers mit Erfolg abgeschlossen haben.

Die Anforderungen erfüllt auch, wer ohne Meisterprüfung mindestens vier Jahre lang als Meisterin oder Meister oder in gleichwertiger Funktion tätig war und einen Qualifizierungslehrgang nach Satz 1 Nummer 3 mit Erfolg abgeschlossen hat.

(6) Personen mit einem Studienabschluss in Physik, Chemie, Biologie, Humanmedizin, Ergonomie, Arbeits- und Organisationspsychologie, Arbeitshygiene oder Arbeitswissenschaft erfüllen als gleichwertig qualifizierte Personen entsprechend Absatz 2, 3, 4 oder 5 die Anforderungen, wenn sie

1. das jeweilige Hochschulstudium erfolgreich abgeschlossen haben,

2. danach eine praktische Tätigkeit in einem Beruf, der das jeweilige Hochschulstudium voraussetzt, mindestens zwei Jahre lang ausgeübt und

3. einen staatlichen oder von Unfallversicherungsträgern veranstalteten Qualifizierungslehrgang zur Fachkraft für Arbeitssicherheit oder einen entsprechenden staatlich oder von den Unfallversicherungsträgern anerkannten Qualifizierungslehrgang eines anderen Qualifizierungsträgers mit Erfolg abgeschlossen haben.

Zusätzlich bedarf es einer Zulassung im Einzelfall nach § 7 Absatz 2 Arbeitssicherheitsgesetz durch die zuständige Behörde, wenn die Berufsbezeichnung „Ingenieurin oder Ingenieur" nicht geführt werden darf und die Person an Stelle einer Sicherheitsingenieurin oder eines Sicherheitsingenieurs tätig werden soll.

(7) Der Qualifizierungslehrgang nach den Absätzen 2, 4, 5 und 6 umfasst die Lernfelder 1 bis 5 (branchenübergreifende Qualifizierung) und das Lernfeld 6 (branchenspezifische Qualifizierung) inklusive der begleitenden Praktikumsphasen. Bestandteile des Lernfeldes 6 sind die nachfolgenden Rahmenthemen:

BGHM	– Schutz vor Absturz aus der Höhe/in die Tiefe – Organisation der Instandhaltung/Störungsbeseitigung – verkettete und flexible Systeme – komplexe Verkehrssituationen

(8) Bei einem Wechsel einer Fachkraft für Arbeitssicherheit, die das Lernfeld 6 (branchenspezifische Qualifizierung) entsprechend den Festlegungen eines anderen Unfallversicherungsträgers absolviert hat, in eine andere Branche, hat der Unternehmer dafür zu sorgen, dass die Fachkraft für Arbeitssicherheit die erforderlichen branchenspezifischen Kenntnisse durch Fortbildung erwirbt. Die

BGHM	Berufsgenossenschaft Holz und Metall

entscheidet über den erforderlichen Umfang an Fortbildung unter Berücksichtigung der Inhalte ihres Lernfeldes 6 und der bereits bestehenden Kompetenzen der Fachkraft für Arbeitssicherheit.

§ 5 Bericht

Der Unternehmer muss die gemäß § 2 dieser Unfallverhütungsvorschrift bestellten Betriebsärztinnen oder Betriebsärzte sowie Fachkräfte für Arbeitssicherheit verpflichten, über die Erfüllung der übertragenen Aufgaben regelmäßig elektronisch oder schriftlich zu berichten. Die Berichte sollen auch über die Zusammenarbeit der Betriebsärztinnen oder Betriebsärzte sowie Fachkräfte für Arbeitssicherheit und der gegebenenfalls eingesetzten Personen mit spezieller Fachkompetenz Auskunft geben. Zudem müssen die Berichte Nachweise über die von Betriebsärztinnen oder Betriebsärzten sowie Fachkräften für Arbeitssicherheit absolvierten Fortbildungen enthalten, die zur Erfüllung der übertragenen Aufgaben erforderlich sind.

§ 6 Nutzung von digitalen Informations- und Kommunikationstechnologien

(1) Betriebsärztliche und sicherheitstechnische Betreuung muss grundsätzlich in Präsenz erbracht werden. Die Leistungen können unter Nutzung digitaler Informations- und Kommunikationstechnologien erfolgen, wenn die betrieblichen Verhältnisse bekannt sind. Diese Art der Betreuung ist durch die Betriebsärztin oder den Betriebsarzt sowie die Fachkraft für Arbeitssicherheit persönlich zu erbringen. Diese Art der Betreuung ist nicht möglich, wenn Sachgründe eine betriebsärztliche oder sicherheitstechnische Betreuung in Präsenz im Betrieb erfordern.

(2) In der Betreuung nach § 2 Absatz 2 und 3 dieser Unfallverhütungsvorschrift ist die Nutzung digitaler Informations- und Kommunikationstechnologien jeweils bis zu einem Drittel der Leistungen möglich, wenn der Betrieb durch eine Erstbegehung bekannt ist und die jeweils notwendigen Voraussetzungen für die Anwendung von digitalen Informations- und Kommunikationstechnologien vorliegen. Der Anteil der unter Nutzung digitaler Informations- und Kommunikationstechnologien erbrachten betriebsärztlichen oder sicherheitstechnischen Leistungen kann bei einer Betreuung nach § 2 Absatz 2 und 3 dieser Unfallverhütungsvorschrift ein Drittel übersteigen, wenn

BGHM	keine Angabe*

* Anmerkung der Redaktion: Die BGHM macht hierzu keine Angaben.

(3) In der anlassbezogenen Betreuung nach § 2 Absatz 4 dieser Unfallverhütungsvorschrift entscheidet der Unternehmer auf Grundlage seiner Gefährdungsbeurteilung über Art und Umfang der Nutzung digitaler Informations- und Kommunikationstechnologien.

(4) Bei der Beratung zu speziellen Fachthemen durch Personen mit entsprechender Fachkompetenz, die nicht über eine Qualifikation als Betriebsärztin oder Betriebsarzt oder als Fachkraft für Arbeitssicherheit verfügen, gilt Absatz 3 entsprechend.

(5) Die Leistungserbringung unter Nutzung von digitalen Informations- und Kommunikationstechnologien ist im Bericht gemäß § 5 dieser Unfallverhütungsvorschrift zu dokumentieren.

Zweites Kapitel Übergangsbestimmungen

§ 7 Übergangsbestimmungen

(1) Sofern Ärztinnen oder Ärzte oder Fachkräfte für Arbeitssicherheit nach einer vor dem

BGHM	Inkrafttreten dieser Unfallverhütungsvorschrift

geltenden Fassung dieser Unfallverhütungsvorschrift ihre arbeitsmedizinische oder sicherheitstechnische Fachkunde erfolgreich erworben haben, kann der Unternehmer die in dieser Unfallverhütungsvorschrift insoweit geforderte Fachkunde als gegeben ansehen.

(2)

BGHM	entfällt

(3) Die Verpflichtung nach § 5 Satz 3 gilt ab 1. Januar

BGHM	2028

wenn in Verträgen, die zwischen dem Unternehmer und

- Betriebsärztinnen oder Betriebsärzten,
- Fachkräften für Arbeitssicherheit oder

– überbetrieblichen Diensten

vor dem 1. Januar

BGHM	2025

geschlossen wurden, insoweit keine oder abweichende Regelungen enthalten sind.

§ 8 In-Kraft-Treten und Außer-Kraft-Treten

Diese Unfallverhütungsvorschrift tritt am ersten Tag des auf die Veröffentlichung folgenden Monats in Kraft. Sie ersetzt die bisherige Fassung der Unfallverhütungsvorschrift „Betriebsärzte und Fachkräfte für Arbeitssicherheit" vom

BGHM	1. Januar 2012

Auf den Abdruck der Anlagen und Anhänge wird verzichtet.

DGUV Vorschrift 3 / BG Vorschrift A3 Elektrische Anlagen und Betriebsmittel

§ 1 Geltungsbereich

(1) Diese Unfallverhütungsvorschrift gilt für elektrische Anlagen und Betriebsmittel.

(2) Diese Unfallverhütungsvorschrift gilt auch für nichtelektrotechnische Arbeiten in der Nähe elektrischer Anlagen und Betriebsmittel.*)

§ 2 Begriffe

(1) Elektrische Betriebsmittel im Sinne dieser Unfallverhütungsvorschrift sind alle Gegenstände, die als ganzes oder in einzelnen Teilen dem Anwenden elektrischer Energie (z. B. Gegenstände zum Erzeugen, Fortleiten, Verteilen, Speichern, Messen, Umsetzen und Verbrauchen) oder dem Übertragen, Verteilen und Verarbeiten vor Informationen (z. B. Gegenstände der Fernmelde- und Informationstechnik) dienen. Den elektrischen Betriebsmitteln werden gleichgesetzt Schutz- und Hilfsmittel, soweit an diese Anforderungen hinsichtlich der elektrischen Sicherheit gestellt werden. Elektrische Anlagen werden durch Zusammenschluß elektrischer Betriebsmittel gebildet.

(2) Elektrotechnische Regeln im Sinne dieser Unfallverhütungsvorschrift sind die allgemein anerkannten Regeln der Elektrotechnik, die in den VDE-Bestimmungen enthalten sind, auf die die Berufsgenossenschaft in ihrem Mitteilungsblatt verwiesen hat. Eine elektrotechnische Regel gilt als eingehalten, wenn eine ebenso wirksame andere Maßnahme getroffen wird; der Berufsgenossenschaft ist auf Verlangen nachzuweisen, daß die Maßnahme ebenso wirksam ist.*)

(3) Als Elektrofachkraft im Sinne dieser Unfallverhütungsvorschrift gilt, wer auf Grund seiner fachlichen Ausbildung, Kenntnisse und Erfahrungen

*) Durchführungsanweisungen hier nicht mit abgedruckt.

sowie Kenntnis der einschlägigen Bestimmungen die ihm übertragenen Arbeiten beurteilen und mögliche Gefahren erkennen kann.*)

§ 3 Grundsätze*)

(1) Der Unternehmer hat dafür zu sorgen, daß elektrische Anlagen und Betriebsmittel nur von einer Elektrofachkraft oder unter Leitung und Aufsicht einer Elektrofachkraft den elektrotechnischen Regeln entsprechend errichtet, geändert und instandgehalten werden. Der Unternehmer hat ferner dafür zu sorgen, daß die elektrischen Anlagen und Betriebsmittel den elektrotechnischen Regeln entsprechend betrieben werden.

(2) Ist bei einer elektrischen Anlage oder einem elektrischen Betriebsmittel ein Mangel festgestellt worden, d. h. entsprechen sie nicht oder nicht mehr den elektrotechnischen Regeln, so hat der Unternehmer dafür zu sorgen, daß der Mangel unverzüglich behoben wird und, falls bis dahin eine dringende Gefahr besteht, dafür zu sorgen, daß die elektrische Anlage oder das elektrische Betriebsmittel im mangelhaften Zustand nicht verwendet werden.

§ 4 Grundsätze beim Fehlen elektrotechnischer Regeln

(1) Soweit hinsichtlich bestimmter elektrischer Anlagen und Betriebsmittel keine oder zur Abwendung neuer oder bislang nicht festgestellter Gefahren nur unzureichende elektrotechnische Regeln bestehen, hat der Unternehmer dafür zu sorgen, daß die Bestimmungen der nachstehenden Absätze eingehalten werden.

(2) Elektrische Anlagen und Betriebsmittel müssen sich in sicherem Zustand befinden und sind in diesem Zustand zu erhalten.*)

(3) Elektrische Anlagen und Betriebsmittel dürfen nur benutzt werden, wenn sie den betrieblichen und örtlichen Sicherheitsanforderungen im Hinblick auf Betriebsart und Umgebungseinflüsse genügen.*)

(4) Die aktiven Teile elektrischer Anlagen und Betriebsmittel müssen entsprechend ihrer Spannung, Frequenz, Verwendungsart und ihrem Betriebsort durch Isolierung, Lage, Anordnung oder festangebrachte Einrichtungen gegen direktes Berühren geschützt sein.

*) Durchführungsanweisungen hier nicht mit abgedruckt.

(5) Elektrische Anlagen und Betriebsmittel müssen so beschaffen sein, daß bei Arbeiten und Handhabungen, bei denen aus zwingenden Gründen der Schutz gegen direktes Berühren nach Absatz 4 aufgehoben oder unwirksam gemacht werden muß,

- der spannungsfreie Zustand der aktiven Teile hergestellt und sichergestellt werden kann oder
- die aktiven Teile unter Berücksichtigung von Spannung, Frequenz, Verwendungsart und Betriebsort durch zusätzliche Maßnahmen gegen direktes Berühren geschützt werden können.*)

(6) Bei elektrischen Betriebsmitteln, die in Bereichen bedient werden müssen, wo allgemein ein vollständiger Schutz gegen direktes Berühren nicht gefordert wird oder nicht möglich ist, muß bei benachbarten aktiven Teilen mindestens ein teilweiser Schutz gegen direktes Berühren vorhanden sein.*)

(7) Die Durchführung der Maßnahmen nach Absatz 5 muß ohne eine Gefährdung, z. B. durch Körperdurchströmung oder durch Lichtbogenbildung, möglich sein.*)

(8) Elektrische Anlagen und Betriebsmittel müssen entsprechend ihrer Spannung, Frequenz, Verwendungsart und ihrem Betriebsort Schutz bei Indirektem Berühren aufweisen, so daß auch im Fall eines Fehlers in der elektrischen Anlage oder in dem elektrischen Betriebsmittel Schutz gegen gefährliche Berührungsspannungen vorhanden ist.

§ 5 Prüfungen

(1) Der Unternehmer hat dafür zu sorgen, daß die elektrischen Anlagen und Betriebsmittel auf ihren ordnungsgemäßen Zustand geprüft werden

1. vor der ersten Inbetriebnahme und nach einer Änderung oder Instandsetzung vor der Wiederinbetriebnahme durch eine Elektrofachkraft oder unter Leitung und Aufsicht einer Elektrofachkraft und
2. in bestimmten Zeitabständen.

Die Fristen sind so zu bemessen, daß entstehende Mängel, mit denen gerechnet werden muß, rechtzeitig festgestellt werden.*)

*) Durchführungsanweisungen hier nicht mit abgedruckt.

(2) Bei der Prüfung sind die sich hierauf beziehenden elektrotechnischen Regeln zu beachten.

(3) Auf Verlangen der Berufsgenossenschaft ist ein Prüfbuch mit bestimmten Eintragungen zu führen.

(4) Die Prüfung vor der ersten Inbetriebnahme nach Absatz 1 ist nicht erforderlich, wenn dem Unternehmer vom Hersteller oder Errichter bestätigt wird, daß die elektrischen Anlagen und Betriebsmittel den Bestimmungen dieser Unfallverhütungsvorschrift entsprechend beschaffen sind.*)

§ 6 Arbeiten an aktiven Teilen

(1) An unter Spannung stehenden aktiven Teilen elektrischer Anlagen und Betriebsmittel darf, abgesehen von den Festlegungen in § 8, nicht gearbeitet werden.*)

(2) Vor Beginn der Arbeiten an aktiven Teilen elektrischer Anlagen und Betriebsmittel muß der spannungsfreie Zustand hergestellt und für die Dauer der Arbeiten sichergestellt werden.*)

(3) Absatz 2 gilt auch für benachbarte aktive Teile der elektrischen Anlage oder des elektrischen Betriebsmittels, wenn diese

- nicht gegen direktes Berühren geschützt sind oder
- nicht für die Dauer der Arbeiten unter Berücksichtigung von Spannung, Frequenz, Verwendungsart und Betriebsort durch Abdecken oder Abschranken gegen direktes Berühren geschützt worden sind.*)

(4) Absatz 2 gilt auch für das Bedienen elektrischer Betriebsmittel, die aktiven unter Spannung stehenden Teilen benachbart sind, wenn diese nicht gegen direktes Berühren geschützt sind.

§ 7 Arbeiten in der Nähe aktiver Teile*)

In der Nähe aktiver Teile elektrischer Anlagen und Betriebsmittel, die nicht gegen direktes Berühren geschützt sind, darf, abgesehen von den Festlegungen in § 8, nur gearbeitet werden, wenn

*) Durchführungsanweisungen hier nicht mit abgedruckt.

- deren spannungsfreier Zustand hergestellt und für die Dauer der Arbeiten sichergestellt ist oder
- die aktiven Teile für die Dauer der Arbeiten, insbesondere unter Berücksichtigung von Spannung, Betriebsort, Art der Arbeit und der verwendeten Arbeitsmittel, durch Abdecken oder Abschranken geschützt worden sind oder
- bei Verzicht auf vorstehende Maßnahmen die zulässigen Annäherungen nicht unterschritten werden.

§ 8 Zulässige Abweichungen*)

Von den Forderungen der §§ 6 und 7 darf abgewichen werden, wenn

1. durch die Art der Anlage eine Gefährdung durch Körperdurchströmung oder durch Lichtbogenbildung ausgeschlossen ist oder
2. aus zwingenden Gründen der spannungsfreie Zustand nicht hergestellt und sichergestellt werden kann, soweit dabei
   - durch die Art der bei diesen Arbeiten verwendeten Hilfsmittel oder Werkzeuge eine Gefährdung durch Körperdurchströmung oder durch Lichtbogenbildung ausgeschlossen ist und
   - der Unternehmer mit diesen Arbeiten nur Personen beauftragt, die für diese Arbeiten an unter Spannung stehenden aktiven Teilen fachlich geeignet sind und
   - der Unternehmer weitere technische, organisatorische und persönliche Sicherheitsmaßnahmen festlegt und durchführt, die einen ausreichenden Schutz gegen eine Gefährdung durch Körperdurchströmung oder durch Lichtbogenbildung sicherstellen.

§ 9 Ordnungswidrigkeiten

Ordnungswidrig im Sinne des § 209 Abs. 1 Satz 1 Nr. 1 Siebtes Buch Sozialgesetzbuch (SGB VII) handelt, wer vorsätzlich oder fahrlässig den Vorschriften der

§ 3
§ 5 Abs. 1 bis 3
§§ 6, 7

zuwiderhandelt.

*) Durchführungsanweisungen hier nicht mit abgedruckt.

§ 10 Inkrafttreten

Diese Unfallverhütungsvorschrift tritt am 1. April 1979 in Kraft. Gleichzeitig tritt die Unfallverhütungsvorschrift „Elektrische Anlagen und Betriebsmittel" (VBG 4) in der Fassung vom 1. Apr. 1962 außer Kraft.

Erster Nachtrag
Dieser Nachtrag tritt am 1. Januar 1997 in Kraft.

Diese Unfallverhütungsvorschrift tritt für die Berufsgenossenschaft der Bauwirtschaft am 1. Januar 2012 in Kraft.

Hinweis: Auf den Abdruck der Anhänge 1 bis 3 wurde verzichtet.

DGUV Vorschrift 38
Bauarbeiten

§ 1 Geltungsbereich

(1) Diese Unfallverhütungsvorschrift gilt für Bauarbeiten.

(2) Diese Unfallverhütungsvorschrift gilt für Unternehmer und Versicherte; sie gilt auch

- für Unternehmer und Beschäftigte von ausländischen Unternehmen, die eine Tätigkeit im Inland ausüben, ohne einem Unfallversicherungsträger anzugehören,
- soweit in dem oder für das Unternehmen Versicherte tätig werden, für die ein anderer Unfallversicherungsträger zuständig ist,
- für Solo-Selbstständige (Unternehmer ohne Beschäftigte) und
- für Bauherren, die in Eigenarbeit nicht gewerbsmäßige Bauarbeiten ausführen, gegenüber ihren Bauhelfern.

§ 2 Begriffsbestimmungen

(1) Bauarbeiten sind Arbeiten zur Herstellung, Montage, Instandhaltung, Änderung, Demontage und Beseitigung von baulichen Anlagen einschließlich der hierfür vorbereitenden und abschließenden Arbeiten. Zu den Bauarbeiten gehören auch: Aushub- und Erdarbeiten, Errichtung sowie Abbau von Fertigbauelementen und Maschinen, Umbau, Malerarbeiten, Reparatur-, Abbruch- und Rückbauarbeiten, Reinigungsarbeiten, Wartung sowie Sanierung und Arbeiten zur Kampfmittelsondierung und -räumung.

(2) Bauarbeiten unter Tage sind Bauarbeiten zur Erstellung unterirdischer Hohlräume in geschlossener Bauweise sowie zu deren Ausbau, Umbau, Instandhaltung und Beseitigung.

(3) Zeitweilige Bauarbeiten sind Arbeiten, die einen Zeitraum von 2 Stunden je Arbeitsschicht nicht überschreiten, wie z. B. Wartungs-, Instandhaltungs-, Inspektions-, Mess- und Montagearbeiten.

(4) Bauliche Anlagen sind mit dem Erdboden verbundene, aus Baustoffen und Bauteilen hergestellte Anlagen. Eine Verbindung mit dem Boden besteht

auch dann, wenn die Anlage durch eigene Schwere auf dem Boden ruht oder auf ortsfesten Bahnen begrenzt beweglich ist oder wenn die Anlage nach ihrem Verwendungszweck dazu bestimmt ist, überwiegend ortsfest benutzt zu werden. Aufschüttungen und Abgrabungen sowie künstliche Hohlräume unterhalb der Erdoberfläche gelten als bauliche Anlagen.

(5) Absturzkanten sind Kanten, über die Personen bei Bauarbeiten abstürzen können. Eine Absturzkante ist definiert als

- Kante zu einer mehr als 60 ° geneigten Fläche (z. B. einer Dachfläche),
- Übergang einer durchtrittsicheren zu einer nicht durchtrittsicheren Fläche,
- Übergang von Flächen mit unterschiedlichen Neigungswinkeln von einer bis zu 22,5 ° geneigten Fläche zu einer mehr als 60 ° geneigten Fläche,
- die gedachte Linie an gewölbten Flächen, ab der der Neigungswinkel einer Tangente größer als 60 ° ist.

(6) Absturzhöhe ist der senkrechte Höhenunterschied zwischen der Standfläche von Personen an Arbeitsplätzen und Verkehrswegen bzw. der Absturzkante und der angrenzenden tiefer liegenden ausreichend großen und tragfähigen Fläche (Auftrefffläche).

(7) Arbeitsplatz ist der Bereich, in dem Versicherte im Rahmen ihrer Arbeit tätig sind. Davon umfasst sind auch Arbeiten mit einem sehr geringen zeitlichen Umfang.

(8) Verkehrswege sind Wege/Einrichtungen, die z. B. den Zugang zum Arbeitsplatz, zu Sanitärräumen, zu Unterkünften oder zu Pausen- und Bereitschaftsräumen ermöglichen sowie alle Wege oder Flächen, die für den Personen- und/oder Fahrzeugverkehr geplant, festgelegt und angelegt sind, unabhängig davon, ob sich die Verkehrswege in Gebäuden oder im Freien befinden. Verkehrswege, die vom Unternehmer für Versicherte als solche festgelegt und angelegt sind, sind keine Arbeitsplätze.

§ 3 Leitung, Aufsicht und Sicherungsaufgaben

(1) Der Unternehmer hat dafür zu sorgen, dass Bauarbeiten von weisungsbefugten und fachkundigen Vorgesetzten geleitet werden. Diese Vorgesetzten müssen gewährleisten, dass bei der Durchführung der Bauarbeiten

die Arbeitsschutz- und Unfallverhütungsvorschriften eingehalten werden und die Gefährdungen für die Sicherheit und Gesundheit der Versicherten minimiert werden.

Die Leitung der Bauarbeiten umfasst auch das Einrichten und Räumen der Baustelle.

(2) Der Unternehmer hat dafür zu sorgen, dass Bauarbeiten von weisungsbefugten und fachkundigen Personen beaufsichtigt werden (Aufsichtführende). Diese müssen die arbeitssichere Durchführung der Bauarbeiten überwachen.

(3) Bei Bauarbeiten, die die Wahrnehmung von Sicherungsaufgaben erfordern, hat der Unternehmer dafür zu sorgen, dass fachkundige Personen mit diesen Aufgaben betraut werden. Während ihrer Wahrnehmung dürfen diese Personen mit keiner anderen Tätigkeit betraut werden. Die fachkundige Person hat die ihr übertragene Sicherungsaufgabe durchzuführen und darf währenddessen keine weitere Tätigkeit ausüben.

(4) Der Unternehmer hat sicherzustellen, dass eine Verständigung in deutscher Sprache zumindest mit dem Aufsichtführenden, bzw. dessen Vertretung bei der Durchführung von Bauarbeiten gewährleistet ist. Dies kann z. B. unter Zuhilfenahme einer der deutschen Sprache mächtigen Person vor Ort erfolgen.

(5) Der Unternehmer darf nur Einrichtungen, Arbeitsmittel, persönliche Schutzausrüstungen, Arbeitsverfahren und Arbeitsstoffe zur Verfügung stellen, die sicherheitstechnisch einwandfrei sind. Der Unternehmer hat dafür zu sorgen, dass diese Einrichtungen, Arbeitsmittel, persönliche Schutzausrüstungen, Arbeitsverfahren und Arbeitsstoffe entsprechend der Betriebsanweisung sowie der Unterweisung verwendet werden. Die Versicherten haben die vom Unternehmer zur Verfügung gestellten Einrichtungen, Arbeitsmittel, persönliche Schutzausrüstungen, Arbeitsverfahren und Arbeitsstoffe entsprechend der Betriebsanweisung sowie ihrer Unterweisung zu verwenden.

Stellt ein Versicherter fest, dass Einrichtungen, Arbeitsmittel, persönliche Schutzausrüstungen, Arbeitsverfahren oder Arbeitsstoffe sicherheitstechnisch nicht einwandfrei sind, muss er dies dem Aufsichtführenden unverzüglich melden, sofern er den Mangel nicht selbst beseitigen kann.

§ 4 Anweisungen

Für Montagearbeiten, Demontagearbeiten sowie Abbruch- und Rückbauarbeiten, an die besondere sicherheitstechnische Anforderungen gestellt werden, hat der Unternehmer dafür zu sorgen, dass auf Grundlage der Gefährdungsbeurteilung eine schriftliche Anweisung (z. B. Montageanweisung, Abbruchanweisung) auf der Baustelle vorliegt, die alle erforderlichen Angaben für eine sichere Ausführung dieser Tätigkeit enthält.

§ 5 Standsicherheit und Tragfähigkeit

(1) Der Unternehmer hat dafür zu sorgen, dass bauliche Anlagen und ihre Teile, Hilfskonstruktionen, Gerüste, Laufstege, Geräte und andere Einrichtungen nicht überlastet werden und auch während der einzelnen Bauzustände standsicher sind. Sie müssen so bemessen, aufgestellt, unterstützt, ausgesteift, verankert und beschaffen sein, dass sie die bei der vorgesehenen Verwendung anfallenden Lasten aufnehmen und ableiten können.

(2) Der Unternehmer hat dafür zu sorgen, dass Bauteile, Baustoffe und Arbeitsmittel so gelagert, transportiert und eingebaut werden, dass sie dabei ihre Lage nicht unbeabsichtigt verändern können.

(3) Der Unternehmer hat dafür zu sorgen, dass bei Arbeiten an und vor Erd- und Felswänden sowie in Baugruben, Gräben und Bohrungen die Erd- und Felswände so abgeböscht, verbaut oder anderweitig gesichert sind, dass sie während der einzelnen Bauzustände standsicher sind und Versicherte nicht durch Abrutschen oder Herabfallen von Massen gefährdet werden.

Baugruben und Gräben dürfen bis max. 1,25 m Tiefe ohne Sicherung mit senkrechten Wänden hergestellt werden, sofern keine Gegebenheiten oder Einflüsse (insbesondere Bodenbeschaffenheit, Geländeneigung, Auflasten) vorliegen, welche die Standsicherheit der Baugruben- bzw. Grabenwände beeinträchtigen können.

§ 6 Bestehende Anlagen und Verkehrsgefahren

(1) Vor Beginn von Bauarbeiten hat der Unternehmer dafür zu sorgen, dass ermittelt wird, ob im vorgesehenen Arbeitsbereich Anlagen vorhanden sind, durch die Personen gefährdet werden können. Unter den Begriff „An-

lagen" fallen z. B. elektrische Anlagen, Rohrleitungen, Kanäle, Schächte, Behälter, Anlagen mit Explosionsgefahr, maschinelle Anlagen und Einrichtungen, Kran- und Förderanlagen.

(2) Sind Anlagen nach Absatz 1 vorhanden, so hat der Unternehmer dafür zu sorgen, dass im Benehmen mit dem Eigentümer oder Betreiber der Anlage die erforderlichen Sicherungsmaßnahmen festgelegt und durchgeführt werden.

(3) Unternehmer haben dafür zu sorgen, dass bei unvermutetem Antreffen von Anlagen nach Absatz 1 die Bauarbeiten sofort unterbrochen werden. Versicherte haben bei unvermutetem Antreffen von Anlagen nach Absatz 1 ihren Aufsichtführenden unverzüglich zu verständigen.

(4) Ist für die Versicherten bei Bauarbeiten mit Gefahren aus dem Verkehr von Land-, Wasser- oder Luftfahrzeugen zu rechnen, so hat der Unternehmer dafür zu sorgen, dass im Benehmen mit deren Eigentümern oder Betreibern und/oder den zuständigen Behörden Sicherungsmaßnahmen festgelegt werden.

§ 7 Betrieb von selbstfahrenden Arbeitsmitteln und Fahrzeugen auf Baustellen

(1) Der Unternehmer hat dafür zu sorgen, dass für den Baustellenverkehr Fahrordnungen aufgestellt und Verkehrswege festgelegt werden.

(2) Der Unternehmer hat beim Einsatz von mobilen selbstfahrenden Arbeitsmitteln und Fahrzeugen dafür zu sorgen, dass der Fahrer eine ausreichende Sicht auf den Fahr- und Arbeitsbereich hat. Falls die direkte Sicht des Fahrers nicht ausreicht, um die Sicherheit von Personen im Fahr- und Arbeitsbereich zu gewährleisten, müssen die mobilen selbstfahrenden Arbeitsmittel und Fahrzeuge über geeignete Hilfsvorrichtungen (z. B. Kamera-Monitor-Systeme) verfügen. Satz 2 gilt nicht, wenn der Unternehmer sichergestellt hat, dass sich im Fahr- und Arbeitsbereich keine Personen aufhalten, die durch die mobilen selbstfahrenden Arbeitsmittel und Fahrzeuge gefährdet werden können.

§ 8 Arbeitsplätze und Verkehrswege

(1) Der Unternehmer hat sicherzustellen, dass Arbeitsplätze und Verkehrswege so eingerichtet und beschaffen sind, dass sie entsprechend

- der Art der baulichen Anlage,
- den wechselnden Bauzuständen,
- den Witterungsverhältnissen und
- den jeweils auszuführenden Tätigkeiten

ein sicheres Arbeiten, Begehen oder Befahren ermöglichen. Arbeitsplätze und Verkehrswege müssen ausreichende Abmessungen aufweisen.

(2) Der Unternehmer hat dafür zu sorgen, dass Arbeitsplätze und Verkehrswege tragfähig sind. Bei Arbeitsplätzen und Verkehrswegen auf nicht begehbaren Bauteilen müssen geeignete Maßnahmen vorhanden sein, die ein Durchbrechen und Abstürzen von Personen verhindern. Bei der Verwendung von lastverteilenden Belägen oder Laufstegen müssen diese ein sicheres Ableiten der auftretenden Kräfte auf die tragende Unterkonstruktion gewährleisten und gegen Verschieben und Abheben gesichert sein. Dabei müssen zusätzlich zu den Laufstegen und den lastverteilenden Belägen geeignete Maßnahmen vorhanden sein, die neben dem Durchbrechen das Abstürzen von Personen verhindern. Laufstege und lastverteilende Beläge müssen bei Bauarbeiten mindestens 0,50 m breit sein und dürfen nur bis zu einer Neigung von 1:1,75 (etwa 30 °) verwendet werden. Sie müssen Trittleisten haben, wenn sie steiler als 1:5 (etwa 11 °) sind.

(3) Der Unternehmer hat dafür zu sorgen, dass im Rahmen der Durchführung von Bauarbeiten Verkehrswege sicher begehbar oder befahrbar sind.

(4) Der Unternehmer hat dafür zu sorgen, dass geneigte Flächen, auf denen die Gefahr des Abrutschens von Personen besteht, nur dann als Arbeitsplatz oder Verkehrsweg genutzt werden dürfen, nachdem Maßnahmen gegen Abrutschen getroffen worden sind.

(5) Der Unternehmer hat dafür zu sorgen, dass für Arbeiten auf einer mehr als 45 ° geneigten Dachfläche besondere Arbeitsplätze geschaffen werden. Besondere Arbeitsplätze sind gelattete Dachflächen, Dachdecker-Auflegeleitern, Dachdeckerstühle oder waagerechte Standplätze von mindestens 0,50 m Breite.

(6) Besteht bei Arbeiten am, auf und über dem Wasser die Gefahr des Ertrinkens, hat der Unternehmer dafür zu sorgen, dass für den jeweiligen Einsatzfall geeignete Rettungsmittel einsatzbereit zur Verfügung stehen. So hat der Unternehmer dafür zu sorgen, dass den Versicherten geeignete persönliche Schutzausrüstung gegen Ertrinken und, wenn notwendig, Schutzkleidung zur Verfügung steht.

(7) Der Unternehmer hat sicherzustellen, dass in der Gefährdungsbeurteilung die Verwendung einer Leiter als Arbeitsplatz oder als Verkehrsweg unter Berücksichtigung der Gefährdung, der Dauer der Verwendung und der vorhandenen baulichen Gegebenheiten begründet wird. Dabei ist zu beachten, dass die Verwendung anderer sichererer Arbeitsmittel Vorrang vor der Verwendung von Leitern hat.

Der Unternehmer hat dafür zu sorgen, dass tragbare Leitern als Arbeitsplatz bei Bauarbeiten nur verwendet werden, wenn:

- die Standhöhe nicht mehr als 2,00 m beträgt,
- bei einer Standhöhe von mehr als 2,00 m und bis zu 5,00 m nur zeitweilige Arbeiten

ausgeführt werden.

Tragbare Leitern als Arbeitsplatz dürfen bei Bauarbeiten nur verwendet werden, wenn der Versicherte mit beiden Füßen auf einer Stufe oder Plattform steht und der Standplatz auf der Leiter nicht höher als 5,00 m über der Aufstellfläche liegt.

Ein Arbeiten auf tragbaren Leitern mit Sprossen ist nur dann zulässig, wenn die Gefährdungsbeurteilung ergibt, dass kein anderes sichereres Arbeitsmittel verwendet werden kann. Zeitweilige Bauarbeiten dürfen im Freien auf einer Leiter nur ausgeführt werden, wenn die Umgebungs- und Witterungsverhältnisse die Sicherheit und Gesundheit der Versicherten nicht beeinträchtigen. Insbesondere dürfen Arbeiten nicht begonnen oder fortgesetzt werden, wenn witterungsbedingt, z. B. durch starken oder böigen Wind, Vereisung oder Schneeglätte, die Möglichkeit besteht, dass Versicherte abstürzen oder durch herabfallende oder umfallende Teile verletzt werden.

Der Unternehmer hat sicherzustellen, dass Aufstiege zu Arbeitsplätzen als Treppen oder Laufstege ausgeführt sind. Als Verkehrswege dürfen tragbare, aufstellbare Leitern abweichend von Satz 8 verwendet werden, wenn:

- der zu überbrückende Höhenunterschied nicht mehr als 5,00 m beträgt und der Aufstieg nur für kurzzeitige Bauarbeiten benötigt wird, oder
- sich die Arbeitsplätze in beengten Bereichen, wie z. B. in Schächten befinden und der Einbau einer Treppe aus bau- oder arbeitstechnischen Gründen nicht möglich ist.

§ 9 Absturz

(1) Eine Absturzgefahr besteht bei einer Absturzhöhe von mehr als 1,00 m.

(2) Der Unternehmer hat dafür zu sorgen, dass Einrichtungen, die ein Abstürzen von Personen verhindern (Schutzvorrichtungen), vorhanden sind:

1. unabhängig von der Absturzhöhe an
   - Arbeitsplätzen an und über Wasser oder anderen festen oder flüssigen Stoffen, in denen man versinken kann,
   - Verkehrswegen über Wasser oder anderen festen oder flüssigen Stoffen, in denen man versinken kann;
2. bei mehr als 1,00 m Absturzhöhe, soweit nicht nach Nummer 1 zu sichern ist, an
   - freiliegenden Treppenläufen und -absätzen,
   - Wandöffnungen und
   - Verkehrswegen;
3. bei mehr als 2,00 m Absturzhöhe an allen übrigen Arbeitsplätzen.

Abweichend von Nummer 2 und 3 sind Schutzvorrichtungen bei einer Absturzhöhe bis 3,00 m entbehrlich an Arbeitsplätzen und Verkehrswegen auf Dächern und Geschossdecken mit bis zu 22,5° Neigung und nicht mehr als 50 m^2 Grundfläche, sofern die Arbeiten von hierfür fachlich qualifizierten und körperlich geeigneten Versicherten ausgeführt werden, welche besonders unterwiesen sind und die Absturzkante deutlich erkennen können.

(3) Lassen sich aus arbeitstechnischen Gründen Schutzvorrichtungen nicht verwenden, hat der Unternehmer dafür zu sorgen, dass an deren Stelle Einrichtungen zum Auffangen abstürzender Personen (Auffangeinrichtungen) vorhanden sind.

(4) Lassen sich keine Schutzvorrichtungen oder Auffangeinrichtungen einrichten, hat der Unternehmer dafür zu sorgen, dass persönliche Schutzausrüstungen gegen Absturz (PSAgA) als individuelle Schutzmaßnahme verwendet werden. Die geeignete PSAgA muss sich aus der Gefährdungsbeurteilung ergeben. Voraussetzung ist das Vorhandensein geeigneter Anschlageinrichtungen. Der weisungsbefugte und fachkundige Vorgesetzte hat die geeigneten Anschlageinrichtungen im Einzelfall festzulegen. Die Versicherten müssen in der Verwendung der PSAgA und über die Durchführung der erforderlichen Rettungsmaßnahmen unterwiesen werden.

(5) Lassen die Eigenart und der Fortgang der Tätigkeit und die Besonderheiten des Arbeitsplatzes die vorgenannten Schutzmaßnahmen nicht zu, dürfen der Unternehmer und die Versicherten auf die Anwendung von persönlicher Schutzausrüstung gegen Absturz (PSAgA) im Einzelfall nur dann verzichten, wenn:

- die Arbeiten von fachlich qualifizierten und körperlich geeigneten Versicherten ausgeführt werden,
- der Unternehmer für den begründeten Ausnahmefall eine besondere Unterweisung durchgeführt hat und
- die Absturzkante für die Versicherten deutlich erkennbar ist.

§ 10 Sicherung von Öffnungen und Vertiefungen

Der Unternehmer hat dafür zu sorgen, dass Öffnungen in Böden, Decken und Dachflächen sowie Vertiefungen durch Schutzvorrichtungen oder durch Abdeckungen gesichert sind, die ein Abstürzen, Hineinfallen oder Hineintreten von Personen verhindern. Nachrangig können auch Auffangeinrichtungen verwendet werden. Abdeckungen sind gegen unbeabsichtigtes Bewegen zu sichern.

§ 11 Herabfallende Gegenstände

(1) Der Unternehmer hat dafür zu sorgen, dass Arbeitsplätze und Verkehrswege, bei denen die Gefahr des Herabfallens von Gegenständen besteht, mit Einrichtungen versehen sind, die verhindern, dass Personen durch herabfallende Gegenstände verletzt werden oder in die Gefahrenbereiche gelangen.

(2) Bauarbeiten dürfen an übereinanderliegenden Stellen nicht gleichzeitig ausgeführt werden, sofern der Unternehmer nicht dafür gesorgt hat, dass

die untenliegenden Arbeitsplätze und Verkehrswege gegen herabfallende, umstürzende, abgleitende oder abrollende Gegenstände und Massen geschützt sind. Für diese Schutzeinrichtungen hat der Unternehmer unter Berücksichtigung von Fallhöhe und Fallgewicht sicher zu stellen, dass sie ausreichend dimensioniert sind.

(3) Gegenstände und Massen dürfen nur abgeworfen werden, wenn der Unternehmer wirksame Maßnahmen getroffen hat, die verhindern, dass Personen von herabfallenden Gegenständen und Massen getroffen werden können. Insbesondere müssen geschlossene Rutschen bis zur Übergabestelle oder Absperrungen des Gefahrenbereichs vorhanden sein.

§ 12 Ordnungswidrigkeiten

Ordnungswidrig im Sinne des § 209 Abs. 1 Satz 1 Nr. 1 Siebtes Buch Sozialgesetzbuch (SGB VII) handelt, wer vorsätzlich oder fahrlässig den Bestimmungen der

- § 3 Abs. 1 Satz 1, Abs. 2, Abs. 3, Abs. 5,
- § 4,
- § 5 Abs. 1, Abs. 2, Abs. 3 Satz 1,
- § 6 Abs. 1 Satz 1, Abs. 2, Abs. 3, Abs. 4,
- § 7 Abs. 2,
- § 8 Abs. 2 bis Abs. 4, Abs. 5 Satz 1, Abs. 6, Abs. 7 Satz 3, Satz 8, Satz 9,
- § 9 Abs. 2, Abs. 3, Abs. 4 Satz 1, Satz 4,
- § 10,
- § 11 Abs. 1, Abs. 2
  oder
- § 11 Abs. 3 Satz 1 zuwiderhandelt.

§ 13 Inkrafttreten/Außerkrafttreten

Diese Unfallverhütungsvorschrift tritt am 1. April 2020 in Kraft. Gleichzeitig tritt die Unfallverhütungsvorschrift „Bauarbeiten" vom 01. Januar 2012 in der Fassung vom 01. Januar 2012 außer Kraft.

DGUV Vorschrift 52 / BG Vorschrift D6 Krane

I. Allgemeines

§ 1 Geltungsbereich

(1) Diese Unfallverhütungsvorschrift gilt für Krane einschließlich ihrer Tragkonstruktion und Ausrüstung.*)

(2) Diese Unfallverhütungsvorschrift gilt nicht für

1. Hebeeinrichtungen, die integrierter Bestandteil von Maschinen oder maschinellen Einrichtungen sind und die ausschließlich zu deren Beschickung dienen,
2. Krane auf Seeschiffen,
3. Schwenkarmaufzüge auf Baustellen und Doppelrahmenstützenaufzüge auf Baustellen.*)

§ 2 Begriffsbestimmung

(1) Krane im Sinne dieser Unfallverhütungsvorschrift sind Hebezeuge, die Lasten mit einem Tragmittel heben und zusätzlich in eine oder in mehrere Richtungen bewegen können.*)

(2) LKW-Ladekrane im Sinne dieser Unfallverhütungsvorschrift sind Fahrzeugkrane, die vorwiegend zum Be- und Entladen der Ladefläche des Fahrzeuges gebaut und bestimmt sind, deren Lastmoment 30 mt nicht überschreiten und deren Auslegerlänge 15 m nicht überschreiten.*)

(3) LKW-Anbaukrane im Sinne dieser Unfallverhütungsvorschrift sind LKW-Ladekrane, die mit Einrichtungen zum betriebsmäßigen An- und Abbau an Lastkraftwagen versehen sind.

*) Durchführungsanweisungen hier nicht mit abgedruckt.

(4) Langholz-Ladekrane im Sinne dieser Unfallverhütungsvorschrift sind LKW-Ladekrane, die zum Heben von Stämmen bestimmt sind, die aufgrund ihrer Länge nicht im Stammschwerpunkt gehoben werden können und deshalb für das Verladen außer dem Heben noch ein Ziehen, Drücken oder Hebeln erfordern.

(5) Regalbedienkrane im Sinne dieser Unfallverhütungsvorschrift sind Krane mit geführtem Lastaufnahmemittel, die dafür gebaut und bestimmt sind, Lasten sowohl in Regale einzubringen oder aus ihnen zu entnehmen als auch frei im Raum zu bewegen.*)

(6) Keine Krane im Sinne dieser Unfallverhütungsvorschrift sind

1. Flurförderzeuge einschließlich ihrer Anbaugeräte,
2. Hebebühnen,
3. Geräte und Anlagen zur Regalbedienung,
4. Anlagen, die der Aufzugsverordnung unterliegen,
5. Schienenhängebahnen,
6. Geräte für die forstliche Seilbringung,
7. Industrieroboter,
8. Manipulatoren,
9. Hebeeinrichtungen, bei denen sich die Stellteile der Befehlseinrichtungen unmittelbar an der Lastaufnahmeeinrichtung befinden und deren Hubweg nicht mehr als 1,5 m beträgt,
10. Stapelautomaten, Setzmaschinen und Abtraggeräte in der Baustoffindustrie,
11. Absetzkipper,
12. Patientenhebeeinrichtungen.*)

(7) Im Sinne dieser Unfallverhütungsvorschrift gelten Krane als

1. ortsveränderlich, wenn sie an wechselnden Standorten eingesetzt werden können,
2. handbetrieben, wenn die Hubbewegung und alle weiteren Kranbewegungen durch Muskelkraft bewirkt werden,
3. teilkraftbetrieben, wenn nur die Hubbewegung oder eine oder mehrere andere Kranbewegungen kraftbetrieben sind,
4. kraftbetrieben, wenn außer der Hubbewegung noch mindestens eine weitere Kranbewegung kraftbetrieben ist,

---

*) Durchführungsanweisungen hier nicht mit abgedruckt.

5. programmgesteuert, wenn eine oder mehrere Kranbewegungen nach einem vorgegebenen Programm selbsttätig ablaufen.

§ 3 Regeln der Technik*)

Krane müssen nach den Bestimmungen dieser Unfallverhütungsvorschrift und im übrigen nach den allgemein anerkannten Regeln der Technik beschaffen sein und betrieben werden. Von den allgemein anerkannten Regeln der Technik darf abgewichen werden, wenn die gleiche Sicherheit auf andere Weise gewährleistet ist.

II. Bau und Ausrüstung

a) Gemeinsame Bestimmungen

§ 3a Krane im Anwendungsbereich der Maschinenverordnung und der Arbeitsmittelbenutzungsverordnung

(1) Der Unternehmer hat dafür zu sorgen, daß die Krane entsprechend den Bestimmungen dieses Abschnittes II beschaffen sind.

(2) Für Krane, die unter den Anwendungsbereich der Maschinenverordnung und der Arbeitsmittelbenutzungsverordnung fallen, gelten die folgenden Bestimmungen.*)

(3) Für Krane, die unter den Anwendungsbereich der Maschinenverordnung fallen, gelten anstatt der Beschaffenheitsanforderungen dieses Abschnittes die Beschaffenheitsanforderungen nach § 2 der Maschinenverordnung. Der Unternehmer darf Krane erstmals nur in Betrieb nehmen, wenn die Voraussetzungen der §§ 3 und 4 der Maschinenverordnung erfüllt sind.*)

(4) Absatz 3 gilt nicht für Krane, die den Anforderungen dieses Abschnittes entsprechen und bis zum 31. Dezember 1994 in den Verkehr gebracht worden sind.

(5) Krane, die nicht unter Absatz 3 fallen, müssen mindestens den Anforderungen des Anhangs der Arbeitsmittelbenutzungsverordnung entsprechen.*)

*) Durchführungsanweisungen hier nicht mit abgedruckt.

§ 4 Fabrikschild

An jedem Kran muß ein Fabrikschild mit folgenden Angaben angebracht sein:

- Hersteller oder Lieferer,
- Baujahr,
- Fabriknummer,
- Typ, falls Typbezeichnung vorhanden,
- Typprüfungskennzeichen für typgeprüfte Krane.

§ 5 Belastungsangaben*)

An jedem Kran müssen dauerhaft und leicht erkennbar die Angaben über die höchstzulässigen Belastungen (Tragfähigkeit) angebracht sein.

§ 6 Verbotsschild*)

An jedem Kranaufstieg muß ein Schild angebracht sein, daß Unbefugten den Aufstieg untersagt.

§ 7 Steuerstände und Steuereinrichtungen*)

(1) Steuerstände müssen so beschaffen, Steuereinrichtungen müssen so beschaffen und angeordnet sein, daß der Kranführer den Kran sicher steuern kann.

(2) Führerhäuser müssen Schutz gegen Kälte, Hitze, Nässe und Wind bieten. Sie müssen ausreichend belüftbar sein.

(3) An oder in der Nähe der Steuereinrichtungen muß ein Abdruck der §§ 29 bis 43 (Betriebsvorschriften) so angebracht sein, daß sie für den Kranführer jederzeit einsehbar sind. Dies gilt nicht für handbetriebene oder teilkraftbetriebene Krane.

§ 8 Zugänge zu Steuerständen*)

(1) Steuerstände müssen in allen Stellungen des Kranes ohne Gefahr erreicht und verlassen werden können.

---

*) Durchführungsanweisungen hier nicht mit abgedruckt.

(2) Abweichend von Absatz 1 genügt es, wenn

1. bei Kranen, bei denen der Boden des Steuerstandes nicht mehr als 5 m über Flur liegt oder auf dieses Maß auch bei Ausfall der Antriebsenergie abgesenkt werden kann,
2. bei Deckenkranen mit beweglichem Führerhaus und
3. bei Schienenlaufkatzen

der Steuerstand in einer Stellung des Kranes ohne besondere Gefahr erreicht, über einen Notabstieg jedoch in allen Stellungen des Kranes verlassen werden kann.

(3) Krane müssen eine ausreichende Anzahl von Aufstiegen haben. Bei Brückenkranen und bei Kranen, bei denen die Bauart es zuläßt, muß mindestens ein Aufstieg als Treppe ausgeführt sein. Treppen müssen mindestens 2 m Durchgangshöhe und mindestens 0,5 m Durchgangsbreite haben.

§ 9 Bühnen und Laufstege

(1) Bühnen und Laufstege, die dem Zugang zu Steuerständen dienen, müssen einen freien Durchgang von mindestens 1,8 x 0,4 m haben. Abweichend von Satz 1 können diese Maße verringert sein

1. in Kranträgern in Dreiecksbauweise auf eine Mindesthöhe von 1,4 m bei einer Breite in Fußhöhe von mindestens 0,25 m,
2. in sonstigen Kranträgern auf eine Mindesthöhe von 1,4 m, wenn die Mindestbreite auf 0,7 m vergrößert ist.*)

(2) Auf Fahrbahnlaufstegen und Aufstiegsbühnen darf an der dem Kran zugewandten Seite das Geländer fehlen, wenn auf der dem Kran abgewandten Seite mindestens ein Handlauf vorhanden ist. Ist die dem Kran abgewandte Seite offen, muß an dieser Seite ein Geländer vorhanden sein. Bei Kranen in Hallen kann auf Geländer verzichtet werden, wenn der Fahrbahnlaufsteg zwischen zwei Kranfahrbahnen liegt und mindestens 4 m breit ist. Sind Geländer mindestens 0,5 m von Absturzkanten und bewegten Kranteilen entfernt, darf auf Zwischenstäbe und Fußleisten verzichtet werden.*)

(3) Bei Aufstiegsbühnen dürfen Seitengeländer nicht näher als 0,5 m an den Kran heranreichen.

*) Durchführungsanweisungen hier nicht mit abgedruckt.

§ 10 Arbeitsstände und Arbeitsbühnen*)

Für Wartungs- und Reparaturarbeiten an maschinellen und elektrischen Einrichtungen, die nicht vom Boden aus durchgeführt werden können, müssen Arbeitsstände oder -bühnen vorhanden sein, die gefahrlos erreicht und von denen aus die Arbeiten so durchgeführt werden können, daß Beschäftigte nicht gefährdet werden.

§ 11 Sicherheitsabstände

(1) Zur Vermeidung von Quetsch- und Schergefahren müssen die kraftbewegten äußeren Teile schienengebundener und ortsfest betriebener Krane, ausgenommen Trag- und Lastaufnahmemittel, zu Teilen der Umgebung des Kranes hin einen Sicherheitsabstand nach oben, unten und nach den Seiten von mindestens 0,5 m haben. Der Sicherheitsabstand nach den Seiten hin ist außerhalb des Verkehrs- oder Arbeitsbereiches nicht erforderlich.*)

(2) Abweichend von Absatz 1 müssen Geländer, die der Abgrenzung des Arbeits- oder Verkehrsbereiches dienen, einen seitlichen Abstand von mindestens 0,1 m zu bewegten Kranteilen oder, falls die Geländer auf dem Kran angebracht sind, zu festen Gebäude- oder Anlageteilen aufweisen. Beträgt der seitliche Abstand weniger als 0,5 m, müssen die Geländer durchgehend sein und mindestens zwei Zwischenstäbe haben.

(3) Die Bestimmung über den Sicherheitsabstand nach oben gilt nicht für

1. Schienenlaufkatzen,
2. Deckenkrane, sofern auf der Kranbrücke keine Bühnen, Laufstege oder dgl. vorhanden sind,
3. flurbediente Krane, sofern sich auf der Kranbrücke oder am Ausleger keine Bühnen, Laufstege oder dergleichen befinden,
4. Stromzuführungen und deren Stützen.*)

§ 12 Sicherung gegen Entgleisen, Um- und Abstürzen*)

Krane mit Drehwerken und Krane mit schienengebundenen Fahrwerken sowie Laufkatzen müssen so beschaffen sein, daß sie nicht entgleisen und bei einem

*) Durchführungsanweisungen hier nicht mit abgedruckt.

Bruch von Laufrädern, Laufrollen oder Königszapfen nicht um- oder abstürzen können.

§ 13 Schienenräumer*)

(1) Bei schienengebundenen Kranen, die zu ebener Erde fahren, müssen die Fahrwerke mit Schienenräumern ausgerüstet sein, sofern die Konstruktion nicht deren Aufgabe übernimmt.

(2) Absatz 1 gilt nicht für Eisenbahnkrane.

§ 14 Fahr- und Drehwerksbremsen, Sicherung gegen ungewollte Kranbewegungen

(1) Krane müssen so eingerichtet sein, daß ihre kraftbetriebenen Fahr- und Drehbewegungen abgebremst und ungewollte Kranbewegungen verhindert werden können.*)

(2) Fahr- und Drehbewegungen, die durch Notendhalteinrichtungen begrenzt sind, müssen nach dem Ansprechen der Notendhalteinrichtung selbsttätig abgebremst werden.

(3) Besteht für Krane mit festgestelltem Drehwerk eine Umsturzgefahr durch Wind, müssen die Drehwerksbremsen so beschaffen sein, daß sie lösbar sind, wenn der Kran außer Betrieb gesetzt ist.*)

§ 15 Notendhalteinrichtungen

(1) Durch selbsttätig wirkende Notendhalteinrichtungen müssen folgende kraftbetriebene Bewegungen begrenzt sein:

1. Aufwärtsbewegungen von Hub- und Auslegereinziehwerken,
2. die Fahrbewegung von Kranen, Laufkatzen oder Portalen, wenn sie von ortsfesten Steuerständen aus, durch Fernbedienung oder Programm gesteuert werden,
3. Fahrbewegungen von Turmdrehkranen und Containerkranen,
4. Fahrbewegungen von Laufkatzen bei Laufkatzenauslegern,
5. die Senkbewegung bei Hubwerken von Turmdrehkranen,

*) Durchführungsanweisungen hier nicht mit abgedruckt.

6. die Senkbewegung bei Hubwerken, wenn die Gefahr des gegenläufigen Auftrommelns des Tragseiles gegeben ist,
7. die Abwärtsbewegung von Auslegern, sofern sie unter Last verstellt werden können.*)

(2) Nach dem Ansprechen der selbsttätig wirkenden Einrichtungen muß die jeweils entgegengesetzte Bewegung noch möglich sein.

(3) Nach dem Ansprechen der selbsttätig wirkenden Notendhalteinrichtung für die Aufwärtsbewegung von Hubwerken muß sichergestellt sein, daß Ausleger nicht abgesenkt und Teleskope nicht ausgeschoben werden können, wenn dadurch Seilbruchgefahr besteht.

(4) Absatz 1 gilt nicht für

1. Derrickkrane in der Steingewinnung, deren Antrieb über Verbrennungsmotore erfolgt,
2. hydraulische und pneumatische Systeme, bei denen die Bewegungen durch die Endstellung des Kolbens begrenzt sind.

§ 16 Lastmomentbegrenzer*)

(1) Fahrbare Krane und ortsveränderliche Krane, bei denen die Last an einem Ausleger hängt, müssen für ihre kraftbetriebenen Hub-, Auslegereinzieh- und Katzfahrwerke Einrichtungen haben, die ein Überschreiten des zulässigen Lastmomentes verhindern. Arbeitsbewegungen, die eine Verringerung des Lastmomentes bewirken, müssen nach Ansprechen des Lastmomentbegrenzers noch möglich sein.

(2) Absatz 1 gilt nicht für

Krane, deren höchstzulässiges Lastmoment nicht mehr als 2 mt beträgt,
2. Konsolkrane,
3. Krane mit Auslegern an hängend angeordneten Katzen,
4. Derrickkrane,
5. Krane, bei denen die Summe aller Standmomente mindestens dreimal so groß ist wie die Summe aller Kippmomente.

*) Durchführungsanweisungen hier nicht mit abgedruckt.

§ 17 Höchstgeschwindigkeit flurbedienter Krane

Die Nennfahrgeschwindigkeit flurbedienter Krane, mit denen der Kranführer mitgehen muß, darf nicht mehr als 63 m/min. betragen.

§ 18 Gleisanlagen*)

Gleise müssen auf einem tragfähigen Unterbau so verlegt und Schienen müssen so befestigt sein, daß die Krane standsicher betrieben werden können.

§ 19 Fahrbahnbegrenzungen*)

Schienenfahrbahnen von Kranen müssen an ihren Enden mit Fahrbahnbegrenzungen ausgerüstet sein.

§ 20 Warneinrichtung

(1) Krane müssen eine Warneinrichtung haben.*)

(2) Absatz 1 gilt nicht für

1. handbetriebene Krane,
2. flurbediente Krane, bei denen der Kranführer, durch die Anordnung der Steuereinrichtung bedingt, sich in der Nähe der Last aufhält und den Lastweg – bei Portalkranen auch die Fahrbahn – überblicken kann,
3. LKW-Ladekrane.

§ 21 Montageanweisung*)

Eine Montageanweisung muß bei ortsveränderlichen Kranen, die an ihrem jeweiligen Standort aufgebaut, abgebaut oder umgerüstet werden müssen, vorhanden sein.

*) Durchführungsanweisungen hier nicht mit abgedruckt.

§ 22 Abspannseile

An Standmasten von Kranen, die mit Seilen abgespannt sind, müssen Zahl und Anordnung der Abspannseile so ausgelegt sein, daß bei Bruch eines beliebigen Seiles der Mast nicht umstürzt.

b) Zusätzliche Bestimmungen für programmgesteuerte Krane

§ 23 Schutz gegen Anfahren und Herabfallen der Last*)

Bei programmgesteuerten Krann müssen Arbeits- und Verkehrsbereiche so gesichert sein, daß Personen weder durch die Kranbewegung noch durch herabfallende Lasten verletzt werden.

§ 24 Nothalteinrichtungen*)

An handbedienten Be- und Entladestellen programmgesteuerter Krane sowie in deren Arbeitsbereich müssen Nothalteinrichtungen vorhanden sein, die leicht zugänglich und so schnell erreichbar sind, daß der Kran bei Gefahr unverzüglich stillgesetzt werden kann. Die Nothalteinrichtungen müssen als solche auffällig gekennzeichnet sein.

III. Prüfungen

§ 25 Prüfung vor der ersten Inbetriebnahme und nach wesentlichen Änderungen

(1) Der Unternehmer hat dafür zu sorgen, daß kraftbetriebene Krane vor der ersten Inbetriebnahme und nach wesentlichen Änderungen vor der Wiederinbetriebnahme durch einen Sachverständigen geprüft werden. Satz 1 gilt auch für handbetriebene oder teilkraftbetriebene Krane mit einer Tragfähigkeit von mehr als 1000 kg und für teilkraftbetriebene Turmdrehkrane.*)

---

*) Durchführungsanweisungen hier nicht mit abgedruckt.

(2) Die Prüfung vor der ersten Inbetriebnahme nach Absatz 1 erstreckt sich auf die ordnungsgemäße Aufstellung, Ausrüstung und Betriebsbereitschaft.*)

(3) Für Krane nach § 3a Abs. 3 besteht die Prüfung vor der ersten Inbetriebnahme aus Vor-, Bau- und Abnahmeprüfung.

(4) Die Prüfung vor der ersten Inbetriebnahme nach Absatz 1 ist nicht erforderlich für Krane, die betriebsbereit angeliefert werden und für die der Nachweis einer Typprüfung (Baumusterprüfung) oder die EG-Konformitätserklärung vorliegt.

§ 26 Wiederkehrende Prüfungen

(1) Der Unternehmer hat dafür zu sorgen, daß Krane entsprechend den Einsatzbedingungen und den betrieblichen Verhältnissen nach Bedarf, jährlich jedoch mindestens einmal, durch einen Sachkundigen geprüft werden. Dabei sind die Prüfhinweise der Hersteller in den Betriebsanleitungen zu beachten.*)

(2) Der Unternehmer hat dafür zu sorgen, daß Turmdrehkrane zusätzlich zu Absatz 1 bei jeder Aufstellung und nach jedem Umrüsten durch einen Sachkundigen geprüft werden.*)

(3) Der Unternehmer hat dafür zu sorgen, daß

1. kraftbetriebene Turmdrehkrane,
2. kraftbetriebene Fahrzeugkrane,
3. ortsveränderliche kraftbetriebene Derrickkrane,
4. LKW-Anbaukrane

mindestens alle 4 Jahre durch einen Sachverständigen geprüft werden. Diese Sachverständigenprüfung ersetzt eine Sachkundigenprüfung nach Absatz 1.

(4) Der Unternehmer hat dafür zu sorgen, daß zusätzlich zu Absatz 3

- kraftbetriebene Turmdrehkrane im 14. und 16. Betriebsjahr und danach jährlich,

*) Durchführungsanweisungen hier nicht mit abgedruckt.

- kraftbetriebene Fahrzeugkrane im 13. Betriebsjahr und danach jährlich

durch einen Sachverständigen geprüft werden. Diese Sachverständigenprüfung ersetzt eine Sachkundigenprüfung nach Absatz 1.

(5) Absatz 3 gilt nicht für LKW-Ladekrane.

§ 27 Prüfbuch

(1) Der Unternehmer hat dafür zu sorgen, daß die Ergebnisse der Prüfungen nach §§ 25 und 26 in ein Prüfbuch eingetragen werden.*)

(2) Der Unternehmer hat die Kenntnisnahme und die Abstellung festgestellter Mängel im Prüfbuch zu bestätigen. Er hat dafür zu sorgen, daß diese Mängel behoben werden. Bestehen nach Art und Umfang der Mängel gegen die Inbetriebnahme, die Wiederinbetriebnahme oder den Weiterbetrieb Bedenken, hat er dafür zu sorgen, daß der Kran außer Betrieb gesetzt wird. Er darf den Kran erst in Betrieb nehmen bzw. weiter betreiben, wenn die Mängel behoben und eventuell erforderliche Nachprüfungen, die er zu veranlassen hat, durchgeführt sind.

(3) Der Unternehmer hat das Prüfbuch auf Verlangen dem Technischen Aufsichtsbeamten vorzulegen. Bei ortsveränderlichen Kranen hat er dafür zu sorgen, daß eine Kopie des letzten Prüfberichtes des Sachkundigen und des Sachverständigen beim Kran aufbewahrt wird.

(4) Der Unternehmer hat den mit der wiederkehrenden Prüfung von Turmdrehkranen nach § 26 Abs. 2 und 3 beauftragten Sachverständigen zu veranlassen, den Prüfbericht unverzüglich an die für den Unternehmer zuständige Berufsgenossenschaft zu übersenden.

§ 28 Sachverständige*)

Als Sachverständige für die Prüfung von Kranen gelten neben den Sachverständigen der Technischen Überwachung nur die von der Berufsgenossenschaft ermächtigten Sachverständigen.

*) Durchführungsanweisungen hier nicht mit abgedruckt.

IV. Betrieb

§ 28a Allgemeines

Soweit nichts anderes bestimmt ist, richten sich die Bestimmungen dieses Abschnittes IV an Unternehmer und Versicherte.

§ 29 Kranführer, Instandhaltungspersonal

(1) Der Unternehmer darf mit dem selbständigen Führen (Kranführer) oder Instandhalten eines Kranes nur Versicherte beschäftigen,

1. die das 18. Lebensjahr vollendet haben,
2. die körperlich und geistig geeignet sind,

3. die im Führen oder Instandhalten des Kranes unterwiesen sind und ihre Befähigung hierzu ihm nachgewiesen haben und
4. von denen zu erwarten ist, daß sie die ihnen übertragenen Aufgaben zuverlässig erfüllen.

Der Unternehmer muß Kranführer und Instandhaltungspersonal mit ihren Aufgaben beauftragen. Bei ortsveränderlichen kraftbetriebenen Kranen muß der Unternehmer den Kranführer schriftlich beauftragen.*)

(2) Absatz 1 gilt nicht für handbetriebene Krane.

§ 30 Pflichten des Kranführers*)

(1) Der Kranführer hat bei Arbeitsbeginn die Funktion der Bremsen und Notendhalteinrichtungen – ausgenommen Rutschkupplungen – zu prüfen. Er hat den Zustand des Kranes auf augenfällige Mängel hin zu beobachten. Bei drahtlos gesteuerten Kranen hat er die Zuordnung von Steuergerät und Kran zu prüfen.

(2) Der Kranführer hat bei Mängeln, die die Sicherheit gefährden, den Kranbetrieb einzustellen.

(3) Der Kranführer hat alle Mängel am Kran dem zuständigen Aufsichtführenden, bei Kranführerwechsel auch seinem Ablöser, mitzuteilen. Bei ortsver-

*) Durchführungsanweisungen hier nicht mit abgedruckt.

änderlichen Kranen, die an ihrem jeweiligen Standort auf- und abgebaut werden, hat er Mängel zusätzlich in ein Krankontrollbuch einzutragen.

(4) Der Kranführer darf Steuereinrichtungen nur von Steuerständen aus betätigen.

(5) Der Kranführer hat dafür zu sorgen, daß

1. vor der Freigabe der Energiezufuhr zu den Antriebsaggregaten alle Steuereinrichtungen in Null- oder Leerlaufstellung gebracht werden,
2. vor dem Verlassen des Steuerstandes die Steuereinrichtungen in Null- oder Leerlaufstellung gebracht und die Energiezufuhr gesperrt werden,
3. beim Ablegen des Steuergerätes für die drahtlose Steuerung dieses gegen unbefugtes Einschalten gesichert wird.

(6) Der Kranführer hat dafür zu sorgen, daß

1. dem Wind ausgesetzte Krane nicht über die vom Kranhersteller festgelegten Grenzen hinaus betrieben werden sowie rechtzeitig spätestens bei Erreichen der für den Kran kritischen Windgeschwindigkeit und bei Arbeitsschluss durch die Windsicherung festgelegt werden,
2. bei Turmdrehkranen und bei Auslegerkranen, bei denen aus Gründen der Standsicherheit der Ausleger sich in den Wind drehen muß, vor dem Verlassen des Steuerstandes Lasten, Anschlag- oder Lastaufnahmemittel ausgehängt und der Lasthaken hochgezogen, die Drehwerksbremse gelöst, bei Katzauslegern die Katze in Ruhestellung und bei Nadelauslegern der Ausleger in die weiteste Stellung gebracht wird. Besteht die Gefahr, daß der Ausleger vom Wind gegen Hindernisse getrieben wird, hat der Kranführer die Maßnahmen durchzuführen, die vom Unternehmer jeweils festgelegt worden sind.

(7) Der Kranführer hat bei allen Kranbewegungen die Last oder bei Leerfahrt die Lastaufnahmeeinrichtungen zu beobachten, wenn durch sie Gefahren entstehen können. Ist eine Beobachtung nach Satz 1 nicht möglich, darf der Kranführer den Kran nur auf Zeichen eines Einweisers steuern. Dies gilt nicht für programmgesteuerte Krane.

(8) Der Kranführer hat bei Bedarf Warnzeichen zu geben.

(9) Der Kranführer soll Lasten nicht über Personen hinwegführen. Bei Verwendung von Lastaufnahmeeinrichtungen, die die Last durch Magnet-,

Reib- oder Saugkräfte ohne zusätzliche Sicherung halten, sowie bei Kranen ohne selbsttätig wirkende Hub- oder Auslegereinziehwerksbremse darf er die Last nicht über Personen hinwegführen.

(10) Von Hand angeschlagene Lasten dürfen vom Kranführer erst auf eindeutige Zeichen des Anschlägers, des Einweisers oder eines anderen vom Unternehmer bestimmten Verantwortlichen bewegt werden. Müssen zur Verständigung mit dem Kranführer Signale benutzt werden, sind sie vor ihrer Anwendung zwischen dem Verantwortlichen und dem Kranführer zu vereinbaren. Erkennt der Kranführer, daß Lasten unsachgemäß angeschlagen sind, darf er sie nicht befördern.

(11) Solange eine Last am Kran hängt, muß der Kranführer die Steuereinrichtungen im Handbereich behalten. Dies gilt nicht für das Abschleppen von Fahrzeugen mit Abschleppkranen und für programmgesteuerte Krane.

(12) Der Kranführer darf Getriebeschaltungen von Hub- und Auslegereinziehwerken, die über eine Leerlaufstellung gehen, nicht unter Belastung vornehmen.

(13) Der Kranführer darf Endstellungen, die nur durch Notendschalter oder Rutschkupplungen begrenzt sind, betriebsmäßig nicht anfahren.

(14) Der Kranführer darf eine Überlast nach Ansprechen des Lastmomentbegrenzers nicht durch Einziehen/Anheben des Auslegers aufnehmen.

(15) Der Kranführer muß hand- und teilkraftbetriebene Krane so führen, daß er die ausgelösten Fahr- oder Drehbewegungen gefahrlos anhalten kann.

§ 31 Tragfähigkeit, Belastung

(1) Der Unternehmer hat für den jeweiligen vorgesehenen Einsatz den geeigneten Kran zur Verfügung zu stellen, insbesondere unter Berücksichtigung einer ausreichenden Tragfähigkeit, Hubhöhe und Reichweite bzw. Ausladung.

(2) Der Kranführer darf Krane nicht über die jeweils höchstzulässige Belastung hinaus belasten. Er hat Lastmomentbegrenzer auf den jeweiligen Rüstzustand einzustellen.

*) Durchführungsanweisungen hier nicht mit abgedruckt.

(3) Der Kranführer darf Überbrückungsschalter für Überlastsicherungen nur für die vom Hersteller gemäß Betriebsanleitung vorgesehenen Auf- und Abrüstvorgänge betätigen.*)

(4) Der Unternehmer darf nur geeignete, betriebsmäßig anbaubare oder austauschbare Kranbauteile anbauen oder austauschen lassen, wenn ihm folgende Angaben nachweislich bekannt sind:

1. Hersteller, Importeur oder Lieferer,
2. Baujahr,
3. Fabriknummer,
4. Zuordnung zum zulässigen möglichen Kransystem,
5. Eigengewicht,
6. Tragfähigkeit von Unterflaschen und Traversen,
7. Fassungsvermögen und Tragfähigkeit von Greifern.

(5) Langholz-Ladekrane sind auch ohne Lastmomentbegrenzer zum Heben von Langholz geeignet, wenn

1. auf Grund eines Hauptüberdruckventiles das zulässige Lastmoment um nicht mehr als 10 % überschritten werden kann,
2. der Steuerstand des Kranes so angeordnet ist, daß sich der Kranführer außerhalb des Gefahrbereiches des Auslegers befindet,
3. der Kran für die erhöhte Beanspruchung, die sich durch das Heben, Ziehen, Drücken und Hebeln von Langholz ergibt, geeignet ist,
4. der Kran mit einem Lastaufnahmemittel versehen ist, mit dem das Laden ohne Anschläger möglich ist, und
5. auf das Verbot des Aufenthaltes im Schwenkbereich von Kran oder Last durch Aushang hingewiesen ist.

§ 32 Sicherheitsabstände

(1) Der Unternehmer hat dafür zu sorgen, daß bei schienengebundenen, spurgeführten oder ortsfest betriebenen Kranen ein Sicherheitsabstand von mindestens 0,5 m zwischen den kraftbewegten äußeren Teilen des Kranes und gelagertem Material eingehalten wird.

(2) Der Unternehmer hat ortsveränderliche Krane so aufstellen zu lassen, daß ein Sicherheitsabstand von mindestens 0,5 m zwischen den kraftbewegten

*) Durchführungsanweisungen hier nicht mit abgedruckt.

äußeren Teilen des Kranes und den festen Teilen der Umgebung oder gelagertem Material eingehalten wird.

(3) Der Kranführer hat Lasten so abzusetzen, daß zwischen ihnen und den kraftbewegten äußeren Teilen des Kranes ein Sicherheitsabstand von mindestens 0,5 m eingehalten wird.

(4) Der Kranführer hat ortsveränderliche Krane so aufzustellen, daß zwischen den kraftbewegten äußeren Teilen des Kranes und den festen Teilen der Umgebung oder gelagertem Material ein Sicherheitsabstand von mindestens 0,5 m eingehalten wird.

(5) Außerhalb des Arbeits- und Verkehrsbereiches ist der seitliche Sicherheitsabstand nicht erforderlich.

(6) Der Unternehmer darf Rundholzsortierkrane auch ohne seitlichen Sicherheitsabstand zu Sägetischen betreiben lassen, wenn Fahrbereichssicherungsanlagen vorhanden und die Steuereinrichtungen mit selbsttätiger Rückstellung ausgeführt sind.

§ 33 Zusammenarbeit mehrerer Krane

(1) Überschneiden sich die Arbeitsbereiche mehrerer Krane, hat der Unternehmer den Arbeitsablauf vor Beginn der Arbeit festzulegen und für eine einwandfreie Verständigung der Kranführer untereinander zu sorgen.

(2) Wird eine Last gemeinsam von mehreren Kranen gehoben, ist der Arbeitsablauf vorher vom Unternehmer festzulegen und von einem Aufsichtführenden zu überwachen.

§ 34 Betriebsanweisung*)

Der Unternehmer hat für den Einsatz der Krane eine Betriebsanweisung aufzustellen, wenn die betrieblichen Verhältnisse oder die durchzuführenden Arbeiten dies erfordern.

*) Durchführungsanweisungen hier nicht mit abgedruckt.

§ 35 Betreten und Verlassen von Kranen

(1) Unbefugten ist das Betreten von Kranen verboten.

(2) Krane dürfen erst nach Zustimmung des Kranführers und nur bei Stillstand des Kranes betreten oder verlassen werden.*)

§ 36 Personentransport

(1) Der Kranführer darf Personen mit der Last oder der Lastaufnahmeeinrichtung nicht befördern.*)

(2) Angehobene Lasten oder angehobene Lastaufnahmemittel dürfen nicht betreten werden.

(3) Absätze 1 und 2 gelten nicht für das Mitfahren auf Traversen zur Seilkontrolle, sofern der Mitfahrende einen festen Standplatz hat und gegen Absturz gesichert ist.

(4) Das Befördern von Personen mit Personenaufnahmemitteln und das Arbeiten von diesen Personenaufnahmemitteln aus ist gestattet, wenn der Unternehmer geeignete Sicherheitsmaßnahmen trifft und die beabsichtigten Vorhaben der Berufsgenossenschaft schriftlich mitteilt. Für die Personenbeförderung ist die Mitteilung mindestens zwei Wochen vor der geplanten Beförderung erforderlich. Der Unternehmer hat die mitgeteilten sicherheitstechnischen Maßnahmen durchzuführen.*)

(5) Der Unternehmer hat dafür zu sorgen, daß Krane mit Hubwerken, deren Getriebe über eine Leerlaufstellung verfügen oder bei denen die Last im freien Fall abgelassen werden kann, nicht für Arbeiten nach Absatz 4 verwendet werden.

(6) Kranführer dürfen Arbeiten nach Absatz 4 nicht mit Kranen ausführen, die mit Hubwerken ausgerüstet sind, deren Getriebe über eine Leerlaufstellung verfügen oder bei denen die Last im freien Fall abgelassen werden kann.

*) Durchführungsanweisungen hier nicht mit abgedruckt.

§ 37 Schrägziehen, Schleifen von Lasten sowie Bewegen von Fahrzeugen mit Kranen*)

(1) Der Kranführer darf nicht

1. Lasten schrägziehen oder schleifen,
2. Fahrzeuge mit Hilfe der Last oder der Lastaufnahmeeinrichtung bewegen.

(2) Der Kranführer darf abweichend von Absatz 1 Nr. 1 folgende Lasten schrägziehen oder schleifen, wenn der Kran für die bei diesen Arbeiten auftretenden Kräfte bemessen und eingerichtet ist:

1. für die Beseitigung von Gefahren bei Betriebsstörungen in Walzwerken, wenn die Arbeiten von einem Aufsichtführenden überwacht werden,
2. mit Brückenkranen, sofern diese mit einer Überlastsicherung ausgerüstet sind, die Bewegung über eine Umlenkrolle erfolgt und die Bewegung der Last kontrolliert abläuft,
3. für das Bergen von Fahrzeugen unter zusätzlicher Verwendung einer Bergwinde oder eines Zugmittels,
4. mit Derrickkranen in der Steingewinnung und auf Holzlagerplätzen,
5. beim Verholen von Stammholz mit Kranen ohne Seiltrieb,
6. beim Befördern von Heu, Stroh, Silage, Dung oder dergleichen.

§ 38 Losreißen festsitzender Lasten

(1) Der Unternehmer darf zum Losreißen festsitzender Lasten nur Krane mit Überlastsicherung einsetzen. Er darf Fahrzeug- und Turmdrehkrane nicht zum Losreißen festsitzender Lasten einsetzen.

(2) Der Kranführer darf festsitzende Lasten mit Fahrzeug- und Turmdrehkranen nicht losreißen, mit anderen Kranen nur, wenn sie mit einer Überlastsicherung ausgerüstet sind.

§ 39 Einsatz bei Gefahren durch elektrischen Strom*)

(1) Der Unternehmer hat dafür zu sorgen, daß bei Arbeiten mit Kranen in der Nähe von unter Spannung stehenden Teilen elektrischer Anlagen und

*) Durchführungsanweisungen hier nicht mit abgedruckt.

Betriebsmittel Personen nicht durch den elektrischen Strom gefährdet werden.

(2) Der Kranführer hat darauf zu achten, daß bei Arbeiten mit Kranen in der Nähe von unter Spannung stehenden Teilen elektrischer Anlagen und Betriebsmittel Personen nicht durch den elektrischen Strom gefährdet werden.

§ 40 Aufbau, Abbau und Umrüsten ortsveränderlicher Krane

(1) Der Unternehmer hat dafür zu sorgen, daß ortsveränderliche Krane nur auf tragfähigem Untergrund eingesetzt werden.

(2) Der Kranführer hat die Abstützungen bestimmungsgemäß zu benutzen und in Abhängigkeit von der Tragfähigkeit des Untergrundes entsprechend der Montageanweisung zu unterbauen.

(3) Der Unternehmer hat einen Aufsichtführenden zu bestimmen, unter dessen Verantwortung ortsveränderliche Krane, die aufgrund ihrer Abmessung oder ihres Gewichtes für den Transport zerlegt werden müssen, entsprechend der Montageanweisung aufgebaut, abgebaut oder umgerüstet werden.

(4) Der Unternehmer hat dafür zu sorgen, daß

1. LKW-Anbaukrane nur von Personen an- oder abgebaut werden, die in der Durchführung dieser Arbeiten unterwiesen sind und von deren Fähigkeiten er sich überzeugt hat,
2. beim An- und Abbau die Vorgaben der Kran- und Fahrzeughersteller beachtet werden.

§ 41 Wartungs- und Inspektionsarbeiten*)

(1) Versicherte dürfen Wartungs- und Inspektionsarbeiten nur durchführen, nachdem sie sich davon überzeugt haben, daß der Kran abgeschaltet und gegen unbefugtes Wiedereinschalten gesichert ist. Sie dürfen Wartungsarbeiten, die nicht vom Boden aus möglich sind, nur von Arbeitsständen oder -bühnen aus durchführen.

*) Durchführungsanweisungen hier nicht mit abgedruckt.

(2) Absatz 1 Satz 1 gilt nicht, wenn die Wartungs- und Inspektionsarbeiten nur im eingeschalteten Zustand durchgeführt werden können und während der Arbeit

1. keine Quetsch- und Absturzgefahren bestehen,
2. keine Gefahren des Berührens unter Spannung stehender Teile elektrischer Anlagen und Betriebsmittel bestehen und
3. Sprech- oder Sichtverbindung mit dem Kranführer vorhanden ist.

§ 42 Instandsetzungs. und Änderungsarbeiten an Kranen und Arbeiten im Kranfahrbereich

(1) Bei allen Instandsetzungs- und Änderungsarbeiten an Kranen und bei Arbeiten in Bereichen, in denen Personen durch den bewegten Kran gefährdet werden können, hat der Unternehmer folgende Sicherheitsmaßnahmen anzuordnen und zu überwachen:

1. Der Kran ist abzuschalten und gegen unbefugtes Wiedereinschalten zu sichern.
2. Besteht die Gefahr des Herabfallens von Gegenständen, ist der Gefahrbereich unter dem Kran durch Absperrung oder Warnposten zu sichern.
3. Der Kran ist so zu sichern, daß er von anderen Kranen nicht angefahren werden kann.
4. Die Kranführer der Nachbarkrane auf der gleichen Fahrbahn, nötigenfalls auch auf den benachbarten Fahrbahnen, sind über Art und Ort der Arbeiten zu unterrichten. Dies gilt auch für Ablöser bei Schichtwechsel.*)

(2) Sind die in Absatz 1 genannten Sicherheitsmaßnahmen nicht zweckentsprechend oder aus betrieblichen Gründen nicht zu treffen oder nicht ausreichend, hat der Unternehmer andere oder weitere Sicherheitsmaßnahmen anzuordnen und zu überwachen.

*) Durchführungsanweisungen hier nicht mit abgedruckt.

§ 43 Wiederinbetriebnahme nach Instandsetzungs- und Änderungsarbeiten

Krane dürfen nach Instandsetzungs- und Änderungsarbeiten oder nach Arbeiten im Kranfahrbereich nur in Betrieb genommen werden, wenn der Unternehmer den Betrieb wieder freigibt. Vor der Freigabe hat der Unternehmer sich zu überzeugen, daß

1. die Arbeiten endgültig abgeschlossen sind,
2. sich der gesamte Kran wieder in sicherem Zustand befindet*) und
3. alle an den Arbeiten Beteiligten den Kran verlassen haben.

V. Ordnungswidrigkeiten

§ 44 Ordnungswidrigkeiten

Ordnungswidrig im Sinne des § 209 Abs. 1 Nr. 1 Siebtes Buch Sozialgesetzbuch (SGB VII) handelt, wer vorsätzlich oder fahrlässig den Bestimmungen

- § 3a Abs.1 in Verbindung mit
  § 3a Abs. 3 Satz 2,
  §§ 4 bis 7 Abs. 3 Satz 1,
  § 8 Abs. 3 Satz 2 oder 3,
  § 9 Abs. 1 Satz 1, Abs. 2 Satz 2, Abs. 3,
  §§ 10, 11 Abs. 1 Satz 1, Abs. 2,
  §§ 12, 13 Abs. 1,
  §§ 14, 15 Abs. 1 bis 3,
  § 16 Abs. 1,
  §§ 17 bis 20 Abs. 1,
  §§ 21 bis 24,
- des § 25 Abs. 1,
  § 26 Abs. 1 bis 3 oder
  § 27,

*) Durchführungsanweisungen hier nicht mit abgedruckt.

- des § 28a in Verbindung mit
  § 29 Abs. 1,
  § 30 Abs. 1 bis 6, Absatz 7 Satz 1 oder 2, Abs. 9 Satz 2, Abs. 10 Satz 1 oder 2, Absatz 11 Satz 1, Absätze 12 bis 15,
  § 31 Abs. 1, 2, 3 oder 4,
  § 32 Abs. 1 bis 4,
  §§ 33, 35, 36 Abs. 1, 2, 4 Satz 3, Abs. 5 oder 6,
  § 37 Abs. 1
  §§ 38, 40, 41 Abs. 1,
  § 42 Abs. 1 oder
  § 43

zuwiderhandelt.

VI. Inkrafttreten

§ 45 Inkrafttreten

(1) Diese Unfallverhütungsvorschrift tritt am 1. Dezember 1974 in Kraft. Gleichzeitig treten die §§ 138 bis 146 des Abschnittes „XXII. Aufzüge, Krane und andere Hebezeuge" der Unfallverhütungsvorschriften der Bau-Berufsgenossenschaft Hannover vom 1. Januar 1930 in der Fassung vom 1. März 1974 für Krane und die Unfallverhütungsvorschriften „Auslegerkrane" (VBG 8f) vom 1. März 1965 und „Turmdrehkrane" (VBG 8g) vom 1. Januar 1964 in der Fassung vom 1. April 1974 außer Kraft.

(2) § 15 Abs. 1 Nr. 1 und § 16 Abs. 1 treten für Krane mit Auslegern – ausgenommen Turmdrehkrane –, bei denen das Hubwerk und das Auslegereinziehwerk oder eines der beiden mechanisch gesteuert werden, erst am 1.4. 1978 in Kraft. Bei Kranen, die bis zu diesem Zeitpunkt in Betrieb genommen werden, genügt es, wenn an Stelle der in § 15 Abs. 1 Nr. 1 und § 16 Abs. 1 geforderten Abschalteinrichtungen selbsttätig wirkende Warneinrichtungen vorhanden sind.*)

Diese Unfallverhütungsvorschrift tritt für die Berufsgenossenschaft der Bauwirtschaft am 1. Januar 2012 in Kraft.

*) Durchführungsanweisungen hier nicht mit abgedruckt.

VII. Übergangs- und Ausführungsbestimmungen

§ 46

§ 46 ist gegenstandslos geworden durch Aufhebung – siehe § 63 UVV „Grundsätze der Prävention" (ab1/2004) (BGV A1):

§ 47 Ausnahmen für Brückenkrane

(1) Für Brückenkrane, die vor dem Inkrafttreten dieser Unfallverhütungsvorschrift in Betrieb waren, gelten nicht:

1. § 8 Abs. 3 hinsichtlich der Durchgangsmaße für Treppen,
2. § 9 Abs. 1 bei Kranen mit innen laufender Katze hinsichtlich des freien Durchgangs im Kranträger, sofern der freie Durchgang mindestens 1,4 m x 0,4m beträgt,
3. § 11 Abs. 1 hinsichtlich des seitlichen Sicherheitsabstandes, sofern dieser mindestens 0,4 m zu den Gebäude- und Anlageteilen (Fahrbahnlaufstegseite) beträgt,
4. § 11 Abs. 1 hinsichtlich des Sicherheitsabstandes nach oben bei flurbedienten Kranen,
5. § 11 Abs. 1 hinsichtlich des Sicherheitsabstandes nach unten zu vorhandenen nicht begehbaren Gebäude- und Anlagenteilen, wenn Quetsch- und Scherstellen durch Warnanstrich und Hinweisschilder gekennzeichnet sind und wenn sich bis zu 2 m unter diesen Quetsch- und Scherstellen keine begehbaren, ortsfesten Einrichtungen befinden,
6. § 11 Abs. 1 hinsichtlich des seitlichen Sicherheitsabstandes, soweit es sich um Anlagen handelt, bei denen der Fahrbahnlaufsteg durch Gebäudesäulen führt, wenn
   a) sich keine Aufstiege an der Stirnseite des Kranes befinden und
   b) die verengten Stellen zwischen den am weitesten ausladenden Teilen des Kranes und den Gebäudesäulen durch einen Warnanstrich gekennzeichnet sind und
   c) an den Gebäudesäulen ein Warnschild, das auf die Quetschgefahr hinweist, vorhanden ist.

(2) Für Brückenkrane, die vor dem 1. Januar 1957 in Betrieb waren, gelten ferner nicht:

1. § 4,
2. § 8 Abs. 1 bei Kranen, die nur gelegentlich zur Montage von Betriebseinrichtungen benutzt werden, hinsichtlich des Vorhandenseins eines Fahrbahnlaufsteges, wenn das Führerhaus mindestens von einer Stelle aus leicht und gefahrlos erreicht und verlassen werden kann,
3. § 9 Abs. 1 hinsichtlich der Breite der Kranträgerlaufbühnen, sofern das Kranfahrwerk gefahrlos umgangen werden kann,
4. die Forderung hinsichtlich des Geländers auf der Innenseite von Kranträgerlaufbühnen, wenn an Stelle des Innengeländers mindestens ein Seil oder eine Kette vorhanden ist.

(3) Für Brückenkrane, die vor dem 1. April 1934 in Betrieb waren, gelten ferner nicht:

1. Die Forderung hinsichtlich des Vorhandenseins der Geländer auf Kranträgerlaufbühne, Katze und Kopfträger, sofern wegen der Geländer der Sicherheitsabstand nach oben nicht eingehalten werden kann,
2. § 8 Abs. 1 hinsichtlich des Vorhandenseins eines Fahrbahnlaufsteges, wenn das Führerhaus mindestens von einer Stelle aus leicht und gefahrlos erreicht und verlassen werden kann und ein Notabstieg am Führerhaus vorhanden ist,
3. § 9 Abs. 1 hinsichtlich der Höhe des freien Durchgangs auf Kranträgerlaufbühnen, wenn
   a) die verengten Stellen zwischen den höchsten Kranteilen und darüber befindlichen Gebäude- oder Anlageteilen durch einen Warnanstrich gekennzeichnet sind und durch Hinweisschilder auf die Quetschgefahr hingewiesen ist oder
   b) durch ein Drahtgitter verhindert wird, daß Personen, die die Kranträgerlaufbühne begehen, in den Quetschbereich gelangen.
4. § 11 Abs. 1 hinsichtlich des Sicherheitsabstandes nach oben, wenn die verengten Stellen durch einen Warnanstrich gekennzeichnet sind und durch Warnschilder auf die Quetschgefahr an den verengten Stellen hingewiesen ist.

§ 48 Ausnahmen für Portalkrane

(1) Für Portalkrane, die vor dem Inkrafttreten dieser Unfallverhütungsvorschrift in Betrieb waren, gelten nicht:

1. § 4,
2. § 8 Abs. 1 hinsichtlich des gefahrlosen Erreichens und Verlassens des Steuerstandes in allen Stellungen des Kranes, wenn der Steuerstand in einer Stellung des Kranes gefahrlos erreicht und verlassen werden kann und ein Notabstieg am Führerhaus vorhanden ist.
3. § 8 Abs. 3 hinsichtlich der Ausführung mindestens eines Aufstiegs zum Fahrbahnlaufsteg als Treppe und hinsichtlich der Durchgangsmaße für Treppen,
4. § 9 Abs. 1 hinsichtlich der Breite der Kranträgerlaufbühnen, wenn das Kranfahrwerk gefahrlos umgangen werden kann,
5. § 11 Abs. 1 hinsichtlich der verengten Stellen zwischen den kraftbewegten äußeren Teilen des Kranes zu den vorhandenen Teilen der Umgebung hin, wenn die verengten Stellen durch einen Warnanstrich gekennzeichnet sind und durch Warnschilder auf die Quetschgefahr an den verengten Stellen hingewiesen ist.
6. § 11 Abs. 1 hinsichtlich der Geländer von Laufbühnen zwischen den Schienen eines auf dem Portal fahrenden Drehkranes, wenn die Bühnenbreite mindestens 1,5 m beträgt,
7. die Forderung hinsichtlich des Geländers auf der Innenseite von Kranträgerlaufbühnen, wenn auf der Innenseite von Kranträgerlaufbühnen an Stelle des Innengeländers mindestens ein Seil oder eine Kette vorhanden ist.

(2) Für Portalkrane, die vor dem 1. April 1934 in Betrieb waren, gilt ferner nicht die Forderung hinsichtlich des Vorhandenseins der Geländer auf Kranträgerlaufbühne, Katze und Kopfträger, sofern wegen der Geländer der Sicherheitsabstand nach oben nicht eingehalten werden kann.

§ 49 Ausnahmen für Schienenlaufkatzen

(1) Für Schienenlaufkatzen, die vor dem Inkrafttreten dieser Unfallverhütungsvorschrift in Betrieb waren, gelten nicht:

1. § 8 Abs. 3 hinsichtlich der Durchgangsmaße für Treppen,
2. § 11 Abs. 1 hinsichtlich des Sicherheitsabstandes nach unten zu vorhandenen nicht begehbaren Gebäude- und Anlageteilen, wenn die Quetsch- und Scherstellen durch Warnanstrich und Hinweisschilder gekennzeichnet sind.

(2) Für Schienenlaufkatzen, die vor dem 1. Januar 1957 in Betrieb waren, gelten ferner nicht:

1. § 4,
2. § 8 Abs. 3 hinsichtlich der Ausführung mindestens eines Aufstiegs zum Führerhaus als Treppe.

§ 50 Ausnahmen für Auslegerkrane

(1) Für Krane mit Auslegern – ausgenommen Turmdrehkrane –, die vor dem Inkrafttreten dieser Unfallverhütungsvorschrift in Betrieb waren, gilt § 15 Abs. 1 Nr. 6 nicht.

(2) Für Krane mit Auslegern – ausgenommen Turmdrehkrane –, bei denen das Hubwerk und das Auslegereinziehwerk oder eines der beiden mechanisch gesteuert werden und die bis zum 31. März 1964 in Betrieb genommen wurden, gelten die §§ 4, 13 und 14 der Unfallverhütungsvorschrift „Winden" nicht, wenn diese Krane statt der Abschalteinrichtungen nach § 15 Abs. 1 Nr. 1 und § 16 Abs. 1 selbsttätig wirkende Warneinrichtungen haben.

(3) Für Krane mit Auslegern – ausgenommen Turmdrehkrane –, die vor dem 1. Januar 1957 in Betrieb waren, gelten nicht:

1. § 4,
2. § 11 Abs. 1 hinsichtlich des Sicherheitsabstandes nach den Seiten hin, wenn die verengten Stellen durch einen Warnanstrich gekennzeichnet sind und durch Warnschilder auf die Quetschgefahr an den verengten Stellen hingewiesen ist,
3. § 14 Abs. 1 hinsichtlich der Drehwerksbremse.

§ 51 Ausnahmen für Turmdrehkrane

Für Turmdrehkrane, die vor dem 1. Januar 1964 in Betrieb waren, gelten nicht:

1. § 14 Abs. 2 hinsichtlich des selbsttätigen Bremsens kraftbetriebener Schienenfahrwerks- und Drehwerksgetriebe nach Abschaltung der entsprechenden Antriebe,

2. § 15 Abs. 1 Nr. 5 hinsichtlich einer Begrenzung der Senkbewegung des Hubwerks,

3. § 15 Absätze 2 und 3.

Technische Regeln für Arbeitsstätten (ASR)

ASR A1.3 Sicherheits- und Gesundheitsschutzkennzeichnung

Ausgabe: Februar 2013
zuletzt geändert GMBl 2022, S. 242

1 Zielstellung

Diese ASR konkretisiert die Anforderungen für die Sicherheits- und Gesundheitsschutzkennzeichnung in Arbeitsstätten. Nach § 3a der Arbeitsstättenverordnung in Verbindung mit Ziffer 1.3 des Anhangs sind Sicherheits- und Gesundheitsschutzkennzeichnungen dann einzusetzen, wenn die Risiken für Sicherheit und Gesundheit anders nicht zu vermeiden oder ausreichend zu minimieren sind. Diese ASR konkretisiert auch die Gestaltung von Flucht- und Rettungsplänen gemäß § 4 Abs. 4 Arbeitsstättenverordnung.

2 Anwendungsbereich

Mit Inkrafttreten der Arbeitsstättenverordnung wird die Richtlinie 92/58/EWG[2] über Mindestvorschriften für die Sicherheits- und Gesundheitsschutzkennzeichnung am Arbeitsplatz über einen gleitenden Verweis für den Geltungsbereich der Arbeitsstättenverordnung in nationales Recht umgesetzt. Die Anwendung dieser ASR erfüllt die Mindestanforderungen der Richtlinie 92/58/EWG.

Die Gestaltung der Sicherheits- und Gesundheitsschutzkennzeichnung einschließlich der Gestaltung von Flucht- und Rettungsplänen wird in dieser ASR geregelt. Die Notwendigkeit einer Sicherheits- und Gesundheitsschutzkennzeichnung und von Flucht- und Rettungsplänen sowie von Sicherheitsleitsystemen ist im Rahmen der Gefährdungsbeurteilung zu prüfen.

2 Richtlinie 92/58/EWG des Rates über Mindestvorschriften für die Sicherheits- und/oder Gesundheitsschutzkennzeichnung am Arbeitsplatz (Neunte Einzelrichtlinie im Sinne von Artikel 16 Absatz 1 der Richtlinie 89/391/EWG) vom 24. Juni 1992 (ABl. EU Nr. L 245 S. 23)

Hinweis:
Für die barrierefreie Gestaltung der Sicherheits- und Gesundheitsschutzkennzeichnung gilt die ASR V3a.2 „Barrierefreie Gestaltung von Arbeitsstätten", Anhang A1.3: Ergänzende Anforderungen zur ASR A1.3 „Sicherheits- und Gesundheitsschutzkennzeichnung".

3 Begriffsbestimmungen

3.1 **Sicherheits- und Gesundheitsschutzkennzeichnung** ist eine Kennzeichnung, die – bezogen auf einen bestimmten Gegenstand, eine bestimmte Tätigkeit oder eine bestimmte Situation – jeweils mittels eines Sicherheitszeichens, einer Farbe, eines Leucht- oder Schallzeichens, verbaler Kommunikation oder eines Handzeichens eine Sicherheits- und Gesundheitsschutzaussage (Sicherheitsaussage) ermöglicht.

3.2 **Sicherheitszeichen** ist ein Zeichen, das durch Kombination von geometrischer Form und Farbe sowie grafischem Symbol eine bestimmte Sicherheits- und Gesundheitsschutzaussage ermöglicht.

3.3 **Verbotszeichen** ist ein Sicherheitszeichen, das ein Verhalten, durch das eine Gefahr entstehen kann, untersagt.

3.4 **Warnzeichen** ist ein Sicherheitszeichen, das vor einem Risiko oder einer Gefahr warnt.

3.5 **Gebotszeichen** ist ein Sicherheitszeichen, das ein bestimmtes Verhalten vorschreibt.

3.6 **Rettungszeichen** ist ein Sicherheitszeichen, das den Flucht- und Rettungsweg oder Notausgang, den Weg zu einer Erste-Hilfe-Einrichtung oder diese Einrichtung selbst kennzeichnet.

3.7 **Brandschutzzeichen** ist ein Sicherheitszeichen, das Standorte von Feuermelde- und Feuerlöscheinrichtungen kennzeichnet.

3.8 **Zusatzzeichen** ist ein Zeichen, das zusammen mit einem der unter Nummer 3.2 beschriebenen Sicherheitszeichen verwendet wird und zusätzliche Hinweise liefert.

3.9 **Kombinationszeichen** ist ein Zeichen, bei dem Sicherheitszeichen und Zusatzzeichen auf einem Träger aufgebracht sind.

3.10 **Graphisches Symbol** ist eine Darstellung, die eine Situation beschreibt oder ein Verhalten vorschreibt und auf einem Sicherheitszeichen oder einer Leuchtfläche angeordnet ist.

3.11 **Sicherheitsfarbe** ist eine Farbe, der eine bestimmte, auf die Sicherheit bezogene Bedeutung zugeordnet ist.

3.12 **Leuchtzeichen** ist ein Zeichen, das von einer Einrichtung mit durchsichtiger oder durchscheinender Oberfläche erzeugt wird, die von hinten erleuchtet wird und dadurch als Leuchtfläche erscheint oder selbst leuchtet.

3.13 **Schallzeichen** ist ein kodiertes akustisches Signal ohne Verwendung einer menschlichen oder synthetischen Stimme, z. B. Hupen, Sirenen oder Klingeln.

3.14 **Verbale Kommunikation** ist eine Verständigung mit festgelegten Worten unter Verwendung einer menschlichen oder synthetischen Stimme.

3.15 **Handzeichen** ist eine kodierte Bewegung und Stellung von Armen und Händen zur Anweisung von Personen, die Tätigkeiten ausführen, die ein Risiko oder eine Gefährdung darstellen können.

3.16 **Erkennungsweite** ist der größtmögliche Abstand zu einem Sicherheitszeichen, bei dem dieses noch lesbar und hinsichtlich Form und Farbe erkennbar ist.

3.17 Ein **langnachleuchtendes Sicherheitszeichen** ist ein durch Licht angeregtes Sicherheitszeichen, das nach Ausfall der Allgemeinbeleuchtung ohne weitere Energiezufuhr nachleuchtet.

Hinweis:
Obwohl die Sicherheitsfarben Rot und Grün im nachleuchtenden Zustand nicht dargestellt werden können, bleiben graphisches Symbol und geometrische Form erhalten und es besteht ein Sicherheitsgewinn gegenüber den nicht langnachleuchtenden Sicherheitszeichen.

4 Allgemeines

(1) Schon bei der Planung von Arbeitsstätten ist eine erforderliche Sicherheits- und Gesundheitsschutzkennzeichnung (z. B. bei der Erstellung von Flucht- und Rettungsplänen) so weit wie möglich zu berücksichtigen.

(2) Die Sicherheits- und Gesundheitsschutzkennzeichnung darf nur für Hinweise im Zusammenhang mit Sicherheit und Gesundheitsschutz verwendet werden.

(3) Die Kennzeichnungsarten (z. B. Leuchtzeichen, Handzeichen, Sicherheitszeichen) sind entsprechend der Gefährdungsbeurteilung auszuwählen.

(4) Für ständige Verbote, Warnungen, Gebote und sonstige sicherheitsrelevante Hinweise (z. B. Rettung, Brandschutz) sind Sicherheitszeichen insbesondere entsprechend Anhang 1 zu verwenden. Sicherheitszeichen können als Schilder, Aufkleber oder als aufgemalte Kennzeichnung ausgeführt werden. Diese sind dauerhaft auszuführen (z. B. für die Standorte von Feuerlöschern).

(5) Hinweise auf zeitlich begrenzte Risiken oder Gefahren sowie Notrufe zur Ausführung bestimmter Handlungen (z. B. Brandalarm) sind durch Leucht-, Schallzeichen oder verbale Kommunikation zu übermitteln.

(6) Wenn zeitlich begrenzte risikoreiche Tätigkeiten (z. B. Anschlagen von Lasten im Kranbetrieb, Rückwärtsfahren von Fahrzeugen mit Personengefährdung) ausgeführt werden, sind Anweisungen mittels Handzeichen entsprechend Anhang 2 oder verbaler Kommunikation vorzunehmen.

(7) Verschiedene Kennzeichnungsarten dürfen gemeinsam verwendet werden, wenn im Rahmen der Gefährdungsbeurteilung festgestellt wird, dass eine Kennzeichnungsart allein zur Vermittlung der Sicherheitsaussage nicht ausreicht. Bei gleicher Wirkung kann zwischen verschiedenen Kennzeichnungsarten gewählt werden.

(8) Die Wirksamkeit einer Kennzeichnung darf nicht durch eine andere Kennzeichnung oder durch sonstige betriebliche Gegebenheiten beeinträchtigt werden (z. B. keine Verwendung von Schallzeichen bei starkem Umgebungslärm).

(9) Kennzeichnungen, die für ihre Funktion eine Energiequelle benötigen, müssen für den Fall, dass diese ausfällt, über eine selbsttätig einsetzende Notversorgung verfügen, es sei denn, dass bei Unterbrechung der Energiezufuhr kein Risiko mehr besteht (z. B. wenn bei Netzausfall der Schließvorgang eines elektrisch betriebenen Tores unterbrochen wird und gleichzeitig die Sicherheitskennzeichnung – Warnleuchte, Hupe – ausfällt).

(10) Ist das Hör- oder Sehvermögen von Beschäftigten eingeschränkt (z. B. beim Tragen von Persönlichen Schutzausrüstungen), ist eine geeignete Kennzeichnungsart ergänzend oder alternativ einzusetzen.

(11) Zur Kennzeichnung und Standorterkennung von Material und Ausrüstung zur Brandbekämpfung sind Brandschutzzeichen nach Anhang 1 zu verwenden.

(12) Die Beschäftigten sind vor Arbeitsaufnahme und danach in regelmäßigen Zeitabständen über die Bedeutung der eingesetzten Sicherheits- und Gesundheitsschutzkennzeichnung zu unterweisen. Insbesondere ist über die Bedeutung selten eingesetzter Kennzeichnungen zu informieren. Für Einweiser, die Handzeichen nach Punkt 5.7 anwenden, ist eine spezifische Unterweisung erforderlich. Die Unterweisung sollte jährlich erfolgen, sofern sich nicht aufgrund der Ergebnisse der Gefährdungsbeurteilung andere Zeiträume ergeben. Darüber hinaus muss auch bei Änderungen der eingesetzten Sicherheits- und Gesundheitsschutzkennzeichnung eine Unterweisung erfolgen.

(13) Der Arbeitgeber hat durch regelmäßige Kontrolle und gegebenenfalls erforderliche Instandhaltungsarbeiten dafür zu sorgen, dass Einrichtungen für die Sicherheits- und Gesundheitsschutzkennzeichnung wirksam sind. Dies gilt insbesondere für Leucht- und Schallzeichen, langnachleuchtende Materialien sowie technische Einrichtungen zur verbalen Kommunikation (z. B. Lautsprecher, Telefone). Die zeitlichen Abstände der Kontrollen sind im Rahmen der Gefährdungsbeurteilung festzulegen.

5 Kennzeichnung

5.1 Sicherheitszeichen und Zusatzzeichen

(1) Sicherheitszeichen und Zusatzzeichen müssen den festgelegten Gestaltungsgrundsätzen nach Tabelle 1 bzw. 2 entsprechen. Die Bedeutung von geometrischer Form und Sicherheitsfarbe für Sicherheitszeichen sind der Tabelle 1 zu entnehmen.

(2) Für die in Anhang 1 festgelegten Sicherheitsaussagen dürfen nur die entsprechend zugeordneten Sicherheitszeichen verwendet werden. Es besteht die Möglichkeit der Verwendung von Zusatzzeichen, die der Verdeutlichung besonderer Situationen oder der Konkretisierung der Sicherheits- und Gesundheitsschutzaussage dienen.

(3) Brandschutzzeichen können in Verbindung mit einem Richtungspfeil als Zusatzzeichen nach Abb. 1 verwendet werden.

Abb. 1: Richtungspfeile für Brandschutzzeichen

(4) Rettungszeichen für Mittel und Einrichtungen zur Ersten Hilfe können in Verbindung mit einem Richtungspfeil als Zusatzzeichen nach Abb. 2 verwendet werden.

Abb. 2: Richtungspfeile für Rettungszeichen sowie für Mittel und Einrichtungen zur Ersten Hilfe

(5) Eine Anhäufung von Sicherheitszeichen ist zu vermeiden. Ist das Sicherheitszeichen nicht mehr notwendig, ist dieses zu entfernen.

Tabelle 1: Kombination von geometrischer Form und Sicherheitsfarbe und ihre Bedeutung für Sicherheitszeichen

Geometrische Form	Bedeutung	Sicherheitsfarbe	Kontrastfarbe zur Sicherheitsfarbe	Farbe des graphischen Symbols	Anwendungsbeispiele
 Kreis mit Diagonalbalken	Verbot	Rot	Weiß[a]	Schwarz	• Rauchen verboten • Kein Trinkwasser • Berühren verboten
 Kreis	Gebot	Blau	Weiß[a]	Weiß[a]	• Augenschutz benutzen • Schutzkleidung benutzen • Hände waschen
 Gleichseitiges Dreieck mit gerundeten Ecken	Warnung	Gelb	Schwarz	Schwarz	• Warnung vor heißer Oberfläche • Warnung vor Biogefährdung • Warnung vor elektrischer Spannung
 Quadrat	Gefahrlosigkeit	Grün	Weiß[a]	Weiß[a]	• Erste Hilfe • Notausgang • Sammelstelle
 Quadrat	Brandschutz	Rot	Weiß[a]	Weiß[a]	• Brandmeldetelefon • Mittel und Geräte zur Brandbekämpfung • Feuerlöscher

[a] Die Farbe Weiß schließt die Farbe für langnachleuchtende Materialien unter Tageslichtbedingungen, wie in ISO 3864-4, Ausgabe März 2011 beschrieben, ein.

Die in den Spalten 3, 4 und 5 bezeichneten Farben müssen den Spezifikationen von ISO 3864-4, Ausgabe März 2011 entsprechen. Es ist wichtig, einen Leuchtdichtekontrast sowohl zwischen dem Sicherheitszeichen und seinem Hintergrund als auch zwischen dem Zusatzzeichen und seinem Hintergrund zu erzielen (z. B. Lichtkante).

Tabelle 2: Geometrische Form, Hintergrundfarben und Kontrastfarben für Zusatzzeichen

Geometrische Form	Bedeutung	Hintergrundfarbe	Kontrastfarbe zur Hintergrundfarbe	Farbe der zusätzlichen Sicherheitsinformation
Rechteck	Zusatzinformationen	Weiß	Schwarz	beliebig
		Farbe des Sicherheitszeichens	Schwarz oder Weiß	

(6) Sicherheitszeichen sind deutlich erkennbar und dauerhaft anzubringen. Deutlich erkennbar bedeutet unter anderem, dass Sicherheitszeichen in geeigneter Höhe – fest oder beweglich – anzubringen sind und die Beleuchtung (natürlich oder künstlich) am Anbringungsort ausreichend ist. Verbots-, Warn- und Gebotszeichen müssen sichtbar, unter Berücksichtigung etwaiger Hindernisse am Zugang zum Gefahrbereich angebracht werden. Besonders in langgestreckten Räumen (z. B. Fluren) sollen Rettungs- bzw. Brandschutzzeichen in Laufrichtung jederzeit erkennbar sein (z. B. Winkelschilder).

(7) Ist eine Sicherheitsbeleuchtung nicht vorhanden, muss die Erkennbarkeit der notwendigen Rettungs- und Brandschutzzeichen durch Verwendung von langnachleuchtenden Materialien auch bei Ausfall der Allgemeinbeleuchtung erhalten bleiben. Langnachleuchtende Sicherheitszeichen müssen mindestens die Anforderungen der DIN 67510-1:2020-05, Klasse C, erfüllen. Die ausreichende Anregung der langnachleuchtenden Materialien ist sicherzustellen, z. B. hinsichtlich Dauer, Art und Intensität der Beleuchtung.

(8) Sicherheitszeichen müssen aus solchen Werkstoffen bestehen, die gegen die Umgebungseinflüsse am Anbringungsort widerstandsfähig sind. Bei der Auswahl der Werkstoffe sind unter anderem mechanische Einwirkungen, feuchte Umgebung, chemische Einflüsse, Lichtbeständigkeit, Versprödung von Kunststoffen sowie Feuerbeständigkeit zu berücksichtigen.

(9) Bei der Auswahl von Sicherheitszeichen ist der Zusammenhang zwischen Erkennungsweiten und Größe der Sicherheitszeichen bzw. Schriftzeichen zu berücksichtigen (Tabelle 3). Für innenbeleuchtete Sicherheitszeichen in Dauerlichtschaltung verdoppelt sich die Erkennungsweite bei gleichbleibender Zeichengröße.

Tabelle 3: Vorzugsgrößen von Sicherheits-, Zusatz- und Schriftzeichen für beleuchtete Zeichen, abhängig von der Erkennungsweite

<table>
<tr><th>Erkennungsweite
[m]</th><th>Schriftzeichen
(Ziffern und Buchstaben)
Schriftgröße (h)
[mm]</th><th>Verbots- und Gebotszeichen
Durchmesser (d)
[mm]</th><th>Warnzeichen

Basis (b)
[mm]</th><th>Rettungs-, Brandschutz- und Zusatzzeichen
Höhe (a)
[mm]</th></tr>
<tr><td>0,5</td><td>2</td><td>12,5</td><td>25</td><td>12,5</td></tr>
<tr><td>1</td><td>4</td><td>25</td><td>50</td><td rowspan="2">25</td></tr>
<tr><td>2</td><td>8</td><td>50</td><td rowspan="2">100</td></tr>
<tr><td>3</td><td>10</td><td rowspan="2">100</td><td rowspan="3">50</td></tr>
<tr><td>4</td><td>14</td><td rowspan="3">200</td></tr>
<tr><td>5</td><td>17</td><td rowspan="4">200</td></tr>
<tr><td>6</td><td>20</td><td rowspan="5">100</td></tr>
<tr><td>7</td><td>23</td><td rowspan="3">300</td></tr>
<tr><td>8</td><td>27</td></tr>
<tr><td>9</td><td>30</td><td rowspan="4">300</td></tr>
<tr><td>10</td><td>34</td><td rowspan="3">400</td></tr>
<tr><td>11</td><td>37</td><td rowspan="5">150</td></tr>
<tr><td>12</td><td>40</td></tr>
<tr><td>13</td><td>44</td><td rowspan="4">400</td><td rowspan="7">600</td></tr>
<tr><td>14</td><td>47</td></tr>
<tr><td>15</td><td>50</td></tr>
<tr><td>16</td><td>54</td><td rowspan="5">200</td></tr>
<tr><td>17</td><td>57</td><td rowspan="8">600</td></tr>
<tr><td>18</td><td>60</td></tr>
<tr><td>19</td><td>64</td></tr>
<tr><td>20</td><td>67</td><td rowspan="11">900</td></tr>
<tr><td>21</td><td>70</td><td rowspan="10">300</td></tr>
<tr><td>22</td><td>74</td></tr>
<tr><td>23</td><td>77</td></tr>
<tr><td>24</td><td>80</td></tr>
<tr><td>25</td><td>84</td><td rowspan="6">900</td></tr>
<tr><td>26</td><td>87</td></tr>
<tr><td>27</td><td>90</td></tr>
<tr><td>28</td><td>94</td></tr>
<tr><td>29</td><td>97</td></tr>
<tr><td>30</td><td>100</td></tr>
</table>

5.2 Sicherheitsmarkierungen für Hindernisse und Gefahrstellen

(1) Die Kennzeichnung von Hindernissen und Gefahrstellen ist durch gelb-schwarze oder rot-weiße Streifen (Sicherheitsmarkierungen) deutlich erkennbar und dauerhaft auszuführen (siehe Abb. 3). Die Streifen sind in einem Neigungswinkel von etwa 45° anzuordnen. Das Breitenverhältnis der Streifen beträgt 1:1. Die Kennzeichnung soll den Ausmaßen der Hindernisse oder Gefahrstellen entsprechen.

Abb 3: Sicherheitsmarkierungen

(2) Gelb-schwarze Streifen sind vorzugsweise für ständige Hindernisse und Gefahrstellen zu verwenden (z. B. Stellen, an denen besondere Gefahren des Anstoßens, Quetschens, Stürzens bestehen). Bei langnachleuchtender Ausführung wird die Erkennbarkeit der Hindernisse bei Ausfall der Allgemeinbeleuchtung erhöht.

(3) Rot-weiße Streifen sind vorzugsweise für zeitlich begrenzte Hindernisse und Gefahrstellen zu verwenden (z. B. Baugruben).

(4) An Scher- und Quetschkanten mit Relativbewegung zueinander sind die Streifen gegensinnig geneigt zueinander anzubringen.

5.3 Markierungen von Fahrwegen

(1) Die Kennzeichnung von Fahrwegsbegrenzungen ist farbig, deutlich erkennbar sowie durchgehend auszuführen. Wird die Markierung auf dem Boden angebracht, so kann dies z. B. durch mindestens 5 cm breite Streifen oder durch eine vergleichbare Nagelreihe (mindestens drei Nägel pro Meter), in einer gut sichtbaren Farbe – Vorzugsweise Weiß oder Gelb – mit ausreichendem Kontrast zur Farbe der Bodenfläche erreicht werden.

(2) Eine Verwendung von langnachleuchtenden Produkten für die Markierung von Fahrwegen hat den Vorteil, dass bei Ausfall der Allgemeinbe-

leuchtung die Sicherheitsaussage für eine bestimmte Zeit aufrechterhalten bleibt.

5.4 Leuchtzeichen

(1) Leuchtzeichen sind deutlich erkennbar anzubringen. Die Helligkeit (Leuchtdichte) der abstrahlenden Fläche muss sich von der Leuchtdichte der umgebenden Flächen deutlich unterscheiden, ohne zu blenden.

(2) Leuchtzeichen dürfen nur bei Vorliegen von zu kennzeichnenden Gefahren oder Hinweiserfordernissen in Betrieb sein. Die Sicherheitsaussage von Leuchtzeichen darf nach Wegfall der zu kennzeichnenden Gefahr nicht mehr erkennbar sein. Dies kann durch Verdecken der abstrahlenden Fläche erreicht werden.

(3) Leuchtzeichen für eine Warnung dürfen intermittierend („blinkend") nur dann betrieben werden, wenn eine unmittelbare Gefahr droht. Diese Forderung bedeutet, dass warnende Leuchtzeichen kontinuierlich oder intermittierend, hinweisende Leuchtzeichen ausschließlich kontinuierlich betrieben werden dürfen.

(4) Wird ein intermittierend betriebenes Warnzeichen anstelle eines Schallzeichens oder zusätzlich eingesetzt, müssen die Sicherheitsaussagen identisch sein.

5.5 Schallzeichen

(1) Schallzeichen müssen deutlich wahrnehmbar und ihre Bedeutung betrieblich festgelegt und eindeutig sein.

(2) Schallzeichen müssen so lange eingesetzt werden, wie dies für die Sicherheitsaussage erforderlich ist.

(3) Ein betrieblich festgelegtes Notsignal muss sich von anderen betrieblichen Schallzeichen und von den beim öffentlichen Alarm verwendeten Signalen unverwechselbar unterscheiden. Der Ton des betrieblich festgelegten Notsignals soll kontinuierlich sein.

5.6 Verbale Kommunikation

Die verbale Kommunikation muss kurz, eindeutig und verständlich formuliert sein. Im Rahmen der Gefährdungsbeurteilung ist für besondere Einsatzsituationen die Verwendung von technischen Einrichtungen (z. B. Lautsprecher, Megafon) festzulegen.

5.7 Handzeichen

(1) Handzeichen müssen eindeutig eingesetzt werden, leicht durchführbar und erkennbar sein und sich deutlich von anderen Handzeichen unterscheiden. Handzeichen, die mit beiden Armen gleichzeitig erfolgen, müssen symmetrisch gegeben werden und dürfen nur eine Aussage darstellen.

(2) Für die in Anhang 2 aufgeführten Bedeutungen von Handzeichen dürfen nur die dort zugeordneten Handzeichen verwendet werden.

(3) Einweiser müssen geeignete Erkennungszeichen, vorzugsweise in gelber Ausführung, tragen (z. B. Westen, Kellen, Manschetten, Armbinden, Schutzhelme). Um eine gute Wahrnehmung zu erzielen, können Erkennungszeichen je nach Einsatzbedingungen (z. B. langnachleuchtend oder retroreflektierend) ausgeführt sein.

6 Gestaltung von Flucht- und Rettungsplänen

(1) Flucht- und Rettungspläne (Beispiel siehe Anhang 3) müssen eindeutige Anweisungen zum Verhalten im Gefahrenfall enthalten sowie den Weg an einen sicheren Ort darstellen. Flucht- und Rettungspläne müssen aktuell, übersichtlich, ausreichend groß und mit Sicherheitszeichen nach Anhang 1 gestaltet sein.

(2) Flucht- und Rettungspläne müssen graphische Darstellungen enthalten über:

1. den Gebäudegrundriss oder Teile davon,
2. den Verlauf der Hauptfluchtwege,
3. die Lage der Erste-Hilfe-Einrichtungen,
4. die Lage der Brandschutzeinrichtungen,
5. den Standort des Betrachters

und soweit vorhanden

6. die Lage der Ausgänge von Nebenfluchtwegen und
7. die Lage der Sammelstellen.

(3) Regeln für das Verhalten im Brandfall und bei Unfällen müssen direkt auf dem Flucht- und Rettungsplan dargestellt oder in dessen Nähe angebracht werden.

(4) Aus dem Plan muss ersichtlich sein, welche Fluchtwege von einem Arbeitsplatz oder dem jeweiligen Standort aus zu nehmen sind, um in einen sicheren Bereich oder ins Freie zu gelangen. In diesem Zusammenhang sind Sammelstellen zu kennzeichnen. Außerdem sind Kennzeichnungen für Standorte von Erste-Hilfe- und Brandschutzeinrichtungen in den Flucht- und Rettungsplan aufzunehmen. Zur sicheren Orientierung ist der Standort des Betrachters im Flucht- und Rettungsplan zu kennzeichnen.

(5) Soweit auf einem Flucht- und Rettungsplan nur ein Teil des Gebäudegrundrisses dargestellt ist, muss eine Übersichtskizze die Lage im Gesamtkomplex verdeutlichen. Der Grundriss in Flucht- und Rettungsplänen ist vorzugsweise im Maßstab 1:100 darzustellen. Die Plangröße ist an die Grundrissgröße anzupassen und sollte das Format DIN A3 nicht unterschreiten. Für besondere Anwendungsfälle, z. B. Hotel- oder Klassenzimmer, kann auch das Format DIN A4 verwendet werden. Der Flucht- und Rettungsplan muss farbig angelegt sein.

(6) Flucht- und Rettungspläne müssen – bezogen auf den Anbringungsort – lagerichtig gestaltet werden.

7 Kennzeichnung von Lagerbereichen sowie von Behältern und Rohrleitungen mit Gefahrstoffen

(1) Die Einstufung und Kennzeichnung von Gefahrstoffen in Behältern und Rohrleitungen hat gemäß den Regelungen der Gefahrstoffverordnung, insbesondere der TRGS 201 „Einstufung und Kennzeichnung bei Tätigkeiten mit Gefahrstoffen“, zu erfolgen.

(2) Hinsichtlich der Erkennungsweite ist Tabelle 3 anzuwenden. Bei der Verwendung von Gefahrensymbolen zusammen mit der Gefahrenbezeichnung an Rohrleitungen ist zu berücksichtigen, dass üblicherweise das Verhältnis der Höhe des kombinierten Zeichens zu seiner Breite ungefähr 1,4 : 1 beträgt.

(3) Orte, Räume oder umschlossene Bereiche, die für die Lagerung erheblicher Mengen gefährlicher Stoffe oder Zubereitungen verwendet werden, sind mit einem geeigneten Warnzeichen nach Anhang 1 zu versehen oder gemäß TRGS 201 „Einstufung und Kennzeichnung bei Tätigkeiten mit Gefahrstoffen“ zu kennzeichnen.

Anhang 1

Sicherheitszeichen und Sicherheitsaussagen (nach DIN EN ISO 7010 „Graphische Symbole – Sicherheitsfarben und Sicherheitszeichen – Registrierte Sicherheitszeichen“, Ausgabe Juli 2020 und DIN 4844-2 „Graphische Symbole – Sicherheitsfarben und Sicherheitszeichen – Teil 2: Registrierte Sicherheitszeichen“, Ausgabe November 2021)

1 Verbotszeichen

P001 Allgemeines Verbotszeichen[3]	P002 Rauchen verboten	P003 Keine offene Flamme; Feuer, offene Zündquelle und Rauchen verboten

P004 Für Fußgänger verboten	P005 Kein Trinkwasser	P006 Für Flurförderzeuge verboten

P007 Kein Zutritt für Personen mit Herzschrittmachern oder implantierten Defibrillatoren[4]	P010 Berühren verboten	P011 Mit Wasser löschen verboten

3 Dieses Zeichen darf nur in Verbindung mit einem Zusatzzeichen angewendet werden, das das Verbot konkretisiert.

4 Das Verbot gilt auch für sonstige aktive Implantate.

 P012 Keine schwere Last[5]	 P013 Eingeschaltete Mobiltelefone verboten	 P014 Kein Zutritt für Personen mit Implantaten aus Metall
 P015 Hineinfassen verboten	 P020 Aufzug im Brandfall nicht benutzen	 P021 Mitführen von Hunden verboten[6]
 P022 Essen und Trinken verboten	 P023 Abstellen oder Lagern verboten	 P024 Betreten der Fläche verboten

5 „Schwer“ ist abhängig von dem Zusammenhang, in dem das Sicherheitszeichen verwendet werden soll. Das Sicherheitszeichen ist erforderlichenfalls in Verbindung mit einem Zusatzzeichen anzuwenden, das die maximale zulässige Belastung konkretisiert (z. B. max. 100 kg).

6 Das Verbot gilt auch für andere Tiere.

 P027 Personenbeförderung verboten	 P028 Benutzen von Handschuhen verboten	 P031 Schalten verboten
 D-P006 Zutritt für Unbefugte verboten[7]	 P016 Mit Wasser spritzen verboten	 P009 Aufsteigen verboten (In der Bedeutung von „Besteigen für Unbefugte verboten.“)
 P048 Laufen verboten[8]		

7 aus DIN 4844-2 „Graphische Symbole – Sicherheitsfarben und Sicherheitszeichen“ Ausgabe November 2021

8 Das Verbot gilt auch für Rennen, Springen oder Hüpfen, normales Gehen ist erlaubt.

2 Warnzeichen

 W001 Allgemeines Warnzeichen[9]	 W002 Warnung vor explosionsgefährlichen Stoffen	 W003 Warnung vor radioaktiven Stoffen oder ionisierender Strahlung
 W004 Warnung vor Laserstrahl	 W005 Warnung vor nicht ionisierender Strahlung	 W006 Warnung vor magnetischem Feld
 W007 Warnung vor Hindernissen am Boden	 W008 Warnung vor Absturzgefahr	 W009 Warnung vor Biogefährdung

9 Dieses Zeichen darf nur in Verbindung mit einem Zusatzzeichen angewendet werden, das die Gefahr konkretisiert.

 W010 Warnung vor niedriger Temperatur/Frost	 W011 Warnung vor Rutschgefahr	 W012 Warnung vor elektrischer Spannung
 W014 Warnung vor Flurförderzeugen	 W015 Warnung vor schwebender Last	 W016 Warnung vor giftigen Stoffen
 W017 Warnung vor heißer Oberfläche	 W018 Warnung vor automatischem Anlauf	 W019 Warnung vor Quetschgefahr
 W021 Warnung vor feuergefährlichen Stoffen	 W023 Warnung vor ätzenden Stoffen	 W024 Warnung vor Handverletzungen

W025 Warnung vor gegenläufigen Rollen[10]	W026 Warnung vor Gefahren durch das Aufladen von Batterien	W027 Warnung vor optischer Strahlung

W028 Warnung vor brandfördernden Stoffen	W029 Warnung vor Gasflaschen	D-W021 Warnung vor explosionsfähiger Atmosphäre[11]

10 Die Warnung gilt auch für Einzugsgefahren anderer Art.

11 aus DIN 4844-2 „Graphische Symbole – Sicherheitsfarben und Sicherheitszeichen“ Ausgabe November 2021

3 Gebotszeichen

 M001 Allgemeines Gebotszeichen[12]	 M003 Gehörschutz benutzen	 M004 Augenschutz benutzen
 M008 Fußschutz benutzen	 M009 Handschutz benutzen	 M010 Schutzkleidung benutzen
 M011 Hände waschen	 M012 Handlauf benutzen	 M013 Gesichtsschutz benutzen

12 Dieses Zeichen darf nur in Verbindung mit einem Zusatzzeichen angewendet werden, welches das Gebot konkretisiert.

 M014 Kopfschutz benutzen	 M015 Warnweste benutzen	 M017 Atemschutz benutzen
 M018 Auffanggurt benutzen	 M020 Rückhaltesystem benutzen	 M021 Vor Wartung oder Reparatur freischalten
 M022 Hautschutzmittel benutzen	 M023 Übergang benutzen	 M024 Fußgängerweg benutzen

 M026 Schutzschürze benutzen	 M053 Rettungsweste benutzen[13]

13 gestrichen

4 Rettungszeichen

 E001 Notausgang (links)[14]	 E002 Notausgang (rechts)[14]	 E003 Erste Hilfe
 E004 Notruftelefon	 E007 Sammelstelle	 E009 Arzt
 E010 Automatisierter Externer Defibrillator (AED)	 E011 Augenspüleinrichtung	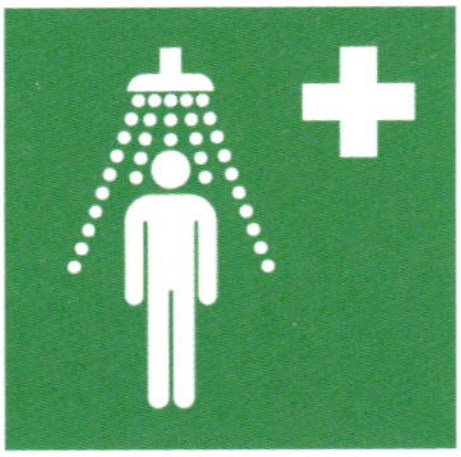 E012 Notdusche

14 Dieses Rettungszeichen darf nur in Verbindung mit einem Zusatzzeichen (Richtungspfeil, Abb. 2) verwendet werden.

 E013 Krankentrage	 E016 Notausstieg mit Fluchtleiter	 E061 Wasser-Rettungsausrüstung
 D-E019 Notausstieg[15]	 E033 Schiebetür öffnet nach rechts	 E034 Schiebetür öffnet nach links
 Beispiel für Notausgang (E002) mit Zusatzzeichen (Richtungspfeil)		
 Beispiel für Notausgang (E002) mit Zusatzzeichen (Richtungspfeil)		

15 aus DIN 4844-2 „Graphische Symbole – Sicherheitsfarben und Sicherheitszeichen" Ausgabe November 2021

5 Brandschutzzeichen

F001 Feuerlöscher	F002 Löschschlauch	F003 Feuerleiter

F004 Mittel und Geräte zur Brandbekämpfung	F005 Brandmelder	F006 Brandmeldetelefon

Anhang 2

Handzeichen

1 Allgemeine Handzeichen

Bedeutung	Beschreibung	Bildliche Darstellung	Vereinfachte Darstellung
Achtung Anfang Vorsicht	Rechten Arm nach oben halten, Handfläche zeigt nach vorn		
Halt Unterbrechung Bewegung nicht weiter ausführen	Beide Arme seitwärts waagerecht ausstrecken, Handflächen zeigen nach vorn		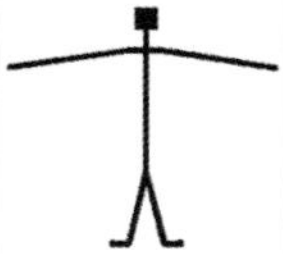
Halt – Gefahr	Beide Arme seitwärts waagerecht ausstrecken, Handflächen zeigen nach vorn und Arme abwechselnd anwinkeln und strecken		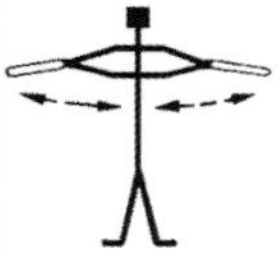

2 Handzeichen für Bewegungen – vertikal

Bedeutung	Beschreibung	Bildliche Darstellung	Vereinfachte Darstellung
Heben Auf	Rechten Arm nach oben halten, Handfläche zeigt nach vorn und macht eine langsame, kreisende Bewegung		
Senken Ab	Rechten Arm nach unten halten, Handfläche zeigt nach innen und macht eine langsame, kreisende Bewegung		
Langsam	Rechten Arm waagerecht ausstrecken, Handfläche zeigt nach unten und wird langsam auf- und abbewegt		

3 Handzeichen für Bewegungen — horizontal

Bedeutung	**Beschreibung**	**Bildliche Darstellung**	**Vereinfachte Darstellung**
Abfahren	Rechten Arm nach oben halten, Handfläche zeigt nach vorn, und Arm seitlich hin- und herbewegen		
Herkommen	Beide Arme beugen, Handflächen zeigen nach innen und mit den Unterarmen heranwinken		
Entfernen	Beide Arme beugen, Handflächen zeigen nach außen und mit den Unterarmen wegwinken		
Rechts fahren – vom Einweiser aus gesehen	Den rechten Arm in horizontaler Haltung leicht anwinkeln und seitlich hin- und herbewegen		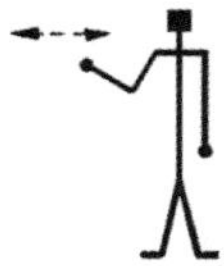
Links fahren – vom Einweiser gesehen aus	Den linken Arm in horizontaler Haltung leicht anwinkeln und seitlich hin- und herbewegen		
Anzeige einer Abstandsverringerung	Beide Handflächen parallel halten und dem Abstand entsprechend zusammenführen		

Anhang 3

Beispiel eines Flucht- und Rettungsplans

(nach DIN ISO 23601 „Sicherheitskennzeichnung – Flucht- und Rettungspläne“, Ausgabe November 2021)

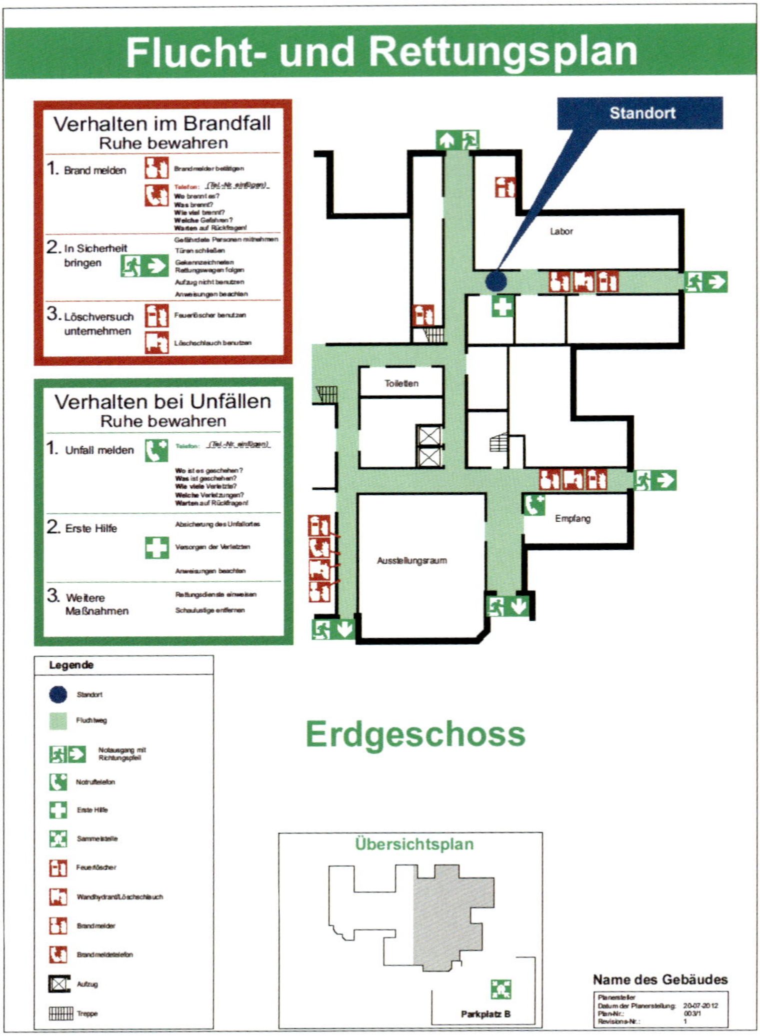

ASR A1.8 Verkehrswege

Ausgabe: März 2022

zuletzt geändert GMBl 2024, S. 412 (v. 17.06.2024)

1 Zielstellung

Diese ASR konkretisiert die Anforderungen an das Einrichten und Betreiben von Verkehrswegen in § 3a Absatz 1 und § 4 Absatz 4 sowie der Nummern 1.8, 1.9, 1.10 und 1.11 des Anhangs der Arbeitsstättenverordnung.

2 Anwendungsbereich

Diese ASR gilt für das Einrichten und Betreiben von Verkehrswegen inklusive Treppen, ortsfesten Steigleitern und Steigeisengängen, Laderampen sowie Fahrsteigen und Fahrtreppen. Sie gilt nicht für Zu- und Abgänge in, an und auf Arbeitsmitteln im Sinne von § 2 Absatz 1 der Betriebssicherheitsverordnung und für Fahrzeuge sowie dazugehörige Anhänger, die für die Beförderung von Personen und den Gütertransport bestimmt sind.

Diese ASR findet keine Anwendung auf Steigeisen, Steigeisengängen und Steigleitern an Hausschornsteinen, die ausschließlich als Angriffswege für die Feuerwehr dienen.

Hinweise:

1. *Sofern entsprechende Gefährdungen vorliegen, ist diese ASR insbesondere in Verbindung mit folgenden ASR anzuwenden:*

   a) *ASR A1.3 „Sicherheits- und Gesundheitsschutzkennzeichnung“,*
   b) *ASR A1.5 „Fußböden“,*
   c) *ASR A2.1 „Schutz vor Absturz und herabfallenden Gegenständen, Betreten von Gefahrenbereichen“,*
   d) *ASR A2.3 „Fluchtwege und Notausgänge“ und*
   e) *ASR A3.4 „Beleuchtung“.*

2. *Für die barrierefreie Gestaltung der Verkehrswege gilt die ASR V3a.2 „Barrierefreie Gestaltung von Arbeitsstätten", Anhang A1.8: Ergänzende Anforderungen zur ASR A1.8 „Verkehrswege".*

3. *Für spezielle Funktionsgebäude und Personengruppen, z. B. Kindertageseinrichtungen, sind abweichende Anforderungen im Rahmen der Gefährdungsbeurteilung zu ermitteln.*

3 Begriffsbestimmungen

3.1 **Verkehrswege** sind für den Fußgänger- oder Fahrzeugverkehr (personengesteuert oder automatisiert) oder für die Kombination aus beiden bestimmte Bereiche in Gebäuden oder im Freien auf dem Gelände eines Betriebes oder auf Baustellen. Dazu gehören insbesondere Flure, Gänge einschließlich Laufstege und Fahrsteige, Bühnen und Galerien, Treppen, ortsfeste Steigleitern, Steigeisengänge und Laderampen. Verkehrswege sind keine Arbeitsplätze. Auf Verkehrswegen können jedoch temporär Arbeitsplätze eingerichtet werden.

Hinweis:
Nicht ortsfeste Leitern sind keine Verkehrswege im Sinne der ASR A1.8. Der Einsatz von Leitern als Zugang zu/Abgang von Arbeitsplätzen wird in der TRBS 2121 Teil 2 betrachtet.

3.2 **Gänge zu Betriebseinrichtungen ohne Begegnungsverkehr** sind Verkehrswege, die dem ungehinderten Zutritt zur Nutzung von Betriebseinrichtungen (z. B. Heizungen, Fenster, Elektroversorgung) dienen.

3.3 **Gänge zur Instandhaltung** sind Verkehrswege, die ausschließlich der Wartung, Inspektion, Instandsetzung oder Verbesserung der Arbeitsstätten oder ortsfester Arbeitsmittel zum Erhalt des baulichen und technischen Zustandes dienen.

Hinweis:
Dieses betrifft Zugänge zu Arbeitsmitteln, aber nicht Gänge auf oder innerhalb des Arbeitsmittels.

3.4 **Lagereinrichtungen** sind ortsfeste sowie verfahrbare Regale und Schränke.

3.5 **Schmalgänge** sind Verkehrswege für kraftbetriebene Flurförderzeuge in Regalanlagen ohne beidseitigen Randzuschlag von jeweils mindestens 0,50 m zwischen den am weitesten ausladenden Teilen der Flurförderzeuge einschließlich ihrer Last und festen Teilen der Umgebung. Ausgenommen sind Gänge von Einfahrregalen. Ein Einfahrregal ist ein Regalsystem, das eine Art Blocklagerung ermöglicht, in dem mehrere Paletten hintereinander und übereinander gelagert werden, wobei diese auf mit den Stützen verbundenen Auflageschienen abgesetzt werden. Die Flurförderzeuge fahren dabei in die Regalgassen ein.

3.6 **Fahrzeuge** im Sinne dieser Regel sind z. B.:

1. Kraftwagen oder -räder für die Personenbeförderung und den Lastentransport,
2. Flurförderzeuge, ausgenommen manuell zu bewegende Flurförderzeuge (z. B. Handgabelhubwagen, Sackkarre),
3. kraftbetriebene fahrbare Arbeitsmaschinen und Arbeitseinrichtungen und
4. manuell betriebene Fahrzeuge (z. B. Fahrräder).

3.7 **Treppe** ist ein fest mit dem Bauwerk verbundenes, unbewegbares Bauteil, das mindestens aus einem Treppenlauf besteht.

3.8 **Treppenlauf** ist die ununterbrochene Folge von mindestens drei Treppenstufen (drei Steigungen) zwischen zwei Ebenen. Die oberste Stufe ist Teil der Austrittsebene.

3.9 **Hilfstreppen** sind Treppen mit einem Steigungswinkel von 36° bis 45°. Sie führen zu gelegentlich genutzten Bereichen, z. B. Laufstegen, Arbeitsbühnen, Arbeitsgruben.

3.10 **Temporäre Bautreppen** sind ein- oder mehrläufige Treppen, die ausschließlich im Zuge von Bauarbeiten errichtet und benutzt werden.

Hinweis:
Gerüsttreppen und Treppentürme sind Arbeitsmittel im Sinne der Betriebssicherheitsverordnung (TRBS 2121 Teil 1) und werden daher hier nicht erfasst.

3.11 **Zwischenpodest (Ruhepodest)** ist der Treppenabsatz zwischen zwei Treppenläufen.

3.12 **Steigeisen** sind einzelne, vorwiegend an senkrechten Bauteilen fest angebrachte Auftritte.

3.13 **Steigeisengänge** werden durch ein- oder zweiläufig übereinander angeordnete Steigeisen gebildet.

3.14 **Steigleitern** sind senkrecht oder nahezu senkrecht ortsfest angebrachte Leitern, bestehend aus zwei Seitenholmen mit dazwischen liegenden Sprossen oder einem Mittelholm, an dem beidseitig höhengleich Sprossen angebracht sind.

3.15 **Steiggänge** sind senkrecht oder nahezu senkrecht angeordnete Aufstiege mit ein- oder zweiläufig übereinander angeordneten, fest angebrachten oder als fester Bestandteil angeordneten Auftritten, z. B. Steigeisen, Steigstufen, Steigkästen sowie Steigleitern. Sie können mit geeigneten Schutzeinrichtungen gegen Absturz ausgerüstet sein.

3.16 **Fallhöhe** ist die mögliche Absturzhöhe innerhalb eines Steigganges (siehe Abbildung 1). Diese kann von der Gesamthöhe abweichen.

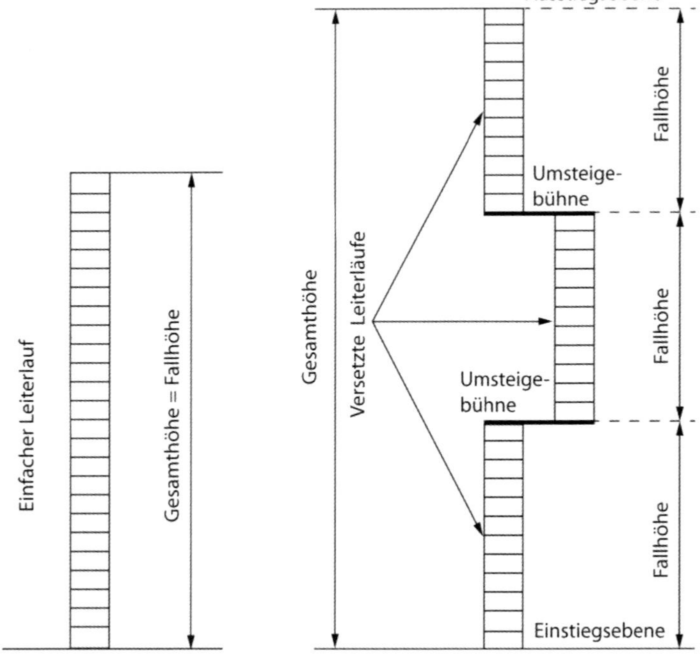

Abb. 1: Beispiel: Fallhöhe, Einstiegsebene bei Steigleitern

3.17 **Steigschutzeinrichtungen** sind Auffangsysteme als Teil der Schutzausrüstung gegen den Absturz von Personen von Steiggängen. Sie bestehen aus einer festen Führung und dem dazu gehörigen Auffanggerät. Dieses wird mit dem Auffanggurt verbunden.

3.18 **Rückenschutz** ist eine Einrichtung, die die Absturzgefahr an Steigleitern vermindert.

3.19 **Haltevorrichtung** ist eine Einrichtung, die an den Ein- und Ausstiegsstellen von Steiggängen das Festhalten des Benutzers ermöglicht.

3.20 **Ruhebühnen** sind ein- oder mehrteilige Plattformen zum Ausruhen von Personen, welche unmittelbar an oder neben Steigleitern oder Steigeisengängen angeordnet sind.

3.21 **Einstiegsebene** ist die Ebene der Umgebung oder die Umsteigebühne, von der mit der Besteigung der Steigleiter begonnen wird (siehe Abbildung 1).

3.22 **Laderampen** sind bauliche Einrichtungen für das Be- und Entladen von Fahrzeugen. Laderampen sind erhöhte horizontale Flächen, um das Be- und Entladen ohne große Höhenunterschiede zu ermöglichen. Andockstationen sind keine Laderampen im Sinne dieser Definition.

3.23 **Schrägrampen** sind geneigte Verkehrswege, die unterschiedlich hohe Arbeits- oder Verkehrsflächen verbinden.

3.24 **Fahrsteige** sind kraftbetriebene Anlagen mit umlaufenden stufenlosen Bändern zur Beförderung von Personen zwischen zwei auf gleicher oder unterschiedlicher Höhe liegenden Verkehrsebenen. Es können geeignete Transporteinrichtungen (z. B. Einkaufswagen) mitgeführt werden.

3.25 **Fahrtreppen** sind kraftbetriebene Anlagen mit umlaufenden Stufenbändern zur Beförderung von Personen zwischen zwei auf unterschiedlicher Höhe liegenden Verkehrsebenen.

3.26 **Balustrade** ist der beidseitige Teil der Fahrtreppe oder des Fahrsteigs, der wie ein Geländer aufgrund seiner Festigkeit die Sicherheit des Benutzers gewährleistet sowie den Handlauf aufnimmt.

3.27 **Fahrsteigpalette** ist das den Benutzer aufnehmende und sich in Fahrtrichtung bewegende Flächensegment.

3.28 **Kamm** ist ein gezackter Bereich an jedem Zu- oder Abgang, der in die Rillen der den Benutzer aufnehmenden Fläche von Fahrsteigen oder Fahrtreppen eingreift.

3.29 **Laufstege** bei Bauarbeiten sind waagerechte oder geneigte Verkehrswege, die Arbeits- oder Verkehrsflächen miteinander verbinden.

3.30 **Lichte Mindestbreite/-höhe** ist die freie, unverstellte, unverbaute und nicht durch Hindernisse eingeschränkte Breite/Höhe, die mindestens zur Verfügung stehen muss.

4 Einrichten von Verkehrswegen

4.1 Allgemeines

(1) Damit im späteren Betrieb von Verkehrswegen keine Gefährdungen für Sicherheit und Gesundheit der Beschäftigten ausgehen, ist bereits bei der Planung von Verkehrswegen die Art des Betriebes zu berücksichtigen, beispielsweise beim Einsatz von Flurförderzeugen in Schmalgängen (siehe Abschnitt 4.3 Absatz 10) oder bei der Festlegung von Verkehrsrichtungen.

(2) Verkehrswege sind übersichtlich zu führen und sollen möglichst gradlinig verlaufen.

Die Verkehrswege eines Höhenniveaus (Geschosses) müssen grundsätzlich waagerecht angelegt sein. Nicht vermeidbare Höhenunterschiede (z. B. zwischen benachbarten Gebäudeteilen oder wenn z. B. ein Gefälle zum Ableiten von Flüssigkeiten erforderlich ist) sind in Abhängigkeit vom Verkehrsaufkommen, der jeweiligen Verkehrsart und den verwendeten Transportmitteln vorzugsweise durch Schrägrampen auszugleichen. Dabei müssen Gefährdungen (z. B. durch Kippen, Auslaufen oder Wegrollen) vermieden werden.

(3) Verkehrswege sind so einzurichten, dass die Belastung der Beschäftigten, die Lasten manuell transportieren, möglichst gering gehalten wird. Folgende Einflussfaktoren sind besonders in Betracht zu ziehen:

1. Länge und Neigung des Transportweges,
2. Gesamtgewicht des manuell zu bewegenden Flurförderzeuges bzw. des Transportmittels,
3. Häufigkeit der Transporttätigkeit,

4. Beschaffenheit der Rollen und Lenkeinrichtungen und
5. ositioniergenauigkeit.

(4) Schrägrampen für den Fahr- und Fußgängerverkehr dürfen in Abhängigkeit von der Art der Nutzung die in Tabelle 1 aufgeführten Längsneigungen nicht überschreiten.

Tab. 1: Maximale Neigungen für unterschiedliche Nutzungsarten von Schrägrampen

	Art der Rampe	Maximale Längsneigung
1	Schrägrampen im Verlauf von Fluchtwegen	3,5° (6 %)
2	Schrägrampen beim Einsatz von Flurförderzeugen ohne Fahrantrieb bzw. manuell zu bewegender Transportmittel (bei der Neuanlage von Arbeitsstätten)	3,5° (6 %)
3	Schrägrampen im Regelfall (sofern nicht Ziffer 1 oder 2 anzuwenden ist)	5° (8 %)
4	Schrägrampen zur Anwendung im Einzelfall entsprechend Gefährdungsbeurteilung	7° (12,5 %)*

* Abweichungen von Nummer 4 sind gemäß Bauordnungsrecht der Länder möglich (z. B. bei Garagen).

(5) Verkehrswege müssen eine ebene und trittsichere Oberfläche aufweisen, um Gefährdungen durch z. B. Stolpern, Umstürzen oder Wegrutschen zu vermeiden. Einbauten (z. B. Schachtabdeckungen, Roste, Abläufe) sind bündig in die Verkehrswege einzupassen. Der Oberflächenbelag ist den maximalen Beanspruchungen, z. B. durch Schleifen, Rollen, Druck, Stoß und Schlag sowie der Verkehrsbelastung, entsprechend zu wählen.

(6) Beschäftigte müssen auf Verkehrswegen vor Gefährdungen durch Absturz oder durch herabfallende Gegenstände, umstürzende Lasten oder Fahrzeuge und Transportmittel durch geeignete Maßnahmen geschützt sein (siehe ASR A2.1 „Schutz vor Absturz und herabfallenden Gegenständen, Betreten von Gefahrenbereichen").

(7) Verkehrswegkreuzungen und -einmündungen müssen übersichtlich gestaltet und einsehbar sein. Ist dies nicht möglich, sind verkehrssichernde Maßnahmen zu ergreifen, z. B. Drehkreuze, Schranken, Ampeln, Blinkleuchten, Spiegel, Hinweisschilder. Dies gilt auch für Kreuzungen zwischen Verkehrswegen und Gleisen.

(8) Im Freien liegende Verkehrswege, insbesondere Treppen, Laderampen, Fahrsteige, Gebäudeein- und -ausgänge, müssen sicher benutzbar

sein. Hierbei sind Witterungseinflüsse zu berücksichtigen. Erforderliche Schutzmaßnahmen können z. B. eine Überdachung, ein Windschutz oder ein Winterdienst sein.

Hinweis:
Ergänzende Anforderungen an Verkehrswege auf nicht durchtrittsicheren Dächern enthält ASR A2.1 „Schutz vor Absturz und herabfallenden Gegenständen, Betreten von Gefahrenbereichen“.

4.2 Wege für den Fußgängerverkehr

(1) Die Breite der Wege für den Fußgängerverkehr wird aus der Anzahl der gehenden Personen, die diese nutzen müssen, und aus der Art der Nutzung (z. B. Begegnung des Personenverkehrs, Krankentransport, Tragen von Kindern, Transport von Arbeitsmitteln) ermittelt. Dabei sind die nachfolgenden Mindestbreiten nach Tabelle 2 nicht zu unterschreiten.

Tab. 2: Lichte Mindestbreiten der Wege für den Fußgängerverkehr

	A	B	C
Nr.	Verkehrsweg	Lichte Mindestbreiten von Durchgängen und **Türen** im Verlauf von Verkehrswegen (in m)	Lichte Mindestbreiten von **Verkehrswegen** (in m)
	Anzahl der Personen		
1	bis 5	0,80*)	0,90
2	bis 20	0,90	1,00
3	bis 50	0,90	1,20
4	bis 100	1,00	1,20
5	bis 200	1,05	1,20
6	bis 300	1,65	1,80
7	bis 400	2,25	2,40
	Bei Einzugsgebieten von mehr als 200 Personen sind Zwischenwerte der Mindestbreiten (ermittelt durch lineare Interpolation) zulässig.		
	**) Hinweis: Bei Neubauten und wesentlichen baulichen Erweiterungen oder Umbauten wird empfohlen, für Einzugsgebiete von bis zu 5 Personen nach Nummer 1 Spalte B eine lichte Mindestbreite von Durchgängen und Türen im Verlauf von Hauptfluchtwegen nach ASR A2.3 „Fluchtwege und Notausgänge“ Abschnitt 3.1 von 0,90 m einzuhalten, um auch in diesen Bereichen eine barrierefreie Zugänglichkeit zu ermöglichen. Zudem lassen sich auf diesem*		

	Wege bauliche Maßnahmen im Sinne der ASR V3a.2 „Barrierefreie Gestaltung von Arbeitsstätten" und in der Folge Umbaukosten vermeiden.	
	Die lichten Mindestbreiten von Treppen in Treppenräumen und Außentreppen von mehrgeschossigen Gebäuden können alternativ gemäß ASR A2.3 „Fluchtwege und Notausgänge" Abschnitt 5 Absätze 14, 15 und 16 bemessen werden, sofern nicht die Art der Nutzung (z. B. Begegnungen des Personenverkehrs, manuelle Transporte, Publikumsverkehr) höhere Breiten erfordert.	
	Abweichend für **Verkehrswege zu besonderen Bereichen**	Lichte Mindestbreiten (in m)
8	Gänge zu persönlich zugewiesenen Arbeitsplätzen, Hilfstreppen	0,60
9	Gänge zur Instandhaltung, Gänge zu Betriebseinrichtungen ohne Begegnungsverkehr	0,60
	Verkehrswege für Fußgänger	
10	1. in Nebengängen von Lagereinrichtungen für die ausschließliche Be- und Entladung von Hand,	0,75
11	2. zwischen Lagereinrichtungen und -geräten	1,25
12	Verkehrswege zwischen Schienenfahrzeugen mit Geschwindigkeiten ≤ 30 km/h und ohne feste Einbauten in den Verkehrswegen	1,00
13	Rangiererwege	1,30
14	Türen von Toilettenzellen und von Toilettenräumen mit nur einer Toilette entsprechend ASR A4.1 „Sanitärräume"	0,55

(2) Die lichte Mindestbreite des Verkehrswegs darf durch kurze Einbauten oder Einrichtungen, z. B. Feuerlöscher, Wandvorsprünge, Türflügel, Türzargen, Türdrücker und Notausgangsbeschläge, die lichten Mindestbreiten der Durchgänge und Türen nach Tabelle 2 Spalte B nicht unterschreiten.

(3) In Gebäuden, die bis zum 30.9.2022 errichtet worden sind oder deren Bauantragstellung bis zu diesem Termin erfolgt ist, dürfen Verkehrswege nach Tabelle 2 Nummer 1 Spalte C für bis 5 Personen mit einer lichten Mindestbreite von 0,875 m eingerichtet oder solange betrieben werden, bis die jeweiligen Bereiche dieser Arbeitsstätten wesentlich erweitert oder umgebaut werden oder nach § 3a Absatz 2 der Arbeitsstättenverordnung eine Vergrößerung erforderlich wird.

(4) In Gebäuden, die bis zum 30.9.2022 errichtet worden sind oder deren Bauantragstellung bis zu diesem Termin erfolgt ist, dürfen Durchgänge und Türen nach Tabelle 2 Nummer 2 Spalte B mit einer lichten Mindest-

breite von 0,85 m eingerichtet oder solange betrieben werden, bis die jeweiligen Bereiche dieser Arbeitsstätten wesentlich erweitert oder umgebaut werden oder nach § 3a Absatz 2 der Arbeitsstättenverordnung eine Vergrößerung erforderlich wird.

(5) In Gebäuden, die bis zum 30.9.2022 errichtet worden sind oder deren Bauantragstellung bis zu diesem Termin erfolgt ist, dürfen Gänge zur Instandhaltung oder Gänge zu Betriebseinrichtungen ohne Begegnungsverkehr mit einer Mindestbreite von 0,50 m eingerichtet oder solange betrieben werden, bis die jeweiligen Bereiche dieser Arbeitsstätten wesentlich erweitert oder umgebaut werden.

(6) In Gebäuden, die bis zum 30.9.2022 errichtet worden sind oder deren Bauantragstellung bis zu diesem Termin erfolgt ist, dürfen Türen von Toilettenzellen und Toilettenräumen mit nur einer Toilette mit einer lichten Mindestbreite von 0,50 m eingerichtet oder solange betrieben werden, bis die jeweiligen Bereiche dieser Arbeitsstätten wesentlich erweitert oder umgebaut werden.

(7) Die lichte Höhe über Verkehrswegen soll 2,10 m betragen und darf 2,00 m nicht unterschreiten. Die lichte Höhe von Durchgängen und Türen im Verlauf von Verkehrswegen soll 2,10 m betragen und darf 1,95 m nicht unterschreiten. Dieses gilt auch bei der Verwendung von Funktionselementen, z. B. Obentürschließern. Bei wesentlichen Erweiterungen oder wesentlichen Umbauten von Bereichen durch die Verkehrswege führen, ist zu prüfen, ob die lichte Mindesthöhe von 2,10 m umgesetzt werden kann. Gänge zur Instandhaltung dürfen eine lichte Mindesthöhe von 1,90 m nicht unterschreiten. Eine weitere Unterschreitung der Mindesthöhe an Türen im Verlauf von Gängen zur Instandhaltung von maximal 0,10 m kann vernachlässigt werden (siehe ASR A1.7 „Türen und Tore“).

(8) Verkehrswege dürfen nicht durch einzelne Stufen unterbrochen werden. Können Höhenunterschiede nicht durch eine Schrägrampe (siehe Abschnitt 4.1 Absatz 2) ausgeglichen werden, ist eine Stufenfolge von mindestens zwei zusammenhängenden Stufen mit parallel verlaufenden Stufenkanten und gleichen Stufenabmessungen zulässig. Die Auftritte und Steigungen der Stufen sollen sich nach dem Abschnitt 4.5 Absatz 4 richten. Die Stufenfolge ist nach ASR A1.3 „Sicherheits- und Gesundheitsschutzkennzeichnung“ zu kennzeichnen. Verkehrswege, die gleichzeitig als Hauptfluchtweg dienen, dürfen keine Ausgleichsstufen enthalten (siehe ASR A2.3 „Fluchtwege und Notausgänge“).

(9) Unmittelbar vor und hinter Türen müssen Treppen und Stufen einen Abstand von mindestens 1,0 m, bei aufgeschlagener Tür einen Abstand von mindestens 0,5 m einhalten (siehe Abbildung 2).

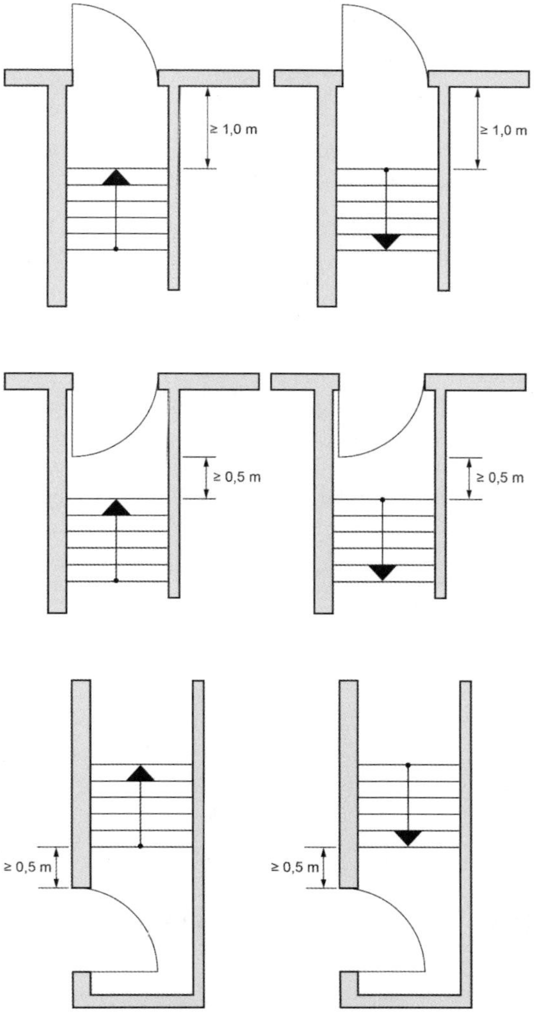

Abb. 2: Abstandsmaße von Treppen zu Türöffnungen

4.3 Wege für den Fahrzeugverkehr

(1) Fußgänger- und Fahrzeugverkehr sind so zu führen, dass Beschäftigte nicht gefährdet werden.

(2) Wege für den Fahrzeugverkehr müssen in einem Mindestabstand von 1,00 m an Türen und Toren, Durchgängen, Durchfahrten und Treppenaustritten vorbeiführen.

Hinweis:
Es hat sich bewährt, den Fußgängerverkehr in diesen Bereichen zusätzlich durch ein Geländer vom Fahrzeugverkehr zu trennen.

(3) Die Mindestbreite der Wege für den Fahrzeugverkehr berechnet sich aus der Summe (siehe Abbildung 3):

1. der größten Breite des Transportmittels oder Ladegutes (aT),
2. des Randzuschlags (Z1) und
3. des Begegnungszuschlags (Z2).

Sicherheitszuschläge (Rand- und Begegnungszuschläge) sind abhängig von der Fahrgeschwindigkeit und der Kombination von Fußgänger- und Fahrzeugverkehr (siehe Tabelle 3). Bei Geschwindigkeiten des Fahrzeugverkehrs größer als 20 km/h sind größere Werte für Z1 und Z2 erforderlich.

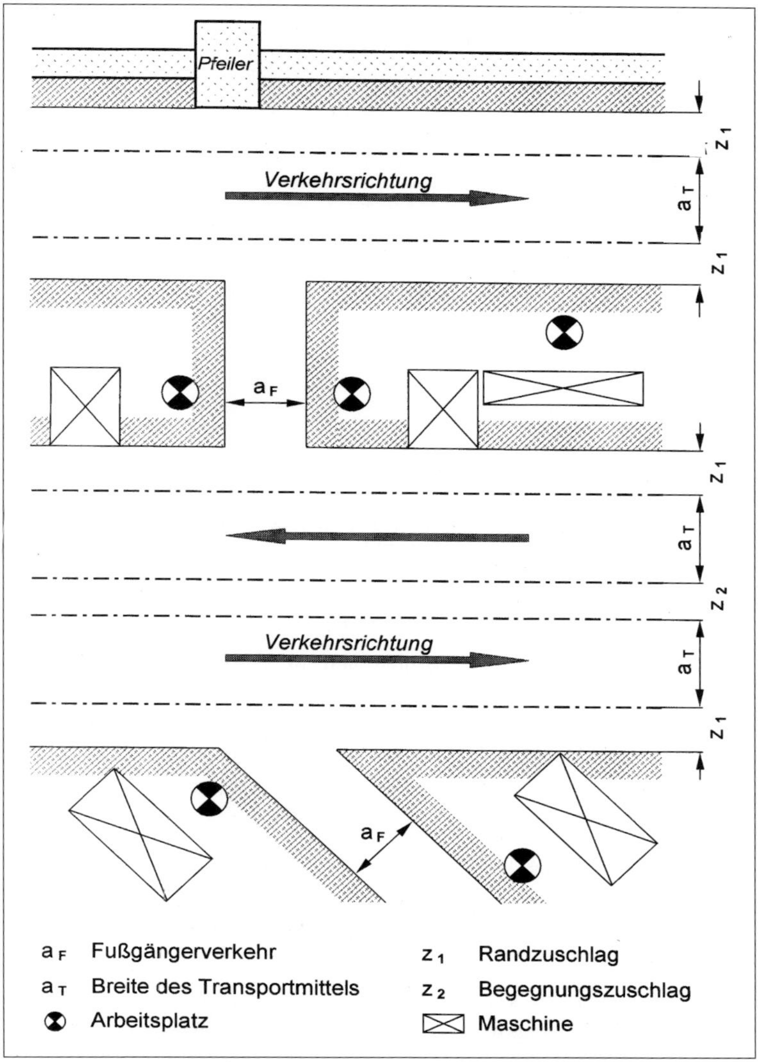

Abb. 3: Verkehrswegbreiten, Sicherheitszuschläge (siehe auch Tabellen 2 und 3)

Tab. 3: Mindestmaße von Sicherheitszuschlägen für die Verkehrswegbreiten bei Geschwindigkeiten < 20 km/h

Betriebsart	Randzuschlag	Begegnungszuschlag
Fahrzeugverkehr	2 x Z_1 = 2 x 0,50 m = 1,00 m	Z_2 = 0,40 m
Gemeinsamer Fußgänger- und Fahrzeugverkehr	2 x Z_1 = 2 x 0,75 m = 1,50 m	Z_2 = 0,40 m

(4) Bei einer geringen Anzahl von Verkehrsbegegnungen (ca. 10 pro h) darf die Summe aus doppeltem Rand- und einfachem Begegnungszuschlag bis auf 1,10 m herabgesetzt werden, wenn dadurch keine zusätzliche Gefährdung für die Beschäftigten entsteht. Als Verkehrsbegegnungen zählen sowohl die Begegnungen Fahrzeug-Fahrzeug als auch Fahrzeug-Fußgänger. Bei einspuriger Verkehrsführung darf der doppelte Randzuschlag nicht verringert werden.

(5) Bei manuell zu bewegenden Flurförderzeugen sind die Sicherheitszuschläge entsprechend der Gefährdungsbeurteilung festzulegen.

(6) An Kurven und zweckmäßigerweise auch an Kreuzungen ist die Breite des Verkehrsweges in Abhängigkeit von den Wenderadien der Fahrzeuge einschließlich des Ladegutes zu bemessen. Hierbei sind die entsprechenden Angaben der Hersteller zu berücksichtigen.

(7) Die Mindesthöhe über Verkehrswegen für den Fahrzeugverkehr ergibt sich aus der größten Höhe des Fahrzeugs einschließlich Ladung in Transportstellung sowie dem stehenden oder sitzenden Fahrer. Zu dieser Höhe ist ein Sicherheitszuschlag von mindestens 0,20 m anzusetzen. Die lichte Höhe muss über die gesamte Breite des Verkehrsweges, der von Transportmitteln genutzt werden kann, eingehalten werden.

(8) Werden Verkehrswege auch als Feuerwehrzufahrten genutzt, so sind diese mindestens mit einem Lichtraumprofil von 3,50 m x 3,50 m einzurichten. Sie sind ständig freizuhalten und dürfen, z. B. durch nachträgliche Einbauten, nicht eingeengt werden.

(9) Werden geeignete Personenerkennungssysteme beim Einsatz automatisch gesteuerter Transportmittel (fahrerlos betrieben) verwendet, sind Abweichungen aufgrund der Gefährdungsbeurteilung bei der Bemessung der Rand- und Begegnungszuschläge zulässig.

(10) Bei gleichzeitigem Aufenthalt von kraftbetriebenen Flurförderzeugen (z. B. Regal- und Kommissionierstapler) und Fußgängern in Schmalgängen müssen geeignete technische bzw. bauliche Schutzmaßnahmen (z. B. Personenerkennungssystem) installiert werden.

4.4 Kennzeichnung und Abgrenzung von Verkehrswegen

(1) Lassen sich Gefährdungen im Verlauf von Verkehrswegen nicht durch technische Maßnahmen verhindern oder beseitigen, oder ergeben sich Gefährdungen durch den Fahrzeugverkehr aufgrund unübersichtlicher Betriebsverhältnisse (z. B. durch Arbeits- und Lagerflächen ohne este Einbauten), sind die Verkehrswege gemäß ASR A1.3 „Sicherheits- und Gesundheitsschutzkennzeichnung" deutlich erkennbar zu kennzeichnen, z. B. Laderampenkanten an ständigen Be- und Entladestellen durch gelb-schwarze Streifen oder eine zeitlich begrenzte Gefahr ausgehend von ausgelaufener Flüssigkeit durch das Warnzeichen W011 „Warnung vor Rutschgefahr". Eine Kennzeichnung kann entfallen, wenn die Verkehrswege durch feststehende Betriebseinrichtungen (z. B. Regale) eindeutig bestimmt sind und sich dadurch keine Gefährdungen ergeben.

(2) Zur Kenntlichmachung der Abgrenzung zwischen niveaugleichen Verkehrswegen und umgebenden Arbeits- und Lagerflächen, sowie zwischen Wegen für den Fußgänger- und Fahrzeugverkehr können verschiedene Markierungsformen (z. B. dauerhafte Farbmarkierung, Markierungsleuchten siehe ASR A1.3 „Sicherheits- und Gesundheitsschutzkennzeichnung" Abschnitt 5.3) eingesetzt werden.

(3) Wenn es das Ergebnis der Gefährdungsbeurteilung erforderlich macht, sind Geländer oder Leitplanken zur Abgrenzung zwischen niveaugleichen Verkehrswegen und umgebenden Arbeits- und Lagerflächen sowie zwischen Wegen für den Fußgänger- und Fahrzeugverkehr zu setzen.

4.5 Treppen

(1) Treppen sind so zu gestalten, dass diese sicher und leicht begangen werden können. Das wird erreicht durch ausreichend große, ebene, rutschhemmende, erkennbare und tragfähige Auftrittsflächen in gleichmäßigen, mit dem Schrittmaß übereinstimmenden Abständen.

(2) Die Steigungen und Auftritte einer Treppe, die zwei Geschosse verbindet, dürfen nicht voneinander abweichen. Die Treppenstufen sollen kontrastreich und möglichst ohne störende Blendung des Benutzers ausgeleuchtet sein (siehe ASR A3.4 „Beleuchtung").

(3) Unter Berücksichtigung der Unfallgefahren sind Treppen mit geraden Läufen solchen mit gewendelten Läufen oder gewendelten Laufteilen vorzuziehen. Treppen im Verlauf von Hauptfluchtwegen (nach ASR A2.3 „Fluchtwege und Notausgänge") müssen über gerade Läufe verfügen. Davon abweichend sind gebogene Treppenläufe zulässig, wenn sie:

1. eine lichte Breite von maximal 1,40 m,
2. einen Innendurchmesser von mehr als 2,00 m und
3. gleiche Stufenabmessungen

aufweisen.

(4) Für Treppen (siehe Abbildung 4) ergibt sich als Beziehung zwischen Schrittlänge (SL), Auftritt (a) und Steigung (s) die Schrittmaßregel SL = 2 x s + a. Für eine gute Begehbarkeit einer Treppe soll die Schrittlänge zwischen 59 cm und 65 cm betragen.

In Arbeitsstätten darf die Steigung (s) zwischen 14 cm und 19 cm, der Auftritt (a) zwischen 26 cm und 32 cm und der Steigungswinkel (?) zwischen 24° und 36° variieren (siehe Tabelle 4). Die Maße sind Grenzmaße, die auch bei zulässigen Fertigungs- und Einbautoleranzen eingehalten werden müssen.

Als besonders sicher begehbar haben sich Treppen erwiesen, deren Stufen einen Auftritt von 29 cm und eine Steigung von 17 cm aufweisen.

Tab. 4: Auftritte und Steigungen unterschiedlicher Treppen

Anwendungsbereich/Bauten	Auftritt (a) [cm]	Steigung (s) [cm]
Versammlungsstätten, Verwaltungsgebäude der öffentlichen Verwaltung, Schulen, Horte, Kindertageseinrichtungen, Treppen im Freien	28 bis 32	14 bis 17
gewerbliche Bauten, sonstige Gebäude	26 bis 30	16 bis 19
Hilfstreppen	21* bis 30	14 bis 21

* Bei Stufen, deren Auftritt a < 24 cm ist, muss die Unterschneidung (u) mindestens so groß sein, dass insgesamt eine Stufentiefe u + a = 24 cm erreicht wird.

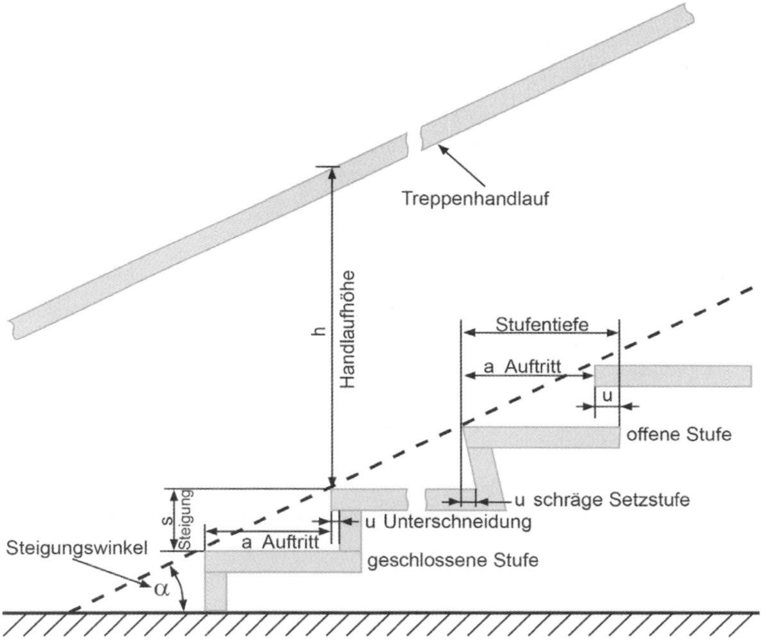

Abb. 4: Benennung einzelner Teile an Treppen

(5) Hilfstreppen dürfen nur verwendet werden, wenn sie nicht arbeitstäglich begangen werden müssen. Die Nutzung von Hilfstreppen darf nur von unterwiesenen Personen erfolgen. Hilfstreppen sollen zur erhöhten Sicherheit mit zwei Handläufen ausgestattet sein.

(6) Bei Treppenläufen mit einem Steigungswinkel bis 36° muss nach höchstens 18 Trittstufen ein Zwischenpodest vorhanden sein. In begründeten Ausnahmefällen kann in Arbeitsstätten, die bis zum 30.6.2013 errichtet worden sind oder deren Bauantragstellung bis zu diesem Termin erfolgt ist, davon abgewichen werden bis die jeweiligen Bereiche dieser Arbeitsstätten wesentlich erweitert oder umgebaut werden. Bei Hilfstreppen mit einem Steigungswinkel größer als 36° ist nach jedem Treppenlauf mit einem Höhenunterschied von 3 m ein Zwischenpodest erforderlich.

(7) Die freien Seiten der Treppen, Treppenabsätze und Treppenöffnungen müssen durch Geländer gesichert sein. Die Höhe der Geländer muss lot-

recht über der Stufenvorderkante mindestens 1,00 m betragen. Bei Absturzhöhen von mehr als 12 m muss die Geländerhöhe mindestens 1,10 m betragen (siehe ASR A2.1 „Schutz vor Absturz und herabfallenden Gegenständen, Betreten von Gefahrenbereichen").

(8) Die Geländer müssen so ausgeführt sein, dass sie in der angebrachten Mindesthöhe eine Horizontalkraft von mindestens 500 N/m aufnehmen können.

(9) Geländer müssen so ausgeführt sein, dass Personen nicht hindurchstürzen können. Das Füllstabgeländer mit senkrecht angebrachten Stäben ist dem Knieleistengeländer vorzuziehen. Der lichte Abstand zwischen den Füllstäben darf dabei nicht mehr als 18 cm betragen (siehe ASR A2.1 „Schutz vor Absturz und herabfallenden Gegenständen, Betreten von Gefahrenbereichen").

(10) Treppen müssen:

1. einen Handlauf haben,
2. an beiden Seiten Handläufe haben, wenn die Stufenbreite mehr als 1,5 m beträgt und zusätzlich
3. Zwischenhandläufe haben, mit denen die Stufenbreite in zwei gleiche Breitenabschnitte unterteilt wird, wenn der Abstand zwischen den Handläufen mehr als 4,0 m beträgt.

In Arbeitsstätten, die bis zum 30.6.2013 errichtet worden sind oder deren Bauantragstellung bis zu diesem Termin erfolgt ist, müssen Treppen mit mehr als 4 Stufen (Steigungen) mindestens einen Handlauf haben, soweit das Bauordnungsrecht der Länder einen Handlauf nicht schon bei geringerer Stufenzahl fordert oder bis die jeweiligen Bereiche dieser Arbeitsstätten wesentlich erweitert oder umgebaut werden.

(11) Treppenhandläufe müssen dem Benutzer einen sicheren Halt bieten. Hierzu wird eine ergonomische Gestaltung des Handlaufs empfohlen, die ein sicheres Umgreifen ermöglicht. Dies wird dadurch gewährleistet, dass der Durchmesser bzw. die Breite des Handlaufes zwischen 2,5 cm und 6 cm beträgt. Treppenhandläufe sollen durchgehend ausgeführt werden. Sie dürfen an den Übergängen zu Zwischenpodesten und Ebenen unterbrochen werden, wenn eine sichere Nutzung zu erwarten ist und nicht ohnehin auf Grund der Anforderungen aus dem Bauordnungsrecht eine Durchgängigkeit gefordert ist.

Handläufe sind in einer Höhe zwischen 0,80 m und 1,15 m zu führen. Ein seitlicher Mindestabstand von 5 cm zu benachbarten Bauteilen ist einzuhalten. Halterungen für Handläufe sollen an der Unterseite angeordnet sein. Die Enden der Handläufe müssen so gestaltet sein, dass Beschäftigte daran nicht hängen bleiben oder abgleiten können.

(12) Um dem Abrutschen und Hängenbleiben an den Stufenvorderkanten vorzubeugen, sollen deren Radien zwischen 2 mm und 10 mm liegen.

(13) Die Trittflächen von Treppen müssen rutschhemmend ausgeführt sein.

(14) Stolperstellen (z. B. hochstehende Kantenprofile) auf Treppen sind nicht zulässig.

4.6 Steigeisengänge und Steigleitern

4.6.1 Allgemeine Anforderungen

(1) Steigeisengänge und Steigleitern sind wegen der höheren Absturzgefahr und der höheren körperlichen Anstrengung beim Benutzen nur zulässig, wenn der Einbau einer Treppe betriebstechnisch nicht möglich ist. Auf Grundlage der Gefährdungsbeurteilung können Steigleitern oder Steigeisengänge gewählt werden, wenn der Zugang nur zu Instandhaltungsarbeiten und von unterwiesenen Beschäftigten genutzt werden muss. Der Transport von Werkzeugen oder anderen Gegenständen durch die Beschäftigten darf die sichere Nutzung von Steigeisengängen und Steigleitern nicht wesentlich behindern. Die Möglichkeit der Rettung der Beschäftigten ist dabei jederzeit sicherzustellen.

Bei Verwendung von Persönlicher Schutzausrüstung gegen Absturz (PSAgA) muss ein Rettungssystem zur Verfügung stehen, dass an jeder beliebigen Stelle eine Rettung von Personen aus Notlagen ermöglicht.

(2) In bestimmten Bereichen mit besonderen Gefährdungen ist der Einsatz von Steigeisengängen und Steigleitern unzulässig. Dies gilt z. B. in Bereichen, in denen Erstickungsgefahr droht, wie in Deponien bei Schächten mit einer inneren Bauhöhe von mehr als 5,00 m.

Hinweis:
Werden Steigeisengänge und Steigleitern in explosionsgefährdeten Bereichen eingesetzt, sind besondere Anforderungen zu beachten (siehe TRBS 2152 Teil

1 „Gefährliche explosionsfähige Atmosphäre – Beurteilung der Explosionsgefährdung“).

(3) Steigeisengänge und Steigleitern sind aus dauerhaften Werkstoffen herzustellen und gegen Korrosion zu schützen. Dabei sind sie nach den jeweiligen Betriebsverhältnissen auszuwählen.

(4) Die Befestigung der Steigeisen und Steigleitern muss zuverlässig und dauerhaft sein. Zu berücksichtigen sind dabei die zu erwartenden Belastungen und die Tragfähigkeit des Befestigungssystems und des Verankerungsgrundes.

4.6.2 Gestaltung und Einbau

(1) Steigeisen und Steigleitern müssen trittsicher sein. Hierzu gehört auch die Rutschhemmung, deren Ausführung sich nach den betrieblichen Verhältnissen richtet.

(2) Die Auftrittsbreiten von Steigeisen und Steigleitersprossen sind in der Regel ausreichend dimensioniert, wenn folgende Mindestmaße eingehalten werden:

1. bei einläufigen Steigeisengängen mindestens 300 mm,
2. bei zweiläufigen Steigeisengängen mindestens 150 mm,
3. bei Sprossen an Steigleitern mit Seitenholmen mindestens 350 mm,
4. bei Sprossen an Steigleitern mit Seitenholmen mit Steigschutzeinrichtung beidseitig der Führungsschiene mindestens 150 mm und
5. bei Sprossen bei Steigleitern mit Mittelholm beidseitig mindestens 150 mm.

Ausreichende Fußfreiraumtiefen sind in der Regel gegeben, wenn mindestens 150 mm zwischen Wandfläche und Auftrittsachse oder mindestens 160 mm gemessen von Wandfläche und Auftrittsvorderkante eingehalten werden.

(3) Ein- und Ausstiege an Steigeisengängen und Steigleitern müssen sicher begehbar sein. Dazu ist die Haltevorrichtung an der Austrittstelle bei Steigleitern mindestens 1,10 m, bei Steigeisengängen mindestens 1,00 m über die Austrittstelle hinauszuführen (Schnittstelle zum Übergang auf höher gelegene Verkehrswege, z. B. auf Dächern, siehe ASR A2.1 „Schutz vor Absturz und herabfallenden Gegenständen, Betreten von Gefahrenbereichen“).

Im Allgemeinen darf der Abstand von der Standfläche bis zum untersten Steigeisen bei Steigeisengängen höchstens einen Steigeisenabstand, abweichend davon in Schächten zwei Steigeisenabstände, betragen. Die Steigeisenabstände dürfen maximal 333 mm betragen. Der lotrechte Abstand zwischen oberstem Steigeisen und Austrittsstelle darf höchstens einen Steigeisenabstand betragen. Bei Schächten im Straßenbau mit Einstiegsöffnungen von nicht mehr als 650 mm Durchmesser kann der Abstand bis auf 500 mm vergrößert werden. Wenn sich durch nachträgliches Aufbringen/Erhöhen der Straßendecke Änderungen ergeben, sind in Ausnahmefällen 650 mm bei bestehenden Anlagen statthaft.

(4) Der Abstand von der Vorderkante des Auftritts bis zu festen Bauteilen oder fest angebrachten Gegenständen muss bei Schächten auf der begehbaren Seite so groß sein, dass die Rettung von Personen jederzeit gewährleistet ist.

(5) An Steigeisengängen und Steigleitern müssen in Abständen von höchstens 10 m geeignete Ruhebühnen vorhanden sein. Für den Fall der Verwendung von Steigschutzeinrichtungen mit Schiene (z. B. zum Besteigen von Schornsteinen, Antennen) darf der Abstand bis auf maximal 25 m verlängert werden, wenn die Benutzung nur durch körperlich geeignete Beschäftigte erfolgt, die nachweislich im Benutzen des Steigschutzes geübt und regelmäßig unterwiesen sind.

(6) Im Bereich der Ruhebühnen müssen Steigeisengänge und Steigleitern ungehindert begehbar sein.

4.6.3 Einrichtungen zum Schutz gegen Absturz

(1 Die Sicherungsmaßnahmen gegen Absturz sind unter Berücksichtigung der Fallhöhe (siehe Abschnitt 3.16) und der betriebsspezifischen Gefährdungen festzulegen.

(2) Einrichtungen zum Schutz gegen Absturz können ortsfest (Steigschutzeinrichtung, Rückenschutz) oder ortsveränderlich (z. B. Dreibein mit Höhensicherungsgerät mit Rettungsfunktion) ausgeführt sein.

(3) Bei Abweichungen des Steigganges von der Senkrechten muss bereits vor der Ausstattung mit Steigschutzeinrichtungen geprüft werden, ob die Funktion der Steigschutzeinrichtung auch unter diesen Umständen gewährleistet ist.

(4) Steigeisengänge und Steigleitern mit mehr als 5 m Fallhöhe müssen mit Einrichtungen zum Schutz gegen Absturz ausgestattet sein. Solche Einrichtungen sind z. B.:

1. mitlaufendes Auffanggerät mit fester Führung (Steigschutzeinrichtung),
2. mitlaufendes Auffanggerät an beweglicher Führung,
3. durchgehender Rückenschutz, beginnend zwischen 2,2 m und 3,0 m oberhalb der Standfläche der Person oder
4. Bauteile oder Streben, die aufgrund ihrer Anordnung und Beschaffenheit geeignet sind, den Rückenschutz zu ersetzen.

(5) Bei Fallhöhen von mehr als 10 m dürfen nur PSAgA (z. B. Steigschutzeinrichtungen) vorgesehen werden. Dies gilt, unabhängig von der Fallhöhe, auch für Steigeisengänge und Steigleitern:

1. die bei der Rettung von Personen begangen werden müssen,
2. in umschlossenen und engen Räumen (z. B. Silos, Schächte),
3. an Masten und Gerüsten von elektrischen Freileitungsnetzen und Schaltanlagen und
4. in Anlagen der Siedlungswasserwirtschaft.

(6) Bestehen besondere Gefährdungen beim Einstieg in Schächte (z. B. Abwasserschächte), sind die unter den Absätzen 4 und 5 genannten Schutzmaßnahmen gegen Absturz bereits bei Fallhöhen unter 5 m erforderlich.

(7) Zur Sicherstellung der Rettung von Personen aus oder über Steigeisengängen und Steigleitern mit Steigschutzeinrichtungen darf kein zusätzlicher Rückenschutz angebracht sein, da dieser eine Rettung behindert.

(8) Die Nutzung der Steigschutzeinrichtungen muss bereits an der Einstiegsebene möglich sein.

4.7 Laderampen

(1) Die Breite der Laderampe ist so zu wählen, dass – sofern Längsverkehr mit kraftbetriebenen Transportmitteln vorgesehen ist – der Mindestabstand (Randzuschlag Z1 siehe Tabelle 3) zu festen Bauteilen gewährleistet ist.

(2) Die Breite von Laderampen darf 0,80 m nicht unterschreiten.

(3) Laderampen müssen über geeignete Auf- bzw. Abgänge verfügen. Wenn betriebstechnisch möglich, sind Auf- bzw. Abgänge als Treppen oder als geneigte sicher begeh- oder befahrbare Flächen auszuführen. Die Auf- bzw. Abgänge sollen möglichst nahe an den Be- und Entladestellen angeordnet sein.

(4) Laderampen mit einer Länge von mehr als 20 m müssen, sofern betriebstechnisch möglich, an jedem Endbereich einen Abgang haben.

(5) Besteht die Gefährdung, dass Personen oder Flurförderzeuge abstürzen können (siehe ASR A2.1 „Schutz vor Absturz und herabfallenden Gegenständen, Betreten von Gefahrenbereichen"), müssen folgende Verkehrsbereiche durch Umwehrungen – vorzugsweise durch Geländer – gesichert sein:

1. Laderampenkanten, insbesondere Bereiche, die keine ständigen Be- und Entladestellen sind,
2. Seiten von Schrägrampen,
3. Treppenzugänge und
4. Laderampenkanten bei integrierten Hubtischen.

(6) Bereiche von Laderampen in denen Absturzgefahr besteht, dürfen nur von Personen betreten werden, die mit Tätigkeiten für die Dauer zum Be- bzw. Entladevorgang beauftragt sind und zuvor über die bestehenden Gefährdungen unterwiesen wurden.

4.8 Fahrtreppen und Fahrsteige

Hinweis:
In Arbeitsstätten müssen Fahrtreppen und Fahrsteige hinsichtlich ihrer Beschaffenheitsanforderungen den europäischen und nationalen Vorschriften, z. B. der Neunten Verordnung zum Produktsicherheitsgesetz, entsprechen. Sie müssen für die Nutzung in Arbeitsstätten geeignet sein und sicher betrieben werden können.

(1) Die Einbausituation und das Betreiben von Fahrtreppen und Fahrsteigen stellen Anforderungen an die Nutzungssicherheit, die auch deren Beschaffenheit betreffen kann. Daher ist beim Einrichten und Betreiben in der Arbeitsstätte im Rahmen der Gefährdungsbeurteilung die Eignung und Verwendbarkeit von Fahrtreppen und Fahrsteigen für die vorgesehene Nutzung zu prüfen und ggf. die erforderlichen baulichen Si-

cherungsmaßnahmen und Veränderungen am Einbauort vorzunehmen (z. B. durch Einrichtungsgegenstände zusätzlich entstandene Quetschstellen sind zu sichern). Dabei sind die Herstellerangaben (z. B. Einbau- oder Betriebsanleitung) zu berücksichtigen.

(2) Fahrtreppen oder Fahrsteige sind immer ein Teil der Verkehrswege. Sie müssen deshalb den zu- und abführenden Verkehrsströmen angepasst sein.

(3) Die Breite des Stauraums muss mindestens der Breite der Fahrtreppe oder des Fahrsteiges entsprechen. Die Breite der Fahrtreppen oder Fahrsteige ergibt sich aus der horizontal gemessenen Breite der Fahrtreppen oder Fahrsteige zwischen den Handlaufaußenseiten und einem beidseitigen Sicherheitsabstand zur Umgebung von jeweils 80 mm (siehe Abbildung 5). Die Tiefe muss mindestens 2,5 m – gemessen vom Ende der Balustrade – betragen. Sie darf auf 2,0 m verringert werden, wenn der Stauraum in der Breite mindestens auf die doppelte Breite der Fahrtreppe oder des Fahrsteiges vergrößert wird.

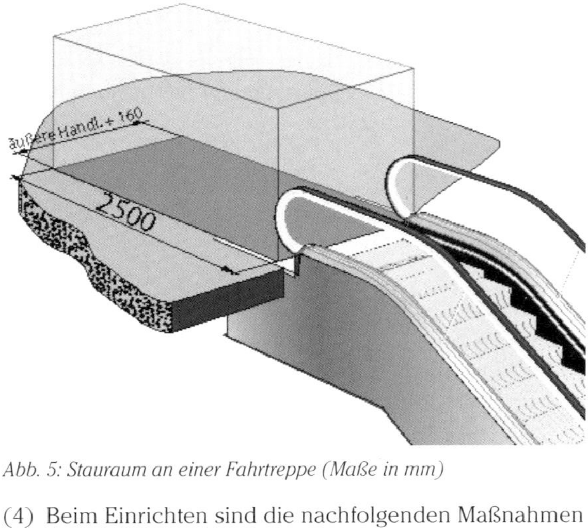

Abb. 5: Stauraum an einer Fahrtreppe (Maße in mm)

(4) Beim Einrichten sind die nachfolgenden Maßnahmen anzuwenden:

1. Der senkrechte Abstand über den Stufen- oder Bandoberflächen zu festen Teilen der Umgebung (Durchgangshöhe) muss mindestens 2,3 m betragen.

2. Beim Umfassen des Handlaufs muss der horizontale Abstand zwischen der Handlaufaußenseite und festen Teilen der Anlage und der Umgebung mindestens 8 cm betragen.
3. Der horizontale Abstand zwischen Handlauf und den Kanten der Deckendurchbrüche oder den Unterkanten der Balustraden bei sich kreuzenden Fahrtreppen oder Fahrsteigen muss mindestens 40 cm betragen, soweit nicht zur Vermeidung von Verletzungen zwischen der Balustrade und den Kanten der Gefahrbereich durch Abweiser gesichert ist, die durch ihre Formgebung und ihre Anordnung den Gefahrbereich verdecken und Personen, die in den Gefahrbereich kommen, abweisen.

(5) Beim Einrichten ist sicherzustellen, dass das Besteigen der Außenseite der Balustrade verhindert wird, z. B. durch Geländer.

(6) Beim Einrichten von Fahrtreppen und Fahrsteigen in Arbeitsstätten ist darauf zu achten, dass das Stillsetzen der Anlage durch NOT-HALT-Einrichtungen an den Zu- und Abgängen zu jeder Zeit gewährleistet ist. NOT-HALT-Einrichtungen sind gut erkennbar und leicht erreichbar anzuordnen. Die Abstände zwischen den NOT-HALT-Einrichtungen dürfen 30 m bei Fahrtreppen sowie 40 m bei Fahrsteigen nicht überschreiten. Falls erforderlich, müssen zusätzliche NOT-HALT-Einrichtungen vorgesehen werden, um diese Abstände einzuhalten.

(7) Um Stolpern oder Ausrutschen zu vermeiden, müssen die angrenzenden Bodenbeläge an die Rutschhemmung der Zu- und Abgänge der Fahrtreppen und Fahrsteige angepasst sein.

(8) Fahrtreppen und Fahrsteige dürfen (außer im Notfall) nur ein- oder ausgeschaltet werden, wenn sich auf ihnen keine Personen befinden und sollen deshalb von der Schaltstelle aus gut überblickt werden können.

(9) Von Hand bewegte Transporteinrichtungen dürfen auf Fahrtreppen und Fahrsteigen nur benutzt werden, wenn im Rahmen der Gefährdungsbeurteilung Maßnahmen festgelegt wurden, die einen sicheren Transport gewährleisten, z. B.:

1. Sollen auf Fahrtreppen und Fahrsteigen Transporteinrichtungen, z. B. Kofferkulis, Einkaufswagen oder Gepäckwagen befördert werden, hat der Betreiber dafür zu sorgen, dass Fahrsteige und Transporteinrichtungen aufeinander abgestimmt und besondere Maßnahmen für den

sicheren Betrieb festgelegt werden, z. B. das selbsttätige Feststellen der Transporteinrichtungen auf den Fahrsteigpaletten und das Maximalgewicht der Ladung.

2. Damit Fahrsteige im Notfall (z. B. bei Stillstand) gefahrlos verlassen werden können, ist die Breite der Transporteinrichtungen auf die Fahrsteigbreite abzustimmen. Ein gefahrloses Verlassen der Fahrsteige ist in der Regel gegeben, wenn die Fahrsteige 0,40 m breiter als die Transporteinrichtung sind.
3. Zur Vermeidung von Gefährdungen, z. B. Quetschung durch nachfolgende Transporteinrichtungen, wenn sich eine vorausfahrende Transporteinrichtung nicht von der Fahrsteigpalette löst, sollen in Abstimmung mit dem Hersteller zusätzliche NOT-HALT-Einrichtungen vorgesehen werden.
4. Beim Mitführen von Transporteinrichtungen soll der Stauraum abweichend von Absatz 3 mindestens 5 m tief sein.

5 Betreiben von Verkehrswegen

(1) Bei der Benutzung von Verkehrswegen können sich Gefährdungen ergeben, insbesondere durch:

1. die Art der Nutzung (z. B. gemeinsamer Fußgänger- und Fahrzeugverkehr),
2. die betrieblichen Verhältnisse (z. B. Schichtbetrieb mit unterschiedlicher Verkehrsdichte oder Besucherdichte),
3. Verschmutzungen (z. B. Verunreinigungen und Ablagerungen),
4. Witterungsverhältnisse (z. B. Glatteis) oder
5. Vegetation.

Für die Sicherheit auf Verkehrswegen sind geeignete Schutzmaßnahmen (z. B. innerbetriebliche Verkehrsregeln, geeignete Warnkleidung, farbliche Markierungen, Reinigungsverfahren, Winterdienst, Überdachung) im Rahmen der Gefährdungsbeurteilung festzulegen und umzusetzen.

(2) Die Beschäftigten müssen gefährdungsbezogen in die Benutzung der Verkehrswege und über die betrieblichen Verkehrsregeln unterwiesen sein. Dies betrifft auch Verkehrsbereiche, in denen sich innerbetriebliche Regelungen mit öffentlichen Anforderungen überschneiden (z. B. Straßenverkehrsordnung auf Parkflächen, die zum Betriebsgelände gehören).

(3) Die erforderliche Mindestbreite der Verkehrswege (siehe Tabellen 2 und 3, Abbildung 3) muss ständig freigehalten werden, damit sie jederzeit benutzt werden können.

(4) Verkehrswege im Freien und in Gebäuden sind für die Dauer der Benutzung so zu beleuchten (siehe ASR A3.4 „Beleuchtung"), dass eine sichere Benutzung gewährleistet wird.

(5) Transporte dürfen nur dann durchgeführt werden, wenn die für einen sicheren Transport ausreichende Sicht über den Verkehrsweg gegeben ist.

(6) Wenn die Sichtverhältnisse es erfordern, dürfen Fahrzeuge nur eingesetzt werden, wenn sie mit einer ausreichenden Beleuchtungseinrichtung ausgerüstet sind und diese eingeschaltet ist.

(7) Transportvorgänge über Treppen sollen so durchgeführt werden, dass für den Transportierenden eine Hand zum Festhalten am Handlauf frei bleibt und ihm die Sicht auf die Treppe durch das Transportgut nicht verdeckt wird.

(8) Zum Transport von Lasten über Steigleitern und Steigeisengänge sind geeignete Hilfsmittel (z. B. Winden, Lasthaken, Seile) einzusetzen. Beschäftigte dürfen Lasten über Steigleitern und Steigeisengänge nur dann transportieren, wenn sie dabei beide Hände frei haben und die Gefährdung durch herabfallende Gegenstände vermieden wird (z. B. durch Verwendung eines Rucksacks oder einer verschließbaren Werkzeugtasche am Gürtel). Durch die mitgeführte Last darf die Bewegungsfreiheit nicht eingeschränkt werden (z. B. durch Hängenbleiben am Rückenschutz).

(9) Auf die besonderen Gefährdungen bei der Benutzung von Fahrtreppen und Fahrsteigen ist durch geeignete Maßnahmen (z. B. Unterweisung, Sicherheitskennzeichnung und Aufschriften) hinzuweisen. So birgt z. B. das Gehen auf Fahrtreppen durch unterschiedliche oder zu große Steigung der Stufen Stolper- und Sturzgefahren.

(10) Unmittelbar aufeinander folgende Fahrtreppen oder Fahrsteige ohne Zwischenausgänge oder Verteilerebenen müssen mit gleicher Laufgeschwindigkeit betrieben werden.

(11) Bei Mängeln, die sich aus dem Betrieb ergeben und zur Gefährdung von Personen führen können, muss die Fahrtreppe oder der Fahrsteig stillgesetzt werden. Solche Mängel sind z. B.:

1. Fremdkörper, die an den Einlaufstellen (Kamm) der Stufen bzw. Bänder oder an den Einlaufstellen der Handläufe in die Balustrade eingeklemmt sind,
2. Handlaufbeschädigungen,
3. gefahrbringende Vandalismusschäden,
4. unzulässiger Vor- bzw. Nachlauf des Handlaufes,
5. unzulässige Einzugstellen zwischen den Stufen oder dem Band und dem Balustradensockel oder
6. Beschädigungen an Kämmen, Sockelbürsten, Balustradenverkleidung.

6 Instandhaltung und sicherheitstechnische Funktionsprüfung

(1) Verkehrswege und deren Sicherheitseinrichtungen sind je nach Art und Häufigkeit der Benutzung und der vorhandenen Gefahren in regelmäßigen Abständen auf ihre ordnungsgemäße Funktion zu überprüfen und, falls erforderlich, instand zu setzen. Art, Umfang und Fristen der Überprüfung richten sich nach dem Ergebnis der Gefährdungsbeurteilung. Für Fahrtreppen und Fahrsteige sind die Wartungshinweise der Hersteller zu beachten.

(2) Vor und während der Instandhaltungsarbeiten an Fahrtreppen und Fahrsteigen müssen diese abgesperrt werden.

(3) Der sichere Betrieb von Steigleitern und Steigeisengängen sowie von Fahrtreppen und Fahrsteigen ist zur Verhütung und Beseitigung von Gefahren durch regelmäßige Funktionsprüfungen – insbesondere der sicherheitstechnischen Einrichtungen – zu gewährleisten. Der sichere Zu- und Abgang zu Fahrtreppen und Fahrsteigen ist jederzeit zu gewährleisten (siehe Abschnitt 4.8 Absatz 3).

Hinweis:
Die sicherheitstechnischen Prüfungen für Fahrtreppen und Fahrsteige erfolgen nach den Vorgaben der Betriebssicherheitsverordnung.

7 Abweichende/ergänzende Anforderungen für Baustellen

7.1 Festlegen und Einrichten von Verkehrswegen

(1) Verkehrswege auf Baustellen sind z. B. Zugänge zu Arbeitsplätzen, zu Sanitärräumen, zu Unterkünften oder zu Pausen- und Bereitschaftsräumen. Dazu gehören insbesondere Laufstege, Treppen, Flure, Gänge, Laderampen, ortsfeste Steigleitern und Steigeisengänge sowie Fluchtwege.

Hinweis:
Nicht ortsfeste Leitern sind keine Verkehrswege im Sinne der ASR A1.8. Der Einsatz von Leitern als Zugang zu/Abgang von Arbeitsplätzen wird in der TRBS 2121 Teil 2 betrachtet.

(2) Verkehrswege auf Baustellen müssen zeitlich, räumlich und tätigkeitsbezogen festgelegt werden. Im Zuge des Baufortschritts verändern sich häufig die Anordnung sowie die Größe bzw. die Abmessungen von Arbeitsplätzen und Verkehrswegen. Ein Teilbereich einer Baustelle kann im Zuge des Baufortschritts tätigkeitsbezogen wechselnd als Arbeitsplatz oder Verkehrsweg festgelegt werden. Bei der gleichzeitigen Ausführung abgrenzbarer Arbeitsschritte kann ein Teilbereich einer Baustelle für Beschäftigte als Arbeitsplatz und für andere Beschäftigte als Verkehrsweg festgelegt sein.

(3) Muss ein Teilbereich eines Arbeitsplatzes zugleich als Verkehrsweg von anderen Beschäftigten desselben Arbeitgebers genutzt werden, so hat dieser Arbeitgeber diesen Verkehrsweg zuvor festzulegen und einzurichten.

(4) Muss ein Teilbereich eines Arbeitsplatzes zugleich Beschäftigten anderer Arbeitgeber als Verkehrsweg dienen, müssen sich die betroffenen Arbeitgeber hinsichtlich der Festlegung und Einrichtung der Verkehrswege abstimmen (§ 8 Arbeitsschutzgesetz (ArbSchG), § 6 DGUV Vorschrift 1).

Hinweis:
Bei der Festlegung und Einrichtung von Verkehrswegen auf Baustellen sind ggf. die Hinweise des Koordinators nach Baustellenverordnung (BaustellV) sowie der Sicherheits- und Gesundheitsschutzplan (SiGePlan) zu berücksichtigen.

(5) Wird ein als Verkehrsweg festgelegter Bereich von anderen Beschäftigten im Rahmen ihres Arbeitsauftrages als Arbeitsplatz genutzt, bleiben die Anforderungen an den Verkehrsweg davon unberührt. Der Arbeitgeber

hat dafür zu sorgen, dass sich die Beschäftigten in diesem gemeinsam genutzten Bereich nicht gegenseitig gefährden.

7.2 Abweichende/ergänzende Anforderungen

(1) Zwischen Verkehrswegen auf Baustellen und Böschungskanten bzw. Verbaukanten sind Sicherheitsabstände (gemäß DIN 4124:2012:01 „Baugruben und Gräben") für die Standsicherheit einzuhalten.

Besteht die Gefahr des Abkommens von Fahrzeugen oder mobilen Arbeitsmitteln in Richtung der Baugrube oder des Grabens, sind gegebenenfalls weitere Maßnahmen erforderlich (z. B. transportable Schutzeinrichtungen wie Anprallschutz, Rammschutz, Leitplanken).

Für Verkehrswege in diesen Bereichen sind gegebenenfalls Maßnahmen gegen Absturz gemäß ASR A2.1 „Schutz vor Absturz und herabfallenden Gegenständen, Betreten von Gefahrenbereichen" vorzusehen.

(2) Laufstege bei Bauarbeiten müssen mindestens 0,5 m breit sein und dürfen nur bis zu einer Neigung von 1:1,75 (etwa 30°) verwendet werden. Sie müssen Trittleisten haben, wenn sie steiler als 1:5 (etwa 11°) sind.

(3) Abweichend von Abschnitt 4.1 Absatz 5 dürfen Abdeckungen von Öffnungen in Verkehrswegen auf Baustellen höchstens 5 cm über die umgebende Oberfläche hinausragen.

(4) Abweichend von Abschnitt 4.2, Tabelle 2 beträgt die Mindestbreite der Verkehrswege auf Baustellen 0,60 m. In Abhängigkeit der Nutzung (z. B. Anzahl der Personen, Art der Transportvorgänge) sind die Breiten der Verkehrswege anzupassen. Für Verkehrswege zu besonderen Arbeitsplätzen in Tunneln, Stollen und Durchpressungen gelten die Mindestabmessungen aus Tabelle 5 und Abbildung 6. Auf die Regelungen der ASR A2.1 „Schutz vor Absturz und herabfallenden Gegenständen, Betreten von Gefahrenbereichen" wird verwiesen. Auf die Regelungen der ASR A5.2 „Anforderungen an Arbeitsplätze und Verkehrswege auf Baustellen im Grenzbereich zum Straßenverkehr – Straßenbaustellen" wird verwiesen.

Tab. 5: Mindestbreite von Verkehrswegen zu besonderen Arbeitsplätzen in Tunneln, Stollen und Durchpressungen

Länge [m] von Tunneln, Stollen und Durchpressungen	Mindestlichtmaß (MLM) (in m)		
	Kreisquerschnitt	Rechteckquerschnitt	
	Durchmesser	Höhe	Breite
< 50	0,80	0,80	0,60
50 - < 100	1,00	1,00	0,60
≥ 100	1,20	1,20	0,60
Steigschächte müssen einen freien Querschnitt von mindestens 0,70 m x 0,70 m haben.			

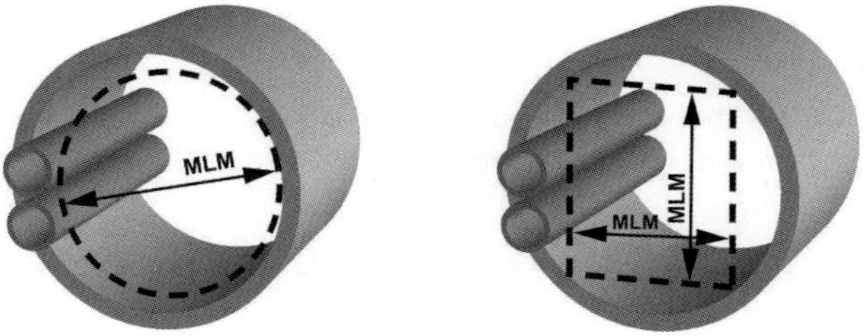

Abb. 6: Mindestlichtmaß (MLM) von Verkehrswegen in Tunneln, Stollen und Durchpressungen

(5) Abweichend von Abschnitt 4.2 Absatz 7 darf auf Baustellen die lichte Mindesthöhe über Verkehrswegen von 2,00 m unterschritten werden, wenn diese aus baulichen Gegebenheiten nicht eingehalten werden kann.

(6) Abweichend von Abschnitt 4.3 Absatz 3 muss bei kombiniertem Fußgänger- und Fahrzeugbetrieb bei Bauarbeiten im Tunnel ein Gehweg mit einem freien Mindestquerschnitt von 1,00 m Breite und 2,00 m Höhe vorhanden sein. Kann dieser Querschnitt aus bautechnischen Gründen nicht eingehalten werden, müssen – ausgenommen bei Förderung mit Stetigförderern – in Abständen von höchstens 50 m auffällig gekennzeichnete und beleuchtete Schutznischen von mindestens 1,00 m Tiefe, 1,00 m Länge und 2,00 m Höhe vorhanden sein und ständig freigehalten werden. Lässt sich bei Gleis- oder Stetigfördererbetrieb der Mindestquerschnitt für den Gehweg aus bautechnischen Gründen nicht einhalten, darf dessen Breite bis auf 0,50 m verringert werden.

(7) Abweichend von Abschnitt 4.5 Absatz 4 kann bei temporären Bautreppen die Steigung (s) zwischen 18 cm und 25 cm betragen. Der Auftritt (a) muss mindestens 18 cm und die Unterschneidung (u) mindestens 3 cm groß sein. Der Steigungswinkel (α) einer temporären Bautreppe kann zwischen 30° und 55° variieren.

(8) Abweichend von Abschnitt 4.5 Absatz 8 müssen die Geländer- und Zwischenholme an Treppen, die bei Bauarbeiten genutzt werden, so ausgeführt sein, dass sie eine Einzellast in ungünstigster Richtung von 300 N aufnehmen können. Dabei darf die elastische Durchbiegung nicht mehr als 3,5 cm betragen.

(9) Abweichend von Abschnitt 4.5 Absätze 7 und 9 genügt auf Baustellen an freiliegenden Treppenläufen und Podesten mit mehr als 1,00 m Absturzhöhe Seitenschutz, bestehend aus Geländer- und mindestens einem Zwischenholm.

(10) Für Handläufe bei Treppen auf Baustellen bedarf es keiner ergonomischen Ausgestaltung des Handlaufes im Sinne von Abschnitt 4.5 Absatz 11.

Hinweis:
Für Handläufe aus Holz empfiehlt sich die Verwendung von gehobelten Brettern o. ä.

(11) Abweichend von Abschnitt 4.5 Absatz 12 kann bei Treppen auf Baustellen auf die Abrundung der Stufenvorderkante verzichtet werden.

Literaturhinweise

Informationen der Unfallversicherungsträger

DGUV Regel 101-002	Regeln für die Sicherheit von Treppen bei Bauarbeiten 01/1996
DGUV Regel 103-008	Steiggänge für Behälter und umschlossene Räume 05/2007
DGUV Information 208-001	Ladebrücken, Informationen zum Arbeitsschutz 10/2019
DGUV Information 208-005	Treppen 04/1991, aktualisiert 07/2010
DGUV Information 208-028	Fahrtreppen und Fahrsteige; Teil 1: Sicherer Betrieb 12/2007
DGUV Information 208-029	Fahrtreppen und Fahrsteige; Teil 2: Montage, Demontage und Instandhaltung 12/2007
DGUV Information 208-030	Personenschutz beim Einsatz von Flurförderzeugen in Schmalgängen 03/2016
DGUV Information 208-032	Auswahl und Benutzung von Steigleitern 10/2018 DGUV Information 240-410 Handlungsanleitung für die arbeitsmedizinische Vorsorge nach dem Berufsgenossenschaftlichen Grundsatz G 41 „Arbeiten mit Absturzgefahr“ 01/2010

Normen

DIN EN 13374: 2019-06	Temporäre Seitenschutzsysteme – Produktfestlegungen – Prüfverfahren
DIN 4124: 2012-01	Baugruben und Gräben – Böschungen, Verbau, Arbeitsraumbreiten

ASR A2.1
Schutz vor Absturz und herabfallenden Gegenständen, Betreten von Gefahrenbereichen

Ausgabe: November 2012
zuletzt geändert GMBl 2022, S. 245

1 Zielstellung

Diese ASR konkretisiert die Anforderungen an das Einrichten und Betreiben von Arbeitsplätzen und Verkehrswegen zum Schutz vor Absturz oder herabfallenden Gegenständen sowie die damit verbundenen Maßnahmen bezüglich des Betretens von Dächern oder anderen Gefahrenbereichen nach § 3a Absatz 1 der Arbeitsstättenverordnung in Verbindung mit Nummer 1.5 Absatz 4 und Nummer 2.1 des Anhangs.

2 Anwendungsbereich

(1) Diese ASR gilt zum Schutz der Beschäftigte vor Absturz und vor herabfallenden Gegenständen sowie für das Betreten von Dächern oder Gefahrenbereichen.

(2) Diese ASR gilt nicht für das Einrichten und Betreiben von Arbeitsplätzen und Verkehrswegen, die Bestandteil eines Arbeitsmittels sind, das in den Regelungsbereich der Betriebssicherheitsverordnung fällt.

(3) gestrichen

Hinweis:
Beim Reinigen von Fenstern, Oberlichtern und lichtdurchlässigen Wänden ist diese Arbeitsstättenregel in Verbindung mit der ASR A1.6 „Fenster, Oberlichter, lichtdurchlässige Wände" anzuwenden.

3 Begriffsbestimmungen

3.1 **Absturz** ist das Herabfallen von Personen auf eine tiefer gelegene Fläche oder einen Gegenstand. Als Absturz gilt auch das Durchbrechen durch eine nicht tragfähige Fläche oder das Hineinfallen und das Versinken in flüssigen oder körnigen Stoffen.

3.2 **Absturzkante** ist die Kante, über die Beschäftigte abstürzen können (siehe Abb. 1).

Eine Absturzkante ist definiert als:

- Kante zu einer mehr als 60° geneigten Fläche (z. B. einer Dachfläche),
- Übergang einer durchtrittsicheren zu einer nicht durchtrittsicheren Fläche,
- Übergang von Flächen mit unterschiedlichen Neigungswinkeln von einer bis zu 20° geneigten Fläche zu einer mehr als 60° geneigten Fläche oder
- die gedachte Linie an gewölbten Flächen, ab der der Neigungswinkel einer Tangente größer als 60° ist.

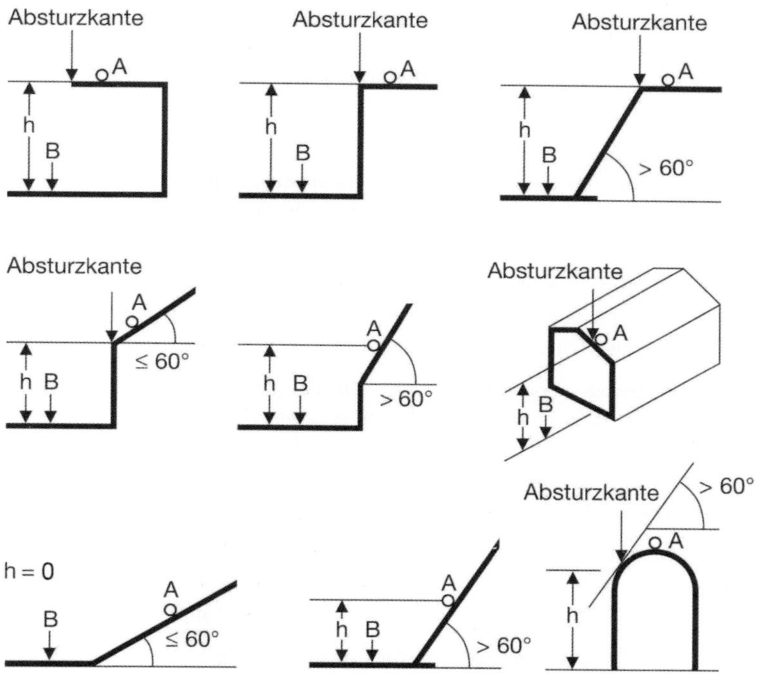

h = senkrechter Höhenunterschied zwischen A = Standfläche bzw. der Absturzkante und B = Aufprallfläche

Abb. 1 Absturzkanten und Absturzhöhen (h)

3.3 **Absturzhöhe** im Sinne dieser ASR (siehe Abb. 1) ist der senkrechte Höhenunterschied zwischen der Standfläche der Beschäftigten an Arbeitsplätzen und Verkehrswegen bzw. der Absturzkante und der angrenzenden tiefer liegenden ausreichend großen und tragfähigen Fläche (Auftrefffläche).

3.4 **Abrutschen** im Sinne dieser ASR ist ein unkontrolliertes Abgleiten von Beschäftigten bei Arbeiten auf geneigten Flächen (z. B. aufgrund der Neigung oder der Beschaffenheit der Standfläche) über eine Absturzkante.

3.5 **Absturzsicherung** im Sinne dieser ASR ist eine zwangsläufig wirksame Einrichtung, die einen Absturz auch ohne bewusstes Mitwirken der Beschäftigten verhindert, z. B. eine Umwehrung (siehe auch Punkt 3.8) oder Abdeckung.

3.6 **Auffangeinrichtung** im Sinne dieser ASR ist eine zwangsläufig wirksame Einrichtung, die abstürzende Beschäftigte auch ohne deren bewusstes Mitwirken auffängt und vor einem weiteren Absturz schützt, z. B. Schutznetz, Schutzwand oder Schutzgerüst.

3.7 **Individuelle Schutzmaßnahmen** dienen dem Schutz vor Absturz einzelner Beschäftigter oder dem Auffangen abstürzender Beschäftigter, z. B. Persönliche Schutzausrüstung gegen Absturz (PSAgA).

3.8 **Umwehrung** ist eine Einrichtung zum Schutz der Beschäftigten gegen Absturz, z. B. Brüstung, Geländer, Gitter oder Seitenschutz. Im Gegensatz zum meist durchbrochenen Geländer handelt es sich bei einer Brüstung um eine geschlossene, in der Regel massiv ausgeführte Wandscheibe bzw. im Fall der Fensterbrüstung um einen Teil einer Außenwand.

3.9 **Gefahrenbereiche** im Sinne dieser ASR sind Bereiche, in denen Beschäftigte nicht durch bauliche Maßnahmen vor einer Gefährdung durch Absturz oder herabfallende Gegenstände geschützt sind.

3.10 **Herabfallende Gegenstände** sind auch solche Materialien, die umstürzen, abgleiten, abrollen oder auslaufen können.

3.11 **Durchtrittsicher** sind Bauteile, die beim Betreten nicht brechen und durch die Beschäftigte nicht hindurch stürzen können. Nicht durchtrittsichere Bauteile können z. B. sein:

- Faserzement-Wellplatten,
- Asbestzement-Wellplatten,
- Bitumen-Wellplatten,
- Dachoberlichter (z. B. Lichtplatten, Lichtbänder, Lichtkuppeln),
- lichtdurchlässige Dächer (z. B. Glasdächer, Dächer aus Kunststoff),
- Verglasungen (z. B. Shed-Dächer) oder
- Solar-, Photovoltaikelemente.

3.12 **Arbeitsplatz auf Baustellen** ist der Bereich, in dem Beschäftigte im Rahmen ihrer Arbeit – ggf. auch nur kurzzeitig – tätig sind.

4 Beurteilung der Gefährdungen und Rangfolge der Schutzmaßnahmen

4.1 Gefährdung durch Absturz

(1) Bei der Ermittlung und Beurteilung der für die Beschäftigten mit ihrer Arbeit verbundenen Gefährdungen sind mindestens folgende Kriterien zu berücksichtigen:

- Absturzhöhe,
- Art, Dauer der Tätigkeit, körperliche Belastung,
- Abstand von der Absturzkante,
- Beschaffenheit des Standplatzes (Neigungswinkel), der Standfläche (z. B. Rutschhemmung),
- Beschaffenheit der tiefer gelegenen Fläche, z. B. Schüttgüter (versinken, ersticken), Wasser (versinken, ertrinken), Beton (harter Aufschlag), Bewehrungsanschlüsse (aufspießen), Behälter mit Flüssigkeiten, Gegenstände oder Maschinen einschließlich deren bewegter Teile, die sich auf dieser Fläche befinden und
- Beschaffenheit der Arbeitsumgebung und gefährdende äußere Einflüsse, z. B. Sichtverhältnisse, Erkennbarkeit (z. B. Beleuchtung, Tageszeit, Blendwirkung durch helle Flächen oder Gegenlicht, Markierungen), Vibrationen, gleichgewichtsbeeinflussende Faktoren, Witterungseinflüsse (z. B. Wind, Eis und starker Schneefall).

(2) Im Rahmen der Gefährdungsbeurteilung kann der Arbeitgeber u. a. die Hinweise aus den Planungsunterlagen für bauliche Anlagen heranziehen.

(3) Befinden sich Arbeitsplätze oder Verkehrswege 0,2 m bis 1,0 m oberhalb einer angrenzenden Fläche oder besteht die Gefährdung des Abrutschens oder unabhängig von der vorgenannten Höhe die Gefährdung des Hineinfallens oder des Versinkens in Stoffen, ist im Rahmen der Gefährdungsbeurteilung zu ermitteln, ob und welche Schutzmaßnahmen nach Punkt 4.2 erforderlich sind.

(4) Eine Gefährdung durch Absturz liegt bei einer Absturzhöhe von mehr als 1,0 m vor.

4.2 Rangfolge der Maßnahmen zum Schutz vor Absturz

Bauliche und technische Maßnahmen haben Vorrang vor organisatorischen und individuellen Schutzmaßnahmen. Sie sind entsprechend der nachfolgenden Rangfolge zu treffen.

1. Absturzsicherungen
2. Lassen sich aus betriebstechnischen Gründen (z. B. Arbeitsverfahren, zwingende technische Gründe) Absturzsicherungen nicht verwenden, müssen an deren Stelle Auffangeinrichtungen vorhanden sein.
3. Lassen sich keine Absturzsicherungen oder Auffangeinrichtungen einrichten, sind Persönliche Schutzausrüstungen gegen Absturz (PSAgA) als individuelle Schutzmaßnahme zu verwenden. Die geeignete PSAgA muss sich aus der Gefährdungsbeurteilung ergeben. Voraussetzung für die Verwendung von PSAgA ist das Vorhandensein geeigneter Anschlageinrichtungen. Die Beschäftigten müssen in der Benutzung der PSAgA eingewiesen und über die Durchführung der erforderlichen Rettungsmaßnahmen, z. B. über den Auffangvorgang, unterwiesen werden (Erste Hilfe und Rettungsgeräte siehe ASR A4.3 „Erste-Hilfe-Räume, Mittel und Einrichtungen zur Ersten Hilfe").
4. Lassen die Eigenart und der Fortgang der Tätigkeit und Besonderheiten des Arbeitsplatzes die vorgenannten Schutzmaßnahmen nicht zu, darf auf die Anwendung von PSAgA im Einzelfall (z. B. Boden- und Wandöffnungen von Szenenflächen bei Bühnen) nur dann verzichtet werden, wenn:
   - die Arbeiten von fachlich qualifizierten und körperlich geeigneten Beschäftigten ausgeführt werden,
   - der Arbeitgeber für den begründeten Ausnahmefall eine besondere Unterweisung durchgeführt hat und
   - die Absturzkante für die Beschäftigten deutlich erkennbar ist.

4.3 Gefährdung durch herabfallende Gegenstände

Bei der Ermittlung und Beurteilung der für die Beschäftigten mit ihrer Arbeit verbundenen Gefährdungen sind mindestens folgende Kriterien zu berücksichtigen:

- Höhenunterschied zwischen der Fläche, von der aus Gegenstände herabfallen können, und den Bereichen, die von Beschäftigten begangen oder befahren werden können,
- Beschaffenheit des Gegenstandes, z. B. Form, Gewicht, Konsistenz (z. B. Schüttgüter, Flüssigkeiten) und
- äußere Einflüsse, z. B. Witterungseinflüsse wie Wind.

4.4 Rangfolge der Maßnahmen zum Schutz vor herabfallenden Gegenständen

Bauliche und technische Maßnahmen haben Vorrang vor organisatorischen und individuellen Schutzmaßnahmen. Sie sind entsprechend der nachfolgenden Rangfolge zu treffen.

1. Reicht die bauliche Ausführung nicht aus, ein Herabfallen von Gegenständen zu verhindern, sind zum Schutz der Beschäftigten Fußleisten, Schutzwände, Schutzgitter oder vergleichbare Einrichtungen anzubringen.

2. Lassen sich die Maßnahmen nach Nr. 1 aus betriebstechnischen Gründen nicht durchführen, müssen an deren Stelle die tiefer gelegenen Arbeitsplätze und Verkehrswege durch Schutzeinrichtungen, z. B. Schutzdächer oder Fangnetze, gesichert werden.

3. Lassen sich Bereiche aus betriebstechnischen Gründen nicht durch Maßnahmen nach Nr. 1 und 2 sichern, muss eine zeitlich-organisatorische Trennung in Verbindung mit einer Absperrung und Kennzeichnung des Gefahrenbereiches oder einer Überwachung (z. B. Warnposten) des Gefahrenbereiches erfolgen.

4. Lassen sich Bereiche aus betriebstechnischen Gründen nicht durch Maßnahmen nach Nr. 1, 2 und 3 sichern, ist Persönliche Schutzausrüstung (PSA) zu verwenden, soweit diese als Ergebnis der Gefährdungsbeurteilung geeignet ist. Die Beschäftigten sind in der Benutzung der PSA zu unterweisen.

5 Maßnahmen zum Schutz vor Absturz

5.1 Sicherung an Absturzkanten

(1) Umwehrungen müssen entsprechend der Nutzung so gestaltet sein, dass sie den zu erwartenden Belastungen standhalten und ein Hinüber- oder Hindurchfallen von Beschäftigten verhindern. Bewegliche Teile der Umwehrungen dürfen nur aus der Schutzstellung gebracht werden, wenn dieses betrieblich erforderlich ist und andere Schutzmaßnahmen getroffen sind. Sie müssen in der Schutzstellung gesichert werden können und dürfen sich nicht in Richtung des Absturzbereiches öffnen lassen.

(2) Die Umwehrungen müssen mindestens 1,00 m hoch sein. Die Höhe der Umwehrungen darf bei Brüstungen bis auf 0,80 m verringert werden, wenn die Tiefe der Umwehrung mindestens 0,20 m beträgt und durch die Tiefe der Brüstung ein gleichwertiger Schutz gegen Absturz gegeben ist.

Beträgt die Absturzhöhe mehr als 12 m, muss die Höhe der Umwehrung mindestens 1,10 m betragen.

Ergibt sich bei der Gefährdungsbeurteilung, dass in bestehenden Arbeitsstätten die Einhaltung der Höhe der Umwehrung mit Aufwendungen verbunden ist, die offensichtlich unverhältnismäßig sind, so hat der Arbeitgeber dies individuell zu beurteilen. Bei der Gefährdungsbeurteilung hat der Arbeitgeber zu prüfen, wie durch andere oder ergänzende Maßnahmen die Sicherheit und der Gesundheitsschutz der Beschäftigten in vergleichbarer Weise gesichert werden kann; die erforderlichen Maßnahmen hat er durchzuführen. Eine solche Maßnahme kann z. B. die Zugangsbeschränkung zur Absturzkante sein. Die ergänzenden Maßnahmen können solange herangezogen werden, bis die bestehenden Arbeitsstätten wesentlich umgebaut werden.

(3) Wenn für die Umwehrung Geländer verwendet werden, müssen diese:

- eine geschlossene Füllung aufweisen,
- mit senkrechten Stäben versehen sein (Füllstabgeländer) oder
- aus Handlauf, Knieleiste und Fußleiste bestehen (Knieleistengeländer).

(4) Bei Füllstabgeländern mit senkrechten Zwischenstäben darf deren lichter Abstand nicht mehr als 0,18 m betragen. Der Abstand zwischen der Un-

terkante der Umwehrung bis zur Fußbodenoberkante darf 0,18 m nicht überschreiten (siehe Abb. 2).

Hinweis:
Bei Gebäuden, in denen mit dauernder oder häufiger Anwesenheit von Kindern gerechnet werden muss, können geringere Abstände erforderlich sein.

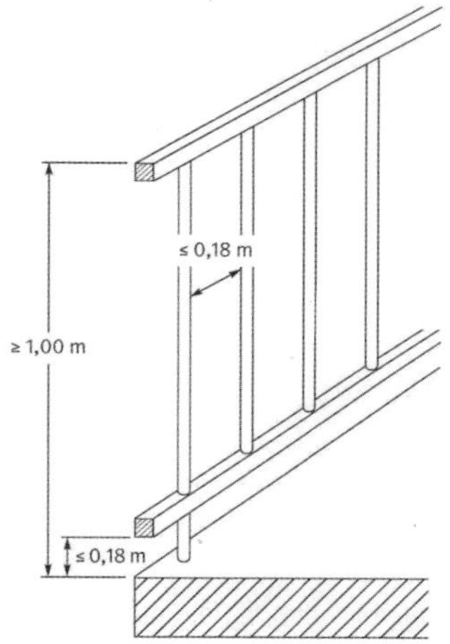

Abb. 2: Füllstabgeländer

(5) Bei Knieleistengeländern darf der Abstand zwischen Fuß- und Knieleiste, zwischen Knieleiste und Handlauf oder zwischen zwei Knieleisten nicht größer als 0,50 m sein. Die Fußleisten müssen eine Höhe von mindestens 0,05 m haben und unmittelbar an der Absturzkante angeordnet sein. (siehe Abb. 3)

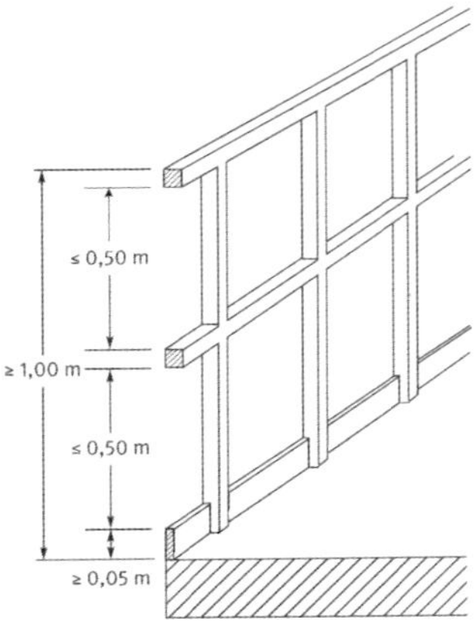

Abb. 3: Knieleistengeländer

(6) Kann die Umwehrung bei vorgesetzten Füllstabgeländern nicht bündig mit der Absturzkante abschließen und entsteht dadurch nach außen hin ein Spalt, darf dessen lichte Breite (Abstand zwischen Absturzkante und Unterkante der Umwehrung) 0,06 m nicht überschreiten (siehe Abb. 4).

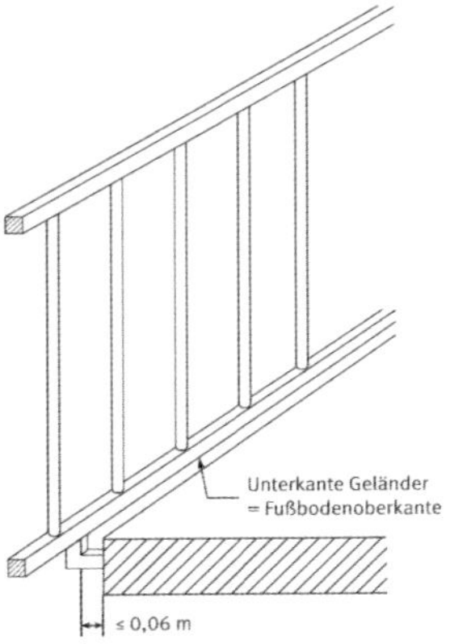

Abb. 4: Vorgesetztes Füllstabgeländer

(7) Die Umwehrungen müssen so beschaffen und angebracht sein, dass an ihrer Oberkante eine Horizontallast H = 1000 N/m aufgenommen werden kann. Abweichend genügt ein Lastansatz:

- von H = 500 N/m für Umwehrungen an Bühnen und Laufstegen mit lotrechten Verkehrslasten von höchstens 5000 N/m^2 und
- von H = 300 N/m für Umwehrungen in Bereichen oder an Verkehrswegen, die nur zu Inspektions- oder Wartungszwecken begangen werden (z. B. Tankdächer, Schauöffnungen an Öfen) sowie an Steckgeländern.

5.2 Sicherung an Bodenöffnungen

(1) Bodenöffnungen müssen gesichert sein:

- durch feste oder abnehmbare, gegen unbeabsichtigtes Ausheben gesicherte Umwehrungen oder
- durch Abdeckungen.

(2) Abdeckungen, z. B. Luken-, Schacht-, Rutschen-, Gruben-, Falltüren, müssen so gestaltet und installiert sein, dass sich hierdurch keine Stolpergefahren ergeben und sie der Nutzungsart entsprechend tragfähig sein. Sie müssen sicher zu handhaben und gegen unbeabsichtigtes Bewegen (Auf- und Zuklappen, Verschieben) zu sichern sind. Diese Forderung ist z. B. dann erfüllt, wenn:

- Abdeckungen von gesicherten Standplätzen aus geöffnet werden können,
- klappbare Abdeckungen in geöffnetem Zustand festgestellt werden können oder
- Abdeckungen, für deren Betätigung eine Kraft von mehr als 250 N erforderlich ist, mit entsprechenden Hilfseinrichtungen, z. B. zusätzlich mit Gewichtsausgleich, hydraulisch betätigten Hubvorrichtungen oder Gasdruckfedern, ausgestattet sind.

(3) Bewegliche Abdeckungen und Umwehrungen dürfen nur aus der Schutzstellung gebracht werden, wenn dies betrieblich erforderlich ist und andere Schutzmaßnahmen getroffen sind. Sie müssen in der Schutzstellung gesichert werden können und dürfen sich nicht in Richtung der Absturzkante öffnen lassen.

5.3 Sicherung an Wandöffnungen

(1) Wandöffnungen müssen fest angebrachte oder bewegliche Umwehrungen haben, wenn:

- die Brüstungshöhe geringer ist als in Punkt 5.1 Abs. 2 angegeben,
- die Breite größer als 0,18 m und die Höhe größer als 1,00 m sind und
- bei denen eine Gefährdung durch Absturz nach Punkt 4.1 besteht.

Umwehrungen können z. B. aus verschieb- oder schwenkbaren Schranken, Schleusengeländern oder Halbtüren bestehen. Sie müssen mit einer Sicherung gegen unbeabsichtigtes Öffnen oder Ausheben versehen sein.

(2) Umwehrungen dürfen sich nicht zur tiefer liegenden Seite hin öffnen lassen.

5.4 Gefahrenbereich Absturz

Arbeitsplätze und Verkehrswege, bei denen der Abstand mehr als 2,0 m zur Absturzkante beträgt, liegen außerhalb des Gefahrenbereichs Absturz. Der Gefahrenbereich ist durch geeignete Maßnahmen, z. B. Ketten oder Seile, und gut sichtbare Kennzeichnung entsprechend ASR A1.3 „Sicherheits- und Gesundheitsschutzkennzeichnung“ (Verbotszeichen D-P006 „Zutritt für Unbefugte verboten“) gegen unbefugten Zutritt zu sichern. Bei Verkehrswegen ist als Schutzmaßnahme auch ausreichend, wenn die Abgrenzung optisch deutlich erkennbar ist.

6 Maßnahmen zum Schutz vor herabfallenden Gegenständen

(1) Einrichtungen zum Schutz vor herabfallenden Gegenständen (z. B. Schutzdächer, Schutznetze) sind entsprechend der Beschaffenheit und der zu erwartenden kinetischen Energie der herabfallenden Gegenstände auszuwählen und zu dimensionieren.

(2) Besteht für Beschäftigte in tiefer gelegenen Bereichen der Arbeitsstätte eine Gefährdung durch z. B. auslaufende Flüssigkeiten oder Schüttgüter, sind Schutzmaßnahmen, z. B. Anbringung von Auffangwannen, zu treffen.

(3) Nicht geschlossene Böden (z. B. Gitterroste) sind so auszuführen, dass eine Gefährdung tiefer gelegener Arbeitsplätze und Verkehrswege durch

herabfallende Gegenstände verhindert wird. Das entsprechende maximale Öffnungsmaß (z. B. die Maschenweite bei Gitterrosten) ist unter Berücksichtigung der örtlichen Gegebenheiten im Rahmen der Gefährdungsbeurteilung zu ermitteln. Dabei ist z. B. die Einbausituation oder die Personenfrequenz zu berücksichtigen.

6.1 Gefahrenbereich herabfallende Gegenstände

(1) Werden Gefahrenbereiche durch Absperrung und Kennzeichnung gemäß Punkt 4.4 Nr. 3 gesichert, sind als Absperrungen z. B. Geländer, Ketten oder Seile und als Kennzeichnung nach ASR A1.3 „Sicherheits- und Gesundheitsschutzkennzeichnung“ das Verbotszeichen D-P006 „Zutritt für Unbefugte verboten“ anzubringen.

(2) Werden Gefahrenbereiche durch Überwachung des Gefahrenbereiches gemäß Punkt 4.4. Nr. 3 gesichert, kann dieses z. B. durch Warnposten oder geeignete Warneinrichtungen (z. B. Schall- oder Leuchtzeichen nach ASR A1.3 „Sicherheits- und Gesundheitsschutzkennzeichnung“) erfolgen.

7 Arbeitsplätze und Verkehrswege auf Dächern

(1) Wenn auf Dächern Arbeiten durchgeführt werden oder diese als Verkehrswege genutzt werden, hat der Arbeitgeber zu ermitteln, ob eine Gefährdung durch Absturz nach Punkt 4.1 besteht. Arbeiten auf Dächern können z. B. sein:

- vom Hersteller vorgeschriebene regelmäßige Prüfungen oder Instandhaltungsarbeiten an technischen oder baulichen Einrichtungen,
- das Reinigen oder Wechseln von Filterelementen an lüftungstechnischen Anlagen,
- das Ablesen oder Eichen von Messgeräten,
- das Durchführen von Pflegearbeiten auf begrünten Dachflächen,
- das Reinigen der Abläufe bei Dächern mit Innenentwässerung,
- das Räumen von Schnee,
- die Instandhaltung oder Reinigung von Dachoberlichtern oder Rauch- und Wärmeabzugsanlagen (RWA) oder
- die Instandhaltung oder Reinigung von Photovoltaik- und Solarthermieanlagen.

(2) Besteht bei Arbeiten auf Dächern oder Verkehrswegen eine Gefährdung durch Absturz, sind Maßnahmen zum Schutz vor Absturz entsprechend der Rangfolge nach Punkt 4.2 zu treffen.

7.1 Nicht durchtrittsichere Dächer und Bauteile

(1) Zugänge (z. B. Dachausstiege, Luken) zu nicht durchtrittsicheren Dächern (siehe Punkt 3.11) müssen unter Verschluss stehen, der nur von besonders unterwiesenen und beauftragten Personen geöffnet werden kann. Diese Unterweisung ist ggf. vor Ort durchzuführen. An den Zugängen muss eine dauerhafte und deutlich sichtbare Kennzeichnung angebracht sein, z. B. „Dach nur auf Laufstegen benutzen".

(2) Müssen nicht durchtrittsichere Dächer begangen werden, z. B. für Instandhaltungsarbeiten an Anlagen oder Einrichtungen, müssen sicher ausgeführte Verkehrswege zum Arbeitsbereich vorhanden sein. Dies kann z. B. durch Laufstege gewährleistet werden, die den zu erwartenden Lasten (Beschäftigte und Arbeitsmittel) sicher standhalten, mindestens 0,50 m breit und

- beidseitig umwehrt sind oder
- einseitig umwehrt sind, wenn eine beidseitige Umwehrung die vorzunehmenden Arbeiten behindern würde und geeignete Anschlageinrichtungen für den Einsatz von PSAgA vorhanden sind.

(3) Lichtkuppeln und Lichtbänder, die konstruktiv nicht durchtrittsicher sind, müssen mit geeigneten Umwehrungen, Überdeckungen oder Unterspannungen ausgeführt sein, die ein Durchstürzen von Beschäftigten verhindern. Für Arbeiten und Verkehrswege im Gefahrenbereich (Abstand $\leq$ 2,0 m) von nicht durchtrittsicheren Lichtkuppeln und Lichtbändern im Bestand ist sicherzustellen, dass durch Absperrungen oder Abdeckungen ein Absturz verhindert wird. Auf Unterspannungen, Überdeckungen oder Absperrungen kann verzichtet werden, wenn der Aufsatzkranz des nicht durchtrittsicheren Bauteils, z. B. der Lichtkuppel, mindestens 0,50 m über die Dachfläche hinausragt.

(4) Für die Ausführung von Arbeiten und für die Benutzung von Verkehrswegen im Gefahrenbereich (Abstand $\leq$ 2,0 m) von sonstigen nicht durchtrittsicheren Dachoberlichtern (z. B. Lichtplatten aus Kunststoff) ist aufgrund der örtlichen Gegebenheiten im Rahmen der Gefährdungsbeurteilung zu

entscheiden, ob und ggf. welche Maßnahmen zu treffen sind, z. B. Geländer, Abdeckung, Arbeiten mit PSAgA.

8 Abweichende/ergänzende Anforderungen für Baustellen

8.1 Arbeitsplätze und Verkehrswege auf geneigten Flächen

(1) Auf geneigten Flächen, auf denen die Gefahr des Abrutschens von Beschäftigten besteht, darf nur gearbeitet werden, nachdem Maßnahmen gegen das Abrutschen vom Arbeitsplatz getroffen worden sind.

(2) Für Arbeiten auf einer mehr als 45° geneigten Fläche (z. B. auf gelatteten Dachflächen oder Böschungen) sind besondere Arbeitsplätze mit mindestens 0,50 m breiten, waagerechten Standplätzen zu schaffen.

(3) Bei Arbeiten an und auf Flächen mit Neigungen von mehr als 22,5° bis 60° darf der Höhenunterschied zwischen Arbeitsplätzen oder Verkehrswegen und den Einrichtungen zum Auffangen abrutschender Beschäftigter nicht mehr als 5,00 m betragen.

(4) Für das Errichten, Instandhalten oder Umlegen von Masten für elektrische Betriebsmittel auf Dachflächen mit einer Neigung von mehr als 22,5° bis 60° müssen Einrichtungen zum Auffangen abrutschender Beschäftigter bei mehr als 2,00 m Absturzhöhe vorhanden sein.

8.2 Sicherungen gegen Absturz an Arbeitsplätzen und Verkehrswegen

(1) Arbeitsplätze und Verkehrswege auf Baustellen müssen zeitlich, räumlich und tätigkeitsbezogen festgelegt werden. Ein Arbeitsplatz auf einer Baustelle ist der zur Durchführung der Arbeiten erforderliche räumlich begrenzte Bereich, der einer bestimmten Anzahl von Beschäftigten von ihrem jeweiligen Arbeitgeber zugewiesen wird, um dort innerhalb eines bestimmten (möglicherweise auch nur kurzen) Zeitraums für einen abgrenzbaren Arbeitsschritt tätig zu werden. Beispiele für abgrenzbare Arbeitsschritte bei der Herstellung einer Geschossdecke sind insbesondere Einschalen, Bewehren, Betonieren oder Ausschalen.

Hinweis:
Zu Verkehrswegen auf Baustellen siehe ASR A1.8 „Verkehrswege" Punkt 7.1.

(2) Im Zuge des Baufortschritts verändern sich häufig die Anordnung sowie die Größe bzw. die Abmessungen von Arbeitsplätzen und Verkehrswegen. Ein Teilbereich einer Baustelle kann im Zuge des Baufortschritts tätigkeitsbezogen wechselnd als Arbeitsplatz oder Verkehrsweg festgelegt werden. Bei der gleichzeitigen Ausführung abgrenzbarer Arbeitsschritte kann ein Teilbereich einer Baustelle für Beschäftigte als Arbeitsplatz und für andere Beschäftigte als Verkehrsweg festgelegt sein.

(3) Muss ein Teilbereich eines Arbeitsplatzes zugleich als Verkehrsweg von anderen Beschäftigten desselben Arbeitgebers genutzt werden, so hat dieser Arbeitgeber diesen Verkehrsweg zuvor festzulegen und einzurichten.

(4) Muss ein Teilbereich eines Arbeitsplatzes zugleich Beschäftigten anderer Arbeitgeber als Verkehrsweg dienen, müssen sich die betroffenen Arbeitgeber hinsichtlich der Festlegung und Einrichtung der Verkehrswege abstimmen (§ 8 Arbeitsschutzgesetz (ArbSchG), § 6 DGUV Vorschrift 1).

Hinweis:
Bei der Festlegung und Einrichtung von Verkehrswegen auf Baustellen sind ggf. die Hinweise des Koordinators nach Baustellenverordnung (BaustellV) sowie der Sicherheits- und Gesundheitsschutzplan (SiGePlan) zu berücksichtigen.

(5) Wird ein als Verkehrsweg festgelegter Bereich von anderen Beschäftigten im Rahmen ihres Arbeitsauftrages als Arbeitsplatz genutzt, bleiben die Anforderungen an den Verkehrsweg davon unberührt. Der Arbeitgeber hat dafür zu sorgen, dass sich die Beschäftigten in diesem gemeinsam genutzten Bereich nicht gegenseitig gefährden.

(6) Eine Absturzgefahr besteht bei einer Absturzhöhe von mehr als 1 Meter.

(7) Schutzvorrichtungen, die ein Abstürzen von Beschäftigten verhindern (Absturzsicherungen), müssen vorhanden sein:

1. unabhängig von der Absturzhöhe an
   a) Arbeitsplätzen auf Baustellen am und über Wasser oder anderen festen oder flüssigen Stoffen, in denen man versinken kann,
   b) Verkehrswegen auf Baustellen über Wasser oder anderen festen oder flüssigen Stoffen, in denen man versinken kann;
2. bei mehr als 1,00 m Absturzhöhe, soweit nicht nach Nummer 1 zu sichern ist, an

a) freiliegenden Treppenläufen und -absätzen,
b) Wandöffnungen,
c) allen übrigen Verkehrswegen auf Baustellen;
3. bei mehr als 2,00 m Absturzhöhe an allen übrigen Arbeitsplätzen.

Bei einer Absturzhöhe bis zu 3,00 m ist eine Schutzvorrichtung entbehrlich an Arbeitsplätzen und Verkehrswegen auf Dächern und Geschossdecken von baulichen Anlagen mit bis zu 22,5 Grad Neigung und nicht mehr als 50,00 m^2 Grundfläche, sofern die Arbeiten von hierfür fachlich qualifizierten und körperlich geeigneten Beschäftigten ausgeführt werden und diese Beschäftigten besonders unterwiesen sind. Die Absturzkante muss für die Beschäftigten deutlich erkennbar sein.

(8) Sind Schutzvorrichtungen, die ein Abstürzen von Beschäftigten verhindern (Absturzsicherungen) aufgrund der Eigenart des Arbeitsplatzes oder der durchzuführenden Arbeiten nicht geeignet, ist die Rangfolge der Maßnahmen zum Schutz vor Absturz nach Punkt 4.2 anzuwenden.

(9) Beim Einsatz von Fanggerüsten oder Arbeitsplattformnetzen ist an Verkehrswegen und Arbeitsplätzen eine Absturzhöhe in die Auffangeinrichtung bis 2,00 m zulässig. Beim Einsatz von Schutznetzen sind an Verkehrswegen und Arbeitsplätzen Absturzhöhen in die Auffangeinrichtung bis 3,00 m zulässig.

(10) Abweichend von Punkt 5.1 Absatz 2 beträgt die Mindesthöhe der Umwehrung 1,00 m. Bei der Verwendung von Systembauteilen ist eine Mindesthöhe von 950 mm zulässig. Die Höhe der Umwehrung darf entgegen Punkt 5.1 Absatz 2 Satz 2 nicht auf 0,80 m verringert werden.

(11) Umwehrungen sind so dicht wie möglich an der Absturzkante anzubringen. Davon darf unabhängig von der Absturzhöhe abgewichen werden, wenn Arbeitsplätze oder Verkehrswege höchstens 0,30 m von anderen tragfähigen und ausreichend bemessenen Umwehrungen entfernt liegen (siehe Abb. 5).

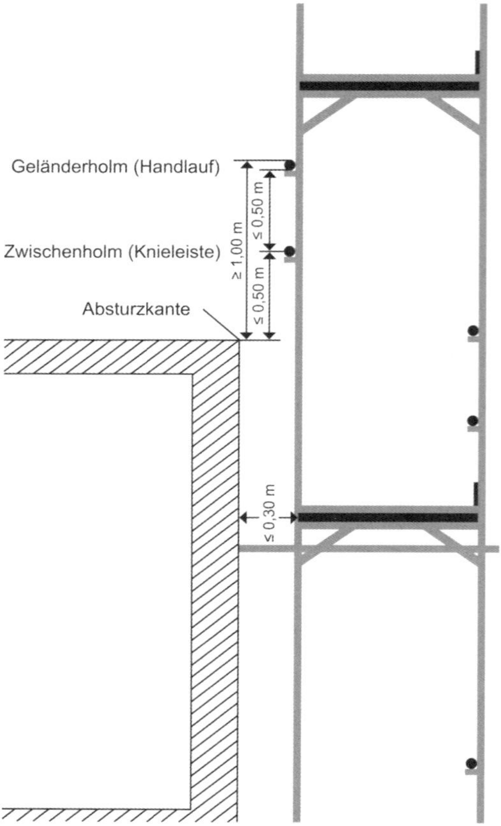

Abb. 5: Beispiel für abweichende Anordnung der Umwehrung

(12) Abweichend von Punkt 5.1 Absatz 5 müssen Umwehrungen Fußleisten von mindestens 0,15 m Höhe haben.

(13) Abweichend von Punkt 5.1 Absatz 7 müssen Umwehrungen so beschaffen und angebracht sein, dass an jeder Stelle normal zur Achse des Pfostens wirkend, eine Einzellast von H_{T1} und V_{T1} = 300 N und parallel zum Geländerholm wirkend von H = 200 N aufgenommen werden kann. Dabei darf die elastische Durchbiegung des Systems nicht größer als 5,5 cm

sein. Die Fußleiste/Bordbrett muss abweichend hiervon eine Einzellast H_{T2} und V_{T2} = 200 N aufnehmen. Die Umwehrungen müssen so beschaffen und befestigt sein, dass an allen Seitenschutzbauteilen zusätzlich eine vertikal wirkende Einzellast von V_D = 1250 N aufgenommen werden kann (siehe Abb. 6).

Die Umwehrung muss so ausgelegt sein, dass sie einer Person, die sich am Seitenschutz anlehnt oder beim Gehen festhält, standhält. Außerdem muss sie eine Person auffangen, die gegen den Seitenschutz läuft oder fällt. Umwehrungen müssen den Beanspruchungen infolge Windlasten widerstehen.

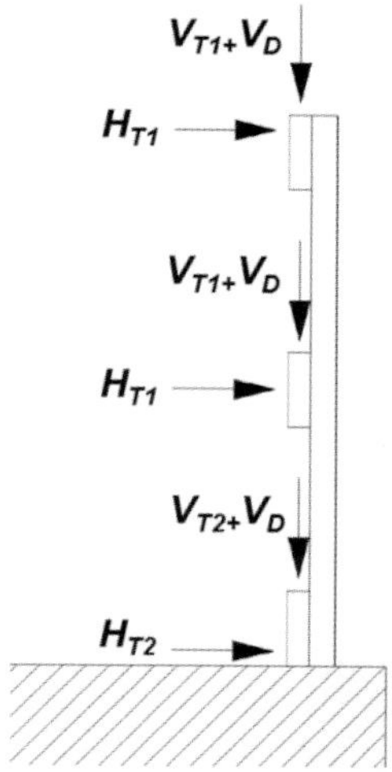

Abb. 6: Ansatzpunkte der Vertikal- und Horizontallasten

(14) Für Bauarbeiten in bestehenden Gebäuden ist im Rahmen der Gefährdungsbeurteilung zu prüfen, ob vorhandene Absturzsicherungen den Anforderungen dieser ASR entsprechen oder ob ergänzende Maßnahmen erforderlich sind.

8.3 Wandöffnungen

Abweichend von Punkt 5.3 Abs. 1 müssen Wandöffnungen, bei denen eine Absturzgefährdung besteht, und die breiter als 0,30 m und höher als 1,00 m sind und die nicht über die nach Punkt 5.1 Abs. 2 und 3 erforderliche Brüstungshöhe verfügen, fest angebrachte oder bewegliche Umwehrungen haben. Sie müssen mit einer Sicherung gegen unbeabsichtigtes Öffnen oder Ausheben versehen sein.

8.4 Schutz gegen herabfallende Gegenstände

(1) Ergänzend zu Punkt 6.1 sind Schütt-Trichter über Arbeitsplätzen und Verkehrswegen so auszubilden, dass Beschäftigte und andere Personen nicht durch überschüttetes Material getroffen werden können.

(2) Ergänzend zu Punkt 6.1 sind Traggerüste sowie Verbau von Gruben, Gräben und Schächten von losen Gegenständen freizuhalten.

Literaturhinweise

- TRBS 2121 Technische Regel für Betriebssicherheit, Gefährdung von Personen durch Absturz
- RAB 32 Regel zum Arbeitsschutz auf Baustellen, Unterlage für spätere Arbeiten
- DGUV Regel 101-011 Einsatz von Schutznetzen 07/2016
- DGUV Regel 112-198 Benutzung von persönlichen Schutzausrüstungen gegen Absturz 09/2019
- DGUV Regel 112-199 Retten aus Höhen und Tiefen mit persönlichen Absturzschutzausrüstungen 07/2012
- DGUV Information 201-010 Handlungsanleitung für den Umgang mit Arbeitsplattformnetzen 05/2021
- DGUV Information 201-054 Dach-, Zimmer- und Holzbauarbeiten 10/2015
- DGUV Information 212-515 Persönliche Schutzausrüstungen 09/2006
- DGUV Information 208-007 Roste – Auswahl und Betrieb 01/1996, aktualisiert 05/2013

- DGUV Information 201-056 Planungsgrundlagen von Anschlageinrichtungen auf Dächern 08/2012, aktualisiert 08/2015
- ETB-Richtlinie Bauteile, die gegen Absturz sichern
- TRAV Technische Regeln für die Verwendung von absturzsichernden Verglasungen (Deutsches Institut für Bautechnik)
- TRLV Technische Regeln für die Verwendung von linienförmig gelagerten Verglasungen (Deutsches Institut für Bautechnik)
- DIN 4426:2013-12 Einrichtungen zur Instandhaltung baulicher Anlagen -Sicherheitstechnische Anforderungen an Arbeitsplätze und Verkehrswege -Planung und Ausführung
- DIN EN 795:2012-10 Persönliche Absturzschutzausrüstung – Anschlageinrichtungen
- DIN EN 1263-1:2013-01 Schutznetze (Auffangnetze), Teil 1: Sicherheitstechnische Anforderungen, Prüfverfahren
- DIN EN 1263-2:2013-01 Schutznetze (Sicherheitsnetze), Teil 2: Sicherheitstechnische Anforderungen für die Errichtung von Schutznetzen
- DIN EN 12811-1:2004-03 Temporäre Konstruktionen für Bauwerke, Teil 1: Arbeitsgerüste – Leistungsanforderungen, Entwurf, Konstruktion und Bemessung
- DIN EN 13374:2004-08 Temporäre Seitenschutzsysteme – Produktfestlegungen und Prüfverfahren

ASR A2.2
Maßnahmen gegen Brände

Ausgabe: Mai 2018
zuletzt geändert GMBl 2022, S. 247

1 Zielstellung

Diese ASR konkretisiert die Anforderungen an die Ausstattung von Arbeitsstätten mit Brandmelde- und Feuerlöscheinrichtungen sowie die damit verbundenen organisatorischen Maßnahmen für das Betreiben nach § 3a Absatz 1, § 4 Absatz 3 und § 6 Absatz 3 einschließlich der Punkte 2.2 und 5.2 Absatz 1 g des Anhangs der Arbeitsstättenverordnung.

2 Anwendungsbereich

(1) Diese ASR gilt für das Einrichten und Betreiben von Arbeitsstätten mit Feuerlöscheinrichtungen sowie für weitere Maßnahmen zur Erkennung, Alarmierung sowie Bekämpfung von Entstehungsbränden.

(2) Für alle Arbeitsstätten gemäß § 2 der Arbeitsstättenverordnung gelten die Anforderungen und Gestaltungshinweise nach Punkt 5 dieser Regel (Grundausstattung).

(3) Für Arbeitsstätten mit normaler Brandgefährdung ist die Grundausstattung ausreichend.

(4) Für Arbeitsstätten mit erhöhter Brandgefährdung sind über die Grundausstattung hinaus zusätzlich Maßnahmen nach Punkt 6 dieser Regel erforderlich.

Hinweis:
Für die barrierefreie Gestaltung der Maßnahmen gegen Brände gilt die ASR V3a.2 „Barrierefreie Gestaltung von Arbeitsstätten", Anhang A2.2: Ergänzende Anforderungen zur ASR A2.2 „Maßnahmen gegen Brände".

3 Begriffsbestimmungen

3.1 **Brandgefährdung** liegt vor, wenn brennbare Stoffe vorhanden sind und die Möglichkeit für eine Brandentstehung besteht.

3.2 **Normale Brandgefährdung** liegt vor, wenn die Wahrscheinlichkeit einer Brandentstehung, die Geschwindigkeit der Brandausbreitung, die dabei frei werdenden Stoffe und die damit verbundene Gefährdung für Personen, Umwelt und Sachwerte vergleichbar sind mit den Bedingungen bei einer Büronutzung.

3.3 **Erhöhte Brandgefährdung** liegt vor, wenn

- entzündbare bzw. oxidierende Stoffe oder Gemische vorhanden sind,
- die örtlichen und betrieblichen Verhältnisse für eine Brandentstehung günstig sind,
- in der Anfangsphase eines Brandes mit einer schnellen Brandausbreitung oder großen Rauchfreisetzung zu rechnen ist,
- Arbeiten mit einer Brandgefährdung durchgeführt werden (z. B. Schweißen, Brennschneiden, Trennschleifen, Löten) oder Verfahren angewendet werden, bei denen eine Brandgefährdung besteht (z. B. Farbspritzen, Flammarbeiten) oder
- erhöhte Gefährdungen vorliegen, z. B. durch selbsterhitzungsfähige Stoffe oder Gemische, Stoffe der Brandklassen D und F, brennbare Stäube, extrem oder leicht entzündbare Flüssigkeiten oder entzündbare Gase.

Hinweis:
Die erhöhte Brandgefährdung im Sinne dieser ASR schließt die erhöhte und hohe Brandgefährdung nach der Technischen Regel für Gefahrstoffe TRGS 800 „Brandschutzmaßnahmen“ ein.

3.4 **Entstehungsbrände** im Sinne dieser Regel sind Brände mit so geringer Rauch- und Wärmeentwicklung, dass noch eine gefahrlose Annäherung von Personen bei freier Sicht auf den Brandherd möglich ist.

3.5 **Brandmelder** dienen dem frühzeitigen Erkennen von Bränden und Auslösen eines Alarms. Dabei wird zwischen automatischen und nichtautomatischen Brandmeldern (Handfeuermeldern) unterschieden.

3.6 **Feuerlöscheinrichtungen** im Sinne dieser Regel sind tragbare oder fahrbare Feuerlöscher, Wandhydranten und weitere handbetriebene Geräte zur Bekämpfung von Entstehungsbränden.

3.7 **Löschvermögen** beschreibt die Leistungsfähigkeit eines Feuerlöschers, ein genormtes Brandobjekt abzulöschen.

3.8 **Löschmitteleinheit (LE)** ist eine eingeführte Hilfsgröße, die es ermöglicht, die Leistungsfähigkeit unterschiedlicher Feuerlöschertypen zu vergleichen und durch Addition das Gesamtlöschvermögen von mehreren Feuerlöschern zu ermitteln.

3.9 **Brandschutzhelfer** sind die Beschäftigten, die der Arbeitgeber für Aufgaben der Brandbekämpfung bei Entstehungsbränden benannt hat.

3.10 **Brandschutzbeauftragte** sind Personen, die vom Arbeitgeber bestellt werden und ihn zu Themen des betrieblichen Brandschutzes beraten und unterstützen.

4 Eignung von Feuerlöschern und Löschmitteln

4.1 Brandklassen

Feuerlöscher bzw. Löschmittel werden vom Hersteller entsprechend der Eignung einer oder mehreren Brandklassen zugeordnet. Diese Zuordnung ist auf dem Feuerlöscher mit Piktogrammen angegeben (siehe Tabelle 1).

Tabelle 1: Brandklassen nach DIN EN 2:2005-01 „Brandklassen", Piktogramme nach DIN EN 3-7:2007-10 „Tragbare Feuerlöscher – Teil 7: Eigenschaften, Leistungsanforderungen und Prüfungen"

Piktogramm	Brandklasse
	**Brandklasse A**: Brände fester Stoffe (hauptsächlich organischer Natur), verbrennen normalerweise unter Glutbildung Beispiele: Holz, Papier, Stroh, Textilien, Kohle, Autoreifen
	**Brandklasse B**: Brände von flüssigen oder flüssig werdenden Stoffen Beispiele: Benzin, Öle, Schmierfette, Lacke, Harze, Wachse, Teer *Hinweis: Sicherheitsdatenblatt beachten*
	**Brandklasse C**: Brände von Gasen Beispiele: Methan, Propan, Wasserstoff, Acetylen, Erdgas
	**Brandklasse D**: Brände von Metallen Beispiele: Aluminium, Magnesium, Lithium, Natrium, Kalium und deren Legierungen
	**Brandklasse F**: Brände von Speiseölen und -fetten (pflanzliche oder tierische Öle und Fette) in Frittier- und Fettbackgeräten und anderen Kücheneinrichtungen und -geräten

Für Brände von elektrischen Anlagen und Betriebsmitteln wird in DIN EN 2:2005-01 „Brandklassen" keine eigenständige Brandklasse ausgewiesen.

Feuerlöscher nach DIN EN 3-7:2007-10 „Tragbare Feuerlöscher – Teil 7: Eigenschaften, Leistungsanforderungen und Prüfungen", die für die Brandbekämpfung im Bereich elektrischer Anlagen geeignet sind, werden mit der maximalen Spannung und dem notwendigen Mindestabstand gekennzeichnet, z. B. bis 1000 V, Mindestabstand 1 m.

4.2 Löschvermögen, Löschmitteleinheiten

(1) Das Löschvermögen wird durch eine Zahlen-Buchstabenkombination auf dem Feuerlöscher angegeben. In dieser Zahlen-Buchstabenkombination bezeichnet die Zahl die Größe des erfolgreich abgelöschten Norm-Prüfobjektes und der Buchstabe die Brandklasse (siehe Abbildung 1).

Abb. 1: Beispiel für die Beschriftung eines Feuerlöschers durch den Hersteller, in Anlehnung an DIN EN 3-7:2007-10 „Tragbare Feuerlöscher – Teil 7: Eigenschaften, Leistungsanforderungen und Prüfungen"

Hinweise:

1. *Die Buchstaben **A, B, F** bezeichnen die jeweilige Brandklasse, für die der Feuerlöscher geeignet ist. Die davor stehenden Zahlen **21**A, **113**B, **75**F in Abbildung 1 geben das Löschvermögen in der jeweiligen Brandklasse, bestimmt an einem Norm-Prüfobjekt entsprechender Größe, an.*
2. *Es kann für die Brandklassen A und B mit Hilfe der Tabelle 2 in Löschmitteleinheiten (LE) umgerechnet werden.*
3. *Für die Brandklassen C und D wird nur die Eignung des Feuerlöschers ohne Bestimmung des Löschvermögens festgestellt.*
4. *Für die Brandklasse F gibt die Zahl **75** in Abbildung 1 an, dass unter Prüfbedingungen ein Brand mit einem Volumen von 75 Litern Speisefett/-öl erfolgreich abgelöscht werden kann. Feuerlöscher der Brandklasse F sind mit einem Löschvermögen von **5**F, **25**F, **40**F und **75**F erhältlich. Eine Umrechnung in Löschmitteleinheiten (LE) erfolgt nicht.*

(2) Da das Löschvermögen nicht addiert werden kann, wird zur Berechnung der Anzahl der erforderlichen Feuerlöscher für die Brandklassen A und B eine Hilfsgröße, die „Löschmitteleinheit (LE)" verwendet. Dem im Versuch ermittelten Löschvermögen der Feuerlöscher wird dadurch eine bestimmte Anzahl von Löschmitteleinheiten zugeordnet, siehe Tabelle 2. Diese Werte können dann je Brandklasse addiert werden.

Tabelle 2: Zuordnung des Löschvermögens zu Löschmitteleinheiten (Zuordnung von Feuerlöschern der Grundausstattung gemäß Punkt 5.2)

	Löschvermögen (Rating gemäß DIN EN 3-7:2007-10)	
LE	Brandklasse A	Brandklasse B
1	5A	21B
2	8A	34B
3		55B
4	13A	70B
5		89B
6	21A	113B
9	27A	144B
10	34A	
12	43A	183B
15	55A	233B

(3) Werden Feuerlöscher für verschiedene Brandklassen bereitgestellt, dann muss das Löschvermögen für jede der vorhandenen Brandklassen ausreichend sein.

5 Ausstattung für alle Arbeitsstätten

5.1 Branderkennung und Alarmierung

(1) Der Arbeitgeber hat durch geeignete Maßnahmen sicherzustellen, dass die Beschäftigten im Brandfall unverzüglich gewarnt und zum Verlassen von Gebäuden oder gefährdeten Bereichen aufgefordert werden können. Die Möglichkeit zur Alarmierung von Hilfs- und Rettungskräften muss gewährleistet sein.

(2) Brände können durch Personen oder Brandmelder erkannt und gemeldet werden.

Brandmelder dienen der frühzeitigen Erkennung von Bränden. Dies trägt maßgeblich zum Löscherfolg und zur rechtzeitigen Einleitung von Evakuierungs- und Rettungsmaßnahmen bei.

Als Brandmelder werden technische Geräte zum Auslösen eines Alarms im Falle eines Brandes bezeichnet. Dabei wird unterschieden zwischen automatischen Brandmeldern, welche einen Brand anhand seiner Eigenschaften (z. B. Rauch, Temperatur, Flamme) erkennen, und nichtautomatischen Brandmeldern, die von Hand betätigt werden (Handfeuermelder). Der Alarm kann dem Warnen der anwesenden Personen oder dem Herbeirufen von Hilfe (z. B. Sicherheitspersonal, Feuerwehr) dienen.

(3) Geeignete Maßnahmen zur Alarmierung von Personen sind z. B.:

- Brandmeldeanlagen mit Sprachalarmanlagen (SAA) oder akustische Signalgeber (z. B. Hupen, Sirenen),
- Hausalarmanlagen,
- Elektroakustische Notfallwarnsysteme (ENS),
- optische Alarmierungsmittel,
- Telefonanlagen,
- Megaphone,
- Handsirenen,
- Zuruf durch Personen oder
- personenbezogene Warneinrichtungen.

(4) Technische Maßnahmen sind vorrangig umzusetzen. Dabei sind automatische Brandmelde- und Alarmierungseinrichtungen zu bevorzugen.

Die Notwendigkeit von technischen Alarmierungsanlagen ergibt sich aus der Gefährdungsbeurteilung, z. B. wenn Ruf- und Sichtverbindungen oder räumliche Gegebenheiten eine Warnung der gefährdeten Personen nicht erlauben bzw. sich Handlungsbedarf aus den Evakuierungsübungen nach ASR A2.3 „Fluchtwege und Notausgänge" oder aus Auflagen von Behörden ergibt.

5.2 Grundausstattung mit Feuerlöscheinrichtungen

(1) Der Arbeitgeber hat Feuerlöscheinrichtungen nach Art und Umfang der im Betrieb vorhandenen brennbaren Stoffe, der Brandgefährdung und der Grundfläche der Arbeitsstätte in ausreichender Anzahl bereitzustellen. Für die Ermittlung der Art und Anzahl der erforderlichen Feuerlöscher kann die Arbeitsstätte in Teilbereiche unterteilt werden, sofern dies wegen der baulichen Gegebenheiten oder der Nutzungsbedingungen sinnvoll oder erforderlich ist. Die zu einer Arbeitsstätte gehörenden Teilbereiche können in unterschiedliche Brandgefährdungen eingestuft sein.

Im Regelfall hat der Arbeitgeber bei der Grundausstattung als Feuerlöscheinrichtungen Feuerlöscher nach DIN EN 3-7:2007-10 „Tragbare Feuerlöscher – Teil 7: Eigenschaften, Leistungsanforderungen und Prüfungen" bereitzustellen. Ein allgemeines Lösungsschema zur Festlegung der Ausstattung der Arbeitsstätte enthält Anhang 1; Ausführungsbeispiele für die Grundausstattung sind im Anhang 2 und für die Abweichung von der Grundausstattung im Anhang 3 dargestellt.

(2) In allen Arbeitsstätten ist für die Grundausstattung die für einen Bereich erforderliche Anzahl von Feuerlöschern mit dem entsprechenden Löschvermögen für die Brandklassen A und B nach den Tabellen 2 und 3 zu ermitteln. Ausgehend von der Grundfläche (Summe der Grundflächen aller Ebenen) der Arbeitsstätte gemäß Tabelle 3 sind die erforderlichen Löschmitteleinheiten zu ermitteln. Aus Tabelle 2 ist dann die entsprechende Art, Anzahl und Größe der Feuerlöscher entsprechend ihrem Löschvermögen zu entnehmen, wobei die Summe der Löschmitteleinheiten mindestens der aus der Tabelle 3 entnommenen Zahl je Brandklasse entsprechen muss.

Flächen im Freien (z. B. Grünanlagen, Verkehrswege) können bei der Ermittlung der Grundausstattung unberücksichtigt bleiben.

Tabelle 3: Löschmitteleinheiten in Abhängigkeit von der Grundfläche der Arbeitsstätte

Grundfläche bis ... m²	Löschmitteleinheiten [LE]
50	6
100	9
200	12
300	15
400	18
500	21
600	24
700	27
800	30
900	33
1000	36
je weitere 250	+ 6

Für die Grundausstattung werden im Regelfall nur Feuerlöscher angerechnet, die jeweils über mindestens 6 Löschmitteleinheiten (LE) verfügen.

Abweichend davon können für die Grundausstattung bei normaler Brandgefährdung auch Feuerlöscher, die jeweils nur über mindestens 2 Löschmitteleinheiten (LE) verfügen, angerechnet werden, wenn:

- sich hierdurch eine Vereinfachung in der Bedienung ergibt, z. B. durch mindestens 25 % Gewichtsersparnis je Feuerlöscher,
- die Zugriffszeit, z. B. durch Halbierung der maximalen Entfernung zum nächstgelegenen Feuerlöscher nach Punkt 5.3, reduziert wird und
- die Anzahl der Brandschutzhelfer nach Punkt 7.3 verdoppelt wird.

In mehrgeschossigen Gebäuden sind in jedem Geschoss mindestens 6 Löschmitteleinheiten (LE) bereitzustellen.

Um tragbare Feuerlöscher einfach handhaben zu können, soll

- auf ein geringes Gerätegewicht sowie
- innerhalb eines Bereiches auf gleiche Funktionsweise der Geräte bei Auslöse- und Unterbrechungseinrichtungen

geachtet werden.

Hinweise:
1. *Bei der Auswahl der Feuerlöscher sollten auch mögliche Folgeschäden durch die Löschmittel berücksichtigt werden.*
2. *Bei dem Einsatz von Kohlendioxid (CO_2) als Löschmittel sind Gesundheitsgefahren durch zu hohe CO_2-Konzentrationen zu berücksichtigen.*

(3) Sind in einem Gebäude Arbeitsstätten verschiedener Arbeitgeber vorhanden, können vorhandene Feuerlöscher gemeinsam genutzt werden. Dabei hat jeder Arbeitgeber sicherzustellen, dass für seine Beschäftigten der Zugriff zu den erforderlichen Feuerlöschern jederzeit gewährleistet ist.

5.3 Anforderungen an die Bereitstellung von Feuerlöscheinrichtungen

Der Arbeitgeber hat sicherzustellen, dass in Arbeitsstätten:

- Feuerlöscher gut sichtbar und leicht erreichbar angebracht sind,
- Feuerlöscher vorzugsweise in Fluchtwegen, im Bereich der Ausgänge ins Freie, an den Zugängen zu Treppenräumen oder an Kreuzungspunkten von Verkehrswegen/Fluren angebracht sind,
- die Entfernung von jeder Stelle zum nächstgelegenen Feuerlöscher nicht mehr als 20 m (tatsächliche Laufweglänge) beträgt, um einen schnellen Zugriff zu gewährleisten,
- Feuerlöscher vor Beschädigungen und Witterungseinflüssen geschützt aufgestellt sind, z. B. durch Schutzhauben, Schränke, Anfahrschutz; dies kann z. B. bei Tankstellen, in Tiefgaragen oder nicht allseitig umschlossenen baulichen Anlagen erforderlich sein,
- Feuerlöscher so angebracht sind, dass diese ohne Schwierigkeiten aus der Halterung entnommen werden können; für die Griffhöhe haben sich 0,80 m bis 1,20 m als zweckmäßig erwiesen,

- die Standorte von Feuerlöschern durch das Brandschutzzeichen F001 „Feuerlöscher" entsprechend ASR A1.3 „Sicherheits- und Gesundheitsschutzkennzeichnung" gekennzeichnet sind. In unübersichtlichen Arbeitsstätten ist der nächstgelegene Standort eines Feuerlöschers gut sichtbar durch das Brandschutzzeichen F001 „Feuerlöscher" in Verbindung mit einem Zusatzzeichen „Richtungspfeil" anzuzeigen. Besonders in lang gestreckten Räumen oder Fluren sollen Brandschutzzeichen in Laufrichtung jederzeit erkennbar sein, z. B. durch den Einsatz von Fahnen- oder Winkelschildern,
- weitere Feuerlöscheinrichtungen ebenfalls entsprechend ASR A1.3 „Sicherheits- und Gesundheitsschutzkennzeichnung" gekennzeichnet sind (z. B. für Wandhydranten: Brandschutzzeichen F002 „Löschschlauch"),
- die Erkennbarkeit der notwendigen Brandschutzzeichen auf Fluchtwegen ohne Sicherheitsbeleuchtung durch Verwendung von langnachleuchtenden Materialien entsprechend ASR A1.3 erhalten bleibt und
- die Standorte der Feuerlöscheinrichtungen in den Flucht- und Rettungsplan entsprechend ASR A2.3 „Fluchtwege und Notausgänge" aufgenommen sind.

6 Ausstattung von Arbeitsstätten mit erhöhter Brandgefährdung

6.1 Feststellung der erhöhten Brandgefährdung

Werden im Rahmen der Gefährdungsbeurteilung Bereiche mit erhöhter Brandgefährdung festgestellt, hat der Arbeitgeber neben der Grundausstattung nach Punkt 5.2 und den Grundanforderungen für die Bereitstellung nach Punkt 5.3 zusätzliche betriebs- und tätigkeitsspezifische Maßnahmen zu ergreifen (siehe Punkt 6.2).

Von erhöhter Brandgefährdung kann z. B. in folgenden Arbeitsstätten oder bei folgenden Tätigkeiten ausgegangen werden (siehe Tabelle 4):

Tabelle 4: Beispielhafte Aufzählung von Bereichen und Tätigkeiten in Arbeitsstätten mit erhöhter Brandgefährdung

1.	Verkauf, Handel, Lagerung
	– Lager mit extrem oder leicht entzündbaren bzw. leicht entflammbaren Stoffen oder Gemischen – Lager für Recyclingmaterial und Sekundärbrennstoffe – Speditionslager – Lager mit Lacken und Lösungsmitteln – Altpapierlager – Baumwolllager, Holzlager, Schaumstofflager – Lagerbereiche für Verpackungsmaterial – Lager mit sonstigem brennbaren Material – Ausstellungen für Möbel – Verkaufsräume mit erhöhten Brandgefährdungen, z. B. Heimwerkermarkt, Baumarkt
2.	Dienstleistung
	– Kinos, Diskotheken – Abfallsammelräume – Küchen – Beherbergungsbetriebe – Theaterbühnen – technische und naturwissenschaftliche Bereiche in Bildungs- und Forschungseinrichtungen – Tank- und Tankfahrzeugreinigung – chemische Reinigung, Wäschereien – Alten- und Pflegeheime – Werkstätten für Menschen mit Behinderungen – Krankenhäuser
3.	Industrie
	– Möbelherstellung, Spanplattenherstellung – Webereien, Spinnereien – Herstellung von Papier im Trockenbereich – Verarbeitung von Papier – Getreidemühlen und Futtermittelproduktion – Schaumstoff-, Dachpappenherstellung – Verarbeitung von brennbaren Lacken und Klebern – Lackier- und Pulverbeschichtungsanlagen und -geräte – Öl-Härtereien – Druckereien – petrochemische Anlagen – Verarbeitung von brennbaren Chemikalien – Leder- und Kunststoffverarbeitung – Kunststoff-Spritzgießerei

	- Kartonagenherstellung - Backwarenfabrik - Herstellung von Maschinen und Geräten
4.	Handwerk
	- Kfz-Werkstatt - Tischlerei/Schreinerei - Polsterei - Metallverarbeitung - Galvanik - Vulkanisierung - Leder-, Kunstleder- und Textilverarbeitung - Backbetrieb - Elektrowerkstatt

6.2 Zusätzliche Maßnahmen bei erhöhter Brandgefährdung

(1) Über die Grundausstattung hinausgehende zusätzliche Maßnahmen in Bereichen mit erhöhter Brandgefährdung sind z. B.:

- die Ausrüstung von Bereichen mit Brandmeldeanlagen zur frühzeitigen Erkennung von Entstehungsbränden,
- die Erhöhung der Anzahl der Feuerlöscher und deren gleichmäßige Verteilung in Bereichen mit erhöhter Brandgefährdung, um die maximale Entfernung zum nächstgelegenen Feuerlöscher und dadurch die Zeit bis zum Beginn der Entstehungsbrandbekämpfung zu verkürzen,
- die Anbringung mehrerer gleichartiger und baugleicher Feuerlöscher an einem Standort in Bereichen mit erhöhter Brandgefährdung, um bei ausreichend anwesenden Beschäftigten zur Entstehungsbrandbekämpfung durch gleichzeitigen Einsatz mehrerer Feuerlöscher einen größeren Löscheffekt zu erzielen,
- die Bereitstellung von zusätzlichen, für die vor Ort vorhandenen Brandklassen geeigneten Feuerlöscheinrichtungen in Bereichen oder an Arbeitsplätzen mit erhöhter Brandgefährdung, um eine schnelle und wirksame Entstehungsbrandbekämpfung zu ermöglichen, z. B. Kohlendioxidlöscher in Laboren, Fettbrandlöscher an Fritteusen und Fettbackgeräten, fahrbare Feuerlöscher mit einer höheren Wurfweite und Löschleistung an Tanklagern mit brennbaren Flüssigkeiten, Wandhydranten in Gebäuden, bei denen eine hohe Löschleistung für

die Entstehungsbrandbekämpfung oder zur Kühlung benötigt wird oder
- Maßnahmen, die nach der Technischen Regel für Gefahrstoffe TRGS 800 „Brandschutzmaßnahmen" für Tätigkeiten mit Gefahrstoffen nötig sind.

(2) Die wegen der erhöhten Brandgefährdung einzusetzenden Löscheinrichtungen sind so anzuordnen, dass sie auch schnell zum Einsatz gebracht werden können. Daher sind insbesondere in der Nähe der folgenden Stellen Feuerlöscheinrichtungen zu positionieren:

- Bearbeitungsmaschinen mit erhöhter Zündgefahr,
- erhöhte Brandlasten oder
- Räume, die wegen der erhöhten Brandgefahr brandschutztechnisch abgetrennt werden.

Dabei ist sicherzustellen, dass:

- das Löschmittel der Brandklasse angepasst ist,
- die Löschmittelmenge ausreichend ist, um einen Entstehungsbrand dieser Gefährdung abzudecken und
- die Feuerlöscheinrichtung so positioniert ist, dass sie im Falle eines Brandausbruchs in Bereichen mit erhöhter Brandgefährdung noch ohne Gefährdung vom Beschäftigten schnell (in der Regel nicht größer als 5 m, maximal 10 m tatsächliche Laufweglänge) erreicht werden kann.

(3) Ortsfeste Brandbekämpfungsanlagen (z. B. Sprinkleranlagen, Sprühwasserlöschanlagen, Feinsprühlöschanlagen, Schaum-, Pulver- oder Gaslöschanlagen) sind zusätzliche, also über die Grundausstattung hinausgehende Maßnahmen des Brandschutzes. Sie sind vorrangig z. B. dann erforderlich, wenn:

- eine Brandbekämpfung mit Feuerlöscheinrichtungen wegen der Eigengefährdung nicht möglich ist oder
- die Bereiche nicht zugänglich sind.

Hinweis:
Für Tätigkeiten mit Gefahrstoffen sind die Maßnahmen des Brandschutzes nach der Technischen Regel für Gefahrstoffe – TRGS 800 „Brandschutzmaßnahmen" und für die Verwendung von Arbeitsmitteln die Maßnahmen zum Brand- und Explosionsschutz nach der Betriebssicherheitsverordnung zu beachten.

7 Organisation des betrieblichen Brandschutzes

7.1 Organisatorische Brandschutzmaßnahmen

(1) Der Arbeitgeber hat die notwendigen Maßnahmen gegen Entstehungsbrände einschließlich der Verhaltensregeln im Brandfall (z. B. Evakuierung von Gebäuden) festzulegen und zu dokumentieren.

Hinweis:
Informationen zur Evakuierung von Gebäuden sind in der ASR A2.3 „Fluchtwege und Notausgänge" enthalten.

(2) Die Maßnahmen für alle Personen, die sich in der Arbeitsstätte aufhalten, sind an gut zugänglicher Stelle in geeigneter Form auszuhängen, wenn:

- erhöhte Brandgefährdung vorliegt,
- der Aushang eines Flucht- und Rettungsplanes nach ASR A2.3 „Fluchtwege und Notausgänge" erforderlich ist oder
- sich häufig Besucher oder Fremdfirmen in der Arbeitsstätte aufhalten, insbesondere wenn sie nicht begleitet sind.

Dies kann z. B. als

- Brandschutzordnung Teil A nach DIN 14096:2014-05 „Brandschutzordnung – Regeln für das Erstellen und das Aushängen" oder
- „Regeln für das Verhalten im Brandfall" des Flucht- und Rettungsplans nach ASR A1.3 „Sicherheits- und Gesundheitsschutzkennzeichnung"

erfolgen.

(3) Die Maßnahmen für alle Beschäftigten sind diesen durch Auslegen oder in elektronischer Form zugänglich zu machen. Dies kann z. B. in Form der Brandschutzordnung Teil B nach DIN 14096:2014-05 „Brandschutzordnung – Regeln für das Erstellen und das Aushängen" erfolgen.

(4) Die Maßnahmen für Beschäftigte mit besonderen Aufgaben im Brandschutz, soweit diese vorhanden sind (z. B. Brandschutzbeauftragte), sind diesen gegen Nachweis gegebenenfalls auch elektronisch bekannt zu machen. Dies kann z. B. in Form der Brandschutzordnung Teil C nach DIN 14096:2014-05 „Brandschutzordnung – Regeln für das Erstellen und das Aushängen" erfolgen.

7.2 Unterweisung

Der Arbeitgeber hat alle Beschäftigten über die nach Punkt 7.1 festgelegten Maßnahmen

- vor Aufnahme der Beschäftigung,
- bei Veränderung des Tätigkeitsbereiches und
- danach in angemessenen Zeitabständen, mindestens jedoch einmal jährlich, zu unterweisen.

7.3 Brandschutzhelfer

(1) Der Arbeitgeber hat eine ausreichende Anzahl von Beschäftigten durch Unterweisung und Übung im Umgang mit Feuerlöscheinrichtungen zur Bekämpfung von Entstehungsbränden vertraut zu machen.

(2) Die Anzahl von Brandschutzhelfern ergibt sich aus der Gefährdungsbeurteilung. Ein Anteil von 5 % der Beschäftigten ist in der Regel ausreichend. Eine größere Anzahl von Brandschutzhelfern kann z. B. in Bereichen mit erhöhter Brandgefährdung, bei der Anwesenheit vieler Personen, Personen mit eingeschränkter Mobilität sowie bei großer räumlicher Ausdehnung der Arbeitsstätte erforderlich sein.

(3) Bei der Anzahl der Brandschutzhelfer sind auch Schichtbetrieb und Abwesenheit einzelner Beschäftigter, z. B. Fortbildung, Urlaub und Krankheit, zu berücksichtigen.

(4) Die Brandschutzhelfer sind im Hinblick auf ihre Aufgaben fachkundig zu unterweisen. Zum Unterweisungsinhalt gehören neben den Grundzügen des vorbeugenden Brandschutzes Kenntnisse über die betriebliche Brandschutzorganisation, die Funktions- und Wirkungsweise von Feuerlöscheinrichtungen, die Gefahren durch Brände sowie über das Verhalten im Brandfall.

(5) Praktische Übungen (Löschübungen) im Umgang mit Feuerlöscheinrichtungen gehören zur fachkundigen Unterweisung der Brandschutzhelfer.

Hinweis:
In der Praxis hat es sich bei einer normalen Brandgefährdung bewährt, die Unterweisung mit Übung in Abständen von 2 bis 5 Jahren zu wiederholen. Das Zeitintervall für die Wiederholung ist vom Arbeitgeber anhand der Gefährdungsbeurteilung festzulegen.

7.4 Brandschutzbeauftragte

Ermittelt der Arbeitgeber eine erhöhte Brandgefährdung, kann die Benennung eines Brandschutzbeauftragten zweckmäßig sein. Dieser berät und unterstützt den Arbeitgeber zu Themen des betrieblichen Brandschutzes.

Hinweis:
Die Notwendigkeit zur Bestellung eines Brandschutzbeauftragten kann sich auch aus anderen Rechtsvorschriften ergeben.

7.5 Instandhaltung und Prüfung

7.5.1 Brandmelde- und Feuerlöscheinrichtungen

(1) Der Arbeitgeber hat Brandmelde- und Feuerlöscheinrichtungen unter Beachtung der Herstellerangaben in regelmäßigen Abständen sachgerecht instand zu halten und auf ihre Funktionsfähigkeit prüfen zu lassen. Die Ergebnisse sind zu dokumentieren.

(2) Werden keine Mängel festgestellt, ist dies auf der Feuerlöscheinrichtung kenntlich zu machen, z. B. durch Anbringen eines Instandhaltungsnachweises.

(3) Werden Mängel festgestellt, durch welche die Funktionsfähigkeit der Feuerlöscheinrichtung nicht mehr gewährleistet ist, hat der Arbeitgeber unverzüglich zu veranlassen, dass die Feuerlöscheinrichtung instandgesetzt oder ausgetauscht wird.

7.5.2 Besondere Regelungen für Feuerlöscher

(1) Die Bauteile von Feuerlöschern sowie die im Feuerlöscher enthaltenen Löschmittel können im Laufe der Zeit unter den äußeren Einflüssen am Aufstellungsort (wie Temperatur, Luftfeuchtigkeit, Verschmutzung, Erschütterung oder unsachgemäße Behandlung) unbrauchbar werden. Zur Sicherstellung der Funktionsfähigkeit sind Feuerlöscher daher alle zwei Jahre durch einen Fachkundigen zu warten. Lässt der Hersteller von der genannten Frist abweichende längere Fristen für die Instandhaltung zu, können diese vom Arbeitgeber herangezogen werden. Kürzere vom Hersteller genannte Fristen sind zu beachten.

Hinweise:

1. *Fachkundige zur Wartung von Feuerlöschern sind insbesondere Sachkundige gemäß DIN 14406-4:2009-09 „Tragbare Feuerlöscher – Teil 4: Instandhaltung".*
2. *Von der Wartung durch den Fachkundigen bleiben die wiederkehrenden Prüfungen der Feuerlöscher (Druckprüfung) durch eine befähigte Person nach der Betriebssicherheitsverordnung unberührt.*

(2) Bei starker Beanspruchung, z. B. durch Umwelteinflüsse oder mobilen Einsatz, können kürzere Zeitabstände erforderlich sein.

Hinweis:
Für die erforderlichen Arbeitsschritte wird auf das bvfa-Merkblatt „Arbeitsschritte bei der Instandhaltung von tragbaren Feuerlöschern", Ausgabe 2016-09 (01) verwiesen.

8 Abweichende/ergänzende Anforderungen für Baustellen

(1) Die Anforderungen in den Punkten 5.2 und 7.3 gelten auf Baustellen nur für stationäre Baustelleneinrichtungen, z. B. Baubüros, Unterkünfte oder Werkstätten.

(2) Werden auf Baustellen Tätigkeiten mit einer erhöhten Brandgefährdung nach Punkt 6.1 durchgeführt, ist dort bei Tätigkeiten mit einer Brandgefährdung (z. B. Schweißen, Brennschneiden, Trennschleifen, Löten) oder bei der Anwendung von Verfahren, bei denen eine Brandgefährdung besteht (z. B. Farbspritzen, Flammarbeiten) für jedes der dabei eingesetzten und eine erhöhte Brandgefährdung auslösenden Arbeitsmittel ein Feuerlöscher für die entsprechenden Brandklassen mit mindestens 6 LE in unmittelbarer Nähe bereitzuhalten.

(3) Abweichend von Punkt 7.3 Absätze 1 bis 3 sind sämtliche Personen, die mit den vorgenannten Arbeitsmitteln tätig werden, theoretisch und praktisch im Umgang mit Feuerlöschern nach Punkt 7.3 Absätze 4 und 5 zu unterweisen.

(4) Baustellen mit besonderen Gefährdungen (z. B. Untertagebaustellen, Hochhausbau) erfordern zusätzliche Maßnahmen gegen Brände nach Punkt 6.2.

Literaturhinweise

- Technische Regeln für Gefahrstoffe (TRGS) 800 „Brandschutzmaßnahmen“
- DGUV Information 205-003 Aufgaben, Qualifikation, Ausbildung und Bestellung von Brandschutzbeauftragten 11/2014
- DGUV Information 205-023 Brandschutzhelfer 02/2014

Die Anhänge der ASR A2.2 sind zu finden unter: https://shop.forum-verlag.com/beiblatt-3289-juni25. Oder scannen Sie hierfür nebenstehenden QR-Code.

ASR A2.3
Fluchtwege und Notausgänge

Ausgabe: März 2022
zuletzt geändert GMBl 2024, S. 913 (v. 4.11.2024)

1 Zielstellung

Diese ASR konkretisiert die Anforderungen der Arbeitsstättenverordnung, damit sich die Beschäftigten im Gefahrenfall unverzüglich in Sicherheit bringen und schnell gerettet werden können.

Konkretisiert werden die Anforderungen an das Einrichten und Betreiben von Fluchtwegen und Notausgängen, von Sicherheitsbeleuchtung und optischen Sicherheitsleitsystemen sowie an den Flucht- und Rettungsplan nach § 3a Absatz 1 und § 4 Absätze 3 und 4 sowie Nummer 2.3 des Anhangs der Arbeitsstättenverordnung.

2 Anwendungsbereich

(1) Diese ASR gilt für das Einrichten und Betreiben von Fluchtwegen sowie Notausgängen in Gebäuden und vergleichbaren Einrichtungen, zu denen Beschäftigte im Rahmen ihrer Arbeit Zugang haben. Sie gilt ebenso für das Erstellen von Flucht- und Rettungsplänen und das Üben entsprechend dieser Pläne sowie für das Einrichten und Betreiben von Sammelstellen. Dabei ist neben den Beschäftigten die Anwesenheit von anderen Personen zu berücksichtigen.

Diese ASR gilt auch für das Einrichten und Betreiben der Sicherheitsbeleuchtung und von optischen Sicherheitsleitsystemen für Fluchtwege und Notausgänge in Arbeitsstätten. Sie nennt Beispiele für Arbeitsstätten, für die eine Sicherheitsbeleuchtung, gegebenenfalls ein optisches Sicherheitsleitsystem für Fluchtwege und Notausgänge erforderlich sein kann. Sie enthält die lichttechnischen Anforderungen an Sicherheitsbeleuchtung und optische Sicherheitsleitsysteme sowie Hinweise zu deren Betrieb, Instandhaltung und Prüfung.

(2) Diese ASR gilt nicht:

1. für das Einrichten und Betreiben von Bereichen in Gebäuden und vergleichbaren Einrichtungen, in denen sich Beschäftigte nur im Falle der Instandhaltung aufhalten müssen und
2. für das Verlassen von Arbeitsmitteln im Sinne des § 2 Absatz 1 Betriebssicherheitsverordnung im Gefahrenfall.

Für alle nicht vom Anwendungsbereich dieser ASR erfassten Bereiche sind besondere Maßnahmen auf Grundlage der Gefährdungsbeurteilung notwendig, um die erforderliche Sicherheit für die Beschäftigten im Gefahrenfall zu gewährleisten. Sofern vergleichbare Verhältnisse vorliegen, wird empfohlen, die Inhalte dieser ASR zu berücksichtigen.

Hinweise:
1. *Für die barrierefreie Gestaltung der Fluchtwege und Notausgänge, der Flucht- und Rettungspläne sowie der Sicherheitsbeleuchtung und optischen Sicherheitsleitsysteme gilt die ASR V3a.2 „Barrierefreie Gestaltung von Arbeitsstätten", Anhang A2.3: Ergänzende Anforderungen zur ASR A2.3 „Fluchtwege und Notausgänge".*
2. *Zu Anforderungen an die Sicherheitsbeleuchtung für Tätigkeiten, Arbeitsplätze, Arbeitsräume und Bereiche in Arbeitsstätten, in denen bei Ausfall der Allgemeinbeleuchtung die Sicherheit der Beschäftigten gefährdet werden kann, siehe ASR A3.4 „Beleuchtung und Sichtverbindung", Abschnitte 8, 9.4 und 10.*

3 Begriffsbestimmungen

3.1 **Fluchtwege** sind Verkehrswege, an die besondere Anforderungen zu stellen sind und die der selbstständigen Flucht aus einem möglichen Gefahrenbereich und in der Regel zugleich der Rettung von Personen dienen.

Der Fluchtweg beginnt an allen Orten in der Arbeitsstätte, zu denen Beschäftigte im Rahmen ihrer Arbeit Zugang haben oder sich bei der Nutzung von Neben-, Sanitär-, Kantinen-, Pausen- und Bereitschaftsräumen, Erste-Hilfe-Räumen und Unterkünften aufhalten.

Außentreppen, begehbare Dachflächen oder offene Gänge können Teil eines Fluchtweges sein.

Hinweis:
Fluchtwege im Sinne dieser Regel sind auch die im Bauordnungsrecht definierten Rettungswege, sofern sie selbstständig begangen werden können.

Fluchtwege werden unterschieden in Haupt- und Nebenfluchtwege:

1. **Hauptfluchtwege** (bisher erste Fluchtwege) sind insbesondere die zur Flucht erforderlichen Verkehrswege, die nach dem Bauordnungsrecht notwendigen Flure und Treppenräume für notwendige Treppen sowie die Notausgänge.
2. **Nebenfluchtwege** (bisher zweite Fluchtwege) sind zusätzliche Fluchtwege, die ebenfalls ins Freie oder in einen gesicherten Bereich führen.

3.2 **Lichte Mindestbreite/-höhe** ist die freie, unverstellte, unverbaute und nicht durch Hindernisse eingeschränkte Breite/Höhe, die mindestens zur Verfügung stehen muss.

3.3 Der **Flucht- und Rettungsplan** ist ein Plan, in dem die erforderlichen Informationen über die Fluchtwege sowie die Standorte von Erste-Hilfe-Einrichtungen und von zur Selbsthilfe vorgesehenen Brandschutzeinrichtungen dargestellt sind.

Hinweis:
Anweisungen zum Verhalten im Brandfall (Brandschutzordnung Teil A) oder bei anderen Notfällen können im Flucht- und Rettungsplan dargestellt oder separat in der Nähe des Flucht- und Rettungsplans angebracht werden.

3.4 **Evakuierung** ist eine organisierte Maßnahme, die je nach Gefahrenfall mit akutem Handlungsbedarf zu einem unverzüglichen Verlassen von Gebäuden und vergleichbaren Einrichtungen ins Freie oder innerhalb von Gebäuden in einen gesicherten Bereich führt.

3.5 Das **Freie** im Sinne dieser ASR ist ein sicherer Bereich außerhalb des Gebäudes, in dem Personen durch den Gefahrenfall nicht beeinträchtigt werden. Dies ist gegeben, wenn auf dem Betriebsgelände oder auf öffentlichen Verkehrsflächen ein sicherer Abstand erreicht werden kann.

Als das Freie gelten z. B. nicht:

1. Innenhöfe, die keinen ausreichenden Schutz im Gefahrenfall bieten,
2. Dachflächen oder
3. Balkone.

3.6 **Gefangener Raum** ist ein Raum, der keinen direkten Zugang zu einem Flur hat und ausschließlich durch einen anderen Raum zugänglich ist.

3.7 **Gesicherter Bereich** ist ein Bereich, in dem Personen vorübergehend vor einer unmittelbaren Gefahr für Leben und Gesundheit geschützt sind. Als gesicherte Bereiche innerhalb von Gebäuden gelten insbesondere benachbarte Brandabschnitte und notwendige Treppenräume nach dem Bauordnungsrecht. Als gesicherter Bereich außerhalb von Gebäuden können z. B. Außentreppen, begehbare Dachflächen oder offene Gänge gelten, wenn diese im Gefahrenfall ausreichend lang sicher benutzbar sind und ins Freie führen.

3.8 **Türen im Verlauf von Fluchtwegen** sind alle Türen, die vom Beginn des Fluchtweges bis ins Freie oder in einen gesicherten Bereich zu benutzen sind. Dazu gehören auch Türen von Notausgängen.

3.9 Ein **Notausgang** ist ein Ausgang im Verlauf eines Hauptfluchtweges, der direkt ins Freie oder in einen gesicherten Bereich führt.

3.10 Ein **Notausstieg** ist ein geeigneter Ausstieg im Verlauf eines Nebenfluchtweges zur selbstständigen Flucht aus einem Raum oder einem Gebäude.

3.11 Türen und Tore sind **kraftbetätigt**, wenn die für das Öffnen oder Schließen der Flügel erforderliche Energie vollständig oder teilweise von Kraftmaschinen zugeführt wird (ASR A1.7 „Türen und Tore" Abschnitt 3.8).

3.12 **Automatische Türen und Tore** im Sinne dieser Regel sind kraftbetätigt und öffnen bei Annäherung von Personen selbsttätig.

3.13 Eine **Sammelstelle** ist ein sicherer Bereich, an dem sich die im Fall einer Evakuierung flüchtenden Personen einfinden müssen.

3.14 Ein **außenbeleuchtetes Sicherheitszeichen** ist ein Zeichen, das durch Tageslicht oder durch eine künstliche Lichtquelle von außen beleuchtet wird.

Hinweis:
Ein außenbeleuchtetes Sicherheitszeichen wird auch als beleuchtetes Sicherheitszeichen bezeichnet.

3.15 Ein **langnachleuchtendes Sicherheitszeichen** ist ein durch Licht angeregtes Sicherheitszeichen, das nach Ausfall der Allgemeinbeleuchtung ohne weitere Energiezufuhr nachleuchtet (ASR A1.3 „Sicherheits- und Gesundheitsschutzkennzeichnung", Abschnitt 3.17).

Hinweis:
Obwohl die Sicherheitsfarben Rot und Grün im nachleuchtenden Zustand nicht dargestellt werden können, bleiben graphisches Symbol und geometrische Form erhalten und es besteht ein Sicherheitsgewinn gegenüber den nicht langnachleuchtenden Sicherheitszeichen.

3.16 Ein **innenbeleuchtetes Sicherheitszeichen** ist ein Zeichen, das von einer Lichtquelle von innen beleuchtet wird.

Hinweis:
Ein innenbeleuchtetes Sicherheitszeichen wird auch als hinterleuchtetes Sicherheitszeichen bezeichnet.

3.17 Die **Sicherheitsbeleuchtung** ist eine Beleuchtung, die dem gefahrlosen Verlassen der Arbeitsstätte und der Vermeidung von Gefährdungen dient, die durch Ausfall der Allgemeinbeleuchtung entstehen können (ASR A3.4 „Beleuchtung und Sichtverbindung", Abschnitt 3.17).

Hinweis:
In dieser ASR werden die Anforderungen an die Sicherheitsbeleuchtung für das gefahrlose Verlassen der Arbeitsstätte beschrieben.

3.18 **Optische Sicherheitsleitsysteme** sind auf den Boden aufgebrachte, in den Boden eingelassene oder bodennahe, durchgehende Leitsysteme (z. B. an Wänden), die mit Hilfe optischer Kennzeichnungen und Richtungsangaben einen sicheren Fluchtweg vorgeben. Sie dienen ebenfalls dem gefahrlosen Verlassen der Arbeitsstätte, auch bei Ausfall der Allgemeinbeleuchtung.

3.19 Ein **langnachleuchtendes optisches Sicherheitsleitsystem** besteht aus langnachleuchtenden durch Licht angeregten Komponenten, die nach Ausfall der Allgemeinbeleuchtung ohne weitere Energiezufuhr nachleuchten.

3.20 Ein **elektrisch betriebenes optisches Sicherheitsleitsystem** wird durch eine Stromquelle für Sicherheitszwecke gespeist.

3.21 Ein **dynamisches optisches Sicherheitsleitsystem** ist ein elektrisch betriebenes optisches Sicherheitsleitsystem zur Unterstützung der Selbstrettung, das bei Eintritt einer vordefinierten Gefährdungssituation (z. B. Brand oder Rauch) einmalig mit Änderung der Fluchtrichtungsanzeige reagieren kann und diese Änderung bis zur Rückstellung dauerhaft anzeigt.

3.22 Die **Beleuchtungsstärke** E ist ein Maß für das auf eine Fläche auftreffende Licht. Die Beleuchtungsstärke wird in Lux [lx] gemessen (ASR A3.4 „Beleuchtung und Sichtverbindung“, Abschnitt 3.9).

3.23 Die **Leuchtdichte** L wird in Candela pro Quadratmeter [cd/m^2] gemessen und beschreibt den Helligkeitseindruck einer beleuchteten oder leuchtenden Fläche (ASR A3.4 „Beleuchtung und Sichtverbindung“, Abschnitt 3.18).

3.24 Unter **Blendung** versteht man Störungen durch zu hohe Leuchtdichten oder zu große Leuchtdichteunterschiede im Gesichtsfeld (in Anlehnung an ASR A3.4 „Beleuchtung und Sichtverbindung“, Abschnitt 3.15).

3.25 Die **Farbwiedergabe** ist die Wirkung einer Lichtquelle auf den Farbeindruck, den ein Mensch von einem Objekt hat, das mit dieser Lichtquelle beleuchtet wird. Der Farbwiedergabeindex Ra ist eine dimensionslose Kennzahl von 0 bis 100, mit der die Farbwiedergabeeigenschaften der Lampen klassifiziert werden. Je höher der Wert, umso besser ist die Farbwiedergabe (ASR A3.4 „Beleuchtung und Sichtverbindung“, Abschnitt 3.16).

3.26 **Normale Brandgefährdung** liegt vor, wenn die Wahrscheinlichkeit einer Brandentstehung, die Geschwindigkeit der Brandausbreitung, die dabei frei werdenden Stoffe und die damit verbundene Gefährdung für Personen, Umwelt und Sachwerte vergleichbar sind mit den Bedingungen bei einer Büronutzung (ASR A2.2 „Maßnahmen gegen Brände“, Abschnitt 3.2).

3.27 **Erhöhte Brandgefährdung** liegt vor, wenn:

1. entzündbare bzw. oxidierende Stoffe oder Gemische vorhanden sind,
2. die örtlichen und betrieblichen Verhältnisse für eine Brandentstehung günstig sind,
3. in der Anfangsphase eines Brandes mit einer schnellen Brandausbreitung oder großen Rauchfreisetzung zu rechnen ist,
4. Arbeiten mit einer Brandgefährdung durchgeführt werden (z. B. Schweißen, Brennschneiden, Trennschleifen, Löten) oder Verfahren angewendet werden, bei denen eine Brandgefährdung besteht (z. B. Farbspritzen, Flammarbeiten) oder

5. erhöhte Gefährdungen vorliegen, z. B. durch selbsterhitzungsfähige Stoffe oder Gemische, Stoffe der Brandklassen D und F, brennbare Stäube, extrem oder leicht entzündbare Flüssigkeiten oder entzündbare Gase (ASR A2.2 „Maßnahmen gegen Brände“, Abschnitt 3.3).

Hinweis:
Die erhöhte Brandgefährdung im Sinne dieser ASR schließt die erhöhte und hohe Brandgefährdung nach der Technischen Regel für Gefahrstoffe TRGS 800 „Brandschutzmaßnahmen“ ein.

4 Allgemeine Anforderungen

(1) Fluchtwege führen auf möglichst kurzem Weg ins Freie oder, falls dies nicht möglich ist, in einen gesicherten Bereich.

(2) Beim Einrichten und Betreiben von Fluchtwegen und Notausgängen sowie Sammelstellen sind die beim Errichten von Rettungswegen zu beachtenden Anforderungen des Bauordnungsrechts der Länder zu berücksichtigen. Über das Bauordnungsrecht hinaus können sich weitergehende Anforderungen an Fluchtwege und Notausgänge aus dieser ASR ergeben; dies gilt z. B. für das Erfordernis zur Einrichtung eines Nebenfluchtweges oder von Sammelstellen.

(3) Fluchtwege, Notausgänge und Notausstiege müssen ständig in den erforderlichen Abmessungen freigehalten werden. Können Notausgänge und Notausstiege von außen verstellt werden, müssen sie durch weitere Maßnahmen zur dauerhaften ständigen Freihaltung gesichert werden, z. B. durch Anbringung von Abstandsbügeln für Fahrzeuge oder mittels dauerhafter Markierung der freizuhaltenden Bodenflächen.

(4) Haupt- und Nebenfluchtwege dürfen über denselben Flur zu verschiedenen Ausgängen führen, sofern der Flur die Anforderungen an einen Hauptfluchtweg erfüllt.

(5) Sofern sich Höhenunterschiede im Verlauf des Fluchtweges nicht vermeiden lassen, dürfen diese nur gering sein. Sie sind dann durch Schrägrampen mit einer maximalen Neigung von 6 % auszugleichen. Beginn und Ende von Schrägrampen sind deutlich erkennbar zu gestalten oder gemäß ASR A1.3 „Sicherheits- und Gesundheitsschutzkennzeichnung“ mit schwarz-gelben Streifen (Sicherheitsmarkierungen) oder dem Warnzeichen W007 „Warnung vor Hindernissen am Boden“ zu kennzeichnen.

(6) Aufzüge sind als Teil des Fluchtweges unzulässig, es sei denn, der Aufzug ist zum Zweck der Flucht und Rettung insbesondere für Menschen mit Behinderungen im Gefahrenfall zulässig und geeignet. Dieser Nachweis ist z. B. im Rahmen eines bauordnungsrechtlichen Verfahrens zu erbringen und zu dokumentieren.

(7) Durchgangssperren im Verlauf von Fluchtwegen sind zu vermeiden. Sofern Durchgangssperren betrieblich erforderlich sind, z. B. in Kassenzonen oder Vereinzelungsanlagen, müssen sich diese schnell und gefahrlos sowie ohne Hilfsmittel mit einem Kraftaufwand von maximal 150 N in Fluchtrichtung öffnen lassen.

(8) Am Ende eines Fluchtweges muss der Bereich im Freien bzw. der gesicherte Bereich so gestaltet und bemessen sein, dass sich kein Rückstau bilden kann und alle über den Fluchtweg flüchtenden Personen ohne Gefahren, z. B. durch Verkehrswege oder öffentliche Straßen, aufgenommen werden können. Die Beleuchtungsstärke in diesen Bereichen einschließlich der außen angebrachten Treppen und der Sammelstellen muss mindestens 1 lx betragen. Auf die Begrenzung der Blendung ist zu achten. Dabei sind auch die Beleuchtungsanlagen in der Umgebung zu berücksichtigen.

Hinweis:
Die Beleuchtungsstärke ist in einer Höhe von maximal 20 cm über dem Boden oder den Treppenstufen zu messen.

(9) Anzahl, Größe und Lage von Sammelstellen sind in Abhängigkeit von der Anzahl der Beschäftigten sowie der sonstigen anwesenden Personen festzulegen. Eine Sammelstelle ist nicht erforderlich, wenn aufgrund der geringen Anzahl der Beschäftigten und übersichtlicher örtlicher Gegebenheiten ein Überblick über die vollständige Evakuierung möglich ist.

Hinweis:
Für die Bemessung der erforderlichen Größe der Sammelstelle kann eine Belegung von 2 Personen pro m^2 angenommen werden.

(10) Sammelstellen müssen:

1. über eine sicher begehbare Bodenoberfläche verfügen,
2. außerhalb des Wirkbereichs der fluchtauslösenden Gefahr, z. B. aufgrund von Verrauchung oder aufgrund umherfliegender oder herabfallender Gebäudeteile, liegen,

3. verfügbar sein, solange Personen im Gefahrenfall auf die Nutzung der entsprechenden Sammelstelle angewiesen sind und
4. dürfen die Wege von Feuerwehr und Rettungsdiensten nicht einschränken.

Sofern der Weg zu den Sammelstellen mit anderen Gefährdungen verbunden ist, z. B. aufgrund von öffentlichem Straßenverkehr, sind im Rahmen der Gefährdungsbeurteilung die erforderlichen Maßnahmen festzulegen. Bei der Auswahl der Lage der Sammelstelle ist zu berücksichtigen, ob die betroffenen Personen den kompletten Fluchtweg bis zur Sammelstelle kennen oder ganz oder teilweise ortsunkundig sind.

(11) Dachflächen, über die Fluchtwege führen, müssen ausreichend tragfähig, trittsicher und feuerwiderstandsfähig sein. Bei Absturzgefahren sind die Anforderungen der ASR A2.1 „Schutz vor Absturz und herabfallenden Gegenständen, Betreten von Gefahrenbereichen" zu erfüllen.

(12) Gefangene Räume dürfen als Arbeits-, Bereitschafts-, Liege-, Erste-Hilfe-, Pausenräume und Kantinen nur genutzt werden, wenn folgende Maßgaben beachtet wurden:

1. Sicherstellung der Alarmierung im Gefahrenfall. Beispiele hierzu finden sich in der ASR A2.2. “Maßnahmen gegen Brände" oder
2. Gewährleistung einer Sichtverbindung zum vorgelagerten Raum, sofern der gefangene Raum nicht zum Schlafen genutzt wird und im vorgelagerten Raum nicht mehr als eine normale Brandgefährdung vorhanden ist.

Hinweis:
Diese Regelungen für gefangene Räume in Arbeitsstätten gelten unabhängig von der Größe der in Landesbauordnungen genannten „Nutzungseinheiten".

5 Hauptfluchtwege

(1) Hauptfluchtwege müssen in Anzahl, Anordnung und Abmessung nach der Nutzung, der Einrichtung und den Abmessungen der Arbeitsstätte sowie nach der höchstmöglichen Anzahl der anwesenden Personen eingerichtet werden. Hauptfluchtwege sollen übersichtlich verlaufen.

(2) Die Länge des Hauptfluchtweges ist die kürzeste Wegstrecke (ohne Berücksichtigung der Raumausstattung, jedoch nicht durch Wände gemes-

sen) vom Beginn des Fluchtweges bis zu einem Notausgang. Die Hauptfluchtweglänge muss möglichst kurz sein und darf:

1.	für Räume ohne oder mit normaler Brandgefährdung ausgenommen Räume nach Nummern 2 bis 4	bis zu 35 m
2.	für Räume mit erhöhter Brandgefährdung mit selbsttätigen Feuerlöscheinrichtungen	bis zu 35 m
3.	für Räume mit erhöhter Brandgefährdung ohne selbsttätige Feuerlöscheinrichtungen	bis zu 25 m
4.	für Räume, in denen eine Gefährdung durch explosionsgefährliche Stoffe besteht	bis zu 10 m

betragen.

Hinweis:
Bezüglich der Begriffsbestimmung explosionsgefährlicher Stoffe siehe Gesetz über explosionsgefährliche Stoffe (Sprengstoffgesetz – SprengG).

(3) Für Räume, in denen eine andere Gefährdung als nach Absatz 2 Nummer 1 bis Nummer 4 besteht, muss im Rahmen der Gefährdungsbeurteilung unter Beachtung der geltenden Technischen Regeln ermittelt werden, ob gegebenenfalls eine geringere Länge des Fluchtweges erforderlich ist, z. B. bei Lagerung und Verwendung von Gefahrstoffen in ortsbeweglichen Behältern gemäß TRGS 510 „Lagerung von Gefahrstoffen in ortsbeweglichen Behältern".

Hinweis:
Bezüglich der Begriffsbestimmung Gefahrstoffe siehe Verordnung zum Schutz vor Gefahrstoffen (Gefahrstoffverordnung – GefStoffV).

(4) Die tatsächliche Laufweglänge darf nicht mehr als das 1,5-fache der maximal zulässigen Hauptfluchtweglänge betragen.

Hinweis:
Aufgrund der Begrenzung der zulässigen Hauptfluchtweglängen kann für größere Bereiche von Arbeitsstätten mehr als ein Hauptfluchtweg erforderlich sein.

(5) Sofern es sich bei einem Hauptfluchtweg nach Absatz 2 Nummer 1 bis Nummer 3 auch um einen Rettungsweg handelt und das Bauordnungsrecht der Länder, z. B. die Industriebaurichtlinie, für diesen Weg eine von

Absatz 2 Satz 2 abweichende längere Weglänge zulässt, können dafür die Maßgaben des Bauordnungsrechts angewandt werden.

(6) Die lichte Mindestbreite der Hauptfluchtwege bemisst sich nach der höchstmöglichen Anzahl der Personen, die im Gefahrenfall den Hauptfluchtweg benutzen müssen und ergibt sich aus Tabelle 1:

Tab. 1: Lichte Mindestbreiten von Hauptfluchtwegen in Abhängigkeit von der Gesamtzahl der Personen im Einzugsgebiet

	A	B	C
Nr.	Anzahl der Personen (Einzugsgebiet)	Lichte Mindestbreiten von Durchgängen und **Türen** im Verlauf von Hauptfluchtwegen, z. B. Türen von Notausgängen (in m)	Lichte Mindestbreiten von **Hauptfluchtwegen** (in m)
1	bis 5	0,80*)	0,90
2	bis 20	0,90	1,00
3	bis 50	0,90	1,20
4	bis 100	1,00	1,20
5	bis 200	1,05	1,20
6	bis 300	1,65	1,80
7	bis 400	2,25	2,40
	Bei Einzugsgebieten von mehr als 200 Personen sind Zwischenwerte der Mindestbreiten (ermittelt durch lineare Interpolation) zulässig. Der Begriff Einzugsgebiet beschreibt einen Bereich, aus dem alle dort anwesenden Personen denselben Hauptfluchtweg nutzen müssen. Dies entspricht z. B. bei mehrgeschossigen Gebäuden der Gesamtanzahl der Personen, die über alle Ebenen (auch als Etagen, Geschosse, Stockwerke bezeichnet) demselben Hauptfluchtweg zugeordnet sind, unabhängig davon, ob diese Personen Abschnitte des Hauptfluchtweges im Fluchtfall zeitgleich oder zeitlich versetzt nutzen. **) Hinweis:* *Bei Neubauten und wesentlichen baulichen Erweiterungen oder Umbauten wird empfohlen, für Einzugsgebiete von bis zu 5 Personen nach Nummer 1 Spalte B eine lichte Mindestbreite von Durchgängen und Türen im Verlauf von Hauptfluchtwegen von 0,90 m einzuhalten, um auch in diesen Bereichen eine barrierefreie Zugänglichkeit zu ermöglichen. Zudem lassen sich auf diesem Wege bauliche Maßnahmen im Sinne der ASR V3a.2 „Barrierefreie Gestaltung von Arbeitsstätten" und in der Folge Umbaukosten vermeiden.*		

	Abweichend für **Fluchtwege aus besonderen Bereichen**	Lichte Mindestbreiten (in m)
8	Gänge zu persönlich zugewiesenen Arbeitsplätzen	0,60
9	Nebengänge von Lagereinrichtungen für die ausschließliche Be- und Entladung von Hand	0,75
10	Türen von Toilettenzellen und von Toilettenräumen mit nur einer Toilette entsprechend ASR A4.1 „Sanitärräume"	0,55

Hinweis:
Die Werte der Spalten B und C entsprechen den Anforderungen für die Flucht und berücksichtigen nicht mögliche Auswirkungen durch den Einbau von Türen, z. B. können für Flure durch den Einbau von Türen gegebenenfalls entsprechend größere Breiten erforderlich werden.

(7) In Gebäuden, die bis zum 30.9.2022 errichtet worden sind oder deren Bauantragstellung bis zu diesem Termin erfolgt ist, dürfen Hauptfluchtwege nach Tabelle 1 Nummer 1 Spalte C für bis 5 Personen mit einer lichten Mindestbreite von 0,875 m eingerichtet oder solange betrieben werden, bis die jeweiligen Bereiche dieser Arbeitsstätten wesentlich erweitert oder umgebaut werden oder nach § 3a Absatz 2 der Arbeitsstättenverordnung eine Vergrößerung erforderlich wird.

(8) In Gebäuden, die bis zum 30.9.2022 errichtet worden sind oder deren Bauantragstellung bis zu diesem Termin erfolgt ist, dürfen Durchgänge und Türen von Hauptfluchtwegen nach Tabelle 1 Nummer 2 Spalte B mit einer lichten Mindestbreite von 0,85 m eingerichtet oder solange betrieben werden, bis die jeweiligen Bereiche dieser Arbeitsstätten wesentlich erweitert oder umgebaut werden oder nach § 3a Absatz 2 der Arbeitsstättenverordnung eine Vergrößerung erforderlich wird.

(9) In Gebäuden, die bis zum 30.9.2022 errichtet worden sind oder deren Bauantragstellung bis zu diesem Termin erfolgt ist, dürfen Türen von Toilettenzellen und Toilettenräumen mit nur einer Toilette mit einer lichten Mindestbreite von 0,50 m eingerichtet oder solange betrieben werden, bis die jeweiligen Bereiche dieser Arbeitsstätten wesentlich erweitert oder umgebaut werden.

(10) Die lichte Mindestbreiten des Hauptfluchtweges nach Tabelle 1, Spalte C, Nummern 1 bis 7 darf durch kurze Einbauten oder Einrichtungen, z. B. Feuerlöscher, Wandvorsprünge, Türflügel, Türzargen, Türdrücker und Notausgangsbeschläge, die Maße nach Spalte B nicht unterschreiten.

(11) Für Hauptfluchtwege, die ausschließlich zur Flucht bestimmt sind, dürfen die lichten Mindestbreiten nach Tabelle 1, Spalte C, Nummern 1 bis 7 auf die Werte der lichten Mindestbreiten für Durchgänge nach Spalte B der Tabelle 1 reduziert werden. Solche Hauptfluchtwege können z. B. Fluchttunnel, Gänge und Außentreppen sein, die nur zur Evakuierung vorgesehen sind. Eine weitere Einengung durch kurze Einbauten oder Einrichtungen im Sinne von Absatz 10 ist dabei nicht zulässig.

(12) Die lichte Mindesthöhe des Hauptfluchtweges soll mindestens 2,10 m betragen und darf 2,00 m nicht unterschreiten. Die lichte Mindesthöhe von Durchgängen und Türen im Verlauf von Hauptfluchtwegen, z. B. Türen von Notausgängen, soll mindestens 2,10 m betragen und darf 1,95 m nicht unterschreiten. Dieses gilt auch bei der Verwendung von Funktionselementen z. B. Obentürschließern. Bei wesentlichen Erweiterungen oder wesentlichen Umbauten von Bereichen, durch die Hauptfluchtwege führen, ist zu prüfen, ob die lichte Mindesthöhe von 2,10 m umgesetzt werden kann.

(13) Fahrsteige, Fahrtreppen, Wendel- und Spindeltreppen sowie Steigleitern und Steigeisengänge sind im Verlauf eines Hauptfluchtweges nicht zulässig. Treppen im Verlauf von Hauptfluchtwegen müssen über gerade Läufe verfügen. Davon abweichend sind gebogene Treppenläufe zulässig, wenn sie:

1. eine lichte Breite von maximal 1,40 m,
2. einen Innendurchmesser von mehr als 2,00 m und
3. gleiche Stufenabmessungen aufweisen.

(14) Von den lichten Mindestbreiten nach Tabelle 1 Spalte C kann bei Treppen in Treppenräumen und Außentreppen von mehrgeschossigen Gebäuden abgewichen werden, wenn mit anderen Maßnahmen die gleiche Sicherheit erreicht wird:

1. durch einen ungehinderten Zugang für alle Personen in einen Treppenraum oder zu einer Außentreppe in allen Ebenen unabhängig von der Zahl der Ebenen (sogenannter „freier Fluss") nach Absatz 15 (siehe auch den Hinweis unter Tabelle 2) oder
2. durch eine vorrangige Evakuierung der von einem Gefahrenfall betroffenen Ebene einschließlich der direkt angrenzenden Ebenen (sogenannte „Sequentielle Entfluchtung" von maximal 3 Ebenen) nach Absatz 16.

(15) Für Treppen in Treppenräumen und Außentreppen kann abweichend von den lichten Mindestbreiten nach Tabelle 1 Spalte C die gleiche Sicherheit erreicht werden, wenn für alle Personen in allen Ebenen unabhängig von der Zahl der Ebenen ein ungehinderter Zugang zum Treppenraum oder zur Außentreppe ermöglicht wird (sogenannter „freier Fluss"). Dies ist bei Personenbelegungen und lichten Mindestbreiten für die Fluchtwege auf der jeweiligen Ebene nach Tabelle 1 Spalte C und bei Einhaltung der Mindestbreiten von Treppen in Treppenräumen und Außentreppen nach Tabelle 2 Spalte C gegeben. Eine Einschränkung der lichten Mindestbreite der Treppe im Sinne der Absätze 10 und 11 ist hierbei nicht zulässig.

Die lichte Mindestbreite der nach der Treppe anschließenden Hauptfluchtwege muss Tabelle 2 Spalte C entsprechen. Diese darf durch kurze Einbauten oder Einrichtungen, z. B. Feuerlöscher, Wandvorsprünge, Türflügel, Türzargen, Türdrücker und Notausgangsbeschläge, die Maße nach Tabelle 2 Spalte B nicht unterschreiten.

Tab. 2: Lichte Mindestbreiten von Treppen in Treppenräumen und Außentreppen als Hauptfluchtwege von mehrgeschossigen Gebäuden in Abhängigkeit von der Personenbelegung pro Ebene

Lichte Mindestbreiten von Treppen in Treppenräumen und Außentreppen als Hauptfluchtwege von mehrgeschossigen Gebäuden für eine von der Tabelle 1 abweichende Bemessung von Treppen:			
	A	B	C
Nr.	Personenbelegung (Personen pro Ebene)	Lichte Mindestbreiten von Durchgängen und **Türen** im Verlauf von nach der Treppe anschließenden Hauptfluchtwegen, z. B. Türen von Notausgängen (in m)	Lichte Mindestbreiten von **Treppen** und danach anschließender Hauptfluchtwege (in m)
1	bis 30	0,90	1,00
2	bis 40	1,05	1,20
3	bis 50	1,25	1,40
4	bis 60	1,65	1,80
5	bis 70	2,25	2,40
Zwischenwerte der Mindestbreiten (ermittelt durch lineare Interpolation) sind zulässig.			

Hinweis:
Den Werten nach Tabelle 1 und Tabelle 2 liegen unterschiedliche Betrachtungsweisen zugrunde. Bei Anwendung der Tabelle 1 ist die Summe aller Personen maßgeblich, die über den jeweiligen Hauptfluchtweg flüchten müssen. Diese ergibt sich bei Treppenräumen oder Außentreppen aus der Summe aller Personen aus allen Ebenen im Einzugsgebiet (Gesamtanzahl der Personen, die über alle Ebenen demselben Hauptfluchtweg zugeordnet sind, unabhängig davon, ob die Personen Abschnitte des Hauptfluchtweges im Fluchtfall zeitgleich oder zeitlich versetzt nutzen). Die Tabelle 2 ist unabhängig von der Zahl der Ebenen anwendbar. Eine Anwendung von Tabelle 2 kann insbesondere bei einer überwiegend gleichmäßigen Personenverteilung über alle Ebenen und einer größeren Anzahl von Ebenen sinnvoll sein. Bei einem direkten Vergleich von Werten nach Tabelle 1 und Tabelle 2 können sich unterschiedliche Werte für lichte Mindestbreiten für Treppen ergeben, die beide angewendet werden dürfen.

(16) Für Treppen in Treppenräumen und Außentreppen kann abweichend von den lichten Mindestbreiten nach Tabelle 1 Spalte C die gleiche Sicherheit auch durch folgende Maßnahmen erreicht werden:

1. Einhaltung einer lichten Mindestbreite der Treppen von 1,20 m
2. bei einer maximalen Belegung bis 65 Personen pro Ebene und
3. vorrangiger Evakuierung der von einem Gefahrenfall betroffenen Ebene einschließlich der direkt angrenzenden Ebenen (sogenannte „Sequentielle Entfluchtung" von maximal 3 Ebenen).

Eine Einschränkung der lichten Mindestbreite der Treppe im Sinne der Absätze 10 und 11 ist hierbei nicht zulässig.

Nach der Treppe anschließende horizontale Hauptfluchtwege müssen die gleiche Mindestbreite haben. Diese darf durch kurze Einbauten oder Einrichtungen, z. B. Feuerlöscher, Wandvorsprünge, Türflügel, Türzargen, Türdrücker und Notausgangsbeschläge, das Maß 1,05 m nicht unterschreiten.

(17) Hauptfluchtwege dürfen keine Ausgleichsstufen enthalten.

6 Nebenfluchtwege

(1) Ein Nebenfluchtweg ist erforderlich zur Flucht aus Bereichen, in denen die Gefahr besteht, dass der Hauptfluchtweg nicht mehr sicher begehbar ist, wenn z. B.:

1. der Hauptfluchtweg durch Bereiche mit erhöhter Brandgefährdung führt,
2. Gefährdungen durch Lagerung oder Verwendung von Gefahrstoffen in der Nähe der Hauptfluchtwege vorhanden sind,
3. Einwirkungen durch gefährliche Arbeiten vorhanden sind, z. B. in Aufstellräumen für Dampfkesselanlagen,
4. bei einer hohen Anzahl von Personen im Hauptfluchtweg eine geordnete Flucht nicht mehr möglich ist,
5. bei Produktions-, Lagerräumen oder Werkstätten, deren Grundfläche mehr als 200 m^2 beträgt,
6. bei sonstigen Arbeitsräumen, deren Grundflächen mehr als 400 m^2 beträgt, z. B. Großraumbüros bzw. Kombibüros (z. B. Open-Space-Büros, Coworking Spaces),
7. andere Rechtsvorschriften entsprechende Anforderungen stellen, z. B. in Versammlungsstätten, Schulen, Kindertageseinrichtungen oder
8. andere betriebsspezifische Bedingungen vorliegen.

(2) Auf den Nebenfluchtweg kann verzichtet werden, wenn durch zusätzliche Maßnahmen eine sichere Begehbarkeit des Hauptfluchtweges gewährleistet ist. Dieses können z. B. in Bereichen mit erhöhter Brandgefährdung Maßnahmen sein, die eine schnelle Brandausbreitung und Verrauchung vermindern.

(3) Nebenfluchtwege sind so einzurichten, dass deren sichere Benutzung für die darauf angewiesenen Personen gewährleistet ist.

6.1 Nebenfluchtwege, die über Hauptfluchtwege führen

Sind in Bereichen einer Arbeitsstätte mehrere Hauptfluchtwege vorhanden, können diese auch als Nebenfluchtwege genutzt werden.

6.2 Abweichende Anforderungen an Nebenfluchtwege, die nicht über Hauptfluchtwege führen

(1) Die lichten Mindestbreiten von Nebenfluchtwegen sollen sich nach Abschnitt 5 Absätze 6 bis 11 richten. Für Treppen in Treppenräumen und für Außentreppen von mehrgeschossigen Gebäuden kann die lichte Mindestbreite auch nach Abschnitt 5 Absatz 14 bemessen werden.

(2) Fahrsteige und Fahrtreppen, Wendel- und Spindeltreppen sowie Steiggänge (z. B. Steigleitern und Steigeisengänge) sind im Verlauf von Nebenfluchtwegen zulässig. Treppen im Verlauf von Nebenfluchtwegen sollen über gerade Läufe verfügen. Können im Verlauf von Nebenfluchtwegen keine Treppen mit geraden Läufen eingerichtet werden, dann sind Wendeltreppen gegenüber Spindeltreppen, Spindeltreppen gegenüber Steigleitern und Steigleitern gegenüber Steigeisengängen zu bevorzugen.

(3) Nebenfluchtwege sollen keine Ausgleichsstufen enthalten.

(4) Nebenfluchtwege führen durch einen Ausgang, der als Tür, Fenstertür (z. B. Terrassentür) oder als Schlupftür in Toren ausgebildet ist, oder durch einen Notausstieg.

(5) Ein Notausstieg kann z. B. ausgebildet sein als Fenster in Wandöffnungen oder Luke oder Klappe in Boden- oder Deckenöffnungen.

(6) Notausstiege sind so einzurichten, dass diese für die darauf angewiesenen Personen möglichst schnell und ungehindert nutzbar sind. Türen und Notausstiege in Wandöffnungen sollen in Fluchtrichtung aufschlagen. Schiebevarianten (z. B. Schiebetüren oder Schiebeluken) sind zulässig.

(7) Für Notausstiege sind erforderlichenfalls im und außerhalb des Gebäudes fest angebrachte Aufstiegshilfen zur leichten und zügigen Benutzung vorzusehen (z. B. Podest, Treppe oder Haltestangen zum Überwinden von Brüstungen).

(8) Notausstiege in Wandöffnungen sollen im Lichten mindestens 0,90 m in der Breite und mindestens 1,20 m in der Höhe aufweisen. Notausstiege in Boden- oder Deckenöffnungen sollen im Lichten mindestens 0,70 m x 0,70 m oder einen lichten Durchmesser von 0,70 m aufweisen.

7 Anforderungen an Türen und Tore im Verlauf von Fluchtwegen

(1) Türen und Tore im Verlauf von Fluchtwegen sowie Notausstiege müssen sich leicht und ohne besondere Hilfsmittel öffnen lassen, solange Personen auf die Nutzung der Fluchtwege angewiesen sind.

Leicht zu öffnen bedeutet, dass die Öffnungselemente ergonomisch gestaltet, gut erkennbar und an zugänglicher Stelle angebracht (insbesondere

Entriegelungshebel bzw. -knöpfe zur Handbetätigung von automatischen Türen und Toren) sind sowie dass die Betätigungsart leicht verständlich ist und das Öffnen ohne größeren Kraftaufwand möglich ist.

Ohne besondere Hilfsmittel bedeutet, dass die Tür oder das Tor im Gefahrenfall unmittelbar von jeder Person und ohne z. B. Schlüssel, Transponderkarte oder Codeeingabe geöffnet werden kann.

Hinweis:
Regelungen zu Öffnungskräften enthält Abschnitt 10.1 Absatz 3 der ASR A1.7 „Türen und Tore".

(2) Manuelle Türen und Tore, die aus betrieblichen Gründen mechanisch verschlossen werden, müssen mit einer Einrichtung versehen sein, die gewährleistet, dass die Tür oder das Tor bei Betätigen des Türdrückers entriegelt wird, z. B. mit einem Panikschloss.

(3) Bei elektrischen Verriegelungseinrichtungen von Türen und Toren muss die Verriegelung mit einem Notöffnungstaster sicher freigegeben werden können. Bei Stromausfall müssen diese Verriegelungseinrichtungen selbsttätig freigegeben werden. Die Verriegelungseinrichtungen müssen den „Technischen Baubestimmungen für Elektrische Verriegelungssysteme für Türen in Rettungswegen" entsprechen.

(4) Für bestimmte Bereiche in besonderen Arbeitsstätten, z. B. in Justizvollzugsanstalten, Gerichtsgebäuden, Forensischen Kliniken, Psychiatrischen Kliniken, Kindertagesstätten und ähnlichen Einrichtungen, können auf Grund der besonderen betrieblichen Anforderungen von dieser ASR abweichende Maßnahmen und Gestaltungen verschließbarer Türen im Verlauf von Fluchtwegen bzw. verschließbare Notausstiege erforderlich sein. Diese abweichenden Maßnahmen und Gestaltungen sind im Rahmen einer Gefährdungsbeurteilung zu ermitteln und festzulegen.

Hinweis:
Hierfür können branchen- und themenspezifische Hilfen herangezogen werden (siehe Abschnitt Literaturhinweise).

(5) Manuell betätigte Türen von Notausgängen müssen in Fluchtrichtung aufschlagen.

(6) Sonstige manuell betätigte Türen und Tore müssen in Fluchtrichtung aufschlagen, wenn eine erhöhte Gefährdung vorliegt. Eine erhöhte Gefähr-

dung kann sich ergeben aus dem Arbeitsverfahren, der Art der Tätigkeit, den verwendeten Stoffen oder aus der Arbeitsumgebung z. B.:

1. Arbeiten in gasgefährdeten Bereichen,
2. Umgang mit besonders gefährlichen Stoffen, z. B. in chemischen, physikalischen oder medizinischen Laboratorien,
3. Bereiche von Einrichtungen, in denen gewalttätige Übergriffe nicht auszuschließen sind,
4. Arbeiten in beengten Räumen oder
5. bei Anwesenheit einer hohen Anzahl von Personen.

(7) Schiebetüren im Verlauf von Hauptfluchtwegen, die ausschließlich manuell betätigt werden, sind nicht zulässig. Ausgenommen davon sind Schiebetüren, wenn aus betriebstechnischen Gründen keine Drehflügeltüren verwendet werden können, z. B. in Ausgängen von OP-Räumen, Kühlräumen, sofern sich in diesen Räumen nur unterwiesene Personen und nur in geringer Anzahl aufhalten. Bei diesen Türen ist die Öffnungsrichtung mit den Sicherheitszeichen E033 „Schiebetür öffnet nach rechts“ oder E034 „Schiebetür öffnet nach links“ nach ASR A1.3 „Sicherheits- und Gesundheitsschutzkennzeichnung“ zu kennzeichnen.

(8) Karusselltüren, die ausschließlich manuell betätigt werden, sind nicht zulässig.

(9) Automatische Türen und Tore sind nur in Fluren und für Räume nach Abschnitt 5 Absatz 2 Nummern 1 und 2 zulässig. Sie dürfen nicht in Notausgängen oder in Ausgängen von Nebenfluchtwegen eingerichtet und betrieben werden, die ausschließlich für den Notfall konzipiert und ausschließlich im Notfall benutzt werden. Ausgenommen davon sind automatische Drehflügeltüren zulässig, wenn sie auch im Fehlerfall (z. B. Ausfall der Energiezufuhr, Ausfall der Steuerung) sicher öffnen oder sie einfach manuell in Fluchtrichtung geöffnet werden können.

(10) Automatische Drehflügeltüren von Notausgängen sollen in Fluchtrichtung aufschlagen. Ist dies nicht möglich, z. B. aufgrund des Denkmalschutzes, dürfen automatische Drehflügeltüren von Notausgängen entgegen der Fluchtrichtung aufschlagen, wenn sie bei Annäherung so frühzeitig sicher öffnen, dass der öffnende Flügel keine Gefahr darstellt. Bei Ausfall der Energiezufuhr müssen sich diese Türen automatisch öffnen und offenbleiben.

(11) Automatische Schiebetüren dürfen nur verwendet werden, wenn sie bei Ausfall der Energiezufuhr selbsttätig öffnen oder über eine manuelle Öffnungsmöglichkeit (Break-Out) verfügen und sie den „Technischen Baubestimmungen an Automatische Schiebetüren in Rettungswegen" entsprechen.

(12) Automatische Karusselltüren sollen im Verlauf von Fluchtwegen vermieden werden. Sie dürfen nur verwendet werden, wenn der Einbau einer manuell betätigten Drehflügeltür in unmittelbarer Nähe nicht möglich ist. Werden automatische Karusselltüren verwendet, müssen sich Teile der Innenflügel ohne größeren Kraftaufwand (siehe ASR A1.7 „Türen und Tore" Abschnitt 10.1 Absatz 3) von Hand und ohne Hilfsmittel sowie in jeder Stellung der Tür auf die erforderliche Fluchtwegbreite öffnen lassen (Break-Out). Dazu müssen Auslösestelle und die erforderliche Betätigungsweise eindeutig erkennbar sein. Sofern eine elektrische Verriegelung der Break-Out Funktion zum Schutz vor ungewolltem Aufklappen erforderlich ist, z. B. durch Windstöße oder Luftdruckunterschiede, ist im Rahmen der Gefährdungsbeurteilung festzulegen, welche Maßnahmen erforderlich sind, um die Innenflügel leicht zu öffnen.

Hinweis:
Hierfür können branchen- und themenspezifische Hilfen herangezogen werden (siehe Abschnitt Literaturhinweise).

(13) Kraftbetätigte Tore sind für den Einsatz im Verlauf von Fluchtwegen geeignet, wenn sie die technischen Anforderungen an das schnelle und sichere Öffnen im Notfall erfüllen.

Das schnelle Öffnen im Notfall ist z. B. gewährleistet, wenn bei horizontal bewegten Toren die erforderliche Fluchtwegbreite innerhalb von 3 s oder bei vertikal bewegten Toren eine lichte Durchgangshöhe von 2 m innerhalb von 3 s freigegeben wird.

Das sichere Öffnen im Notfall ist z. B. gewährleistet, wenn Tore sich bei Annäherung automatisch öffnen oder manuell aufgedrückt werden können (Break-Out-Funktion).

Das schnelle und sichere Öffnen muss jederzeit gewährleistet sein und erhalten bleiben (Einfehlersicherheit).

Kann die Öffnung des Tores im Fluchtfall nicht automatisch erfolgen, darf sie in begründeten Einzelfällen durch Drücken einer Öffnungstaste, die als Nottaste ausgeführt ist, ausgelöst werden.

Bei Ausfall der Energiezufuhr müssen sich kraftbetätigte Tore automatisch öffnen und offenbleiben.

Hinweis:
Diese Anforderungen sind ausführlich in der DGUV Information 208-044 „Automatische Tore im Fluchtweg“ 12/2014 zusammengestellt.

8 Kennzeichnung von Fluchtwegen und Notausgängen

Fluchtwege und Notausgänge müssen mit hochmontierten Sicherheitszeichen nach Abschnitt 8.2 Absatz 3 Nummer 2 gekennzeichnet sein. Für Hauptfluchtwege gelten die Anforderungen nach Abschnitt 8.2. Diese gelten auch für Hauptfluchtwege, die als Nebenfluchtwege genutzt werden können. Für Nebenfluchtwege, die nicht über Hauptfluchtwege führen, gelten abweichende Anforderungen entsprechend Abschnitt 8.3. Wenn das gefahrlose Verlassen der Arbeitsstätte durch diese Art der Kennzeichnung nicht gewährleistet ist, sind zusätzliche Maßnahmen nach Abschnitt 8.4 oder 9 zu ergreifen.

8.1 Allgemeine Anforderungen an die Kennzeichnung und Erkennbarkeit

(1) Fluchtwege, Notausgänge, Notausstiege und Türen im Verlauf von Fluchtwegen müssen, Sammelstellen sollen deutlich erkennbar und dauerhaft gekennzeichnet werden.

(2) Die Kennzeichnung der Fluchtwege, Notausgänge, Notausstiege und Türen im Verlauf von Fluchtwegen sowie der Sammelstelle muss entsprechend der ASR A1.3 „Sicherheits- und Gesundheitsschutzkennzeichnung“ erfolgen. Für Sammelstellen ist dies das Sicherheitszeichen E007 „Sammelstelle“. Die Kennzeichnung kann in langnachleuchtender, innenbeleuchteter oder außenbeleuchteter Ausführung erfolgen. Die Dauer der Erkennbarkeit der Sicherheitszeichen aller Varianten muss bei Ausfall der Allgemeinbeleuchtung auf Grundlage einer Gefährdungsbeurteilung festgelegt werden, sie muss mindestens 30 min betragen. Sofern das Bauordnungsrecht der Länder höhere Anforderungen stellt, sind diese anzuwenden.

(3) Rettungszeichen zur Kennzeichnung der Fluchtwege, Notausgänge, Notausstiege und Türen im Verlauf von Fluchtwegen nach Absatz 2 dürfen

nicht auf Türflügeln angebracht werden, weil bei geöffneten Türflügeln Richtungsangaben nicht mehr erkennbar sein können bzw. in die falsche Richtung weisen.

(4) Langnachleuchtende Sicherheitszeichen müssen mindestens die Anforderungen der DIN 67510-1:2020-05, Klasse C, erfüllen. Die ausreichende Anregung der langnachleuchtenden Materialien ist sicherzustellen, z. B. hinsichtlich Dauer, Art und Intensität der Beleuchtung.

Hinweis:
Bei Verwendung von Einrichtungen, welche die Dauer der Anregung begrenzen, z. B. Ansteuerung der Beleuchtung durch Präsenzmelder, sind entsprechende Kompensationsmaßnahmen anzuwenden.

(5) Innen- und außenbeleuchtete Sicherheitszeichen müssen mindestens den Anforderungen der DIN 4844-1:2012-06 entsprechen, sofern sie im Rahmen der Sicherheitsbeleuchtung betrieben werden, gelten mindestens die Anforderungen der DIN EN 1838:2019-11.

(6) Notausgänge und Notausstiege sind, sofern diese von der Außenseite zugänglich sind, auf der Außenseite mit dem Verbotszeichen „P023 Abstellen oder Lagern verboten" zu kennzeichnen.

(7) Die Beleuchtung (natürlich oder künstlich) am Anbringungsort muss die Erkennbarkeit der Sicherheitszeichen sicherstellen. Sicherheitszeichen müssen sich vom Hintergrund deutlich abheben und dürfen von der Umgebungsbeleuchtung nicht überstrahlt werden.

8.2 Anforderungen an die Kennzeichnung von Hauptfluchtwegen

(1) In Räumen, in denen der Fluchtweg eindeutig und jederzeit erkennbar ist, ist keine Sicherheitskennzeichnung erforderlich, z. B. in Einzelbüros mit nur einer Tür.

(2) Die Kennzeichnung für Fluchtwege muss mit den Sicherheitszeichen E001 „Notausgang (links)" oder E002 „Notausgang (rechts)" in Verbindung mit dem Zusatzzeichen „Richtungspfeil" entsprechend ASR A1.3 „Sicherheits- und Gesundheitsschutzkennzeichnung" erfolgen. Auf weitere Zusatzzeichen soll verzichtet werden.

(3) Die Kennzeichnung ist im Verlauf des Hauptfluchtweges an gut sichtbaren Stellen, eindeutig und innerhalb der Erkennungsweite anzubringen. Die

Kennzeichnung muss die Richtung des Fluchtweges anzeigen. Dabei sind folgende Randbedingungen zu beachten:

1. Besonders in langgestreckten Räumen (z. B. Fluren) sollen Sicherheitszeichen in Laufrichtung jederzeit erkennbar sein (z. B. Fahnen- oder Winkelschilder quer zur Laufrichtung).
2. Die hochmontierten Sicherheitszeichen sollen über den Türen im Verlauf des Fluchtweges und über Notausgängen angebracht werden. Die Unterkante des Zeichens soll mindestens 2,0 m über Fußbodenoberkante angebracht sein, jedoch nicht höher als 2,5 m. Die Sicherheitszeichen an Wänden parallel zur Fluchtwegrichtung sollen gemessen vom Boden bis zur Unterkante des Zeichens in einer Höhe von 1,7 m bis 2,0 m angebracht werden. Bei Räumen mit einer lichten Höhe von mehr als 5 m können davon abweichend Sicherheitszeichen höher platziert werden. Die Platzierung muss das Blickfeld des Menschen berücksichtigen.
3. Die Erkennungsweite ergibt sich aus ASR A1.3 „Sicherheits- und Gesundheitsschutzkennzeichnung", Tabelle 3, für beleuchtete und langnachleuchtende Sicherheitszeichen. Für innenbeleuchtete Sicherheitszeichen in Dauerlichtschaltung verdoppelt sich die Erkennungsweite bei gleichbleibender Zeichengröße.

Hinweis:
Außenbeleuchtete oder langnachleuchtende Sicherheitszeichen haben üblicherweise eine Abmessung von 30 cm x 15 cm (B x H) und somit eine Erkennungsweite von 15 m. Bei innenbeleuchteten Zeichen gleicher Größe beträgt die Erkennungsweite 30 m.

8.3 Abweichende Anforderungen an die Kennzeichnung von Nebenfluchtwegen, welche nicht über Hauptfluchtwege führen

(1) Auf Nebenfluchtwegen ist der Ausgang oder Notausstieg zu kennzeichnen. Falls erforderlich, ist auch der Weg zu diesem Ausgang oder Notausstieg zu kennzeichnen, z. B. der Zugang zu dem Raum, in dem sich der Ausgang befindet.

(2) Die Kennzeichnung erfolgt entsprechend der Ausgestaltung des Ausgangs, z. B. über die Sicherheitszeichen D-E019 „Notausstieg" oder E016 „Notausstieg mit Fluchtleiter", gegebenenfalls mit Richtungspfeil entsprechend ASR A1.3 „Sicherheits- und Gesundheitsschutzkennzeichnung".

8.4 Optische Sicherheitsleitsysteme

Um die Sicherheit beim Verlassen der Arbeitsstätte auch nach Ausfall der Allgemeinbeleuchtung zu erhöhen, können optische Sicherheitsleitsysteme zusätzlich zur Kennzeichnung mit hochmontierten Sicherheitszeichen oder zusätzlich zur Sicherheitsbeleuchtung als Orientierungshilfe eingesetzt werden.

Optische Sicherheitsleitsysteme führen insbesondere zu einer Verbesserung:

1. der Wahrnehmung des Verlaufes und Begrenzung des Fluchtweges,
2. der Wahrnehmung baulicher Einrichtungen z. B. Türrahmen, Treppenstufen, Bedienelemente und
3. der Orientierung bei Verrauchung.

Dabei kann ein Sicherheitsleitsystem notwendig sein, das auf eine Gefährdung reagiert und die günstigste Fluchtrichtung anzeigt.

8.4.1 Allgemeine Anforderungen

(1) Optische Sicherheitsleitsysteme können aus Rettungszeichen, Zusatzzeichen, Leitmarkierungen sowie Sicherheitsleuchten (gemäß DIN EN 60598-2-22 und DIN EN 50172) bestehen. Die Systeme können langnachleuchtend, elektrisch betrieben oder als Kombination beider Systeme ausgeführt werden.

(2) Ein optisches Sicherheitsleitsystem im Zusammenwirken mit der Sicherheitskennzeichnung nach Abschnitt 8 kann gegebenenfalls das schnelle und gefahrlose Verlassen der Arbeitsstätte ermöglichen. Vorab ist die Notwendigkeit einer Sicherheitsbeleuchtung nach Abschnitt 9 zu prüfen. Optische Sicherheitsleitsysteme sind weder ein Ersatz für hochmontierte Sicherheitskennzeichnung nach Abschnitt 8, noch ein Ersatz für eine erforderliche Sicherheitsbeleuchtung nach Abschnitt 9.

(3) Die Erkennbarkeit des optischen Sicherheitsleitsystems darf durch eine eventuell vorhandene Sicherheitsbeleuchtung nicht beeinträchtigt werden.

(4) Optische Sicherheitsleitsysteme sind so einzurichten und zu betreiben, dass der Verlauf von Fluchtwegen, die Notausgänge sowie mögliche Gefahrstellen und Hindernisse erkannt werden können.

(5) Eine beidseitige Kennzeichnung der Hauptfluchtwege ist immer dann erforderlich, wenn die Fluchtwegbreite mehr als 2,00 m beträgt. Vorzugsweise ist auch bei geringerer Breite der Hauptfluchtwege die Kennzeichnung beidseitig auszuführen.

(6) Innerhalb optischer Sicherheitsleitsysteme muss die Fluchtrichtung mit Hilfe der Sicherheitszeichen „E001 „Notausgang (links)“ oder E002 „Notausgang (rechts)“ in Verbindung mit einem Zusatzzeichen (Richtungspfeil) gemäß ASR A1.3 „Sicherheits- und Gesundheitsschutzkennzeichnung“ angegeben werden. Die Kennzeichnung der Fluchtrichtung ist im Verlauf des Hauptfluchtweges und bei Richtungsänderungen anzubringen.

(7) Leitmarkierungen sind durchgehend und gut sichtbar im Verlauf des Hauptfluchtweges auf dem Fußboden oder an Wänden anzubringen. Die Oberkante der Markierung darf nicht höher als 40 cm über dem Fußboden liegen.

Hinweis:
Beim Einrichten von neuen Arbeitsstätten oder bei wesentlichen Änderungen ist es empfehlenswert, die Oberkante der Markierung nicht höher als 30 cm über dem Fußboden anzubringen.

(8) Das optische Sicherheitsleitsystem ist instand zu halten und in regelmäßigen Abständen auf seine Funktionsfähigkeit zu prüfen. Die Abstände und der Umfang für die Prüfung sowie die Dokumentationspflicht ergeben sich aus den Herstellerangaben und den anerkannten Regeln der Technik. Festgestellte Mängel sowie Schäden, die die Funktionsfähigkeit beeinträchtigen können, sind unverzüglich sachgerecht zu beseitigen.

8.4.2 Langnachleuchtende optische Sicherheitsleitsysteme

(1) Langnachleuchtende Sicherheitsleitsysteme müssen mindestens die Anforderungen der DIN 67510-1:2020-05, Klasse C erfüllen. Die ausreichende Anregung der langnachleuchtenden Materialien ist sicherzustellen, z. B. hinsichtlich Dauer, Art und Intensität der Beleuchtung. Die Funktionsweise des langnachleuchtenden Sicherheitsleitsystems ist durch Dokumentation des Herstellers oder eine Messung am Ort der Anwendung nach DIN ISO 16069:2019-04 Anhang B nachzuweisen.

Hinweis:
Bei Verwendung von Einrichtungen, welche die Dauer der Anregung begrenzen, z. B. Ansteuerung der Beleuchtung durch Präsenzmelder, sind entsprechende Kompensationsmaßnahmen anzuwenden.

(2) Leitmarkierungen müssen mindestens einen Durchmesser oder eine Breite und Höhe von 50 mm haben. Sie werden als durchgehend angesehen, wenn mindestens drei Markierungen pro Meter in regelmäßigen Abständen angebracht sind.

(3) Rampen und Handläufe im Verlauf von Fluchtwegen sind in ihrer gesamten Länge eindeutig zu kennzeichnen. Alle Vorderkanten der Trittstufen von Treppen müssen über die gesamte Treppenbreite mit langnachleuchtenden Materialien mit einer Breite von 20 mm – 50 mm markiert werden. Die Markierungen sind möglichst nah an der Vorderkante anzubringen, der Abstand soll nicht mehr als 10 mm betragen. Die Erkennbarkeit der Vorderkanten der Trittstufen muss auch bei Allgemeinbeleuchtung gewährleistet sein. Die Markierung der Trittstufen darf zu keinen Stolper- und Rutschgefahren führen z. B. durch hochstehende Kanten oder große Abweichung von der Bewertungsgruppe der Rutschhemmung der Trittfläche.

Hinweis:
Zusätzliche Markierungen an den Seiten der Tritt- und Setzstufen erhöhen die räumliche Erkennbarkeit des Treppenlaufes.

(4) Türen im Verlauf von Fluchtwegen und Notausstiege sind mit langnachleuchtenden Materialien zu umranden. Die Umrandung muss mindestens eine Breite von 20 mm haben. Türgriffe und Notbetätigungseinrichtungen (z. B. Panikstangen) sind langnachleuchtend zu gestalten oder mit langnachleuchtendem Material hervorzuheben. Falls erforderlich ist dabei die Richtung, in der die Türgriffe und Notbetätigungseinrichtungen zu betätigen sind, anzugeben (siehe Abbildung 1).

Hinweis:
Abbildung 1 ist eine schematische und nicht maßstäbliche Darstellung zur Veranschaulichung der verschiedenen Komponenten: drei hochmontierte Sicherheitszeichen E001 mit Richtungspfeil an der rechten Wand und E002 mit Richtungspfeil über der Tür, Umrandung der Tür und Kennzeichnung des Türgriffs, Leitmarkierungen in 40 cm Höhe an den Seitenwänden mit Markierungen in regelmäßigen Abständen.

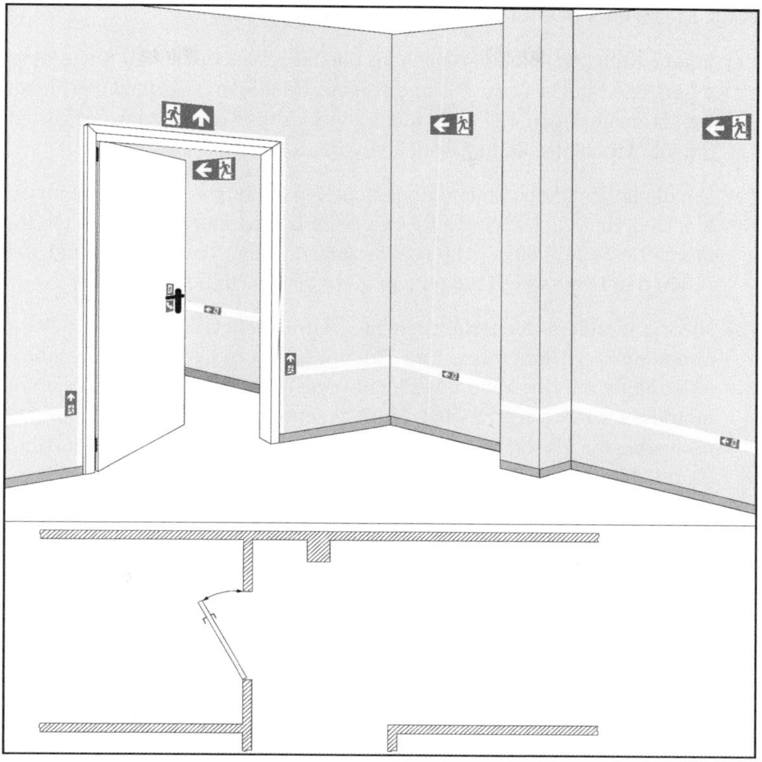

Abb. 1: Beispiel für die Anordnung von Komponenten eines langnachleuchtenden optischen Sicherheitsleitsystems und hochmontierter langnachleuchtender Sicherheitszeichen (räumliche Darstellung und Grundriss)

(5) Gefahrenstellen und Hindernisse im Verlauf von Fluchtwegen, z. B. Vorsprünge, Stützen und Anstoßkanten, müssen deutlich und dauerhaft erkennbar sein. Dazu können Sicherheitsmarkierungen nach ASR 1.3 „Sicherheits- und Gesundheitsschutzkennzeichnung" verwendet werden.

(6) Langnachleuchtende Rettungszeichen, die Teil eines optischen Sicherheitsleitsystems sind, sind im Abstand von maximal 5 m im Verlauf des Fluchtweges anzubringen. Bei jeder Richtungsänderung des Fluchtweges ist ein langnachleuchtendes Rettungszeichen vorzusehen.

8.4.3 Elektrisch betriebene Sicherheitsleitsysteme

(1) Innenbeleuchtete Rettungszeichen, die Teil eines optischen Sicherheitsleitsystems sind, sind im Abstand von maximal 10 m im Verlauf des Fluchtweges anzubringen. Bei jeder Richtungsänderung des Fluchtweges ist ein innenbeleuchtetes Rettungszeichen vorzusehen.

(2) Um die Leitfunktion von innenbeleuchteten Rettungszeichen sicherzustellen, sind zusätzlich elektrisch betriebene Leitmarkierungen oder niedrig montierte Sicherheitsleuchten einzusetzen. Dabei darf der Abstand zwischen den Leitmarkierungen nicht mehr als 2,50 m betragen.

(3) Niedrig montierte Sicherheitsleuchten ermöglichen zusätzlich die Wahrnehmung von Hindernissen im Fluchtweg. Diese ist gegeben, wenn an jeder Stelle auf der Mitte des Fluchtweges eine Beleuchtungsstärke von mindestens 1 lx erreicht wird. Die Beleuchtungsstärke wird dabei auf einer vertikalen Fläche quer zur Fluchtrichtung in einer Höhe von maximal 20 cm über dem Fußboden und auf der Mitte des Fluchtweges gemessen. Die Beleuchtungsstärke darf dabei bis zum Rand des Fluchtweges auf 0,5 lx abfallen. Der Abstand zwischen den Sicherheitsleuchten darf nicht mehr als 10 m betragen, dabei ist Blendung zu vermeiden.

(4) Bei in den Fußboden eingelassenen elektrisch betriebenen Leitmarkierungen muss sich die Leuchtdichte der abstrahlenden Fläche von der Leuchtdichte der umgebenden Flächen deutlich unterscheiden, ohne zu blenden.

(5) Die elektrisch betriebenen Sicherheitsleitsysteme müssen mindestens für die Dauer, die für das gefahrlose Verlassen der Arbeitsstätte ins Freie oder in einen gesicherten Bereich erforderlich ist, funktionsfähig sein. In der Regel ist ein Zeitraum von 30 min nach Ausfall der Allgemeinbeleuchtung ausreichend.

(6) Die Funktion des Sicherheitsleitsystems darf durch den Ausfall der allgemeinen Stromversorgung nicht beeinträchtigt werden. Die Stromversorgung für das Sicherheitsleitsystem darf nur dann zusätzlich für andere Zwecke verwendet werden, wenn die Stromversorgung für das Sicherheitsleitsystem dadurch nicht beeinträchtigt wird.

Hinweis:
Ein elektrisch betriebenes Sicherheitsleitsystem und eine Sicherheitsbeleuchtung können die gleiche Stromversorgung haben.

(7) Werden dynamische optische Sicherheitsleitsysteme eingesetzt, müssen alle damit verbundenen sicherheitsrelevanten Komponenten so gestaltet sein, dass auch bei Ausfall einzelner Komponenten die Funktionsfähigkeit des Gesamtsystems erhalten bleibt.

(8) In einem dynamischen optischen Sicherheitsleitsystem kann die Richtungsangabe je nach Gefahrenlage einmalig geändert werden. Dieses kann sowohl automatisch als auch durch manuelle Eingabe erfolgen. Es ist sicherzustellen, dass hochmontierte Richtungsangaben dazu nicht im Widerspruch stehen.

9 Sicherheitsbeleuchtung

(1) Die Ausstattung von Fluchtwegen mit einer Sicherheitsbeleuchtung kann aus anderen Rechtsvorschriften, insbesondere dem Bauordnungsrecht, gefordert sein. Ist das nicht der Fall, muss geprüft werden, ob das gefahrlose Verlassen der Arbeitsstätte, insbesondere bei Ausfall der Allgemeinbeleuchtung, gewährleistet ist. Bei dieser Prüfung sind für Räume und Bereiche insbesondere folgende Kriterien zu beachten:

1. hohe Personenbelegung,
2. Flächenausdehnung (z. B. Hallen, Großraumbüros, Verkaufsstätten),
3. fehlendes Tageslicht (z. B. Räume unter Erdgleiche, innenliegende Treppenräume und Flure, Schichtbetrieb, wenn nicht während der gesamten Arbeitszeit durch das einfallende Tageslicht ein Mindestwert der Beleuchtungsstärke von 1 lx für die Fluchtwege gegeben ist),
4. betriebliche Gründe für Dunkelheit (z. B. Fotolabor),
5. Anwesenheit ortsunkundiger Personen (z. B. Kunden, Besucher),
6. erhöhte Gefährdung (z. B. durch Stolpern und Stürzen, auf Treppen),
7. unübersichtliche Fluchtwegführung (z. B. bei Fluchtwegen mit häufigen Richtungsänderungen) oder
8. eingeschränkte Erkennbarkeit des Fluchtweges und seiner Begrenzung (z. B. durch neben dem Fluchtweg abgestelltes Lagergut oder im Zuge der Evakuierung spontan abgestellter Arbeitsmittel).

Aus dem Ergebnis dieser Prüfung kann sich die Notwendigkeit einer Sicherheitsbeleuchtung ergeben.

(2) Die Beleuchtungsstärke der Sicherheitsbeleuchtung für Fluchtwege muss mindestens 1 lx mit einer Gleichmäßigkeit (Verhältnis der maximalen zur minimalen Beleuchtungsstärke) weniger als 40:1 betragen. Die Beleuchtungsstärke ist auf der Mittellinie des Fluchtweges in maximal 20 cm Höhe über dem Fußboden oder den Treppenstufen zu messen.

(3) Nach Ausfall der Allgemeinbeleuchtung muss die Sicherheitsbeleuchtung für Fluchtwege 50 % der erforderlichen Beleuchtungsstärke nach Absatz 2 innerhalb von 5 s erreichen; 100 % der erforderlichen Beleuchtungsstärke müssen innerhalb von 60 s erreicht werden.

(4) Die Anforderungen nach Absatz 3 entfallen für:

1. bereits vorhandene Sicherheitsbeleuchtungsanlagen in Gebäuden, die bis zum 30.4.2025 errichtet worden sind oder deren Bauantragstellung bis zu diesem Termin erfolgt ist, bis die jeweiligen Bereiche dieser Arbeitsstätten wesentlich erweitert oder umgebaut werden, und
2. Sicherheitsbeleuchtungsanlagen, die aus betriebstechnischen Gründen über ausschließlich mit Verbrennungsmotoren betriebene Netzersatzanlagen versorgt werden, z. B. für medizinisch genutzte Bereiche mit notwendiger Betriebsdauer der Sicherheitsbeleuchtung von bis zu 24 Stunden gemäß DIN VDE 0100-710:2012-10.

In beiden Fällen müssen 100 % der erforderlichen Beleuchtungsstärke innerhalb von 15 s erreicht werden.

(5) Die Sicherheitsbeleuchtung für Fluchtwege muss für die Dauer, die für das gefahrlose Verlassen der Arbeitsstätte ins Freie erforderlich ist, jedoch mindestens für einen Zeitraum von 30 min nach Ausfall der Allgemeinbeleuchtung, die erforderliche Beleuchtungsstärke erbringen.

(6) In Arbeitsstätten, in denen regelmäßig eine größere Anzahl ortsunkundiger Personen auf einen Fluchtweg angewiesen sein kann, ist mit einem erhöhten Unfallrisiko aufgrund des Ausfalls der Allgemeinbeleuchtung zu rechnen. Im Rahmen der Gefährdungsbeurteilung sind solche Fluchtwege zu ermitteln. Auf diesen Fluchtwegen muss die erforderliche Beleuchtungsstärke der Sicherheitsbeleuchtung innerhalb von 1 s erreicht werden.

(7) Die Farbwiedergabe der Sicherheitsbeleuchtung ist so zu wählen, dass die Sicherheitsfarben erkennbar bleiben. Der Farbwiedergabeindex Ra darf nicht unter 40 liegen.

(8) Eine störende Blendung der Beschäftigten ist zu vermeiden oder - wenn dies nicht möglich ist - zu minimieren.

(9) Die Funktion der Sicherheitsbeleuchtung darf durch den Ausfall der allgemeinen Stromversorgung nicht beeinträchtigt werden. Die Stromversorgung für die Sicherheitsbeleuchtung darf nur dann zusätzlich für andere Zwecke verwendet werden, wenn die Stromversorgung der Sicherheitsbeleuchtung dadurch nicht beeinträchtigt wird.

Hinweis:
Ein elektrisch betriebenes Sicherheitsleitsystem und eine Sicherheitsbeleuchtung können die gleiche Stromversorgung haben.

(10) Die Sicherheitsbeleuchtung ist instand zu halten und in regelmäßigen Abständen auf ihre Funktionsfähigkeit zu prüfen. Die Abstände und der Umfang für die Prüfung sowie die Dokumentationspflicht ergeben sich aus den Herstellerangaben und den anerkannten Regeln der Technik. Festgestellte Mängel sowie Schäden, die die Funktionsfähigkeit beeinträchtigen können, sind unverzüglich sachgerecht zu beseitigen.

Hinweise:
1. *Eine Sicherheitsbeleuchtung sollte bis zur Sammelstelle geführt werden.*
2. *Beim Einrichten von Fluchtwegen mit einer Sicherheitsbeleuchtung sollen die hochmontierten Sicherheitszeichen bevorzugt in innenbeleuchteter Ausführung verwendet werden (bessere Erkennbarkeit).*

10 Flucht- und Rettungsplan

(1) Der Arbeitgeber hat Flucht- und Rettungspläne für die Bereiche von Arbeitsstätten zu erstellen, in denen die Lage, die Ausdehnung oder die Art der Benutzung der Arbeitsstätte dies erfordern.

Flucht- und Rettungspläne können z. B. erforderlich sein in Bereichen:

1. mit unübersichtlicher Fluchtwegführung (z. B. über Zwischengeschosse, durch größere Räume, bei einer gewinkelten oder von den

üblicherweise betrieblich genutzten Verkehrswegen abweichenden Wegführung),
2. mit einem hohen Anteil an ortsunkundigen Personen (z. B. Arbeitsstätten mit Publikumsverkehr),
3. mit einer erhöhten Gefährdung (z. B. Räume nach Abschnitt 5 Absatz 2 Nummer 3 und 4 oder Absatz 3) oder
4. wenn sich aus benachbarten Arbeitsstätten Gefährdungsmöglichkeiten ergeben (z. B. durch explosions- bzw. brandgefährdete Anlagen oder Stofffreisetzung).

(2) Flucht- und Rettungspläne müssen aktuell, übersichtlich, gut lesbar und farblich unter Verwendung von Sicherheitsfarben sowie von Rettungs- und Brandschutzzeichen gestaltet sein. Angaben zur Gestaltung von Flucht- und Rettungsplänen siehe ASR A1.3 „Sicherheits- und Gesundheitsschutzkennzeichnung".

Hinweis:
Sofern in der Arbeitsstätte noch Vorgängerversionen der Rettungs- und Brandschutzzeichen verwendet werden, sollen diese auch im Flucht- und Rettungsplan verwendet werden. Wenn in der Arbeitsstätte die nach ASR A1.3 „Sicherheits- und Gesundheitsschutzkennzeichnung" gültigen Sicherheitszeichen zur Anwendung kommen, ist auch der Flucht- und Rettungsplan entsprechend anzupassen.

(3) Flucht- und Rettungspläne sind in den Bereichen der Arbeitsstätte, für die sie nach Abschnitt 10 Absatz 1 zu erstellen sind, an geeigneten Stellen auszuhängen. Geeignete Stellen sind beispielsweise Bereiche in Fluchtwegen, an denen sich häufiger Personen aufhalten z. B. vor Aufzugsanlagen, in Eingangsbereichen, vor Zugängen zu Treppen, an Kreuzungspunkten von Verkehrswegen. Flucht- und Rettungspläne müssen – bezogen auf den Standort des Betrachters – lagerichtig angebracht werden.

(4) Flucht- und Rettungspläne sind mit entsprechenden Plänen nach anderen Rechtsvorschriften, z. B. den Alarm- und Gefahrenabwehrplänen nach § 10 der 12. Verordnung zur Durchführung des Bundes-Immissionsschutzgesetzes (Störfall-Verordnung – 12. BImSchV), abzustimmen oder mit diesen zu verbinden.

Hinweis:
Für Arbeitsstätten, in denen gemäß der Gefährdungsbeurteilung besondere Gefährdungen auftreten können oder aufgrund der örtlichen Gegebenheiten sowie

der Nutzungsart mit komplizierten Bedingungen im Gefahrenfall zu rechnen ist, ist unter Berücksichtigung der Anforderungen aus anderen Rechtsgebieten zu prüfen, ob zusätzliche Anforderungen nach § 10 Arbeitsschutzgesetz (ArbSchG) erforderlich sind, z. B. die Aufstellung betrieblicher Alarm- und Gefahrenabwehrpläne oder die Erstellung von Brandschutzordnungen oder Evakuierungsplänen.

11 Unterweisung und Übung zur Evakuierung

(1) Der Arbeitgeber hat die Beschäftigten über den Verlauf der Fluchtwege, über die bei Nutzung der Fluchtwege und Notausgänge erforderlichen Maßnahmen und die Kennzeichnung sowie über das Verhalten im Gefahrenfall regelmäßig zu unterweisen. Die Unterweisung muss mindestens jährlich erfolgen. Ein nach Abschnitt 10 Absatz 1 notwendiger Flucht- und Rettungsplan ist in die Unterweisung einzubeziehen. Die Unterweisung soll durch eine Begehung der Fluchtwege unterstützt werden.

(2) Ist für eine Arbeitsstätte die Erstellung eines Flucht- und Rettungsplanes erforderlich, sind in regelmäßigen Abständen Evakuierungsübungen durchzuführen.

Anhand der Übungen soll mindestens überprüft werden, ob:

1. die Alarmierung zu jeder Zeit unverzüglich ausgelöst werden kann,
2. die Alarmierung die anwesenden Personen erreicht,
3. sich die anwesenden Personen, über die Bedeutung der jeweiligen Alarmierung im Klaren sind und danach handeln,
4. die Fluchtwege schnell und sicher benutzt werden können und
5. die zu evakuierenden Bereiche frei von Personen sind.

Hinweise:

1. *In der Praxis hat sich bewährt, die Evakuierungsübungen in Abständen von 2 bis 5 Jahren zu wiederholen. Zur Festlegung der Häufigkeit und des Umfangs der Evakuierungsübungen sowie zu deren Durchführung sind auch Anforderungen anderer Rechtsvorschriften (z. B. Bauordnungsrecht, Gefahrstoffrecht, Immissionsschutzrecht) zu berücksichtigen.*
2. *Auch in Arbeitsstätten, in denen die Erstellung eines Flucht- und Rettungsplanes nicht erforderlich ist, kann eine Evakuierungsübung sinnvoll sein, um zu überprüfen, ob die unter Nummern 1 bis 5 genannten Kriterien erfüllt werden können.*

(3) Diejenigen Beschäftigten, die Aufgaben im Zusammenhang mit der Evakuierung übernehmen, hat der Arbeitgeber betriebsspezifisch zu unterweisen. Die Unterweisung muss mindestens jährlich erfolgen.

12 Abweichende/ergänzende Anforderungen für Baustellen

(1) Auf Baustellen, auf denen Beschäftigte mehrerer Arbeitgeber tätig werden, haben sich diese Arbeitgeber bei der Festlegung von Maßnahmen zur Gestaltung von Fluchtwegen abzustimmen. Die Hinweise des nach Baustellenverordnung bestellten Koordinators sind dabei zu berücksichtigen.

(2) Die Anforderungen in den Abschnitten 5, 6 und 7 dieser ASR sind aufgrund der örtlichen und betrieblichen Gegebenheiten auf Baustellen nicht durchgehend anwendbar. In diesen Fällen sind in Abhängigkeit von der höchstmöglichen Anzahl der anwesenden Personen, die im Gefahrenfall den Fluchtweg benutzen, die Anordnung, die Abmessungen und die Ausführung der Fluchtwege im Ergebnis der Gefährdungsbeurteilung festzulegen und an den Baufortschritt anzupassen. Fluchtwege können auch über temporäre Verkehrswege führen, z. B. Treppentürme, Gerüste oder Anlegeleitern.

(3) Fluchtwege, die nicht erkennbar ins Freie oder in einen gesicherten Bereich führen oder deren Verlauf sich während der Baumaßnahme wesentlich ändert oder unübersichtlich ist, müssen zum frühestmöglichen Zeitpunkt nach Abschnitt 8 gekennzeichnet werden. In diesen Fällen ist auch ein Flucht- und Rettungsplan nach Abschnitt 10 erforderlich.

(4) Der Flucht- und Rettungsplan kann mit Baustelleneinrichtungsplänen oder Baustellenordnungen verbunden und abweichend von Abschnitt 10 Absatz 3 an einer zentralen Stelle, z. B. dem sogenannten „Schwarzen Brett“, witterungsgeschützt ausgehängt sein. Insbesondere bei großen und komplexen bzw. unübersichtlichen Baustellen kann es erforderlich werden, orts-, geschoss- oder abschnittsbezogene Flucht- und Rettungspläne an anderen geeigneten Stellen auszuhängen.

(5) Abweichend von Abschnitt 11 Absatz 1 hat der Arbeitgeber in Abhängigkeit der Baustellensituation über Veränderungen der Fluchtwege unverzüglich zu informieren.

(6) Beispiele für Baustellen mit besonderen Gefährdungen gemäß Hinweis in Abschnitt 10 nach Absatz 4 sind:

1. Tunnelbau,
2. Arbeiten in Druckluft und Caissonbau und
3. Turm- und Schornsteinbau.

(7) Auf Baustellen ist eine Sicherheitsbeleuchtung für Fluchtwege erforderlich, wenn während der Arbeitszeit durch das einfallende Tageslicht ein Mindestwert der Beleuchtungsstärke von 1 lx für die Fluchtwege nicht gegeben ist, z. B.:

1. in Bereichen ohne Tageslicht, z. B. in innenliegenden Räumen und Gebäudeabschnitten ohne Lichtschächte und Maueröffnungen, in Räumen unter Geländeoberfläche, in Tunneln und Schächten, oder
2. jahreszeitlich bedingt.

Ergibt die Überprüfung der Gefährdungsbeurteilung, dass die Beleuchtungsstärke von 1 lx für die Nutzung des Fluchtwegs nicht ausreichend ist, damit die Beschäftigten einen Gefahrenbereich sicher verlassen können, muss die Beleuchtungsstärke entsprechend erhöht werden.

Hinweis:
Zu Anforderungen an die Sicherheitsbeleuchtung für Tätigkeiten, Arbeitsplätze, Arbeitsräume und Bereiche in Arbeitsstätten, in denen bei Ausfall der Allgemeinbeleuchtung die Sicherheit der Beschäftigten gefährdet werden kann, siehe ASR A3.4 „Beleuchtung und Sichtverbindung", Abschnitte 8, 9.4 und 10.

(8) Abweichend von Abschnitt 9 Absatz 2 kann bei Arbeiten auf Baustellen auf den Nachweis der Gleichmäßigkeit verzichtet werden.

(9) Auf die Begrenzung der Blendung ist zu achten.

Literaturhinweise

Technische Regeln für Gefahrstoffe

TRGS 510	Lagerung von Gefahrstoffen in ortsbeweglichen Behältern
TRGS 800	Brandschutzmaßnahmen

Informationen der Unfallversicherungsträger

DGUV Information 205-033	Alarmierung und Evakuierung 10/2019
DGUV Information 208-010	Verschlüsse für Türen von Notausgängen 09/2011
DGUV Information 208-026	Sicherheit von kraftbetätigten Karusselltüren 03/2019 DGUV Information 208-044 Automatische Tore im Fluchtweg 12/2014

Normen

DIN EN 1838: 2019-11	Angewandte Lichttechnik – Notbeleuchtung; Deutsche Fassung EN 1838:2013
DIN EN 1838 Beiblatt 1:2018-11	Angewandte Lichttechnik – Notbeleuchtung; Beiblatt 1: Erläuterungen und Anwendungshinweise
DIN ISO 16069:2019-04	Graphische Symbole – Sicherheitszeichen – Sicherheitsleitsysteme (ISO 16069:2017)
DIN ISO 23601:2021-11	Sicherheitskennzeichnung – Flucht- und Rettungspläne (ISO 23601:2020)
DIN 4844-1:2012-06	Graphische Symbole – Sicherheitsfarben und Sicherheitszeichen – Teil 1: Erkennungsweiten und farb- und photometrische Anforderungen
DIN/TR 4844-4:2020-07	Graphische Symbole – Sicherheitsfarben und Sicherheitszeichen – Teil 4: Leitfaden zur Anwendung von Sicherheitskennzeichnung
DIN 14036:2023-12	Dynamische und Adaptive Fluchtweglenkung – Planung und Umsetzung von richtungsvariablen Konzepten
DIN 67510-1:2020-05	Langnachleuchtende Pigmente und Produkte – Teil 1: Messung und Kennzeichnung beim Hersteller
DIN VDE 0100-710:2012-10	Errichten von Niederspannungsanlagen – Teil 7-710: Anforderungen für Betriebsstätten, Räume und Anlagen besonderer Art – Medizinisch genutzte Bereiche
DIN EN 50172, VDE 0108-100 (2005-01-00)	Sicherheitsbeleuchtungsanlagen, Deutsche Fassung EN 50172:2004
DIN EN 60598-2-22, VDE 0711-2-22 (2020-12-00)	Leuchten – Teil 2-22: Besondere Anforderungen – Leuchten für Notbeleuchtung

ASR V3
Gefährdungsbeurteilung

Ausgabe: Juli 2017
GMBl 2017, S. 390, v. 05.07.2017 [Nr. 22]

1 Zielstellung

Diese ASR konkretisiert die Anforderungen an die Gefährdungsbeurteilung nach § 3 Arbeitsstättenverordnung (ArbStättV) im Rahmen der Beurteilung der Arbeitsbedingungen nach Arbeitsschutzgesetz (ArbSchG). Sie beschreibt eine Vorgehensweise zur Durchführung dieser Gefährdungsbeurteilung nach § 3 ArbStättV.

2 Anwendungsbereich

Diese ASR gilt für die Durchführung der Gefährdungsbeurteilung beim Einrichten und Betreiben von Arbeitsstätten sowie bei Telearbeitsplätzen gemäß § 2 Absatz 7 ArbStättV bei der erstmaligen Beurteilung der Arbeitsbedingungen und des Arbeitsplatzes soweit der Arbeitsplatz von dem im Betrieb abweicht.

Hinweis:
In dieser ASR V3 sind die Anforderungen an die Gefährdungsbeurteilung für die Belange von Menschen mit Behinderungen berücksichtigt.

3 Begriffsbestimmungen

3.1 Die **Gefährdungsbeurteilung** nach § 3 ArbStättV ist die auf das Einrichten und Betreiben der Arbeitsstätte ausgerichtete systematische Ermittlung und Beurteilung aller möglichen Gefährdungen der Beschäftigten einschließlich der Festlegung der erforderlichen Maßnahmen für Sicherheit und Gesundheit bei der Arbeit.

3.2 Eine **Gefährdung** bezeichnet die Möglichkeit eines Gesundheitsschadens oder einer gesundheitlichen Beeinträchtigung ohne bestimmte Anforderungen an deren Ausmaß oder Eintrittswahrscheinlichkeit.

3.3 Eine **Gefahr** bezeichnet eine Sachlage, die bei ungehindertem Ablauf des zu erwartenden Geschehens mit hinreichender Wahrscheinlichkeit zu einem Gesundheitsschaden oder einer gesundheitlichen Beeinträchtigung führt.

3.4 **Wechselwirkung** im Sinne dieser ASR ist die gegenseitige Beeinflussung von Gefährdungen oder Maßnahmen, wodurch sich Ausmaß und Art der Gefährdung verändern können.

4 Allgemeine Grundsätze

(1) Die Gefährdungsbeurteilung dient insbesondere als:

- Instrument zur Beurteilung der Arbeitsbedingungen,
- Grundlage zur Entscheidungsfindung, ob und welche Maßnahmen des Arbeitsschutzes notwendig sind,
- Handlungskonzept für die Verbesserung von Sicherheit und Gesundheitsschutz in der Arbeitsstätte (siehe Punkt 5, Abb. 1).

Hinweis:
In Verbindung mit Neubau oder baulichen Änderungen von Arbeitsstätten können im Rahmen der Gefährdungsbeurteilung wichtige und maßgebende Parameter, Rahmenbedingungen und Qualitäten beschrieben und festgelegt werden. Die Gefährdungsbeurteilung kann den Planern für das Einrichten (Entwurfsplanung) wichtige Gestaltungshinweise geben (siehe Punkt 4.2.1).

(2) Die Gefährdungsbeurteilung ist systematisch und fachkundig durchzuführen, insbesondere:

- beim Einrichten von Arbeitsstätten und
- beim Betreiben von Arbeitsstätten.

(3) Die Gefährdungsbeurteilung ist vor Aufnahme der Tätigkeiten durchzuführen und zu dokumentieren.

(4) Sie ist zu überprüfen und bei Bedarf zu aktualisieren, insbesondere:

- bei wesentlichen Veränderungen in der Arbeitsstätte, z. B.:
  - der Umgestaltung der bestehenden Arbeitsstätte,
  - der Festlegung von Arbeitsplätzen,
  - der Änderung von Arbeitsverfahren,
  - der Änderung der Arbeitsabläufe und der Arbeitsorganisation,

  - im Zusammenhang mit dem Einsatz anderer Arbeitsmittel oder Arbeitsstoffe,
  - im Zusammenhang mit der Änderung oder Beschaffung von Maschinen, Geräten und Einrichtungen,
  - im Zusammenhang mit Instandhaltung,
- bei der Änderung von relevanten Rechtsvorschriften oder von Technischen Regeln,
- bei neuen arbeitswissenschaftlichen Erkenntnissen bzw. Veränderungen des Standes der Technik, Arbeitsmedizin und Hygiene,
- nach dem Erkennen von kritischen Situationen (z. B. Beinahe-Unfällen, Fehlzeiten infolge arbeitsbedingter Gesundheitsbeeinträchtigungen sowie Erkenntnissen aus der arbeitsmedizinischen Vorsorge),
- nach Bekanntwerden einer Behinderung bei Beschäftigten oder
- nach Arbeitsunfällen und Berufskrankheiten.

4.1 Fachkunde

(1) Der Arbeitgeber hat sicherzustellen, dass die Gefährdungsbeurteilung fachkundig durchgeführt wird. Verfügt der Arbeitgeber nicht selbst über die entsprechenden Kenntnisse, hat er sich fachkundig beraten zu lassen.

(2) Fachkundig ist, wer über die zur Erfüllung der in dieser Technischen Regel bestimmten Aufgaben erforderlichen Fachkenntnisse verfügt. Zu den Anforderungen zählen eine entsprechende Berufsausbildung, Berufserfahrung oder eine zeitnah ausgeübte entsprechende berufliche Tätigkeit. Die Fachkenntnisse sind durch Teilnahme an Schulungen oder Unterweisungen auf aktuellem Stand zu halten.

(3) Umfang und Tiefe der notwendigen Kenntnisse, z. B. über das einschlägige Vorschriften- und Regelwerk, insbesondere die Technischen Regeln für Arbeitsstätten, können in Abhängigkeit von der zu beurteilenden Gefährdung unterschiedlich sein.

(4) Fachkundig im Sinne von Absatz 2 können insbesondere betriebliche Führungskräfte oder die Fachkraft für Arbeitssicherheit oder die Betriebsärztin oder der Betriebsarzt sein.

(5) Die Anforderungen an die Fachkunde sind abhängig von den zu beurteilenden Gefährdungen und müssen im Sinne dieser ASR nicht in einer Person vereinigt sein. Zur fachkundigen Durchführung der Gefährdungsbeurteilung gehören konkrete Kenntnisse der zu beurteilenden Arbeitsstätten und Tätigkeiten.

4.2 Gegenstand der Gefährdungsbeurteilung

Bei der Durchführung der Gefährdungsbeurteilung für Arbeitsstätten sind in Bezug auf das Einrichten sowie auf das Betreiben unterschiedliche Sachverhalte von Bedeutung. Der Arbeitgeber hat die mit der Arbeitsstätte verbundenen Gefährdungen unabhängig voneinander zu ermitteln und zu beurteilen. Mögliche Wechselwirkungen sind zu berücksichtigen. Sie können sich insbesondere auch im Zusammenwirken mit Arbeitsmitteln, Arbeitsstoffen, Arbeitsabläufen bzw. der Arbeitsorganisation sowie den Gefährdungsfaktoren gemäß Punkt 5.2.2 ergeben.

4.2.1 Einrichten von Arbeitsstätten

(1) Einrichten ist das Bereitstellen und Ausgestalten der Arbeitsstätte. Es umfasst u. a.:

- bauliche Maßnahmen oder Veränderungen, insbesondere Neu- und Umbau sowie Erweiterungsmaßnahmen von Arbeitsstätten,
- das Ausstatten mit Maschinen, Anlagen, Bildschirmgeräten, Mobiliar, anderen Arbeitsmitteln sowie Beleuchtungs-, Lüftungs-, Heizungs-, Feuerlösch- und Versorgungseinrichtungen,
- das Anlegen und Kennzeichnen von Verkehrs- und Fluchtwegen, Kennzeichnen von Gefahrenstellen und brandschutztechnischen Ausrüstungen sowie
- das Festlegen von Arbeitsplätzen unter Berücksichtigung der geplanten Tätigkeiten.

(2) Die Integration des Arbeitsschutzes in die Planung von Arbeitsstätten ist von grundlegender Bedeutung. Nach dem Einrichten einer Arbeitsstätte lassen sich Veränderungen nur mit einem zusätzlichen Aufwand realisieren. Um dies zu vermeiden, sind zweckmäßigerweise bereits im Planungsprozess von Neu- oder Umbauten die Nutzung der Arbeitsstätte und der Stand der Technik, Arbeitsmedizin und Hygiene sowie die ergonomischen Anforderungen zu ermitteln und als Anforderung an die Arbeitsstätte festzuhalten. Werden Grundsätze der barrierefreien Gestaltung bereits bei der Planung von Arbeitsstätten berücksichtigt, können vorausschauende Lösungen die Kosten für eine nachträgliche Anpassung und einen aufwendigen Umbau von Arbeitsstätten bei einer künftigen Beschäftigung von Menschen mit Behinderungen verringern oder vermeiden.

(3) Im Rahmen der Gefährdungsbeurteilung müssen Abnutzungserscheinungen und ggf. vorhandene Wirkungsgradverluste von getroffenen Maßnahmen des Arbeitsschutzes berücksichtigt werden (z. B. Beleuchtung, Lüftung, Sonnenschutz, Kennzeichnung), damit Schutzziele der ArbStättV dauerhaft und zuverlässig erreicht werden.

(4) Die Festlegung von Arbeitsplätzen ist notwendig, damit arbeitsplatzbezogene Gestaltungsmaßnahmen getroffen werden können (z. B. Zugänge zu den Arbeitsplätzen, Bewegungsflächen, Anordnung der Leuchten).

(5) Bei der prospektiven Betrachtung ist auch die Nutzung durch unterschiedliche Personengruppen (siehe Punkt 5.1 Absätze 5 und 6) zu berücksichtigen.

(6) Die Veränderung der Leistungsvoraussetzungen der Beschäftigten im Verlauf der Nutzungsdauer der Arbeitsstätte kann einen Einfluss auf die Planung haben (z. B. kann eine Verringerung des individuellen Sehvermögens bei zunehmendem Alter der Beschäftigten eine höhere Anforderung an die Beleuchtungsqualität erfordern).

(7) Beabsichtigt ein Arbeitgeber eine bauliche Anlage zur Nutzung als Arbeitsstätte zu mieten oder zu erwerben, so ist es angezeigt, vor der Einrichtung des Objekts anhand einer Gefährdungsbeurteilung zu prüfen, ob die Vorgaben der ArbStättV eingehalten werden können. Sonst ist ggf. keine oder nur eine eingeschränkte Nutzung möglich.

(8) Sofern vorhanden, sind die Informationen zu Sicherheit und Gesundheitsschutz aus der nach Baustellenverordnung geforderten Unterlage für mögliche spätere Arbeiten, z. B. Reinigung oder Instandhaltung, zu berücksichtigen.

4.2.2 Betreiben von Arbeitsstätten

(1) Das Betreiben von Arbeitsstätten umfasst das Benutzen, Instandhalten und Optimieren der Arbeitsstätten, die Organisation und die Gestaltung von Arbeits- und Fertigungsverfahren sowie der Arbeitsabläufe in der Arbeitsstätte.

(2) Der Arbeitgeber hat sicherzustellen, dass die Arbeitsstätte nach dem Stand der Technik, Arbeitsmedizin und Hygiene sowie den ergonomischen Anforderungen betrieben wird. Dieses gilt auch für angemietete Objekte (z. B. Büroflächen, Verkaufsräume, Produktions- oder Lagerräume).

(3) In der Gefährdungsbeurteilung müssen auch Situationen berücksichtigt werden, die vom Normalbetrieb abweichen (z. B. Störungen, Stromausfälle, extreme Witterungseinflüsse).

(4) Weiterhin sind Gefährdungen zu ermitteln und zu beurteilen, mit denen z. B. bei Bränden, Unfällen, Überfällen oder sonstigen Betriebsstörungen zu rechnen ist (z. B. Gestaltung von Fluchtwegen und Notausgängen, Flucht- und Rettungspläne).

5 Prozessschritte der Gefährdungsbeurteilung

Die Prozessschritte werden in der folgenden Abbildung 1 dargestellt.

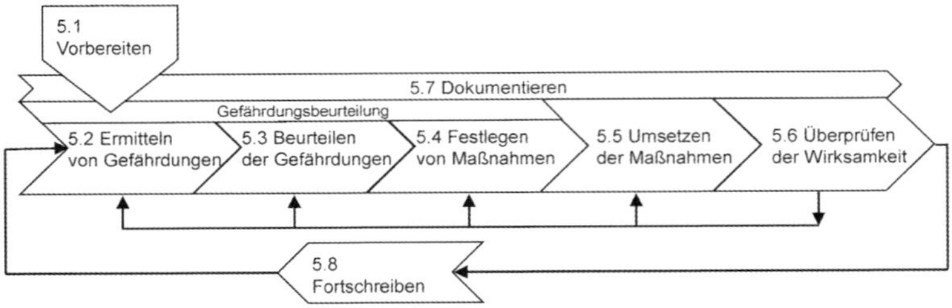

Abb. 1: Schematische Darstellung der Prozessschritte der Gefährdungsbeurteilung

5.1 Vorbereiten

(1) Die Gefährdungsbeurteilung ist je nach Art der Tätigkeiten in der Arbeitsstätte durchzuführen. Daher kann es erforderlich sein, eine Gliederung (z. B. in Arbeitsbereiche oder Tätigkeitsgruppen) vorzunehmen.

(2) Wenn von Beschäftigten arbeitsbereichsübergreifende Tätigkeiten (z. B. Hausmeistertätigkeiten, Instandhaltung, Reinigung) ausgeführt werden, ist zu prüfen, ob diese Tätigkeiten gesondert zu betrachten sind.

(3) Bei gleichartigen Arbeitsbedingungen können Arbeitsplätze oder Tätigkeiten innerhalb einer Arbeitsstätte zusammengefasst betrachtet werden.

(4) Erforderlichenfalls sind Tätigkeiten so zu erfassen, dass auch ihre Dauer bzw. Häufigkeit (z. B. temporär, täglich, quartalsweise, jährlich) erkennbar sind.

(5) Es ist zu berücksichtigen, ob in der Arbeitsstätte besondere Personengruppen beschäftigt werden (z. B. Praktikanten, Jugendliche, werdende oder stillende Mütter, Leiharbeitnehmer, Beschäftigte ohne ausreichende Deutschkenntnisse, Menschen mit Behinderungen).

(6) Gefährdungen durch sonstige in der Arbeitsstätte anwesende Personen (z. B. Beschäftigte von Fremdfirmen, Beschäftigte im Rahmen von Dienst- und Werkverträgen, Besucher, Kunden) sind zu berücksichtigen.

(7) In Arbeitsstätten, in denen Beschäftigte mehrerer Arbeitgeber tätig werden, haben sich diese Arbeitgeber bei der Festlegung von Maßnahmen zur Vermeidung gegenseitiger Gefährdungen der Beschäftigten abzustimmen (z. B. auf Baustellen, Bürogemeinschaften).

(8) Für Telearbeitsplätze gilt nur der Anhang Nummer 6 „Maßnahmen zur Gestaltung von Bildschirmarbeitsplätzen" der ArbStättV soweit der Arbeitsplatz von dem im Betrieb abweicht.

5.2 Ermitteln von Gefährdungen

(1) Ziel der Ermittlung ist die systematische Identifizierung von möglichen Gefährdungen, deren Quellen und gefahrbringenden Bedingungen.

(2) Das Ermitteln beinhaltet die Erfassung des Planungs- oder Ist-Zustandes (z. B. durch Beobachten, Befragen, Messen, Berechnen oder Abschätzen) sowie die anschließende Benennung und Beschreibung der Gefährdungen.

5.2.1 Vorgehensweise beim Ermitteln von möglichen Gefährdungen

(1) Zur fachkundigen Ermittlung von möglichen Gefährdungen sind systematisch alle unter Punkt 5.1 „Vorbereiten" festgelegten Arbeitsbereiche, Tätigkeitsgruppen, Personengruppen sowie bereichsübergreifende Arbeitsaufgaben bezüglich der Gefährdungsfaktoren gemäß Punkt 5.2.2 und deren Wechselwirkungen (siehe Punkt 4.2) zu betrachten.

Bei der Ermittlung von möglichen Gefährdungen (siehe Definition, Punkt 3.2) werden keine bestimmten Anforderungen an das Ausmaß oder die Eintrittswahrscheinlichkeit eines Gesundheitsschadens oder einer gesundheitlichen Beeinträchtigung gestellt.

(2) Sofern es zur fachkundigen Informationsgewinnung erforderlich ist, sind die relevanten Quellen heranzuziehen, z. B.:

- das einschlägige Vorschriften- und Regelwerk, insbesondere die Technischen Regeln für Arbeitsstätten sowie weitere Technische Regeln,
- branchenspezifische Regeln und Informationen sowie Gefährdungs- und Belastungskataloge insbesondere der Unfallversicherungsträger,
- Herstellerinformationen (z. B. Bedienungsanleitungen, Gebrauchsanleitungen, Betriebsanleitungen),
- vorhandene Verfahrens-, Arbeits- und Betriebsanweisungen,
- Aufzeichnungen und Erkenntnisse über Unfälle, Erkrankungen, Behinderungen, Schadensfälle, kritische Situationen, Beinahe-Unfälle,
- Betriebsbegehungsprotokolle, Arbeitsschutzausschussprotokolle, dokumentierte Befragungsergebnisse, Prüfbücher, Unterlagen für Instandhaltung (z. B. gemäß BaustellV bzw. RAB 32 „Unterlage für spätere Arbeiten"),
- Baugenehmigungen und mitgeltende Unterlagen (z. B. Brandschutzkonzepte),
- behördliche Anordnungen,
- Berechnungsprognosen oder Protokolle durchgeführter Messungen (z. B. zu Lärm, Klima, Gefahrstoffen),
- Erfahrungswerte von vergleichbaren Arbeitsplätzen oder
- Angaben aus Datenbanken.

(3) Zur Ermittlung der Gefährdung beim Einrichten und Betreiben von Arbeitsstätten können z. B. folgende Methoden einzeln oder kombiniert angewandt werden:

- Prüfung von Planungsunterlagen, Bauzeichnungen und -plänen,
- Abschätzen von Messgrößen anhand von Technischen Unterlagen (z. B. Maschinenkennzahlen, Emissionskennzahlen),
- Durchführung von Modellrechnungen, Simulationen, Profilvergleichsverfahren u. ä.,
- Besichtigung der betrieblichen Gegebenheiten (z. B. mit Erfassung der Arbeitsorganisation, der Arbeitsabläufe, der Arbeitszeiten, der einzelnen Tätigkeiten, der Arbeitsmittel, Arbeitsverfahren, Arbeitsstoffe sowie des Arbeitsumfelds),
- Messungen zur Feststellung von räumlichen Gegebenheiten, Ermittlung von Konzentrationen, Temperaturen, Emissionen usw. oder
- Befragungen von Beschäftigten, Führungskräften und weiteren Arbeitsschutzakteuren.

5.2.2 Gefährdungsfaktoren

Beim Ermitteln von möglichen Gefährdungen sind insbesondere die im Anhang mit arbeitsstättenbezogenen Beispielen und Erläuterungen aufgeführten Gefährdungsfaktoren relevant.

5.3 Beurteilen von Gefährdungen

Um die Sicherheit und den Gesundheitsschutz der Beschäftigten bei der Arbeit zu gewährleisten und kontinuierlich zu verbessern, hat der Arbeitgeber die ermittelten Gefährdungen systematisch dahingehend zu beurteilen, ob Maßnahmen des Arbeitsschutzes erforderlich sind. Für das Beurteilen der Gefährdung im Hinblick auf das zu erreichende Schutzziel nach ArbStättV sind zunächst Beurteilungsmaßstäbe erforderlich, die in der Regel aus dem einschlägigen Vorschriften- und Regelwerk sowie aus der Fachliteratur abzuleiten sind (siehe Punkt 5.3.1 Absätze 1 bis 3).

Fehlen solche Beurteilungsmaßstäbe müssen diese betrieblich vereinbart werden (siehe Punkt 5.3.1 Absatz 4).

Anhand dieser Beurteilungsmaßstäbe erfolgt danach das Beurteilen der Gefährdungen (siehe Punkt 5.3.2).

5.3.1 Ermittlung von Beurteilungsmaßstäben

Bei der Ermittlung bzw. Festlegung dieser Maßstäbe ist in folgender Reihenfolge vorzugehen:

1. Zunächst ist zu prüfen, ob die in der ArbStättV aufgeführten Schutzziele durch Technische Regeln für Arbeitsstätten konkretisiert werden.

   Sofern in den Technischen Regeln für Arbeitsstätten Anforderungen, Maße oder Werte vorhanden sind, bilden diese einen konkreten Maßstab für das Beurteilen der Gefährdung. Bei Einhaltung dieses konkreten Maßstabs und einer diesem Maßstab entsprechenden Maßnahmenumsetzung erlangt der Arbeitgeber nach § 3a Absatz 1 Satz 3 ArbStättV die Vermutungswirkung, dass die Anforderungen erfüllt sind.

2. Sofern in den Technischen Regeln für Arbeitsstätten keine Anforderungen, Maße oder Werte zu finden sind, ist zu prüfen, ob für die betrachtete Gefährdung andere gesicherte arbeitswissenschaftliche Erkenntnisse existieren, die insbesondere Angaben zu Grenz-, Schwellen- oder

Richtwerten enthalten. Es kann sich dabei z. B. um Veröffentlichungen der Unfallversicherungsträger, der Bundesanstalt für Arbeitschutz und Arbeitsmedizin (BAuA) oder des Länderausschusses für Arbeitsschutz und Sicherheitstechnik (LASI) handeln.

3. Fehlen gesicherte arbeitswissenschaftliche Erkenntnisse, insbesondere mit Angaben zu Grenz-, Schwellen- oder Richtwerten, so ist zu prüfen, ob zumindest arbeitswissenschaftliche Erkenntnisse mit qualitativen Maßstäben verfügbar sind, z. B. Forschungsberichte, wissenschaftliche Veröffentlichungen sowie einschlägige Normen.

4. Betriebliche Beurteilungsmaßstäbe sind vom Arbeitgeber eigenständig zu entwickeln und zu verwenden, wenn anhand der in den Nummern 1 bis 3 beschriebenen Vorgehensweise keine verwendbaren Beurteilungsmaßstäbe ermittelt werden können. Dabei sind insbesondere folgende Aspekte zu berücksichtigen:

   - Art, Ausmaß, Dauer und Häufigkeit einer Exposition,
   - gefahrbringende Bedingungen, durch die eine Gefährdung bei der Arbeit wirksam werden kann (z. B. Umgebungsbedingungen, Zeitdruck, Unordnung, Verschleiß),
   - durch Qualifikation und Unterrichtung oder Unterweisung erworbene Befähigung der Beschäftigten, eine Gefährdung rechtzeitig wahrzunehmen und einschätzen zu können.

5.3.2 Durchführung der Beurteilung

Der vorliegende Planungs- oder Ist-Zustand mit den ermittelten Gefährdungen wird anhand des gemäß Punkt 5.3.1 herangezogenen Beurteilungsmaßstabs beurteilt.

Beim Beurteilen der Gefährdungen sind insbesondere einzubeziehen:

- alle den Gefährdungen ausgesetzten Beschäftigten, einschließlich besonderer Personengruppen (siehe Punkt 5.1 Absatz 5),
- die Gefährdungen durch die Anwesenheit sonstiger Personen in der Arbeitsstätte (siehe Punkt 5.1 Absatz 6),
- alle Betriebszustände, neben dem Normalbetrieb z. B. auch Auf-, Um- und Abbau, Reinigung, Instandhaltung,

- die Erkennbarkeit und Vermeidbarkeit einer Gesundheitsgefährdung
  Wichtige Merkmale sind insbesondere:
  - unmittelbare oder nur mittelbare (z. B. durch Messinstrumente oder Warneinrichtungen) Wahrnehmbarkeit der Gefährdung,
  - beaufsichtigter oder unbeaufsichtigter Betrieb,
  - schnelles oder langsames Auftreten der Gefährdung (z. B. Schnelllauftore),
  - technisch oder organisatorisch bedingte Einschränkungen, sich der Gefährdung entziehen zu können (z. B. Behinderung durch Persönliche Schutzausrüstung (PSA), Zwangsverriegelung von Schutztüren).
- Wechselwirkungen
  Die Gefährdungsfaktoren sind sowohl einzeln als auch im Zusammenhang zu beurteilen.

5.3.3 Ergebnis der Beurteilung der Gefährdungen

(1) Folgende Beurteilungsergebnisse sind möglich:

1. Maßnahmen sind erforderlich:

   - Das Ergebnis der Beurteilung erfordert unverzüglich Maßnahmen.
     Es besteht eine unmittelbare Gefahr für die Gesundheit, z. B. Absturz an ungesicherten Absturzkanten. Es müssen unverzüglich geeignete Maßnahmen zur Beseitigung bzw. Reduzierung der Gefährdung ergriffen werden.
   - Das Ergebnis der Beurteilung erfordert Maßnahmen.
     Es besteht eine Gesundheitsgefährdung, z. B. durch unzureichende Lüftung, Raumtemperatur, Beleuchtung. Geeignete Maßnahmen zur Beseitigung bzw. Reduzierung der Gefährdung müssen ergriffen werden.

2. Der unter Punkt 5.3.1 ermittelte Beurteilungsmaßstab ist eingehalten.

(2) Eine Verbesserung von Sicherheit und Gesundheitsschutz ist anzustreben (vgl. ArbSchG), z. B. Installation einer Strahlungsheizung statt Konvektionsheizung in Werkstätten, Verbesserung der Bürogestaltung.

5.4 Festlegen von Maßnahmen

5.4.1 Allgemeine Grundsätze für die Festlegung von Maßnahmen

(1) Die beim Beurteilen der Gefährdungen gewonnenen Erkenntnisse bilden die Basis für das Festlegen der erforderlichen Maßnahmen des Arbeitsschutzes.

(2) Die Maßnahmen müssen dem Stand der Technik, Arbeitsmedizin und Hygiene sowie den Anforderungen der Ergonomie entsprechen und insbesondere sind die vom Bundesministerium für Arbeit und Soziales nach § 7 Absatz 4 ArbStättV bekannt gemachten Regeln und Erkenntnisse zu berücksichtigen. Gesicherte arbeitswissenschaftliche Erkenntnisse sind zu berücksichtigen. Die Maßnahmen müssen geeignet sein, die ermittelten Gefährdungen zu beseitigen bzw. soweit zu reduzieren dass das Schutzziel erreicht wird.

(3) Werden die in den Technischen Regeln für Arbeitsstätten genannten Maßnahmen eingehalten, so ist davon auszugehen, dass die Schutzziele der ArbStättV erreicht werden. Es gilt die Vermutungswirkung.

(4) Weicht der Arbeitgeber von den in den Technischen Regeln genannten Maßnahmen ab oder fehlen diese, muss er durch andere Maßnahmen die gleiche Sicherheit und den gleichen Schutz der Gesundheit der Beschäftigten erreichen. Dies ist nach Punkt 5.7 zu dokumentieren.

(5) Die Unterweisung der Mitarbeiter hinsichtlich der möglicherweise verbleibenden Gefährdungen sowie ggf. der Auswirkung der festgelegten Maßnahme bzw. deren Umsetzung ist integraler Bestandteil der jeweiligen Maßnahme.

(6) Beim Festlegen von Maßnahmen sind die Zusammenhänge bzw. die Wechselwirkungen aus den resultierenden Gefährdungsfaktoren von Arbeitsstätte, Arbeitsplatz, Arbeitsmitteln, Arbeitsstoffen, Arbeitsorganisation und Arbeitsaufgabe zu berücksichtigen.

(7) Sollten sich bedingt durch Maßnahmen zur Beseitigung bzw. Reduzierung von Gefährdungen neue Gefährdungen für die Beschäftigten ergeben, sind auch diese in die Gefährdungsbeurteilung einzubeziehen (z. B. bei vorgesehener Installation einer Absauganlage die Beurteilung der neuen Geräuschquelle)

5.4.2 Maßnahmenhierarchie

(1) Bei der Auswahl der Maßnahmen hat der Arbeitgeber den im ArbSchG festgelegten Grundsatz der Vermeidung von Gefährdungen zu prüfen und wenn möglich umzusetzen (z. B. belastende Wärmequelle aus Arbeitsbereich entfernen).

(2) Soweit die Vermeidung von Gefährdungen gemäß Absatz 1 nicht möglich ist, muss beim Festlegen von Maßnahmen die folgende Maßnahmenhierarchie berücksichtigt werden (siehe Abb. 2).

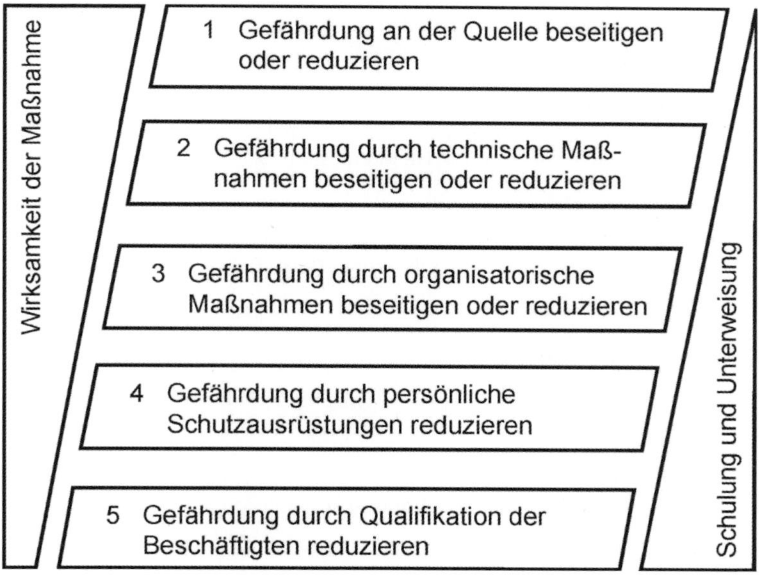

Abb. 2: Maßnahmenhierarchie

1. Zunächst ist zu prüfen, ob Gefährdungen an den Quellen zu beseitigen oder zu reduzieren sind (z. B. belastende Wärme unmittelbar abführen oder ein Gerät mit geringerer Wärmeentwicklung wählen).
2. Ist dies nicht möglich, ist zu prüfen, ob die Gefährdungen durch technische Maßnahmen zu beseitigen oder zu reduzieren sind (z. B. Klimatisierung der Arbeitsräume, Wärmeschutzschilde, Luftschleier).

3. Sind technische Maßnahmen nicht möglich, ist zu prüfen, ob die Gefährdungen durch organisatorische Maßnahmen zu beseitigen oder zu reduzieren sind (z. B. Änderung von Arbeitsabläufen, um die Aufenthaltsdauer im wärmebelasteten Arbeitsbereich zu vermeiden bzw. zu verringern, wie etwa durch Rotation von Mitarbeitern oder durch das Festlegen von Entwärmungsphasen in geeigneten Räumen).

4. Sind organisatorische Maßnahmen nicht möglich, ist zu prüfen, ob die Gefährdungen durch den Einsatz von persönlicher Schutzausrüstung zu vermeiden oder zu reduzieren sind (z. B. PSA gegen Absturz).

5. Sind die vorgenannten Maßnahmen nicht möglich, ist zu prüfen, ob die Schutzziele durch Qualifikation der Beschäftigten zu erreichen sind.

(3) Zur Erreichung des Schutzziels kann es erforderlich sein, Maßnahmen zu kombinieren. Dabei sind die Hierarchiestufen zu beachten.

(4) Im Einzelfall können Maßnahmen aus einer niedrigeren Hierarchiestufe eine gleichwertige Schutzwirkung erreichen (z. B. regelmäßige Unterbrechung der Tätigkeiten in durch Sommerhitze belasteten Räumen anstatt Klimatisierung).

5.5 Umsetzen von Maßnahmen

(1) Die festgelegten Maßnahmen sind entsprechend Punkt 5.3.3 zu priorisieren und umzusetzen.

(2) Wurde eine Entscheidung für eine Maßnahme getroffen, sind die hieraus resultierenden Umsetzungsschritte zu konkretisieren.

Hinweis:
Falls erforderlich, ist für umfangreichere Maßnahmen eine Ablaufplanung zu erstellen, in der z. B. Zeitziele, Übergangsmaßnahmen, festgelegte Termine, Verantwortliche und andere Beteiligte genannt werden.

5.6 Überprüfen der Wirksamkeit der Maßnahmen

(1) Die Umsetzung und Wirksamkeit der festgelegten Maßnahmen sind zu überprüfen. Dabei ist festzustellen, ob die Maßnahmen vollständig umgesetzt wurden und dazu geführt haben, die Gefährdungen zu beseitigen bzw. hinreichend zu reduzieren, und ob gegebenenfalls neue Gefährdun-

gen entstanden sind. Die Prüfung kann z. B. durch Beobachten, Messen oder Befragen (siehe Punkt 5.2) erfolgen.

(2) Sollten weitere oder andere Maßnahmen erforderlich sein, weil z. B. trotz der Umsetzung der festgelegten Maßnahmen Schutzziele nicht erreicht werden, dann sind die vorherigen Teilschritte entsprechend Abbildung 1 (siehe Punkt 5) zu wiederholen.

5.7 Dokumentation

5.7.1 Grundsätze der Dokumentation

(1) Die Dokumentation gemäß § 3 Absatz 3 ArbStättV ist Bestandteil der Unterlagen nach § 6 ArbSchG. Sie muss vor Aufnahme der Tätigkeiten vorliegen.

(2) Die Dokumentation dient mit als Grundlage für die Planung und Gestaltung der betrieblichen Prozesse, z. B. für Neu- und Umbauten, Unterweisungen, Betriebsanweisungen. Sie erleichtert es, Verantwortliche und Termine in Hinblick auf Maßnahmen des Arbeitsschutzes nachvollziehbar festzuhalten.

(3) Sie ist die Basis für die Arbeit der betrieblichen Akteure im Arbeitsschutz (insbesondere Arbeitgeber, verantwortliche Personen nach § 13 ArbSchG (z. B. Führungskräfte), Betriebs- und Personalräte, Fachkräfte für Arbeitssicherheit, Betriebsärzte und Sicherheitsbeauftragte) sowie des Arbeitsschutzausschusses.

(4) Die Dokumentation erfolgt schriftlich und kann als Papierdokument oder in elektronischer Form vorliegen. Sie muss in einer verbindlichen Version verfügbar sein.

(5) Werden Hilfen zur Dokumentation der Gefährdungsbeurteilung, z. B. der Unfallversicherungsträger, verwendet, sind sie auf die betrieblichen Bedingungen anzupassen. Insbesondere ist sicherzustellen, dass alle Betriebsteile und Tätigkeiten (ggf. auch unterschiedliche Betriebszustände, z. B. Instandhaltung) erfasst werden.

(6) Der Umfang der Dokumentation richtet sich z. B. nach der Betriebsgröße, Betriebsstruktur oder Art und Ausmaß der Gefährdungen. Insbesondere

- in kleinen Betrieben, bei überschaubaren Strukturen oder bei geringen Gefährdungen kann die Dokumentation gemäß Punkt 5.7.2 ausreichen.
- bei komplexeren Situationen und hohem Gefährdungspotential müssen der Dokumentation erforderlichenfalls weitere Unterlagen zugeordnet werden (siehe Punkt 5.7.3).

Hinweis:
Die Dokumentation kann die Grundlage für die erforderliche Abstimmung sein, z. B.:

- *bei Zusammenarbeit von Beschäftigten mehrerer Arbeitgeber in einer Arbeitsstätte,*
- *bei gemeinsamer Nutzung einer Arbeitsstätte durch mehrere Arbeitgeber,*
- *zur Information weiterer in der Arbeitsstätte anwesender Personen.*

5.7.2 Mindestanforderungen

(1) Die Dokumentation muss mindestens Folgendes enthalten:

- die jeweilige Bezeichnung der erfassten Arbeitsplätze, Arbeitsbereiche und Tätigkeiten sowie ggf. der zusammengefassten gleichartigen Arbeitsplätze oder Tätigkeiten,
- die jeweils festgestellten Gefährdungen,
- die Ergebnisse der Beurteilung der festgestellten Gefährdungen,
- die bezogen auf die festgestellten Gefährdungen jeweils festgelegten Maßnahmen (inklusive Umsetzung siehe Punkt 5.5 Absatz 2) sowie
- das Ergebnis der Wirksamkeitsüberprüfung.

(2) Aus den im Rahmen der Gefährdungsbeurteilung erstellten bzw. aus den mitgeltenden Unterlagen (z. B. Organigramme, Dienstverteilungspläne, Pflichtenübertragung) müssen die für die Durchführung der Gefährdungsbeurteilung und die Wirksamkeitskontrolle Verantwortlichen sowie das Datum der Erstellung bzw. der Aktualisierung hervorgehen.

5.7.3 Weitere Unterlagen

Um die erforderliche Plausibilität und Aussagefähigkeit der Dokumentation zu erreichen, kann es erforderlich sein, weitere, im Verlaufe der Gefährdungsbeurteilung verwendete oder erstellte Unterlagen der Dokumentation beizufügen oder auf diese Unterlagen zu verweisen. Solche Unterlagen können z. B. sein:

- die für umfangreichere Maßnahmen erstellte Ablaufplanung (siehe Punkt 5.5),
- Ausführungen, auf welche betriebliche Situation (z. B. Einrichten, Normalbetrieb, Instandhaltung, Reinigung) sich die Gefährdungen beziehen,
- die für die Ergebnisse der einzelnen Prozessschritte relevanten Unterlagen (z. B. Messprotokolle, Erkenntnisse aus Gesundheitsberichten, Unfallberichte),
- die verwendeten Beurteilungsmaßstäbe (siehe Punkt 5.3.1)
- Dokumente, aus denen die Entscheidungsfindung hervorgeht, wenn z. B. konkurrierende Schutzziele oder Maßnahmen abgewogen wurden,
- Angabe der Personen, die an der Gefährdungsbeurteilung beteiligt waren.

Hinweise:

1. *Hinsichtlich der Beteiligungsrechte der betrieblichen Interessenvertretung gelten die Bestimmungen des Betriebsverfassungsgesetzes bzw. der jeweiligen Personalvertretungsgesetze.*
2. *Der Arbeitgeber hat sicherzustellen, dass Betriebsärzte und Fachkräfte für Arbeitssicherheit zur Erfüllung ihrer Aufgaben nach den Bestimmungen des Arbeitssicherheitsgesetzes auf die Dokumentation zugreifen können.*

5.8 Fortschreiben

Die Gefährdungsbeurteilung ist kontinuierlich zu überprüfen und zu aktualisieren. Dazu sind insbesondere die in Punkt 4 Absatz 4 aufgeführten Grundsätze und Anlässe zu berücksichtigen.

6 Abweichende/ergänzende Anforderungen für Baustellen

(1) Auf Baustellen ist ergänzend zu Punkt 5.1 Absatz 7 der Sicherheits- und Gesundheitsschutzplan nach § 3 Absatz 2 Nummer 2 Baustellenverordnung in der Planungsphase zu berücksichtigen.

(2) Auf Baustellen kann ergänzend zu Punkt 5.7.3 der Sicherheits- und Gesundheitsschutzplan nach § 3 Absatz 3 Nummer 3 Baustellenverordnung für die Ausführungsphase eine weitere Unterlage der Dokumentation der Gefährdungsbeurteilung sein.

Ausgewählte Literaturhinweise

- GDA – gemeinsame Deutsche Arbeitsschutzstrategie: Leitlinie Gefährdungsbeurteilung und Dokumentation (http://www.gda-portal.de)
- Informationsportal der BAuA zur Gefährdungsbeurteilung: (http://www.gefaehrdungsbeurteilung.de)

Der Anhang der ASR V3 ist zu finden unter
https://shop.forum-verlag.com/beiblatt-3289-juni25.
Oder scannen Sie hierfür nebenstehenden QR-Code.

ASR A3.7
Lärm

Ausgabe: März 2021

1 Zielstellung

Diese ASR konkretisiert die in § 3a Absatz 1 und Anhang Nummer 3.7 der Arbeitsstättenverordnung genannten Anforderungen an die Reduzierung der Schalldruckpegel in Arbeitsstätten und an Arbeitsplätzen in Arbeitsräumen.

2 Anwendungsbereich

(1) Diese ASR gilt für das Einrichten und Betreiben von Arbeitsstätten und Arbeitsplätzen in Arbeitsräumen, um Gefährdungen und Beeinträchtigungen für Sicherheit und Gesundheit von Beschäftigten durch Lärmeinwirkungen zu vermeiden.

(2) Nicht Gegenstand dieser ASR sind Gefährdungen von Gesundheit und Sicherheit der Beschäftigten durch Lärmeinwirkungen einschließlich extra-auraler Wirkungen im Hörschallbereich mit Frequenzen zwischen 16 Hz und 16 kHz ab einem A-bewerteten äquivalenten Dauerschallpegel von 80 dB(A). Hierfür ist die Verordnung zum Schutz der Beschäftigten vor Gefährdungen durch Lärm und Vibrationen (Lärm- und Vibrations-Arbeitsschutzverordnung – LärmVibrationsArbSchV) einschließlich der sie konkretisierenden Technischen Regel (TRLV Lärm) anzuwenden.

Erforderliche Schallereignisse, die der gezielten akustischen Information der Beschäftigten dienen, werden von dieser ASR nicht erfasst.

Hinweis:
Schall dient der gezielten akustischen Information, wenn über das Gehör der Beschäftigten Schallereignisse erkannt oder überprüft werden müssen (z. B. Feueralarm, Statusmeldungen von Produktionsanlagen, Strömungsgeräusche an Ventilen, musikalische Übungen).

(3) Regelungen zu Ultraschall werden zu einem späteren Zeitpunkt eingefügt.

(4) Für Schalldruckpegel in Pausenräumen und Bereitschaftsräumen gilt die ASR A4.2 „Pausen- und Bereitschaftsräume“.

Für Lärm in Erste-Hilfe-Räumen gelten die baulichen Anforderungen gemäß ASR A4.3 „Erste-Hilfe-Räume, Mittel und Einrichtungen zur Ersten Hilfe“.

Für Unterkünfte gilt die ASR A4.4 „Unterkünfte“.

Hinweis:
Zusätzliche Anforderungen an die barrierefreie Gestaltung werden zu einem späteren Zeitpunkt als Anhang in die ASR V3a.2 „Barrierefreie Gestaltung von Arbeitsstätten“ eingefügt.

3 Begriffsbestimmungen

3.1 Der **A-bewertete äquivalente Dauerschallpegel L_{pAeq}** ist der zeitlich energetisch gemittelte, mit der Frequenzbewertung A aufgenommene Schalldruckpegel L_{pA}.

3.2 Ein **akustisches Gefahrensignal** signalisiert eine Gefahrensituation. Man unterscheidet entsprechend dem Dringlichkeitsgrad und den möglichen Auswirkungen der Gefahr auf Personen zwischen drei Arten von Gefahrensignalen: dringliche Rettungs- und Schutzmaßnahmen (Notsignal), sofortiges Verlassen des Gefahrenbereiches (Evakuierungssignal) und vorbeugende Handlungen (Warnsignal).

3.3 Der **Beurteilungspegel L_r** im Sinne dieser ASR ist eine Größe zur Kennzeichnung der typischen Schallimmission für eine Tätigkeit, bestimmt aus dem A-bewerteten äquivalenten Dauerschallpegel L_{pAeq} während der Tätigkeit unter Berücksichtigung von Zuschlägen für die Impulshaltigkeit (K_I = Impulszuschlag) sowie Ton- und Informationshaltigkeit (K_T = Zuschlag für Ton- und Informationshaltigkeit):

$$L_r = L_{pAeq} + K_I + K_T$$

Durch den **Impulszuschlag K_I** wird der erhöhten Störwirkung impulshaltiger Geräusche Rechnung getragen.

Der **Zuschlag für Ton- und Informationshaltigkeit K_T** berücksichtigt, dass Geräusche eine erhöhte Störwirkung haben, wenn sie einen Ton oder mehrere Töne enthalten oder informationshaltig sind und dadurch eine Person zum von ihr nicht gewünschten Mithören (z. B. von Gesprächen) anregen.

3.4 **Extra-aurale Lärmwirkungen** im Sinne dieser ASR sind physiologische, psychische und soziale Wirkungen von Schall auf den Menschen, mit Ausnahme der Wirkungen, die das Hörorgan betreffen.

3.5 **Eigengeräusche** sind Geräusche, die an dem betreffenden Arbeitsplatz durch eigene Gespräche mit anderen Personen sowie dem Arbeitsplatz zugeordnete Kommunikationssignale (z. B. Telefon, Rufanlage, Rückmeldung von Rechnertastatur oder Computer) entstehen.

3.6 Ein **Geräusch** charakterisiert ein Schallereignis, das nicht ausschließlich als Ton oder Klang bezeichnet werden kann (aperiodisches Schallereignis). Meistens sind Geräusche nicht zweckgebunden (z. B. Straßenverkehrslärm).

3.7 **Hintergrundgeräusche** sind von außen einwirkende Geräusche (z. B. durch Verkehr oder Produktion) und Geräusche, die durch fest eingebaute technische Anlagen verursacht werden (z. B. Lüftungstechnik).

3.8 **Lärm** im Sinne dieser ASR ist jeder Schall, der zu einer Beeinträchtigung des Hörvermögens oder zu einer sonstigen mittelbaren oder unmittelbaren Gefährdung von Sicherheit und Gesundheit der Beschäftigten führen kann.

3.9 Der mittlere **Schallabsorptionsgrad** $\bar{\alpha}$ ist ein Maß für das durchschnittliche Schallabsorptionsvermögen aller Oberflächen in einem Raum. Mit seiner Hilfe kann die Schallabsorption eines Raumes beschrieben werden.

3.10 Die **Nachhallzeit T** ist die Zeitspanne, während der der Schalldruckpegel in einem Raum nach Beenden der Schallfeldanregung um 60 dB abfällt.

3.11 **Reversible aurale Lärmwirkunge**n sind Wirkungen von Schall auf das Hörorgan, die zu zeitlich begrenzten Beeinträchtigungen des Hörvermögens führen.

3.12 **Der Schallabsorptionsgrad** α ist ein Maß für die absorbierende Wirkung einer Fläche. α entspricht dem nicht reflektierten Anteil der auf die

Fläche einfallenden Schallenergie. Der Wert von α liegt zwischen 0 (vollständige Reflexion) und 1 (vollständige Absorption).

3.13 Die **Sprachverständlichkeit** drückt aus, wie gut Sprache verstanden werden kann. Die Sprachverständlichkeit ist physikalisch unter anderem abhängig vom Schalldruckpegel der Sprache und der Hintergrundgeräusche, von der Nachhallzeit, der Raumform, den reflektierenden Flächen im Raum und der Raumgröße.

3.14 Ein **Störgeräusch** ist ein Geräusch, das die Wahrnehmbarkeit eines Nutzsignals beeinträchtigt.

3.15 **Tätigkeit** im Sinne dieser ASR ist eine zielgerichtet mit einer Aufgabenerfüllung verbundene Arbeit, die ein bestimmtes Maß an Konzentration oder eine bestimmte Qualität der Sprachverständlichkeit erfordert. An einem Arbeitsplatz können eine oder mehrere Tätigkeiten zu betrachten sein. Die Notwendigkeit für eine Differenzierung ergibt sich, wenn an dem Arbeitsplatz verschiedene Tätigkeiten ausgeübt werden, die unterschiedlich hohe Anforderungen an die Konzentration oder Sprachverständlichkeit stellen (unterschiedliche Tätigkeitskategorien nach Abschnitt 3.16). Für eine Einbeziehung in die Bewertung muss die Tätigkeit in einer Tätigkeitskategorie arbeitstäglich zusammenhängend oder summiert aus Teilabschnitten eine Zeitdauer von mindestens einer Stunde umfassen.

3.16 **Tätigkeitskategorie** ist die Einteilung der Tätigkeiten nach dem Maß der für die Erfüllung der Arbeitsaufgabe erforderlichen Konzentration oder Sprachverständlichkeit:

Tätigkeitskategorie I – hohe Konzentration oder hohe Sprachverständlichkeit:

Tätigkeiten, die eine andauernd hohe Konzentration erfordern, weil für die Erbringung der Arbeitsleistung z. B. schöpferisches Denken, eine kreative Entfaltung von Gedankenabläufen, exaktes sprachliches Formulieren, das Verstehen von komplexen Texten mit komplizierten Satzkonstruktionen, eine starke Zuwendung zu einem Arbeitsgegenstand oder -ablauf verbunden mit hohem Entscheidungsdruck, das Treffen von Entscheidungen mit großer Tragweite oder eine hohe Sprachverständlichkeit kennzeichnend sind.

(Beispiele für Tätigkeiten und Handlungen – allgemein überwiegend geistige Tätigkeiten, die eine hohe Konzentration verlangen: Besprechungen

und Verhandlungen in Konferenzräumen; Arbeiten in Bibliothekslesesälen; Wissensvermittlung durch Vorlesung oder Seminare sowie Prüfungen im akademischen oder schulischen Bereich; wissenschaftliches und kreatives Arbeiten; Entwickeln von Software; Treffen von Entscheidungen mit hoher Tragweite, gegebenenfalls unter Zeitdruck; ärztliche Untersuchungen, Behandlungen und Operationen; Entwerfen, Übersetzen, Diktieren, Aufnehmen und Korrigieren von schwierigen Texten; Optimieren von Software und Prozessschritten komplexer Transferstraßen; Teachen von Robotern in verketteten Roboter-Linien)

Tätigkeitskategorie II – mittlere Konzentration oder mittlere Sprachverständlichkeit:

Tätigkeiten, die eine mittlere bzw. nicht andauernd hohe Konzentration oder gutes Verstehen gesprochener Sprache bedingen, weil für die Erbringung der Arbeitsleistung z. B. üblicherweise Routineanteile, das heißt wiederkehrende ähnliche und leicht zu bearbeitende Aufgaben, das Treffen von Entscheidungen geringerer Tragweite (in der Regel ohne Zeitdruck) oder eine für Kommunikationszwecke erforderliche Sprachverständlichkeit kennzeichnend sind.

(Beispiele für Tätigkeiten und Handlungen – allgemeine Bürotätigkeiten und vergleichbare Tätigkeiten in der Produktion und Überwachung: informations- und kommunikationsgeprägte Tätigkeiten, wie Disponieren; Daten erfassen; Texte verarbeiten; Sachbearbeitung im Büro; psychomotorisch geprägte (feinmotorische) Tätigkeiten (Auge-Hand-Koordination); Arbeiten in Betriebsbüros und Laboratorien; Bedienen von Beobachtungs-, Steuerungs- und Überwachungsanlagen in geschlossenen Messwarten und Prozessleitwarten; Verkaufen, Bedienen von Kunden; Tätigkeiten mit Publikumsverkehr)

Tätigkeitskategorie III – geringere Konzentration oder geringere Sprachverständlichkeit:

Tätigkeiten, die eine geringere Konzentration infolge überwiegend vorgegebener Arbeitsabläufe mit hohen Routineanteilen erfordern sowie geringere Anforderungen an die Sprachverständlichkeit stellen.

(Beispiele für Tätigkeiten und Handlungen – allgemein industrielle und gewerbliche Tätigkeiten: einfache Montagearbeiten; handwerkliche Tätigkeiten (Fertigung, Installation); Tätigkeiten an Fertigungsmaschinen,

Vorrichtungen, Geräten; Warten, Instandsetzen und Reinigen technischer Einrichtungen und deren unmittelbare Beaufsichtigung; Bedienen von Bearbeitungsmaschinen für Metall, Holz und dergleichen; Reinigungsarbeiten; Lagerarbeiten; Einräumen von Ware)

3.17 **Tieffrequenter Schall** ist Schall mit dominierenden Energieanteilen im Frequenzbereich unter 100 Hz.

4 Extra-aurale und reversible aurale Lärmwirkungen

(1) Hinsichtlich der Gesundheitsgefährdung durch Lärm wird zwischen auralen (auf das Gehör bezogenen) und extra-auralen Lärmwirkungen unterschieden.

(2) Ab einem A-bewerteten äquivalenten Dauerschallpegel von 70 dB(A) kann als aurale Lärmwirkung eine reversible Hörminderung (Vertäubung) auftreten.

(3) Extra-aurale Lärmwirkungen zeigen sich unter anderem in verschiedenen physiologischen und psychischen Reaktionen, die über das zentrale und das vegetative Nervensystem des Menschen vermittelt werden. Diese Wirkungen entsprechen einer Stressreaktion. Sie haben keinen strengen Pegelbezug, entstehen in unmittelbarem zeitlichem Zusammenhang zur Schallexposition und klingen nach der Exposition schnell wieder ab (akute Wirkung). Andauernde Stressreaktionen können negative gesundheitliche Auswirkungen haben (chronische Wirkung).

(4) Extra-aurale Lärmwirkungen können je nach betrieblicher Situation und Arbeitsaufgabe folgende Bereiche betreffen (siehe Abbildung 1):

1. Beeinträchtigung der Sprachverständlichkeit und der akustischen Orientierung,
2. Störung der Arbeitsleistung (kognitive Leistung),
3. psychische Wirkung oder
4. physiologische Wirkung (Aktivierung des zentralen und vegetativen Nervensystems).

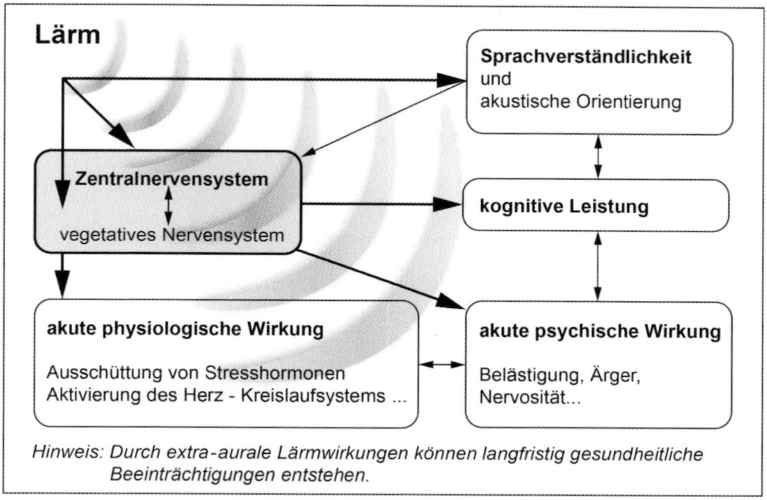

Abb. 1:Vereinfachte Darstellung akuter extra-auraler Lärmwirkungen

(5) Unfälle und arbeitsbedingte Gesundheitsgefährdungen können entstehen, wenn Fehlentscheidungen oder -leistungen zu einer Gefährdung des Beschäftigten oder anderer Personen führen. Lärm kann z. B.:

1. die Wahrnehmung von akustischen Gefahrensignalen beeinträchtigen,
2. die Aufmerksamkeit und Konzentration herabsetzen,
3. die Sprachkommunikation beeinträchtigen,
4. die Fehlerquote erhöhen,
5. die Reaktionsfähigkeit verringern,
6. die Risikobereitschaft erhöhen oder
7. die Sicherheit bei manuellen Tätigkeiten vermindern.

Weitere Erläuterungen enthält der Anhang 1.

5 Pegelwerte für Tätigkeiten an Arbeitsplätzen in Arbeitsräumen sowie raumakustische Anforderungen an Arbeitsräume

In Arbeitsstätten ist der Schalldruckpegel so niedrig zu halten, wie es nach der Art des Betriebes möglich ist.

5.1 Maximal zulässige Beurteilungspegel

(1) Während der Ausübung von Tätigkeiten der Tätigkeitskategorie I darf ein Beurteilungspegel von 55 dB(A) nicht überschritten werden.

(2) Während der Ausübung von Tätigkeiten der Tätigkeitskategorie II darf ein Beurteilungspegel von 70 dB(A) nicht überschritten werden.

(3) Während der Ausübung von Tätigkeiten der Tätigkeitskategorie III ist der Beurteilungspegel unter Berücksichtigung betrieblicher Lärmminderungsmaßnahmen soweit wie möglich zu reduzieren.

(4) Für Tätigkeiten, bei denen überwiegend sprachabhängige kognitive Aufgabenstellungen zu lösen sind (z. B. Korrektur und Bewertung von Prüfungsergebnissen, Übersetzungen, Verfassen und Redigieren von Texten und Dokumenten, Beratung zu komplexen Produkten und Dienstleistungen im Callcenter oder Beratungsbüro), sollen Arbeitsplätze ohne Belastung durch Hintergrundsprache zur Verfügung gestellt werden. Das Einspielen von Hintergrundrauschen als Maskierer für die Hintergrundsprache soll vermieden werden.

(5) Müssen zeitweilig Tätigkeiten der Tätigkeitskategorien I oder II (z. B. Arbeiten an einem Prüfstand in der Produktionshalle, Vor-Ort-Roboterprogrammierung, Optimieren von Software und Prozessschritten komplexer Transferstraßen, Teachen von Robotern in komplexen Roboterlinien) in einer Arbeitsumgebung verrichtet werden, in der die zulässigen Beurteilungspegel gemäß Abschnitt 5.1 Absätze 1 und 2 aus betriebstechnischen Gründen (z. B. keine Möglichkeit der Abschaltung von Maschinen oder der Nutzung von Produktionspausen) nicht eingehalten werden, sind die entsprechenden Arbeitsplätze – soweit möglich – durch Kapselung (Schallschutzkabinen) oder veränderte Arbeitsverfahren oder Arbeitsabläufe (z. B. Fernwartung und -programmierung, Einsatz mobiler Schallschutzkabinen) so zu gestalten, dass die Anforderungen eingehalten

werden. Im Ausnahmefall ist das Tragen persönlicher Schutzausrüstung gegen Lärm eine ergänzende Maßnahme. Die Anwendung von persönlicher Schutzausrüstung darf keine dauerhafte Maßnahme sein.

(6) Ist in bestehenden Arbeitsstätten die Einhaltung der maximal zulässigen Beurteilungspegel für Tätigkeiten nach Abschnitt 5.1 Absätze 1 bis 4 mit Aufwendungen verbunden, die offensichtlich unverhältnismäßig sind, so hat der Arbeitgeber zu prüfen, wie durch andere oder ergänzende Maßnahmen die Sicherheit und der Gesundheitsschutz der Beschäftigten in vergleichbarer Weise gesichert werden kann; die erforderlichen Maßnahmen hat er durchzuführen. Eine mögliche Maßnahme kann z. B. die Gestaltung der Arbeitsorganisation sein. Diese Maßnahmen können solange herangezogen werden, bis die bestehenden Arbeitsstätten wesentlich umgebaut oder die Arbeitsverfahren oder Arbeitsabläufe wesentlich umgestaltet werden. Wird persönliche Schutzausrüstung gegen Lärm zur Verfügung gestellt, darf dies keine dauerhafte Maßnahme sein.

5.2 Raumakustische Anforderungen

5.2.1 Raumakustische Anforderungen an Büroräume

In Büroräumen sollen in Abhängigkeit der Nutzungsart im unbesetzten Raum folgende Nachhallzeiten T in den Oktavbändern von 250 Hz bis 2 000 Hz nicht überschritten werden:

Callcenter (Büro für kommunikationsbasierte Dienstleistungen): T = 0,5 s,

Mehrpersonen- und Großraumbüro: T = 0,6 s,

Ein- und Zweipersonenbüro: T = 0,8 s.

Hinweis:
In der Regel besteht in Büroräumen der Bedarf einer guten Sprachverständlichkeit über geringe Entfernungen, bei der andere, nicht beteiligte Personen nicht gestört werden.

5.2.2 Akustische Anforderungen an Räume in Bildungsstätten

In Bildungsstätten, z. B. Kindertageseinrichtungen, Schulen, Hochschulen, darf in besetztem Zustand des Raumes für die Anforderung „Unterricht mit Personen ohne Bedürfnis nach erhöhter Sprachverständlichkeit“ die Nachhallzeit T_{soll} die mit nachfolgender Formel errechneten Werte in den Oktavbändern von 250 Hz bis 2000 Hz nicht überschreiten. Dabei ist in den Oktavbändern von 250 Hz bis 2000 Hz jeweils eine Toleranz von +/-20 % zulässig.

$T_{soll} = (0{,}32 \cdot \lg V/m^3 - 0{,}17)\ s$ mit V = Raumvolumen in m^3

Beispiel: Für einen Unterrichtsraum mit einem Raumvolumen von 210 m^3 errechnet sich demnach für den besetzten Zustand ein Sollwert für die Nachhallzeit von etwa 0,6 s.

Hinweis:
Gemäß Behindertengleichstellungsgesetz und vergleichbarer Landesregelungen sind öffentlich zugängliche Neubauten inklusiv zu errichten. Bei erhöhten Anforderungen an die Sprachverständlichkeit, z. B. bei Personen mit Hörminderung oder Fremdsprachenunterricht, kann es erforderlich sein, die Nachhallzeit weiter zu verringern.

5.2.3 Akustische Anforderungen an sonstige Räume mit Sprachkommunikation

(1) Alle sonstigen Arbeitsräume, in denen Sprachkommunikation erforderlich ist und die nicht in den Abschnitten 5.2.1 und 5.2.2 geregelt sind, sollen durch raumakustische Maßnahmen so gestaltet werden, dass ein mittlerer Schallabsorptionsgrad von mindestens $\bar{\alpha} = 0{,}3$ beim eingerichteten Raum erreicht wird.

(2) Als anzusetzender Schallabsorptionsgrad α des jeweiligen Oberflächenmaterials ist der arithmetische Mittelwert der Absorptionsgrade in den Oktavbändern mit den Mittenfrequenzen von 250 Hz, 500 Hz, 1000 Hz und 2000 Hz zu nehmen.

Alternativ ist in größeren Räumen (> 1000 m^3) im Abstandsbereich von 0,75 m bis 6 m eine mittlere Schalldruckpegelabnahme in den Oktavbändern mit den Mittenfrequenzen von 500 Hz bis 4000 Hz je Abstandsverdopplung von mindestens 4 dB ausreichend.

6 Beurteilung von Gefährdungen durch Lärm beim Einrichten von Arbeitsstätten

Wenn Arbeitsstätten eingerichtet oder wesentlich erweitert oder umgebaut oder die Arbeitsverfahren oder Arbeitsabläufe wesentlich umgestaltet werden, ist bereits bei der Planung zu berücksichtigen, dass die Beurteilungspegel für Tätigkeiten an Arbeitsplätzen in Arbeitsräumen sowie die raumakustischen Anforderungen an Arbeitsräume gemäß Abschnitt 5 eingehalten werden.

Hierbei sind insbesondere zu beachten:

1. die Bauakustik, Raumakustik sowie Maßnahmen zum Lärmschutz,
2. die Grundflächen für Arbeitsplätze und Arbeitsräume gemäß ASR A1.2 „Raumabmessungen und Bewegungsflächen“,
3. die Arbeitsaufgaben/Tätigkeit der Beschäftigten für die zu planenden Arbeitsräume,
4. die Arbeitsorganisation,
5. die Anforderungen an Arbeitsmittel gemäß BetrSichV,
6. die Belüftung der Arbeitsräume.

Hinweis:
Niedrige Schalldruckpegel der Hintergrundgeräusche in Arbeitsräumen erleichtern in der Regel das Einhalten von Beurteilungspegeln und ermöglichen in Räumen in Bildungsstätten in der Regel eine gute Kommunikation zwischen Sprecher und Hörer.

Die nachfolgende tabellarische Aufstellung enthält für verschiedene Raumarten die empfohlenen Höchstwerte für Hintergrundgeräusche, beschrieben durch den A-bewerteten äquivalenten Dauerschallpegel L_{pAeq}.

Raumart	*empfohlene Höchstwerte für A-bewertete äquivalente Dauerschallpegel L_{pAeq} durch Hintergrundgeräusche L_{pAeq} in dB(A)*
Konferenzraum, Klassenraum, Schulungsraum, Gruppenraum, Kindertagesstätte, Hörsaal, Seminarraum	*35*)*
Zweipersonenbüros	*40*)*
Großraumbüros	*45*)*
industrielle Laboratorien	*35*)/52**)*
Kontroll-/Steuerräume in der Industrie	*35*)/55**)*
industrielle Arbeitsstätten	*65**)/70***)*

*) *für maximalen Beurteilungspegel von 55 dB(A) nach Abschnitt 5.1*
**) *für maximalen Beurteilungspegel von 70 dB(A) nach Abschnitt 5.1*
***) *kein Beurteilungspegel*

7 Beurteilung von Gefährdungen durch Lärm beim Betreiben von Arbeitsstätten

(1) Beim Betreiben einer Arbeitsstätte können Halligkeit, schlechte Sprachverständlichkeit, störende Sprachgeräusche, tonhaltige Geräusche, deutlich wahrnehmbare Hintergrundgeräusche sowie Beschwerden von Beschäftigten über Lärm am Arbeitsplatz Hinweise auf unzureichende raumakustische Bedingungen, zu hohe Beurteilungspegel für Tätigkeiten an Arbeitsplätzen in Arbeitsräumen oder tieffrequente Schallbelastungen sein, die zu einer Gefährdung der Gesundheit der Beschäftigten führen können und im Rahmen der Gefährdungsbeurteilung weitere Ermittlungen und eine Beurteilung der akustischen Situation erfordern.

(2) Für die Beurteilung der Gefährdung durch Lärm sind typische und längerfristig stabile Betriebsabläufe in einer Arbeitsstätte oder an einem Arbeitsplatz zu betrachten. Einzelne, zufällige oder zeitweilige, vorübergehende Schalleinwirkungen durch Dritte, z. B. Lärm durch Einsatz- oder Abfallsammelfahrzeuge, Gartengeräte oder benachbarte Baustellen, sind nicht zu berücksichtigen.

(3) Die Beurteilung der akustischen Situation während des Betreibens der Arbeitsstätte kann mit einem vereinfachten Verfahren durch lärmbezogene Arbeitsplatzbegehung erfolgen (Abschnitt 7.1).

(4) Alternativ können auch weitergehende Ermittlungsverfahren zur differenzierten Beurteilung von Raumakustik, Lärmpegeln und tieffrequentem Schall angewendet werden (Abschnitte 7.2 bis 7.6):

1. Ermittlung der raumakustischen Kennwerte durch Abschätzung (Abschnitt 7.2),
2. Ermittlung der raumakustischen Kennwerte durch Messung (Abschnitt 7.3),
3. Ermittlung von Lärmpegeln für Tätigkeiten durch orientierende Messung (Abschnitt 7.4),
4. Ermittlung von Beurteilungspegeln für Tätigkeiten an Arbeitsplätzen in Arbeitsräumen (Abschnitt 7.5),
5. Bewertung von tieffrequentem Lärm (Abschnitt 7.6).

Hinweis zu Absatz 2:
Um die Belastung der Beschäftigten in Arbeitsstätten bei von Dritten verursachtem Baulärm zu reduzieren, ist mittels lärmbezogener Arbeitsplatzbegehung nach Absatz 3 oder orientierender Messung nach Abschnitt 7.4 Absatz 4 zu prüfen, ob organisatorische Regelungen (z. B. zeitweilige Verlagerung von Arbeitsplätzen in lärmärmere Bereiche, Anpassung der Arbeitsabläufe, der Pausen- oder Arbeitszeiten) oder im Ausnahmefall das Bereitstellen von persönlicher Schutzausrüstung (Gehörschutz) je nach Baufortschritt der Baustelle möglich und sinnvoll sind. Der Arbeitgeber kann außerdem bei der dafür zuständigen Stelle gegebenenfalls darauf hinwirken, dass Baustellen nach dem Stand der Lärmminderungstechnik betrieben werden.

Hinweis zu Absätzen 3 und 4:
Sind nach der ASR A3.6 „Lüftung" Lüftungszeiten erforderlich, sind diese beim Messen und Beurteilen zu berücksichtigen.

7.1 Vereinfachtes Verfahren durch lärmbezogene Arbeitsplatzbegehung

(1) Die lärmbezogene Arbeitsplatzbegehung dient zur Feststellung, ob am Arbeitsplatz unter Betriebsbedingungen störender oder belästigender Schall (Lärm) auftritt. Sie ist von mindestens zwei Personen unabhängig

voneinander zu Zeiten des längerfristig typischen Betriebsablaufs am zu beurteilenden Arbeitsplatz vorzunehmen.

(2) Bei der lärmbezogenen Arbeitsplatzbegehung ist insbesondere auf Folgendes zu achten:

1. Arbeitsplatz-/Raumgestaltung/Arbeitsorganisation:
   a) Wirkt der Raum hallig? Gibt es schallharte und glatte Materialien an Wänden, Decken, Fußböden sowie bei Einrichtungen, Einbauten usw. oder große Fensterflächen?
   b) Wie wird der Raum genutzt? Welche akustischen Anforderungen bestehen? Treten informationshaltige Geräusche, Sprachgeräusche oder andere störende Geräusche auf?
   c) Gibt es Besonderheiten in der Raumnutzung? Werden Tätigkeiten mit unterschiedlichen akustischen Anforderungen an Arbeitsplätze zur gleichen Zeit im gleichen Raum durchgeführt? Gibt es akustisch dominante Schallquellen am oder in der Nähe des Arbeitsplatzes?
2. Entsteht Lärm im Raum? Sind schallemittierende Geräte/Arbeitsmittel am Arbeitsplatz oder im Umfeld des Arbeitsplatzes angeordnet (Büro: z. B. Drucker; Produktion: z. B. Fördertechnik)?
3. Wird Lärm von außen eingetragen? Wirken Schallquellen außerhalb des Raumes (z. B. Maschinen, Verkehrslärm, Aufzugsanlagen) auf den Arbeitsplatz ein?

(3) Nur wenn sich durch die lärmbezogene Arbeitsplatzbegehung störender oder belästigender Schall (Lärm) eindeutig ausschließen lässt, sind keine weiteren Ermittlungen oder Maßnahmen erforderlich.

(4) Wird bei der lärmbezogenen Arbeitsplatzbegehung störender oder belästigender Schall (Lärm) festgestellt, hat der Arbeitgeber entweder Maßnahmen festzulegen, umzusetzen und eine Wirksamkeitskontrolle durchzuführen oder er hat geeignete weitergehende Ermittlungsverfahren gemäß Abschnitt 7 Absatz 4 auszuwählen und anzuwenden. Liegt nach einer Wirksamkeitskontrolle kein störender oder belästigender Schall (Lärm) mehr vor, sind keine weiteren Ermittlungen oder Maßnahmen erforderlich.

Den Ablauf des vereinfachten Verfahrens durch lärmbezogene Arbeitsplatzbegehung stellt Abbildung 2 dar.

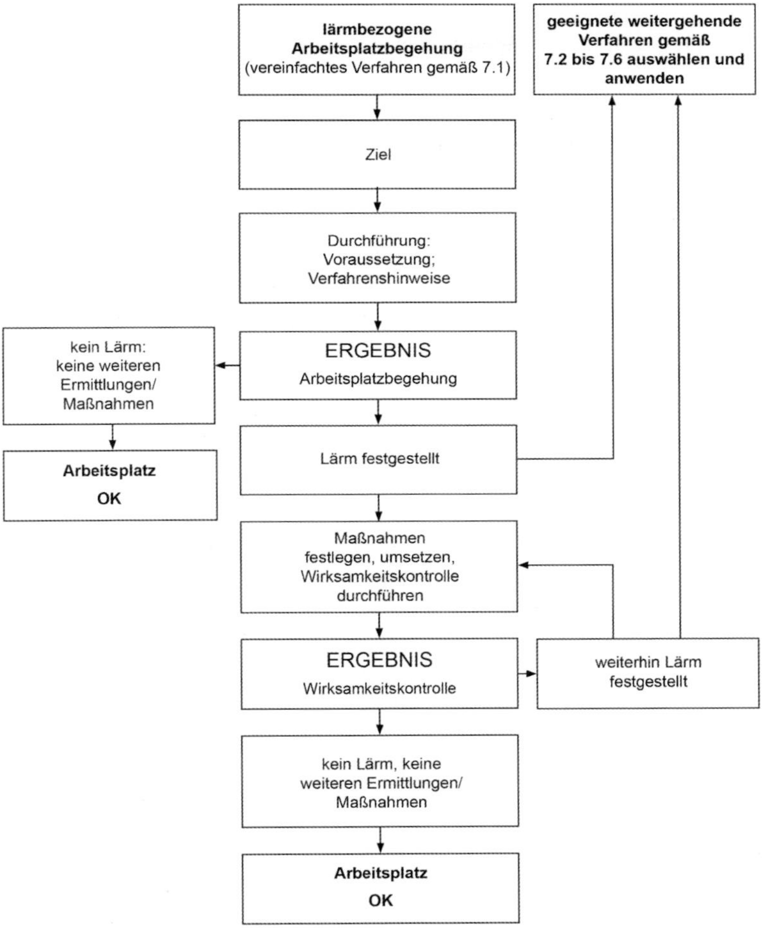

Abb. 2: Ablauf des vereinfachten Verfahrens durch lärmbezogene Arbeitsplatzbegehung

7.2 Ermittlung der raumakustischen Kennwerte durch Abschätzung

(1) Die Abschätzung der raumakustischen Kennwerte (Nachhallzeit, mittlerer Schallabsorptionsgrad) von Räumen in bestehenden Arbeitsstätten kann mit Kenntnis der Raumabmessungen und der Schallabsorptionsgrade der

raumbegrenzenden Oberflächen und der weiteren Oberflächen (z. B. Einrichtung, Trennwände) entsprechend des Anhangs 2 erfolgen.

(2) Lässt sich durch die Abschätzung der raumakustischen Kennwerte feststellen, dass die Anforderungen entsprechend Abschnitt 5.2 eingehalten werden, sind keine weiteren Ermittlungen oder raumakustischen Maßnahmen erforderlich.

(3) Wird durch die Abschätzung der raumakustischen Kennwerte festgestellt, dass diese nicht eingehalten werden, hat der Arbeitgeber Maßnahmen festzulegen, umzusetzen und eine Wirksamkeitskontrolle durchzuführen. Werden danach die Anforderungen entsprechend Abschnitt 5.2 eingehalten, sind keine weiteren Ermittlungen oder raumakustischen Maßnahmen erforderlich.

7.3 Ermittlung der raumakustischen Kennwerte durch Messung

(1) Alternativ zu Abschnitt 7.2 lassen sich die raumakustischen Kennwerte unter bestimmten Bedingungen (Raumdimensionen, Diffusität usw.) durch Messung der Nachhallzeit oder der mittleren Schalldruckpegelabnahme je Abstandsverdopplung ermitteln.

(2) Personen, die raumakustische Kennwerte ermitteln, müssen aufgrund ihrer fachlichen Ausbildung oder ihrer Erfahrungen entsprechende Kenntnisse über die Beurteilung der Raumakustik haben, z. B. unter der Anwendung der DIN EN ISO 3382-2:2008-09 oder der Anwendung des Verfahrens zur Ermittlung der mittleren Schalldruckpegelabnahme je Abstandsverdopplung gemäß TRLV Lärm Teil 3, Ausgabe Januar 2010, Abschnitt 4.3.2.

Hinweis:
Eine frequenzabhängige Ermittlung der Nachhallzeit ist notwendig für die Planung geeigneter Maßnahmen, z. B. den gezielten Einsatz frequenzadaptierter Absorber.

(3) Wenn für Räume entsprechend Abschnitt 5.2.1 und Abschnitt 5.2.2 die vorgegebenen Nachhallzeiten eingehalten werden, sind keine weiteren Ermittlungen oder raumakustische Maßnahmen erforderlich. Gleiches gilt für einen sonstigen Arbeitsraum mit Sprachkommunikation, wenn der aus der Nachhallzeit ermittelte mittlere Schallabsorptionsgrad oder die gemessene Schalldruckpegelabnahme je Abstandsverdopplung entsprechend Abschnitt 5.2.3 eingehalten wird.

(4) Wird durch die messtechnische Ermittlung der raumakustischen Kennwerte festgestellt, dass die Anforderungen entsprechend Abschnitt 5.2 nicht eingehalten werden, hat der Arbeitgeber Maßnahmen festzulegen, umzusetzen und eine Wirksamkeitskontrolle durchzuführen. Werden die Anforderungen danach eingehalten, sind keine weiteren Ermittlungen oder raumakustischen Maßnahmen erforderlich.

7.4 Ermittlung von Lärmpegeln für Tätigkeiten durch orientierende Messung

(1) Bei der orientierenden Messung ist der A-bewertete äquivalente Dauerschallpegel während der Tätigkeit zu ermitteln. Die Messung hat die während der Tätigkeit längerfristig typisch auftretenden Geräusche zu erfassen. Eigengeräusche sind bei der Messung nicht mit zu erfassen.

Hinweis:
Die orientierende Messung ist ein verkürztes und vereinfachtes Verfahren, das auf den Grundzügen des in der DIN 45645-2:2012-09 genormten Mess- und Beurteilungsverfahrens zur Ermittlung des Beurteilungspegels am Arbeitsplatz basiert.

(2) Für orientierende Messungen zur Ermittlung des Lärmpegels bei Tätigkeiten am Arbeitsplatz sind integrierende Schallpegelmesser der Klasse 1 oder 2 (Genauigkeit des Messgerätes) einzusetzen.

Hinweis:
Die Anforderungen an die Schallpegelmesser sind in DIN EN 61672-1:2014-07 genormt.

(3) Die Schallimmission wird mit dem Schallpegelmesser an dem Ort erfasst, an dem die Tätigkeit ausgeübt wird. Grundsätzlich wird diese Messung aus technischen Gründen so durchgeführt, dass die beschäftigte Person ihren Arbeitsplatz nicht einnimmt (Schallreflexionen, Abschattungseffekte). Das Mikrofon wird dabei an der üblichen Position des Kopfes in Höhe der Augen gehalten. Sollte die Anwesenheit der beschäftigten Person am Arbeitsplatz während der Messung erforderlich sein, ist das Mikrofon in Ohrnähe der beschäftigten Person so zu positionieren, dass die Geräuscheinwirkung auf das Mikrofon nicht durch den Körper der beschäftigten Person behindert wird.

(4) Die Messzeit muss nach Art, Ausmaß und Dauer (Abbildung 3) jeweils lang genug sein, um den mittleren Schalldruckpegel der betrachteten Schalleinwirkung zu erfassen, das heißt, die Messung muss sich nicht über die gesamte Zeitdauer der betrachteten Schalleinwirkung erstrecken:

1. Bei konstanter Schalleinwirkung ist erfahrungsgemäß eine Messzeit von circa 20 s je Messung ausreichend.
2. Bei periodisch schwankenden Schalleinwirkungen ist mindestens ein vollständiger Zyklus je Messung zu erfassen.
3. Bei zeitlich zufällig schwankenden Schalleinwirkungen ist je Messung eine längere Messzeit erforderlich, die sich gegebenenfalls über den gesamten Geräuschabschnitt erstrecken muss.

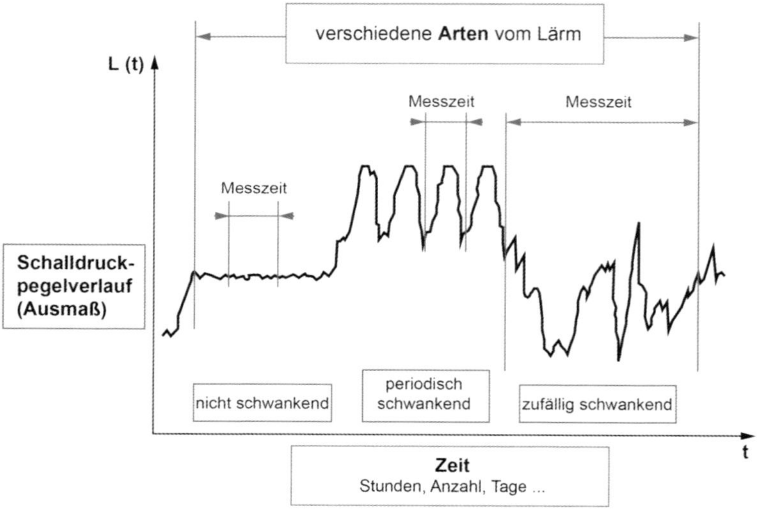

Abb. 3: Art, Ausmaß und Dauer der Lärmeinwirkung, nach TRLV Lärm Teil 2 „Messung von Lärm". Technische Regel zur Lärm- und Vibrations-Arbeitsschutzverordnung, August 2017

(5) Die Messung kann jeweils beendet werden, wenn erkennbar ist, dass sich der angezeigte A-bewertete äquivalente Dauerschallpegel L_{pAeq} durch alle zu erwartenden weiteren Geräuschbeiträge nicht mehr nennenswert ändert.

(6) Weitere Ermittlungen oder Maßnahmen sind nicht erforderlich, wenn

1. bei Tätigkeiten der Tätigkeitskategorie I durch orientierende Messung festgestellt wird, dass der A-bewertete äquivalente Dauerschallpegel während der Tätigkeit weniger als 46 dB(A) beträgt,
2. bei Tätigkeiten der Tätigkeitskategorie II durch orientierende Messung festgestellt wird, dass der A-bewertete äquivalente Dauerschallpegel während der Tätigkeit weniger als 61 dB(A) beträgt.

(7) Wird durch die orientierende Messung festgestellt, dass die Werte nach Absatz 6 Nummer 1 oder 2 überschritten werden, kann der Arbeitgeber Maßnahmen festlegen, umsetzen und eine Wirksamkeitskontrolle durchführen. Werden danach die Werte nach Absatz 6 Nummer 1 oder 2 eingehalten, sind keine weiteren Ermittlungen zu Pegelwerten bei Tätigkeiten in Arbeitsräumen erforderlich.

Alternativ kann er auch durch das Verfahren zur Ermittlung von Beurteilungspegeln für Tätigkeiten an Arbeitsplätzen in Arbeitsräumen überprüfen, ob die Anforderungen nach Abschnitt 5.1 eingehalten werden.

7.5 Ermittlung von Beurteilungspegeln für Tätigkeiten an Arbeitsplätzen in Arbeitsräumen

(1) Die Ermittlung des Beurteilungspegels am Arbeitsplatz umfasst mindestens folgende Arbeitsschritte:

1. Arbeitsplatzanalyse,
2. Durchführung der Messung,
3. Bestimmung der Zuschläge,
4. Umgang mit Messunsicherheiten.

Hinweis:
Ein geeignetes Verfahren ist das in DIN 45645-2:2012-09 dargestellte Mess- und Beurteilungsverfahren.

(2) Die Ermittlung des Beurteilungspegels verlangt von der durchführenden Person mindestens Kenntnisse:

1. über die Inhalte der ASR A3.7 „Lärm“,
2. über das Beurteilungsverfahren z. B. nach DIN 45645-2:2012-09,
3. über die zu bestimmenden Messgrößen, Zuschläge und Messunsicherheiten.

(3) Zur Ermittlung des Beurteilungspegels ist es gegebenenfalls erforderlich, dass die für den Arbeitgeber tätig werdenden Personen Einsicht in alle für die Ermittlung erforderlichen Unterlagen nehmen können und alle notwendigen Informationen über Arbeitsprozesse und Organisation der Arbeiten erhalten, z. B. die Art der Tätigkeit der Beschäftigten, die Dauer der Lärmeinwirkung.

(4) Am zu beurteilenden Arbeitsplatz ist durch eine Arbeitsplatzanalyse zu ermitteln, welche Schallimmissionen auf die beschäftigte Person über welche Zeiträume einwirken, ob impuls- oder ton- und informationshaltige Geräusche vorliegen und ob die angetroffenen Schallsituationen für eine festzulegende Nutzungsphase repräsentativ sind. Jede charakteristische Schallsituation ist eigenständig zu betrachten, wenn sie eine Stunde oder länger anhält. Für diese Zeiträume sind die Beurteilungs-pegel jeweils separat zu ermitteln.

(5) Für die Messung gelten die Ausführungen unter Abschnitt 7.4 Absätze 2 bis 5. Es sind jedoch geprüfte Messgeräte zu verwenden. Zusätzlich wird die Impulshaltigkeit der Schallimmission ermittelt. Eigengeräusche sind wie bei der Messung nach Abschnitt 7.4 Absatz 1 nicht mit zu erfassen.

(6) Zur Bestimmung der Zuschläge K_I und K_T gelten folgende Regeln:

1. Kein Zuschlag K_I für impulshaltigen Schall, wenn die Differenz aus L_{pAIeq} und L_{pAeq} kleiner als 3 dB(A) ist. Bei einer Differenz von mindestens 3 dB entspricht der Impulszuschlag K_I der gemessenen Differenz, jedoch maximal einem Wert von 6 dB(A).
2. Der Zuschlag K_T für ton- und informationshaltigen Schall ist je nach Auffälligkeit und Störwirkung mit 0 dB(A), 3 dB(A) oder 6 dB(A) anzusetzen.
3. Die Summe beider Zuschläge ist auf 6 dB(A) begrenzt.

(7) Der Beurteilungspegel L_r für die zu beurteilende Tätigkeit ergibt sich als Summe aus dem A-bewerteten äquivalenten Dauerschallpegel L_{pAeq} während der Tätigkeit und den bestimmten Zuschlägen für Impulshaltigkeit (K_I) sowie Ton- und Informationshaltigkeit (K_T):

$$L_r = L_{pAeq} + K_I + K_T$$

(8) Liegen die ermittelten Beurteilungspegel für die Tätigkeit am zu beurteilenden Arbeitsplatz oberhalb der in Abschnitt 5.1 vorgegebenen Werte,

hat der Arbeitgeber Maßnahmen festzulegen, umzusetzen und eine Wirksamkeitskontrolle durchzuführen.

(9) Liegen die ermittelten Beurteilungspegel für die Tätigkeit am zu beurteilenden Arbeitsplatz unterhalb der in Abschnitt 5.1 vorgegebenen Werte, sind keine weiteren Maßnahmen zur Pegelminderung erforderlich.

7.6 Bewertung von tieffrequentem Lärm

(1) Zur Bewertung tieffrequenter Geräusche können ergänzende Messungen erforderlich sein. Besteht eine begründete Möglichkeit der Einwirkung tieffrequenter Lärmanteile, sind gesonderte messtechnische Überprüfungen erforderlich. Weitere Erkenntnisse kann dazu eine Terzanalyse z. B. entsprechend DIN 45680:1997-03 ergeben.

(2) Eine begründete Möglichkeit ergibt sich z. B. daraus, dass die Wahrnehmungsschwelle für tieffrequenten Schall überschritten wird und sich Symptome der Beschäftigten (siehe Anhang 1) beim Verlassen des Arbeitsplatzes verringern.

(3) Wird die Einwirkung tieffrequenter Lärmanteile festgestellt, die die Sicherheit und Gesundheit der Beschäftigten beeinträchtigen, hat der Arbeitgeber Maßnahmen festzulegen, umzusetzen und eine Wirksamkeitskontrolle durchzuführen.

8 Maßnahmen zum Lärmschutz

(1) Bei Maßnahmen zum Lärmschutz ist folgende Rangfolge zu beachten: technische Maßnahmen stehen vor organisatorischen und persönlichen.

(2) Die Gestaltung lärmarmer Arbeitsstätten ist schon bei der Planung zu berücksichtigen.

(3) Beim Einrichten und Betreiben der Arbeitsstätte ist auf die Auswahl lärmarmer Arbeitsmittel zu achten. Dabei sind bei Maschinen die vom Hersteller nach der Neunten Verordnung zum Produktsicherheitsgesetz (9. ProdSV) in der Betriebsanleitung anzugebenden Geräuschemissionswerte zu berücksichtigen.

(4) Die raumakustischen Maßnahmen sind auf den Arbeitsplatz und die jeweilige Tätigkeit abzustimmen.

(5) Maßnahmen zum Lärmschutz sind erforderlich, wenn dies als Ergebnis von Abschnitt 6 oder Abschnitt 7 festgestellt wurde.

(6) Zusätzlich können im Rahmen der Gefährdungsbeurteilung weitere Maßnahmen zum Lärmschutz erforderlich werden, die sich aufgrund identifizierbarer und vermeidbarer akustischer Störquellen ergeben (z. B. pfeifende oder schleifende Lüfter, akustische Rückkopplungen in Telefonanlagen, tieffrequente Geräusche).

(7) Ist in bestehenden Arbeitsstätten die Verbesserung des Schallschutzes baulicher Anlagen, die zum Zeitpunkt ihrer Errichtung oder der Änderung oder des Austausches wesentlicher Bauteile den gültigen bauordnungsrechtlichen Vorgaben zum Schallschutz entsprachen, mit Aufwendungen verbunden, die offensichtlich unverhältnismäßig sind, hat der Arbeitgeber zu prüfen, wie durch andere oder ergänzende Maßnahmen die Sicherheit und der Gesundheitsschutz der Beschäftigten in vergleichbarer Weise gesichert werden kann. Die erforderlichen Maßnahmen hat er durchzuführen. Eine solche Maßnahme kann z. B. das Einbringen weiterer raumakustisch wirksamer Elemente in Arbeitsräumen sein. Die ergänzenden Maßnahmen können solange herangezogen werden, bis die bestehenden Arbeitsstätten wesentlich umgebaut oder die baulichen Anlagen erheblich umgestaltet werden.

8.1 Technische Schutzmaßnahmen

Bei den technischen Maßnahmen hat die Lärmminderung an der Quelle (primäre Schutzmaßnahme) Vorrang vor der Lärmminderung auf dem Ausbreitungsweg und raumakustischen Maßnahmen (sekundäre Schutzmaßnahme).

8.1.1 Lärmminderung an der Quelle (primäre Schutzmaßnahme)

(1) Quellen für Lärm können sich sowohl in der Arbeitsstätte befinden als auch außerhalb liegen.

(2) Möglichkeiten zur Lärmminderung an der Quelle innerhalb der Arbeitsstätte bestehen z. B. an folgenden Schallquellen:

1. Gebäudeeinrichtungen und -ausstattungen
   a) Lüftungs-/Klimaanlagen
   b) Transformatoren
   c) Heizungs- und Sanitäranlagen
   d) schallharte Fußböden (Trittschall)
   e) Türen
   f) Motoren
   g) Kompressoren
   h) Druckluftentnahmestellen

2. Arbeitsmittel und Einrichtungen
   a) Werkzeuge
   b) Fertigungsmaschinen
   c) Bürogeräte
   d) Küchengeräte
   e) Medizingeräte
   f) Kommunikationsgeräte
   g) Transportwagen
   h) Tische und Stühle.

Hinweis:
Lärmarme Arbeitsmittel sind nach Beschaffung durch Instandhaltung möglichst im ursprünglichen Emissionszustand zu erhalten, z. B. ausgeschlagene Rechnerlüfter austauschen. In Kindertagesstätten z. B. Geschirrwagen und Spielzeuge mit Gummibereifung ausstatten, häufig bewegte Tische und Stühle mit Gleitern versehen und lärmarmes Geschirr sowie schalldämpfende Geschirrunterlagen verwenden.

8.1.2 Lärmminderung auf dem Übertragungsweg und raumakustische Maßnahmen (sekundäre Schutzmaßnahme)

(1) Von außerhalb des Raumes kommende Geräusche, z. B. Schallübertragungen von Raum zu Raum und lärmerzeugende Vibrationen in Arbeitsstätten können durch Dämpfung, Entkopplung oder Dämmung verringert werden. Zur Minderung von Lärm, der außerhalb der Arbeitsstätte entsteht (z. B. Verkehrslärm, Nachbarschaftslärm) können Wände, Fenster, Türen und Dächer akustisch wirksam gestaltet werden.

(2) Innerhalb des Raumes entstehende Geräusche können durch raumakustische Maßnahmen z. B. mit Stellwänden, Abschirmungen und Möbeln

bereichsweise abgeschirmt werden. Zur Verringerung der Schallreflexionen können raumakustisch wirksame Absorptionsflächen vorgesehen werden. Auch Möbel, Dekorationen, Warenregale auf Verkaufsflächen des Einzelhandels, Raumtextilien und Bodenbeläge können raumakustisch wirksam sein.

8.1.3 Lärmminderung durch Raum-in-Raum-Lösungen

Lärm, der in einem Arbeitsraum entsteht und der nicht in einen weiteren Arbeitsbereich in diesem Arbeitsraum übertragen werden soll, kann wirksam durch eine Raum-in-Raum-Lösung (z. B. stationäre oder mobile Schallschutzkabinen, Meisterräume, Wartungs- und Steuerungsräume) verringert werden.

8.1.4 Schutzmaßnahmen gegen tieffrequenten Lärm

(1) Die Entkopplung tieffrequenter Schallquellen (z. B. haustechnische Anlagen und Geräte) vom Gebäude kann die Weiterleitung tieffrequenten Schalls vermindern.

(2) Zur Schalldämmung von tieffrequentem Lärm sind in der Regel massive Wände und spezielle Schallschutzfenster erforderlich. Freistehende Mauern oder Wände zur Raumteilung sind zur Schalldämmung gegen tieffrequenten Lärm in der Regel nicht wirksam. Besser ist die Einbindung in weitere Bauelemente (Decke, Boden, Seitenwände).

(3) Liegt der tieffrequente Lärm nur mit einer bestimmten Frequenz vor, sind Resonanzabsorber geeignet.

(4) In Einzelfällen kann durch die Technik der aktiven Lärmunterdrückung (Gegenschall oder Active Noise Control = ANC) eine Verbesserung der Lärmsituation herbeigeführt werden.

Hinweis:
Persönlicher Gehörschutz ist bei tieffrequentem Schall geringer wirksam als im Hörfrequenzbereich und als Maßnahme zum Schutz gegen tieffrequenten Lärm nur beschränkt geeignet.

8.2 Organisatorische Maßnahmen

(1) Unter organisatorischen Lärmminderungsmaßnahmen sind Änderungen zu verstehen, die zu einer räumlichen oder zeitlichen Trennung von der Lärmquelle und damit geringeren Lärmexposition der Beschäftigten führen.

(2) Sprache oder andere Arbeitsgeräusche können eine Lärmquelle darstellen, wenn sie mit der eigenen Tätigkeit nicht im Zusammenhang stehen. Zur Lärmminderung kann eine räumliche oder zeitliche Trennung von Beschäftigten mit unterschiedlichen Tätigkeiten oder wenig Interaktionsbedarf untereinander beitragen.

(3) Beispiele für mögliche organisatorische Maßnahmen sind:

1. generell:
   a) Kommunikationsregeln erstellen und beachten
2. Büro:
   a) Ausweichräume für konzentriertes Arbeiten oder Besprechungen/Telefonate vorsehen
   b) Festlegen von Zeitfenstern oder Räumlichkeiten
   c) Server, Drucker und Kopierer in separaten Räumen unterbringen
   d) größere Druckaufträge in Zeiten mit Personalabwesenheit verlagern
3. Bildungsbereich:
   a) Bewegungs- und Ruheräume räumlich voneinander trennen
   b) laute Spielphasen in separate Räume oder in den Außenbereich verlagern
   c) Bewegungs- und Ruhephasen zeitlich voneinander trennen
   d) Ruhezeichen einführen, z. B. Handzeichen, Lärmampeln oder andere Hilfsmittel
   e) Mehrzweck- oder Werkräume nicht in unmittelbarer Nähe von Klassen- oder Gruppenräumen anordnen
4. Produktionsbereich:
   a) Räume für Tätigkeiten der Tätigkeitskategorien I oder II nicht in unmittelbarer Nähe zu lauten Räumen, z. B. Produktionsstätten, anordnen
   b) Durchführung von Bildschirmarbeiten, Steuerungseinstellungen für Maschinen und Anlagen in lärmarmen Bereichen.

8.3 Verhaltenspräventive und persönliche Maßnahmen

(1) Verhaltenspräventive Maßnahmen können durch Unterweisung oder Information, z. B. zu lärmarmen Arbeiten, Vermeiden unnötiger Lärmerzeugung und tätigkeitsfremder Geräuschquellen (Radio usw.), vermittelt werden.

Hinweis:
Die Beschäftigten haben entsprechend § 15 ArbSchG die Verpflichtung, durch eigenes Handeln zur Lärmminderung beizutragen.

(2) Zum persönlichen Lärmschutz kann der Arbeitgeber Hilfsmittel, z. B. Gehörschutz, zur Verfügung stellen, die die Beschäftigten anwenden können. Dabei ist zu beachten, dass Sprachverständlichkeit und akustische Orientierung beeinträchtigt werden können.

9 Abweichende/ergänzende Anforderungen für Baustellen

(1) Die Anforderungen des Abschnitts 5 gelten nicht für Arbeitsräume auf Baustellen, die für die Dauer der Bauarbeiten eingerichtet sind, wie

1. Fertigungsstätten (z. B. Schalungsbauwerkstätten, Rohrmontagehallen, Lüftungsbauhallen) oder
2. Reparatur- und Wartungsstätten (z. B. für Baumaschinen und Geräte, elektrische Betriebsmittel sowie Fahrzeuge).

Während der Ausübung von Tätigkeiten in diesen Arbeitsräumen ist der Beurteilungspegel unter der Berücksichtigung betrieblicher Lärmminderungsmaßnahmen soweit wie möglich zu reduzieren.

Hinweis:
Anforderungen an Sicherheit und Gesundheitsschutz für diese Tätigkeiten in diesen Arbeitsräumen auf Baustellen ergeben sich insbesondere aus der Lärm- und Vibrations-Arbeitsschutzverordnung.

(2) Abweichend von Abschnitt 5.1 Absatz 1 soll für die Dauer der Bauarbeiten an eingerichteten Büroarbeitsplätzen auf Baustellen ein äquivalenter Dauerschallpegel L_{pAeq} von 70 dB(A) nicht überschritten werden.

(3) Abweichend von Abschnitt 6 und Abschnitt 8 Absatz 2 sollen für die Dauer der Bauarbeiten für Arbeitsräume auf Baustellen, in denen Büroarbeits-

plätze vorgesehen sind, Maßnahmen zum Lärmschutz eingeplant werden, um den äquivalenten Dauerschallpegel L_{pAeq} gemäß Abschnitt 9 Absatz 2 einhalten zu können.

Hinweis:
Hinweise aus dem SiGePlan nach BaustellV sind zu berücksichtigen.

(4) Keine Anwendung auf Baustellen finden die Abschnitte 7.2 und 7.3.

Hinweis: Auf den Abdruck der Anhänge wurde verzichtet.

Literaturhinweise

- Verordnung zum Schutz der Beschäftigten vor Gefährdungen durch Lärm und Vibrationen – LärmVibrationsArbSchV
- Technische Regel zur Lärm- und Vibrations-Arbeitsschutzverordnung, Teil Allgemeines (TRLV Lärm Teil Allgemeines)
- Technische Regel zur Lärm- und Vibrations-Arbeitsschutzverordnung, Teil 1 (TRLV Lärm Teil 1): Beurteilung der Gefährdung durch Lärm. Anhang 2: Hinweise zu tatsächlichen oder möglichen Gefährdungen von Gesundheit und Sicherheit der Beschäftigten durch Lärmeinwirkungen
- Technische Regel zur Lärm- und Vibrations-Arbeitsschutzverordnung, Teil 2 (TRLV Lärm Teil 2): Messung von Lärm
- Technische Regel zur Lärm- und Vibrations-Arbeitsschutzverordnung, Teil 3 (TRLV Lärm Teil 3): Lärmschutzmaßnahmen
- DGUV Regel 102-002 Kindertageseinrichtungen 04/2009
- DGUV Regel 115-402 Branche Call Center 01/2017
- DGUV Information 215-443 Akustik im Büro, Version 1.0 06/2011, Version 1.1 aktualisiert 09/2012
- DGUV-Information FB HM-018 Lärmstress am Arbeitsplatz 10/2013
- DIN 4109-1:2016-07 Schallschutz im Hochbau, Teil 1: Mindestanforderungen

- DIN 45645-2:2012-09 Ermittlung von Beurteilungspegeln aus Messungen, Teil 2: Ermitt- lung des Beurteilungspegels am Arbeitsplatz bei Tätigkeiten unterhalb des Pegelbereiches der Gehörgefährdung
- DIN 45641:1990-06 Mittelung von Schallpegeln
- DIN 18041:2016-03 Hörsamkeit in Räumen – Anforderungen, Empfehlungen und Hin- weise für die Planung
- DIN EN ISO 3382-2:2008-09 Akustik – Messung von Parametern der Raumakustik, Teil 2: Nachhallzeit in gewöhnlichen Räumen
- DIN 33404-3:2016-04 Gefahrensignale – Akustische Gefahrensignale, Teil 3: Einheitliches Notfallsignal
- DIN EN ISO 7731:2008-12 Ergonomie – Gefahrensignale für öffentliche Bereiche und Arbeitsstätten – Akustische Gefahrensignale
- DIN 45680:1997-03 Messung und Bewertung tieffrequenter Geräusche in der Nachbar- schaft
- DIN EN ISO 11690-1:1997-02 Akustik – Richtlinien für die Gestaltung lärmarmer maschi- nenbestückter Arbeitsstätten, Teil 1: Allgemeine Grundlagen
- DIN EN ISO 9612:2009-09 Akustik – Bestimmung der Lärmexposition am Arbeitsplatz – Verfahren der Genauigkeitsklasse 2 (Ingenieurverfahren)
- DIN EN 61672-1:2014-07 Elektroakustik – Schallpegelmesser, Teil 1: Anforderungen
- Akustische Gestaltung von Bildschirmarbeitsplätzen in Büros (Probst, W.). Quartbroschüre: Technik, T26. 4. Auflage, BAuA, Dortmund: 2006
- Akustische Gestaltung von Bildschirmarbeitsplätzen in der Produktion (Probst, W.). Quart- broschüre: Technik, T27. 2. Auflage, BAuA, Dortmund: 2004
- Lärm in Bildungsstätten (INQA, BAuA), Quartbroschüre, 2. Auflage, Dortmund: 2010
- Lärmprävention in Kindertageseinrichtungen (Unfallkasse NRW, Berufsgenossenschaft für Gesundheitsdienst und Wohlfahrtspflege – BGW), 6. aktualisierte Auflage 06/2017

ASR A4.1
Sanitärräume

Ausgabe: September 2013
zuletzt geändert GMBl 2022, S. 212

1 Zielstellung

Diese ASR konkretisiert die in § 3a Absatz 1 und § 4 Absatz 2 der Arbeitsstättenverordnung sowie die insbesondere in den Punkten 4.1 und 5.2 Absatz 1 a), d) und f) des Anhanges genannten Anforderungen für das Einrichten und Betreiben von Sanitärräumen und Waschgelegenheiten für Arbeitsstätten.

2 Anwendungsbereich

Diese ASR gilt für das Einrichten und Betreiben von Sanitärräumen sowie von Waschgelegenheiten in Arbeitsstätten, die den Beschäftigten zur Verfügung stehen.

Hinweis:
Zusätzliche Anforderungen an die barrierefreie Gestaltung werden zu einem späteren Zeitpunkt als Anhang in die ASR V3a.2 „Barrierefreie Gestaltung von Arbeitsstätten" eingefügt.

3 Begriffsbestimmungen

3.1 **Sanitärräume** sind Umkleide-, Wasch- und Toilettenräume.

3.2 **Sanitäreinrichtungen** sind Einrichtungen, die es den Beschäftigten ermöglichen, sich zu waschen, sich umzukleiden oder die Toilette bzw. das Urinal zu benutzen.

3.3 **Toilettenräume** beinhalten mindestens eine Toilette und eine Handwaschgelegenheit sowie gegebenenfalls Urinal und Toilettenzelle.

3.4 **Toilettenzellen** sind von innen absperrbare, durch Trennwände vom Toilettenraum getrennte Bereiche mit einer Toilette.

3.5 Ein **Vorraum** ist ein vollständig abgetrennter Bereich in einem Toilettenraum, um z. B. das Überströmen von geruchsbelasteter Luft zu vermeiden und ggf. die Handwaschgelegenheiten aufzunehmen.

3.6 Eine **mobile, anschlussfreie Toilettenkabine** ist eine transportable, geschlossene, absperrbare Einheit mit einer Toilette und einem Fäkalientank für den anschlussfreien Einsatz zur Einpersonennutzung, vorzugsweise ausgestattet mit einer integrierten Handwaschgelegenheit.

3.7 **Toiletten** sind Toilettenbecken oder Hocktoiletten.
Hinweis: Dies entspricht den Begriffen Klosettbecken bzw. Hockklosetts.

3.8 **Urinale** sind Bedürfnisstände ausgeführt als Becken oder Rinnen.

3.9 **Waschräume** sind Räume mit Einrichtungen (z. B. Waschplätze, Duschen), die es den Beschäftigten ermöglichen, sich den hygienischen Erfordernissen entsprechend zu reinigen.

3.10 **Waschplätze in Waschräumen** sind Zapfstellen an Einzelwaschtischen, Reihenwaschanlagen, Rundwaschanlagen oder gleichwertigen Anlagen.

3.11 **Waschgelegenheiten** sind Einrichtungen mit fließendem Wasser und einem geschlossenen Wasserabflusssystem, die es den Beschäftigten ermöglichen, sich den hygienischen Erfordernissen entsprechend zu reinigen.

3.12 **Art der Tätigkeit** im Sinne des Anhangs 4.1 Absatz 2 Satz 1 ArbStättV bezieht sich z. B. auf schmutzende Arbeit, Hitze- oder Kältearbeit oder Arbeit in Nässe.

3.13 **Gesundheitliche Gründe** im Sinne des Anhangs 4.1 Absatz 2 Satz 1 ArbStättV liegen vor, wenn Beschäftigte insbesondere infektiösen, sensibilisierenden oder gefährlichen Stoffen bzw. Gemischen ausgesetzt sind.

3.14 **Bewegungsfläche** im Sinne dieser ASR ist die zusammenhängende unverstellte Bodenfläche in Sanitärräumen, die zur uneingeschränkten Nutzung durch den Beschäftigten zur Verfügung steht.

4 Allgemeines

(1) In Sanitärräumen dürfen keine Gegenstände oder Arbeitsstoffe (insbesondere keine Gefahrstoffe) aufbewahrt werden, die nicht zur zweckentsprechenden Einrichtung dieser Räume gehören.

(2) In Sanitärräumen darf eine lichte Höhe von 2,50 m nicht unterschritten werden. In bestehenden Arbeitsstätten ist bis zu einem wesentlichen Umbau eine geringere lichte Höhe zulässig, soweit sie dem Bauordnungsrecht der Länder entspricht. Anforderungen zur Bewegungsfläche in Sanitärräumen sind den Punkten 5.3, 6.3 und 7.3 zu entnehmen.

(3) Trennwände, Türen und Fenster von Sanitärräumen müssen so angeordnet oder beschaffen sein, dass eine Einsicht von außen nicht möglich ist.

(4) Die Beleuchtung in Sanitärräumen richtet sich nach den Anforderungen der ASR A3.4 „Beleuchtung". Wird eine Spiegelbeleuchtung eingesetzt, soll die vertikale Mindestbeleuchtungsstärke 500 lx betragen.

(5) Die Lufttemperatur in Sanitärräumen ist in der ASR A3.5 „Raumtemperatur" geregelt.

(6) Für weibliche und männliche Beschäftigte sind getrennte Sanitärräume einzurichten. In Betrieben mit bis zu neun Beschäftigten kann auf getrennt eingerichtete Toiletten-, Wasch- und Umkleideräume für weibliche und männliche Beschäftigte verzichtet werden, wenn eine zeitlich getrennte Nutzung sicher gestellt ist. Dabei ist ein unmittelbarer Zugang zwischen Wasch- und Umkleideräumen erforderlich.

(7) In Betrieben mit bis zu fünf Beschäftigten ist eine Kombination von Toiletten-, Wasch- und Umkleideräumen bei einer zeitlich nach Geschlecht getrennten Nutzung durch weibliche und männliche Beschäftigte möglich, sofern eine wirksame Lüftung gewährleistet ist. Hierfür ist eine Lüftung nach Punkt 6.1 Absatz 3 ausreichend. Falls ein Waschraum nach Kategorie B oder C (siehe Punkt 6.1 Absatz 1 Anstrich 2 oder 3) erforderlich ist, muss über die räumliche Kombination anhand der Gefährdungsbeurteilung entschieden werden.

(8) Auf Sanitärräume ist deutlich erkennbar hinzuweisen.

(9) Vorhandene Bodeneinläufe müssen mit einem Geruchsverschluss ausgestattet sein. Die Erneuerung des Sperrwassers ist sicherzustellen. Falls dies nicht gegeben ist, muss zusätzlich in der Nähe ein Auslaufventil (Wasserzapfstelle) vorhanden sein.

(10) Durch Einrichtungsgegenstände oder bauliche Einrichtungen in Sanitärräumen dürfen Sicherheit und Gesundheit der Beschäftigten (z. B. durch Schnitt- oder Stoßkanten oder durch die Möglichkeit zur Ansammlung von Krankheitserregern) nicht gefährdet werden.

(11) Die Heizeinrichtungen müssen so angeordnet, beschaffen oder abgeschirmt sein, dass die Beschäftigten vor der Berührung von zu heißen Oberflächen geschützt sind.

(12) Vor den Sanitärräumen – insbesondere vor den Umkleideräumen – muss erforderlichenfalls (z. B. bei stark schmutzender Tätigkeit) eine geeignete Einrichtung zur Reinigung des Schuhwerkes (z. B. Gitterroste, Fußmatten, Schuhreinigungsanlagen) vorhanden sein.

(13) Die Be- und Entlüftung der Sanitärräume ist so einzurichten, dass während ihrer Nutzung keine Zugluft auftritt (siehe Punkt 6.5 der ASR A3.6 „Lüftung").

5 Toilettenräume

5.1 Allgemeines

(1) In Toilettenräumen ist eine wirksame Lüftung zu gewährleisten. Bei freier Lüftung (Fensterlüftung) sind die Mindestquerschnitte für Lüftungsöffnungen nach Tabelle 1 einzuhalten (weitere Informationen siehe ASR A3.6 „Lüftung"). Lüftungstechnische Anlagen sind so auszulegen, dass ein Abluftvolumenstrom von 11 $m^3/(h\ m^2)$ erreicht wird. Die Abluft aus Toilettenräumen darf nicht in andere Räume gelangen.

Tabelle 1: Mindestquerschnitte für freie Lüftung von Toilettenräumen

System	Freier Querschnitt der Lüftungsöffnung/en je Sanitäreinrichtung*	
	[m^2/Toilette]	[m^2/Urinal]
einseitige Lüftung	0,17	0,10
Querlüftung**	0,10	0,06

* Die angegebenen Flächen sind die Summe aus Zuluft- und Abluftfläche.

** Lüftungsöffnungen in gegenüberliegenden Außenwänden oder in einer Außenwand und der Deckenfläche

(2) Fußböden und Wände müssen leicht zu reinigen sein (weitere Informationen siehe ASR A1.5 „Fußböden").

(3) Toilettenräume und ihre Einrichtungen sind in Abhängigkeit von der Häufigkeit der Nutzung zu reinigen und bei Bedarf zu desinfizieren. Bei täglicher Nutzung müssen sie mindestens täglich gereinigt werden.

Hinweise:

1. *Zur Einhaltung und Kontrolle der regelmäßigen und gründlichen Reinigung empfiehlt sich das Anbringen eines Reinigungsplanes im Toilettenraum mit kontinuierlicher Abzeichnungspflicht durch das verantwortliche Reinigungspersonal.*

2. *Bei der Verwendung von Reinigungs- und Desinfektionsmitteln sind die hierfür bekannt gegebenen TRGS bzw. TRBA zu berücksichtigen.*

5.2 Bereitstellung

(1) Die Toilettenräume müssen sich in der Nähe der Arbeitsplätze, der Pausen-, Bereitschafts-, Wasch- oder Umkleideräume befinden. Die Weglänge zu Toilettenräumen sollte nicht länger als 50 m sein und darf 100 m nicht überschreiten. Die Toilettenräume müssen sich im gleichen Gebäude befinden und dürfen nicht weiter als eine Etage von ständigen Arbeitsplätzen entfernt sein. Der Weg von ständigen Arbeitsplätzen in Gebäuden zu Toiletten soll nicht durchs Freie führen.

(2) Hat der Toilettenraum mehr als eine Toilettenzelle oder ist ein unmittelbarer Zugang zum Toilettenraum aus einem Arbeits-, Pausen-, Bereitschafts-,

Wasch-, Umkleide- oder Erste-Hilfe-Raum möglich, so ist ein Vorraum erforderlich. Im Vorraum darf sich kein Urinal befinden.

(3) Arbeitsstätten sind mit Toiletten für die Beschäftigten auszustatten. Dazu ist die in Tabelle 2 für niedrige Gleichzeitigkeit aufgeführte Mindestanzahl an Toiletten bereitzustellen. In Abhängigkeit von der Gleichzeitigkeit der Nutzung kann eine höhere Anzahl von Toiletten erforderlich sein (vgl. Abb. 1 mit Ablesebeispiel).

Bei mehr als 50 Beschäftigten kann die Mindestanzahl der Toiletten und Urinale in bestehenden Arbeitsstätten gegenüber den Angaben in Tabelle 2 um eins verringert werden, wenn ein Ausgleich geschaffen wird, z. B. durch organisatorische Maßnahmen. Diese Maßnahmen können solange herangezogen werden, bis bestehende Arbeitsstätten wesentlich umgebaut werden.

Hinweis:
Es wird in zwei Kategorien der Gleichzeitigkeit der Nutzung unterschieden. Dabei bedeutet niedrige Gleichzeitigkeit, dass die Beschäftigten zu jeder Zeit die Toilettenräume aufsuchen können (z. B. Büro). Hohe Gleichzeitigkeit bedeutet, dass die Beschäftigten in der Regel die Toilettenräume nur in den Pausen aufsuchen können (z. B. Bandarbeit, Lehrer im Unterrichtsdienst). Für Mischformen zwischen den Kategorien niedrige und hohe Gleichzeitigkeit besteht ein Handlungsspielraum (siehe Abb. 1).

(4) Für männliche Beschäftigte ist bei der Bereitstellung von Toiletten und Urinalen mindestens ein Drittel als Toiletten, der Rest als Urinale auszuführen. Die Urinale müssen so angeordnet oder gestaltet sein, dass eine Einsicht von außen nicht möglich ist. Es wird empfohlen, zwischen Urinalen eine Schamwand anzubringen. Aus hygienischen Gründen wird bei der Beschäftigung von männlichen Beschäftigten und der Notwendigkeit von nur einer Toilette empfohlen, trotzdem ein Urinal bereitzustellen.

(5) Ein Toilettenraum soll nicht mit mehr als zehn Toilettenzellen und zehn Urinalen ausgestattet sein.

Tabelle 2: Mindestanzahl von Toiletten einschließlich Urinale, Handwaschgelegenheiten

weibliche oder männliche Beschäftigte	Mindestanzahl bei niedriger Gleichzeitigkeit der Nutzung		Mindestanzahl bei hoher Gleichzeitigkeit der Nutzung	
	Toiletten/ Urinale	Handwasch-gelegenheiten	Toiletten/ Urinale	Handwasch-gelegenheiten
bis 5	1*)	1	2	1
6 bis 10	1*)	1	3	1
11 bis 25	2	1	4	2
26 bis 50	3	1	6	2
51 bis 75	5	2	7	3
76 bis 100	6	2	9	3
101 bis 130	7	3	11	4
131 bis 160	8	3	13	4
161 bis 190	9	3	15	5
191 bis 220	10	4	17	6
221 bis 250	11	4	19	7
	je weitere 30 Beschäftigte +1	je weitere 90 Beschäftigte +1	je weitere 30 Beschäftigte +2	je weitere 90 Beschäftigte +2
*) für männliche Beschäftigte wird zuzüglich 1 Urinal empfohlen				

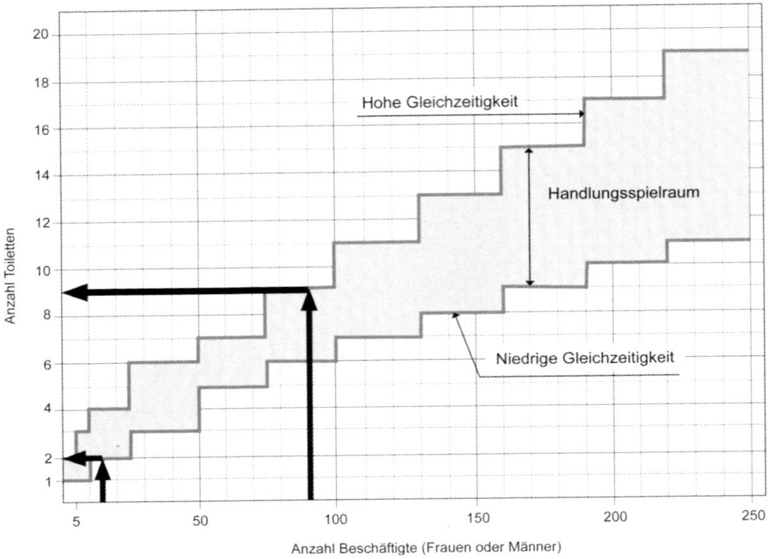

Abb. 1: Grafische Darstellung der Tabelle 2
Ablesebeispiel: Werden 90 männliche Beschäftigte an einem Montageband (hohe Gleichzeitigkeit) beschäftigt, sollen neun Toiletten (drei Toiletten und sechs Urinale) eingerichtet werden. Für ein dazugehöriges Büro (niedrige Gleichzeitigkeit) mit 15 weiblichen Beschäftigten sind zusätzlich zwei Toiletten vorzusehen.

5.3 Abmessung

(1) Bei Toilettenräumen oder Toilettenzellen ist eine Bewegungsfläche vor den Toiletten oder Urinalen erforderlich. Die Bewegungsfläche soll symmetrisch vor den Toiletten und Urinalen angeordnet sein. Für Toilettenräume sind die Mindestmaße nach Abb. 2.1, 2.2, 3.1, 3.2, 4.1 und 4.2 einzuhalten. Die Öffnungsrichtung der Tür (Türanschlag nach innen oder nach außen) ist zu berücksichtigen.

In bestehenden Toilettenzellen mit Türanschlag nach außen ist bis zu einem wesentlichen Umbau eine Reduzierung der Tiefe der Bewegungsfläche (600 mm) um 50 mm zulässig. In bestehenden Toilettenzellen mit Türanschlag nach innen ist bis zu einem wesentlichen Umbau eine Reduzierung des Abstandes Vorderkante Toilette bis Schwenkradius der Toilettentür um 100 mm zulässig.

Hinweis:
Der Türanschlag sollte möglichst nach außen erfolgen, um z. B. Personen im Notfall leichter bergen zu können.

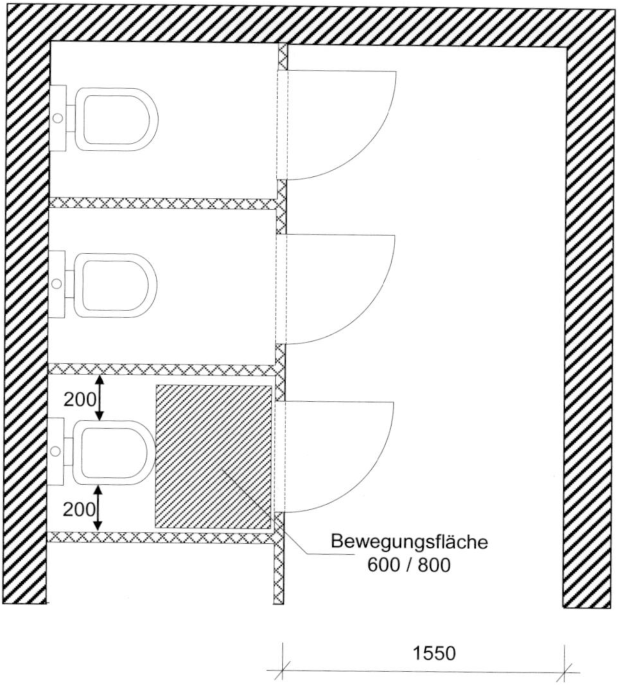

Abb. 2.1: Einbündige Toilettenanlage, Türanschlag nach außen (Maße in mm)

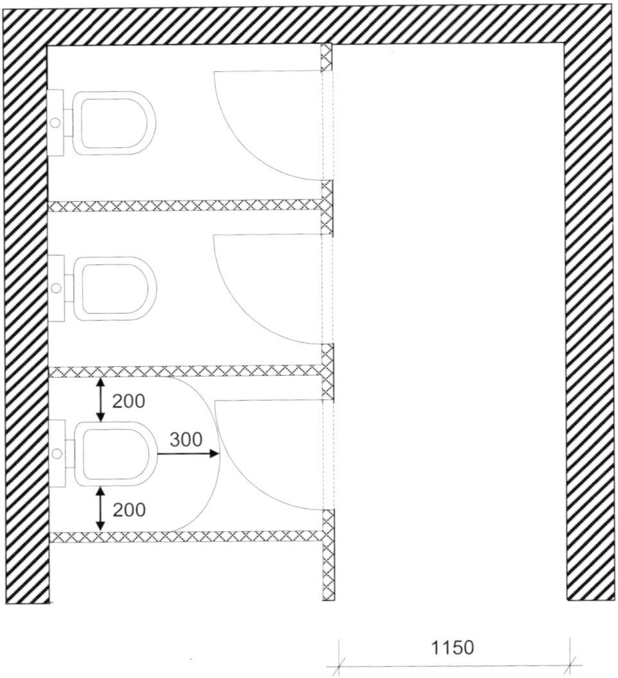

Abb. 2.2: Einbündige Toilettenanlage, Türanschlag nach innen (Maße in mm)

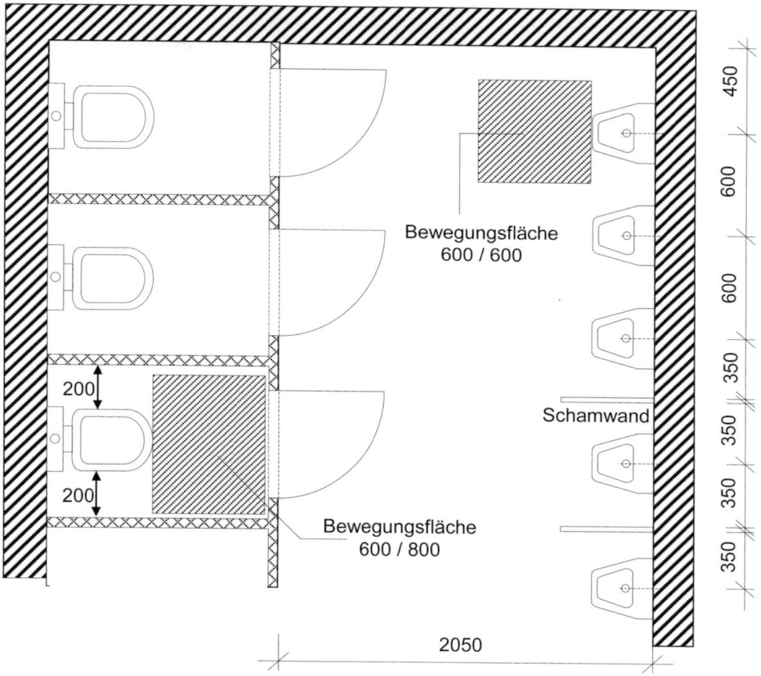

Abb. 3.1: Einbündige Toilettenanlage mit Urinalen, Türanschlag nach außen (Maße in mm)

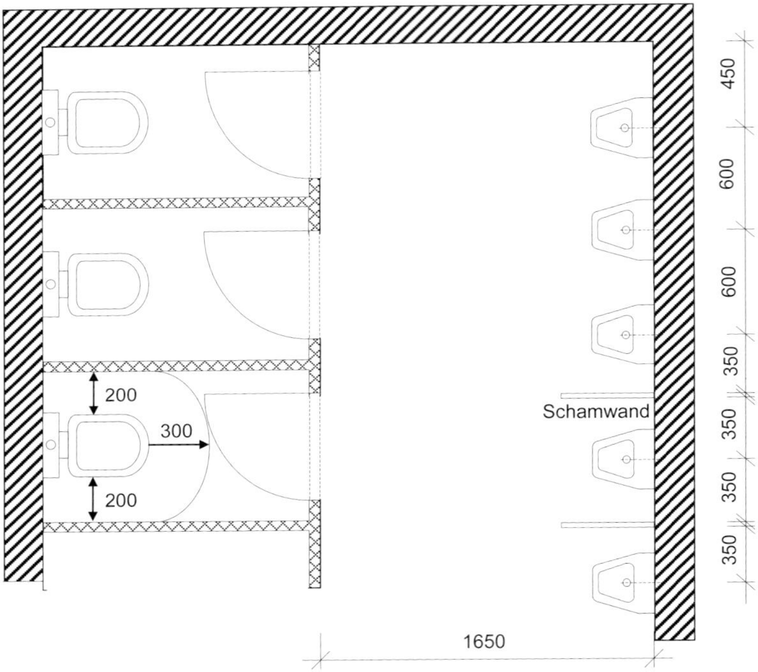

Abb. 3.2: Einbündige Toilettenanlage mit Urinalen, Türanschlag nach innen (Maße in mm)

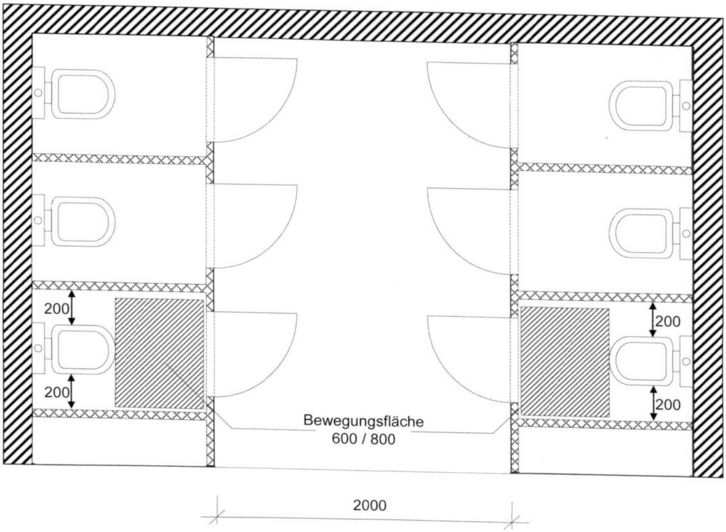

Abb. 4.1: Zweibündige Toilettenanlage, Türanschlag nach außen (Maße in mm)

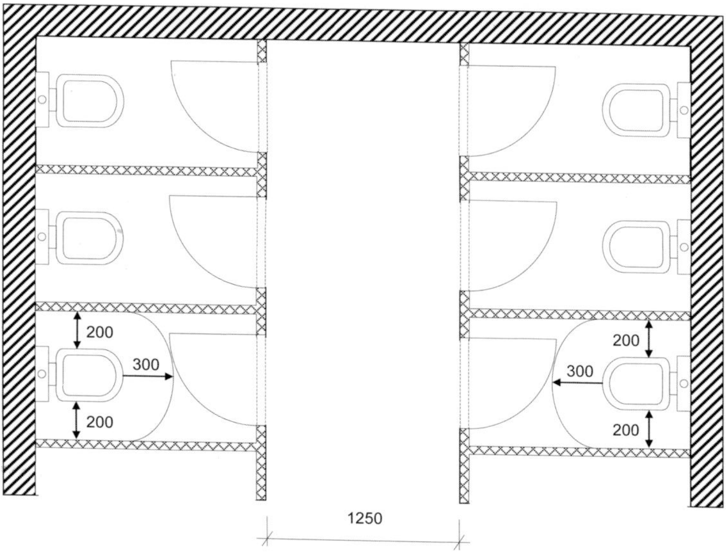

Abb. 4.2: Zweibündige Toilettenanlage, Türanschlag nach innen (Maße in mm)

(2) Trennwände und Türen von Toilettenzellen, die nicht raumhoch ausgeführt sind, müssen mindestens 1,90 m hoch sein. Sofern die Trennwand oder die Zellentür nicht mit dem Fußboden abschließt, muss der Abstand zwischen Fußboden und Unterkante zwischen 0,10 bis 0,15 m betragen.

5.4 Ausstattung

(1) Jede Toilettenzelle und jeder Toilettenraum mit nur einer Toilette muss von innen abschließbar sein. Zusätzlich müssen sich darin Kleiderhaken, Papierhalter und Toilettenbürste befinden. An jeder von Frauen genutzten Toilette ist ein Hygienebehälter mit Deckel zur Verfügung zu stellen. In von Männern genutzten Toilettenräumen ist mindestens ein Hygienebehälter mit Deckel in einer gekennzeichneten Toilettenzelle bereitzustellen. Toilettenpapier muss stets bereitgehalten werden.

(2) Toilettenräume müssen mit Handwaschgelegenheiten (Handwaschbecken mit fließendem Wasser und geschlossenem Wasserabflusssystem) gemäß Tabelle 2 und Abfallbehältern ausgestattet sein. In Toilettenräumen müssen Mittel zum Reinigen (z. B. Seife in Seifenspendern) und Trocknen der Hände (z. B. Einmalhandtücher, Textilhandtuchautomaten oder Warmlufttrockner) bereitgestellt werden. Darüber hinaus sind bei Bedarf Warmwasser und Kleiderhaken bereitzustellen.

Ist in bestehenden Arbeitsstätten die Bereitstellung der geforderten Anzahl von Handwaschgelegenheiten mit Aufwendungen verbunden, die offensichtlich unverhältnismäßig sind, so hat der Arbeitgeber zu prüfen, wie durch andere oder ergänzende Maßnahmen die Sicherheit und der Gesundheitsschutz der Beschäftigten in vergleichbarer Weise gesichert werden kann; die erforderlichen Maßnahmen hat er durchzuführen. Eine solche Maßnahme kann z. B. die Verkürzung der Reinigungsintervalle sein. Diese ergänzenden Maßnahmen können solange herangezogen werden, bis die bestehenden Toilettenanlagen wesentlich umgebaut werden.

Hinweis:
Bei Bedarf (z. B. bei Tätigkeiten mit Einsatz von Desinfektionsmitteln) sind Hautpflege- und Hautschutzmittel bereitzustellen (Hautschutzplan).

6 Waschräume

6.1 Allgemeines

(1) Waschräume sind nach Art der Tätigkeit oder gesundheitlichen Gründen gemäß Kategorie A, B oder C vorzusehen:

- **Kategorie A** bei mäßig schmutzenden Tätigkeiten
- **Kategorie B** bei stark schmutzenden Tätigkeiten
- **Kategorie C** bei sehr stark schmutzenden Tätigkeiten, bei Vorliegen gesundheitlicher Gründe, bei Tätigkeiten mit stark geruchsbelästigenden Stoffen, beim Tragen von körpergroßflächiger persönlicher Schutzausrüstung, bei Tätigkeiten unter besonderen klimatischen Bedingungen (Hitze, Kälte) oder bei Nässe sowie bei schwerer körperlicher Arbeit.

(2) Werden keine Waschräume nach Absatz 1 benötigt, müssen in der Nähe der Arbeitsplätze und der Umkleideräume Waschgelegenheiten mit fließendem Wasser und geschlossenem Wasserabflusssystem zur Verfügung gestellt werden (Weglängen gemäß Punkt 5.2 Absatz 1). Sie müssen mit Mitteln zum Reinigen (z. B. Seife in Seifenspendern) und Trocknen der Hände (z. B. Einmalhandtücher, Textilhandtuchautomaten oder Warmlufttrockner) ausgestattet sein.

(3) In Waschräumen ist in Abhängigkeit der Nutzung eine wirksame Lüftung zu gewährleisten. Bei freier Lüftung (Fensterlüftung) sind die Mindestquerschnitte nach Tabelle 3 einzuhalten (weitere Informationen siehe ASR A3.6 „Lüftung"). Lüftungstechnische Anlagen sind so auszulegen, dass ein Abluftvolumenstrom von 11 $m^3/(h\ m^2)$ erreicht wird.

Tabelle 3: Mindestquerschnitte für freie Lüftung von Waschräumen

System	Freier Querschnitt der Lüftungsöffnung/en [m^2/m^2 Grundfläche]*
einseitige Lüftung	0,04
Querlüftung**	0,024

* Die angegebenen Flächen sind die Summe aus Zuluft- und Abluftfläche.

** Lüftungsöffnungen in gegenüberliegenden Außenwänden oder in einer Außenwand und der Deckenfläche

(4) Um Feuchtigkeit wirksam abführen zu können, wird eine mechanische Entlüftung empfohlen, insbesondere bei Waschräumen mit Duschen. Dabei ist eine darauf abgestimmte Zuluftmenge zu gewährleisten.

(5) Wasch- und Umkleideräume sollen einen unmittelbaren Zugang zueinander haben. Sind Wasch- und Umkleideräume räumlich voneinander getrennt, darf der Weg zwischen diesen Sanitärräumen nicht durchs Freie oder durch Arbeitsräume führen. Eine leichte Erreichbarkeit zwischen Wasch- und Umkleideraum ist bei einer Entfernung von maximal 10 m auf gleicher Etage gegeben. Die Lufttemperatur dieses Weges muss mindestens der des Umkleideraumes entsprechen (weitere Informationen siehe ASR A3.5 „Raumtemperatur").

(6) In Waschräumen mit mehreren Duschen sollen Duschen mit Sichtschutz solchen einer halboffenen bzw. offenen Ausführung des Duschbereiches vorgezogen werden.

(7) Fußböden und Wände müssen leicht zu reinigen und zu desinfizieren sein. Fußböden müssen auch im feuchten Zustand rutschhemmend sein (weitere Informationen siehe ASR A1.5 „Fußböden").

(8) Waschräume und ihre Einrichtungen sind in Abhängigkeit von der Häufigkeit der Nutzung zu reinigen und bei Bedarf zu desinfizieren. Werden diese täglich genutzt, sollen sie täglich gereinigt werden.

Hinweise:

1. *Fußböden im Nass- und Barfußbereich von Waschräumen sollen zur Fußpilz- und Warzenprophylaxe desinfizierend gereinigt werden. Es dürfen nur zugelassene und geprüfte Desinfektionsmittel bzw. desinfizierende Reinigungsmittel eingesetzt werden (z. B. Desinfektionsmittel-Liste des Verbundes für Angewandte Hygiene (VAH), Präparate mit Wirksamkeit gegen Papovaviren laut Herstellerangaben). Dabei sind die Herstellerangaben bzw. die Vorschriften aus dem Gefahrstoffrecht zu berücksichtigen. Insbesondere ist bei der Verwendung von Konzentraten die korrekte Anwendungskonzentration und Einwirkzeit des Desinfektionsmittels zu beachten.*

2. *Zur Einhaltung und Kontrolle der regelmäßigen und gründlichen Reinigung empfiehlt sich das Anbringen eines Reinigungsplanes im Waschraum mit kontinuierlicher Abzeichnungspflicht durch das verantwortliche Reinigungspersonal.*

3. *Nach dem Ergebnis der Gefährdungsbeurteilung können in Verbindung mit anderen öffentlich-rechtlichen Vorschriften (z. B. Gefahrstoff-, Biostoff-, Infektionsschutz- oder Lebensmittelrecht) zusätzliche Anforderungen notwendig werden.*

4. *Bei der Verwendung von Reinigungs- und Desinfektionsmitteln sind die hierfür bekannt gegebenen TRGS bzw. TRBA zu berücksichtigen.*

6.2 Bereitstellung

(1) Waschräume müssen sich in der Nähe der Arbeitsplätze befinden. Der Weg von den Arbeitsplätzen in Gebäuden zu den Waschräumen darf 300 m nicht überschreiten und soll nicht durchs Freie führen. Waschräume dürfen auch in einer anderen Etage eingerichtet sein.

(2) Waschräume sind mit einer ausreichenden Anzahl von Wasch- und Duschplätzen gemäß Tabellen 4, 5.1 und 5.2 zur Verfügung zu stellen. Die in den Tabellen 4, 5.1 und 5.2 jeweils angegebene Mindestanzahl darf nicht unterschritten werden.

Ist in bestehenden Arbeitsstätten die Bereitstellung der geforderten Anzahl von Wasch- und Duschplätzen mit Aufwendungen verbunden, die offensichtlich unverhältnismäßig sind, so hat der Arbeitgeber zu prüfen, wie durch andere oder ergänzende Maßnahmen die Sicherheit und der Gesundheitsschutz der Beschäftigten in vergleichbarer Weise gesichert werden kann; die erforderlichen Maßnahmen hat er durchzuführen. Eine solche Maßnahme kann z. B. die Verminderung der Gleichzeitigkeit der Nutzung sein. Diese ergänzenden Maßnahmen können solange herangezogen werden, bis die bestehenden Waschräume wesentlich umgebaut werden. Dabei darf die geforderte Mindestanzahl bei niedriger Gleichzeitigkeit der Nutzung nicht unterschritten werden.

Hinweis:
Es wird in zwei Gruppen der Gleichzeitigkeit der Nutzung unterschieden. Bei niedriger Gleichzeitigkeit nutzen die Beschäftigten die Waschräume zu unterschiedlichen Zeiten. Bei hoher Gleichzeitigkeit suchen die Beschäftigten prinzipiell Waschräume gemeinsam auf, z. B. an den Schichtenden.

Tabelle 4: Mindestanzahl von Waschplätzen bei Kategorie A

Höchste Anzahl Beschäftigter, die in der Regel den Waschraum nutzen	Mindestanzahl Waschplätze bei Gleichzeitigkeit der Nutzung	
	niedrig	hoch
bis 5	1	2
6 bis 10	2	3
11 bis 15	3	4
16 bis 20	3	5
21 bis 25	4	6
26 bis 30	4	6
31 bis 35	5	7
36 bis 40	5	8
41 bis 45	6	9
46 bis 50	6	10
51 bis 55	7	11
56 bis 60	8	12
61 bis 65	8	12
66 bis 70	8	12
71 bis 75	9	13
76 bis 80	10	14
81 bis 85	10	14
86 bis 90	10	14
91 bis 95	10	14
96 bis 100	11	15
je weitere 30	+2	+3

Tabelle 5.1: Mindestanzahl von Wasch- und Duschplätzen bei Kategorie B

Höchste Anzahl Beschäftigter, die in der Regel den Waschraum nutzen	Mindestanzahl der Waschplätze bei Gleichzeitigkeit der Nutzung		Mindestanzahl der Duschplätze bei Gleichzeitigkeit der Nutzung	
	niedrig	hoch	niedrig	hoch
bis 5	1	2	1	1
6 bis 10	1	2	1	2
11 bis 15	2	3	1	2
16 bis 20	2	4	2	3
21 bis 25	3	5	2	3
26 bis 30	3	5	2	3
31 bis 35	3	6	2	3
36 bis 40	4	7	2	4
41 bis 45	4	8	2	4
46 bis 50	4	9	2	4
51 bis 55	4	9	3	5
56 bis 60	5	11	3	5
61 bis 65	5	11	3	5
66 bis 70	5	11	3	5
71 bis 75	5	12	3	5
76 bis 80	6	12	4	6
81 bis 85	6	12	4	6
86 bis 90	6	13	4	6
91 bis 95	6	13	4	7
96 bis 100	6	14	4	7
je weitere 30	+1	+3	+1	+2

Tabelle 5.2: Mindestanzahl von Wasch- und Duschplätzen bei Kategorie C

Höchste Anzahl Beschäftigter, die in der Regel den Waschraum nutzen	Mindestanzahl der Waschplätze bei Gleichzeitigkeit der Nutzung		Mindestanzahl der Duschplätze bei Gleichzeitigkeit der Nutzung	
	niedrig	hoch	niedrig	hoch
bis 5	1	2	1	2
6 bis 10	2	3	1	3
11 bis 15	3	4	2	4
16 bis 20	3	5	2	5
21 bis 25	4	6	3	6
26 bis 30	4	7	3	7
31 bis 35	5	9	4	9
36 bis 40	5	10	4	10
41 bis 45	5	12	4	12
46 bis 50	6	13	5	13
51 bis 55	6	14	5	14
56 bis 60	6	15	5	15
61 bis 65	7	16	6	16
66 bis 70	7	16	6	16
71 bis 75	8	17	7	17
76 bis 80	8	18	7	18
81 bis 85	9	18	8	18
86 bis 90	10	19	9	19
91 bis 95	11	20	10	20
96 bis 100	11	20	10	20
je weitere 30	+2	+3	+2	+3

6.3 Abmessung

(1) In Waschräumen müssen die Mindestmaße nach Abb. 5 eingehalten werden. Dabei sind Bewegungsflächen und Verkehrswege zu berücksichtigen. Bewegungsflächen müssen vor Wasch- und Duschplätzen zur Verfügung stehen. Bewegungsflächen dürfen sich bei gleichzeitiger Nutzung des Waschraumes durch mehrere Beschäftigte nicht überschneiden. In Waschräumen mit mehreren Wasch- und Duschplätzen, die gleichzeitig genutzt werden können, sind Verkehrswege vorzusehen. Verkehrswege und Bewegungsflächen dürfen sich nicht überschneiden.

Ist in bestehenden Arbeitsstätten die Bereitstellung der geforderten Bewegungsfläche mit Aufwendungen verbunden, die offensichtlich unverhältnismäßig sind, so hat der Arbeitgeber zu prüfen, wie durch andere oder ergänzende Maßnahmen die Sicherheit und der Gesundheitsschutz der Beschäftigten in vergleichbarer Weise gesichert werden kann; die erforderlichen Maßnahmen hat er durchzuführen. Eine solche Maßnahme kann z. B. die Verringerung der Gleichzeitigkeit der Nutzung sein. Diese ergänzenden Maßnahmen können solange herangezogen werden, bis die bestehenden Waschräume wesentlich umgebaut werden. Dabei darf eine Bewegungsfläche von 350 x 600 mm pro Waschplatz nicht unterschritten werden.

(2) Die in Abb. 5 angegebenen Maße für Einzelwaschtische gelten analog für Reihenwasch-, Rundwaschanlagen oder gleichwertige Anlagen.

(3) Duschplätze müssen eine Mindestgrundfläche von 1 m^2 haben, wobei das Mindestmaß einer Seite 900 mm nicht unterschreiten darf.

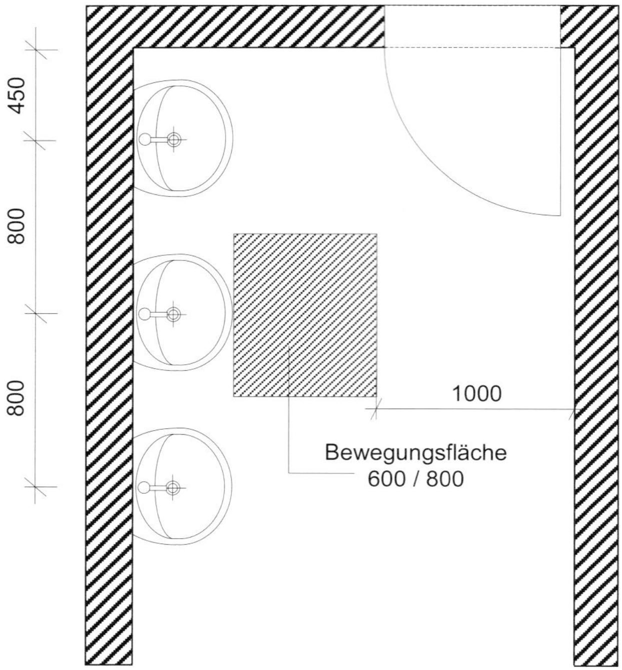

Abb. 5: Waschraum (Maße in mm)

6.4 Ausstattung

(1) An Wasch- und Duschplätzen müssen fließendes warmes und kaltes Wasser in Trinkwasserqualität im Sinne der Trinkwasserverordnung, Seifenablage und Handtuchhalter zur Verfügung stehen. Zusätzlich soll an Duschplätzen ein Haltegriff angebracht sein. Die Temperatur von vorgemischtem Wasser soll während der Nutzungszeit +43 °C nicht überschreiten.

(2) Das Schmutzwasser muss schnell und auf dem kürzesten Weg abfließen können, ohne dabei über einen weiteren Wasch- oder Duschplatz zu laufen.

(3) Wenn notwendig sind Einrichtungen zum Trocknen der Handtücher sowie Vorrichtungen zur Haartrocknung vorzusehen.

(4) In der Nähe der Waschplätze sind zum Trocknen der Hände z. B. Einmalhandtücher, Textilhandtuchautomaten oder Warmlufttrockner zur Verfügung zu stellen.

(5) Zusätzlich sollen sich in Waschräumen Abfallbehälter und Kleiderhaken befinden. In Duschanlagen ohne direkten Zugang zum Umkleideraum sind Kleiderablagen im Trockenbereich vorzusehen.

Hinweis:
Bei Bedarf sind die hygienisch erforderlichen Mittel zum Reinigen und wenn notwendig zum Desinfizieren der Hände sowie zur Hautpflege und zum Hautschutz zur Verfügung zu stellen (Hautschutzplan).

7 Umkleideräume

7.1 Allgemeines

(1) In Umkleideräumen ist in Abhängigkeit der Nutzung eine wirksame Lüftung zu gewährleisten. Bei freier Lüftung (Fensterlüftung) sind die Mindestquerschnitte nach Tabelle 6 einzuhalten (weitere Informationen siehe ASR A3.6 „Lüftung“). Lüftungstechnische Anlagen sind so auszulegen, dass ein Abluftvolumenstrom von 11 $m^3/(h\ m^2)$ erreicht wird.

Tabelle 6: Mindestquerschnitte für freie Lüftung von Umkleideräumen

System	Freier Querschnitt der Lüftungsöffnung/en [m^2/m^2 Grundfläche]*
einseitige Lüftung	0,02
Querlüftung**	0,012

* Die angegebenen Flächen sind die Summe aus Zuluft- und Abluftfläche.
** Lüftungsöffnungen in gegenüberliegenden Außenwänden oder in einer Außenwand und der Deckenfläche

(2) Umkleideräume sind in Abhängigkeit von der Häufigkeit der Nutzung zu reinigen und bei Bedarf zu desinfizieren.

Hinweise:

1. *Zur Einhaltung und Kontrolle der regelmäßigen und gründlichen Reinigung empfiehlt sich das Anbringen eines Reinigungsplanes im Umkleideraum mit kontinuierlicher Abzeichnungspflicht durch das verantwortliche Reinigungspersonal.*
2. *Bei der Verwendung von Reinigungs- und Desinfektionsmitteln sind die hierfür bekannt gegebenen TRGS bzw. TRBA zu berücksichtigen.*

7.2 Bereitstellung

(1) Umkleideräume sind zur Verfügung zu stellen, wenn das Tragen besonderer Arbeitskleidung erforderlich ist und es den Beschäftigten nicht zuzumuten ist, sich in einem anderen Raum umzukleiden.

(2) Das Erfordernis besonderer Arbeitskleidung im Sinne des Anhangs 4.1 Absatz 3 Satz 1 ArbStättV ist dann anzunehmen, wenn die Arbeitskleidung betriebsbedingt getragen werden muss. Dies kann z. B. aus gesundheitlichen Gründen oder aufgrund der Art der Tätigkeit (siehe Punkt 6.1 Absatz 1) erforderlich sein oder auch auf Weisung des Arbeitgebers, z. B. zur einheitlichen Darstellung des Betriebes, notwendig sein.

(3) Eine Unzumutbarkeit im Sinne des Anhangs 4.1 Absatz 3 Satz 1 ArbStättV ist u. a. gegeben, wenn z. B. der Raum nicht gegen Einsichtnahme von außen geschützt, gleichzeitig von weiteren Personen anderweitig genutzt oder nicht abgeschlossen werden kann.

(4) Bei der räumlichen Anordnung von Umkleide- und Waschräumen ist Punkt 6.1 Absatz 5 zu beachten.

(5) Umkleideräume für Beschäftigte, die an Hitzearbeitsplätzen beschäftigt sind, müssen an die Arbeitsräume angrenzen, soweit nicht auf andere Weise (z. B. beheizte Verkehrswege) sichergestellt ist, dass die Beschäftigten keiner Erkältungsgefahr ausgesetzt sind. Die Entfernung zwischen einem Umkleideraum und den Hitzearbeitsplätzen soll nach Möglichkeit 100 m nicht überschreiten. Der Umkleideraum darf dabei nicht weiter als eine Etage entfernt sein.

7.3 Abmessung

Nutzen mehrere Beschäftigte die Umkleideräume gleichzeitig, muss für jeden Beschäftigten eine Bewegungsfläche von 0,5 m^2 im Raum vorhanden sein. Zusätzlich sind Verkehrswege zu berücksichtigen (weitere Informationen siehe ASR A1.8 „Verkehrswege").

7.4 Ausstattung

(1) Für je vier Beschäftigte, die den Umkleideraum gleichzeitig nutzen, muss mindestens eine Sitzgelegenheit zur Verfügung stehen.

(2) Zur Aufbewahrung der Kleidung muss für jeden Beschäftigten eine ausreichend große, belüftete und abschließbare Einrichtung mit Ablagefach vorhanden sein. Werden Schränke bereitgestellt, ist ein Mindestmaß von 0,30 m x 0,50 m x 1,80 m (B x T x H) einzuhalten. Ist für persönliche Kleidung sowie für Arbeits- und Schutzkleidung eine getrennte Aufbewahrung erforderlich, sind zwei derartige Schrankteile oder ein geteilter Schrank in doppelter Breite notwendig.

(3) Sind die Beschäftigten bei ihrer Tätigkeit stark geruchsbelästigenden Stoffen oder einer sehr starken Verschmutzung ausgesetzt, muss eine räumliche Trennung der Arbeits-, Schutzkleidung und persönlichen Kleidung vorhanden sein (Schwarz- Weiß-Trennung). Eine räumliche Schwarz-Weiß-Trennung kann in Abhängigkeit der Gefährdung durch zwei mit einem Waschraum verbundene Umkleideräume oder durch ein mit dem Arbeitsbereich verbundenen Schleusensystem zum An- und Ablegen der Arbeits- und Schutzkleidung erfolgen. Auf die Sonderregelungen in der GefStoffV und der BioStoffV wird hingewiesen.

(4) Bei Umkleideräumen mit mehreren Zugängen sollen Ein- und Ausgänge getrennt sein. Wenn die Umkleideräume für eine gleichzeitige Benutzung durch mehr als 100 Beschäftigte bestimmt sind, müssen die Ein- und Ausgänge getrennt sein.

(5) Für Arbeits- und Schutzkleidung, die bei der Tätigkeit feucht geworden ist, muss eine Trocknung bis zur nächsten Verwendung möglich sein, gegebenenfalls auch außerhalb des Umkleideraumes, z. B. in einem ausreichend belüfteten Trockenraum oder mit elektrisch betriebenen Trockenschränken.

(6) In Umkleideräumen sind Abfallbehälter, Spiegel und Kleiderablagen bereitzustellen.

8 Abweichende/ergänzende Anforderungen für Baustellen

8.1 Allgemeines

(1) Auf Baustellen können Baustellenwagen, absetzbare Baustellenwagen, Container oder andere Raumzellen für Sanitäreinrichtungen genutzt werden. Bei vorhandenen Sanitäreinrichtungen ist eine geringere lichte Höhe von 2,30 m bis zu einem wesentlichen Umbau zulässig. Der Arbeitgeber kann die Sanitäreinrichtungen von Dritten nutzen, wenn diese die Sanitäreinrichtungen in ausreichender Anzahl bereitstellen und instand halten.

Hinweis:
Die Koordinierung gemeinsam genutzter Sanitäreinrichtungen kann in den Aufgabenbereich des Bauherren bzw. Koordinators nach Baustellenverordnung (BaustellV) fallen.

(2) Abweichend von Punkt 5.1 Absatz 3 Satz 2 müssen bei täglicher Nutzung Toilettenräume mindestens zweimal wöchentlich gereinigt werden. Die Toiletten in den Toilettenräumen wie auch mobile, anschlussfreie Toilettenkabinen sollen bei täglicher Nutzung täglich gereinigt werden.

(3) Abweichend von Punkt 4 Absatz 6 kann auf Baustellen bis 21 Beschäftigte auf getrennt eingerichtete Toiletten-, Wasch- und Umkleideräume für weibliche und männliche Beschäftigte verzichtet werden, wenn eine zeitlich getrennte Nutzung sichergestellt ist. Bei mehr als sechs Beschäftigten je Beschäftigtengruppe (männlich und weiblich), sind getrennte Sanitärräume erforderlich.

8.2 Toilettenräume und mobile, anschlussfreie Toilettenkabinen

(1) Werden von einem Arbeitgeber auf einer Baustelle mehr als zehn Beschäftigte länger als zwei zusammenhängende Wochen gleichzeitig beschäftigt, sind Toilettenräume bereit zu stellen. Abweichend von Punkt 5 können auf Baustellen mit bis zu zehn Beschäftigten mobile anschlussfreie Toilettenkabinen, vorzugsweise mit integrierter Handwaschgelegenheit, bereitgestellt werden. Hat die mobile, anschlussfreie Toilettenkabine keine

Handwaschgelegenheit, ist sicherzustellen, dass sich diese in unmittelbarer Nähe des Aufstellortes der Toilettenkabine befindet.

(2) Mobile anschlussfreie Toilettenkabinen sollen in der Zeit vom 15.10. bis 30.04. beheizbar sein.

(3) Abweichend von Punkt 5.2 Absatz 1 sollen Toilettenräume und mobile, anschlussfreie Toilettenkabinen nicht mehr als 100 m Wegstrecke vom Arbeitsort entfernt eingerichtet sein. Ist dies aufgrund der Gegebenheiten auf der Baustelle nicht möglich (z. B. Fassadenarbeiten an Hochhäusern, Bauarbeiten im Tunnel, Kanalbauarbeiten, Streckenbaustellen) darf die Wegstrecke fünf Minuten nicht überschreiten (zu Fuß oder mit betrieblich zur Verfügung gestellten Verkehrsmitteln).

(4) Zusätzliche mobile, anschlussfreie Toilettenkabinen können erforderlich werden, sofern es sich um ständig wechselnde Arbeitsplätze handelt oder die Arbeitsplätze sich in Ebenen/Geschossen ober- oder unterhalb der Aufstellebene der Toilettenräume oder -kabinen befinden.

(5) Toilettenräume oder mobile, anschlussfreie Toilettenkabinen auf Baustellen sind nicht erforderlich, wenn außerhalb der Baustelle gleichwertige Einrichtungen zur Verfügung stehen und nutzbar sind sowie Absatz 3 eingehalten wird.

(6) Abweichend von Punkt 5.2 Absatz 2 kann auf Baustellen der abgeschlossene Vorraum durch einen Sichtschutz ersetzt werden.

(7) Außerhalb der Toilettenzelle sind an geeigneter Stelle Möglichkeiten zur Ablage von persönlicher Schutzausrüstung (z. B. Wetterschutzkleidung oder Auffanggurt) vorzusehen.

8.3 Waschräume

(1) Werden von einem Arbeitgeber auf einer Baustelle mehr als zehn Beschäftigte länger als zwei zusammenhängende Wochen gleichzeitig beschäftigt, sind Waschräume bereit zu stellen. Dies ist nicht erforderlich, wenn die Beschäftigten von der Baustelle täglich in Betriebsgebäude mit Sanitärräumen oder in Verbindung mit der Baustelle stehende Unterkünfte zurückkehren.

(2) Waschräume auf Baustellen sollen sich in unmittelbarer Nähe der Pausen- und Bereitschaftsräume befinden.

(3) Abweichend von Punkt 6.1 Absatz 5 kann der Weg vom Waschraum zum Umkleide- und Pausenraum durch das Freie führen, sofern er gegen Sicht und Witterungseinflüsse geschützt ausgebildet wird.

(4) Abweichend von Punkt 6.3 Absätze 1 und 2 ist in Waschräumen auf Baustellen eine Bewegungsfläche von 0,50 m^2 vor der Dusche oder dem Waschplatz ausreichend.

(5) Abweichend von Punkt 6.3 Absatz 3 ist für Duschplätze eine Mindestgrundfläche von 800 x 800 mm ausreichend.

(6) Außerhalb der Waschräume sind an geeigneter Stelle Möglichkeiten zur Ablage von persönlicher Schutzausrüstung (z. B. Wetterschutzkleidung oder Auffanggurt) vorzusehen.

8.4 Anzahl von Toiletten, Urinalen, Wasch- und Duschplätzen

Abweichend von den Tabellen 2, 4, 5.1 und 5.2 gilt auf Baustellen Tabelle 7.

Tabelle 7: Mindestanzahl von Toiletten, Urinalen, Wasch- und Duschplätzen

Höchste Anzahl Beschäftigter, die in der Regel die Sanitäreinrichtungen nutzen	Mindestanzahl		
	Waschplätze	Duschplätze	Toiletten/ Urinale
bis 5	1	0	1*)
6 bis 10	2	0	1*)
11 bis 20	3	1	2
21 bis 30	5	1	3
31 bis 40	7	2	4
41 bis 50	9	2	5
51 bis 75	12	3	6
76 bis 100	14	4	7
je weitere 30	+3	+1	+1
*) für männliche Beschäftigte wird zuzüglich 1 Urinal empfohlen			

Bei der Bereitstellung von Toiletten und Urinalen ist Punkt 5.2 Absatz 4 zu berücksichtigen.

8.5 Umkleideräume

Gesonderte Umkleideräume sind auf Baustellen nicht erforderlich, sofern in den Pausenräumen Möglichkeiten zum Wechseln der Kleidung und der getrennten Aufbewahrung von Arbeitskleidung und persönlicher Kleidung in geeigneten Schränken bestehen.

Literaturhinweise

TRBA 500 Grundlegende Maßnahmen bei Tätigkeiten mit biologischen Arbeitsstoffen

ASR A4.2
Pausen- und Bereitschaftsräume

Ausgabe: August 2012
zuletzt geändert GMBl 2022, S. 251

1 Zielstellung

Diese ASR konkretisiert die Anforderungen an Pausenräume und Pausenbereiche, Bereitschaftsräume sowie an Einrichtungen zum Hinlegen und Ausruhen für schwangere Frauen und stillende Mütter nach Anhang 4.2 und 5.2 Abs. 1 b) und c) der Arbeitsstättenverordnung.

2 Anwendungsbereich

Diese ASR gilt für das Einrichten und Betreiben von Pausenräumen und Pausenbereichen sowie von Bereitschaftsräumen für Beschäftigte in Arbeitsstätten, in Gebäuden oder im Freien. Sie gilt auch für Einrichtungen zum Hinlegen und Ausruhen für schwangere Frauen und stillende Mütter.

Hinweis:
Für die barrierefreie Gestaltung der Pausen- und Bereitschaftsräume gilt die ASR V3a.2 „Barrierefreie Gestaltung von Arbeitsstätten", Anhang A4.2: Ergänzende Anforderungen zur ASR A4.2 „Pausen- und Bereitschaftsräume".

3 Begriffsbestimmungen

3.1 **Pausenräume** sind allseits umschlossene Räume, die der Erholung oder dem Aufenthalt der Beschäftigten während der Pause oder bei Arbeitsunterbrechung dienen. Insbesondere für Arbeitsstätten im Freien oder auf Baustellen können dies z. B. auch Räume in vorhandenen Gebäuden sowie in Baustellenwagen, absetzbaren Baustellenwagen oder in Containern sein.

3.2 **Pausenbereiche** sind abgetrennte Bereiche innerhalb von Räumen der Arbeitsstätte, die der Erholung oder dem Aufenthalt der Beschäftigten während der Pause oder bei Arbeitsunterbrechung dienen.

3.3 **Bereitschaftsräume** sind allseits umschlossene Räume, die dem Aufenthalt der Beschäftigten während der Arbeitsbereitschaft oder bei Arbeitsunterbrechungen dienen. Insbesondere für Arbeitsstätten im Freien oder auf Baustellen können dies z. B. auch Räume in vorhandenen Gebäuden sowie in Baustellenwagen, absetzbaren Baustellenwagen oder in Containern sein.

3.4 **Einrichtungen für schwangere Frauen und stillende Mütter** bieten schwangeren Frauen und stillenden Müttern die Gelegenheit, sich während der Pausen oder der Arbeitszeit zu setzen, hinzulegen und auszuruhen.

4 Pausenräume und Pausenbereiche

4.1 Allgemeine Anforderungen

(1) Pausenräume und Pausenbereiche müssen in einer der Sicherheit und der Gesundheit zuträglichen Umgebung eingerichtet und betrieben werden.

Pausenbereiche sind Pausenräumen gleichgestellt, wenn sie gleichwertige Bedingungen für die Pause gewährleisten.

(2) Ein Pausenraum oder Pausenbereich ist zur Verfügung zu stellen, wenn mehr als zehn Beschäftigte einschließlich Zeitarbeitnehmern gleichzeitig in der Arbeitsstätte tätig sind.

Nicht zu berücksichtigen sind Beschäftigte, die

- aufgrund des Arbeitszeitgesetzes keinen Anspruch auf Ruhepausen haben (z. B. Teilzeitkräfte mit bis zu sechs Stunden täglicher Arbeitszeit) oder
- überwiegend außerhalb der Arbeitsstätte tätig sind (z. B. Außendienstmitarbeiter, Kundendienstmonteure).

(3) Unabhängig von der Anzahl der Beschäftigten ist ein Pausenraum oder Pausenbereich zur Verfügung zu stellen, wenn Sicherheits- oder Gesundheitsgründe dies erfordern. Das können z. B. sein:

- Arbeiten mit erhöhter Gesundheitsgefährdung in Hitze, Kälte, Nässe oder Staub,
- Überschreitung der Auslösewerte für Lärm oder Vibrationen (siehe LärmVibrationsArbSchV),
- Gefährdungen beim Umgang mit biologischen Arbeitsstoffen oder Gefahrstoffen,
- unzuträgliche Gerüche,
- überwiegende Arbeiten im Freien,
- andauernde, einseitig belastende Körperhaltung mit eingeschränktem Bewegungsraum, z. B. Steharbeit,
- schwere körperliche Arbeit,
- stark schmutzende Tätigkeit,
- Arbeitsräume/Bereiche ohne Tageslicht oder
- Arbeitsräume/Bereiche, zu denen üblicherweise Dritte (z. B. Kunden, Publikum, Mitarbeiter von Fremdfirmen) Zutritt haben.

(4) Auf einen Pausenraum oder Pausenbereich kann bei Tätigkeiten in Büroräumen oder in vergleichbaren Arbeitsräumen verzichtet werden, sofern diese während der Pause frei von arbeitsbedingten Störungen (z. B. durch Publikumsverkehr, Telefonate) sind. Damit wird eine gleichwertige Erholung im Arbeitsraum gewährleistet. Vergleichbare Arbeitsräume können z. B. Registraturen oder Bibliotheken sein.

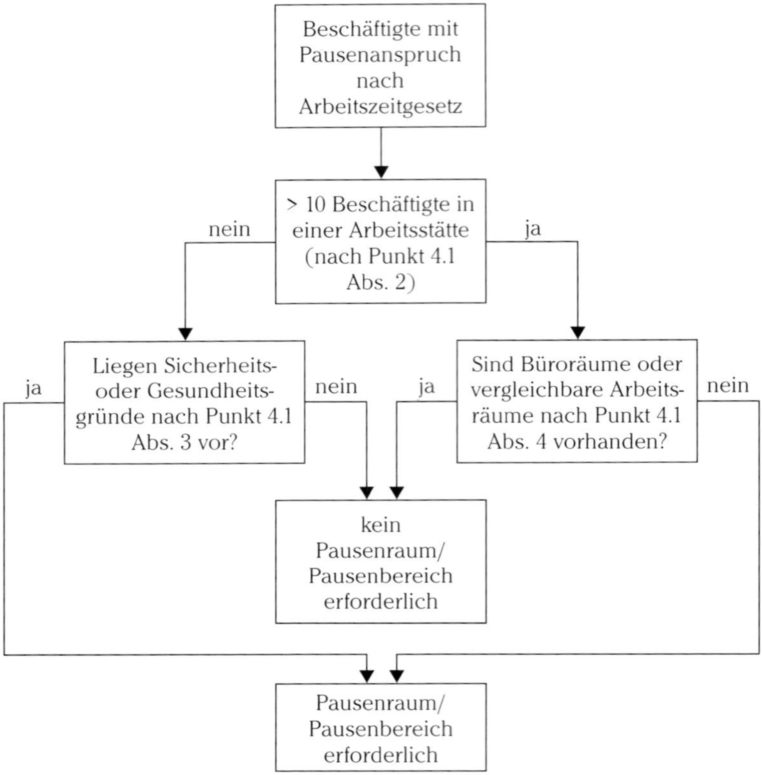

Abb. 1: Ermittlung der Notwendigkeit von Pausenräumen oder Pausenbereichen

(5) Pausenräume und Pausenbereiche müssen leicht und sicher über Verkehrswege erreichbar sein. Der Zeitbedarf zum Erreichen der Pausenräume soll 5 Minuten je Wegstrecke (zu Fuß oder mit betrieblich zur Verfügung gestellten Verkehrsmitteln) nicht überschreiten. Die Wegstrecke zu Pausenbereichen darf 100 m nicht überschreiten.

(6) Pausenräume und Pausenbereiche dürfen nicht unterhalb schwebender Lasten oder in Bereichen mit Gefährdung durch herabfallende Gegenstände eingerichtet werden.

(7) Im Pausenraum und Pausenbereich sind Beeinträchtigungen, z. B. durch Vibrationen, Stäube, Dämpfe oder Gerüche, soweit wie möglich auszuschließen. Während der Pause darf der durchschnittliche Schalldruckpegel in Pausenräumen aus den Betriebseinrichtungen und dem von außen einwirkenden Umgebungslärm höchstens 55 dB(A) betragen. In Pausenbereichen soll dieser Wert nicht überschritten werden.

(8) Pausenräume und Pausenbereiche müssen frei von arbeitsbedingten Störungen (z. B. durch Produktionsabläufe, Publikumsverkehr, Telefonate) sein.

(9) In Pausenräumen und Pausenbereichen muss für Beschäftigte, die den Raum oder Bereich gleichzeitig benutzen sollen, eine Grundfläche von jeweils mindestens 1,00 m^2 einschließlich Sitzgelegenheit und Tisch vorhanden sein. Flächen für weitere Einrichtungsgegenstände, Zugänge und Verkehrswege sind hinzuzurechnen (siehe ASR A1.2 „Raumabmessungen und Bewegungsflächen").

Die Grundfläche eines Pausenraumes muss mindestens 6,00 m^2 betragen.

Die lichte Höhe von Pausenräumen muss den Anforderungen der ASR A1.2 „Raumabmessungen und Bewegungsflächen" entsprechen.

(10) Pausenräume sollen eine Sichtverbindung nach außen aufweisen. Für Pausenbereiche wird eine solche empfohlen.

(11) Pausenräume und Pausenbereiche müssen

- über möglichst ausreichend Tageslicht verfügen und ausreichend beleuchtet sein (siehe ASR A3.4 „Beleuchtung"),
- ausreichend temperiert sein (siehe ASR A3.5 „Raumtemperatur") und
- gesundheitlich zuträgliche Atemluft in ausreichender Menge aufweisen (siehe ASR A3.6 „Lüftung").

(12) Der Umfang der Ausstattung von Pausenräumen und Pausenbereichen richtet sich nach der Anzahl der gleichzeitig anwesenden Benutzer. Für diese sind Sitzgelegenheiten mit Rückenlehne und Tische vorzusehen. Das Inventar muss leicht zu reinigen sein. Ein Abfallbehälter mit Deckel ist bereitzustellen.

Ein Bedarf für Einrichtungen für das Wärmen und Kühlen von Lebensmitteln liegt vor, wenn keine Kantine zur Verfügung steht oder bei Beschäftigten, die durch ärztliches Attest nachweisen, dass sie eine bestimmte

Diät einhalten müssen. Bei Bedarf sind Kleiderablagen und der Zugang zu Trinkwasser zur Verfügung zu stellen. Eine Waschgelegenheit im Pausenraum kann zweckmäßig sein (siehe ASR A4.1 „Sanitärräume“).

(13) Eine Kantine oder ein Restaurant kann als Pausenraum genutzt werden, wenn sich die Beschäftigten ohne Verzehrzwang aufhalten dürfen und die Anforderungen von Punkt 4.1 Abs. 5, 7 und 9 bis 12 erfüllt werden.

4.2 Zusätzliche Anforderungen an Pausenräume

(1) Pausenräume können außerhalb der festgelegten Pausenzeiten für andere Zwecke, z. B. Besprechungen, Schulungen, genutzt werden, wenn diese die in der ASR A1.2 „Raumabmessungen und Bewegungsflächen“ enthaltenen Raumabmessungen erfüllen. Die Räume müssen vor der Nutzung als Pausenraum gelüftet und gereinigt sein.

(2) Führt die Tür eines Pausenraumes unmittelbar ins Freie, so sind die Beschäftigten vor Zugluft zu schützen. Dies kann durch einen Windfang oder Windfangraum mit Vorhang aus einem schwer entflammbaren Material erreicht werden.

4.3 Zusätzliche Anforderungen an Pausenbereiche

(1) Pausenbereiche sind an ungefährdeter Stelle anzuordnen. Sie dürfen z. B. nicht in der Nähe heißer Oberflächen eingerichtet werden.

(2) Pausenbereiche müssen optisch abgetrennt sein, z. B. durch mobile Trennwände, Möbel oder geeignete Pflanzen.

5 Bereitschaftsräume

(1) Ein Bereitschaftsraum muss immer dann zur Verfügung stehen, wenn während der Arbeitszeit regelmäßig und in erheblichem Umfang (in der Regel mehr als 25 Prozent der Arbeitszeit) Arbeitsbereitschaft oder Arbeitsunterbrechungen auftreten. Das ist u. a. der Fall, wenn nicht vorhergesehen werden kann, wann eine Arbeitsaufnahme erfolgt, z. B. in Krankenhäusern, bei Berufsfeuerwehren, Rettungsdiensten oder Fahrbereitschaften.

(2) Als Bereitschaftsraum kann unter Berücksichtigung von Absatz 4 auch ein Pausenraum genutzt werden.

(3) Der Bereitschaftsraum muss mindestens den Anforderungen an einen Pausenraum entsprechen.

(4) Liegt die Arbeitsbereitschaft oder die Arbeitsunterbrechung in den Nachtstunden oder ist die Arbeitszeit einschließlich der Bereitschaftszeit größer als 12 Stunden, muss der als Bereitschaftsraum genutzte Raum zusätzlich mit Liegen ausgestattet sein. Zusätzliche Anforderungen an die zweckentsprechende Ausstattung von Bereitschaftsräumen sind im Rahmen der vorgesehenen Nutzung zu ermitteln.

(5) Müssen Liegen zur Verfügung gestellt werden, ergeben sich folgende Anforderungen:

- Die Mindestgrundfläche des Bereitschaftsraumes ergibt sich aus den Stellflächen der Ausstattung, Bewegungsflächen und den Verkehrsflächen.
- Die Nutzung der Bereitschaftsräume getrennt nach Frauen und Männern ist räumlich oder organisatorisch sicherzustellen.
- Für die Zeit der Nutzung der Liegen ist eine anderweitige Nutzung des Raumes durch andere Personen (z. B. als Pausenraum, Büro, Arztzimmer) nicht zulässig.
- Der Raum muss verschließbar, nicht einsehbar und verdunkelbar sein.
- Es soll eine Waschgelegenheit zur Verfügung stehen.
- Liegen müssen gepolstert und mit einem wasch- oder wegwerfbaren Belag ausgestattet sein.
- Die Erreichbarkeit der Beschäftigten ist unter Wahrung ihrer Privatsphäre zu gewährleisten (z. B. durch Rufeinrichtung).
- Zur Sicherstellung der Alarmierung im Brandfall und zum sicheren Verlassen des Bereitschaftsraumes siehe ASR A2.2 „Maßnahmen gegen Brände“ und ASR A2.3 „Fluchtwege und Notausgänge“.

6 Einrichtungen für schwangere Frauen und stillende Mütter

(1) Werden schwangere Frauen oder stillende Mütter beschäftigt, müssen Einrichtungen zum Hinlegen, Ausruhen und Stillen am Arbeitsplatz oder in unmittelbarer Nähe in einer Anzahl vorhanden sein, die eine jederzeitige Nutzbarkeit sicherstellen. Die Privatsphäre ist bei der Nutzung zu gewährleisten.

(2) Die Einrichtungen zum Hinlegen, Ausruhen und Stillen müssen gepolstert und mit einem wasch- oder wegwerfbaren Belag ausgestattet sein.

(3) Für die Räume, in denen die Einrichtungen genutzt werden, gelten die Anforderungen aus Punkt 4.1 Abs. 5 bis 11.

7 Abweichende/ergänzende Anforderungen für Baustellen

(1) Für Beschäftigte auf Baustellen ist ein Pausenraum oder ein Pausenbereich vorzusehen, da die Voraussetzungen nach Punkt 4.1 Abs. 3 in der Regel gegeben sind.

(2) Abweichend von Punkt 7 Abs. 1 ist auf Baustellen ein Pausenraum oder Pausenbereich nicht erforderlich, wenn bis zu vier Beschäftigte eines Arbeitgebers gleichzeitig längstens eine Woche oder höchstens 20 Personentage tätig sind. Voraussetzung ist, dass die Möglichkeit besteht, sich an einer gleichwertigen Stelle gegen Witterungseinflüsse geschützt zu waschen (siehe ASR A4.1 „Sanitärräume“, Punkt 6.1 Abs. 2), zu wärmen, umzukleiden und eine Mahlzeit einzunehmen und ggf. zuzubereiten.

(3) Abweichend von den Anforderungen des Punktes 4.1 Abs. 7 Satz 2 ist für die Pausenzeit ein durchschnittlicher Schalldruckpegel von 55 dB(A) anzustreben.

(4) Die lichte Höhe von Pausenräumen oder Pausenbereichen muss mindestens 2,30 m betragen.

(5) Werden auf Baustellen Unterkünfte zur Verfügung gestellt, kann auf Pausenräume verzichtet werden, sofern die Unterkünfte geeignet sind, von den jeweiligen Bewohnern auch zum Aufenthalt bei Pausen genutzt werden zu können und die Anforderungen nach Punkt 4.1 Abs. 12 und die entsprechenden Anforderungen der ASR A4.1 „Sanitärräume“ erfüllt sind.

(6) Ergänzend zu Punkt 4.1 Abs. 12 muss für Pausenräume oder Pausenbereiche, in denen Beschäftigte sich umziehen, eine Möglichkeit zur getrennten Aufbewahrung für Arbeits- und Schutzkleidung sowie Straßenkleidung vorhanden sein (siehe entsprechende Anforderung der ASR A4.1 „Sanitärräume" Punkt 8.5).

Literaturhinweise:

LASI LV 50 „Bewegungsergonomische Gestaltung von andauernder Steharbeit, März 2009"

ASR A4.3
Erste-Hilfe-Räume, Mittel und Einrichtungen zur Ersten Hilfe

Ausgabe: Dezember 2010
zuletzt geändert GMBl 2024, S. 914 (v. 4.11.2024)

1 Zielstellung

Diese Arbeitsstättenregel konkretisiert die Anforderungen an Mittel und Einrichtungen zur Ersten Hilfe sowie an Erste-Hilfe-Räume beim Einrichten und Betreiben von Arbeitsstätten in § 3a Abs. 1 und § 4 Abs. 5 sowie Punkt 4.3 des Anhanges der Arbeitsstättenverordnung.

2 Anwendungsbereich

(1) Diese ASR gilt für Anforderungen an Mittel und Einrichtungen zur Ersten Hilfe sowie Erste-Hilfe-Räume oder vergleichbare Einrichtungen und deren Bereitstellung.

(2) entfallen

Hinweis:
Für die barrierefreie Gestaltung der Erste-Hilfe-Räume sowie Mittel und Einrichtungen zur Ersten Hilfe gilt die ASR V3a.2 „Barrierefreie Gestaltung von Arbeitsstätten“, Anhang A4.3: Ergänzende Anforderungen zur ASR A4.3 „Erste-Hilfe-Räume, Mittel und Einrichtungen zur Ersten Hilfe“.

3 Begriffsbestimmungen

3.1 **Erste Hilfe** umfasst medizinische, organisatorische und betreuende Maßnahmen an Verletzten oder Erkrankten.

3.2 **Notfall** ist ein Ereignis, das unverzüglich Rettungsmaßnahmen erfordert und Maßnahmen der Ersten Hilfe, des Rettungsdienstes und der ärztlichen Behandlung umfasst.

3.3 **Notruf** ist die Meldung eines Notfalls über Meldeeinrichtungen zur Alarmierung des Rettungsdienstes, der Feuerwehr oder der Polizei.

3.4 **Mittel zur Ersten Hilfe** sind Erste-Hilfe-Material (z. B. Verbandmaterial, Hilfsmittel, Rettungsdecke) sowie gemäß Gefährdungsbeurteilung erforderliche medizinische Geräte (z. B. Automatisierter Externer Defibrillator, Beatmungsgerät) und Arzneimittel (z. B. Antidot), die zur Ersten Hilfe benötigt werden.

3.5 **Einrichtungen zur Ersten Hilfe** sind technische Hilfsmittel zur Rettung aus Gefahr für Leben und Gesundheit, z. B. Meldeeinrichtungen, Rettungstransportmittel und Rettungsgeräte.

3.6 **Meldeeinrichtungen** sind Kommunikationsmittel, um im Notfall unverzüglich einen Notruf absetzen zu können.

3.7 **Rettungstransportmittel** dienen dem fachgerechten, schonenden Transport Verletzter oder Erkrankter zur weiteren Versorgung im Erste-Hilfe-Raum, zum Arzt oder ins Krankenhaus.

3.8 **Rettungsgeräte** sind technische Hilfsmittel zur Personenrettung aus Gefahrensituationen.

3.9 **Erste-Hilfe-Räume und vergleichbare Einrichtungen** sind speziell vorgesehene Räume, in denen bei einem Unfall oder bei einer Erkrankung im Betrieb Erste Hilfe geleistet oder die ärztliche Erstversorgung durchgeführt werden kann.

Den Erste-Hilfe-Räumen vergleichbare Einrichtungen sind z. B. Rettungsfahrzeuge, transportable Raumzellen (Erste-Hilfe-Container) oder Arztpraxisräume. Als vergleichbare Einrichtungen gelten auch besonders eingerichtete, vom übrigen Raum abgetrennte Erste-Hilfe-Bereiche.

4 Mittel zur Ersten Hilfe

(1) Erste-Hilfe-Material ist in Verbandkästen oder anderen geeigneten Behältnissen (z. B. Rucksäcke, Taschen, Schränke), im Folgenden Verbandkasten genannt, vorzuhalten. Die Mindestanzahl der bereitzuhaltenden Verbandkästen ergibt sich aus Tabelle 1.

Tabelle 1: Mindestanzahl der bereitzuhaltenden Verbandkästen

Betriebsart	**Zahl der Beschäftigten**	**Kleiner Verbandkasten**	**Großer Verbandkasten**
Verwaltungs- und Handelsbetriebe	1-50	1	-
	51-300	-	1
	301-600	-	2
	für je 300 weitere Beschäftigte	-	+1
Herstellungs-, Verarbeitungsbetriebe und vergleichbare Betriebe	1-20	1	-
	21-100	-	1
	101-200	-	2
	für je 100 weitere Beschäftigte	-	+1

(2) Statt eines großen Verbandkastens können zwei kleine Verbandkästen verwendet werden. Für Tätigkeiten im Außendienst, insbesondere für die Mitführung von Erste-Hilfe-Material in Werkstattwagen und Einsatzfahrzeugen, kann auch der Kraftwagen-Verbandkasten als kleiner Verbandkasten verwendet werden.

(3) Verbandkästen sind überall dort bereitzuhalten, wo die Arbeitsbedingungen dies erforderlich machen. Sie sind so zu verteilen, dass sie höchstens in 100 m Wegstrecke oder einer Geschosshöhe erreichbar sind.

(4) Erste-Hilfe-Material ist so aufzubewahren, dass es vor schädigenden Einflüssen (z. B. Verunreinigungen, Nässe, hohe Temperaturen) geschützt, aber jederzeit leicht zugänglich ist. Das Erste-Hilfe-Material ist nach Verbrauch, bei Unbrauchbarkeit oder nach Ablauf des Verfallsdatums zu ergänzen bzw. zu ersetzen.

(5) In Arbeitsstätten ist mindestens das Erste-Hilfe-Material entsprechend Tabelle 2 bereitzuhalten.

(6) Ausgehend von der Gefährdungsbeurteilung können neben der Grundausstattung mit Erste-Hilfe-Material nach Abs. 5 auch ergänzende Mittel zur Ersten Hilfe (siehe Punkt 3.4) notwendig werden.

Tabelle 2: Inhalt der Verbandkästen

Nr.	Stückzahl		Benennung oder Bezeichnung	Ausführung und Bemerkung
	Kleiner Verband-kasten	Großer Verband-kasten		
1	1	2	Heftpflaster	500 cm x 2,5 cm, Spule mit Außenschutz, thermoresistenter Kleber
2	8	16	Wundschnellverband	10 cm x 6 cm, staubgeschützt verpackt
3	4	8	Fingerkuppenverband	staubgeschützt verpackt
4	4	8	Fingerverband	12 cm x 2 cm, staubgeschützt verpackt
5	4	8	Pflasterstrips	1,9 cm x 7,2 cm, staubgeschützt verpackt
6	8	16	Pflasterstrips	2,5 cm x 7,2 cm, staubgeschützt verpackt
7	1	2	Verbandpäckchen	starre oder elastische Fixierbinde mit festen Kanten; 300 cm x 6 cm mit Kompresse 6 cm x 8 cm; Saugkapazität: mind. 800 g/m2, steril verpackt
8	3	6	Verbandpäckchen	starre oder elastische Fixierbinde mit festen Kanten; 400 cm x 8 cm mit Kompresse 12 cm x 8 cm; Saugkapazität: mind. 800 g/m^2, steril verpackt
9	1	2	Verbandpäckchen	starre oder elastische Fixierbinde mit festen Kanten, 400 cm x 10 cm mit Kompresse 12 cm x 10 cm; Saugkapazität: mind. 800 g/m^2, steril verpackt
10	1	2	Verbandtuch	80 cm x 60 cm, Saugkapazität mind. 125 g/m^2 Flächengewicht: mind. 90 g/m^2
11	6	12	Kompresse	10 cm x 10 cm, Saugkapazität mind. 800 g/m^2, maximal paarweise steril verpackt
12	2	4	Augenkompresse	5 cm x 7 cm, Gewicht: mind. 1,5 g/Stück, einzeln steril verpackt
13	1	2	Kälte-Sofortkompresse	mindestens 200 cm^2, ohne Vorkühlung, vorgegebene Lagerbedingungen beachten
14	1	2	Rettungsdecke	mindestens 210 cm x 160 cm, Mindestfoliendicke 12 µm, dauerhaft metallisierte Polyesterfolie oder Material mit mindestens gleichwertigen Eigenschaften in Bezug auf Reflexionsvermögen, Temperaturbeständigkeit, nahtlos, mit Aluminium bedampft, Rückseite farbig, staubgeschützt verpackt
15	2	4	Fixierbinde	400 cm x 6 cm, einzeln staubgeschützt verpackt
16	2	4	Fixierbinde	400 cm x 8 cm, einzeln staubgeschützt verpackt

Nr.	Stückzahl		Benennung oder Bezeichnung	Ausführung und Bemerkung
	Kleiner Verbandkasten	Großer Verbandkasten		
17	2	4	Dreiecktuch	96 cm x 96 cm x 136 cm, staubgeschützt verpackt
18	1	1	Schere	mindestens 18 cm lang, kniegebogen, nicht rostend
19	2	4	Folienbeutel	Mindestgröße 30 cm x 40 cm, Mindestfoliendicke 45 µm, verschließbar, aus Polyethylen
20	5	10	Vliesstoff-Tuch	mindestens 20 cm x 30 cm, flächenbezogene Masse mind. 15 g/m²
21	4	8	Medizinische Einmalhandschuhe	nahtlos, groß, staubgeschützt verpackt
22	1	1	Erste-Hilfe-Broschüre	Der Informationsgehalt der Broschüre muss mindestens eine „Anleitung zu Ersten Hilfe" beinhalten.
23	1	1	Inhaltsverzeichnis	-

5 Einrichtungen zur Ersten Hilfe

5.1 Meldeeinrichtungen

(1) Der Arbeitgeber hat in Arbeitsstätten ständig zugängliche Meldeeinrichtungen (z. B. Telefon mit Angabe der Notrufnummern) zum unverzüglichen Absetzen eines Notrufes vorzuhalten.

(2) In Abhängigkeit von der Gefährdungsbeurteilung können besondere Meldeeinrichtungen (z. B. Notrufmelder) erforderlich sein. Sofern es nicht möglich ist, stationäre Meldeeinrichtungen vorzusehen, können auch funktechnische Einrichtungen, z. B. Betriebsfunkanlagen, als Meldeeinrichtung eingesetzt werden. Bei Alleinarbeit können – ggf. auch willensunabhängig wirkende – Personen-Notsignal-Anlagen verwendet werden.

5.2 Rettungstransportmittel

(1) Der Arbeitgeber hat zu prüfen, ob er den Rettungstransport auf Grund der innerbetrieblichen Entfernungen und Verhältnisse und der damit verbundenen Eintreffzeiten dem öffentlichen Rettungsdienst überlässt oder ob eigene Rettungstransportkapazitäten erforderlich sind.

(2) In Betrieben, in denen der öffentliche Rettungsdienst seine Aufgabe am Ort des Geschehens durchführen kann, sind keine weiteren Transportmittel bereit zu stellen. Sofern dieser Ort mit Krankentragen nicht zugänglich ist, müssen entsprechend der Gefährdungsbeurteilung geeignete Transportmittel, z. B. Rettungstücher, Kranken-transport-Hängematten oder Schleifkörbe, vorgehalten werden.

5.3 Rettungsgeräte

Rettungsgeräte sind gemäß der Gefährdungsbeurteilung vorzuhalten, wenn in Arbeitsstätten im Falle von Rettungsmaßnahmen besondere Anforderungen bestehen, z. B. bei der Rettung von hochgelegenen Arbeitsplätzen, aus tiefen Schächten oder bei sonstigen schwer zugänglichen Arbeitsplätzen. Geeignete Rettungsgeräte sind z. B. Rettungshubgeräte, Spreizer, Schneidgeräte, Abseilgeräte.

6 Erste-Hilfe-Räume und vergleichbare Einrichtungen

(1) Ein Erste-Hilfe-Raum oder eine vergleichbare Einrichtung ist erforderlich

- in Betrieben mit mehr als 1000 Beschäftigten und
- in Betrieben mit mehr als 100 Beschäftigten, wenn besondere Unfall- oder Gesundheitsgefahren bestehen.

(2) Bei besonderen Unfall- oder Gesundheitsgefahren können zusätzliche Maßnahmen erforderlich sein (z. B. weitere Räumlichkeiten, ergänzende Ausstattungen).

(3) Für vorübergehend eingerichtete Arbeitsstätten können vergleichbare Einrichtungen (z. B. Erste-Hilfe-Container) genutzt werden.

6.1 Bauliche Anforderungen

(1) Erste-Hilfe-Räume und vergleichbare Einrichtungen sollen im Erdgeschoss liegen und müssen mit einer Krankentrage leicht zu erreichen sein. Erste-Hilfe-Container sind ebenerdig aufzustellen.

(2) Die Lage von Erste-Hilfe-Räumen bzw. des Aufstellungsortes vergleichbarer Einrichtungen sind so zu wählen, dass Gefährdungen oder Beeinträch-

tigungen, z. B. durch Lärm, Vibrationen, Stäube, Gase, Dämpfe, soweit wie möglich ausgeschlossen sind.

(3) In unmittelbarer Nähe von Erste-Hilfe-Räumen bzw. vergleichbaren Einrichtungen muss sich eine Toilette befinden.

(4) Erste-Hilfe-Räume und vergleichbare Einrichtungen müssen zur Aufnahme der erforderlichen Einrichtungen und Ausstattungen eine ausreichende Größe aufweisen:

- Erste-Hilfe-Räume mit mindestens 20 m^2 Grundfläche
- Erste-Hilfe-Container mit mindestens 12,5 m^2 Grundfläche

Zur Raumhöhe siehe ASR A1.2 „Raumabmessungen und Bewegungsflächen".

(5) Im Zugangsbereich von Erste-Hilfe-Räumen und vergleichbaren Einrichtungen sind Stufen zu vermeiden. Höhenunterschiede sollen durch eine Rampe ausgeglichen werden. Der Zugang zu Erste-Hilfe-Räumen muss eine lichte Breite gemäß Punkt 5 der ASR A2.3 „Fluchtwege und Notausgänge" aufweisen. Es muss sichergestellt sein, dass ein Zugang mit Krankentragen ungehindert möglich ist.

(6) Fußböden und Wände müssen leicht zu reinigen und erforderlichenfalls zu desinfizieren sein (hinsichtlich Fußböden siehe ASR A1.5 „Fußböden").

(7) Erste-Hilfe-Räume und vergleichbare Einrichtungen müssen ausreichend beleuchtet (siehe ASR A3.4 „Beleuchtung und Sichtverbindung") und ausreichend belüftet sein (siehe ASR A3.6 „Lüftung").

(8) Die Raumtemperatur muss den Anforderungen der ASR A3.5 „Raumtemperatur" entsprechen. Erste-Hilfe-Container müssen ausreichend isoliert sein und über einen Vorraum – mindestens aber über einen Windfang – verfügen.

(9) Erste-Hilfe-Räume und vergleichbare Einrichtungen sind mindestens mit einem Waschbecken mit fließend Kalt- und Warmwasser sowie mit Telefon oder einem vergleichbaren Kommunikationsmittel fest auszustatten.

(10) Der Sichtschutz gegen Einblick von außen ist zu gewährleisten.

6.2 Ausstattung von Erste-Hilfe-Räumen und vergleichbaren Einrichtungen

Für Erste-Hilfe-Räume und vergleichbare Einrichtungen sind in Abhängigkeit von der Gefährdungsbeurteilung geeignetes Inventar und Mittel zur Ersten Hilfe und Pflegematerial sowie geeignete Rettungsgeräte und Rettungstransportmittel bereitzuhalten.

Geeignetes Inventar ist z. B.:

- Behältnisse (z. B. Schränke, Koffer) zur getrennten, übersichtlichen und hygienischen Aufbewahrung von Mitteln zur Ersten Hilfe und Pflegematerial,
- Spender für Seife, Desinfektionsmittel, Hautschutzmittel und Einmalhandtücher,
- Untersuchungsliege mit verstellbarem Kopf- und Fußteil,
- Instrumententisch mit Schublade,
- Infusionsständer (höhenverstellbar),
- Schreibtisch oder vergleichbare Schreibgelegenheit,
- Sitzgelegenheit,
- Sicherheitsbehälter für spitze und scharfe Gegenstände (z. B. Kanülen) oder
- geeignete, getrennte Behältnisse für infektiösen und nichtinfektiösen Abfall.

Geeignete Mittel zur Ersten Hilfe sind z. B.:

- Inhalt des großen Verbandkastens (siehe Tabelle 2),
- Mittel für Absaugung und Beatmung (z. B. Absauggerät, Absaugkatheter, Beatmungsbeutel und -maske, Guedeltubus, Sauerstoffgerät, Sauerstoffreservoirbeutel),
- Mittel für Diagnostik (z. B. Blutdruckmessgerät, Bügelstethoskop, Diagnostikleuchte),
- Automatisierter Externer Defibrillator (AED),
- Schienen zum Ruhigstellen von Extremitäten,
- HWS-Immobilisationskragen,
- nach betriebsärztlicher Festlegung: Medikamente, Infusionslösungen, Infusionsbestecke, Venenverweilkanülen,
- Desinfektionsmaterial oder
- Augenspülflasche.

Geeignetes Pflegematerial und sonstige Hilfsmittel sind z. B.:

- Decken,
- Einmalauflagen für Liegen,
- Einweg-Nierenschale und Vliesstoff-Tuch oder
- Einweg-Schutzkleidung.

7 Kennzeichnung

(1) Die Kennzeichnung der Erste-Hilfe-Räume und vergleichbaren Einrichtungen sowie der Aufbewahrungsorte der Mittel zur Ersten Hilfe erfolgt nach Anlage 1 Punkt 4 der ASR A1.3 „Sicherheits- und Gesundheitsschutzkennzeichnung". Erste-Hilfe-Räume sind mit dem Rettungszeichen E003 „Erste Hilfe" zu kennzeichnen.

(2) Die Lage der Erste-Hilfe-Räume und vergleichbaren Einrichtungen können dem Flucht- und Rettungsplan gemäß Punkt 10 Abs. 3 der ASR A2.3 „Fluchtwege und Notausgänge" entnommen werden.

8 Abweichende/ergänzende Anforderungen für Baustellen

(1) Die Mindestanzahl der für Baustellen bereitzuhaltenden Verbandkästen ergibt sich abweichend von Tabelle 1 aus Tabelle 3.

Tabelle 3: Mindestanzahl der auf Baustellen bereitzuhaltenden Verbandkästen

Betriebsart	**Zahl der Beschäftigten**	**Kleiner**	**Großer**
		Verbandkasten	
Baustellen	1-10	1	-
	11-50	-	1
	51-100	-	2
	für je weitere 50 Beschäftigte	-	+1

(2) Abweichend von Punkt 4 Abs. 3 hat der Arbeitgeber im Rahmen der Gefährdungsbeurteilung zu ermitteln, ob einzelne Arbeitsplätze, z. B. auf Linienbaustellen, mit zusätzlichen Verbandkästen zu Tabelle 3 auszustatten und wie diese zu verteilen sind.

(3) Abweichend von Punkt 6 Abs. 1 ist auf Baustellen mit mehr als 50 Beschäftigten ein Erste-Hilfe-Raum oder eine vergleichbare Einrichtung erforderlich.

(4) Abweichend von Punkt 6.1 Abs. 1 Satz 2 sind Erste-Hilfe-Container so aufzustellen, dass die Erreichbarkeit für die Erstversorgung von verletzten oder erkrankten Beschäftigten durch geeignete Rettungstransportmittel jederzeit sichergestellt und der Weitertransport gewährleistet ist.

Literaturhinweise

- DGUV Information 204-006 Anleitung zur Ersten Hilfe 05/2011
- DGUV Information 204-001 Erste Hilfe Plakat 08/2017 (engl. 204-005 Ausgabe 08/2017)
- DGUV Information 204-007 Handbuch zur Ersten Hilfe 01/2017
- DGUV Information 204-010 Automatisierte Defibrillation im Rahmen der betrieblichen Ersten Hilfe 11/2014

ASR A4.4
Unterkünfte

Ausgabe: Juni 2010
zuletzt geändert GMBl 2024, S. 914 (v. 4.11.2024)

1 Zielstellung

Diese Arbeitsstättenregel konkretisiert die Anforderungen an das Einrichten und Betreiben von Unterkünften für Arbeitsstätten nach § 3 Abs. 1 und Punkt 4.4 des Anhanges der Arbeitsstättenverordnung.

2 Anwendungsbereich

Diese Arbeitsstättenregel gilt für das Einrichten und Betreiben von Unterkünften im Bereich von Arbeitsstätten. Sie gilt nicht für Pausen- und Bereitschaftsräume, die in ASR A4.2 „Pausen- und Bereitschaftsräume" geregelt sind.

Hinweis:
Für die barrierefreie Gestaltung der Unterkünfte gilt die ASR V3a.2 „Barrierefreie Gestaltung von Arbeitsstätten", Anhang A4.4: Ergänzende Anforderungen zur ASR A4.4 „Unterkünfte".

3 Begriffsbestimmungen

3.1 **Unterkünfte** sind Räume, die den Beschäftigten zu Wohnzwecken in der Freizeit dienen. Hierzu zählen auch Baracken, Wohncontainer, Wohnwagen und andere Raumzellen.

3.2 **Schlafbereich** ist eine Ruhezone, die zur körperlichen und geistigen Erholung zur Verfügung gestellt wird.

3.3 **Wohnbereich** ist ein Aufenthaltsraum bzw. Aufenthaltsbereich, der zum nicht nur vorübergehenden Aufenthalt von Menschen bestimmt und geeignet ist und zur Freizeitgestaltung zur Verfügung gestellt wird.

4 Allgemeines

(1) Landesrechtliche Vorschriften, insbesondere die bauordnungsrechtlichen Vorschriften der Länder zur Abwehr von Gefahren für die öffentliche Sicherheit und Ordnung sowie zur Vermeidung von Missständen bleiben unberührt.

(2) Unterkünfte sind an ungefährdeter Stelle bereitzustellen. Sie dürfen sich somit nicht z. B. im Gefahrenbereich von Baukranen, Aufzügen, Gerüsten, im Bereich von Hochspannungsleitungen, von Lagerstätten für Gefahrstoffe oder Gase oder von kontaminierten Böden befinden.

(3) Bestehende Einrichtungen, wie Küchen, Vorratsräume, sanitäre Einrichtungen und Mittel zur Ersten Hilfe, können je nach örtlicher Lage und zumutbarer Erreichbarkeit auch für die Unterkünfte genutzt werden.

(4) Bei Anwesenheit von männlichen und weiblichen Bewohnern ist dies bei der Zuteilung der Räume zu berücksichtigen. In Unterkünften müssen die Voraussetzungen für deren getrennte Unterbringung gegeben sein.

(5) Bei Schichtbetrieb müssen für die Unterbringung der Beschäftigten verschiedener Schichten getrennte Schlafbereiche zur Verfügung stehen.

(6) Der Arbeitgeber hat

- Bestimmungen für die Benutzung von Unterkünften, z. B. für die Reinigung, das Verhalten im Brandfall oder bei Alarm aufzustellen,
- eine Brandschutzordnung sowie einen Alarmplan an gut sichtbarer Stelle in der Unterkunft auszuhängen,
- Informationen zum Aufbewahrungsort von Mitteln und zu Einrichtungen zur Ersten Hilfe zu geben,
- dafür zu sorgen, dass die Bewohner diese Bestimmungen und Informationen verstehen können sowie
- eine Unterweisung der Bewohner vorzunehmen und zu dokumentieren.

(7) Der Arbeitgeber kann auch örtliche Unterbringungsmöglichkeiten (z. B. Hotels, Pensionen) nutzen oder andere geeignete Räume in vorhandenen Gebäuden für die Unterbringung den Beschäftigten zur Verfügung stellen.

5 Unterkünfte

5.1 Anforderungen

(1) Von den Unterkünften soll ein direkter Zugang zum öffentlichen Verkehrsraum vorhanden sein.

(2) Unterkünfte müssen für Fahrzeuge der Feuerwehr und des Rettungsdienstes leicht erreichbar sein.

(3) Unterkünfte müssen während der Nutzungsdauer auf mindestens +21 °C geheizt werden können.

(4) Unterkünfte müssen ausreichend Tageslicht erhalten und mit einer angemessenen künstlichen Beleuchtung ausgestattet sein. Für die Beleuchtung sowie die Sicherheitsbeleuchtung in Unterkünften sind die Regelungen der ASR A3.4 „Beleuchtung und Sichtverbindung" sowie ASR A2.3 „Fluchtwege und Notausgänge" anzuwenden.

(5) In Unterkünften dürfen keine Gegenstände und Arbeitsstoffe, insbesondere keine Gefahrstoffe, aufbewahrt werden, die nicht zur zweckentsprechenden Einrichtung dieser Räume gehören.

5.2 Bereitstellung

(1) Unterkünfte sind so zu bemessen, dass für jeden Bewohner mindestens 8 m^2 Nutzfläche vorhanden sind. Darin enthalten sind anteilig die Nutzflächen aller den Bewohnern zur Verfügung stehenden Bereiche und Räume der Unterkunft, z. B. Wohnbereich, Sanitäreinrichtungen. Je nach Ausstattungsvariante müssen auf den Schlafbereich bzw. den Schlafbereich und Vorflur bei Unterbringung bis sechs Bewohnern mindestens 6 m^2 pro Bewohner entfallen. Bei Unterbringung von mehr als sechs bis maximal acht Bewohner müssen auf den Schlafbereich mindestens 6,75 m^2 pro Bewohner bei einer anteiligen Nutzfläche von mindestens 8,75 m^2 pro Bewohner entfallen (siehe Tabelle).

Tabelle: Mindestnutzflächen pro Bewohner

Anzahl der Bewohner pro Schlafbereich	Nutzfläche der Unterkunft pro Bewohner	Davon für den Schlafbereich bzw. Schlafbereich mit Vorflur zur Verfügung stehende Fläche pro Bewohner
bis 6	mindestens 8 m^2	mindestens 6 m^2
mehr als 6 bis maximal 8	mindestens 8,75 m^2	mindestens 6,75 m^2

(2) Unterkünfte für mehr als 50 Beschäftigte müssen über einen separaten Raum für erkrankte Beschäftigte mit mindestens zwei Betten verfügen. Der Zugang muss gekennzeichnet sein. Dieser Raum muss mit einer Krankentrage leicht erreicht werden können. In diesem Raum ist Trinkwasser oder ein alkoholfreies Getränk zur Verfügung zu stellen.

(3) Unterkünfte müssen entsprechend der Belegungszahl mit Sanitäreinrichtungen ausgestattet sein. Dafür sind die Regelungen der ASR A4.1 „Sanitärräume“ anzuwenden.

(4) Für das Einrichten und Betreiben der Verkehrswege sind die Regelungen der ASR A1.8 „Verkehrswege“ anzuwenden. Verkehrswege zwischen den Schlafbereichen und Sanitäreinrichtungen müssen, sofern sie nicht innen liegend ausgeführt sind, vor Witterungseinflüssen geschützt begangen werden können. Dies kann in Abhängigkeit von jahreszeitlichen Einflüssen, z. B. durch Einhausung oder Überdachung der Verkehrswege, erreicht werden.

5.3 Ausführung

(1) Fußböden, Wände und Decken müssen gegen Feuchtigkeit geschützt und gegen Wärme und Kälte gedämmt ausgeführt werden.

(2) Die lichte Raumhöhe muss mindestens 2,50 m betragen, soweit nicht nach dem Bauordnungsrecht der Länder eine andere lichte Raumhöhe zulässig ist. Unterkünfte müssen frei belüftet werden können (z. B. Fenster, Oberlichter).

(3) Außentüren von Unterkünften müssen dicht und verschließbar sein. Der Eingangsbereich soll mit einem Windfang ausgerüstet sein.

(4) Durchsichtige Trennwände, Türen und Fenster in Unterkünften müssen gegen Einsichtnahme mit ausreichendem Sichtschutz, z. B. Vorhängen oder Jalousien, geschützt sein.

5.4 Ausstattung

(1) Unterkünfte müssen über technische Einrichtungen, z. B. ein Telefon, verfügen, die eine schnellstmögliche Alarmierung der zuständigen Polizeidienststelle, der Feuerwehr oder des Notarztes ermöglichen.

(2) Die Anzahl der Steckdosen in den Wohn- und Schlafbereichen muss an die Ausstattung und Belegung angepasst sein.

(3) Unterkünfte sind mit den erforderlichen Feuerlöscheinrichtungen und, soweit notwendig, mit Brandmeldern auszustatten; dafür ist die ASR A2.2 „Maßnahmen gegen Brände“ anzuwenden. Die Feuerlöscher sind an gut sichtbaren und leicht zugänglichen Stellen anzubringen.

(4) Unterkünfte sind mit den erforderlichen Mitteln für die Erste Hilfe auszustatten, dafür ist die ASR A4.3 „Erste-Hilfe-Räume, Mittel und Einrichtungen zur Ersten Hilfe“ anzuwenden. Die Mittel für die Erste Hilfe sind an geeigneter Stelle der Unterkünfte gut sichtbar und gekennzeichnet vorzuhalten.

(5) Es dürfen nicht mehr als vier Betten in einem Schlafbereich aus Raumzellen aufgestellt werden. In Gebäuden dürfen maximal acht Betten in einem Raum aufgestellt werden. Bei Etagenbetten dürfen nicht mehr als zwei Betten übereinanderstehen. In den Schlafbereichen müssen für jeden Bewohner ein eigenes Bett mit Matratze und Kopfkissen, mindestens eine Sitzgelegenheit und in angemessener Größe eine Tischfläche sowie ein verschließbarer Schrank für Wäsche, Bekleidung oder persönliche Gegenstände vorhanden sein. Die elektrische Beleuchtung ist zweckmäßig zu installieren (z. B. Orientierungshilfen, Nachtleuchten, Leselampen). Türen zu Schlafbereichen müssen von innen verschließbar sein.

(6) Sofern mehr als vier Bewohner länger als eine Woche gemeinsam untergebracht werden, soll mindestens ein Aufenthaltsraum oder entsprechender Aufenthaltsbereich zur Verfügung stehen (Wohnbereich). Hier müssen mindestens ein angemessen großer Tisch und je Bewohner eine Sitzgelegenheit vorhanden sein. Dabei ist für jeden Beschäftigten eine freie Bewegungsfläche von mindestens 1 m^2 vorzusehen.

(7) Sofern Beschäftigte länger als eine Woche untergebracht werden und keine alternativen Möglichkeiten vorhanden sind oder geschaffen werden, z. B. das Anbieten einer Waschdienstleistung, ist eine Möglichkeit zum Waschen, Trocknen und Bügeln von Kleidung außerhalb der Schlaf- und Wohnbereiche vorzusehen. Hierfür sind Waschmaschinen und Trockengeräte zur gemeinschaftlichen Nutzung geeignet.

(8) Wenn keine anderweitige Verpflegungsmöglichkeit vorhanden ist, z. B. Kantine oder Lieferung von Fertigessen, sind in einem besonderen Raum mit Trinkwasserzapfstelle ausreichend Zubereitungs-, Aufbewahrungs-, Kühl- und Spülgelegenheiten zu schaffen. Die Wände müssen bis zur Höhe von 2 m einen glatten, waschfesten und hellen Belag oder einen entsprechenden Anstrich haben. Für Fußböden ist die ASR A1.5 „Fußböden" anzuwenden. Für jeden Beschäftigten sind hygienisch einwandfreie und verschließbare Fächer vorzuhalten.

(9) In jedem Raum, ausgenommen Windfang und Vorratsraum, sind Abfallbehälter mit Deckel bereitzustellen. Diese müssen aus schwer entflammbarem Material bestehen.

6 Abweichende/ergänzende Anforderungen für Baustellen

(1) Die Bereitstellung von Unterkünften auf Baustellen ist nach Anhang 4.4 Abs. 1 Arbeitsstättenverordnung z. B. erforderlich wenn:

- Arbeiten unter erschwerten Bedingungen wie Druckluft- und Taucherarbeiten ausgeführt werden, um beim Auftreten von Drucklufterkrankungen nach der Dekompressionsphase und auch nach Schichtende technische und medizinische Hilfsmaßnahmen unverzüglich einleiten zu können,
- eine Sicherstellung des Betriebes von Versorgungseinrichtungen für z. B. Druckluftbaustellen durch Möglichkeiten der Unterbringung für Bereitschaftsdienste nötig ist,
- technologisch bedingte verkürzte oder lange Arbeitszeiten oder kurze Schichtwechsel nötig sind, z. B. Arbeiten abhängig von Ebbe und Flut oder Zwangspausen infolge von Arbeitszeitbegrenzungen,
- Kontroll- und Notdienste ausgeführt werden, die nicht vorhersehbaren Einflüssen unterliegen, z. B. Betreiben von Spülfeldern oder Grundwasser-absenkungsanlagen,

- ein unzumutbarer Zeitbedarf für eine tägliche Heimfahrt oder eine nicht mehr ausreichende Ruhezeit erforderlich ist, z. B. häufig wechselnde Arbeitsstätten infolge kurzer Bauzeiten, z. B. für Spezialisten des Spezialtiefbaus, Zwei- oder Dreischichtbetrieb bei Gleitschalungsarbeiten oder Schubbrückenbau,
- die Baustelle nicht mit gewöhnlichen öffentlichen Verkehrsmitteln erreichbar bzw. keine Anfahrmöglichkeit mit persönlicher Fahrgelegenheit vorhanden ist, z. B. Arbeiten auf Hubinseln oder Schwimmenden Geräten (z. B. Schwimmrammen) oder
- sie mit Pkw über das öffentliche Straßennetz nicht erreichbar ist (z. B. Geländewagen für die Anfahrt erforderlich).

(2) Sofern den Beschäftigten seitens des Arbeitgebers der mit der Beschaffung der Unterkunft verbundene Mehraufwand ausgeglichen wird und die Beschäftigten ihre Unterkunft selbst beschaffen, besteht kein Erfordernis zur Bereitstellung von Unterkünften.

ASR A5.2 Anforderungen an Arbeitsplätze und Verkehrswege auf Baustellen im Grenzbereich zum Straßenverkehr – Straßenbaustellen

Ausgabe: Dezember 2018
zuletzt geändert GMBl 2022, S. 252

1 Zielstellung

Diese ASR dient dem Schutz von Beschäftigten auf Baustellen vor Gefährdungen durch den fließenden Verkehr im Grenzbereich zum Straßenverkehr. Sie konkretisiert die Anforderungen an das Einrichten und Betreiben von Arbeitsplätzen und Verkehrswegen auf diesen Baustellen in § 3a Absatz 1 Arbeitsstättenverordnung sowie insbesondere in Punkt 5.2 Absätze 2, 3 und 4 des Anhangs der Arbeitsstättenverordnung.

2 Anwendungsbereich

(1) Diese ASR gilt für das Einrichten, Betreiben und den Abbau von Arbeitsplätzen und Verkehrswegen auf Baustellen im Grenzbereich zum Straßenverkehr, bei denen durch den fließenden Verkehr Gefährdungen für die Beschäftigten entstehen können. Sie findet auch Anwendung für die dazugehörenden Verkehrssicherungsarbeiten. Sie unterstützt bei der Ermittlung und Beurteilung dieser Gefährdungen sowie bei der Planung und Umsetzung von Schutzmaßnahmen zur Gestaltung sicherer Arbeitsplätze und Verkehrswege auf Baustellen im Grenzbereich zum Straßenverkehr.

(2) Diese ASR soll in allen Planungsphasen berücksichtigt werden.

(3) Diese ASR regelt nicht die verkehrsrechtlichen Anforderungen im Geltungsbereich der Straßenverkehrs-Ordnung (StVO).

(4) Diese ASR gilt nicht für die Pannen- und Unfallhilfe sowie für Bergungs- und Abschlepparbeiten.

Hinweis:
Sofern entsprechende Gefährdungen vorliegen, ist diese Arbeitsstättenregel insbesondere in Verbindung mit folgenden ASR anzuwenden:

- *Sicherheitszeichen: ASR A1.3 „Sicherheits- und Gesundheitsschutzkennzeichnung",*
- *Verkehrswege auf Straßenbaustellen: ASR A1.8 „Verkehrswege",*
- *Schutz vor Absturz und herabfallenden Gegenständen: ASR A2.1 „Schutz vor Absturz und herabfallenden Gegenständen, Betreten von Gefahrenbereichen",*
- *Maßnahmen gegen Brände: ASR A2.2 „Maßnahmen gegen Brände",*
- *Fluchtwege: ASR A2.3 „Fluchtwege und Notausgänge",*
- *Beleuchtung: ASR A3.4 „Beleuchtung" oder*
- *Sicherheitsbeleuchtung: ASR A2.3 „Fluchtwege und Notausgänge" oder ASR A3.4 „Beleuchtung".*

3 Begriffsbestimmungen

3.1 **Ankommender Verkehr** ist der Straßenverkehr, der sich aus der vorgegebenen Fahrtrichtung einer Straßenbaustelle nähert.

3.2 **Fahrbahn** ist der aus Fahrstreifen für alle Arten von Fahrzeugen sowie eventuell vorhandenen Randstreifen bestehende zusammenhängende befestigte Teil einer Straße.

3.3 **Fahrstreifen** ist der Teil einer Fahrbahn, den ein Fahrzeug zum ungehinderten Fahren im Verlauf der Fahrbahn, einschließlich anzurechnender Markierungen oder baulicher Leitelemente, benötigt.

3.4 **Fahrzeug-Rückhaltesysteme** sind Schutzeinrichtungen, die von der Fahrbahn abkommende Fahrzeuge aufhalten oder umlenken sollen. Sie können als dauerhafte oder transportable Schutzeinrichtungen ausgeführt sein.

3.5 **Fließender Verkehr** ist der an der Straßenbaustelle ankommende oder vorbeifahrende Straßenverkehr.

3.6 **Grenzbereich zum Straßenverkehr** ist der Teil der Straßenbaustelle, in dem durch den fließenden Straßenverkehr Gefährdungen für die Beschäftigten entstehen können.

3.7 **Öffentlicher Straßenverkehr** kennzeichnet jenen Teil des Straßenverkehrs, der auf den der Allgemeinheit zur Verfügung gestellten Verkehrsflächen erfolgt.

3.8 **Sicherheitsabstand** im Sinne dieser ASR ist der Abstand zwischen Verkehrseinrichtungen und den dem fließenden Verkehr zugewandten Außenbegrenzungen von Arbeitsplätzen oder Verkehrswegen auf Straßenbaustellen (siehe Abbildung 1).

3.9 **Sicherungsfahrzeuge** im Sinne dieser ASR sind Fahrzeuge, die zur Sicherung von Straßenbaustellen eingesetzt werden. Sie sind besonders gekennzeichnet und mit Sonderrechten ausgestattet (siehe § 35 Absatz 6 StVO und Richtlinien zur Sicherung von Straßenbaustellen (RSA)).

3.10 **Straßenbaustellen** im Sinne dieser ASR sind Baustellen, auf denen im Grenzbereich zum Straßenverkehr Arbeiten auf, neben, unter, über oder im Straßenkörper sowie an baulichen Anlagen im Zuge von Straßen durchgeführt und dazu öffentliche oder nicht öffentliche Verkehrsflächen vorübergehend ganz oder teilweise abgesperrt werden. Zu diesen Arbeiten zählen z. B. auch Reinigen von Verkehrseinrichtungen, Grünpflege, Arbeiten an Versorgungsleitungen, Vermessungsarbeiten, Bauwerksprüfungen, Sanierungsarbeiten.

Hinweis:
Der in dieser ASR verwendete Begriff „Straßenbaustelle" entspricht dem in den RSA verwendeten Begriff „Arbeitsstelle".

3.11 **Straßenbaustellen längerer Dauer** sind Straßenbaustellen, die mindestens einen Kalendertag durchgehend und ortsfest aufrechterhalten werden.

3.12 **Straßenbaustellen kürzerer Dauer** sind Straßenbaustellen, die nur über eine begrenzte Stundenzahl bei Tageshelligkeit (Tagesbaustellen) oder während der Dunkelheit (Nachtbaustellen) betrieben werden, auch wenn die Arbeiten an den folgenden Tagen fortgesetzt werden.

3.13 **Verkehrseinrichtungen** sind z. B. Schranken, Sperrpfosten, Absperrgeräte sowie Leiteinrichtungen gemäß StVO. Zu den Verkehrseinrichtungen gehören auch Blinklicht- und Lichtzeichenanlagen.

3.14 **Verkehrssicherungsarbeiten** sind Arbeiten zum Auf-, Um- und Abbau sowie zur Unterhaltung der Verkehrssicherung.

3.15 **Verkehrssicherungsmaßnahmen** sind die von der zuständigen Behörde in einer verkehrsrechtlichen Anordnung vorgeschriebenen Maßnahmen zur Lenkung und Leitung des öffentlichen Straßenverkehrs.

3.16 **Verkehrswege auf Straßenbaustellen** sind Verkehrswege entsprechend der ASR A1.8 „Verkehrswege", die dem öffentlichen Straßenverkehr nicht zur Verfügung stehen.

3.17 **Verschwenkungsbereich** ist der Streckenabschnitt, in dem ein oder mehrere Fahrstreifen quer zur Fahrbahnachse versetzt oder eingeengt werden.

4 Einrichten von Arbeitsplätzen und Verkehrswegen auf Straßenbaustellen

4.1 Allgemeines

(1) Straßenbaustellen sind so zu planen und einzurichten, dass Gefährdungen durch den fließenden Verkehr für Beschäftigte möglichst vermieden und verbleibende Gefährdungen möglichst gering gehalten werden.

Gefährdungen durch den fließenden Verkehr können z. B. durch eine vollständige Umleitung des Verkehrs bei einbahnigen Straßen oder eine Überleitung des Verkehrs auf die Gegenfahrbahn bei zweibahnigen Straßen vermieden werden.

(2) Sofern Gefährdungen für Beschäftigte durch den fließenden Verkehr nicht vermieden werden können, sind diese so weit wie möglich zu minimieren. Zur Minimierung dieser Gefährdungen sind für Arbeitsplätze und Verkehrswege auf Straßenbaustellen bereits in der Planung der Ausführung der Arbeiten unter Berücksichtigung der zum Einsatz kommenden Arbeitsverfahren und Arbeitsmittel geeignete Schutzmaßnahmen (siehe Punkte 4.2 bis 4.6) vorzusehen.

Hinweis:
Bei der Auswahl der Schutzmaßnahmen sind auch die Hinweise des Koordinators sowie des Sicherheits- und Gesundheitsschutzplans (SiGePlan) nach Baustellenverordnung (BaustellV) zu berücksichtigen.

(3) Bei Straßenbaustellen sind die erforderlichen Platzbedarfe für Arbeitsplätze, Verkehrswege, Sicherheitsabstände und technische Schutzmaßnahmen zu ermitteln und bereitzustellen. Diese Platzbedarfe sind abhängig von den auszuführenden Tätigkeiten und von den eingesetzten Arbeitsmitteln.

Dabei sind Platzbedarfe z. B. für

- freie Bewegungsflächen für Beschäftigte unter Berücksichtigung der Körpermaße und der auszuführenden Bewegungsabläufe,
- ein durch Arbeitsverfahren bedingtes Hinauslehnen aus Führer- und Bedienständen von Fahrzeugen und Maschinen zur Einsichtnahme in den Fahr- und Arbeitsbereich,
- das Steuern oder Bedienen von Maschinen im Mitgängerbetrieb,
- Arbeits- und Schwenkbereiche von Arbeitsmitteln,
- Aufstell- und Lagerflächen für die eingesetzten Arbeitsmittel und Materialien,
- Baustellenein- und -ausfahrten,
- Zufahrten für Rettungsdienste,
- Fahrzeug-Rückhaltesysteme oder
- Sicherheitsabstände für die Standsicherheit von Baugruben und Gräben

zu berücksichtigen.

(4) Für Verkehrssicherungsarbeiten, z. B. das Aufstellen und Abbauen von Verkehrseinrichtungen, das Aufstellen und Abbauen von Fahrzeug-Rückhaltesystemen oder die Durchführung von Markierungsarbeiten, sind die Absätze 1 bis 3 anzuwenden.

(5) Arbeitsplätze und Verkehrswege auf Straßenbaustellen dürfen nur eingerichtet und betrieben werden, wenn eine sichere Führung des fließenden Verkehrs gewährleistet ist.

Hinweis:
Vor dem Beginn von Arbeiten, die sich auf den öffentlichen Straßenverkehr auswirken, ist eine verkehrsrechtliche Anordnung gemäß StVO einzuholen.

4.2 Technische Schutzmaßnahmen

4.2.1 Straßenbaustellen längerer Dauer

(1) Sind Arbeitsplätze einschließlich Verkehrswege nicht bereits durch baulich vorhandene Fahrzeug-Rückhaltesysteme (z. B. im Mittelstreifen) vom fließenden Verkehr getrennt, sind zur Minimierung der Gefährdungen durch ein Abkommen von Fahrzeugen bei einer zulässigen Höchstgeschwindigkeit größer 50 km/h zur räumlichen Trennung von Arbeitsplätzen und Verkehrswegen auf Straßenbaustellen vom vorbeifließenden Verkehr grundsätzlich transportable Schutzeinrichtungen einzusetzen.

Bei zulässigen Höchstgeschwindigkeiten von 50 km/h und weniger sollen transportable Schutzeinrichtungen eingesetzt werden:

- entlang von Baugruben oder Gräben, wenn eine Absturz- bzw. Einsturzgefahr besteht (z. B. bei dicht an Aufgrabungskanten vorbeigeführten Fahrstreifen) oder
- wenn aufgrund der Verkehrsführung (z. B. starke Verschwenkungen, enge Fahrstreifen) eine erhöhte Abkommenswahrscheinlichkeit für den fließenden Verkehr besteht, hierdurch Beschäftigte gefährdet werden können und die erhöhte Abkommenswahrscheinlichkeit nicht durch eine Geschwindigkeitsreduzierung minimiert werden kann.

Andere Maßnahmen, z. B. ein Baugrubenverbau, können angewendet werden, wenn sie für das beabsichtigte Aufhalten oder Umlenken von Fahrzeugen dimensioniert und ausgebildet sind.

(2) Bei der Auswahl der transportablen Schutzeinrichtungen nach Absatz 1 sind Geschwindigkeit, Gewicht sowie Anfahrwinkel der Fahrzeuge zu berücksichtigen (siehe dazu: Aufhaltestufen entsprechend Liste nach TL-Transportable Schutzeinrichtungen (TSE) der Bundesanstalt für Straßenwesen (BASt)) und die in den Tabellen 1 und 3 genannten Sicherheitsabstände anzuwenden.

(3) Können transportable Schutzeinrichtungen nicht eingesetzt werden, z. B.

- aufgrund fehlender Aufstellflächen oder Unterschreitung der Mindestaufbaulänge,
- wegen Behinderung des Baustellenverkehrs (z. B. Anlieferung von Material, Baumaschinen),

oder ist der Einsatz transportabler Schutzeinrichtungen nicht verhältnismäßig, z. B.

- wenn die Gefährdung der Beschäftigten beim Auf- und Abbau der Schutzeinrichtung größer ist als ihre Gefährdung bei der eigentlichen Arbeit im Grenzbereich zum Straßenverkehr,
- weil einzelne, zeitlich begrenzte Bauphasen größere Arbeitsbreiten erfordern,

sind Verkehrseinrichtungen (z. B. Leitbaken, Leitkegel), Leitschwellen, Leitborde oder Leitwände zur Führung des Straßenverkehrs zu verwenden. Dabei sind die in den Tabellen 1 und 3 genannten Sicherheitsabstände anzuwenden.

4.2.2 Straßenbaustellen kürzerer Dauer

(1) Bei Straßenbaustellen kürzerer Dauer müssen zur Abgrenzung von Arbeitsplätzen und Verkehrswegen zum fließenden Verkehr geeignete Verkehrseinrichtungen eingesetzt werden. Dies können z. B. Leitbaken, Leitkegel, fahrbare Absperrtafeln, Warneinrichtungen und Lichtzeichenanlagen sein. Dabei sind die in den Tabellen 2 und 3 genannten Sicherheitsabstände anzuwenden.

(2) Werden Fahrzeuge und Maschinen als Sicherungsfahrzeuge eingesetzt, müssen diese die verkehrsrechtlichen Anforderungen erfüllen (siehe § 35 Absatz 6 StVO und Richtlinien für die Sicherung von Arbeitsstellen an Straßen (RSA)).

4.3 Seitlicher Sicherheitsabstand (S_Q) von Arbeitsplätzen und Verkehrswegen auf Straßenbaustellen zum fließenden Verkehr

(1) Zum Schutz der Beschäftigten ist für Arbeitsplätze und Verkehrswege auf Straßenbaustellen ein seitlicher Sicherheitsabstand (S_Q) zum fließenden Verkehr vorzusehen. Damit werden z. B. unbeabsichtigte Bewegungen von Beschäftigten aus dem Bereich von diesen Arbeitsplätzen und Verkehrswegen heraus oder unbeabsichtigte Fahrbewegungen des fließenden Verkehrs berücksichtigt. Im seitlichen Sicherheitsabstand (S_Q) dürfen sich außer zum Auf- und Abbau der Verkehrseinrichtungen keine Arbeitsplätze oder Verkehrswege befinden.

(2) Seitliche Sicherheitsabstände (S_Q) werden bei Fahrzeug-Rückhaltesystemen auf die dem Verkehr zugewandte äußere Begrenzung des Fahrzeug-Rückhaltesystems bezogen (siehe Abb. 1a)). Seitliche Sicherheitsabstände (S_Q) werden bei Leitbaken, Leitkegeln, Leitwänden, Leitschwellen und Leitborden jeweils auf deren Mittelachse bezogen (siehe Abb. 1b)). Aufgrund ihrer unterschiedlichen Abmessungen werden diesen Elementen spezifische Sicherheitsabstände zugeordnet.

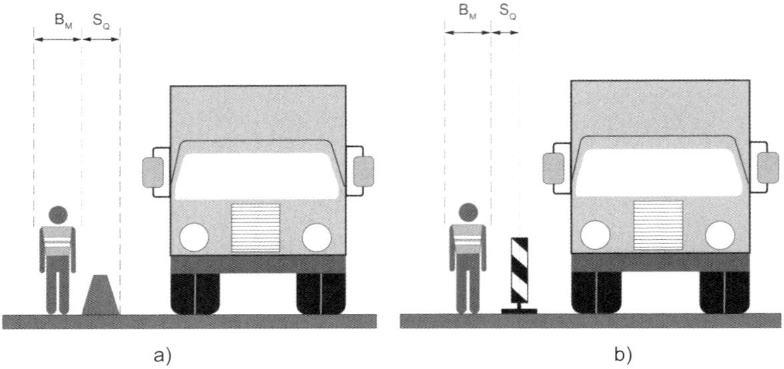

Abb. 1: Bezugslinie für seitliche Sicherheitsabstände (S_Q) zum fließenden Verkehr:
a) dem Verkehr zugewandte äußere Begrenzung bei Fahrzeug-Rückhaltesystemen
b) Mittelachse bei Leitbaken, Leitkegeln, Leitwänden, Leitschwellen, Leitborden

Tabelle 1: Mindestmaße für seitliche Sicherheitsabstände (S_Q) zum fließenden Verkehr bei Straßenbaustellen längerer Dauer

Element	Zulässige Höchstgeschwindigkeit					
	30 km/h	40 km/h	50 km/h	60 km/h	80 km/h	100 km/h
Fahrzeug-Rückhalte-systeme	30 cm	40 cm	50 cm	60 cm	80 cm	100 cm
Leitbake (1000 mm x 250 mm, 750 mm x 187,5 mm), Leitkegel, Leitwand	30 cm	40 cm	50 cm	70 cm	90 cm	*
Leitbake (500 mm x 125 mm), Leitschwelle, Leitbord	50 cm	60 cm	70 cm	90 cm	110 cm	*

** Hinweise zu Tabelle 1:*

1. *Bei zulässigen Höchstgeschwindigkeiten ab 100 km/h müssen Fahrzeug-Rückhaltesysteme eingesetzt werden.*
2. *Die Sicherheitsabstände für Fahrzeug-Rückhaltesysteme berücksichtigen ausschließlich die verkehrsleitende Funktion dieser Systeme.*

Tabelle 2: Mindestmaße für seitliche Sicherheitsabstände (S_Q) zum fließenden Verkehr bei Straßenbaustellen kürzerer Dauer

Element	Zulässige Höchstgeschwindigkeit						
	30 km/h	40 km/h	50 km/h	60 km/h	80 km/h	100 km/h	120 km/h
Leitbake (1000 mm x 250 mm, 750 mm x 187,5 mm), Leitkegel, Leitwand	30 cm	40 cm	50 cm	70 cm	90 cm	110 cm	130 cm
Leitbake (500 mm x 125 mm), Leitschwelle, Leitbord	50 cm	60 cm	70 cm	90 cm	110 cm	130 cm	150 cm

(3) Können die Mindestmaße aus den Tabellen 1 und 2 nicht eingehalten werden, sind als Ergebnis einer Gefährdungsbeurteilung Schutzmaßnahmen festzulegen, die mindestens die gleiche Sicherheit und den gleichen Gesundheitsschutz für die Beschäftigten erreichen. Dabei sind z. B. folgende Kriterien zu berücksichtigen:

- zulässige Höchstgeschwindigkeit des fließenden Verkehrs,
- Kurvigkeit der Straßenführung,
- fehlende Ausweichmöglichkeiten, z. B. durch Bordsteine, seitlichen Bewuchs oder Gegenverkehr,
- Fahrstreifenbreiten,
- Fahrzeugarten und
- Verkehrsdichte, Sichtverhältnisse.

Geeignete Schutzmaßnahmen sind z. B.

- temporäre Fahrbahnverbreiterung für den vorbeifließenden Straßenverkehr,
- Überwachung der tatsächlich gefahrenen Geschwindigkeit, z. B. durch polizeiliche Maßnahmen,
- Anzeige der tatsächlich gefahrenen Geschwindigkeit durch elektronische Messverfahren,
- in lokal begrenzten Abschnitten weitere Reduzierung der zulässigen Höchstgeschwindigkeit,
- Herausfiltern und Umleiten des Lkw-Verkehrs,
- Durchführung der Arbeiten in verkehrsarmen Zeiten oder
- temporäre Lichtzeichenanlage zur zeitweiligen Sperrung des fließenden Verkehrs (Nutzen von Zeitfenstern).

(4) Wären bei Festlegung von Schutzmaßnahmen nach Absatz 3 besondere Gefährdungen für die Verkehrsteilnehmer infolge erheblicher Behinderungen bzw. erheblicher Verkehrsbelastungen zu erwarten, sind in Abstimmung mit den für den Arbeitsschutz und den für den Straßenverkehr zuständigen Behörden stattdessen die Schutzmaßnahmen festzulegen, die für Beschäftigte auf Straßenbaustellen und für Verkehrsteilnehmer gleichermaßen die größtmögliche Sicherheit gewährleisten.

Hinweis:
Vor dem Beginn von Arbeiten, die sich auf den öffentlichen Straßenverkehr auswirken, ist eine verkehrsrechtliche Anordnung gemäß StVO einzuholen.

4.4 Mindestbreiten (B_M) für Arbeitsplätze und Verkehrswege auf Straßenbaustellen

Als Mindestbreiten (B_M) für Arbeitsplätze und Verkehrswege auf Straßenbaustellen sind erforderlich:

- abweichend von Punkt 7 Absatz 4 der ASR A1.8 für Verkehrswege: B_M 80 cm,
- abweichend von Punkt 7 Absatz 2 der ASR A1.8 „Verkehrswege" für Laufstege: B_M 80 cm,
- für reine Kontroll-, Steuer- und Bedientätigkeiten, z. B. im Mitgängerbetrieb: B_M 80 cm und
- für ein durch Arbeitsverfahren bedingtes Hinauslehnen aus Führer- und Bedienständen von Fahrzeugen und Maschinen zur Einsichtnahme in den Fahr- und Arbeitsbereich: B_M 40 cm.

Für manuelle Tätigkeiten sind die erforderlichen Mindestbreiten (B_M) zu ermitteln. Dabei darf die Mindestbreite B_M 80 cm nicht unterschritten werden.

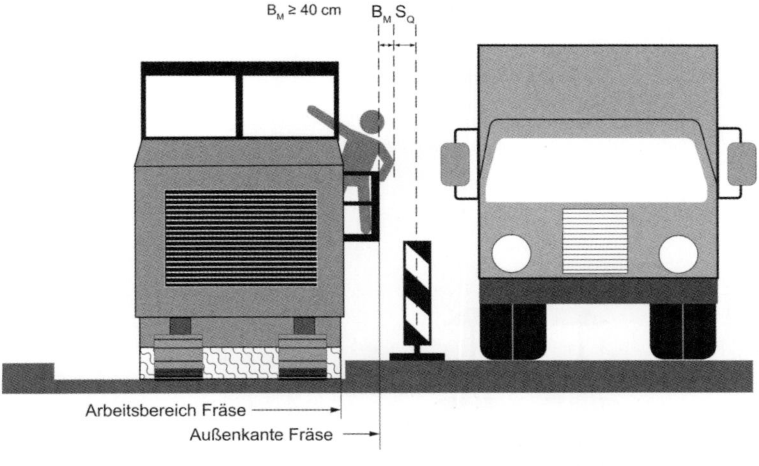

Abb. 2a: Seitlicher Sicherheitsabstand (S_Q) und Mindestbreite (B_M) für Arbeitsplätze und Verkehrswege auf Straßenbaustellen, Beispiel Fräse mit herauslehnendem Fahrer

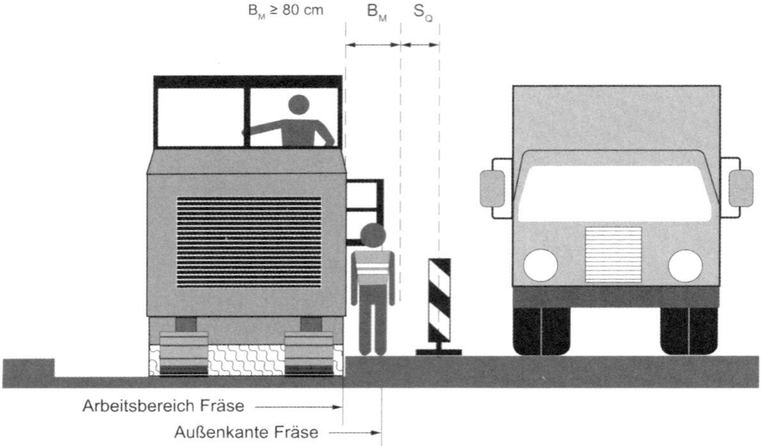

Abb. 2b: Seitlicher Sicherheitsabstand (S_Q) und Mindestbreite (B_M) für Arbeitsplätze und Verkehrswege auf Straßenbaustellen, Beispiel Fräse mit Mitgängerbetrieb

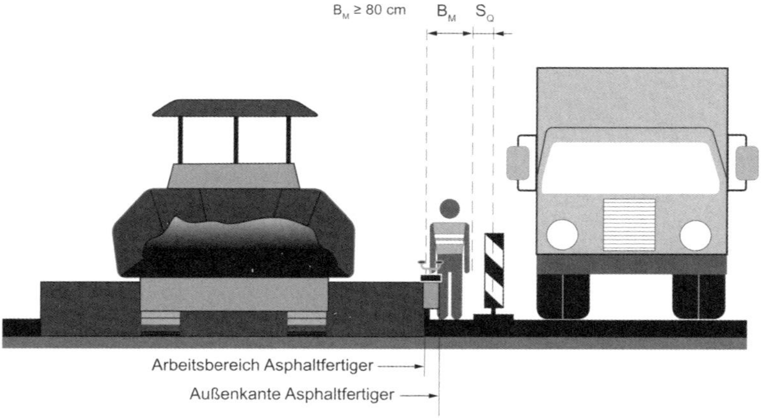

Abb. 3: Seitlicher Sicherheitsabstand (S_Q) und Mindestbreite (B_M) für Arbeitsplätze und Verkehrswege auf Straßenbaustellen, Beispiel Asphaltfertiger

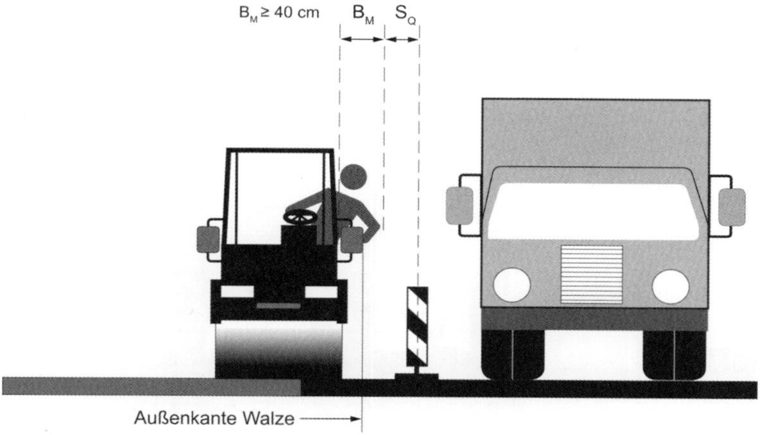

Abb. 4: Seitlicher Sicherheitsabstand (S_Q) und Mindestbreite (B_M) für Arbeitsplätze und Verkehrswege auf Straßenbaustellen, Beispiel Walze mit Überlappung im Bereich der Naht

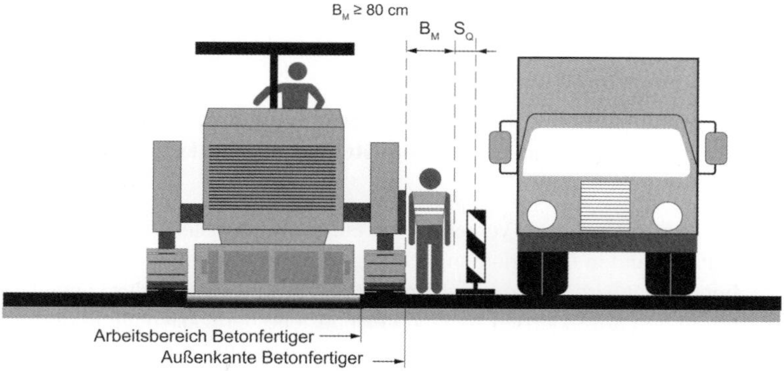

Abb. 5: Seitlicher Sicherheitsabstand (S_Q) und Mindestbreite (B_M) für Arbeitsplätze und Verkehrswege auf Straßenbaustellen, Beispiel Beton-/Gussasphaltfertiger mit überkragendem Kettenlaufwerk

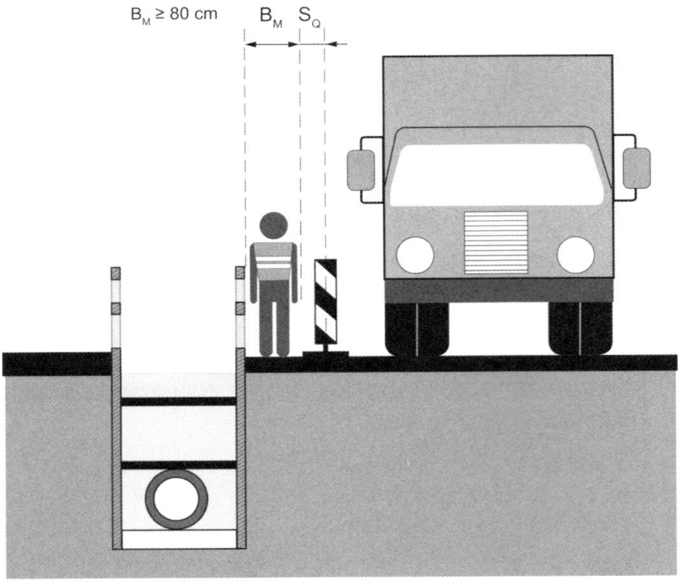

Abb. 6: Seitlicher Sicherheitsabstand (S_Q) und Mindestbreite (B_M) für Arbeitsplätze und Verkehrswege auf Straßenbaustellen, Beispiel Kanalgrabenherstellung

4.5 Sicherheitsabstand in Längsrichtung (S_L) von Arbeitsplätzen und Verkehrswegen auf Straßenbaustellen zum ankommenden Verkehr

(1) Für Arbeitsplätze und Verkehrswege auf Straßenbaustellen ist ein Sicherheitsabstand in Längsrichtung (S_L) zum ankommenden Verkehr vorzusehen. Damit wird z. B. die Gefährdung durch unbeabsichtigtes Hineinfahren in den abgesperrten Bereich der Baustelle berücksichtigt. In diesem Sicherheitsabstand (S_L) dürfen sich außer zum Auf- und Abbau der Verkehrseinrichtungen keine Arbeitsplätze oder Verkehrswege befinden.

(2) Beim Einsatz von Verkehrseinrichtungen, fahrbaren Absperrtafeln mit und ohne Zugfahrzeug, Leitschwellen, -borden oder -wänden sind Sicherheitsabstände (S_L) nach Tabelle 3 anzuwenden.

Tabelle 3: Mindestmaße für Sicherheitsabstände in Längsrichtung (S_L)*[a] zum ankommenden Verkehr*

Lage der Straßenbaustelle (Arbeitsstelle) bzw. zulässige Höchstgeschwindigkeit außerhalb des Straßenbaustellenbereichs (Arbeitsstellenbereichs)			
Element	innerörtliche Straßen	Einbahnige Landstraßen und innerörtliche Straßen mit V_{zul} > 50 km/h	Autobahnen, autobahnähnliche Straßen und zweibahnige Landstraßen[b]
Fahrbare Absperrtafel mit Zugfahrzeug oder Sicherungsfahrzeug ≥ 10 t zulässige Gesamtmasse	3 m	10 m	75 m[c]
Fahrbare Absperrtafel mit Zugfahrzeug oder Sicherungsfahrzeug < 10 t bis ≥ 7,49 t zulässige Gesamtmasse	5 m	15 m	100 m[c]
Fahrbare Absperrtafel mit Zugfahrzeug oder Sicherungsfahrzeug < 7,49 t zulässige Gesamtmasse	7,5 m	20 m	nicht zulässig
Fahrbare Absperrtafel ohne Zugfahrzeug	15 m	40 m	

Hinweis:
Werden auf innerörtlichen Straßen bzw. auf Landstraßen andere Verkehrseinrichtungen (§ 43 StVO) oder bauliche Leitelemente zur Querabsperrung von Teilen der Fahrbahn eingesetzt, so beträgt S_L *gegenüber dem ankommenden Verkehr innerorts 10 m, außerorts entspricht* S_L *der Länge des Verschwenkungsbereichs gemäß RSA.*

---

a Die genannten Sicherheitsabstände (S_L) sind im Sinne eines durch einen Anprall aufzehrbaren Bereiches als lichtes Maß zwischen Vorderkante der Absperrung (Sicherungs- bzw. Zugfahrzeug) und Arbeitsbereich zu verstehen, d. h. als Nettomaß.

b Auf Rampen (Verbindungsfahrbahnen in Knotenpunkten) können in Abhängigkeit von der Lage der Baustelle in der Rampe, der Rampenlänge und den tatsächlich gefahrenen Geschwindigkeiten kleinere Abstände in Betracht kommen, jedoch nicht unter 20 m.

c Bei beweglichen Straßenbaustellen (Arbeitsstellen) kann der Abstand auf 50 m reduziert werden.

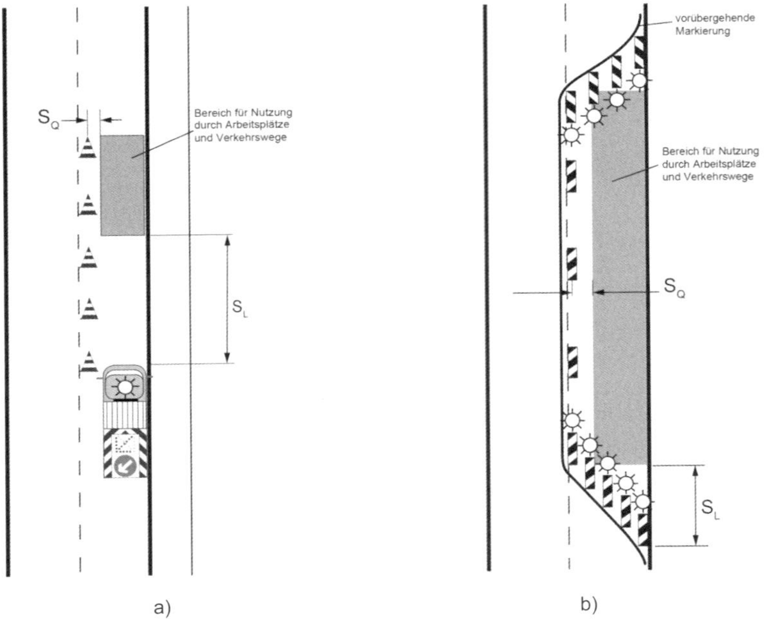

Abb. 7: Sicherheitsabstand (S_L) zum ankommenden Verkehr am Beispiel
a) fahrbare Absperrtafel mit Zugfahrzeug
b) mit Verschwenkungsbereich

(3) Bei Fahrzeug-Rückhaltesystemen entspricht das Maß des Sicherheitsabstandes (S_L) zum ankommenden Verkehr der Länge des Verschwenkungsbereiches (Verschwenkungsbereich entsprechend Verkehrszeichenplan der verkehrsrechtlichen Anordnung).

(4) Können die Mindestmaße aus Tabelle 3 nicht eingehalten werden, sind als Ergebnis einer Gefährdungsbeurteilung Maßnahmen festzulegen, die mindestens die gleiche Sicherheit und den gleichen Gesundheitsschutz für die Beschäftigten erreichen. Dabei sind die Kriterien aus Punkt 4.3 Absatz 3 zu berücksichtigen.

Geeignete Maßnahmen sind z. B.:

- Überwachung der tatsächlich gefahrenen Geschwindigkeit, z. B. durch polizeiliche Maßnahmen,
- Anzeige der tatsächlich gefahrenen Geschwindigkeit durch elektronische Messverfahren oder
- Zusätzliche Warneinrichtungen als Ankündigung (visuell wirkende Vorwarneinrichtungen, mechanisch wirkende Warnschwellen).

Hinweis:
Vor dem Beginn von Arbeiten, die sich auf den öffentlichen Straßenverkehr auswirken, ist eine verkehrsrechtliche Anordnung gemäß StVO einzuholen.

4.6 Ergänzende Maßnahmen

An Stellen, an denen Beschäftigte nicht ausreichend nach den Punkten 4.2 bis 4.5 vor den Gefährdungen des fließenden Verkehrs geschützt werden, z. B. im Bereich von Straßenkreuzungen oder für einzelne Tätigkeiten mit besonderem Platzbedarf, sind ergänzende Maßnahmen zur Minimierung der Gefährdung erforderlich, z. B. eine kurzzeitige Sperrung, Verkehrsbeschränkungen für Lkw. Auch der Einsatz von Polizei an diesen Stellen zur Lenkung und Leitung des öffentlichen Straßenverkehrs kann eine geeignete Maßnahme sein.

5 Betreiben von Arbeitsplätzen und Verkehrswegen auf Straßenbaustellen

5.1 Allgemeines

(1) Beim Betreiben von Arbeitsplätzen und Verkehrswegen auf Straßenbaustellen können sich im Grenzbereich zum Straßenverkehr Gefährdungen insbesondere durch:

- den vorbeifahrenden Straßenverkehr (z. B. Anprall, Sogwirkung),
- Ein- und Ausfahren des Baustellenverkehrs,
- Verkehrsdichte/-aufkommen (z. B. Lärm, Motoremissionen),
- Witterungseinflüsse (z. B. Glatteis, Sturm),
- Sichtverhältnisse (z. B. Nebel, Dunkelheit) oder
- unkontrolliert bewegte Teile (z. B. Splitt, Schotter)

ergeben.

Geeignete Schutzmaßnahmen, z. B. eine Ausgestaltung der Arbeitsplätze und Verkehrswege im Grenzbereich zum Straßenverkehr unter Berücksichtigung der in Punkt 4 beschriebenen Schutzmaßnahmen, sowie geeignete Warnkleidung (siehe z. B. DGUV Information 212-016), sind als Ergebnis der Gefährdungsbeurteilung festzulegen und umzusetzen.

Hinweis:
Bei Arbeiten im öffentlichen Straßenverkehr sind bei der Auswahl von Warnkleidung die Anforderungen der StVO, der Allgemeinen Verwaltungsvorschrift zur Straßenverkehrs-Ordnung (VwV-StVO) und der RSA zu berücksichtigen.

(2) Die Beschäftigten müssen unter Berücksichtigung von Punkt 5.1 Absatz 1 gefährdungsbezogen unterwiesen sein, insbesondere:

- hinsichtlich des Verhaltens auf Arbeitsplätzen auf Straßenbaustellen, z. B. beim Auf- und Abbau von Verkehrseinrichtungen,
- in die Benutzung der Verkehrswege auf Straßenbaustellen und der Zuwegungen zu den Arbeitsplätzen,
- zum Verhalten beim Einsatz von Arbeitsmitteln, z. B. Straßenfertiger, Kaltfräsen, Straßenwalzen, Trennschneidgeräte, Reinigungs- und Mähgeräte, Hubarbeitsbühnen,
- zum Verhalten im Bereich von Baustellenein- und -ausfahrten,
- zu Abmessungen und zum Einhalten von Sicherheitsabständen (S_L, S_Q) zum fließenden Verkehr,
- zu Abmessungen und zum Einhalten von Mindestbreiten (B_M) von Arbeitsplätzen und Verkehrswegen auf Straßenbaustellen sowie
- zur Benutzung von geeigneter Persönlicher Schutzausrüstung, z. B. Warnkleidung (siehe z. B. DGUV Information 212-016).

(3) Arbeitsplätze und Verkehrswege auf Straßenbaustellen sind für die Dauer der Benutzung ausreichend zu beleuchten (siehe ASR A3.4 „Beleuchtung").

Hinweis:
Vor dem Beginn von Arbeiten, die sich auf den öffentlichen Straßenverkehr auswirken, ist eine verkehrsrechtliche Anordnung gemäß StVO einzuholen. Dabei sind die Anforderungen der RSA zu berücksichtigen, z. B. durch Auswahl und Positionierung der Beleuchtung zur Vermeidung einer Blendung des fließenden Verkehrs.

5.2 Wirksamkeit getroffener Schutzmaßnahmen

(1) Die Schutzmaßnahmen sind je nach Dauer der Arbeiten sowie der betriebsbedingten und äußeren Einflüsse auf ihre ordnungsgemäße Umsetzung und Wirksamkeit zu überprüfen. Betriebsbedingte Einflüsse sind z. B. das Verlegen der Baustellenein- und -ausfahrten. Zu äußeren Einflüssen zählen z. B. Verschmutzung, Witterung und Vandalismus.

(2) Art, Umfang und Häufigkeit der Prüfung der ordnungsgemäßen Umsetzung und Wirksamkeit getroffener Schutzmaßnahmen (Erkennbarkeit, Standsicherheit und Positionierung der Verkehrseinrichtungen) sind im Rahmen der Gefährdungsbeurteilung festzulegen.

Hinweis:
Vor dem Beginn von Arbeiten, die sich auf den öffentlichen Straßenverkehr auswirken, ist bei der Prüfung der Wirksamkeit der getroffenen Schutzmaßnahmen die verkehrsrechtliche Anordnung gemäß StVO zu berücksichtigen.

5.3 Änderungen bei Abweichungen von der Planung

Ergibt sich eine von der Planung nach Punkt 4.1 Absatz 1 abweichende Situation für das Einrichten und Betreiben der Straßenbaustelle, sind die Schutzmaßnahmen nach Punkt 4 zu prüfen und gegebenenfalls anzupassen.

Hinweise:
1. *Vor dem Beginn von Arbeiten, die sich auf den öffentlichen Straßenverkehr auswirken, sind die aus den anzupassenden Schutzmaßnahmen resultierenden Verkehrssicherungsmaßnahmen mit der zuständigen Behörde abzustimmen. Für erforderliche Änderungen von Verkehrssicherungsmaßnahmen muss eine verkehrsrechtliche Anordnung gemäß StVO vorliegen.*
2. *Zur Aufrechterhaltung der Sicherheit und Ordnung des öffentlichen Straßenverkehrs kann gemäß StVO die Polizei bei Gefahr im Verzug vorläufige Maßnahmen treffen.*

Ausgewählte Literaturhinweise

- Straßenverkehrs-Ordnung (StVO) einschließlich der Allgemeinen Verwaltungsvorschrift zur Straßenverkehrs-Ordnung (VwV-StVO)
- Richtlinien für die Sicherung von Arbeitsstellen an Straßen (RSA)

- Handlungshilfe für das Zusammenwirken von ASR A5.2 und RSA bei der Planung von Straßenbaustellen im Grenzbereich zum Straßenverkehr (BASt, Ausgabe 2020). Die Handlungshilfe sowie Informationen zur Erarbeitung und Einordnung sind auf der Homepage der Bundesanstalt für Straßenwesen verfügbar: https://www.bast.de/BASt_2017/DE/Publikationen/Fachveroeffentlichungen/Verkehrstechnik/Downloads/V-Handlungshilfe-ASR-RSA.html
- Zusätzliche Technische Vertragsbedingungen und Richtlinien für Sicherungsarbeiten an Arbeitsstellen an Straßen (ZTV-SA 97), bekannt gemacht als Allgemeines Rundschreiben Straßenbau des BMVBS, 12. August 1997
- Zusätzliche Technische Vertragsbedingungen und Richtlinien für passive Schutzeinrichtungen (ZTV-PS 98), bekannt gemacht als Allgemeines Rundschreiben Straßenbau des BMVBS, Ausgabe 1998
- Richtlinien für passiven Schutz an Straßen durch Fahrzeug-Rückhaltesysteme (RPS 2009)
- Einsatzfreigabeverfahren für Fahrzeug-Rückhaltesysteme Stand 01.10.2009
- Verordnung über Sicherheit und Gesundheitsschutz auf Baustellen (Baustellenverordnung – BaustellV)
- RAB 30 Regel zum Arbeitsschutz auf Baustellen – Geeigneter Koordinator
- RAB 31 Regel zum Arbeitsschutz auf Baustellen – Sicherheits- und Gesundheitsschutzplan – SiGePlan
- RAB 33 Regel zum Arbeitsschutz auf Baustellen – Allgemeine Grundsätze nach § 4 des Arbeitsschutzgesetzes bei Anwendung der Baustellenverordnung
- DGUV Vorschrift 38 Unfallverhütungsvorschrift Bauarbeiten, 1. Januar 1993 mit Durchführungsanweisungen vom Dezember 2010
- DGUV Regel 114-016 Straßenbetrieb, Straßenunterhalt 10/2011
- DGUV Regel 101-003 Umgang mit beweglichen Straßenbaumaschinen 09/2013
- DGUV Information 212-016 Warnkleidung 12/2010
- Normenreihe DIN EN 1317 Rückhaltesysteme an Straßen, Stand 11/2018
- Liste nach TL-Transportable Schutzeinrichtungen (TSE) der Bundesanstalt für Straßenwesen (BASt), 7. Februar 2017

BaustellV und Regeln zum Arbeitsschutz auf Baustellen (RAB)

BaustellV
Verordnung über Sicherheit und Gesundheitsschutz auf Baustellen

Vom 10. Juni 1998 (BGBl. I S. 1283),
zuletzt geändert durch Art. 1 V v. 19.12.2022; 2023 I Nr. 1

§ 1 Ziele, Begriffe

(1) Diese Verordnung dient der wesentlichen Verbesserung von Sicherheit und Gesundheitsschutz der Beschäftigten auf Baustellen.

(2) Die Verordnung gilt nicht für Tätigkeiten und Einrichtungen im Sinne des § 2 des Bundesberggesetzes.

(3) Baustelle im Sinne dieser Verordnung ist der Ort, an dem ein Bauvorhaben ausgeführt wird. Ein Bauvorhaben ist das Vorhaben, eine oder mehrere bauliche Anlagen zu errichten, zu ändern oder abzubrechen.

§ 2 Planung der Ausführung des Bauvorhabens

(1) Bei der Planung der Ausführung eines Bauvorhabens, insbesondere bei der Einteilung der Arbeiten, die gleichzeitig oder nacheinander durchgeführt werden, und bei der Bemessung der Ausführungszeiten für diese Arbeiten, sind die allgemeinen Grundsätze nach § 4 des Arbeitsschutzgesetzes zu berücksichtigen.

(2) Für jede Baustelle, bei der

1. die voraussichtliche Dauer der Arbeiten mehr als 30 Arbeitstage beträgt und auf der mehr als 20 Beschäftigte gleichzeitig tätig werden, oder
2. der Umfang der Arbeiten voraussichtlich 500 Personentage überschreitet,

hat der nach § 4 Verantwortliche der zuständigen Behörde spätestens zwei Wochen vor Einrichtung der Baustelle eine Vorankündigung zu übermitteln, die mindestens die Angaben nach Anhang I enthält. Die Vorankündigung hat der nach § 4 Verantwortliche sichtbar auf der Baustelle auszuhängen und bei erheblichen Änderungen anzupassen.

(3) Ist für eine Baustelle, auf der Beschäftigte mehrerer Arbeitgeber tätig werden, eine Vorankündigung zu übermitteln, oder werden auf einer Baustelle, auf der Beschäftigte mehrerer Arbeitgeber tätig werden, besonders gefährliche Arbeiten nach Anhang II ausgeführt, so hat der nach § 4 Verantwortliche dafür zu sorgen, daß vor Einrichtung der Baustelle ein Sicherheits- und Gesundheitsschutzplan erstellt wird. Der Plan muß die für die betreffende Baustelle anzuwendenden Arbeitsschutzbestimmungen erkennen lassen und besondere Maßnahmen für die besonders gefährlichen Arbeiten nach Anhang II enthalten. Erforderlichenfalls sind bei Erstellung des Planes betriebliche Tätigkeiten auf dem Gelände zu berücksichtigen.

(4) Ist für eine Baustelle, auf der jeder Beschäftigte für denselben Arbeitgeber tätig wird, eine Vorankündigung zu übermitteln, oder werden auf einer Baustelle, auf der jeder Beschäftigte für denselben Arbeitgeber tätig wird, besonders gefährliche Arbeiten nach Anhang II ausgeführt, so hat der nach § 4 Verantwortliche dafür zu sorgen, dass dieser Arbeitgeber vor Einrichtung der Baustelle über diejenigen Umstände auf dem Gelände unterrichtet wird, die in einen Sicherheits- und Gesundheitsschutzplan im Sinne von Absatz 3 Satz 2 und 3 einzubeziehen wären.

§ 3 Koordinierung

(1) Für Baustellen, auf denen Beschäftigte mehrerer Arbeitgeber tätig werden, hat der nach § 4 Verantwortliche einen oder mehrere geeignete Koordinatoren zu bestellen. Der Bauherr oder der von ihm nach § 4 beauftragte Dritte kann die Aufgaben des Koordinators selbst wahrnehmen.

(1a) Der Bauherr oder der von ihm beauftragte Dritte wird durch die Beauftragung geeigneter Koordinatoren nicht von seiner Verantwortung entbunden.

(2) Während der Planung der Ausführung des Bauvorhabens hat der Koordinator

1. die in § 2 Abs. 1 vorgesehenen Maßnahmen zu koordinieren,

2. den Sicherheits- und Gesundheitsschutzplan auszuarbeiten oder ausarbeiten zu lassen und
3. eine Unterlage mit den erforderlichen, bei möglichen späteren Arbeiten an der baulichen Anlage zu berücksichtigenden Angaben zur Sicherheit und Gesundheitsschutz zusammenzustellen.

(3) Während der Ausführung des Bauvorhabens hat der Koordinator

1. die Anwendung der allgemeinen Grundsätze nach § 4 des Arbeitsschutzgesetzes zu koordinieren,
2. darauf zu achten, daß die Arbeitgeber und die Unternehmer ohne Beschäftigte ihre Pflichten nach dieser Verordnung erfüllen,
3. den Sicherheits- und Gesundheitsschutzplan bei Änderungen in der Ausführung des Bauvorhabens, die sich auf die weitere Koordination auswirken, anzupassen oder anpassen zu lassen,
4. die Zusammenarbeit der Arbeitgeber zu organisieren und
5. die Überwachung der ordnungsgemäßen Anwendung der Arbeitsverfahren durch die Arbeitgeber zu koordinieren.

§ 4 Beauftragung

Die Maßnahmen nach § 2 und § 3 Abs. 1 Satz 1 hat der Bauherr zu treffen, es sei denn, er beauftragt einen Dritten, diese Maßnahmen in eigener Verantwortung zu treffen.

§ 5 Pflichten der Arbeitgeber

(1) Die Arbeitgeber haben bei der Ausführung der Arbeiten die erforderlichen Maßnahmen des Arbeitsschutzes insbesondere in bezug auf die

1. Instandhaltung der Arbeitsmittel,
2. Vorkehrungen zur Lagerung und Entsorgung der Arbeitsstoffe und Abfälle, insbesondere der Gefahrstoffe,
3. Anpassung der Ausführungszeiten für die Arbeiten unter Berücksichtigung der Gegebenheiten auf der Baustelle,
4. Zusammenarbeit zwischen Arbeitgebern und Unternehmern ohne Beschäftigte,
5. Wechselwirkungen zwischen den Arbeiten auf der Baustelle und anderen betrieblichen Tätigkeiten auf dem Gelände, auf dem oder in dessen Nähe die erstgenannten Arbeiten ausgeführt werden,

6. Ausführung besonders gefährlicher Arbeiten nach Anhang II auf der Baustelle

zu treffen sowie die Unterrichtung nach § 2 Absatz 4, die Hinweise des Koordinators und den Sicherheits- und Gesundheitsschutzplan zu berücksichtigen.

(2) Die Arbeitgeber haben die Beschäftigten in verständlicher Form und Sprache über die sie betreffenden Schutzmaßnahmen zu informieren.

(3) Die Verantwortlichkeit der Arbeitgeber für die Erfüllung ihrer Arbeitsschutzpflichten wird durch die Maßnahmen nach den §§ 2 und 3 nicht berührt.

§ 6 Pflichten sonstiger Personen

Zur Gewährleistung von Sicherheit und Gesundheitsschutz der Beschäftigten haben auch die auf einer Baustelle tätigen Unternehmer ohne Beschäftigte die bei den Arbeiten anzuwendenden Arbeitsschutzvorschriften einzuhalten. Sie haben die Hinweise des Koordinators sowie den Sicherheits- und Gesundheitsschutzplan zu berücksichtigen. Die Sätze 1 und 2 gelten auch für Arbeitgeber, die selbst auf der Baustelle tätig sind.

§ 6a Beratung durch den Ausschuss für Arbeitsstätten

Das Bundesministerium für Arbeit und Soziales wird in allen Fragen der Sicherheit und des Gesundheitsschutzes der Beschäftigten auf Baustellen durch den Ausschuss nach § 7 der Arbeitsstättenverordnung beraten. § 7 Absatz 3 Satz 1 und Absatz 4 der Arbeitsstättenverordnung gilt entsprechend.

§ 7 Ordnungswidrigkeiten und Strafvorschriften

(1) Ordnungswidrig im Sinne des § 25 Abs. 1 Nr. 1 des Arbeitsschutzgesetzes handelt, wer vorsätzlich oder fahrlässig

1. entgegen § 2 Abs. 2 Satz 1 der zuständigen Behörde eine Vorankündigung nicht, nicht richtig, nicht vollständig oder nicht rechtzeitig übermittelt, oder
2. entgegen § 2 Abs. 3 Satz 1 nicht dafür sorgt, daß vor Einrichtung der Baustelle ein Sicherheits- und Gesundheitsschutzplan erstellt wird.

(2) Wer durch eine im Absatz 1 bezeichnete vorsätzliche Handlung Leben oder Gesundheit eines Beschäftigten gefährdet, ist nach § 26 Nr. 2 des Arbeitsschutzgesetzes strafbar.

§ 8 Inkrafttreten und Übergangsvorschrift

(1) Diese Verordnung tritt am ersten Tage des auf die Verkündung folgenden Kalendermonats in Kraft.

(2) Für Bauvorhaben, mit deren Ausführung bereits vor dem 1. April 2023 begonnen worden ist, bleiben die bisherigen Vorschriften maßgebend.

Schlußformel

Der Bundesrat hat zugestimmt.

Anhang I

Fundstelle des Originaltextes: BGBl. I 1998, 1285

1. Ort der Baustelle,
2. Name und Anschrift des Bauherrn,
3. Art des Bauvorhabens,
4. Name und Anschrift des anstelle des Bauherrn verantwortlichen Dritten,
5. Name und Anschrift des Koordinators,
6. voraussichtlicher Beginn und voraussichtliche Dauer der Arbeiten,
7. voraussichtliche Höchstzahl der Beschäftigten auf der Baustelle,
8. Zahl der Arbeitgeber und Unternehmer ohne Beschäftigte, die voraussichtlich auf der Baustelle tätig werden,
9. Angabe der bereits ausgewählten Arbeitgeber und Unternehmer ohne Beschäftigte.

Anhang II

(Fundstelle: BGBl. I 1998, 1285;
bzgl. der einzelnen Änderungen vgl. Fußnote)
Besonders gefährliche Arbeiten im Sinne des § 2 Abs. 3 sind:

1. Arbeiten, bei denen die Beschäftigten der Gefahr des Versinkens, des Verschüttetwerdens in Baugruben oder in Gräben mit einer Tiefe von mehr als 5 m oder des Absturzes aus einer Höhe von mehr als 7 m ausgesetzt sind,

2. Arbeiten, bei denen Beschäftigte ausgesetzt sind gegenüber
   a) biologischen Arbeitsstoffen der Risikogruppen 3 oder 4 im Sinne des § 3 Absatz 1 der Biostoffverordnung,
   b) gefährlichen Stoffen und Gemischen im Sinne des § 3 Absatz 1 in Verbindung mit Absatz 2
      aa) Nummer 1 Buchstabe a,
      bb) Nummer 1 Buchstabe f oder Nummer 2 Buchstabe a (jeweils Kategorie 1 oder 2) oder
      cc) Nummer 2 Buchstabe e, f oder g (jeweils Kategorie 1A oder 1B)

   der Gefahrstoffverordnung,

3. Arbeiten mit ionisierenden Strahlungen, die die Festlegung von Kontroll- oder Überwachungsbereichen im Sinne des Strahlenschutzgesetzes und der auf dessen Grundlage erlassenen Rechtsverordnungen erfordern,

4. Arbeiten in einem geringeren Abstand als 5 m von Hochspannungsleitungen,

5. Arbeiten, bei denen die unmittelbare Gefahr des Ertrinkens besteht,

6. Brunnenbau, unterirdische Erdarbeiten und Tunnelbau,

7. Arbeiten mit Tauchgeräten,

8. Arbeiten in Druckluft,

9. Arbeiten, bei denen Sprengstoff oder Sprengschnüre eingesetzt werden,

10. Aufbau oder Abbau von Massivbauelementen, wenn dazu aufgrund deren Masse kraftbetriebene Arbeitsmittel zum Heben von Lasten oder kraftbetriebene Arbeitsmittel zum anderweitigen Versetzen von Lasten eingesetzt werden.

Erforderliche Aktivitäten nach der Baustellenverordnung ab 1. April 2023[1]

Baustellenbedingungen			Pflichten nach Baustellenverordnung					
Tätigwerden von Beschäftigten	Umfang der Arbeiten	Art der Arbeiten: Besonders gefährliche Arbeiten (Anhang II)[2]	Berücksichtigung der allg. Grundsätze nach § 4 ArbSchG bei der Planung (§ 2 Abs. 1)	Vorankündigung (§ 2 Abs. 2)	SiGePlan (§ 2 Abs. 3)	Unterrichtung zu den Umständen auf dem Gelände der Baustelle (§ 2 Abs. 4)[3]	Koordinator (§ 3 Abs. 1)	Unterlage für spätere Arbeiten (§ 3 Abs. 2 Nr. 3)
eines Arbeitgebers	• kleiner 31 Arbeitstage und 21 Beschäftigte **oder** • kleiner 501 Personentage	nein	ja	nein	nein	nein	nein	nein
eines Arbeitgebers	• kleiner 31 Arbeitstage und 21 Beschäftigte **oder** • kleiner 501 Personentage	ja	ja	nein	nein	ja	nein	nein
eines Arbeitgebers	• größer 30 Arbeitstage und 20 Beschäftigte **oder** • größer 500 Personentage	nein	ja	ja	nein	ja	nein	nein
eines Arbeitgebers	• größer 30 Arbeitstage und 20 Beschäftigte **oder** • größer 500 Personentage	ja	ja	ja	nein	ja	nein	nein
mehrerer Arbeitgeber, die gleichzeitig oder nacheinander tätig werden	• kleiner 31 Arbeitstage und 21 Beschäftigte **oder** • kleiner 501 Personentage	nein	ja	nein	nein	nein	ja	ja
mehrerer Arbeitgeber, die gleichzeitig oder nacheinander tätig werden	• kleiner 31 Arbeitstage und 21 Beschäftigte **oder** • kleiner 501 Personentage	ja	ja	nein	ja	nein	ja	ja
mehrerer Arbeitgeber, die gleichzeitig oder nacheinander tätig werden	• größer 30 Arbeitstage und 20 Beschäftigte **oder** • größer 500 Personentage	nein	ja	ja	ja	nein	ja	ja
mehrerer Arbeitgeber, die gleichzeitig oder nacheinander tätig werden	• größer 30 Arbeitstage und 20 Beschäftigte **oder** • größer 500 Personentage	ja	ja	ja	ja	nein	ja	ja

Hinweis: *Das Tätigwerden von Beschäftigten von Nachunternehmen bedeutet das Vorhandensein von mehreren Arbeitgebern.*

(Fußnoten nächste Seite)

1 https://www.recht.bund.de/bgbl/1/2023/1/VO
Die Tabelle zeigt die erforderlichen Pflichten nach Baustellenverordnung in der ab 1. April 2023 mit Inkrafttreten der Ersten Verordnung zur Änderung der Baustellenverordnung (BGBl. 2023 I Nr. 1) geltenden Fassung. Die ursprüngliche Fassung dieser Tabelle, die in mehreren Regeln zum Arbeitsschutz auf Baustellen (RAB) enthalten ist, spiegelt die Rechtslage vor dem 1. April 2023 wider. Nach § 6a (neu) BaustellV obliegt es dem Ausschuss für Arbeitsstätten (ASTA), die RAB – und damit auch die enthaltene Tabelle – an die neue Rechtslage anzupassen. Ohne diesem Anpassungsprozess im ASTA vorgreifen zu wollen, soll die vorliegende Tabelle aber bereits jetzt für die Praxis Hinweise zur neuen Rechtslage ab dem 1. April 2023 geben.

2 Nummer 10 Anhang II BaustellV (geändert): Aufbau oder Abbau von Massivbauelementen, wenn dazu aufgrund deren Masse kraftbetriebene Arbeitsmittel zum Heben von Lasten oder kraftbetriebene Arbeitsmittel zum anderweitigen Versetzen von Lasten eingesetzt werden.

3 § 2 Abs. 4 BaustellV (neu): Ist für eine Baustelle, auf der jeder Beschäftigte für denselben Arbeitgeber tätig wird, eine Vorankündigung zu übermitteln, oder werden auf einer Baustelle, auf der jeder Beschäftigte für denselben Arbeitgeber tätig wird, besonders gefährliche Arbeiten nach Anhang II ausgeführt, so hat der nach § 4 Verantwortliche dafür zu sorgen, dass dieser Arbeitgeber vor Einrichtung der Baustelle über diejenigen Umstände auf dem Gelände unterrichtet wird, die in einen Sicherheits- und Gesundheitsschutzplan im Sinne von Absatz 3 Satz 2 und 3 einzubeziehen wären.

Stand: März 2023

RAB 01
Gegenstand, Zustandekommen, Aufbau, Anwendung und Wirksamwerden der RAB

Stand: 02.11.2000

1 Gegenstand

Die Regeln zum Arbeitsschutz auf Baustellen sind eine Konkretisierung staatlicher Arbeitsschutzvorschriften für sichere und gesunde Arbeitsbedingungen auf Baustellen.

Mit der Einhaltung dieser Regeln werden die Sicherheit und der Gesundheitsschutz der auf Baustellen Beschäftigten verbessert und zur Verhütung von Unfällen und arbeitsbedingten Gesundheitsgefahren ebenso beigetragen wie zum störungsfreien Bauablauf.

2 Zustandekommen

Die Regeln zum Arbeitsschutz auf Baustellen (RAB) werden vom Ausschuss für Sicherheit und Gesundheitsschutz auf Baustellen aufgestellt und von ihm der Entwicklung angepasst. Die RAB werden vom Bundesministerium für Arbeit und Sozialordnung im Bundesarbeitsblatt (BArbBl.) bekannt gegeben.

3 Aufbau

Das Regelwerk zum Arbeitsschutz auf Baustellen ist wie folgt gegliedert:

01–09 Allgemeines

10–19 Begriffsbestimmungen

20–29 Regeln zur Anwendung des Arbeitsschutzgesetzes auf Baustellen

30–39 Regeln zur Baustellenverordnung

4 Anwendung

In den RAB sind die Erkenntnisse darüber zusammengestellt, wie die im Arbeitsschutzgesetz und den darauf gestützten Verordnungen, insbesondere in der Verordnung über Sicherheit und Gesundheitsschutz auf Baustellen, gestellten Anforderungen erfüllt werden können.

5 Wirksamwerden

Für Bauvorhaben, mit deren Ausführung vor der Bekanntmachung einer vom ASGB beschlossenen RAB im Bundesarbeitsblatt begonnen wurde, bleiben die RAB maßgebend, die zu dem Zeitpunkt bestanden, zu dem mit der Ausführung des Bauvorhabens begonnen wurde.

RAB 10
Begriffsbestimmungen
(Konkretisierung von Begriffen der BaustellV)

Stand: 12.11.2003

1 Beschäftigte (zu § 1 Abs. 1 BaustellV)

Der Begriff Beschäftigte ist im Sinne von § 2 Abs. 2 ArbSchG zu verstehen.

2 Baustelle (zu § 1 Abs. 3 BaustellV)

Eine Baustelle ist der Ort, an dem ein Bauvorhaben ausgeführt wird, bei dem eine oder mehrere bauliche Anlagen auf Veranlassung eines Bauherren errichtet, geändert oder abgebrochen und die dazugehörigen Vorbereitungs- und Abschlussarbeiten durchgeführt werden.

Bei einem Bauvorhaben mit mehreren baulichen Anlagen, die in unmittelbarem zeitlichen oder räumlichen Zusammenhang zueinander stehen und die gemeinsam geplant und zur Ausführung gebracht werden, handelt es sich in der Regel um eine Baustelle. Auch bei einer Aufteilung des Bauvorhabens in verschiedene Baulose ist von einer Baustelle auszugehen.

In den Fällen, in denen Gesamtbauvorhaben mit großer räumlicher Ausdehnung oder langen Bauzeiten (z. B. Linienbaustellen, im Verkehrswegebau) ausgeführt werden, kann eine Unterteilung in mehrere Bauvorhaben und damit in getrennte Baustellen erfolgen.

3 Bauliche Anlage (zu § 1 Abs. 3 BaustellV)

Bauliche Anlagen sind mit dem Erdboden verbundene aus Baustoffen oder Bauteilen hergestellte Anlagen (einschließlich Gebäudetechnik)[1]. Eine Verbindung mit dem Erdboden besteht auch dann, wenn die bauliche Anlage durch eigene Schwere auf dem Boden ruht. Zu den baulichen Anlagen im Sinne der Baustellenverordnung zählen z. B. auch Aufschüttungen und Abgrabungen[2], Deponien und Bodensanierungen.

Nicht zu den baulichen Anlagen gehören Maschinen und maschinentechnische Anlagen. Erfolgt der Ein-, Aus- oder Umbau von Maschinen bzw. maschinentechnischen Anlagen orts- und zeitgleich zu Errichtung, Änderung oder Abbruch einer baulichen Anlage, so sind diese Tätigkeiten in die Maßnahmen nach der Baustellenverordnung einzubeziehen.

4 Änderung einer baulichen Anlage (zu § 1 Abs. 3 BaustellV)

Unter Änderung einer baulichen Anlage im Sinne der BaustellV wird deren nicht unerhebliche Umgestaltung verstanden.

Hierzu gehören insbesondere die Änderung des konstruktiven Gefüges sowie die Änderung oder der Austausch wesentlicher Bauteile (z. B. Erneuerung von Dächern und Fassaden, Entkernung, Erneuerung des Überbaus von Straßenbrücken, Erneuerung des Straßenoberbaus).

Änderungen baulicher Anlagen können auch im Rahmen von Instandhaltungs- einschließlich Instandsetzungsarbeiten[3] erfolgen.

Nicht um die Änderung einer baulichen Anlage handelt es sich bei einfachen Instandhaltungs- (einschließlich Instandsetzungs-) sowie einfachen Repara-

1 Hierunter fallen z. B. auch Wohn-, Büro- und Sanitärcontainer sowie Leitungen, die der Versorgung mit Wasser, Gas, Elektrizität, Wärme, der Abwasserbeseitigung oder dem Fernmeldewesen dienen.

2 **Aufschüttungen** sind alle künstlichen Veränderungen der Erdoberfläche durch Aufbringen von Materialien, insbesondere von Bodenbestandteilen. Hierzu zählen Halden, Dämme, Mieten, erhöhte Terrassen und Rampen sowie Anhöhungen der Geländeoberflächen. Nicht dazu zählt die vorübergehende Lagerung von Materialien (z. B. Kohlehalden, Baumaterialien). Zum Wesen der Aufschüttung gehört insbesondere, dass ein Endzustand herbeigeführt wird. **Abgrabungen** sind künstliche Veränderungen der Erdoberfläche durch Vertiefungen, wie dies z. B. bei Geländeeinschnitten, Lichtgräben oder Kellerrampen der Fall ist.

3 siehe „DIN 31051 Instandhaltung"

turarbeiten und laufenden Bauunterhaltungsmaßnahmen geringen Umfangs (z. B. Ausbesserungsarbeiten an Dächern und Fassaden[4], Austausch von Bodenbelägen, Arbeiten an der Heizung, Badrenovierungen, Verfüllen von Rissen, Verfüllen von Aufbrüchen in Straßenbelägen) soweit nicht die Schwellenwerte[5] des § 2 Abs. 2 BaustellV überschritten werden.

Lässt sich anhand der vorstehenden Kriterien im Einzelfall nicht eindeutig festlegen, ob es sich um die Änderung einer baulichen Anlage handelt, sollte im Sinne der BaustellV verfahren werden.

5 Planung der Ausführung (zu § 2 Abs. 1 und § 3 Abs. 2 BaustellV)

Während der Phase der Planung der Ausführung werden Voraussetzungen für eine effektive Koordination für die Phase der Ausführung geschaffen. Dazu erarbeiten der Bauherr oder die von ihm Beauftragten konkrete Vorgaben für die Bauausführung.

Hierzu zählen u. a. die Umsetzung und Weiterentwicklung der vorliegenden Planungen zu Ausschreibungsunterlagen, die exakte Ermittlung des Leistungsumfangs für die Bauaufträge, die Planung von Zwischen- und Endterminen und die Einarbeitung gesetzlicher und behördlicher Vorgaben in die Planungen.

Die Planung der Ausführung eines Bauvorhabens umfasst auch die Integration der Maßnahmen des Bauherrn oder des beauftragten Dritten gem. § 2 und § 3 Abs. 1 und 2 BaustellV. Diese beinhalten in Abhängigkeit vom jeweiligen Bauvorhaben

- die Berücksichtigung der allgemeinen Grundsätze nach § 4 des Arbeitsschutzgesetzes,
- die Übermittlung einer Vorankündigung an die zuständige Behörde,
- die Bestellung eines Koordinators,
- die Koordinierung in der Phase der Planung der Ausführung,
- die Erstellung eines Sicherheits- und Gesundheitsschutzplanes und
- die Zusammenstellung einer Unterlage für spätere Arbeiten.

4 Hierunter fallen z. B. auch Anstricharbeiten, Putzarbeiten, Dämmarbeiten, Werksteinarbeiten, Metallarbeiten, Glasarbeiten, Austausch einzelner Fenster und Fassadenreinigungsarbeiten.

5 Die Schwellenwerte werden bei Änderungen von Ein- und Zweifamilienhäusern in der Regel nicht überschritten.

Diese Maßnahmen orientieren sich am Ziel der Verordnung, der wesentlichen Verbesserung von Sicherheit und Gesundheitsschutz der Beschäftigten auf Baustellen und sollen sicherstellen, dass bereits vor Beginn der Bauausführung Risiken erkannt und minimiert werden. Die Maßnahmen sollen auch dazu beitragen, dass im Falle der Beauftragung mehrerer Unternehmen zu einem frühen Zeitpunkt den Beteiligten, im Rahmen der zu beauftragenden Leistungen, die für die Arbeitsvorbereitung erforderlichen sicherheits- und gesundheitsschutzrelevanten Informationen vorliegen.

Die Phase der Planung der Ausführung eines Bauvorhabens beginnt somit spätestens dann, wenn der Entwurf für die Ausführung eines Bauvorhabens hinreichend konkret erarbeitet und dargestellt ist und endet in der überwiegenden Zahl der Fälle mit der jeweiligen Vergabe.

In Fällen, in denen den Unternehmen eine bestimmte Gestaltungs- und Planungsfreiheit eingeräumt werden soll, z. B. bei Nebenangeboten bzw. Sondervorschlägen oder bei funktionaler Ausschreibung, und deshalb wesentliche Teile der nach der Baustellenverordnung für die Planung der Ausführung vorgesehenen Maßnahmen vor der Vergabe noch nicht abgeschlossen sein können, kann die Planung der Ausführung bis zum Beginn der Bauausführung andauern. Der Bauherr hat dann aufgrund seiner Organisationsverantwortung geeignete Vorkehrungen zu treffen, dass auch nach der Vergabe sämtliche dem Bauherrn oder dem beauftragten Dritten in der Planung der Ausführung obliegenden Pflichten erfüllt werden. In einem solchen Fall hat der Bauherr dem/den Unternehmen die notwendigen Vorgaben aus den vorangegangenen Planungsschritten zur Verfügung zu stellen.

6 Allgemeine Grundsätze nach § 4 des Arbeitsschutzgesetzes bei Anwendung der Baustellenverordnung (zu § 2 Abs. 1, § 3 Abs. 2 Nr. 1 und § 3 Abs. 3 Nr. 1 BaustellV)

Die Berücksichtigung der Allgemeinen Grundsätze nach § 4 des Arbeitsschutzgesetzes (ArbSchG) sowie deren Koordinierung während der Planung der Ausführung und die Koordinierung der Anwendung der Allgemeinen Grundsätze während der Ausführung von Bauvorhaben durch die jeweiligen Adressaten bei Erfüllung der Verpflichtungen der Baustellenverordnung (BaustellV) wird in RAB 33 konkretisiert.

7 Gleichzeitig tätig werden von mehr als 20 Beschäftigten (zu § 2 Abs. 2 BaustellV)

Gleichzeitig tätig werden im Sinne der BaustellV heißt, dass planmäßig mindestens 21 Beschäftigte auf der Baustelle über eine Dauer von mindestens einer Arbeitsschicht zur selben Zeit Arbeiten verrichten.

8 Personentag (zu § 2 Abs. 2 BaustellV)

Ein Personentag umfasst die Arbeitsleistung einer Person über eine Arbeitsschicht.

9 Einrichtung der Baustelle (zu § 2 Abs. 2 BaustellV)

Die Einrichtung der Baustelle im Sinne der BaustellV beginnt mit den wesentlichen vorbereitenden Arbeiten am Ort des Bauvorhabens, die unmittelbar vor dessen Durchführung erforderlich sind, z. B. Aufbau von Sozialeinrichtungen, Installation von Ver- und Entsorgungseinrichtungen, Anlieferung von Baumaterialien, Maschinen und Geräten.

10 Vorankündigung (zu § 2 Abs. 2 BaustellV)

Ein Muster für die Vorankündigung enthält Anlage A.

Der Bauherr oder ein von ihm nach § 4 BaustellV beauftragter Dritter ist verantwortlich dafür, dass die Vorankündigung sichtbar auf der Baustelle angebracht wird, sodass alle Betroffenen, z. B. die Beschäftigten oder neu auf der Baustelle tätig werdende Arbeitgeber, umgehend von ihrem Inhalt Kenntnis nehmen können. Dafür ist unverzichtbar, dass die Lesbarkeit der Vorankündigung, die z. B. durch Witterungseinflüsse beeinträchtigt wird, während der Bauarbeiten erhalten bleibt. Treten erhebliche Änderungen ein, ist die Vorankündigung auf der Baustelle zu aktualisieren. Eine erneute Mitteilung an die Behörde ist nicht erforderlich.

11 Anpassung der Vorankündigung bei erheblichen Änderungen (zu § 2 Abs. 2 BaustellV)

„Erhebliche Änderungen" bezogen auf den Inhalt der Vorankündigung (Anhang I BaustellV) betreffen z. B.:

- Wechsel des/r Bauherren oder des von ihm nach § 4 BaustellV beauftragten Dritten,
- erstmalige Bestellung des Koordinators bzw. Wechsel des/r bereits bestellten Koordinators/en,
- Verkürzung der Dauer der Bauarbeiten, sofern dadurch verstärkt gleichzeitig oder in nicht geplanter Schichtarbeit gearbeitet werden muss,
- erstmaliges Tätigwerden von Beschäftigten mehrerer Arbeitgeber,
- wesentliche Erhöhung der Höchstzahl gleichzeitig Beschäftigter oder der Anzahl der Arbeitgeber oder der Anzahl der Unternehmer ohne Beschäftigte.

12 Tätigwerden von Beschäftigten mehrerer Arbeitgeber (zu § 2 Abs. 3 und § 3 Abs. 1 BaustellV)

Tätigwerden von Beschäftigten mehrerer Arbeitgeber liegt dann vor, wenn absehbar ist, dass Beschäftigte von mindestens zwei Arbeitgebern gleichzeitig oder nacheinander auf der Baustelle Arbeiten verrichten. Tätigwerden von Beschäftigten mehrerer Arbeitgeber liegt nicht vor, wenn der zeitliche Abstand zwischen dem Tätigwerden der Beschäftigten einzelner Arbeitgeber so groß ist, dass nach einer erfolgten Baustellenräumung eine erneute Einrichtung der Baustelle vorgenommen wird.

Tätigwerden von Beschäftigten mehrerer Arbeitgeber liegt auch dann nicht vor, wenn neben den Beschäftigten eines Arbeitgebers die Beschäftigten weiterer Arbeitgeber:

- nur kurzzeitig tätig werden, wie zum Beispiel beim An- oder Abtransportieren und Abladen von Stoffen, Bauteilen oder Geräten, bei Prüfungen, Probennahmen und Vermessungsarbeiten,
- ausschließlich kontrollierende und/oder koordinierende Tätigkeiten ausführen.

13 Sicherheits- und Gesundheitsschutzplan (zu § 2 Abs. 3 BaustellV)

Der Sicherheits- und Gesundheitsschutzplan wird in RAB 31 konkretisiert.

14 Anpassung des Sicherheits- und Gesundheitsschutzplanes bei erheblichen Änderungen in der Ausführung des Bauvorhabens (zu § 3 Abs. 3 BaustellV)

Eine erhebliche Änderung in der Ausführung des Bauvorhabens, die zu einer Anpassung des Sicherheits- und Gesundheitsschutzplanes führt, liegt dann vor, wenn sich diese auf die weitere Koordination auswirkt.

15 Koordinierung (zu § 3 BaustellV)

Koordinierung im Sinne der Baustellenverordnung bedeutet, Informationen verständlich und verfügbar zu machen und dafür Sorge zu tragen, dass die für die einzelnen Arbeiten vorzusehenden Maßnahmen aufeinander abgestimmt und falls erforderlich im Rahmen eines Sicherheits- und Gesundheitsschutzplanes zusammengefasst und optimiert werden.

Die in § 3 Abs. 2 und 3 BaustellV enthaltenen Aufgaben des Koordinators tragen dem unmittelbar Rechnung:

So steht hier u. a. der Sicherheits- und Gesundheitsschutzplan im Vordergrund, der eine wichtige Informationsgrundlage für alle Arbeitgeber darstellt. Im Vordergrund stehen auch die Aufgaben des Koordinators nach § 3 Abs. 3 BaustellV, alle Beteiligten im Sinne einer Abstimmung und Optimierung zusammenzubringen und zu beraten, die Zusammenarbeit mehrerer Arbeitgeber zu organisieren und die Überwachungsmaßnahmen der einzelnen Arbeitgeber zu koordinieren. Das bedeutet nicht eine Überwachung der Erfüllung von Arbeitsschutzpflichten, die durch die einzelnen Arbeitgeber zu treffen sind.

Die Verantwortlichkeit der Arbeitgeber für die Erfüllung ihrer Arbeitsschutzpflichten wird durch die Maßnahmen der Baustellenverordnung nicht berührt, sodass diese nach wie vor eigenverantwortlich die Gewährleistung von Sicherheit und Gesundheitsschutz ihrer Beschäftigten zu organisieren, umzusetzen und zu überwachen haben.

16 Bestellung des Koordinators (zu § 3 Abs. 1 BaustellV)

Bei der Bestellung des Koordinators sind die Aufgaben nach § 3 Abs. 2 und 3 BaustellV in Verbindung mit Abschnitt 3 RAB 30 zu übertragen.

Die Bestellung sollte schriftlich erfolgen.

Die Bestellung des Koordinators nach § 3 Abs. 1 BaustellV muss so rechtzeitig erfolgen, dass die während der Planung der Ausführung des Bauvorhabens zu erfüllenden Aufgaben des Koordinators nach § 3 Abs. 2 BaustellV erledigt werden können.

Bei der Auswahl des Koordinators hat der Bauherr dessen Eignung zu berücksichtigen.

17 Geeigneter Koordinator (zu § 3 Abs. 1 BaustellV)

Der Geeignete Koordinator wird in RAB 30 konkretisiert.

18 Spätere Arbeiten an der baulichen Anlage (zu § 3 Abs. 2 Nr. 3 BaustellV)

Spätere Arbeiten im Sinne von § 3 Abs. 2 Nr. 3 BaustellV umfassen insbesondere vorhersehbare Arbeiten an baulichen Anlagen. Dies sind z. B. nach der Systematik:

- der „DIN 31051 Instandhaltung“ und „DIN 4426 Sicherheitstechnische Anforderungen an Arbeitsplätze und Verkehrswege“ die Instandhaltung, bestehend aus Wartung, Inspektion und Instandsetzung und
- der „ZTV BEA-StB Zusätzliche Technische Vertragsbedingungen und Richtlinien für die Bauliche Erhaltung von Verkehrsflächen – Asphaltbauweisen“ die betriebliche und bauliche Erhaltung für Infrastrukturanlagen.

19 Unterlage für spätere Arbeiten (zu § 3 Abs. 2 Nr. 3 BaustellV)

Die Unterlage für spätere Arbeiten wird in RAB 32 konkretisiert.

20 Zusammenstellen einer Unterlage (zu § 3 Abs. 2 Nr. 3 BaustellV)

Zusammenstellen im Sinne der Baustellenverordnung beinhaltet das Einfordern der erforderlichen Angaben für die sichere und gesundheitsgerechte Durchführung späterer Arbeiten an der baulichen Anlage und deren systematische Dokumentation.

21 Bauherr (zu § 4 BaustellV)

Der Begriff Bauherr ist im Sinne des jeweils geltenden Bauordnungsrechts zu verstehen.

22 Beauftragung eines Dritten (zu § 4 BaustellV)

Dritter im Sinne von § 4 BaustellV ist eine Person, die Kraft Vereinbarung Maßnahmen des Bauherren gem. §§ 2, 3 Abs. 1 Satz 1 BaustellV eigenverantwortlich übernimmt.

Dritter in diesem Sinne kann eine natürliche (z. B. ein Architekt, Ingenieur oder Bauunternehmer) oder eine juristische Person (z. B. ein Planungsbüro als GmbH) sein.

Die Beauftragung muss rechtzeitig und sollte schriftlich erfolgen.

Die Beauftragung kann sich auf einen Teil der vorgenannten Maßnahmen beziehen. In diesem Fall ist der Bauherr verpflichtet, die verbleibenden Maßnahmen selbst zu treffen. Je nach Umfang der Beauftragung ist er dann von seinen Pflichten nach § 2 und § 3 Abs. 1 Satz 1 befreit.

Nicht zulässig ist damit die nachträgliche pauschale Übertragung aller Pflichten des Bauherrn.

23 Hinweise des Koordinators und den Sicherheits- und Gesundheitsschutzplan berücksichtigen (zu § 5 Abs. 1 und § 6 Satz 2 BaustellV)

Mit den Vorgaben in § 5 Abs. 1 und § 6 Satz 2 BaustellV wird verdeutlicht, dass die auf der Baustelle tätigen Arbeitgeber und Unternehmer ohne Beschäftigte gleichermaßen die Hinweise des Koordinators sowie den Sicherheits- und Gesundheitsschutzplan zur Kenntnis zu nehmen und in ihre eigene Arbeitsschutzplanung einfließen zu lassen haben.

Stellt der Koordinator fest, dass auf der Baustelle tätige Arbeitgeber oder Unternehmer ohne Beschäftigte seine Hinweise oder den Sicherheits- und Gesundheitsschutzplan nicht berücksichtigen, so hat er dies, soweit ihm zur Durchsetzung erforderlicher Maßnahmen nicht weitergehende Befugnisse übertragen wurden, dem Bauherrn bzw. beauftragten Dritten mitzuteilen.

24 Verständliche Form und Sprache (zu § 5 Abs. 2 BaustellV)

In verständlicher Form und Sprache zu informieren bedeutet, dass die Beschäftigten die Informationen verstehen können. Wesentliche Informationen sind zu übersetzen, wenn in anderer Form eine Verständigung nicht gewährleistet ist. Zu den verständlichen Formen der Information können z. B. Bilder, Piktogramme, praktische Unterrichtung am Arbeitsplatz und arbeitsplatzbezogene Demonstrationen gehören.

25 Besonders gefährliche Arbeiten im Sinne der Baustellenverordnung (zu Anhang II BaustellV)

Zu Nr. 1
„Arbeiten, bei denen die Beschäftigten der Gefahr des Versinkens, des Verschüttetwerdens in Baugruben oder in Gräben mit einer Tiefe von mehr als 5 m oder des Absturzes aus einer Höhe von mehr als 7 m ausgesetzt sind“

Stoffe in die man versinken kann, sind z. B. Bentonitsuspension, Schlamm, lose Schüttgüter wie Zement, Getreide, Zucker u. Ä.

zu Nr. 2
„Arbeiten, bei denen die Beschäftigten **explosionsgefährlichen, hochentzündlichen, krebserzeugenden** (Kategorie 1 oder 2), **erbgutverändernden, fortpflanzungsgefährdenden** oder **sehr giftigen Stoffen und Zubereitungen** im Sinne der Gefahrstoffverordnung oder **biologischen Arbeitsstoffen der Risikogruppen 3 und 4** im Sinne der Richtlinie 90/679/EWG des Rates vom 26. November 1990 über den Schutz der Arbeitnehmer gegen Gefährdung durch biologische Arbeitsstoffe bei der Arbeit (ABl. EG Nr. L 374 S. 1)[6] ausgesetzt sind"

Ausgesetzt sein im Sinne der BaustellV bedeutet, dass im Arbeitsbereich der Beschäftigten einer oder mehrere der vorgenannten Stoffe oder Zubereitungen freigesetzt werden und dadurch z. B. die Exposition der Beschäftigten über der ubiquitären (in der Umwelt natürlich vorhandenen) Luftverunreinigung liegt oder durch einen Kontakt eine Aufnahme der Stoffe oder Zubereitungen über die Haut oder den Magen-Darm-Trakt erfolgt.

Stoffe und Zubereitungen sind

- **explosionsgefährlich**, wenn sie in festem, flüssigem, pastenförmigen oder gelatinösem Zustand auch ohne Beteiligung von Luftsauerstoff exotherm und unter schneller Entwicklung von Gasen reagieren können und unter festgelegten Prüfbedingungen detonieren, schnell deflagrieren oder beim Erhitzen unter teilweisem Einschluss explodieren (z. B. Peroxide wie Dibenzoylperoxid),
- **hochentzündlich**, wenn sie in flüssigem Zustand einen extrem niedrigen Flammpunkt und einen niedrigen Siedepunkt haben oder als Gase bei gewöhnlicher Temperatur und Normaldruck in Mischung mit Luft einen Explosionsbereich haben (z. B. Acetylen, Propan, Butan, Dimethylether),
- **krebserzeugend**, wenn sie bei Einatmen, Verschlucken oder Aufnahme über die Haut Krebs erregen oder die Krebshäufigkeit erhöhen können (z. B. Asbest, Azofarbstoffe, Benzo[a]pyren, Buchenholzstaub, Cadmium/-verbindungen, 4,4'-Diaminodiphenylmethan, Dieselmotoremissionen in nicht ausreichend durchlüfteten Bereichen, Eichenholzstaub, Keramikfasern, Nickeloxide),

6 Die Einteilung der Risikogruppen wurde national inhaltsgleich in der Biostoffverordnung vorgenommen

- **erbgutverändernd**, wenn sie bei Einatmen, Verschlucken oder Aufnahme über die Haut vererbbare genetische Schäden zur Folge haben oder deren Häufigkeit erhöhen können (z. B. Benzo[a]pyren),
- **fortpflanzungsgefährdend**, wenn sie bei Einatmen, Verschlucken oder Aufnahme über die Haut nicht vererbbare Schäden der Nachkommenschaft hervorrufen oder deren Häufigkeit erhöhen (fruchtschädigend) oder eine Beeinträchtigung der männlichen oder weiblichen Fortpflanzungsfunktionen oder -fähigkeit zur Folge haben können (z. B. Benzo[a]-pyren, Blei/-verbindungen, Kohlenmonoxid, 2-Methoxyethanol, Polychlorierte Biphenyle (PCB)),
- **sehr giftig**, wenn sie in sehr geringer Menge bei Einatmen, Verschlucken oder Aufnahme über die Haut zum Tode führen oder akute oder chronische Gesundheitsschäden verursachen können (z. B. chromhaltige 'CKB'-Holzschutzmittel).

Biologische Arbeitsstoffe der Risikogruppe 3 i. S. der Biostoffverordnung sind Stoffe, die eine schwere Krankheit beim Menschen hervorrufen können und eine ernste Gefahr für Beschäftigte darstellen können; die Gefahr einer Verbreitung in der Bevölkerung kann bestehen, doch ist normalerweise eine wirksame Vorbeugung oder Behandlung möglich (z. B. Bacillus anthracis, der Erreger des Milzbrandes).

Biologische Arbeitsstoffe der Risikogruppe 4 i. S. der Biostoffverordnung sind Stoffe, die eine schwere Krankheit beim Menschen hervorrufen und eine ernste Gefahr für Beschäftigte darstellen; die Gefahr einer Verbreitung in der Bevölkerung ist unter Umständen groß; normalerweise ist eine wirksame Vorbeugung oder Behandlung nicht möglich (z. B. Ebola-Virus).

zu Nr. 3
„Arbeiten mit ionisierenden Strahlungen, die die Festlegung von Kontroll- oder Überwachungsbereichen im Sinne der Strahlenschutz- sowie im Sinne der Röntgenverordnung erfordern"

Hierzu gehören im Baustellenbereich z. B. die zerstörungsfreie Werkstoffprüfung, Bodenfeuchteprüfung, Siloanlagen mit Füllstandsmessanlagen mit radioaktiven Stoffen.

Kontrollbereiche sind Bereiche, in denen Personen in Folge des Umgangs mit radioaktiven Stoffen oder des Betriebs von Anlagen zur Erzeugung ionisierender Strahlen im Kalenderjahr eine effektive Dosis von mehr als 6 Millisievert oder höhere Organdosen als 45 Millisievert für die Augenlinse oder 150 Millisievert für die Haut, die Hände, die Unterarme, die Füße und Knöchel erhalten können.

Überwachungsbereiche sind nicht zum Kontrollbereich gehörende Bereiche, in denen Personen infolge des Umgangs mit radioaktiven Stoffen oder des Betriebs von Anlagen zur Erzeugung ionisierender Strahlen im Kalenderjahr eine effektive Dosis von mehr als 1 Millisievert oder höhere Organdosen als 15 Millisievert für die Augenlinse oder 50 Millisievert für die Haut, die Hände, die Unterarme, die Füße und Knöchel erhalten können.

Maßgebend für die Festlegung der Grenze von Kontrollbereich oder Überwachungsbereich ist beim Umgang mit radioaktiven Stoffen eine Aufenthaltszeit von 40 Stunden je Woche und 50 Wochen im Kalenderjahr, soweit keine anderen begründeten Angaben über die Aufenthaltszeit vorliegen.

Zuständig für die Festlegung der Strahlenschutzbereiche (Kontroll- und Überwachungsbereiche) ist derjenige, der mit radioaktiven Stoffen umgeht oder Anlagen zur Erzeugung ionisierender Strahlen betreibt.

zu Nr. 4
„Arbeiten in einem geringeren Abstand als 5 m von Hochspannungsleitungen"

Hochspannungsleitungen im Sinne der BaustellV sind nicht isolierte freiliegende Leitungen mit einer Spannung über 1 kV AC bzw. 1,5 kV DC. Der Abstand ist zu ermitteln zwischen der größten arbeitsbedingten Reichweite eines Menschen einschließlich Arbeitsmittel oder der größten Reichweite einer eingesetzten Maschine und der spannungsführenden Leitung. Gegebenenfalls zu transportierende Gegenstände und ein mögliches Ausschwingen der Leitung sind dabei zu berücksichtigen.

zu Nr. 5
„Arbeiten, bei denen die unmittelbare Gefahr des Ertrinkens besteht"

Eine unmittelbare Gefahr des Ertrinkens i. S. der BaustellV besteht dann, wenn Tätigkeiten an, auf oder über Flüssigkeit, insbesondere Wasser, in einem Abstand von weniger als 2,00 m von der Absturzkante ohne technische Schutzmaßnahmen stattfinden.

zu Nr. 6
„Brunnenbau“

Brunnenbauarbeiten im Sinne der BaustellV sind Arbeiten zur Errichtung, Änderung, Instandhaltung oder Instandsetzung von Brunnen jeder Art, bei denen die Gefahr des Hineinfallens, des Verschüttetwerdens, des Ertrinkens, des Vergiftetwerdens oder eine Verpuffungsgefahr aufgrund eines explosiven Gas-Luft-Gemisches besteht.

zu Nr. 7
„Arbeiten mit Tauchgeräten“

Arbeiten mit Tauchgeräten sind Arbeiten in flüssigen Medien, bei denen die Taucher über Tauchgeräte mit Atemgas versorgt werden.

Dabei befinden sich die Taucher in lebensfeindlicher Umgebung. Der Ausfall der Atemgasversorgung bedeutet akute Lebensgefahr für den Taucher. Daher dürfen derartige Arbeiten nur unter besonderen Schutzmaßnahmen durchgeführt werden, vgl. Unfallverhütungsvorschrift „Taucherarbeiten“ (BGV C 23).

zu Nr. 8
„Arbeiten in Druckluft“

Arbeiten in Druckluft sind Tätigkeiten, bei denen die Beschäftigten einem Überdruck von mehr als 0,1 bar und dadurch besonderen Gefährdungen ausgesetzt sind. Bei diesen Arbeiten ist die Druckluftverordnung (DruckLV) anzuwenden. Die RAB 25 „Arbeiten in Druckluft (Konkretisierungen zur DruckLV)“ enthält Empfehlungen zu Bestimmungen der DruckLV und Antworten zu häufig gestellten Fragen zur DruckLV.

zu Nr. 9
„Arbeiten, bei denen Sprengstoff oder Sprengschnüre eingesetzt werden“

Arbeiten, bei denen Sprengstoff oder Sprengschnüre eingesetzt werden, sind Tätigkeiten, die den Umgang mit explosionsgefährlichen Stoffen betreffen. Beschäftigte, die derartige Tätigkeiten unsachgemäß ausführen, setzen sich und andere Personen einer akuten Lebensgefahr aus. Daher sind bei diesen Arbeiten das Sprengstoffgesetz, die Verordnungen zum Sprengstoffgesetz sowie die Unfallverhütungsvorschrift „Sprengarbeiten“ (BGV C 24) anzuwenden.

zu Nr. 10

„Aufbau oder Abbau von Massivbauelementen mit mehr als 10 t Einzelgewicht“

Konstruktionselemente des Massivbaus sind Körper mit relativ großer Masse unabhängig von der Wahl des Baustoffes, der z. B. Mauerwerk, Beton und Stahlbeton, Stahl und Holz sein kann.

Anlage A

An zuständige Behörde

Vorankündigung
gemäß § 2 der Verordnung über Sicherheit und Gesundheitsschutz auf Baustellen
(Baustellenverordnung – BaustellV)

1. Bezeichnung der Baustelle: ____
   Straße / Nr. ____
   PLZ / Ort: ____

2. Name und Anschrift des Bauherren: ____

3. Name und Anschrift des anstelle des Bauherren verantwortlichen Dritten:

4. Art des Bauvorhabens:

5. Koordinator(en) (sofern erforderlich) mit Anschrift und Telefon, ggf. Fax, E-Mail
   • für die Planung der Ausführung: ____
   • für die Ausführung des Bauvorhabens: ____
6. Voraussichtl. Beginn und Ende der Arbeiten: von ____ bis ____
7. Voraussichtl. Höchstzahl der gleichzeitig Beschäftigten auf der Baustelle: ____
8. Voraussichtliche Zahl der Arbeitgeber: ____
9. Voraussichtl. Zahl der Unternehmer ohne Beschäftigte: ____
10. Bereits ausgewählte Arbeitgeber und Unternehmer ohne Beschäftigte: ____

1) ____
2) ____
3) ____
4) ____
5) ____
6) ____
7) ____
8) ____
9) ____
10)

(weitere Angaben ggf. als Anlage)

Verteiler:
1 x zuständige Behörde
1 x Baustellenaushang
1 x Bauherr

(Ort / Datum) | (Name) | (Unterschrift)

Bauherr oder anstelle des Bauherren verantwortlicher Dritter

RAB 30
Geeigneter Koordinator
(Konkretisierung zu § 3 BaustellV)

Stand: 27.03.2003

1 Vorbemerkung

Die Verordnung über Sicherheit und Gesundheitsschutz auf Baustellen (BaustellV) vom 10. Juni 1998 verpflichtet den Bauherrn, für Baustellen, auf denen Beschäftigte mehrerer Arbeitgeber tätig werden, je nach Art und Umfang des Bauvorhabens einen oder gegebenenfalls auch mehrere geeignete Koordinatoren zu bestellen.

Der Koordinator hat im Rahmen seiner in § 3 BaustellV genannten Aufgaben den Bauherrn und die sonstigen am Bau Beteiligten bei ihrer Zusammenarbeit hinsichtlich der Einbindung von Sicherheit und Gesundheitsschutz sowohl während der Planung der Ausführung als auch während der Ausführung des Bauvorhabens zu unterstützen. Er hat mit seiner Tätigkeit dazu beizutragen, das Bauvorhaben, den Bauablauf und die späteren Arbeiten an der baulichen Anlage zu jeder Zeit sicher zu gestalten.

Darüber hinaus dient seine Tätigkeit auch einem ungestörten Bauablauf und soll effektive spätere Arbeiten an der baulichen Anlage ermöglichen.

Für die Wahrnehmung dieser Aufgaben müssen Koordinatoren über Kenntnisse und Erfahrungen im Baufach und zum Arbeitsschutz im Baubereich verfügen. Sie müssen außerdem Kenntnisse über spezielle, einem Koordinator obliegende Tätigkeiten, Aufgaben und Verpflichtungen haben.

Diese Regel bietet dem Bauherrn mögliche Qualifikationskriterien für die Auswahl eines geeigneten Koordinators. Damit verfügt er über eine Grundlage, das Anforderungsprofil des Koordinators praxisbezogen und flexibel je nach Art, Umfang und Gefährdungspotential der Baustelle festzulegen. Ein Akkreditierungs- und Zertifizierungsverfahren sieht die BaustellV nicht vor.

2 Anwendungsbereich

Diese Regel gilt für alle Bauvorhaben, bei denen die Bestellung eines oder mehrerer geeigneter Koordinatoren gemäß § 3 BaustellV erforderlich ist. Sie gilt auch, wenn der Bauherr oder der von ihm nach § 4 beauftragte Dritte die Aufgaben des Koordinators selbst wahrnimmt.

3 Aufgaben des Koordinators

Die Aufgaben des Koordinators während der Planung der Ausführung ergeben sich aus § 3 Abs. 2 BaustellV, die während der Ausführung des Bauvorhabens aus § 3 Abs. 3 BaustellV.

3.1 Aufgaben des Koordinators während der Planung der Ausführung

- Koordinierung der Maßnahmen aus den allgemeinen Grundsätzen nach § 4 Arbeitsschutzgesetz bei der Planung der Ausführung.
- Feststellen sicherheits- und gesundheitsschutzrelevanter Wechselwirkungen zwischen den Arbeiten der einzelnen Gewerke auf der Baustelle und anderen betrieblichen Tätigkeiten oder Einflüssen auf oder in der Nähe der Baustelle.
- Aufzeigen von Möglichkeiten zur Vermeidung von Sicherheits- und Gesundheitsrisiken.
- Sicherheits- und Gesundheitsschutzplan ausarbeiten oder ausarbeiten lassen und an den Planungsprozess anpassen, soweit dies erforderlich ist.
- Beraten bei der Planung der Baustelleneinrichtung.
- Gegebenenfalls Erstellen einer Baustellenordnung.
- Beraten bei der Planung bleibender sicherheitstechnischer Einrichtungen für mögliche spätere Arbeiten an der baulichen Anlage und Zusammenstellen der Unterlage mit den erforderlichen Angaben für die sichere und gesundheitsgerechte Durchführung dieser Arbeiten.
- Hinwirken auf das Berücksichtigen von Leistungen zu Sicherheit und Gesundheitsschutz in Ausschreibungen, Vergabe- und Bauvertragsunterlagen; gegebenenfalls Mitwirken bei der Prüfung der Angebote und der Vergabe.

- Beraten bei der Terminplanung, insbesondere bei der Abstimmung von Bauausführungszeiten, um Gefahren, die durch ein zeitliches Nebeneinander hervorgerufen werden können, zu vermeiden.
- Gegebenenfalls Mitwirken beim Erstellen der Vorankündigung und deren Übermittlung an die nach Landesrecht zuständige Behörde (z. B. Gewerbeaufsichtsamt oder Amt für Arbeitsschutz).

Falls mehrere Koordinatoren beauftragt sind, ist eine gegenseitige Abstimmung notwendig, insbesondere wenn die Koordinierung während der Planung der Aus führung und während der Ausführung von unterschiedlichen Koordinatoren wahrgenommen wird.

3.2 Aufgaben des Koordinators während der Ausführung des Bauvorhabens

- Gegebenenfalls Aushängen und Anpassen der Vorankündigung.
- Bekannt machen, Anpassen und Fortschreiben des Sicherheits- und Gesundheitsschutzplanes sowie Hinwirken auf seine Einhaltung und auf die Umsetzung der erforderlichen Arbeitsschutzmaßnahmen durch die beteiligten Unternehmen.
- Information und eingehende Erläuterung der Maßnahmen für Sicherheit und Gesundheitsschutz gegenüber allen Auftragnehmern (einschließlich der Nachunternehmer und der Unternehmer ohne Beschäftigte).
- Organisieren des Zusammenwirkens der bauausführenden Unternehmen hinsichtlich Sicherheit und Gesundheitsschutz zum Beispiel durch Sicherheitsbesprechungen und -begehungen mit Dokumentation und Auswerten der Ergebnisse.
- Koordinieren der Überwachung der ordnungsgemäßen Anwendung der Arbeitsverfahren durch die Arbeitgeber zum Beispiel durch Einfordern von Nachweisen.
- Hinwirken auf die Einhaltung einer Baustellenordnung und eines Baustellen- einrichtungsplanes (soweit diese vorhanden sind) hinsichtlich der Vermeidung gegenseitiger Gefährdungen.
- Berücksichtigung sicherheits- und gesundheitsschutzrelevanter Wechselwirkungen zwischen Arbeiten auf der Baustelle und anderen betrieblichen Tätigkeiten oder Einflüssen auf oder in der Nähe der Baustelle.
- Koordinieren der Anwendung der allgemeinen Grundsätze nach § 4 Arbeitsschutzgesetz.

4 Qualifikation

Geeigneter Koordinator im Sinne der BaustellV ist, wer über ausreichende und einschlägige

- baufachliche Kenntnisse,
- arbeitsschutzfachliche Kenntnisse und
- Koordinatorenkenntnisse sowie
- berufliche Erfahrung in der Planung und/oder der Ausführung von Bauvorhaben verfügt, um die in § 3 Abs. 2 und 3 BaustellV genannten Aufgaben fachgerecht erledigen zu können.

Der Koordinator muss bereit und in der Lage sein, sich für Sicherheit und Gesundheitsschutz auf Baustellen aktiv einzusetzen. Er muss die Fähigkeit besitzen, Arbeitsabläufe systematisch, vorausschauend und gewerkeübergreifend zu durchdenken, sich anbahnende Gefährdungen zu erkennen und die gebotenen Koordinierungsmaßnahmen zu treffen.

Der Koordinator muss neben diesen Kenntnissen und Fähigkeiten auch über ein hinreichendes Maß an Sozialkompetenz zur Wahrnehmung seiner Aufgaben verfügen. Er muss insbesondere die Fähigkeit zur Arbeit im Team, zur Führung kooperativer Prozesse sowie zur sachdienlichen Kommunikation besitzen. Seine Funktion und Stellung muss so ausgestaltet sein, dass er die erforderliche Akzeptanz anderer Planungs- und Ausführungsbeteiligter erfährt und er sich seiner Aufgabe auch in zeitlicher Hinsicht ausreichend und wirkungsvoll widmen kann.

Die dem Koordinator im Einzelfall abzuverlangenden Kenntnisse und Erfahrungen hängen von Art und Umfang des Bauvorhabens, den sich daraus ergebenden Gefährdungen und vom Zeitpunkt seines Einsatzes in der Phase der Planung der Ausführung oder Ausführung ab.

Die nachfolgend genannten Kriterien dienen dem Bauherrn als Anhaltspunkte bei der Auswahl eines geeigneten Koordinators und orientieren sich an den objektspezifischen Rahmenbedingungen. Die einzelnen Kriterien sind vom Bauherrn entsprechend Art und Umfang des Bauvorhabens individuell zu wichten.

- Komplexität der Planung, wie zum Beispiel Bauen im Bestand,
- Anzahl der Planungsbeteiligten,
- Vorgesehene Bauzeit,

- Komplexität der Bauausführung, wie zum Beispiel beengte Baustellenverhältnisse und technische Schwierigkeitsgrade,
- Anzahl der an der Bauausführung beteiligten Unternehmen,
- Anforderungen aufgrund der zu berücksichtigenden späteren Arbeiten.

Anlage A enthält Beispiele, die der Orientierung dienen.

4.1 Baufachliche Kenntnisse

Baufachliche Kenntnisse können je nach Art und Umfang des Bauvorhabens, soweit sich daraus Auswirkungen für Sicherheit und Gesundheitsschutz ergeben, in folgenden Bereichen erforderlich sein:

- Funktionelle, technische und organisatorische Planung von baulichen Anlagen,
- Technische Regelwerke,
- Standsicherheit von baulichen Anlagen und Hilfsbauwerken,
- Baustoffe,
- Bauverfahren, Baugeräte,
- Bauausführung, Baustelleneinrichtungsplanung, Bauablaufplanung, Baustellenorganisation,
- Technischer Ausbau, Innenausbau und Technische Ausrüstung,
- Wartung, Unterhaltung und Erhaltung baulicher Anlagen,
- Ausschreibung, Vergabe, Bauvertragsrecht.

4.2 Arbeitsschutzfachliche Kenntnisse

Arbeitsschutzfachliche Kenntnisse umfassen solche zu Sicherheit und Gesundheitsschutz und zum Arbeitsschutzrecht, insbesondere über:

- Allgemeine Grundsätze des Arbeitsschutzes gemäß § 4 ArbSchG,
- Ermittlung und Beurteilung von Gefährdungen auf Baustellen und bei späteren Arbeiten an den baulichen Anlagen,
- Organisation des Arbeitsschutzes auf Baustellen.

Die arbeitsschutzfachlichen Kenntnisse können entweder im Rahmen der beruflichen Ausbildung, durch Fort- oder Weiterbildung oder durch entsprechende berufliche Erfahrungen erworben sein. Die wesentlichen arbeitsschutzfachlichen Kenntnisse ergeben sich aus den Inhalten der Anlage B.

Sofern im Zuge der Baumaßnahme besonders gefährliche Arbeiten gemäß Anhang II BaustellV durchgeführt werden, muss der Koordinator auch über Kenntnisse zur Vermeidung solcher Gefährdungen verfügen. Je nach Art und Umfang des Bauvorhabens können zum Schutz des Lebens und der Gesundheit der Beschäftigten auf Baustellen weitere Kenntnisse erforderlich sein, wie zum Beispiel bei speziellen Abbrucharbeiten.

4.3 Spezielle Koordinatorenkenntnisse

Die Tätigkeit als Koordinator erfordert spezielle Kenntnisse zur BaustellV über

- Sinn und Zweck der BaustellV sowie ihre Stellung im Arbeitsschutzsystem,
- Anwendungsbereich der BaustellV,
- Inhaltliche Anforderungen der BaustellV,
- Aufgaben und Pflichten des Koordinators, seine rechtliche Stellung im Verhältnis zum Bauherrn und zu den anderen am Bau Beteiligten,
- Zweck und Inhalt der Vorankündigung, des Sicherheits- und Gesundheitsschutzplanes und der Unterlage für spätere Arbeiten an der baulichen Anlage,
- Instrumente der Koordinierung.

Die speziellen Koordinatorenkenntnisse ergeben sich aus den Inhalten der Anlage C.

4.4 Berufserfahrung

Der Koordinator soll in Abhängigkeit von Art und Umfang des Bauvorhabens mindestens 2 Jahre Berufserfahrung in Planung und/oder Ausführung je nach Koordinationsaufgabe haben.

5 Nachweis der Kenntnisse und Erfahrungen

Die Koordinatoren können ihre baufachlichen Kenntnisse in der Regel im Rahmen einer baufachlichen Berufsausbildung als Architekt, Ingenieur, Techniker, Meister oder geprüfter Polier[1] erworben haben. Arbeitsschutzfachliche

1 Nach der Verordnung über die Prüfung zum anerkannten Abschluss „geprüfter Polier“ vom 20. Juni 1979, BGBl S. 667.

Kenntnisse sowie die speziellen Koordinatorenkenntnisse können in der Regel entweder im Rahmen der beruflichen Ausbildung, durch Fort- oder Weiterbildung oder durch entsprechende berufliche Erfahrungen erworben sein. Die Anlage D beinhaltet „Empfehlungen für Anforderungen an Lehrgangsträger“, die die arbeitsschutzfachlichen Kenntnisse und/oder speziellen Koordinatorenkenntnisse durch Fort- oder Weiterbildung vermitteln.

Die Kenntnisse und Erfahrungen können als vorhanden angesehen werden, wenn sie durch Zeugnisse, Bescheinigungen oder Referenzen nachgewiesen werden.

Die Anhänge der RAB 30 sind zu finden unter https://shop.forum-verlag.com/beiblatt-3289-juni25. Oder scannen Sie hierfür nebenstehenden QR-Code.

RAB 31
Sicherheits- und Gesundheitsschutzplan
– SiGePlan –

Stand: 12.11.2003

1 Vorbemerkungen

Die Verordnung für Sicherheit und Gesundheitsschutz auf Baustellen (BaustellV) vom 10. Juni 1998 verpflichtet den Bauherrn oder den von ihm beauftragten Dritten (§ 4 BaustellV), unter bestimmten Voraussetzungen den **Sicherheits- und Gesundheitsschutzplan** zu erarbeiten bzw. erarbeiten zu lassen. Diese Verpflichtung basiert auf § 2 Abs. 3, § 3 Abs. 2 Nr. 2 und § 3 Abs. 3 Nr. 3 (BaustellV).

§ 2 Abs. 3 (BaustellV)

(3) Ist für eine Baustelle, auf der Beschäftigte mehrerer Arbeitgeber tätig werden, eine Vorankündigung zu übermitteln, oder werden auf einer Baustelle, auf der Beschäftigte mehrerer Arbeitgeber tätig werden, besonders gefährliche Arbeiten nach Anhang II ausgeführt, so ist dafür zu sorgen, dass vor Einrichtung der Baustelle ein Sicherheits- und Gesundheitsschutzplan erstellt wird. Der Plan muss die für die betreffende Baustelle anzuwendenden Arbeitsschutzbestimmungen erkennen lassen und besondere Maßnahmen für die besonders gefährlichen Arbeiten nach Anhang II enthalten. Erforderlichenfalls sind bei Erstellung des Plans betriebliche Tätigkeiten auf dem Gelände zu berücksichtigen.

§ 3 Abs. 2 Nr. 2 (BaustellV)

(2) Während der Planung der Ausführung des Bauvorhabens hat der Koordinator

2. den Sicherheits- und Gesundheitsschutzplan auszuarbeiten oder ausarbeiten zu lassen.

§ 3 Abs. 3 Nr. 3 (BaustellV)

(3) Während der Ausführung des Bauvorhabens hat der Koordinator

3. den Sicherheits- und Gesundheitsschutzplan bei erheblichen Änderungen in der Ausführung des Bauvorhabens anzupassen oder anpassen zu lassen.

Das frühzeitige Erkennen von Gefährdungen versetzt den Bauherrn oder den von ihm beauftragten Dritten in die Lage, Sicherheit und Gesundheitsschutz zu planen. Damit können insbesondere:

- Gefährdungen für alle am Bau Beteiligten sowie die von der Baustelle ausgehenden Gefährdungen für Dritte minimiert werden,
- die entsprechenden Maßnahmen und Einrichtungen auf die Anforderungen verschiedener Gewerke abgestimmt und ihre gemeinsame Nutzung festgelegt werden,
- Störungen als Folge von Personen- und Sachschäden sowie Improvisationen beim Bauablauf vermieden werden.

Hierzu kann es sinnvoll sein, fachkundigen Rat bei Arbeitsschutzbehörden, Berufsgenossenschaften, Fachkräften für Arbeitssicherheit, Sachverständigen oder anderen Experten einzuholen.

Durch einen derart geplanten und optimierten Arbeitsschutz wird die Qualität der geleisteten Arbeit verbessert. Der Bauherr schafft damit die Voraussetzungen für eine weitgehend unfallfreie, termingerechte und kostengünstige Ausführung seines Bauvorhabens.

2 Anwendungsbereich

Die RAB 31 gilt für alle Bauvorhaben, bei denen die Erstellung eines Sicherheits- und Gesundheitsschutzplans gemäß § 2 Abs. 3 Baustellenverordnung erforderlich ist.

In Abhängigkeit von den Baustellenbedingungen können mit der folgenden Tabelle alle gemäß der BaustellV notwendigen Aktivitäten ermittelt werden. Die grundsätzlichen Voraussetzungen für das Erfordernis eines SiGePlans sind durch Schattierung hervorgehoben.

Aktivitäten nach der Baustellenverordnung

Baustellenbedingungen		Berücksichtigung allg. Grundsätze nach § 4 ArbSchG bei der Planung	Voran-kündi-gung	Koordi-nator	SiGe-Plan	Unterlage (§ 3 Abs. 2 Nr. 3)
Beschäftigte	Umfang und Art der Arbeiten					
eines Arbeitgebers	kleiner 31 Arbeitstage und 21 Beschäftigte oder 501 Personentage	ja	nein	nein	nein	nein
eines Arbeitgebers	kleiner 31 Arbeitstage und 21 Beschäftigte oder 501 Personentage und besonders gefährliche Arbeiten	ja	nein	nein	nein	nein
eines Arbeitgebers	größer 30 Arbeitstage und 20 Beschäftigte oder 500 Personentage	ja	ja	nein	nein	nein
eines Arbeitgebers	größer 30 Arbeitstage und 20 Beschäftigte oder 500 Personentage und besonders gefährliche Arbeiten	ja	ja	nein	nein	nein
mehrerer Arbeitgeber, die gleichzeitig oder nacheinander tätig werden	kleiner 31 Arbeitstage und 21 Beschäftigte oder 501 Personentage	ja	nein	ja	nein	ja
mehrerer Arbeitgeber, die gleichzeitig oder nacheinander tätig werden	kleiner 31 Arbeitstage und 21 Beschäftigte oder 501 Personentage jedoch besonders gefährliche Arbeiten	ja	nein	ja	ja	ja
mehrerer Arbeitgeber, die gleichzeitig oder nacheinander tätig werden	größer 30 Arbeitstage und 20 Beschäftigte oder 500 Personentage	ja	ja	ja	ja	ja
mehrerer Arbeitgeber, die gleichzeitig oder nacheinander tätig werden	größer 30 Arbeitstage und 20 Beschäftigte oder 500 Personentage und besonders gefährliche Arbeiten	ja	ja	ja	ja	ja

Hinweis:
Der Einsatz von Nachunternehmen bedeutet das Vorhandensein von mehreren Arbeitgebern

Die in der Aktivitätentabelle genannten besonders gefährlichen Arbeiten sind in Anhang II der Baustellenverordnung aufgeführt.

Anhang II (BaustellV)

- *Arbeiten, bei denen die Beschäftigten der Gefahr des Versinkens, des Verschüttetwerdens in Baugruben oder in Gräben mit einer Tiefe von mehr als 5 m oder des Absturzes aus einer Höhe von mehr als 7 m ausgesetzt sind.*
- *Arbeiten, bei denen die Beschäftigten explosionsgefährlichen, hochentzündlichen, Krebserzeugenden (Kategorie 1 oder 2), erbgutverändernden, fortpflanzungsgefährdenden oder sehr giftigen Stoffen und Zubereitungen im Sinne der Gefahrstoffverordnung oder biologischen Arbeitsstoffen der Risikogruppen 3 und 4 im Sinne der Richtlinie 90/679/EWG des Rates vom 26. November 1990 über den Schutz der Arbeitnehmer gegen Gefährdungen durch biologische Arbeitsstoffe bei der Arbeit (ABl. EG Nr. L 374 S. 1) ausgesetzt sind.*

- *Arbeiten mit ionisierenden Strahlungen, die die Festlegung von Kontroll- oder Überwachungsbereichen im Sinne der Strahlenschutz- sowie im Sinne der Röntgenverordnung erfordern.*
- *Arbeiten in einem geringeren Abstand als 5 m von Hochspannungsleitungen.*
- *Arbeiten, bei denen die unmittelbare Gefahr des Ertrinkens besteht.*
- *Brunnenbau, unterirdische Erdarbeiten und Tunnelbau.*
- *Arbeiten mit Tauchgeräten.*
- *Arbeiten in Druckluft.*
- *Arbeiten, bei denen Sprengstoff oder Sprengschnüre eingesetzt werden.*
- *Aufbau oder Abbau von Massivbauelementen mit mehr als 10 t Einzelgewicht.*

Die RAB 10 enthält weiter gehende Konkretisierungen zu den besonders gefährlichen Arbeiten.

3 Anforderungen

3.1 Allgemeines

3.1.1 Zuständigkeit

Abschnitt 2 enthält eine Tabelle zur Bestimmung der Aktivitäten gemäß BaustellV. Sind die dort beschriebenen Voraussetzungen gegeben, hat der Koordinator den SiGePlan auszuarbeiten oder ausarbeiten zu lassen.

3.1.2 Erstellung

Der SiGePlan muss bei der Planung der Ausführung des Bauvorhabens erstellt werden. Der Begriff „Planung der Ausführung eines Bauvorhabens“ im Sinne der BaustellV wird in der RAB 10 bestimmt.

Damit ist in der überwiegenden Zahl der Fälle gewährleistet, dass bereits bei der Angebotsbearbeitung den später auf der Baustelle tätigen Arbeitgebern und Selbstständigen die relevanten Inhalte des SiGePlans zur Verfügung stehen.

3.1.3 Anpassung

Der SiGePlan ist als eine dynamische Arbeitshilfe zu verstehen. Er ist der Entwicklung des Bauvorhabens in der weiteren Planung und der Ausführung laufend anzupassen.

3.1.4 Einsichtnahme

Mit Einrichtung der Baustelle sollte der SiGePlan vor Ort während der Arbeitszeit einsehbar sein.

3.1.5 Arbeitgeber und sonstige Personen

Der SiGePlan dient vor allem dazu, die Maßnahmen zu koordinieren, die für mehrere Unternehmer relevant sind oder die der einzelne Unternehmer alleine nicht ergreifen kann.

Dementsprechend werden die beauftragten Arbeitgeber und sonstigen Personen durch die Festlegungen im SiGePlan in keiner Weise von ihren Pflichten gemäß Arbeitsschutzgesetz und anderen für sie zutreffenden Arbeitsschutzbestimmungen entbunden.

3.1.6 Inhalt

Der Inhalt des SiGePlans wird in der Verordnung selbst nur sehr knapp beschrieben. Bezogen auf die jeweilige Baustelle wird in § 2 Abs. 3 gefordert, dass die anzuwendenden Arbeitsschutzbestimmungen erkennbar werden und die besonderen Maßnahmen für besonders gefährliche Arbeiten nach Anhang II enthalten sind. Im Übrigen sind im SiGePlan betriebliche Tätigkeiten auf dem Gelände oder in dessen Nachbarschaft zu berücksichtigen, wenn eine gegenseitige Beeinflussung nicht auszuschließen ist.

Diese Vorgaben werden erfüllt, wenn die in Ziffer 3.2 dieser RAB formulierten Mindestanforderungen berücksichtigt sind.

Darüber hinaus beeinflussen die Aufgaben des Koordinators (siehe RAB 30) die Inhalte des SiGePlans. Es kann daher erforderlich sein, neben den Vorgaben, die sich aus der BaustellV ergeben, weitere Aspekte in den SiGePlan einfließen zu lassen. Im Ergebnis dieser Überlegungen unterscheidet die RAB 31 in den Ziffern 3.2 und 3.3 zwischen inhaltlichen Mindestanforderungen und inhaltlichen Empfehlungen.

3.2 Inhaltliche Mindestanforderungen

Grundelemente eines SiGePlans sind:

A Arbeitsabläufe
B Gefährdungen
C Räumliche und zeitliche Zuordnung der Arbeitsabläufe
D Maßnahmen zur Vermeidung bzw. Minimierung der Gefährdungen
E Arbeitsschutzbestimmungen

A Arbeitsabläufe

Ermitteln und benennen der nach Gewerken gegliederten Arbeitsabläufe, z. B. in Anlehnung an VOB Teil C ATV DIN 18300 ff. unter Berücksichtigung der DIN 18299.

B Gefährdungen

Aus den relevanten gewerkbezogenen Gefährdungen sind die gewerkübergreifenden Gefährdungen zu ermitteln und zu dokumentieren.

Gewerkbezogene Gefährdungen

Dies sind die bei der Ausführung eines Gewerkes auftretenden Gefährdungen, z. B. Gefahr des Abstürzens von hochgelegenen Arbeitsplätzen bei Dachdeckungs- und Dachabdichtungsarbeiten; Verschüttungsgefahr bei Erdarbeiten in Baugruben und Gräben.

Gewerkübergreifende Gefährdungen

Dies sind

- gegenseitige Gefährdungen, die sich durch örtliches und zeitliches Zusammentreffen mehrerer Gewerke ergeben, z. B. Gefährdung eines Maurers durch Schweißrauche, weil sein Arbeitsplatz in der Nähe eines Schweißarbeitsplatzes liegt; Lärmeinwirkung am Arbeitsplatz durch Baumaschinen anderer Gewerke.
- gegenseitige Gefährdungen, die von einem Gewerk ausgehen bzw. eröffnet werden und von denen Beschäftigte anderer Gewerke betroffen sind, die nacheinander Arbeiten am Bauvorhaben verrichten, z. B. nicht vorhandene Abdeckungen von Deckenöffnungen oder fehlende Absturzsicherungen in Treppenhäusern.
- Gefährdungen, die sich aus den örtlichen Gegebenheiten auf der Baustelle ergeben, z. B. Gefährdungen durch Emissionen jeglicher Art; Gefährdung durch erdverlegte Leitungen bzw. Freileitungen, die über das Baufeld führen.

- Gefährdungen durch Dritte, z. B. durch weitere betriebliche Nutzung von Teilen des Baufeldes durch den Bauherren; Gefährdung durch öffentlichen Verkehr; Gefährdungen, die sich durch Nachbarbaustellen ergeben.

C Räumliche und zeitliche Zuordnung der Arbeitsabläufe

Darstellen von möglichen Wechselwirkungen zwischen den nach Gewerken gegliederten Arbeitsabläufen, z. B. in Form von Bauzeitenplänen. Für Hochbau-Baustellen bietet sich die Form eines Balkendiagramms an. Für Tiefbau-Baustellen, die sich oftmals als Linienbaustellen darstellen, können daneben auch Weg-Zeit-Diagramme sinnvoll sein.

D Maßnahmen

Festlegen und dokumentieren der Maßnahmen, die zur Vermeidung bzw. Verringerung der zuvor ermittelten gewerkübergreifenden Gefährdungen notwendig sind, wie z. B. gemeinsam genutzte Einrichtungen und aufeinander abgestimmte Maßnahmen zur Sicherheit und zum Gesundheitsschutz der Beschäftigten.

Bei der Auswahl der Maßnahmen sind die geltenden Arbeitschutzbestimmungen und die Erkenntnisse zur Sicherheit und zum Gesundheitsschutz nach dem Stand der Technik, der Arbeitsmedizin und Hygiene sowie gesicherte arbeitswissenschaftliche Erkenntnisse zu berücksichtigen. Insbesondere sind die „Allgemeinen Grundsätze" nach § 4 Arbeitsschutzgesetz anzuwenden.

Ausgenommen sind die Maßnahmen, zu denen der Arbeitgeber nach den Arbeitsschutzbestimmungen verpflichtet ist und die der Direktions- und Entscheidungspflicht des Arbeitgebers gegenüber seinen Beschäftigten unterliegen, z. B. Unterweisungen, Bereitstellung geeigneter und sicherer Arbeitsmittel, persönliche Schutzausrüstung.

E Arbeitsschutzbestimmungen

Die BaustellV fordert in § 2 Abs. 3 Satz 2, dass der SiGePlan für die betreffende Baustelle die anzuwendenden Arbeitsschutzbestimmungen erkennen lassen muss. Diese Anforderung wird im Allgemeinen erfüllt, wenn die, den ausgewählten Maßnahmen zugeordneten Arbeitsschutzbestimmungen, benannt sind. Im Einzelfall kann es erforderlich sein, die anzuwendenden Bestimmungen zu konkretisieren.

3.3 Inhaltliche Empfehlungen

Es wird empfohlen, zusätzliche Elemente in den SiGePlan aufzunehmen. Dies können je nach Erkenntnisstand bei der Bearbeitung des SiGePlans sein:

A Vorgesehene bzw. beauftragte Unternehmer
B Gefährdungen Dritter
C Termine
D Informations- und Arbeitsmaterialien zum Arbeits- u. Gesundheitsschutz
E Mitgeltende Unterlagen
F Ausschreibungstexte

Die aufgeführten Nennungen sind nicht abschließend zu verstehen.

A Vorgesehene bzw. beauftragte Unternehmer
Benennung der Unternehmer, die mit der Ausführung der vorgesehenen Arbeitsschutzmaßnahmen beauftragt werden sollen, z. B. „Spezialtiefbaufirma" oder „Fliesenleger". Nach Auftragsvergabe namentliche Benennung der Ausführenden.

B Gefährdungen Dritter
Einarbeitung der Maßnahmen, die sich aus der allgemeinen Verkehrssicherungspflicht des Bauherrn ergeben.

C Termine
Festlegung und Dokumentation der für die Koordination wichtigen Termine. Dazu zählen u. a. die Termine, zu denen die mitgeltenden Unterlagen vorliegen sollen.

D Informations- und Arbeitsmaterialien zum Arbeits- u. Gesundheitsschutz
Hinweis auf Informations- und Arbeitsmaterial zu den ausgewählten Maßnahmen, z. B. von den Berufsgenossenschaften oder den Arbeitsschutzbehörden der Länder. Darüber hinaus sollte die Unterlage nach § 3 Abs. 2 Ziffer 3 BaustellV, z. B. beim Bauen im Bestand als Informationsquelle herangezogen werden.

E Mitgeltende Unterlagen

Benennung der den gewählten Maßnahmen zugeordneten mitgeltenden Unterlagen, wie z. B. Leistungsverzeichnis (LV-Nr.), Pläne (z. B. Abbruchplan) und Anweisungen (z. B. Montageanweisung), Baustellenordnung.

F Ausschreibungstexte

Hinweise auf Ausschreibungstexte zu den ausgewählten Maßnahmen. Diese Hinweise sollen dem Koordinator als Organisationsmittel dienen, um vorzuschlagen, ob die gewählten Maßnahmen, z. B. als separate Leistungen, ausgeschrieben werden sollen.

3.4 Form

Umfang und äußeres Erscheinungsbild eines Sicherheits- und Gesundheitsschutzplans bleiben dem Bauherrn überlassen, z. B. kann der SiGePlan auch die Form eines entsprechend ergänzten Bauablaufplans haben. Aus Anlage B ergeben sich Anhaltspunkte zur Form.

Die Anlage A der RAB 31 ist zu finden unter https://shop.forum-verlag.com/beiblatt-3289-juni25. Oder scannen Sie hierfür nebenstehenden QR-Code.

RAB 32
Unterlage für spätere Arbeiten (Konkretisierung zu § 3 Abs. 2 Nr. 3 BaustellV)

Stand: 27.03.2003

1 Vorbemerkungen

Nach der Verordnung über Sicherheit und Gesundheitsschutz auf Baustellen (BaustellV) vom 10. Juni 1998 hat der Koordinator eine **Unterlage** zusammenzustellen. Diese Verpflichtung basiert auf § 3 Abs. 2 Nr. 3 BaustellV.

§ 3 Abs. 2 Nr. 3 BaustellV

(2) Während der Planung der Ausführung des Bauvorhabens hat der Koordinator

3. eine Unterlage mit den erforderlichen, bei möglichen späteren Arbeiten an der baulichen Anlage zu berücksichtigenden Angaben zu Sicherheit und Gesundheitsschutz zusammenzustellen.

Damit sollen insbesondere:

- Gefährdungen der Sicherheit und Gesundheit für die mit späteren Arbeiten an der baulichen Anlage Beschäftigten reduziert und
- Improvisationen und Informationsdefizite bei späteren Arbeiten an der baulichen Anlage und dadurch bedingte Störungen, Sachschäden und Unfälle vermieden werden.

Mit der Unterlage schafft der Bauherr/Koordinator eine Voraussetzung für die sicherheits- und gesundheitsgerechte Gestaltung der späteren Arbeiten und damit auch für eine langfristig wirtschaftliche Nutzung und Instandhaltung der baulichen Anlage.

2 Anwendungsbereich

Die RAB 32 gilt für alle Bauvorhaben, bei denen eine Unterlage für spätere Arbeiten nach § 3 Abs. 2 Nr. 3 BaustellV zusammenzustellen ist.

Die Unterlage für spätere Arbeiten an der baulichen Anlage ist zusammenzustellen, wenn bei ihrer Errichtung oder Änderung Beschäftigte mehrerer Arbeitgeber gleichzeitig oder nacheinander tätig werden (siehe Tabelle 1).

Aktivitäten nach der Baustellenverordnung

Baustellenbedingungen		Berücksichtigung allg. Grundsätze nach § 4 ArbSchG bei der Planung	Vorankündigung	Koordinator	SiGe-Plan	**Unterlage für spätere Arbeiten**
Beschäftigte	Umfang und Art der Arbeiten					
eines Arbeitgebers	kleiner 31 Arbeitstage und 21 Beschäftigte oder 501 Personentage	ja	nein	nein	nein	**nein**
eines Arbeitgebers	kleiner 31 Arbeitstage und 21 Beschäftigte oder 501 Personentage und besonders gefährliche Arbeiten	ja	nein	nein	nein	**nein**
eines Arbeitgebers	größer 30 Arbeitstage und 20 Beschäftigte oder 500 Personentage	ja	ja	nein	nein	**nein**
eines Arbeitgebers	größer 30 Arbeitstage und 20 Beschäftigte oder 500 Personentage und besonders gefährliche Arbeiten	ja	ja	nein	nein	**nein**
mehrerer Arbeitgeber, die gleichzeitig oder nacheinander tätig werden	kleiner 31 Arbeitstage und 21 Beschäftigte oder 501 Personentage	ja	nein	ja	nein	ja
mehrerer Arbeitgeber, die gleichzeitig oder nacheinander tätig werden	kleiner 31 Arbeitstage und 21 Beschäftigte oder 501 Personentage jedoch besonders gefährliche Arbeiten	ja	nein	ja	ja	ja
mehrerer Arbeitgeber, die gleichzeitig oder nacheinander tätig werden	größer 30 Arbeitstage und 20 Beschäftigte oder 500 Personentage	ja	ja	ja	ja	ja
mehrerer Arbeitgeber, die gleichzeitig oder nacheinander tätig werden	größer 30 Arbeitstage und 20 Beschäftigte oder 500 Personentage und besonders gefährliche Arbeiten	ja	ja	ja	ja	ja

Hinweis: Der Einsatz von bereits einem Nachunternehmen bedeutet das Vorhandensein von mehreren Arbeitgebern.

Tabelle 1: Voraussetzungen für die Zusammenstellung einer Unterlage für spätere Arbeiten

3 Begriffsbestimmungen und Beispiele

Verschiedene Begriffe der BaustellV werden in der RAB 10 bestimmt. Dazu gehören zum Beispiel die Begriffe:

- Bauliche Anlage,
- Planung der Ausführung eines Bauvorhabens,
- Zusammenstellen einer Unterlage und
- Spätere Arbeiten an der baulichen Anlage.

Spätere Arbeiten im Sinne von § 3 Abs. 2 Nr. 3 BaustellV umfassen insbesondere vorhersehbare Arbeiten an baulichen Anlagen. Dies sind zum Beispiel nach der Systematik:

- der „DIN 31051 Grundlagen der Instandhaltung" und der „DIN 4426 Sicherheitstechnische Anforderungen an Arbeitsplätze und Verkehrswege" die Instandhaltung, bestehend aus Wartung, Inspektion und Instandsetzung.
  a) Beispiele für Wartungsarbeiten:
    - Reinigen von Abflüssen,
    - Reinigungsarbeiten an Gebäudefassaden, Glasflächen und Fenstern,
    - Arbeiten an haustechnischen Anlagen,
    - Schornsteinfegerarbeiten,
    - Arbeiten an Aufzugsanlagen.
  b) Beispiele für Inspektionsarbeiten:
    - Kontrolle von Regenwasserabläufen,
    - Prüfung von haustechnischen Anlagen,
    - Zustandsfeststellung von Dachflächen.
  c) Beispiele für Instandsetzungsarbeiten:
    - Erneuerung von Dacheinläufen,
    - Putzarbeiten an der Fassade,
    - vollständige oder teilweise Erneuerung der Dachabdichtung,
    - Austausch von Fenstern,
    - Beschichtungsarbeiten.
- der „ZTV BEA-StB Zusätzliche Technische Vertragsbedingungen und Richtlinien für die Bauliche Erhaltung von Verkehrsflächen – Asphaltbauweisen" die betriebliche und bauliche Erhaltung für Infrastrukturanlagen.

Beispiele für betriebliche Erhaltung:

a) Kontrolle
  - Hauptprüfung nach „DIN 1076 Prüfung und Überwachung von Ingenieurbauwerken",
  - Inspektion von Pumpwerken,
  - Inspektion von Tunnelbetriebseinrichtungen,
  - Inspektion von elektrotechnischen Anlagen.

b) Wartung
   - Wartungsarbeiten an Verkehrsbeeinflussungs- und Lichtsignalanlagen,
   - Reinigung von Fahrbahnübergängen, Entwässerungseinrichtungen, Sichtflächen etc.,
   - Austausch von Verschleißteilen (z. B. Lampen).

Beispiele für bauliche Erhaltung:

a) Instandhaltung
   - Beseitigung kleinerer Betonschäden an Brücken,
   - kleinflächige Ausbesserung von Beschichtungen.

b) Instandsetzung
- Verpressen von Rissen,
- Ausbesserung von Mauerwerk (Fugen, Steine).

c) Erneuerung
   - Auswechseln/Erneuern abgängiger Teile (Lager, Fahrbahnübergänge, Kappen, Geländer),
   - Auswechseln der betriebstechnischen Ausrüstung von Tunneln.

4 Anforderungen

4.1 Allgemeines

Die Unterlage ist eine schriftliche, den Merkmalen der baulichen Anlage Rechung tragende Zusammenstellung der erforderlichen, bei möglichen späteren Arbeiten an der baulichen Anlage zu berücksichtigenden Angaben zu Sicherheit und Gesundheitsschutz, insbesondere für solche Arbeiten, die regelmäßig wiederkehrend durchgeführt werden. Während der Planung der Ausführung des Bauvorhabens kann die Entwicklung der Unterlage zur Planung und Ausschreibung von sicherheitstechnischen Einrichtungen dienen, die für spätere Arbeiten an der baulichen Anlage benötigt werden.

Ziel der Unterlage ist es, denjenigen, die spätere Arbeiten an der baulichen Anlage durchführen, die Informationen zu verschaffen, um die späteren Arbeiten sicher und gesundheitsgerecht planen und durchführen zu können. Die Verpflichtung der Arbeitgeber zur Einhaltung der Arbeitsschutzbestimmungen bleibt davon unberührt.

Die Unterlage muss bei der Planung der Ausführung des Bauvorhabens zusammengestellt werden und soll bereits vor der Ausschreibung der jeweiligen Bauleistungen vorliegen. Damit wird rechtzeitig eine Grundlage für die sichere und gesundheitsgerechte Durchführung späterer Arbeiten an der baulichen Anlage bereitgestellt.

Die Unterlage ist fortzuschreiben, falls nach ihrer Zusammenstellung relevante Planungsänderungen vorgenommen werden oder während der Ausführung unter- lagenrelevante Festlegungen getroffen werden.

Die Unterlage ist in der Regel mit ihrer Fertigstellung, spätestens jedoch mit Abschluss der Baumaßnahme dem Bauherrn zu übergeben. Der Bauherr übergibt ein Exemplar der Unterlage einem eventuellen Betreiber oder Erwerber.

4.2 Inhalt

Gliederung, Umfang und Inhalt der Unterlage werden in der Baustellenverordnung selbst nicht festgelegt. Nachfolgend wird der Inhalt einer Unterlage im Abschnitt „4.2.1 Erforderliche Angaben" und im Abschnitt „4.2.2 Weitere Angaben" beschrieben.

4.2.1 Erforderliche Angaben

Die Unterlage hat folgende Angaben zu enthalten:

- Teil der baulichen Anlage,
- Art der Arbeit,
- Gefahren,
- Angaben zu Sicherheit und Gesundheitsschutz.

Teile der baulichen Anlage können im Hochbau zum Beispiel Dach, Fassade, Aufzug oder Außenanlage, im Brückenbau zum Beispiel Überbau, Unterbauten, Ausstattung und Leitungen sein.

Die vorhersehbaren, insbesondere regelmäßig wiederkehrende, Arbeiten mit den damit verbundenen Gefahren sind in der Unterlage aufzuführen. Gefahren können z. B. durch Absturz entstehen. Arbeiten mit gleichartigen Gefahren und identischen Schutzmaßnahmen können zusammengefasst werden. Bei den Angaben zu Sicherheit und Gesundheitsschutz sind neben sicherheitstechnischen Einrichtungen gegebenenfalls auch organisatorische Maßnahmen und Maßnahmen zum Gesundheitsschutz zu nennen. Diese Maßnahmen und Einrichtungen müssen plausibel und realisierbar sein.

4.2.2 Weitere Angaben

Die Unterlage kann zusätzlich weitere Angaben enthalten, um zum Beispiel eine erhöhte Planungssicherheit zu erreichen, dem Bauherrn weitere Hinweise zu den späteren Arbeiten zu geben und den Unternehmern, die mit den späteren Arbeiten beauftragt werden, die Durchführung dieser Arbeiten zu erleichtern.

Weitere Angaben können zum Beispiel sein:

- Verweise auf Positionen im Leistungsverzeichnis, in denen die sicherheits- technischen Einrichtungen beschrieben sind,
- Häufigkeit der wiederkehrenden Arbeiten,
- Hinweise auf Pläne, aus denen Ausführung und Lage der sicherheitstechnischen Einrichtungen entnommen werden können,
- Hinweise und Bemerkungen, zum Beispiel zum Aufbewahrungsort von sicherheitstechnischen Einrichtungen, zu Zugängen und Anfahrtsmöglichkeiten, zur Standsicherheit der zu verwendenden sicherheitstechnischen Einrichtungen oder zur Betriebssicherheit der baulichen Anlage während Inspektionen und Wartungsarbeiten,
- Mitgeltende Unterlagen, zum Beispiel Bedienungs-, Inspektions- und Wartungshandbücher.

Die Unterlage kann auch Verweise auf entsprechende Teile eines gegebenenfalls aus anderen Gründen vorhandenen Baubestandswerkes enthalten.

4.3 Form

Die Form der Unterlage wird in der Baustellenverordnung nicht festgelegt und bleibt dem Koordinator/Bauherrn überlassen. Anlage A enthält Beispiele für Unterlagen.

Die Anlage A der RAB 32 ist zu finden unter https://shop.forum-verlag.com/beiblatt-3289-juni25. Oder scannen Sie hierfür nebenstehenden QR-Code.

RAB 33
Allgemeine Grundsätze nach § 4 des Arbeitsschutzgesetzes bei Anwendung der Baustellenverordnung

Stand: 12.11.2003

1 Vorbemerkungen

Bei Anwendung der Verordnung über Sicherheit und Gesundheitsschutz auf Baustellen vom 10. Juni 1998 sind mehrere Personengruppen, unter anderem erstmals auch der Bauherr, Adressaten der allgemeinen Grundsätze nach § 4 ArbSchG.

Allgemeine Grundsätze nach § 4 ArbSchG vom 7. August 1996

1. *Die Arbeit ist so zu gestalten, dass eine Gefährdung für Leben und Gesundheit möglichst vermieden und die verbleibende Gefährdung gering gehalten wird;*
2. *Gefahren sind an ihrer Quelle zu bekämpfen;*
3. *bei den Maßnahmen sind der Stand der Technik, Arbeitsmedizin und Hygiene sowie sonstige gesicherte arbeitswissenschaftliche Erkenntnisse zu berücksichtigen;*
4. *Maßnahmen sind mit dem Ziel zu planen, Technik, Arbeitsorganisation, sonstige Arbeitsbedingungen und Einfluss der Umwelt auf den Arbeitsplatz sachgerecht zu verknüpfen;*
5. *individuelle Schutzmaßnahmen sind nachrangig zu anderen Maßnahmen;*
6. *spezielle Gefahren für besonders schutzbedürftige Beschäftigtengruppen sind zu berücksichtigen;*
7. *den Beschäftigten sind geeignete Anweisungen zu erteilen;*
8. *mittelbar oder unmittelbar geschlechtsspezifisch wirkende Regelungen sind nur zulässig, wenn dies aus biologischen Gründen zwingend geboten ist.*

In der überwiegenden Zahl der Fälle werden die Arbeitgeber als Adressaten des ArbSchG erst bei der Ausführung von Bauvorhaben tätig. Deshalb ist es aufgrund der wesentlichen Auswirkungen der Planung auf die Ausführung von Bauvorhaben sowie aufgrund der komplexen Zusammenhänge zwischen den am Bau Beteiligten erforderlich, dass auch der Bauherr diese allgemeinen Grundsätze bei der Planung der Ausführung von Bauvorhaben berücksichtigt.

Dadurch können sich auch Einsparungs- und Optimierungspotenziale z. B. durch die Planung gemeinsam genutzter Baustellen- und Sicherheitseinrichtungen ergeben.

Diese Regel gibt Hinweise, wie diese Verpflichtungen erfüllt werden können.

2 Anwendungsbereich

Die RAB 33 gilt für alle Bauvorhaben im Sinne von § 1 Abs. 3 der BaustellV.

3 Begriffsbestimmungen

Verschiedene Begriffe der BaustellV werden in der RAB 10 bestimmt. Dazu gehören zum Beispiel die Begriffe:

- Baustelle,
- Beauftragung eines Dritten,
- Planung der Ausführung eines Bauvorhabens,
- Koordinierung.

4 Verantwortlichkeiten

Die Verpflichtungen für den Bauherrn, die allgemeinen Grundsätze nach § 4 ArbSchG zu berücksichtigen, ergeben sich aus § 4 BaustellV i. V. m. § 2 Abs. 1 BaustellV und § 3 Abs. 1 Satz 1 BaustellV i. V. m. § 3 Abs. 2 Nr. 1 BaustellV und Abs. 3 Nr. 1 BaustellV.

Dies erfordert einen entsprechenden Sachverstand. Gegebenenfalls sind durch den Bauherrn Fachleute hinzuzuziehen.

Der Bauherr muss grundsätzlich nach § 2 Abs. 1 BaustellV die allgemeinen Grundsätze nach § 4 ArbSchG bereits während der Planung der Ausführung berücksichtigen.

Ist ein Koordinator zu bestellen, muss dieser

- sowohl während der Planung der Ausführung des Bauvorhabens nach § 3 Abs. 2 Nr. 1 BaustellV die in § 2 Abs. 1 BaustellV vorgesehenen Maßnahmen koordinieren
- als auch während der Ausführung des Bauvorhabens nach § 3 Abs. 3 Nr. 1 BaustellV die Anwendung der allgemeinen Grundsätze nach § 4 ArbSchG koordinieren.

Neben der Verantwortlichkeit des Bauherrn oder seines beauftragten Dritten und der Koordinatoren bleibt während der Ausführung des Bauvorhabens die Verantwortlichkeit des einzelnen Arbeitgebers nach § 4 ArbSchG bestehen (§ 5 Abs. 3 BaustellV). Nach § 6 Satz 1 und Satz 3 BaustellV haben auch auf einer Baustelle selbst tätige Arbeitgeber sowie Unternehmer ohne Beschäftigte beim Treffen von Maßnahmen des Arbeitsschutzes von den allgemeinen Grundsätzen nach § 4 ArbSchG auszugehen.

Alle Adressaten der allgemeinen Grundsätze nach § 4 ArbSchG bei Anwendung der BaustellV und deren zugehörige Pflichten

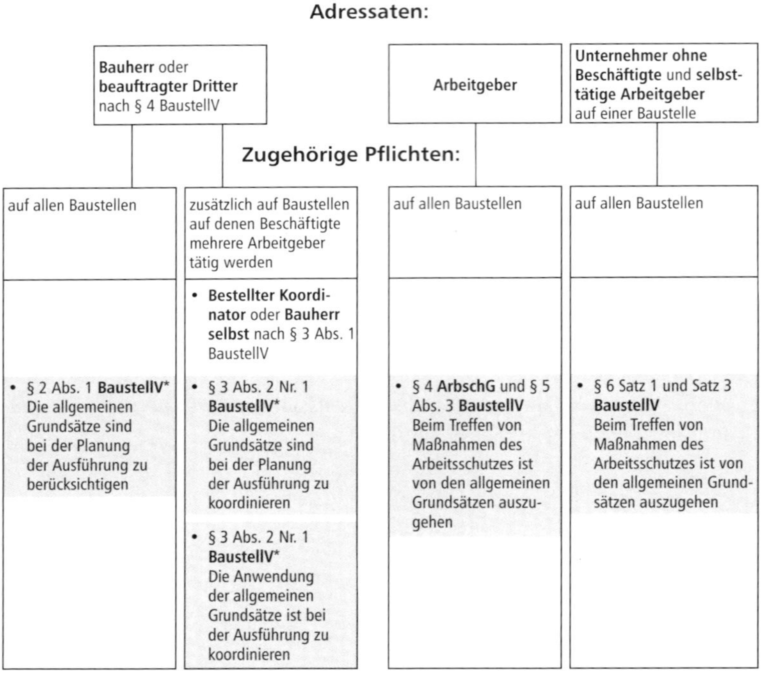

** Diese Pflichten werden in den Abschnitten 5.1 und 5.2 dieser RAB konkretisiert.*

5 Pflichten von Bauherr und Koordinator

5.1 Berücksichtigung und Koordinierung der Grundsätze während der Planung der Ausführung eines Bauvorhabens

Die Nummern 1 bis 5 der allgemeinen Grundsätze nach § 4 Arbeitsschutzgesetz hat der Bauherr oder sein beauftragter Dritter zu berücksichtigen. Dies gilt grundsätzlich nicht für die Nummern 6 bis 8, da der Bauherr im Regelfall keine Möglichkeit der Einflussnahme auf diese Grundsätze hat.

Insbesondere sind die Grundsätze bei der Bemessung der Ausführungszeiten für das Bauvorhaben sowie bei der Einteilung der Arbeiten zu berücksichtigen.

Dies erreicht der Bauherr durch räumliche, zeitliche und technische Vorgaben, die eine sichere und gesundheitsgerechte Durchführung des Bauvorhabens fördern. Diese Vorgaben haben Einfluss auf Angebot und Auswahl der Bauverfahren und Baumaterialien sowie auf den Bauablauf.

Die allgemeinen Grundsätze können durch den Bauherrn insbesondere durch folgende Maßnahmen berücksichtigt werden:

zu Nr. 1
„Die Arbeit ist so zu gestalten, dass eine Gefährdung für Leben und Gesundheit möglichst vermieden und die verbleibende Gefährdung gering gehalten wird“

- Räumliche und technische Vorgaben zur Gestaltung der Bauaufgabe in den Leistungsverzeichnissen. Grundsätzliches für eine sachgerechte Leistungsbeschreibung ist in VOB Teil C, ATV DIN 18299 enthalten. Das Standardleistungsbuch für das Bauwesen (StLB) und der Standardleistungskatalog oder vergleichbare Regelwerke enthalten Ausschreibungstexte für Sicherheitseinrichtungen. Darüber hinaus halten andere Stellen, z. B. die Berufsgenossenschaften der Bauwirtschaft, für Bauherren und Planer nach Leistungsbereichen gegliederte Mustertexte bereit.
- Räumliche und zeitliche Zuordnung der Arbeitsabläufe. Vorgabe ausreichend bemessener Ausführungsfristen (Jahreszeiten, Arbeitsbedingungen und etwaige besondere Schwierigkeiten sind zu berücksichtigen) und Bauablaufplanung. Vorgaben für eine geeignete Baustellenorganisation, z. B. durch eine Baustellenordnung.
- Übertragung von Aufgaben an die Planungsbeteiligten und Festlegung von Verantwortung und Zuständigkeit.
- Auswahl und Beauftragung geeigneter (fachkundiger, leistungsfähiger und zuverlässiger) Unternehmen für Planung und Ausführung.
- Vorgeben, dass die Arbeitgeber und Unternehmer ohne Beschäftigte die Hinweise des Bauherrn und des Koordinators verstehen können, z. B. durch Vorbemerkungen in der Ausschreibung.

zu Nr. 2
„Gefahren sind an ihrer Quelle zu bekämpfen“

- Hinwirken auf Auswahl schadstoff- und emissionsarmer Materialien und Arbeitsverfahren.
- Hinwirken auf Einsatz gefährdungsarmer Geräte und Maschinen.

zu Nr. 3
„Bei den Maßnahmen sind der Stand der Technik, Arbeitsmedizin und Hygiene sowie sonstige gesicherte arbeitswissenschaftliche Erkenntnisse zu berücksichtigen“

- Hinwirken auf die Berücksichtigung dieser Aspekte bei der Auswahl von Baumaterialien, Arbeitsverfahren, Baumaschinen, Geräten und Einrichtungen. Der Stand der Technik, Arbeitsmedizin und Hygiene wird insbesondere beschrieben in
  - staatlichen und berufsgenossenschaftlichen Vorschriften, z. B. Arbeitsstättenverordnung, Betriebssicherheitsverordnung, Unfallverhütungsvorschrift Bauarbeiten,
  - Richtlinien und Regeln, z. B. Regeln zum Arbeitsschutz auf Baustellen (RAB), Technischen Regeln für Gefahrstoffe (TRGS) mit entsprechenden Informationsmöglichkeiten im Gefahrstoffinformationssystem der Bauwirtschaft (GISBAU), Technische Regeln für biologische Arbeitsstoffe (TRBA), Arbeitsstättenrichtlinien (ASR).

Für die Baubranche relevante arbeitswissenschaftliche Erkenntnisse sind z. B. Leitfäden über das Handhaben von Mauersteinen, die Nutzung von Versetzgeräten für großformatige Steine, Aufstiegshilfen für Kranführer.

zu Nr. 4
„Maßnahmen sind mit dem Ziel zu planen, Technik, Arbeitsorganisation, sonstige Arbeitsbedingungen und Einfluss der Umwelt auf den Arbeitsplatz sachgerecht zu verknüpfen“

- Beschreibung der Rahmenbedingungen des Bauvorhabens unter Berücksichtigung der Wechselwirkungen (z. B. Platzverhältnisse, Umwelteinflüsse, Betriebsstätten, vorhandene Infrastruktur, Ressourcen und Medien) damit Maßnahmen ganzheitlich geplant werden können.

zu Nr. 5
„Individuelle Schutzmaßnahmen sind nachrangig zu anderen Maßnahmen"

Hinwirken auf die Realisierung baulicher, technischer und organisatorischer Maßnahmen, die nach Möglichkeit für mehrere Gewerke eine kollektive Schutzwirkung entfalten.

zu Nr. 6 – 8

- Für die Nummern 6 bis 8 werden keine Maßnahmen aufgeführt (Abschnitt 5.1 Absatz 1, Satz 2).

Dabei sind die allgemeinen Grundsätze nach § 4 ArbSchG in dem Umfang zu berücksichtigen, wie es nach den jeweiligen Planungsschritten möglich ist.

Diese Grundsätze sind z. B. bei der Erstellung der Baubeschreibung und der Ausschreibung der Bauleistungen zugrunde zu legen, damit die Auftragnehmer (Arbeitgeber) bereits bei der Angebotsbearbeitung sowie bei Sondervorschlägen, die für die Ausführung der Arbeiten im Hinblick auf die Beachtung von Arbeitsschutzvorschriften erforderlichen Informationen erhalten und die vorgesehenen Einrichtungen und Maßnahmen berücksichtigen können.

Dabei handelt es sich insbesondere um Informationen, die die Bieter nicht ohne weiteres selbst ermitteln können, bzw. die nicht nur Beschäftigte eines einzelnen Arbeitgebers betreffen.

Dies gilt vor allem für gemeinsam genutzte Arbeitsbereiche, Verkehrswege, Arbeits- mittel und Einrichtungen, z. B. Gerüste, Krane, Treppentürme, Seitenschutz, Schutzdächer, Auffangnetze, Baustellenunterkünfte, Toiletten- und Waschanlagen, Sanitätsräume bzw. Einrichtungen für die Untersuchung und Entsorgung kontaminierter Böden und Bauteile. Diese Grundsätze sind auch bei der Erstellung von Sondervorschlägen einzuhalten. Damit verbunden ist ggf. eine Anpassung des Sicherheits- und Gesundheitsschutzplanes, sofern hierdurch die allgemeinen Grund- sätze nach § 4 ArbSchG berührt werden.

Wenn für das Bauvorhaben ein Koordinator zu bestellen ist, wird durch die Erfüllung der Aufgaben nach RAB 30, und wenn ein SiGePlan zu erstellen ist, durch die Erfüllung der Aufgaben nach RAB 31, der Bauherr bei der Verpflichtung zur Berücksichtigung der allgemeinen Grundsätze nach § 4 ArbSchG unterstützt.

Der Koordinator ist zudem verpflichtet, die vorgenannten Maßnahmen im Sinne der Begriffsbestimmung „Koordinierung" der RAB 10 zwischen den Beteiligten in der Planung der Ausführung zu koordinieren.

5.2 Koordinierung der Anwendung der Grundsätze während der Ausführung eines Bauvorhabens

Während der Ausführung eines Bauvorhabens sind die Arbeitgeber als unmittelbare Adressaten des ArbSchG verpflichtet, beim Treffen von Maßnahmen des Arbeitsschutzes von den allgemeinen Grundsätzen nach § 4 ArbSchG auszugehen.

Wenn für das Bauvorhaben ein Koordinator zu bestellen ist, ist dieser verpflichtet, die Anwendung der allgemeinen Grundsätze nach § 4 ArbSchG durch die Arbeitgeber, im Sinne der Begriffsbestimmung „Koordinierung" der RAB 10 zu koordinieren. Dabei können die Grundsätze 1 bis 8 relevant sein. Ergebnis dieser Koordinierung sind Hinweise für die Arbeitgeber und Unternehmer ohne Beschäftigte.

Technische Regeln für Betriebssicherheit (TRBS)

TRBS 2121 Gefährdung von Beschäftigten durch Absturz – Allgemeine Anforderungen

Ausgabe: Juli 2018
GMBl 2018 S. 741 [Nr. 39/40]

1 Anwendungsbereich

(1) Diese Technische Regel gilt für die Ermittlung und Bewertung von Absturzgefährdungen die bei der Verwendung von Arbeitsmitteln entstehen können. Sie benennt beispielhaft Maßnahmen, die zum Schutz von Beschäftigten bei Tätigkeiten im Gefahrenbereich angewendet werden können.

(2) Diese Technische Regel beschreibt die Vorgehensweisen für die Ermittlung und Bewertung von Absturzgefährdungen von Beschäftigten.

(3) Bei der Verwendung von Gerüsten gilt zusätzlich die TRBS 2121 Teil 1, bei der Verwendung von Leitern zusätzlich die TRBS 2121 Teil 2, bei der Verwendung von Zugangs- und Positionierungsverfahren unter Zuhilfenahme von Seilen zusätzlich die TRBS 2121 Teil 3 und beim ausnahmsweisen Heben von Beschäftigten mit Arbeitsmitteln zusätzlich die TRBS 2121 Teil 4.

2 Begriffsbestimmungen

2.1 Absturz von Beschäftigten

Herabfallen eines Beschäftigten oder mehrerer Beschäftigter vom ursprünglichen Standort auf eine tiefer gelegene Fläche oder einen Gegenstand. Als Absturz gilt auch das Durchbrechen durch eine nicht tragfähige Fläche oder das Hineinfallen und das Versinken in flüssigen oder körnigen Stoffen, sowie das Hineinfallen in eine persönliche Schutzausrüstung gegen Absturz.

2.2 Absturzkante

Kante an einem Arbeitsmittel oder einer überwachungsbedürftigen Anlage, über die ein Beschäftigter oder mehrere Beschäftigte abstürzen können. Absturzkante ist auch der Übergang von einer tragfähigen bzw. durchtrittsicheren zu einer nicht tragfähigen bzw. nicht durchtrittsicheren Fläche.

2.3 Absturzsicherung

Feste Schutzvorrichtung, die den Absturz verhindert oder andere Einrichtungen, die den Absturz verhindern. Hierbei handelt es sich um technische Schutzmaßnahmen im Sinne von § 4 Absatz 2 BetrSichV.

2.4 Auffangeinrichtung

Schutzeinrichtung, die abstürzende Beschäftigte auffängt und vor tieferem Absturz schützt. Hierbei handelt es sich um technische Schutzmaßnahmen im Sinne von § 4 Absatz 2 BetrSichV.

2.5 Persönliche Schutzausrüstung gegen Absturz

(1) Sicherungssystem für einen Beschäftigten, das durch Rückhalten den Absturz verhindert oder den Beschäftigten durch Auffangen vor tieferem Absturz schützt. Hierbei handelt es sich um personenbezogene Schutzmaßnahmen im Sinne von § 4 Absatz 2 BetrSichV.

(2) Die persönliche Schutzausrüstung gegen Absturz (PSAgA) besteht aus einer Ausrüstung, die von einem Beschäftigten als Schutz gegen Absturz getragen oder gehalten wird und aus einem Verbindungssystem, das so entworfen ist, dass sie diese Ausrüstung mit einer externen Vorrichtung oder einem sicheren Ankerpunkt verbindet. Sie muss nicht ständig befestigt sein und benötigt keine Befestigungsarbeiten.

3 Beurteilung der Gefährdung

3.1 Allgemeines

(1) Die allgemeinen Aspekte der Gefährdungsbeurteilung sind in der TRBS 1111 beschrieben.

Die Beurteilung der Gefährdung hat das Ziel, geeignete Maßnahmen zu treffen, die den Absturz verhindern bzw. die Gefährdung durch Absturz so gering wie möglich halten. Dabei ist insbesondere die Eignung des Arbeitsmittels für die geplante Verwendung, die Arbeitsabläufe und die Arbeitsorganisation zu berücksichtigen.

(2) Durch die Auswahl des Arbeitsmittels unter Berücksichtigung der auszuführenden Tätigkeiten ist die Absturzgefährdung zu verhindern bzw. so gering wie möglich zu halten.

3.2 Ermittlung der Gefährdung

Bei der Ermittlung der Gefährdung muss festgestellt werden, ob eine Absturzkante vorhanden ist. Dabei ist neben dem vertikalen auch der horizontale Abstand zu einer tragfähigen oder durchtrittsicheren bzw. zu einer nicht tragfähigen oder nicht durchtrittsicheren Fläche zu berücksichtigen. So ist z. B.

- der Abstand zwischen Gerüstbelag und der Fassade eines Gebäudes oder Fensterflächen innerhalb der Fassade im Regelfall nicht durchsturzsicher,
- beim Aufstellen einer Leiter auf einem Flachdach oder Balkon der Abstand zur Dachkante, Balkonbrüstung oder zu Lichtkuppeln oder Lichtbändern und
- bei Aufzugsanlagen der Abstand zwischen Schachtwand und Fahrkorb zu beachten.

3.3 Bewertung der Gefährdung

Ist eine Absturzkante vorhanden, kann die Gefährdung durch Absturz des Beschäftigten insbesondere nach folgenden Kriterien bewertet werden:

- Höhenunterschied zwischen Absturzkante und tiefer liegender Fläche oder Gegenstand

- Beschaffenheit der tiefer liegenden Fläche oder des Gegenstandes, z. B.
  - Schüttgüter (versinken, ersticken)
  - Wasser (versinken, ertrinken)
  - fester Boden (harter Aufschlag)
  - Bewehrungsanschlüsse (aufspießen)
  - Behälter mit heißen Flüssigkeiten (verbrennen, verbrühen)
  - Behälter mit Flüssigkeiten (ertrinken, verätzen)
  - Gegenstände/Maschinen einschließlich deren bewegter Teile, die sich auf dieser Fläche befinden

- Arbeitsbedingungen:
  - Abstand zur Absturzkante
    - horizontaler Abstand zwischen der tragfähigen/durchtrittsicheren und der nicht tragfähigen/nicht durchtrittsicheren Fläche
    - Abstand zwischen einerseits Gerüstbelag und andererseits Gebäude, Glasflächen oder Bauteilen
  - Art und Dauer der Tätigkeit (körperlich leichte oder schwere, kurzzeitige oder langanhaltende, einmalige oder häufige Tätigkeiten)
  - Vibration, äußere Krafteinwirkungen, seh- oder gleichgewichtsbeeinflussende Einflüsse
  - Witterungseinflüsse, z. B. Sturm, Eis und starker Schneefall
  - Sichtverhältnisse/Erkennbarkeit der Absturzkante
  - Beleuchtung, Tageszeit, Blendwirkung durch helle Flächen oder Gegenlicht, Markierungen

4 Maßnahmen zum Schutz gegen Absturz

(1) Bei der Festlegung von Maßnahmen zum Schutz gegen Absturz muss den technischen Schutzmaßnahmen Vorrang vor organisatorischen und diesen wiederum Vorrang vor personenbezogenen Schutzmaßnahmen eingeräumt werden. (§ 4 Absatz 2 Satz 2 BetrSichV).

(2) Die Schutzmaßnahmen sind entsprechend der nachstehenden Rangfolge auszuwählen:

1. **Absturzsicherungen**
   Absturzsicherungen sind Schutzvorrichtungen wie z. B. Abdeckungen, Geländer oder Seitenschutz, die auftretende Kräfte aufnehmen und ableiten können.

2. **Auffangeinrichtungen**
   Lassen sich aus arbeitstechnischen Gründen Absturzsicherungen nicht verwenden, müssen Schutzeinrichtungen zum Auffangen abstürzender Beschäftigter vorhanden sein. Auffangeinrichtungen sind z. B. Schutznetze, Schutzwände, Schutzgerüste, die auftretende Kräfte aufnehmen und ableiten können.

3. **Persönliche Schutzmaßnahmen gegen Absturz**
   Sind aufgrund der Eigenart des Arbeitsmittels oder der durchzuführenden Arbeiten Absturzsicherungen oder Auffangeinrichtungen nicht geeignet oder nicht möglich, ist die Benutzung von persönlichen Schutzausrüstungen gegen Absturz vorzu sehen. Persönliche Schutzausrüstungen gegen Absturz sind z. B. Auffanggurte, Höhensicherungsgeräte und Trägerklemmen.

   Die Verwendung von persönlicher Schutzausrüstung gegen Absturz ist in der Gefährdungsbeurteilung besonders zu bewerten. Gemäß § 4 Absatz 2 Satz 3 BetrSichV ist die Verwendung persönlicher Schutzausrüstung für jeden Beschäftigten auf das erforderliche Minimum zu beschränken.

Im Rahmen der Gefährdungsbeurteilung ist eine Bewertung der Eignung der vorgesehenen PSAgA vorzunehmen und z. B.

- die PSAgA entsprechend den Randbedingungen am Arbeitsplatz (z. B. Kantenbeanspruchung von Verbindungsmitteln an Absturzkanten) auszuwählen,
- geeignete Rettungskonzepte vorzuhalten, die eine schnelle und sichere Rettung (vor allem bei dem Risiko des Hängetraumas durch zu langem bewegungslosen Hängen im Auffanggurt) aufgefangener Personen sicherstellen,
- der erforderliche Freiraum unterhalb des Standplatzes des Benutzers sicherzustellen sowie
- für die bestimmungsgemäße Verwendung von Anschlageinrichtungen und die Tragfähigkeit der Konstruktion (z. B. Trägerklemme, horizontal gespanntes Gurt- band, Dreibein, Bandschlinge) zu sorgen.

Hinweis:
Grundlegende Anforderungen an die Benutzung persönlicher Schutzausrüstungen sind in der PSA-Benutzungsverordnung enthalten.

TRBS 2121 Teil 1
Gefährdung von Beschäftigten durch Absturz bei der Verwendung von Gerüsten

Ausgabe: Januar 2019
GMBl 2019 S. 28 [Nr. 2/3]

1 Anwendungsbereich

Diese Technische Regel gilt für die Ermittlung von Maßnahmen zum Schutz von Beschäftigten bei der Verwendung von Gerüsten. Sie konkretisiert die Vorgaben der Betriebssicherheitsverordnung (BetrSichV) hinsichtlich der Verwendung von Gerüsten und ist in Verbindung mit der TRBS 2121 „Gefährdung von Beschäftigten durch Absturz – Allgemeine Anforderungen" anzuwenden.

Diese Technische Regel gilt nicht für folgende Arbeitsmittel:

- fahrbare Arbeitsbühnen,
- Schalungen, Tragkonstruktionen und Traggerüste,
- Konsolgerüste,
- Bockgerüste.

Erläuterung:
Die in dieser Technischen Regel zitierten Normen sind in der Muster-Verwaltungsvorschrift Technische Baubestimmungen (MVV TB) aufgenommen, die von der obersten Bauaufsichtsbehörde des jeweiligen Bundeslandes veröffentlicht wird.

2 Begriffsbestimmungen

2.1 **Gerüste** sind vorübergehend errichtete Baukonstruktionen veränderlicher Länge, Breite und Höhe, die an der Verwendungsstelle aus Gerüstbauteilen zusammengesetzt, ihrer Bestimmung entsprechend verwendet und wieder auseinander genommen werden können.

Die Verwendung von Gerüsten im Sinne dieser Regel schließt den Auf-, Um- und Abbau (Montage) eines Gerüstes durch den Gerüstersteller und den Gebrauch des Gerüstes durch den Gerüstnutzer ein.

2.1.1 **Arbeitsgerüste** sind Gerüste, von denen aus Arbeiten durchgeführt werden können. Sie haben außer den Beschäftigten und ihren Werkzeugen auch das jeweils für die Arbeiten erforderliche Material zu tragen. Leistungsanforderungen sowie die Verfahren für Entwurf, Konstruktion und Bemessung von Arbeitsgerüsten können DIN EN 12811-1:2004-03 entnommen werden.

Zu den Arbeitsgerüsten gehören auch

- Fassadengerüste nach DIN EN 12810:2004-03,
- Raumgerüste nach DIN 4420-3:2004-03,
- Hängegerüste nach DIN 4420-3:2004-03,
- fahrbare Gerüste nach DIN 4420-3:2004-03.

2.1.2 **Schutzgerüste** sind Gerüste, die als Fang- oder Dachfanggerüste Beschäftigte gegen tieferen Absturz oder als Schutzdächer Beschäftigte, Maschinen, Geräte und anderes vor herabfallenden Gegenständen schützen.

Die Leistungsanforderungen sowie die Verfahren für Entwurf, Konstruktion und Bemessung von Schutzgerüsten können z. B. DIN 4420-1:2004-03 entnommen werden.

2.1.3 **Gerüstbauarten** sind z. B. Fassadengerüste, Raumgerüste, Hängegerüste.

2.1.3.1 **Fassadengerüste** sind Gerüste mit längenorientierten Gerüstlagen, die als Standgerüste unmittelbar auf dem Untergrund stehen und in der Regel außen oder innen an Fassaden aufgestellt werden.

2.1.3.2 **Raumgerüste** sind Arbeitsgerüste mit flächenorientierten Gerüstlagen, die als Standgerüste unmittelbar auf dem Untergrund stehen.

2.1.3.3 **Hängegerüste** sind Arbeitsgerüste mit längen- oder flächenorientierten Gerüstlagen, die an Bauteilen oder Konstruktionen aufgehängt sind.

2.1.4 **Fahrbare Gerüste** sind Arbeitsgerüste mit längen- oder flächenorientierten Gerüstlagen, die aus Stahlrohren, Kupplungen, Systembauteilen und Fahrrollen bestehen und verfahren werden können.

2.2 **Allgemein anerkannte Regelausführung** ist eine Gerüstkonfiguration, für die der Gerüsthersteller einen Standsicherheitsnachweis erbracht hat und eine allgemeine Aufbau- und Verwendungsanleitung erstellt wurde.

2.3 **Allgemeine Aufbau- und Verwendungsanleitung** ist die Gebrauchs- und Bedienungsanleitung, die der Gerüsthersteller z. B. auf Grundlage des Produktsicherheitsgesetzes (ProdSG) sowie der DIN EN 12810:2004-03, DIN EN 12811:2004-03 und DIN 4420:2004-03 erstellt.

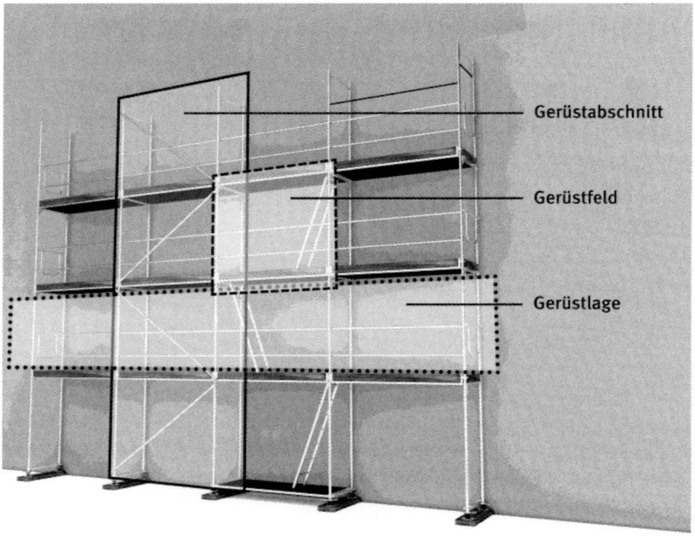

Abb. 1: Bezeichnungen am Beispiel eines Fassadengerüsts (siehe 2.4 – 2.6)

2.4 **Gerüstfeld** ist begrenzt durch vier Ständer oder zwei Rahmen sowie Seitenschutz und dazugehörige Belagfläche.

2.5 **Gerüstabschnitt** ist ein für sich standsicherer Abschnitt eines Gerüstes mit einem oder mehreren übereinander stehenden Gerüstfeldern.

2.6 **Gerüstlage** besteht aus den zusammenhängenden Gerüstfeldern einer horizontalen Ebene.

2.7 **Gerüstersteller** ist ein Arbeitgeber, dessen Beschäftigte Gerüste auf-, um- oder abbauen.

2.8 **Gerüstnutzer** ist ein Arbeitgeber, dessen Beschäftigte Gerüste gebrauchen.

2.9 **Qualifizierte Person** ist eine Person, die ein Gerüstnutzer mit bestimmten Aufgaben gemäß dieser TRBS betraut und dafür qualifiziert ist. Dazu können z. B. Personen gehören, die eine abgeschlossene Berufsausbildung im Bau- und/oder Montagegewerk haben oder die durch eine zeitnah ausgeübte berufsnahe Tätigkeit und entsprechende Unterweisung über die erforderlichen Fachkenntnisse verfügen.

3 Gefährdungsbeurteilung

Unter Anwendung der TRBS 1111 „Gefährdungsbeurteilung" und der TRBS 2121 sind die im Rahmen einer Gefährdungsbeurteilung nach § 5 Arbeitsschutzgesetz (ArbSchG) in Verbindung mit § 3 BetrSichV die bei der Verwendung von Gerüsten auftretenden Gefährdungen zu ermitteln und daraus die notwendigen Maßnahmen für die sichere Verwendung der Gerüste abzuleiten und zu treffen.

Ausgehend von den ermittelten Gefährdungen können als Erkenntnisquellen für Schutzmaßnahmen z. B. Vorschriften, Regeln und Informationen der Träger der Gesetzlichen Unfallversicherung, die Informationen der Hersteller von Gerüsten, einschlägige Normen, die Planungsunterlagen des Bauherrn und von Sicherheits- und Gesundheitsschutzkoordinatoren (insbesondere Planung und Ausschreibung der Gerüstkonstruktionen), Fachregeln der Berufsverbände und sonstige Informationen zum Stand der Technik dienen.

Bei der Verwendung von Gerüsten sind, in Abhängigkeit vom einzurüstenden Objekt, der Gerüstbauart und der Gerüstkonstruktion, geeignete Maßnahmen zum Schutz gegen Absturz entsprechend der Rangfolge gemäß § 4 Absatz 2 Satz 2 BetrSichV (Absturzsicherung, Auffangeinrichtung, persönliche Schutzausrüstung) vor Beginn der Arbeiten zu planen, auszuwählen und festzulegen.

4 Schutzmaßnahmen

Gerüste müssen insbesondere folgenden grundlegenden Anforderungen genügen:

- Sie müssen standsicher sein, sodass ein Umstürzen ausgeschlossen ist.
- Sie müssen über einen sicheren Zugang erreichbar sein.
- Sie müssen über Einrichtungen verfügen, die einen Absturz vom Gerüst verhindern.

4.1 Brauchbarkeit von Gerüsten

Die Brauchbarkeit eines Gerüstes ist durch den Standsicherheitsnachweis und den Plan für den Auf-, Um- und Abbau nachzuweisen, sofern das Gerüst nicht nach einer allgemein anerkannten Regelausführung erstellt wird.

4.1.1 Standsicherheitsnachweis von Gerüsten

Für Gerüste und Gerüstbereiche, die nicht nach einer allgemein anerkannten Regelausführung errichtet werden, ist ein Standsicherheitsnachweis (Festigkeits- und Standfestigkeitsberechnung) auf Grundlage der in der Muster-Verwaltungsvorschrift Technische Baubestimmungen (MVV TB) genannten Technischen Baubestimmungen der Länder zu erbringen.

Für eine allgemein anerkannte Regelausführung gilt der Standsicherheitsnachweis z. B. als erbracht, wenn eine allgemeine bauaufsichtliche Zulassung für das jeweilige Gerüstsystem durch das Deutsche Institut für Bautechnik (DIBt) erteilt wurde, ein allgemeines bauaufsichtliches Prüfzeugnis oder eine Zustimmung im Einzelfall auf Grundlage der Bauordnungen der Länder vorliegt oder eine Gerüstkonfiguration nach DIN 4420-3:2004-03 errichtet wurde.

Der Standsicherheitsnachweis kann auch unter Zuhilfenahme von Bemessungstabellen oder Bemessungshilfen, die auf Grundlage der MVV TB erstellt wurden, erbracht werden.

Sofern in der jeweiligen Landesbauordnung gefordert, sind Gerüstsysteme mit einer gültigen, allgemeinen bauaufsichtlichen Zulassung zu verwenden.

4.1.2 Plan für den Auf-, Um- und Abbau (Montageanweisung)

Der für die Erstellung des Gerüstes verantwortliche Arbeitgeber (Gerüstersteller) hat je nach Komplexität des Gerüstes einen Plan für den Auf-, Um- und Abbau (Montageanweisung) zu erstellen oder durch eine von ihm beauftragte fachkundige Person erstellen zu lassen.

Die Montageanweisung soll insbesondere folgende Angaben enthalten:

- Grundmaße des einzurüstenden Objektes,
- Gerüstbauart,
- Last- und Breitenklassen,
- Aufstandsfläche,
- Abstände, z. B. zum Gebäude, zur Traufe,
- Art und Anzahl der Zugänge (mindestens alle 50 m)
  - auf dem Gerüst während der Montage,
  - für den späteren Gebrauch des Gerüstes durch den Gerüstnutzer,
- Bekleidungen des Gerüstes,
- Verankerung und Verankerungsgrund, Abstützung, Abspannung oder Ballastierungen bei freistehenden Gerüsten,
- Vertikaltransport (z. B. mit Aufzug oder von Hand),
- Maßnahmen zum Schutz gegen Absturz (z. B. Geländer, persönliche Schutzausrüstung gegen Absturz),
- Kennzeichnung und Absperrung des äußeren Gefahrenbereiches während der Montagearbeiten (dieser Gefahrenbereich ist gegebenenfalls in Abstimmung mit dem Koordinator (BaustellV) festzulegen),
- Einflüsse aus der Umgebung (z. B. Gefahrstoffe, Freileitungen, öffentlicher Verkehrsraum),
- Art und Ort der Kennzeichnung des fertiggestellten Gerüstes,
- Name der fachkundigen Person (Aufsichtführender) des Gerüsterstellers,
- ergänzende Angaben zur allgemeinen Aufbau- und Verwendungsanleitung bei Abweichungen von der allgemein anerkannten Regelausführung,
- Angaben zum Zeitpunkt der Prüfung,
- Name der zur Prüfung befähigten Person.

Die Montageanweisung muss der fachkundigen Person, welche die Gerüstarbeiten beaufsichtigt, und den Beschäftigten am Verwendungsort vorliegen.

4.1.3 Plan für den Gebrauch

Der Gerüstersteller hat gemäß § 3 Absatz 4 des Produktsicherheitsgesetzes eine Gebrauchsanleitung (Plan für den Gebrauch) zur Verfügung zu stellen.

Der Plan für den Gebrauch muss insbesondere enthalten:

- den Namen und die Anschrift des Gerüstherstellers,
- die Last- und Breitenklassen,
- die Gerüstbauart,
- die Art, Anzahl und Lage der Zugänge sowie
- Verwendungsbeschränkungen.

Der Gerüstnutzer hat diese Informationen bei seiner Gefährdungsbeurteilung gemäß § 3 Absatz 4 Satz 1 BetrSichV zu berücksichtigen.

4.2 Auf-, Um- und Abbau von Gerüsten

4.2.1 Allgemeines

Beim Auf-, Um- und Abbau müssen Beschäftigte gegen Absturz (entsprechend Nummern 4.2.2 bis 4.2.4) geschützt sein.

Maßnahmen zum Schutz gegen Absturz sind dann nicht erforderlich, wenn der horizontale Abstand zwischen der Kante der Belagfläche des Gerüstes und einer tragfähigen und ausreichend großen Fläche des Bauwerkes nicht mehr als 0,30 m beträgt.

4.2.2 Absturzsicherung

Die Absturzsicherung ist eine technische Schutzmaßnahme und ist als Seitenschutz auszuführen.

Vor dem vertikalen Handtransport von Gerüstbauteilen muss in dem jeweiligen Gerüstabschnitt in den Gerüstfeldern mindestens ein zweiteiliger Seitenschutz (bestehend aus Geländer und Zwischenholm) vorhanden sein.

Auf der obersten Gerüstlage ist für den Horizontaltransport von Gerüstbauteilen bei durchgehender Gerüstflucht mindestens ein einteiliger Seitenschutz oder ein Montagesicherungsgeländer zu verwenden, sofern nicht bauliche Gegebenheiten, wie z. B. Balkone, Erker oder besondere Gerüstbauarten, wie

z. B. Hänge- oder Raumgerüst, diese Maßnahme der Absturzsicherung nicht ermöglichen.

Erläuterung:

- *Anforderungen an den Seitenschutz können z. B. DIN EN 12811-1:2004-03, DIN 4420-1:2004-03 oder den Aufbau- und Verwendungsanleitungen der Gerüsthersteller entnommen werden.*
- *Für den Auf-, Um- und Abbau von Arbeits- und Schutzgerüsten eignet sich als Absturzsicherung auf der jeweils obersten Gerüstlage, die für den Horizontaltransport und die Montage genutzt wird, z. B. ein Geländerholm nach DIN EN 12811-1:2004-03.*

4.2.3 Auffangeinrichtung

Sind Absturzsicherungen gemäß Nummer 4.2.2 nicht möglich, müssen Auffangeinrichtungen verwendet werden.

Die Auffangeinrichtung ist als Schutzgerüst oder Schutznetz auszuführen.

Erläuterung:

- *Anforderungen an ein Schutzgerüst können z. B. DIN 4420-1:2004-03 entnommen werden.*
- *Anforderungen an ein Schutznetz können z. B. DIN EN 1263-1:2015-03 entnommen werden.*

4.2.4 Persönliche Schutzausrüstung gegen Absturz (PSAgA) für Gerüstbauarbeiten

Ist eine technische Schutzmaßnahme nach Nummern 4.2.2 oder 4.2.3 aufgrund des einzurüstenden Objekts, der Gerüstbauart oder der zusätzlichen Konstruktion nach statischen Erfordernissen nicht möglich, ist als personenbezogene Schutzmaßnahme eine geeignete persönliche Schutzausrüstung gegen Absturz (PSAgA) zu verwenden.

Die Verwendung der PSAgA ist insbesondere bei allen Gerüstausführungen erforderlich, wenn Maßnahmen nach Nummern 4.2.2 oder 4.2.3 nicht möglich sind, z. B. wenn nach Länge und Höhe keine durchgehende Gerüstflucht ohne Vor- und Rücksprünge vorhanden ist, sowie bei Raumgerüsten, Gerüsttreppen und Treppentürmen, Überbrückungskonstruktionen, auskragenden Gerüstbauteilen, Hängegerüsten.

Der Arbeitgeber hat für die bestimmungsgemäße Verwendung der PSAgA zu sorgen. Dies setzt das Vorhandensein von geeigneten Anschlagpunkten und eine besondere Gefährdungsbeurteilung voraus. Darüber hinaus bedingt sie eine gesonderte Unterweisung der Beschäftigten in der ordnungsgemäßen Verwendung der PSAgA, welche auch die Durchführung der erforderlichen Rettungsmaßnahmen nach dem Auffangvorgang beinhaltet. Am Einsatzort ist die erforderliche Ausrüstung zur Rettung in Abhängigkeit des Rettungskonzepts bereit zu halten.

Geeignete Anschlagpunkte für PSAgA sollten grundsätzlich oberhalb des Beschäftigten, bei längenorientierten Arbeits- und Schutzgerüsten mindestens jedoch in 1 m Höhe über der Standfläche des Beschäftigten, angeordnet sein.

Hinweise für geeignete Anschlagpunkte können z. B. der Aufbau- und Verwendungsanleitung des jeweiligen Gerüstherstellers sowie der Gebrauchsanleitung des Herstellers der PSAgA entnommen werden. Sind keine geeigneten Anschlagpunkte ausgewiesen, sind diese im Einzelfall zu bestimmen und nachzuweisen.

Im Rettungskonzept und in der Gefährdungsbeurteilung ist u. a. die Verletzungsgefahr z. B. durch Anprallen oder Hängetrauma zu berücksichtigen.

Die Verwendung von PSAgA erfordert in jedem Fall die Benutzung eines Schutzhelms mit Kinnriemen, der mit einer Festigkeit von bis zu 25 daN (DIN EN 397:2013-04) ausgestattet ist.

4.2.5 Zugänge zu Arbeitsplätzen während der Gerüstmontage für den Gerüstersteller

Beim Auf-, Um- oder Abbau von Gerüsten ist der Zugang über innenliegende Leitern (mindestens alle 50 m) zulässig.

4.2.6 Transport von Gerüstbauteilen

Beim Transport der Gerüstbauteile sind Gefährdungen der Beschäftigten zu vermeiden. Der Arbeitgeber muss Maßnahmen treffen, um geeignete Arbeitsmittel zu verwenden.

Geeignete Arbeitsmittel zum Heben von Lasten sind z. B. Krane, Bauaufzüge und Seilrollenaufzüge mit einem hierfür abgestimmten Lastaufnahmemittel.

Um beim Handtransport der Gerüstbauteile eine Gefährdung von Sicherheit und Gesundheit der Beschäftigten, insbesondere des Muskel-Skelett-Apparates zu vermeiden, hat der Arbeitgeber Maßnahmen zu treffen, um geeignete Arbeitsmittel einzusetzen.

Wird das Gerüst mit einer Gerüsthöhe (Belaghöhe über Aufstellfläche) errichtet von

- mehr als drei Gerüstlagen (außer bei Einfamilienhäusern gemäß Nummer 4.3.2) oder
- bei einer Längenabwicklung des Gerüstes bis 10 m und einer Gerüsthöhe mehr als 14 m,

muss für den Vertikaltransport ein geeignetes Arbeitsmittel zum Heben von Lasten zur Anwendung kommen.

Beim vertikalen Handtransport muss in jeder Gerüstlage ein Beschäftigter im gesicherten Gerüstfeld (zweiteiliger Seitenschutz) stehen.

4.2.7 Fachkundige Person des Gerüsterstellers

Für die Erstellung des Gerüstes ist eine fachkundige Person vom Arbeitgeber zu beauftragen (Anhang 1 Nummer 3.2.6 BetrSichV).

Der Aufgabenbereich erstreckt sich u. a. auf:

- die Erstellung und Aktualisierung des Plans für den Auf-, Um- und Abbau (Montageanweisung) nach Nummer 4.1.2 (Anhang 1 Nummer 3.2.2 BetrSichV),
- die Erstellung und Aktualisierung des Plans für den Gebrauch des Gerüstes durch den Gerüstnutzer nach Nummer 4.1.3,
- die Aufsicht der Auf-, Um- und Abbauarbeiten (Aufsichtführender).

Zu dem Personenkreis der fachkundigen Person des Gerüsterstellers (Aufsichtführenden) gehören z. B. Gerüstbaumontageleiter, geprüfte Gerüstbau-Obermonteure, geprüfte Gerüstbau-Kolonnenführer, geprüfte Poliere, Gerüstbaumeister und Personen im Bau-Handwerk, die die erforderlichen Kenntnisse und Fertigkeiten im Gerüstbau aufweisen.

Die Aufgaben der fachkundigen Person des Gerüsterstellers und die der zur Prüfung befähigten Person können von einer Person (je nach Eignung) oder jeweils auch von unterschiedlichen Personen wahrgenommen werden.

4.2.8 Fachlich geeignete Beschäftigte des Gerüsterstellers

Gerüste dürfen nur von Beschäftigten auf-, um- oder abgebaut werden, die dafür fachlich geeignet sind.

Fachlich geeignete Beschäftigte müssen speziell für die auszuführenden Arbeiten eine angemessene Unterweisung erhalten haben, die sich mindestens auf Folgendes erstreckt (siehe Anhang 1 Nummer 3.2.6 a) bis f) BetrSichV):

1. Verstehen des Plans für den Auf-, Um- oder Abbau des betreffenden Gerüstes,
2. sicherer Auf-, Um- oder Abbau des betreffenden Gerüstes,
3. vorbeugende Maßnahmen gegen die Gefahr des Absturzes von Beschäftigten und des Herabfallens von Gegenständen,
4. Sicherheitsvorkehrungen für den Fall, dass sich die Witterungsverhältnisse so verändern, dass die Sicherheit des betreffenden Gerüstes und der betroffenen Beschäftigten beeinträchtigt sein könnte,
5. zulässige Belastungen,
6. alle anderen, mit dem Auf-, Um- oder Abbau gegebenenfalls verbundenen Gefahren.

Fachlich geeignet sind z. B. Beschäftigte mit einer abgeschlossenen Berufsausbildung im Gerüstbauer-Handwerk, einer abgeschlossenen Ausbildung in einem Bau-Handwerk, welche die erforderlichen Kenntnisse und Fertigkeiten im Gerüstbau beinhaltet, oder Beschäftigte mit vergleichbarer Qualifikation.

Eine vergleichbare Qualifikation ist z. B. dann gegeben, wenn der Beschäftigte in Abhängigkeit des zu errichtenden Gerüstes über eine mehrjährige praktische Berufserfahrung verfügt und er dabei Kenntnisse und Fertigkeiten insbesondere in folgenden Punkten erworben hat:

- Gerüstarten (Arbeitsgerüste, Schutzgerüste),
- Gerüstbauarten (z. B. Standgerüste, Konsolgerüste, Hängegerüste, Auslegergerüste),
- Gerüstbauteile (z. B. Rohre, Kupplungen, Beläge, Systembauteile),
- Werkstoffe (Stahl, Aluminium, Holz),
- Standsicherheit (z. B. Gründung, Verankerung, Aussteifung, Stützweiten),
- bauliche Durchbildung (z. B. Seitenschutz, Wandabstand, Beläge, Bekleidungen, Zugänge/Aufstiege, Eckausbildungen),
- Transportieren von Gerüstbauteilen (Handtransport, maschineller Transport mit Hebezeugen),

- Laden von Gerüstbauteilen (z. B. Verladen für den Straßenverkehr),
- Lagern von Gerüstbauteilen (z. B. Verwenden von Hebezeugen),
- Verwendung elektrischer Anlagen und Betriebsmittel (Maschinen und Geräte).

4.2.9 Kennzeichnung des Gerüstes

Jedes Gerüst ist zu kennzeichnen.

Die Kennzeichnung am Gerüst (sinnvollerweise am Zugang) ist Bestandteil der Prüfung und Voraussetzung für die Inaugenscheinnahme.

Die Kennzeichnung muss mindestens Folgendes beinhalten:

- Name, Adresse und Telefonnummer des Erstellers des Gerüstes,
- Gerüstbauart,
- Last- und Breitenklasse,
- Angaben über eine eventuelle Nutzungsbeschränkung,
- Warnhinweise,
- das Datum der letzten Prüfung.

4.3 Gebrauch des Gerüstes durch den Gerüstnutzer

4.3.1 Allgemeines

Jede Gerüstlage, die als Arbeits- und Zugangsbereich genutzt werden kann, muss während des Gebrauchs durch den Gerüstnutzer durch Seitenschutz gesichert sein.

Maßnahmen zum Schutz gegen Absturz sind dann nicht erforderlich, wenn der horizontale Abstand zwischen der Kante der Belagfläche des Gerüstes und einer tragfähigen und ausreichend großen Fläche des Bauwerkes nicht mehr als 0,30 m beträgt.

Wenn es für die Ausführung einer besonderen Arbeit erforderlich ist, den Seitenschutz vorübergehend zu entfernen, müssen Maßnahmen gegen Absturz der Beschäftigten entsprechend der Rangfolge – Absturzsicherung, Auffangeinrichtung, persönliche Schutzausrüstung gegen Absturz – nach Nummer 3 getroffen werden.

Sobald diese besonderen Arbeiten vorübergehend oder endgültig abgeschlossen sind, muss der Seitenschutz unverzüglich wieder angebracht werden.

Anforderungen an den Seitenschutz können z. B. DIN EN 12811-1:2004-03, DIN 4420-1:2004-03 oder den Aufbau- und Verwendungsanleitungen der Gerüsthersteller entnommen werden.

4.3.2 Zugänge zu Arbeitsplätzen während des Gebrauchs durch den Gerüstnutzer

Zugänge zu hochgelegenen Arbeitsplätzen auf Gerüsten (mindestens alle 50 m) müssen angemessen ergonomisch und sicher begangen werden können. Grundsätzlich sind Aufzüge, Transportbühnen und Treppen gegenüber Leitern zu bevorzugen.

Können Aufzüge, Transportbühnen oder Treppen aufgrund der baulichen Gegebenheiten nicht eingesetzt werden, können an deren Stelle Leitern verwendet werden. Bauliche Gegebenheiten, die den Einsatz von Leitern erforderlich machen, können z. B. Platzmangel oder statische Gegebenheiten sein.

Von Ebenen, die mit Aufzügen, Transportbühnen oder Treppen erschlossen sind, dürfen zusätzlich maximal zwei weitere, nicht umlaufende Gerüstlagen (z. B. Giebelbereich, Staffelgeschoss) mit innenliegenden Leitergängen begangen werden.

Geeignete Maßnahmen zu der Anwendung von Leitern können der TRBS 2121 Teil 2 entnommen werden.

Der Zugang über innenliegende Leitern ist zulässig

- bis zu einer Aufstiegshöhe von 5 m oder
- bei Arbeiten an Einfamilienhäusern,

wenn die dabei bestehenden Gefährdungen (z. B. umfangreicher Materialtransport, Schließen von Durchstiegsöffnungen) in der Gefährdungsbeurteilung berücksichtigt werden.

Erläuterung:
Einfamilienhäuser sind hier Eigenheime, die den maximalen Abmessungen der Gebäudeklassen 1a und 2 der Musterbauordnung entsprechen (Gebäude mit einer Höhe bis zu 7 m und nicht mehr als zwei Nutzungseinheiten von insgesamt nicht mehr als 400 m^2. Die Höhe ist das Maß der Fußbodenoberkante des höchstgelegenen Geschosses, in dem ein Aufenthaltsraum möglich ist, über der Geländeoberfläche im Mittel).

4.3.3 Inaugenscheinnahme und Funktionskontrolle durch den Gerüstnutzer

Gerüste dürfen nur von unterwiesenen Beschäftigten des Gerüstnutzers gebraucht werden.

Mit der Inaugenscheinnahme und der Funktionskontrolle gemäß § 4 Absatz 5 Satz 3 ist vom Gerüstnutzer eine qualifizierte Person zu beauftragen.

4.3.4 Einhaltung des sicheren Betriebes während des Gebrauchs durch den Gerüstnutzer

Der Gerüstnutzer, der seinen Beschäftigten ein Gerüst zum Gebrauch zur Verfügung stellt, hat im Rahmen seiner Gefährdungsbeurteilung den Plan für den Gebrauch (siehe Nummer 4.1.3) zu berücksichtigen. Der Arbeitgeber, der Gerüste durch seine Beschäftigten benutzt oder benutzen lässt, hat sicherzustellen, dass die Gerüste in einem ordnungsgemäßen Zustand gehalten werden. Hierzu hat er die Beschäftigten anzuweisen, u. a. während des Gebrauchs festgestellte augenfällige Veränderungen an den jeweiligen Aufsichtführenden zu melden.

Zu diesen Veränderungen zählen z. B. der nicht bestimmungsgemäße Ausbau von Belägen, Seitenschutzbauteilen, Leitern, Verankerungen oder der Anbau von Aufzügen, Schuttrutschen, Netzen oder Planen.

Ein Auf-, Um- und Abbau von Gerüsten hat grundsätzlich durch einen Gerüstersteller zu erfolgen.

Gemäß BetrSichV sind wiederkehrende Prüfungen durchzuführen. Hierzu gibt die TRBS 1201 weitere Hinweise.

4.4 Sicherung des Gefahrenbereiches

Sind bestimmte Bereiche eines Gerüsts nicht verwendbar, z. B. während Auf-, Um- oder Abbauarbeiten, sind diese Bereiche mit dem Verbotszeichen D-P006 „Zutritt für Unbefugte verboten" zu kennzeichnen und durch Absperrungen, die den Zugang zu diesen Teilen verhindern, angemessen abzugrenzen (siehe auch ASR A1.3 „Sicherheits- und Gesundheitsschutzkennzeichnung am Arbeitsplatz").

4.5 Besondere Bedingungen für fahrbare Gerüste

Fahrbare Gerüste müssen durch geeignete Vorrichtungen gegen unbeabsichtigtes Fortbewegen gesichert sein. Während des Gebrauchs durch den Nutzer des fahrbaren Gerüstes darf dieses nicht fortbewegt werden.

Müssen sich Beschäftigte auf fahrbaren Gerüsten für Kontroll- oder Steuerungszwecke während des Verfahrens aufhalten, ist sicherzustellen, dass für die Beschäftigten durch die Fahrbewegungen keine Gefährdungen entstehen (z. B. geführte Bewegungen). Die erforderlichen Maßnahmen sind mittels einer gesonderten Gefährdungsbeurteilung zu ermitteln.

Müssen an fahrbaren Gerüsten Ballastierungen eingesetzt werden, sind diese sicher anzubringen. Hierfür sind feste Baustoffe, z. B. Stahl oder Beton, jedoch keine flüssigen oder körnigen Baustoffe zu verwenden.

5 Prüfung, Inaugenscheinnahme

5.1 Allgemeines

Die allgemeinen Anforderungen, die bei der Prüfung von Gerüsten zu beachten sind, sind der TRBS 1201 „Prüfungen und Kontrollen von Arbeitsmitteln und überwachungsbedürftigen Anlagen" zu entnehmen.

5.2 Prüfung nach dem Auf- und Umbau eines Gerüstes

Der Gerüstersteller hat gemäß § 3 Absatz 2 ProdSG ein sicheres Gerüst bereitzustellen. Den Nachweis, dass das Gerüst sicher ist, kann der Gerüstersteller gegenüber dem Gerüstnutzer durch das Protokoll einer Abnahmeprüfung erbringen.

Der Arbeitgeber, der ein Gerüst für den Gebrauch durch seine eigenen Beschäftigten erstellt, hat gemäß § 14 Absatz 1 BetrSichV vor dem erstmaligen Gebrauch durch eine zur Prüfung befähigte Person prüfen zu lassen.

5.3 Inaugenscheinnahme und Funktionskontrolle vor dem Gebrauch

Jeder Arbeitgeber, der Gerüste oder Teilbereiche von Gerüsten von Beschäftigten gebrauchen lässt, hat zuvor eine Inaugenscheinnahme und erforderlichenfalls eine Funktionskontrolle durch eine qualifizierte Person auf offensichtliche Mängel durchzuführen bzw. durchführen zu lassen (§ 4 Absatz 5 Satz 3 BetrSichV).

Dabei kontrolliert die qualifizierte Person des jeweiligen Gerüstnutzers

- die Eignung des Gerüstes für die vom Gerüst aus vorzunehmenden Tätigkeiten unter Berücksichtigung des Plans für den Gebrauch durch den Gerüstnutzer nach Nummer 4.1.3 (§ 5 Absatz 1 Satz 1 Nummer 1 BetrSichV) und
- die Wirksamkeit der Schutz- und Sicherheitseinrichtungen (§ 4 Absatz 5 Satz 3 Halbsatz 2 BetrSichV).

Dabei ist die Inaugenscheinnahme auf Grundlage der Kennzeichnung des Gerüstes und gegebenenfalls eines Prüfprotokolls des Gerüsterstellers durchzuführen.

Erforderliche Inaugenscheinnahmen müssen von einer qualifizierten Person nach Nummern 4.3.3 und 2.9 durchgeführt werden. Die Inaugenscheinnahme hat den Zweck, sich von der sicheren Funktion in Abhängigkeit der jeweiligen Nutzung der Gerüste zu überzeugen:

- Es ist die Eignung für den vorgesehenen Verwendungszweck als Arbeits- oder Schutzgerüst unter Berücksichtigung der Last-, Breiten- und Höhenklassen festzustellen.
- Wird das Gerüst von mehreren Arbeitgebern gleichzeitig oder nacheinander gebraucht, hat jeder Arbeitgeber sicherzustellen, dass die vorgenannte Inaugenscheinnahme durchgeführt wird. Dabei können stellvertretend für den jeweiligen Arbeitgeber Dritte mit regelmäßigen Inaugenscheinnahmen der Gerüste beauftragt werden.
- Die Pflicht zur Inaugenscheinnahme trifft grundsätzlich jeden Arbeitgeber, der seinen Beschäftigten ein Gerüst als Arbeitsmittel für den Gebrauch zur Verfügung stellt.

5.4 Prüfung nach außergewöhnlichen Ereignissen

Der Arbeitgeber hat nach außergewöhnlichen Ereignissen, die schädigende Auswirkungen auf die Sicherheit des Gerüstes haben können, dafür zu sorgen, dass gemäß § 14 Absatz 3 Satz 2 BetrSichV eine Prüfung durch eine zur Prüfung befähigte Person durchgeführt wird.

Außergewöhnliche Ereignisse können insbesondere Unfälle, längere Zeiträume der Nichtbenutzung, Veränderungen an den oder in unmittelbarer Nähe von Gerüsten sowie Naturereignisse sein. Diese Überprüfung ist mit dem Ziel durchzuführen, Schäden rechtzeitig zu erkennen und zu beheben, um dadurch den sicheren Gebrauch des Gerüstes zu gewährleisten.

Zu den Naturereignissen zählen z. B. Stürme, starke Regenfälle, Vereisungen, starke Schneefälle, bei denen das Gewicht des auf dem Gerüst liegenden Schnees die zulässige Nutzlast überschreitet.

5.5 Zur Prüfung befähigte Person

Für die Prüfung des Gerüstes ist eine zur Prüfung befähigte Person zu beauftragen (§ 3 Absatz 6 Satz 6 i. V. m. § 2 Absatz 6 BetrSichV).

Bei der Auswahl einer zur Prüfung befähigten Person ist die TRBS 1203 „Zur Prüfung befähigte Personen" zu beachten.

Zu dem Personenkreis der zur Prüfung befähigten Person gehören z. B. Gerüstbaumontageleiter, geprüfte Gerüstbau-Obermonteure, geprüfte Gerüstbau-Kolonnenführer, geprüfte Poliere, Gerüstbaumeister und Personen im Bau-Handwerk, die die erforderlichen Kenntnisse und Fertigkeiten im Gerüstbau aufweisen.

Eine zur Prüfung befähigte Person kann sowohl eine solche des Gerüsterstellers als auch eine des Arbeitgebers sein, der das Gerüst Beschäftigten zum Gebrauch zur Verfügung stellt.

5.6 Dokumentation der Ergebnisse von Prüfungen

Das Ergebnis von Prüfungen ist aufzuzeichnen. Die Aufzeichnungen sind am Einsatzort mindestens bis zur nächsten Prüfung aufzubewahren (§ 14 Absatz 7 BetrSichV).

TRBS 2121 Teil 2 Gefährdung von Beschäftigten bei der Verwendung von Leitern

Ausgabe: Dezember 2018
GMBl 2018, S. 1171, v. 21.12.2018 [Nr. 58/59]

1 Anwendungsbereich

Diese Technische Regel gilt für die Ermittlung von Maßnahmen zum Schutz von Beschäftigten vor Gefährdungen bei der Verwendung von Leitern. Sie konkretisiert diesbezüglich die Vorgaben der Betriebssicherheitsverordnung (BetrSichV). Sie ist in Verbindung mit der TRBS 2121 „Gefährdung von Beschäftigten durch Absturz – Allgemeine Anforderungen“ anzuwenden.

2 Begriffsbestimmungen

2.1 Leitern bestehen aus tragbaren und/oder fahrbaren Leiterkörpern, die je nach Bauart mit Anbauteilen ausgestattet sein können.

2.2 Anbauteile sind Teile, die für die sichere Verwendung der Leiter zwingend erforderlich sind (z. B. Traversen).

2.3 Zubehör sind Teile, die zur sicheren Verwendung der Leiter ergänzend eingesetzt werden können (z. B. Werkzeugablagen/Leiterhaken).

3 Gefährdungsbeurteilung

Im Rahmen einer Gefährdungsbeurteilung nach § 5 Arbeitsschutzgesetz (ArbSchG) in Verbindung mit § 3 BetrSichV sind die bei der Verwendung von Leitern auftretenden Gefährdungen zu beurteilen sowie die notwendigen Maßnahmen zum Schutz von Sicherheit und Gesundheit der Beschäftigten zu ermitteln. Dabei sind die verschiedenen Leiterbauarten, ihre Anbauteile und ggf. das Zubehör zu berücksichtigen.

Auf die TRBS 1111 „Gefährdungsbeurteilung" und die TRBS 2121 „Gefährdung von Beschäftigten durch Absturz – Allgemeine Anforderungen" wird hingewiesen.

Bei der Gefährdungsbeurteilung sind insbesondere folgende Punkte zu beurteilen:

- **Arbeitsaufgabe/Verwendung**
  z. B. einzusetzende Körperkraft, Schwierigkeit der Tätigkeit, Höhenunterschied, Ergonomie, Transport, Aufstellung, bauliches Umfeld
- **Dauer und Häufigkeit**
- **Art des Arbeitsmittels**
  z. B. Bauart der Leiter (Abmessung, Traglast, Anbauteile, Zubehör)
- **Umgebungsbedingungen**
  z. B. Witterung, Wechselwirkungen zur Umgebung, Aufstellort, Untergrund
- **Standsicherheit und Anbauteile**
- **Zubehör**

In der Gefährdungsbeurteilung ist auch zu prüfen, ob für die vorgesehenen Tätigkeiten kein sichereres Arbeitsmittel als Leitern verwendet werden kann. Sicherere Arbeitsmittel sind z. B. Gerüste oder Hubarbeitsbühnen. Bei der Verwendung von Leitern sind die Regelungen von Nummer 4 zu beachten.

Ausgehend von den ermittelten Gefährdungen können Vorschriften, Normen, Regeln, Informationen der Träger der Gesetzlichen Unfallversicherung, Informationen der Hersteller von Leitern, Fachregeln der Berufsverbände und sonstige Informationen zum Stand der Technik als Erkenntnisquellen für Lösungsmöglichkeiten und geeignete Schutzmaßnahmen dienen.

4 Schutzmaßnahmen

4.1 Zur-Verfügung-Stellen

Der Arbeitgeber darf nur solche Leitern als Arbeitsmittel zur Verfügung stellen, die den zum Zeitpunkt der Bereitstellung auf dem Markt geltenden Rechtsvorschriften entsprechen.

Hinweis:
Zum Zeitpunkt der Veröffentlichung dieser Technischen Regel enthalten folgende Normen Sicherheitsanforderungen für Leitern:

DIN EN 131-1:2016-02, DIN EN 131-2:2017-04, DIN EN 131-3:2018-03, DIN EN 131-4:2017-12, DIN EN 131-7:2013-09

4.2 Verwendung

Leitern sind nach der Gebrauchs- und Betriebsanleitung des Herstellers zu verwenden.

4.2.1 Allgemeine Anforderungen

Die Beschäftigten sind gemäß § 12 BetrSichV zu unterweisen.

Zur Verwendung müssen

- Leitern standsicher und sicher begehbar aufgestellt sein, sodass die Stufen/Sprossen in horizontaler Stellung bleiben. Die Standsicherheit kann durch die Verwendung von geeigneten Anbauteilen, z. B. Holmverlängerungen und Standverbreiterungen, erhöht werden.

  Hinweis:
  Einfluss auf die Standsicherheit hat z. B. die Beschaffenheit des Untergrundes, insbesondere die Tragfähigkeit und eine ausreichend große Aufstellfläche.

- Leitern eine angemessene Leiterfußausbildung (z. B. Gleitschutzvorrichtung) gegen Verrutschen aufweisen. Je nach Arbeits- und Umgebungsbedingungen sowie Leiterbauart ist ggf. eine zusätzliche Sicherung wie z.B. Fixierung gegen Verrutschen erforderlich.
- Leitern gegen Umstürzen und Umkippen gesichert sein, wenn es die Leiterbauart oder die auszuführende Tätigkeit erfordern (z. B. durch Fixierung).

Die sichere Verwendung, insbesondere der sichere Kontakt zur Leiter und deren Standsicherheit, darf durch den Transport von Lasten auf der Leiter nicht eingeschränkt werden. Der sichere Kontakt zur Leiter ist z. B. gegeben, wenn sich der Beschäftigte beim Aufstieg mit einer Hand an der Leiter festhalten kann. Zum Transport eignen sich z. B. Werkzeugtaschen, -gürtel und -schürzen.

Leitern, die an oder auf Verkehrswegen aufgestellt werden, sind durch zusätzliche Maßnahmen gegen Umstoßen zu sichern. Hierzu kann die Aufstellung von Warnposten gehören, wenn andere Sicherungsmaßnahmen wie Absperrungen oder Abschrankungen nicht ausreichen.

4.2.2 Besondere Anforderungen für bestimmte Leiterbauarten

Leiterteile von **Steck- und Schiebeleitern** müssen bei der Benutzung unbeweglich miteinander verbunden bleiben.

Fahrbare Leitern müssen vor der Benutzung durch technische Einrichtungen gegen unbeabsichtigtes Fortbewegen gesichert werden. Während des Aufenthalts von Beschäftigten auf einer fahrbaren Leiter darf diese nicht fortbewegt werden.

Seilleitern (Strickleitern) und Hängeleitern sind gegen unbeabsichtigtes Aushängen zu sichern. Sie müssen sicher befestigt sein. Hängeleitern dürfen nicht verrutschen oder in Pendelbewegungen geraten können.

4.2.3 Leiter als Zugang zu/Abgang von hochgelegenen Arbeitsplätzen

Die Verwendung von Leitern als Zugang zu oder zum Abgang von hochgelegenen Arbeitsplätzen ist zulässig, wenn der zu überwindende Höhenunterschied maximal 5 m beträgt und

- wegen der geringen Gefährdung und der geringen Verwendungsdauer die Verwendung anderer, sichererer Arbeitsmittel nicht verhältnismäßig ist und
- die Gefährdungsbeurteilung ergibt, dass der Zugang und Abgang sicher durchgeführt werden können.

Bei der Prüfung der Verhältnismäßigkeit sind die baulichen Gegebenheiten zu berücksichtigen. Wird die Leiter als Zugang zum Erreichen von Arbeitsplätzen sehr selten benutzt, darf der zu überbrückende Höhenunterschied auch mehr als 5 m betragen.

Leitern, die als Aufstieg verwendet werden, müssen so beschaffen sein, dass sie mindestens 1 m über die Austrittsstelle hinausragen, sofern nicht andere Vorrichtungen ein sicheres Festhalten erlauben.

Auf die Technischen Regeln für Arbeitsstätten ASR A1.8 „Verkehrswege" und ASR A2.1 „Schutz vor Absturz und herabfallenden Gegenständen, Betreten von Gefahrenbereichen" wird verwiesen.

4.2.4 Leiter als hochgelegener Arbeitsplatz

Die Verwendung von Leitern als hochgelegener Arbeitsplatz ist nur zulässig

- bis zu einer Standhöhe von 2 m und
- bei einer Standhöhe zwischen 2 m und 5 m, wenn nur zeitweilige Arbeiten ausgeführt werden,

wenn

- wegen der geringen Gefährdung und der geringen Verwendungsdauer die Verwendung anderer, sichererer Arbeitsmittel nicht verhältnismäßig ist und
- die Gefährdungsbeurteilung ergibt, dass die Arbeiten sicher durchgeführt werden können.

Bei der Prüfung der Verhältnismäßigkeit sind die baulichen Gegebenheiten zu berücksichtigen.

Aufgrund der Absturzgefährdung und der höheren ergonomischen Belastung dürfen tragbare Leitern als hochgelegener Arbeitsplatz nur verwendet werden, wenn der Beschäftigte mit beiden Füßen auf einer Stufe oder Plattform steht und der Standplatz auf der Leiter nicht höher als 5 m über der Aufstellfläche liegt.

In besonders begründeten Ausnahmefällen (z. B. Arbeiten in engen Schächten oder bei der Ernte im Obstbau) ist ein Arbeiten auf tragbaren Leitern mit Sprossen zulässig. Die besonderen Gründe sind vom Arbeitgeber in der Gefährdungsbeurteilung zu dokumentieren.

Zeitweilige Arbeiten sind Arbeiten, die einen Zeitraum von zwei Stunden je Arbeitsschicht nicht überschreiten, wie z. B. Wartungs-, Instandhaltungs-, Inspektions-, Mess- und Montagearbeiten.

Zeitweilige Arbeiten an hochgelegenen Arbeitsplätzen im Freien unter Verwendung von Leitern dürfen nur ausgeführt werden, wenn die Umgebungs- und Witterungsverhältnisse die Sicherheit und Gesundheit der Beschäftigten nicht beeinträchtigen.

Insbesondere dürfen Arbeiten nicht begonnen oder fortgesetzt werden, wenn witterungsbedingt, z. B. durch starken oder böigen Wind, Vereisung oder Schneeglätte, die Möglichkeit besteht, dass Beschäftigte abstürzen oder durch herabfallende oder umfallende Teile verletzt werden.

Auf die Technischen Regeln für Arbeitsstätten ASR A1.8 „Verkehrswege" und ASR A2.1 „Schutz vor Absturz und herabfallenden Gegenständen, Betreten von Gefahrenbereichen" wird verwiesen.

4.3 Aufrechterhaltung des sicheren Zustandes von Leitern

Der Arbeitgeber, der Leitern als Arbeitsmittel zur Verfügung stellt und verwenden lässt, hat sicherzustellen, dass die Leitern in einem ordnungsgemäßen Zustand gehalten werden (vgl. § 10 BetrSichV). Der Arbeitgeber hat dafür zu sorgen, dass Leitern mit Schäden, die ihre sichere Verwendung beeinträchtigen, nicht mehr weiterverwendet werden.

5 Prüfung

Der Arbeitgeber hat dafür zu sorgen, dass Leitern vor jeder Verwendung fachkundig durch Inaugenscheinnahme auf offensichtliche Mängel kontrolliert werden (§ 4 Absatz 5 Satz 3 BetrSichV).

Der Arbeitgeber hat dafür zu sorgen, dass Leitern nach der Montage von Anbauteilen oder nach Instandsetzungen vor jeder Verwendung fachkundig überprüft werden (§ 4 Absatz 5 Satz 1 BetrSichV). Sofern Leitern Schäden verursachenden Einflüssen unterliegen, die zu Gefährdungen der Beschäftigten führen können, sind wiederkehrende Prüfungen durch eine zur Prüfung befähigte Person durchzuführen (§ 14 Absatz 2 BetrSichV).

Sind Leitern von einem außergewöhnlichen Ereignis betroffen, das schädigende Auswirkungen auf deren Sicherheit haben kann, hat der Arbeitgeber diese unverzüglich einer außerordentlichen Prüfung durch eine zur Prüfung befähigte Person zu unterziehen (§ 14 Absatz 3 BetrSichV).

Für zur Prüfung befähigte Personen siehe TRBS 1203.

Für Prüfungen siehe TRBS 1201 „Prüfungen und Kontrollen von Arbeitsmitteln und überwachungsbedürftigen Anlagen“.

Technische Regeln für Gefahrstoffe (TRGS)

TRGS 553
Holzstaub

Ausgabe August 2008
zuletzt geändert und ergänzt: GMBl 2025 S. 138-144 v. 28.2.2025 [Nr.7]

1 Anwendungsbereich

(1) Diese TRGS gilt für alle Tätigkeiten bei der Be- und Verarbeitung von Holz und Holzwerkstoffen, soweit dabei Holzstaub entsteht, sowie für Tätigkeiten im Gefahrenbereich von Holzstäuben (z. B. Arbeiten an Holzbearbeitungsmaschinen und -anlagen, Wechseln von Filterelementen, Einfahren in Silos). Belastete Althölzer, z. B. durch Holzschutzmittel belastet, fallen nicht unter den Geltungsbereich dieser TRGS.

(2) Sie beschreibt Schutzmaßnahmen einschließlich der erforderlichen Wirksamkeitsüberprüfung bei Tätigkeiten mit Holzstaub. Unter Holzstaub fallen Hartholzstäube nach TRGS 906 „Verzeichnis krebserzeugender Tätigkeiten oder Verfahren nach § 3 Absatz 2 Nummer 3 GefStoffV" und Weichholzstäube nach TRGS 905 „Verzeichnis krebserzeugender, keimzellmutagener oder reproduktionstoxischer Stoffe" oder Mischungen aus beiden.

(3) Holzstaub ist brennbar und kann zusammen mit Luftsauerstoff explosionsfähige Atmosphäre bilden. Deshalb sind ggf. auch Maßnahmen zum Brand- und Explosionsschutz erforderlich. Diese Maßnahmen sind in dieser TRGS nicht beschrieben:

1. Für Maßnahmen zum Brandschutz siehe TRGS 800 „Brandschutzmaßnahmen".
2. Kann die Bildung explosionsfähiger Atmosphäre nicht ausgeschlossen werden, so sind in der Gefährdungsbeurteilung explosionsgefährdete Bereiche festzulegen und die erforderlichen Schutzmaßnahmen zu ermitteln (§ 6 Absatz 4, § 11 Absatz 1 bis 3 und Anhang I Nummer 1.6 GefStoffV in Verbindung mit TRGS 720 ff.). Für Absauganlagen und Silos für Holzstaub und -späne siehe DGUV Information 209-045 „Absauganlagen und Silos für Holzstaub und -späne".

(4) Wegen der möglichen sensibilisierenden Wirkung bestimmter Holzstäube und der notwendigen Schutzmaßnahmen wird auf die TRGS 401 „Gefährdung durch Hautkontakt – Ermittlung, Beurteilung, Maßnahmen“, TRGS 406 „Sensibilisierende Stoffe für die Atemwege“ und die TRGS 907 „Verzeichnis sensibilisierender Stoffe und von Tätigkeiten mit sensibilisierenden Stoffen“ verwiesen.

(5) Für Jugendliche gelten zusätzlich die besonderen Regelungen des Gesetzes zum Schutze der arbeitenden Jugend (Jugendarbeitsschutzgesetz – JArbSchG), für werdende und stillende Mütter zusätzlich die besonderen Regelungen des Gesetzes zum Schutz von Müttern bei der Arbeit, in der Ausbildung und im Studium (Mutterschutzgesetz – MuSchG).

2 Begriffsbestimmungen

(1) Als einatembarer Staub gilt der Massenanteil aller Schwebstoffe, der durch Mund und Nase eingeatmet wird. Holzstaub mit einem aerodynamischen Durchmesser von weniger als 100 ?m gilt als einatembarer Staub nach der DIN EN 481 „Festlegung der Teilchengrößenverteilung zur Messung luftgetragener Partikel“.

(2) Schichtmittelwert im Sinne dieser TRGS ist die durchschnittliche Konzentration von Holzstaub in der Luft am Arbeitsplatz bei in der Regel täglich achtstündiger Exposition an 5 Tagen pro Woche.

(3) Arbeitsplatzgrenzwert (AGW) ist der Grenzwert für die zeitlich gewichtete durchschnittliche Konzentration eines Stoffes in der Luft am Arbeitsplatz in Bezug auf eine Arbeitsschicht. Im Folgenden wird der entsprechend verkürzte Begriff „AGW“ verwendet. Der AGW für Hartholzstaub liegt bei 2 mg/m^3 in der einatembaren Staubfraktion. Mit dem AGW wird der BOELV (binding occupational exposure limit value) gemäß Richtlinie (EU) 2017/2398 umgesetzt. Bei einer Mischung von Hartholzstäuben mit anderen Holzstäuben gilt der AGW für Hartholzstaub für sämtliche in der Mischung enthaltenen Holzstäube.

(4) Der Kurzzeitwert ergänzt den AGW, indem er die Konzentrationsschwankungen um den Schichtmittelwert nach oben hin sowie die Dauer und Häufigkeit beschränkt. Der Überschreitungsfaktor für Hartholzstaub beträgt 8. Nähere Erläuterungen zum Umgang mit dem Kurzzeitwert sind in der TRGS 900 „Arbeitsplatzgrenzwerte“ zu finden.

3 Informationsermittlung, Gefährdungsbeurteilung und Wirksamkeitsüberprüfung

(1) Bei Tätigkeiten mit Holzstäuben hat der Arbeitgeber nach § 5 Arbeitsschutzgesetz und § 6 Gefahrstoffverordnung (GefStoffV) vor Aufnahme der Tätigkeit die für die Beschäftigten mit ihrer Arbeit verbundenen Gefährdungen zu ermitteln. Auch die mögliche Gefährdung anderer Beschäftigter, die Holzstäuben ausgesetzt sein können, ist zu berücksichtigen.

(2) Der Arbeitgeber hat vor Aufnahme der Arbeit eine Gefährdungsbeurteilung durchzuführen. Im Rahmen der Gefährdungsbeurteilung sind bei Holzstaub die inhalative Exposition, die Art und Dauer der Tätigkeiten sowie weitere relevante Randbedingungen, wie zum Beispiel die Überprüfung der Wirksamkeit von Absaugeinrichtungen, schwere körperliche Arbeiten oder das Tragen belastender persönlicher Schutzausrüstung, zu beurteilen. Der AGW ist bei der Gefährdungsbeurteilung und zur Kontrolle der Wirksamkeit der Schutzmaßnahmen zu berücksichtigen und einzuhalten. Weitergehende Maßnahmen zur Minimierung der Holzstaubkonzentration sind anzustreben. Anforderungen zur Erstellung der Gefährdungsbeurteilung bei Tätigkeiten mit Gefahrstoffen enthält die TRGS 400 „Gefährdungsbeurteilung für Tätigkeiten mit Gefahrstoffen". Werden Maschinen z. B. in Museen kurzzeitig zu Vorführzwecken betrieben, kann eine geringe Gefährdung im Sinne der TRGS 400 vorliegen. Dies ist im Rahmen der Gefährdungsbeurteilung zu ermitteln.

(3) Zur Wirksamkeitsüberprüfung der Schutzmaßnahmen müssen Art, Ausmaß und Dauer der Exposition gegenüber Holzstäuben ermittelt werden. Das Ausmaß der inhalativen Exposition ist nach TRGS 402 „Ermitteln und Beurteilen der Gefährdungen bei Tätigkeiten mit Gefahrstoffen: Inhalative Exposition" zu bestimmen. Sind die in den Anhängen 1, 2 und 4 beschriebenen Bedingungen erfüllt, kann auf Messungen verzichtet werden, da der AGW einschließlich der Kurzzeitwertanforderung eingehalten wird.

(4) Bei der Festlegung von Schutzmaßnahmen sind neben den in Abschnitt 4 beschriebenen Maßnahmen auch die in der TRGS 500 „Schutzmaßnahmen" beschriebenen Grundsätze zur Verhütung von Gefährdungen sowie die dort festgelegten Grundmaßnahmen und ergänzenden Schutzmaßnahmen zu beachten.

(5) Der Arbeitgeber hat regelmäßig – mindestens jedoch einmal jährlich – zu überprüfen (Wirksamkeitsüberprüfung),

1. ob die festgelegten Maßnahmen und Bedingungen gemäß Abschnitt 3 Absatz 2 durchgeführt wurden bzw. eingehalten sind und
2. ob die festgelegten Maßnahmen geeignet und ausreichend wirksam sind.

(6) Die Ergebnisse der Gefährdungsbeurteilung sowie der Wirksamkeitsüberprüfung sind schriftlich zu dokumentieren. Die Ergebnisse aller Ermittlungen zur inhalativen Exposition sind aufzubewahren und den Beschäftigten gemäß TRGS 400 zugänglich zu machen. In der Dokumentation muss dargelegt werden, welche Maßnahmen ergriffen werden, um die durch Holzstaub bedingten Gefährdungen zu beseitigen oder auf ein Minimum zu verringern.

(7) Ergibt die Ermittlung der Expositionshöhe von Holzstäuben den Befund, dass der AGW und/oder die Kurzzeitwerte überschritten werden, muss, wenn technische und organisatorische Maßnahmen nicht zu einer Einhaltung des AGW führen, geeigneter Atemschutz zur Verfügung gestellt und verpflichtend getragen werden. Außerdem sind die nach § 9 Absatz 1 Satz 2 Nummer 1 der GefStoffV bei Überschreitung des AGW zusätzlich zu ergreifenden Maßnahmen nach § 6 Absatz 8 Satz 2 Nummer 4 a GefStoffV zu dokumentieren.

(8) Über Beschäftigte, die gegenüber Hartholzstaub oder hartholzhaltigem Mischstaub (Mischung aus Hart- und Weichholzstaub) exponiert sind und bei denen eine Gefährdung der Gesundheit oder Sicherheit besteht, hat der Arbeitgeber nach § 14 Absatz 3 GefStoffV ein Verzeichnis zu führen und dieses 40 Jahre lang nach Ende der Exposition aufzubewahren (z. B. bei Überschreitung des AGW durch Eintrag in eine Liste, Eingabehilfe der Unfallversicherungsträger oder in die Zentrale Expositionsdatenbank (ZED)). Das Verzeichnis ist regelmäßig zu aktualisieren. Näheres regelt die TRGS 410 „Expositionsverzeichnis bei Gefährdung gegenüber krebserzeugenden oder keimzellmutagenen Gefahrstoffen der Kategorien 1A oder 1B". Wird am Arbeitsplatz bzw. im Arbeitsbereich kein Hartholz nach TRGS 906 verarbeitet, entfallen die Verpflichtungen nach Abschnitt 3 Absatz 8 und Abschnitt 6 Absatz 3 Nummer 1 Buchstabe a oder Nummer 2 Buchstabe a oder e.

(9) Die Gefährdungsbeurteilung darf nur von fachkundigen Personen durchgeführt werden. Verfügt der Arbeitgeber nicht selbst über die entsprechenden Kenntnisse, so hat er sich fachkundig beraten zu lassen. Fach-

kundig können insbesondere die Fachkraft für Arbeitssicherheit und die Betriebsärztin bzw. der Betriebsarzt sein.

(10) Die Betriebsärztin bzw. der Betriebsarzt soll an der Gefährdungsbeurteilung beteiligt werden, insbesondere bei Verfahren und Tätigkeiten, die eine Freisetzung krebserzeugender Hartholzstäube oder sensibilisierender Holzstäube wie z. B. Abachi erwarten lassen. Die Beteiligung der Betriebsärztin bzw. des Betriebsarztes an der Gefährdungsbeurteilung kann je nach den Gegebenheiten unterschiedlich ausgeprägt sein. Sie kann von kurzen Stellungnahmen bis hin zur umfänglichen Mitarbeit im Auftrag des Arbeitgebers reichen (siehe Arbeitsmedizinische Regel (AMR) 3.2 „Arbeitsmedizinische Prävention“). Der Betriebsarzt bzw. die Betriebsärztin unterstützt und berät in diesem Fall, insbesondere im Hinblick auf:

1. krebserzeugende Eigenschaften von Hartholzstäuben (Adenokarzinom der inneren Nase und Nasennebenhöhlen),
2. mögliche sensibilisierende und irritative Eigenschaften von Holzstaub (siehe TRGS 907),
3. Belastungen durch das Tragen von persönlicher Schutzausrüstung (z. B. Atemschutz),
4. arbeitsmedizinische Vorsorge nach Abschnitt 6,
5. spezielle Fragestellungen bei besonderen Personengruppen, wie z. B. Jugendlichen oder Menschen mit gesundheitlichen Vorbelastungen z. B. der Atemwege,
6. Festlegung besonderer Regelungen für schwangere Frauen bei Exposition gegenüber Hartholzstäuben,
7. Beurteilung der inhalativen Belastung bei Arbeitsplätzen mit dauerhaft erhöhter Beanspruchung des Herz-Kreislauf- bzw. Atmungssystems durch körperlich anstrengende Arbeiten mit Belastung großer Muskelgruppen (z. B. Heben und Tragen von Lasten).

(11) Der Arbeitgeber hat bei der Gefährdungsbeurteilung die aus der arbeitsmedizinischen Vorsorge gewonnenen Erkenntnisse (soweit diese vorliegen) sowie allgemein zugängliche, veröffentlichte Informationen zu berücksichtigen. Das Recht auf die Einsicht in individuelle Untersuchungsergebnisse kann der Arbeitgeber aus dieser Vorgabe jedoch nicht ableiten.

4 Schutzmaßnahmen

4.1 Grundsätzliche Anforderungen

(1) Als Ergebnis der Gefährdungsbeurteilung hat der Arbeitgeber die erforderlichen Schutzmaßnahmen festzulegen. Als Mindestforderungen sind die in Anhang I Nummer 2.3 GefStoffV und Abschnitt 9 TRGS 500 genannten Maßnahmen umzusetzen.

(2) Sind die Beschäftigten bei ihren Tätigkeiten Holzstaub ausgesetzt, sind zur Verhinderung oder Minimierung der dadurch bedingten Gefährdungen geeignete Schutzmaßnahmen erforderlich. Die Rangfolge der Schutzmaßnahmen richtet sich nach dem STOP-Prinzip:

1. Substitutionsprüfung: Prüfen der Verwendung einer weniger gefährlichen Holzart sowie Auswahl von weniger stauberzeugenden Bearbeitungsverfahren (Abschnitt 4.2), siehe auch TRGS 600 „Substitution",
2. Technische Schutzmaßnahmen wie lüftungstechnische und bauliche Maßnahmen (Abschnitt 4.3),
3. Organisatorische Maßnahmen und Hygienemaßnahmen (Abschnitt 4.4) und
4. Personenbezogene Schutzmaßnahmen (Abschnitt 4.5:

Die Maßnahmen sind so auszulegen, dass der AGW für Hartholzstaub eingehalten wird. Darüber hinaus sollte geprüft werden, ob die Exposition im Sinne des Minimierungsgebotes weiter abgesenkt werden kann. Ist die Wirksamkeit einer Schutzmaßnahme nicht ausreichend, ist eine Kombination von Maßnahmen zu ergreifen. Vorrang hat die Umsetzung einer Kombination technischer/organisatorischer Maßnahmen vor dem Einsatz persönlicher Schutzausrüstung. Eine Ausbreitung des Holzstaubes auf unbelastete Arbeitsbereiche ist zu verhindern.

4.2 Substitutionsprüfung: Auswahl von weniger stauberzeugenden Bearbeitungsverfahren

Der Arbeitgeber hat unter Beachtung des Standes der Technik zu prüfen, ob Bearbeitungsverfahren/-maschinen eingesetzt werden können, bei denen Holzstaub nicht oder in geringerem Umfang freigesetzt wird. Das Ergebnis der Prüfung ist zu dokumentieren. Siehe TRGS 600.

4.3 Technische Schutzmaßnahmen wie lüftungstechnische und bauliche Maßnahmen

(1) Vorrangig sind technische Schutzmaßnahmen umzusetzen.

(2) Grundsätzlich ist bei allen spanabhebenden Bearbeitungsverfahren, z. B. an Holzbearbeitungsmaschinen, Handmaschinen und Handschleifarbeitsplätzen eine wirksame Absaugung notwendig. Dabei ist der AGW für Hartholzstaub in Höhe von 2 mg/m^3 als einatembarer Staub einzuhalten.

(3) Beim Betrieb von holzstaubgeprüften Maschinen kann davon ausgegangen werden, dass der AGW eingehalten wird. Nicht holzstaubgeprüfte Maschinen, die den AGW nicht einhalten, sind nachzurüsten oder mit ortsveränderlichen Entstaubern zu betreiben.

(4) Grundsätzlich ist bei Handschleifarbeiten auf abgesaugten Arbeitstischen zu arbeiten. Ist dies z. B. aufgrund der Größe oder Form der Werkstücke nicht möglich, sind abgesaugte Handschleifklötze zu verwenden. In Anhang 4 sind Konstruktionsmerkmale und Voraussetzungen zur Einhaltung des AGW von 2 mg/m^3 für Handschleifarbeitsplätze beschrieben.

(5) Folgende handgeführte Holzbearbeitungsmaschinen müssen an ein Absauggerät (Mobilentstauber Staubklasse M) angeschlossen werden:

1. Handkreissäge,
2. Handhobelmaschine,
3. Handoberfräsmaschine und
4. Handschlitzfräse/Flachdübelfräsmaschine.

(6) Folgende Schleifmaschinen müssen mit einer integrierten Absaugung mit Staubbeutel (Papier) – bei mehr als einer halben Stunde pro Schicht jedoch mit einer Absaugung über Staubsauger/Mobilentstauber (Staubklasse M) betrieben werden – und sollen bei stationären Arbeiten mit einer zusätzlichen Absaugung über einen abgesaugten Arbeitstisch abgesaugt werden:

1. Handbandschleifmaschine,
2. Exzenterschleifmaschine und
3. Schwingschleifmaschine.

(7) Luftrückführung ist nur zulässig, wenn sichergestellt ist, dass die Luft ausreichend gereinigt ist. Anlagen mit Luftrückführung dürfen nur verwendet werden, wenn folgende Anforderungen erfüllt werden:

1. eine Rückluft/Abluft-Weiche ist vorhanden,
2. ausreichende Luftreinigung wird sichergestellt durch z. B. ständige Reststaubgehaltsüberwachung oder wöchentliche Prüfung der Filterelemente auf Beschädigung,
3. Filtermaterial mit einem Durchlassgrad < 0,5 % wird verwendet, und die Filterflächenbelastung 150 m^3/m^2h wird nicht überschritten. Für Filtermaterial der Staubklasse M gilt das für eine Flächenbelastung ≤ 200 m^3/m^2h. Bei Absaugeinrichtungen, die nicht zum Betrieb in Innenräumen vorgesehen sind, muss automatisch auf Abluft umgeschaltet werden können. Die Überwachung des Reststaubgehalts in der Rückluft erfolgt nach der DIN EN 12779 z. B. durch optische Sensoren oder Polizeifilter.

(8) Entstauber für den ortsveränderlichen Betrieb der Staubklasse M sind zur Absaugung z. B. von Handmaschinen zulässig.

4.4 Organisatorische Maßnahmen und Hygienemaßnahmen

(1) Der Arbeitgeber hat Arbeitsgeräte, Maschinen und lüftungstechnische Einrichtungen in einem technisch einwandfreien Zustand zu halten. Die Beschäftigten haben diese bestimmungsgemäß zu verwenden.

(2) Der Arbeitgeber hat dafür zu sorgen, dass Maschinen, Werkstücke und Arbeitsbereiche sowie Arbeitskleidung, die mit Holzstaub verunreinigt sind, regelmäßig gereinigt werden. Abblasen und trockenes Kehren von Holzstaub und -spänen sind nicht zulässig. Staubarme Aufsaugverfahren mit geprüften Entstaubern (H3) oder Industriestaubsaugern der Klasse M sind anzuwenden. Im Rahmen der Gefährdungsbeurteilung sind konkrete Reinigungsintervalle festzulegen.

(3) Staubablagerungsmöglichkeiten in den Arbeitsbereichen sind zu minimieren.

(4) Arbeitsbereiche mit hoher Holzstaubbelastung sind von denen mit niedriger möglichst zu trennen.

(5) Bei Maschinen mit einer hohen Holzstaubfreisetzung ist im Rahmen der Gefährdungsbeurteilung die Einhaltung des AGW durch Laufzeitbegrenzungen sicherzustellen. Bei Maschinen, die bei Betrieb den AGW nur bei eingeschränkter zeitlicher Nutzung einhalten, kommt Anhang 6 zur Anwendung.

(6) Der Arbeitgeber hat für holzstaubfreisetzende Tätigkeiten unter Berücksichtigung der Gefährdungsbeurteilung eine arbeitsplatz- und tätigkeitsbezogene Betriebsanweisung zu erstellen (siehe Abschnitt 5).

(7) Reinigungsarbeiten sind so durchzuführen, dass die Freisetzung und Aufwirbelung von Staub vermieden wird, z. B. durch Verwendung geprüfter Industriestaubsauger der Staubklasse M.

(8) Es ist sicherzustellen, dass Holzstaub sachgerecht gelagert und entsorgt wird. Es müssen wirksame Vorkehrungen getroffen werden, um Fehlgebrauch oder die Freisetzung von Holzstaub zu verhindern. Die Lagerung ist nur in geschlossenen Behältern oder fest zugebundenen Sammelsäcken zulässig. Geräte, in die ein Staubsammelbeutel einzulegen ist, sind nur mit Staubsammelbeutel zu betreiben, da sonst der im Gerät abgeschiedene Staub nicht gefahrlos entnommen werden kann. Um eine Freisetzung von Holzstaub zu vermeiden, müssen Staubsammelsäcke vor der Entnahme und offene Behälter mit Holzstaub vor den Transport verschlossen werden. Sammelsäcke dürfen nicht überfüllt werden.

4.5 Personenbezogene Schutzmaßnahmen

(1) Soweit die in den Abschnitten 4.2 bis 4.4 aufgeführten Schutzmaßnahmen nicht ausreichend sind, um den AGW und den Kurzzeitwert einzuhalten, oder deren Umsetzung technisch nicht möglich ist, müssen vom Arbeitgeber zum Schutz der Beschäftigten geeignete Atemschutzgeräte bereitgestellt werden. Deren Pflege und Wartung sind sicherzustellen. Die Atemschutzgeräte sind von den Beschäftigten zu tragen. Dies gilt insbesondere beim Wechseln von Filterelementen und Sammeleinrichtungen sowie beim Einfahren in Silos für Holzstaub und -späne. Die Trageverpflichtung ist in der Betriebsanweisung zu regeln.

(2) Für die Auswahl und Verwendung von geeignetem Atemschutz sind die Regelungen der DGUV Regel 112-190 „Benutzung von Atemschutzgeräten" zu beachten. Als Atemschutzgeräte können in Abhängigkeit von der ermittelten Expositionshöhe geeignet sein:

1. Filtergeräte mit Gebläse TM1P oder solche mit Gebläse und Helm oder Haube TH2P, wenn diese eine Warneinrichtung für den Ausfall des Gebläses besitzen,
2. Halbmasken mit P2-Filter und

3. partikelfiltrierende Halbmasken FFP2

und höhere Klassen (z. B. P3). Gegen krebserzeugende Stäube ist grundsätzlich die höchste Klasse auszuwählen.

(3) Das Tragen von belastendem Atemschutz darf keine Dauermaßnahme sein und ist für jeden Beschäftigten/ jede Beschäftigte auf das unbedingt erforderliche Mindestmaß zu beschränken. Ausreichende Erholzeiten sind vom Arbeitgeber zu gewährleisten. Als belastend gelten Halbmasken mit P2-Filter und partikelfiltrierende Halbmasken FFP2. Als nicht belastend gelten Filtergeräte mit Gebläse TM1P oder solche mit Gebläse und Helm oder Haube TH2P. Die entsprechenden Regelungen der DGUV Regel 112-190 „Benutzung von Atemschutzgeräten" sind im Rahmen der Gefährdungsbeurteilung zu berücksichtigen.

(4) Den Beschäftigten ist auf deren Wunsch hin auch bei Einhaltung des AGW personengetragener/persönlicher Atemschutz zur Verfügung zu stellen.

4.6 Wirksamkeitsüberprüfung der Absaugung

(1) Vor der ersten Inbetriebnahme und nach wesentlichen Änderungen sind Messungen der Luftgeschwindigkeiten an den Absauganschlüssen notwendig, um die Wirksamkeit der Absaugung festzustellen. Dies ist zu dokumentieren. Bzgl. Zahlenangaben (Mindestvorgabe) für Luftgeschwindigkeit siehe z. B. Anhang 1 dieser TRGS inkl. Fußnote.

(2) Mindestens täglich ist eine Prüfung von Absaug-, Aufsaug- und Abscheideeinrichtungen auf augenscheinliche Mängel vorzunehmen.

(3) Mindestens einmal monatlich ist eine Funktionskontrolle durchzuführen, zum Beispiel durch Kontrolle:

1. der Erfassungselemente auf Beschädigungen,
2. der Förderleitungen auf Beschädigungen und Verstopfungen,
3. der Filter auf Beschädigungen und Verstopfungen sowie
4. der Abreinigungs- und Austragseinrichtungen auf Funktion.

Neben der monatlichen Funktionskontrolle muss jährlich eine Funktionsprüfung vorgenommen werden, bei der auch die Luftgeschwindigkeit an den Erfassungselementen ermittelt wird. Diese muss dokumentiert werden.

(4) Eine Abweichung von Abschnitt 4.3 Absatz 1 sowie Abschnitt 4.6 Absatz 1 bis 3 ist zulässig, wenn sich aus der Gefährdungsbeurteilung für die (spanabhebende) Bearbeitung an Maschinen und Anlagen aufgrund:

1. der geringen Emission von einatembarem Holzstaub,
2. deren Aufstellung bzw. Position im Betrieb oder im Freien,
3. der geringen Zerspanungsleistung oder
4. der geringen Laufzeiten

insgesamt eine Exposition der Beschäftigten ergibt, bei der der AGW eingehalten wird. Beispiele für solche Maschinen und Anlagen sind in Anhang 3 aufgeführt.

4.7 Betriebsstörungen

An stationären Absauganlagen mit Luftrückführung muss sichergestellt werden, dass bei Beschädigung des Filtermaterials (Schlauchbruch) der Eintrag von Staub in die Arbeitsräume so gering wie möglich gehalten wird. Dies muss durch eine Reststaubgehaltsüberwachung oder (bei Altmaschinen) eine wöchentliche Prüfung der Filterelemente auf Beschädigung erreicht werden. Im Störungsfall muss von Rückluft- auf Abluftbetrieb umgeschaltet werden.

Beschädigte Filterelemente sind umgehend auszutauschen. Notwendige Reinigungsarbeiten sind vorzunehmen.

5 Betriebsanweisung und Unterweisung

(1) Der Arbeitgeber hat gemäß GefStoffV eine Betriebsanweisung für die Holzbe- und -verarbeitung nach Anhang 5 dieser TRGS schriftlich in verständlicher Form und Sprache zu erstellen und bekanntzumachen. Bei der Erstellung von Betriebsanweisungen sind nach § 14 GefStoffV arbeitsbereichs- und stoffbezogene Gefährdungen zu berücksichtigen.

(2) Der Arbeitgeber hat die Beschäftigten vor Aufnahme der Tätigkeit und danach mindestens jährlich über eine sichere Arbeitsweise bei der Holzbe- und -verarbeitung mündlich zu unterweisen. Die Unterweisung muss in für die Beschäftigten verständlicher Form und Sprache erfolgen. Diese Unterweisung muss folgende Aspekte umfassen:

1. die bei der Holzbearbeitung jeweils entstehende Holzstaubexposition, ggf. maximale Arbeitsdauer an in Anhang 6 aufgeführten Maschinen,
2. die richtige Anwendung der lüftungstechnischen Einrichtungen (unter anderem erforderliche Luftgeschwindigkeit und korrekte Positionierung der Erfassungselemente),
3. Reinigungsmaßnahmen bei Staubablagerungen,
4. die einzusetzende persönliche Schutzausrüstung einschließlich möglicher Tragezeitbegrenzungen,
5. die allgemeine arbeitsmedizinisch-toxikologische Beratung einschließlich der Erläuterung der arbeitsmedizinischen Vorsorge (siehe hierzu Absatz 3),
6. Hygienemaßnahmen, Verhalten bei Betriebsstörungen, Erste Hilfe,
7. sachgerechte Entsorgung von Holzstäuben.

(3) Teil der Unterweisung ist ferner eine allgemeine arbeitsmedizinisch-toxikologische Beratung. Diese dient auch zur Information der Beschäftigten über die Voraussetzungen, unter denen sie Anspruch auf arbeitsmedizinische Vorsorge nach der Verordnung zur arbeitsmedizinischen Vorsorge (ArbMedVV) haben, und über den Zweck dieser Vorsorge. Die arbeitsmedizinisch-toxikologische Beratung erfolgt auf der Grundlage der Gefährdungsbeurteilung.

(4) Bei Tätigkeiten im Anwendungsbereich dieser TRGS ist nach ArbMedVV eine arbeitsmedizinische Pflichtvorsorge zu veranlassen oder eine Angebotsvorsorge anzubieten. Daher ist vorrangig der mit der arbeitsmedizinischen Vorsorge beauftragte Arzt oder die Ärztin an der arbeitsmedizinisch-toxikologischen Beratung zu beteiligen. Unter Beteiligung ist nicht zwingend zu verstehen, dass die Ärztin oder der Arzt die Beratung durchgängig persönlich vornimmt. Das Beteiligungsgebot kann beispielsweise dadurch erfüllt werden, dass durch die Ärztin oder den Arzt eine Schulung für die Personen erfolgt, die die Unterweisung durchführen. Die Beteiligung kann auch durch eine Mitwirkung bei der Erstellung geeigneter Unterweisungsmaterialien in einer für die Beschäftigten verständlichen Form und Sprache erfolgen. Diese Materialen sind außerdem so zu erstellen, dass die Personen, die die Unterweisung durchführen, diese Materialien ohne vertiefte arbeitsmedizinische oder toxikologische Kenntnisse anwenden können.

(5) Der Arbeitgeber stellt sicher, dass insbesondere folgende Inhalte vermittelt werden:

1. krebserzeugende Wirkung von Hartholzstäuben,
2. inhalativer Aufnahmeweg von Holzstaub,
3. mögliche sensibilisierende Wirkung von Holzstäuben,
4. medizinische Faktoren, die zu einer Erhöhung der Gefährdung führen können, zum Beispiel bestimmte Vorerkrankungen der Atemwege,
5. Krankheitsbilder wie zum Beispiel Krebs der inneren Nase, allergischer Schnupfen, Asthma oder chronische Bronchitis, die sich z. B. äußern durch einseitigen chronischen Schnupfen bzw. blutiges Nasensekret bei Krebs der inneren Nase, Fließschnupfen oder Husten bei Asthma,
6. gesundheitliche Bedeutung einer Mischexposition, das heißt bei gleichzeitiger Exposition gegenüber Lack- und Lösemitteldämpfen oder einer solchen gegenüber z. B. Schimmel,
7. Inhalt und Ziel der arbeitsmedizinischen Vorsorge (siehe Abschnitt 6), Möglichkeit der Wunschvorsorge.

(6) Inhalt und Zeitpunkt der Unterweisungen sind schriftlich zu dokumentieren und von den Unterwiesenen durch Unterschrift zu bestätigen (Beispiel siehe Anhang 5). Der Nachweis der Unterweisung ist mindestens 2 Jahre aufzubewahren (siehe TRGS 555 „Betriebsanweisung und Information der Beschäftigten").

6 Arbeitsmedizinische Vorsorge

(1) Die allgemeinen Vorgaben in Abschnitt 4 der AMR 3.2 sind zu berücksichtigen. Der folgende Absatz enthält hierzu spezielle Ausführungen. Unberührt bleiben Vorgaben in anderen Arbeitsmedizinischen Regeln, insbesondere in der AMR „Abweichungen nach Anhang Teil 1 Absatz 4 ArbMedVV bei Tätigkeiten mit krebserzeugenden oder keimzellmutagenen Gefahrstoffen der Kategorie 1A oder 1B" (AMR 11.1).

(2) Abweichend von Anhang Teil 1 Absatz 1 Nummer 1 Buchstabe b ArbMedVV ist Pflichtvorsorge bei Tätigkeiten mit Hartholzstaub als krebserzeugende Tätigkeiten oder Verfahren der Kategorie 1A oder 1B nicht erforderlich (Anhang Teil 1 Absatz 4 ArbMedVV), da bei Einhaltung des AGW davon ausgegangen werden kann, dass akute oder chronische schädli-

che Auswirkungen auf die Gesundheit von Beschäftigten im Allgemeinen nicht zu erwarten sind. Pflichtvorsorge aufgrund anderer Vorsorgeanlässe bleibt hiervon unberührt.

(3) Vorsorgeanlässe für die Tätigkeiten im Anwendungsbereich dieser Technischen Regel sind insbesondere

1. Pflichtvorsorge
   a) bei Tätigkeiten mit Exposition gegenüber Hartholzstaub, wenn der Arbeitsplatzgrenzwert (AGW) für Hartholzstaub von 2 mg/m³ nicht eingehalten wird (Anhang Teil 1 Absatz 1 Nummer 1 Buchstabe a ArbMedVV,
   b) bei Tätigkeiten mit Exposition gegenüber Holzstaub ohne Hartholzanteil, wenn der Arbeitsplatzgrenzwert (AGW) für einatembaren Staub (E-Staub) von 10 mg/m³ nicht eingehalten wird (Anhang Teil 1 Absatz 1 Nummer 1 Buchstabe a ArbMedVV),
   c) bei Tätigkeiten, die das Tragen von Atemschutzgeräten der Gruppen 2 und 3 erfordern (Anhang Teil 4 Absatz 1 Nummer 1 ArbMedVV; AMR 14.2 – Einteilung von Atemschutzgeräten in Gruppen).

2. Angebotsvorsorge
   a) bei Tätigkeiten mit Hartholzstaub, wenn eine Exposition nicht ausgeschlossen werden kann und der Arbeitsplatzgrenzwert (AGW) für Hartholzstaub von 2 mg/m³ eingehalten wird (Anhang Teil 1 Absatz 2 Nummer 1 ArbMedVV),
   b) bei Tätigkeiten mit Exposition gegenüber Holzstaub ohne Hartholzanteil, wenn der Arbeitsplatzgrenzwert (AGW) für einatembaren Staub (E-Staub) von 10 mg/m³ eingehalten wird (Anhang Teil 1 Absatz 2 Nummer 1 ArbMedVV),
   c) bei Tätigkeiten mit Exposition gegenüber atemwegssensibilisierend oder hautsensibilisierend wirkenden Holzstäuben (Anhang Teil 1 Absatz 2 Nummer 2 Buchstabe k ArbMedVV),
   d) bei Tätigkeiten, die das Tragen von Atemschutzgeräten der Gruppen 1 erfordern (Anhang Teil 4 Absatz 2 Nummer 2 ArbMedVV; AMR 14.2 – Einteilung von Atemschutzgeräten in Gruppen),
   e) nach Beendigung der Tätigkeiten mit Exposition gegenüber Hartholzstäuben (Anhang Teil 1 Absatz 3 Nummer 1 Buchstabe b ArbMedVV; Tätigkeiten oder Verfahren, bei denen Beschäftigte

Hartholzstäuben ausgesetzt sind, sind in der TRGS 906 als krebserzeugende Tätigkeiten oder Verfahren der Kategorie 1A oder 1B im Sinne der Gefahrstoffverordnung bezeichnet.).

Die Anlagen 1 bis 5 der TRGS 553 sind zu finden https://shop.forum-verlag.com/beiblatt-3289-juni25. Oder scannen Sie hierfür nebenstehenden QR-Code.

TRGS 559
Quarzhaltiger Staub

Ausgabe April 2020
GMBl 2020 S. 306-319 [Nr. 16] (v. 27.04.2020)
Berichtigt: GMBl 2020 S. 371 [Nr. 19] (v. 5.6.2020)

1 Anwendungsbereich

(1) Diese TRGS gilt zum Schutz von Beschäftigten und anderer Personen bei Tätigkeiten, bei denen quarz- und cristobalithaltiger Staub (im Folgenden quarzhaltiger Staub genannt) auftreten kann. Das Mineral Quarz ist ubiquitär (allgegenwärtig) vorhanden, sodass davon auszugehen ist, dass viele Stäube quarzhaltig sein können.

(2) Diese TRGS gilt nicht für Tätigkeiten mit Asbest oder anderen anorganischen Faserstäuben. Für Tätigkeiten mit Asbest gilt die TRGS 519 „Asbest: Abbruch-, Sanierungs- oder Instandhaltungsarbeiten". Für Tätigkeiten mit asbesthaltigen mineralischen Rohstoffen und Erzeugnissen gilt die TRGS 517 „Tätigkeiten mit potenziell asbesthaltigen mineralischen Rohstoffen und daraus hergestellten Zubereitungen und Erzeugnissen". Für „Abbruch-, Sanierungs- und Instandhaltungsarbeiten mit alter Mineralwolle" gilt die TRGS 521. Für Tätigkeiten mit Hochtemperaturwolle gilt die TRGS 558.

(3) Diese TRGS enthält besondere Schutzmaßnahmen für Tätigkeiten mit quarzhaltigem Staub. Sie konkretisiert die allgemeinen Anforderungen zum Schutz der Beschäftigten und anderer Personen nach der Gefahrstoffverordnung und insbesondere des Anhangs I Nummer 2.3 „Ergänzende Schutzmaßnahmen für Tätigkeiten mit Exposition gegenüber einatembaren Stäuben".

(4) Für quarzhaltigen Staub gilt neben dem Beurteilungsmaßstab für Quarzstaub von 0,05 mg/m^3 auch der Arbeitsplatzgrenzwert (AGW) für den alveolengängigen Staub (A-Staub) von 1,25 mg/m^3 und für den einatembaren Staub (E-Staub) der AGW von 10 mg/m^3 (siehe TRGS 900).

2 Begriffsbestimmungen

2.1 Alveolengängiger und einatembarer Staub (A- und E-Staub)

(1) Staub ist eine disperse Verteilung fester Stoffe in der Luft, entstanden insbesondere durch mechanische Prozesse, chemische Prozesse (z.B. Rauche) oder durch Aufwirbelung von verschüttetem Material. Unterschieden werden die alveolengängige (A-Fraktion, A-Staub) und die einatembare (E-Fraktion, E-Staub) Staubfraktion (im Folgenden A-Staub und E-Staub genannt).

(2) E-Staub ist derjenige Massenanteil von Stäuben im Atembereich, der über die Atemwege aufgenommen werden kann. A-Staub ist derjenige Massenanteil von einatembaren Stäuben, der die Alveolen und Bronchiolen erreichen kann[1].

2.2 Quarzhaltiger Staub

Quarzhaltiger Staub (Quarz (A-Staub) ist Staub in der alveolengängigen Fraktion, der kristallines Siliciumdioxid in den Modifikationen Quarz oder Cristobalit enthält. Die Nachweisgrenze liegt derzeit bei etablierten Verfahren bei ca. 1 % des A-Staubes. Auch beim Be- und Verarbeiten von Stoffen, Gemischen und Erzeugnissen, die grobkörniges kristallines Siliciumdioxid enthalten, kann quarzhaltiger Staub freigesetzt werden. Tätigkeiten oder Verfahren, bei denen Beschäftigte A-Stäuben aus kristallinem Siliciumdioxid in Form von Quarz und Cristobalit ausgesetzt sind, gelten nach TRGS 906 als krebserzeugend.

2.3 Beurteilungsmaßstab für Quarz

Der AGS hat für Quarz (A-Staub) einen Wert von 0,05 mg/m^3 als Beurteilungsmaßstab beschlossen[2]. Der Beurteilungsmaßstab ist bei der Gefährdungsbeurteilung und zur Kontrolle der Wirksamkeit der Schutzmaßnahmen zu berücksichtigen und zu unterschreiten. Auch wenn der Beurteilungsmaßstab unterschritten ist, kann nach dem derzeitigen Stand der Wissenschaft ein Krebsrisiko nicht ausgeschlossen werden. Daher ist auch bei Unterschreitung des Beurteilungsmaßstabes die Exposition im Sinne der Begründung des Beurteilungsmaßstabes[3] weiter zu minimieren.

2.4 Staubungsverhalten

Staubungsverhalten ist die Eigenschaft von Schüttgütern (Stoffen, Gemischen und Erzeugnissen), bei einer bestimmten Art von Tätigkeit luftgetragene Stäube zu entwickeln und freizusetzen.

2.5 Lufttechnische Maßnahmen

Lufttechnische Maßnahmen im Sinne dieser TRGS sind zur Minderung der Exposition gegenüber luftfremden Stoffen am Arbeitsplatz. Dies sind Maßnahmen zur Erfassung der Stoffe an der Entstehungs- oder Austrittsstelle (Bsp. Absaugung) und Maßnahmen der Arbeitsplatzlüftung, d. h. Verdrängung oder Verdünnung luftfremder Stoffe im Arbeitsbereich (Bsp. technische/maschinelle Lüftung oder freie/natürliche Lüftung).

2.6 Branchenübliche Betriebs- und Verfahrensweisen

Branchenübliche Betriebs- und Verfahrensweisen sind die in der Praxis genutzten und bewährten Kombinationen von Einzelmaßnahmen. Diese entsprechen nicht notwendigerweise dem Stand der Technik. Sie stellen aber die in der Praxis genutzten Kombinationen von Einzelmaßnahmen in einer Branche dar, mit denen ein möglichst hohes Schutzniveau erreicht werden soll. Ob die getroffenen Schutzmaßnahmen ausreichend sind, muss durch entsprechende Feststellungen (z. B. Ermittlung und Beurteilung von Art und Ausmaß der Exposition) im Rahmen der Gefährdungsbeurteilung belegt und dokumentiert werden (siehe auch TRGS 460).

2.7 Begriffsglossar

Im Übrigen sind in dieser TRGS die Begriffe so verwendet, wie sie im „Begriffsglossar zu den Regelwerken der Betriebssicherheitsverordnung (BetrSichV), Biostoffverordnung (BioStoffV) und der Gefahrstoffverordnung (GefStoffV)“[4] des Ausschusses für Betriebssicherheit (ABS) und des Ausschusses für Gefahrstoffe (AGS) bestimmt sind.

3 Informationsermittlung und Gefährdungsbeurteilung

3.1 Vorgehensweise

(1) Folgende Schritte sind zu berücksichtigen:

1. Ermittlung der staubbelasteten Arbeitsbereiche oder Tätigkeiten,
2. Ermittlung von Art und Menge der quarzhaltigen Stäube sowie der tätigkeitsbezogenen Informationen,
3. Ermittlung und Beurteilung der Exposition (Höhe und Dauer),
4. Festlegung von Schutzmaßnahmen (gemäß STOP-Prinzip, siehe Abschnitt 4),
5. Überprüfung der Wirksamkeit von Schutzmaßnahmen sowie
6. Dokumentation.

Zusätzlich sind die Erkenntnisse aus der arbeitsmedizinischen Vorsorge zu berücksichtigen (siehe Abschnitt 6) sowie die Anforderungen der TRGS 400 zu berücksichtigen.

(2) Aufgrund der krebserzeugenden Wirkung von Tätigkeiten oder Verfahren, bei denen Beschäftigte alveolengängigen Stäuben aus kristallinem Siliciumdioxid in Form von Quarz und Cristobalit ausgesetzt sind, soll der Betriebsarzt an der Gefährdungsbeurteilung beteiligt werden. Die Beteiligung des Betriebsarztes kann je nach den Gegebenheiten unterschiedlich ausgeprägt sein und reicht von kurzen schriftlichen oder mündlichen Stellungnahmen bis zum Erstellen der Gefährdungsbeurteilung im Auftrag des Arbeitgebers (s. AMR 3.2). Im Vordergrund der Beteiligung des Betriebsarztes an der Gefährdungsbeurteilung steht das Einbringen arbeitsmedizinischen Sachverstandes. Der Arzt berät den Arbeitgeber insbesondere zu den krebserzeugenden und sonstigen chronisch schädigenden Eigenschaften quarzhaltiger Stäube sowie zu Belastungen durch das Tragen von persönlicher Schutzausrüstung (Atemschutz). Die Arbeitsschwere ist in die Beurteilung der inhalativen Belastung einzubeziehen.

3.2 Ermittlung der staubbelasteten Arbeitsbereiche und Tätigkeiten

3.2.1 Hinweise zur Ermittlung

(1) Zur Ermittlung der staubbelasteten Arbeitsbereiche und Tätigkeiten sind Arbeitsabläufe, Verfahren, Arbeits- und Umgebungsbedingungen, Reinigungs- und Instandhaltungstätigkeiten zu berücksichtigen. Es ist zu be-

achten, dass Stäube sowohl aus pulverförmigen Materialien freigesetzt werden können, die bei innerbetrieblichen Prozessen als Ausgangsprodukte dienen, als auch bei der manuellen oder maschinellen Be- und Verarbeitung von festen Materialien entstehen. Das betrifft unter anderem folgende Verfahren und Tätigkeiten:

1. Anmischvorgänge,
2. Abwerfen und Fördern von staubenden Gütern,
3. Schneiden, Sägen,
4. Fräsen, Schleifen,
5. Zerkleinern, Mahlen,
6. Bodenbearbeitung wie z. B. Eggen, Pflügen.

Auch sekundäre Emissionen, wie bei der Entsorgung geleerter Säcke oder durch Aufwirbelung von verschüttetem Material sind in der Gefährdungsbeurteilung zu berücksichtigen.

(2) Entstehen bei Tätigkeiten mit Materialien quarzhaltige Stäube, ist dies im Gefahrstoffverzeichnis nach § 6 Absatz 12 GefStoffV zu berücksichtigen und gegebenenfalls in dieses aufzunehmen.

3.2.2 Tätigkeiten mit pulverförmigen Materialien

(1) Der Arbeitgeber hat das Staubungsverhalten bei der Auswahl der Materialien und deren Verwendungsformen zu berücksichtigen, da das Staubungsverhalten des pulverförmigen Materials die Expositionshöhe beeinflusst. Hinweise zum Staubungsverhalten können gegebenenfalls aus Informationen des Lieferanten, dem Sicherheitsdatenblatt oder anderen zugänglichen Quellen entnommen werden.

(2) Es sind die Kenngrößen der Staubentwicklung zur Bewertung des Staubungsverhaltens heranzuziehen, in der Regel die Staubkenngrößen für A-Staub und E-Staub[5].

(3) Das Staubungsverhalten kann auch qualitativ abgeschätzt werden (z. B. hoch, mittel, niedrig)[6]. Liegen keine Anhaltspunkte zum Staubungsverhalten eines verwendeten pulverförmigen Produktes vor, ist von einem hohen Staubentwicklungspotenzial auszugehen.

(4) Staubreduzierte Verwendungsformen sind z. B. Granulate, Pellets, Wachse, befeuchtete Rohstoffe, Pasten oder bereits verbrauchsfertige Materiali-

en wie Liefermörtel sowie Flüssigformulierungen (z. B. Schlicker, Slurry, Suspensionen).

(5) Die während einer Tätigkeit eingesetzte Menge des pulverförmigen Materials ist ein weiterer wesentlicher Einflussfaktor für die Expositionshöhe.

3.2.3 Tätigkeiten der Be- und Verarbeitung von festen Materialien

Bei der mechanischen Be- und Verarbeitung von festen Materialien, z.B. in Mühlen oder Zerkleinerungsmaschinen sowie beim Bohren, Schneiden, Schleifen oder Fräsen ist eine Einschätzung der Menge und Freisetzung nicht immer möglich. Entscheidende Einflussgrößen für die Staubentwicklung sind z.B. das eingesetzte Verfahren, seine Verfahrensparameter (z. B. Drehzahl des Bearbeitungswerkzeuges) sowie die räumlichen Gegebenheiten des Arbeitsplatzes. Bei der Auswahl von Bearbeitungsmaschinen hat der Arbeitgeber bevorzugt solche Maschinen auszuwählen, für die Informationen über die Emissionen von Staub zur Verfügung stehen[7].

3.3 Ermittlung von Art und Menge der quarzhaltigen Stäube sowie der tätigkeitsbezogenen Informationen

(1) Da der Beurteilungsmaßstab für quarzhaltige Stäube sich auf den A-Staub bezieht, ist es sinnvoll, bei der Gefährdungsbeurteilung von Stäuben nach dieser TRGS zunächst den Anteil an Quarz im A-Staub zu ermitteln. Neben der Menge sind auch weitere Einzelbestandteile des Staubes und die damit verbundenen Gesundheitsgefährdungen zu berücksichtigen. Dies bezieht sich auf Stäube mit stoffspezifischer Toxizität, z.B. Stäube mit keimzellmutagenen, krebserzeugenden (Kategorie 1A, 1B), fibrogenen oder sensibilisierenden Wirkungen. Dazu können Angaben aus dem Sicherheitsdatenblatt verwendet oder, falls ein solches nicht vorliegt, entsprechende Informationen beim Hersteller bzw. Inverkehrbringer oder aus Stoffdatenbanken eingeholt werden. Insbesondere ist auch das Staubungsverhalten des eingesetzten Materials einzubeziehen.

(2) Bei der Gefährdungsbeurteilung sind die genauen Arbeitsabläufe, die verwendeten Arbeitsverfahren, die am Arbeitsplatz vorhandenen Arbeits- und Umgebungsbedingungen sowie die Art der körperlichen Belastung (z. B. schwere körperliche Arbeiten) zu berücksichtigen.

3.4 Ermittlung und Beurteilung der Exposition

3.4.1 Ermittlung der Exposition

(1) Bei der Ermittlung der Exposition sind die Vorgaben der TRGS 400 und der TRGS 402 zu beachten. Vorhandene Expositionsermittlungen (auch nicht-messtechnischer Art) gemäß Abschnitt 4.4 der TRGS 402 können für die Ermittlung herangezogen werden.

(2) Mit dem derzeit etablierten Messverfahren (DGUV Information 213-582[8]) kann bei einer zweistündigen Probenahme nur unter idealen Bedingungen (beim Vorliegen reiner Quarzstäube) eine Nachweisgrenze von 0,008 mg/m^3 sowie eine Bestimmungsgrenze von 0,024 mg/m^3 erreicht werden. Die Analyse staubbeaufschlagter Filter aus den meisten Arbeitsbereichen kann durch Begleitkomponenten im Staub sowie durch die Staubbelegung der Filter gestört werden. Erfahrungsgemäß liegt die Nachweisgrenze bei einer zweistündigen Probenahme unter realen Bedingungen bei 0,025 mg/m^3 (Bestimmungsgrenze: 0,075 mg/m^3) und kann in der Regel auch nicht durch Verlängerung der Probenahmedauer verbessert werden[8][9][10]. Das Messverfahren entspricht bezüglich seiner Eignung nicht den Anforderungen der DIN EN 482 sowie der TRGS 402. Da zurzeit für staubbelastete Arbeitsbereiche keine Messverfahren mit ausreichender Bestimmungsgrenze zur Verfügung stehen, können auch Messwerte zwischen Bestimmungs- und Nachweisgrenze zur Gefährdungsbeurteilung herangezogen werden.

(3) Treten in dem betrachteten Arbeitsbereich noch andere Gefahrstoffe auf, müssen diese zusätzlich ermittelt und bewertet werden. Dabei sind mögliche Wechselwirkungen der Gefahrstoffe, die Einfluss auf die Gesundheit der Beschäftigten haben zu berücksichtigen. Ein Bewertungsindex für A-, E- und Quarzstaub ist nicht zu berechnen.

3.4.2 Beurteilung der Exposition

(1) Der Arbeitgeber hat die ermittelte Exposition gemäß TRGS 402 im Hinblick auf eine Gefährdung der Beschäftigten und die Wirksamkeit der vorhandenen Schutzmaßnahmen zu beurteilen und zu dokumentieren.

(2) Der Beurteilungsmaßstab für Quarz (A-Staub) in Höhe von 0,05 mg/m^3 ist auf die Schichtdauer von 8 Stunden bezogen. Ist die Expositionsdauer

verfahrensbedingt kürzer als die Schichtdauer, so sind die Expositionshöhen auf die Schichtdauer umzurechnen (siehe Anlage 3 der TRGS 402). Der maximale Überschreitungsfaktor beträgt 8.

(3) Der Beurteilungsmaßstab für Quarz (A-Staub) gilt als unterschritten, wenn der Schichtmittelwert von 0,05 mg/m^3 unterschritten und die Kurzzeitwertanforderungen eingehalten werden.

(4) Der Arbeitgeber kann davon ausgehen, dass das Gebot der Minimierung beachtet ist, wenn

1. der Beurteilungsmaßstab unterschritten ist (siehe Abschnitt 2.3),
2. Maßnahmen nach Anhang I Nummer 2.3 GefStoffV umgesetzt sind (Abschnitt 3.5.2),
3. die branchenüblichen Betriebs- und Verfahrensweisen umgesetzt sind und
4. weitere Maßnahmen keine signifikante Expositionsminderung erbringen würden.

(4) E-Staub und A-Staub sind bei der Beurteilung zusätzlich zu berücksichtigen.

3.5 Festlegung von Schutzmaßnahmen (siehe auch Anhang Ablaufschema)

3.5.1 Allgemeines

(1) Der Arbeitgeber hat die Schutzmaßnahmen vor Aufnahme der Tätigkeiten mit quarzhaltigem Staub abhängig von den Ergebnissen der Informationsermittlung und der ermittelten Expositionshöhe festzulegen.

(2) Die Mindestmaßnahmen nach Abschnitt 3.5.2 sind unabhängig von der ermittelten Expositionshöhe festzulegen und generell bei Tätigkeiten mit quarzhaltigem Staub zu berücksichtigen.

(3) Hinweise für geeignete Staubminderungsmaßnahmen in Anlagen und bei Tätigkeiten finden sich auch im „Praxisleitfaden Quarzfeinstaub“ und der „Handlungsanleitung zur guten Arbeitspraxis“[11].

3.5.2 Maßnahmen nach Anhang I der GefStoffV

Die in Anhang I Nummer 2.3 GefStoffV (Ergänzende Schutzmaßnahmen für Tätigkeiten mit Exposition gegenüber einatembaren Stäuben) genannten Maßnahmen sind als Mindestforderung zu erfüllen. Diese sind bezogen auf diese TRGS (siehe auch Anhang Ablaufschema):

1. Die Gefährdungsbeurteilung nach § 6 GefStoffV bei Tätigkeiten mit Stoffen, Gemischen und Erzeugnissen, die Stäube freisetzen können, ist unter Beachtung ihres Staubungsverhaltens vorzunehmen.
2. Bei Tätigkeiten mit Exposition gegenüber einatembaren Stäuben, für die kein stoffbezogener Arbeitsplatzgrenzwert festgelegt ist, sind die Schutzmaßnahmen entsprechend der Gefährdungsbeurteilung nach § 6 GefStoffV so festzulegen, dass mindestens die Arbeitsplatzgrenzwerte für den einatembaren Staubanteil und für den alveolengängigen Staubanteil eingehalten werden.
3. Maschinen und Geräte sind so auszuwählen und zu betreiben, dass möglichst wenig Staub freigesetzt wird. Staub emittierende Anlagen, Maschinen und Geräte müssen mit einer wirksamen Absaugung versehen sein, soweit dies nach dem Stand der Technik möglich ist und die Staubfreisetzung nicht durch andere Maßnahmen verhindert wird.
4. Bei Tätigkeiten mit Staubexposition ist eine Ausbreitung des Staubes auf unbelastete Arbeitsbereiche zu verhindern, soweit dies nach dem Stand der Technik möglich ist.
5. Stäube sind an der Austritts- oder Entstehungsstelle möglichst vollständig zu erfassen und gefahrlos zu entsorgen. Die abgesaugte Luft ist so zu führen, dass so wenig Staub wie möglich in die Atemluft der Beschäftigten gelangt. Die abgesaugte Luft darf nur in den Arbeitsbereich zurückgeführt werden, wenn sie gemäß § 10 Absatz 5 Satz 2 und 3 GefStoffV ausreichend gereinigt worden ist.
6. Ablagerungen von Stäuben sind zu vermeiden. Ist dies nicht möglich, so sind die Staubablagerungen durch Feucht- oder Nassverfahren nach dem Stand der Technik oder durch saugende Verfahren unter Verwendung geeigneter Staubsauger oder Entstauber zu beseitigen. Das Reinigen des Arbeitsbereichs durch Kehren ohne Staub bindende Maßnahmen oder Abblasen von Staubablagerungen mit Druckluft ist nicht zulässig.
7. Einrichtungen zum Abscheiden, Erfassen und Niederschlagen von Stäuben müssen dem Stand der Technik entsprechen. Bei der ersten Inbetriebnahme dieser Einrichtungen ist deren ausreichende Wirksamkeit zu

überprüfen. Die Einrichtungen sind mindestens jährlich auf ihre Funktionsfähigkeit zu prüfen, nach Bedarf zu warten und gegebenenfalls in Stand zu setzen. Die niedergelegten Ergebnisse der Prüfungen nach den Sätzen 2 und 3 sind aufzubewahren.

8. Für staubintensive Tätigkeiten sind geeignete organisatorische Maßnahmen zu ergreifen, um die Dauer der Exposition so weit wie möglich zu verkürzen. Ergibt die Gefährdungsbeurteilung nach § 6 GefStoffV, dass die in Nummer 2 in Bezug genommenen Arbeitsplatzgrenzwerte nicht eingehalten werden können, hat der Arbeitgeber geeignete persönliche Schutzausrüstung, insbesondere zum Atemschutz, zur Verfügung zu stellen. Diese ist von den Beschäftigten zu tragen. Den Beschäftigten sind getrennte Aufbewahrungsmöglichkeiten für die Arbeitskleidung und für die Straßenkleidung sowie Waschräume zur Verfügung zu stellen.

3.5.3 Festlegung von Schutzmaßnahmen bei Überschreitung des Beurteilungsmaßstabes

(1) Ergibt die Ermittlung der Expositionshöhe von quarzhaltigem Staub den Befund, dass technische und/oder organisatorische Schutzmaßnahmen nicht ausreichend sind, ist die Fortsetzung dieser Tätigkeit grundsätzlich nicht zulässig.

(2) Eine Fortsetzung dieser Tätigkeit kann nur dann erfolgen, wenn:

1. Maßnahmen nach Anhang I Nummer 2.3 GefStoffV und
2. mindestens die technischen und organisatorischen Schutzmaßnahmen nach den branchenüblichen Betriebs- und Verfahrensweisen

umgesetzt sind mit dem Ziel den Beurteilungsmaßstab zu unterschreiten.

(3) Sollte nach Umsetzung der Maßnahmen nach Absatz 2 der Beurteilungsmaßstab immer noch überschritten sein, darf die Tätigkeit nur befristet in Verbindung mit einem Schutzmaßnahmenkonzept unter Bereitstellung und Verwendung von geeignetem Atemschutz fortgesetzt werden (siehe Absatz 5).

(4) Bei Überschreitung einer Expositionshöhe von 0,05 mg/m^3 ist geeigneter Atemschutz verpflichtend zu tragen. Tätigkeitsbezogen können andere Festlegungen getroffen werden, wenn diese in der Gefährdungsbeurteilung begründet oder in branchenspezifischen Lösungen beschrieben

werden und der Beurteilungsmaßstab im Schichtmittel unterschritten sowie die Kurzzeitwertanforderungen eingehalten werden.

(5) Bei Tätigkeiten mit sichtbarer Staubentwicklung ist Atemschutz verpflichtend zu tragen. Belastender Atemschutz darf keine dauerhafte Maßnahme sein.

(6) Ergibt die Gefährdungsbeurteilung, dass bei Tätigkeiten der Beurteilungsmaßstab für Quarz (A-Staub) in der Einatemluft der Beschäftigten überschritten werden kann, ist Atemschutz zur Verfügung zu stellen.

(7) Im Schutzmaßnahmenkonzept muss der Arbeitgeber in einem Maßnahmenplan unter Angabe konkreter Einzelheiten beschreiben, durch welche Maßnahmen bzw. Maßnahmenkombination die Unterschreitung des Beurteilungsmaßstabes innerhalb von drei Jahren erreicht werden soll. Der Maßnahmenplan und die Dokumentation der Gefährdungsbeurteilung sind der zuständigen Behörde auf Verlangen vorzulegen. Weitere Festlegungen zum Schutzmaßnahmenkonzept sind in Abschnitt 5 beschrieben.

(8) Tätigkeiten, für die derzeit der Beurteilungsmaßstab für Quarz (A-Staub) nicht unterschritten werden kann, werden in den jeweiligen Branchenlösungen gemäß Abschnitt 5 Nummer 6 beschrieben, wenn ihre Relevanz über den Einzelbetrieb hinausgeht.

(9) Der Arbeitgeber hat die Beschäftigten über das Schutzmaßnahmenkonzept und den Maßnahmenplan im Rahmen der Unterweisung nach § 14 Absatz 2 GefStoffV zu unterrichten.

3.6 Überprüfung der Wirksamkeit der Schutzmaßnahmen

(1) Der Arbeitgeber hat regelmäßig, mindestens jedoch einmal jährlich, zu überprüfen,

1. ob die festgelegten Maßnahmen durchgeführt wurden und
2. ob die Maßnahmen geeignet und ausreichend wirksam sind.

(2) Die Überprüfung der Wirksamkeit der getroffenen Schutzmaßnahmen hat anhand von Expositionsmessungen oder anderen geeigneten Methoden zu erfolgen.

(3) Wurde festgestellt, dass die Maßnahmen nicht ausreichend wirksam sind, muss die Gefährdungsbeurteilung insbesondere im Hinblick auf die Fest-

legung weiterer oder optimierter Schutzmaßnahmen erneut durchgeführt werden.

3.7 Dokumentation

Die Gefährdungsbeurteilung einschließlich des Schutzmaßnahmenkonzeptes und der Ergebnisse der Wirksamkeitsprüfungen der umgesetzten Schutzmaßnahmen nach Abschnitt 3.6 ist zu dokumentieren (siehe auch TRGS 400).

4 Schutzmaßnahmen

4.1 Hinweise zu den Schutzmaßnahmen

(1) Bei der Festlegung der Schutzmaßnahmen sind die Vorgaben des Anhangs I Nummer 2.3 GefStoffV einzuhalten (siehe Abschnitt 3.5.2) und die Maßgaben der TRGS 500 zu beachten. Ebenso ist mit dem STOP-Prinzip (S = Substitution, T = Technische, O = Organisatorische und P = Persönliche Maßnahmen) die Rangfolge der Schutzmaßnahmen vorgegeben.

(2) In Abschnitt 4.2 werden einzelne Schutzmaßnahmen aufgeführt, die bei Tätigkeiten mit Exposition gegenüber quarzhaltigem Staub umzusetzen sind. Diese sind in der Reihenfolge des STOP-Prinzips gelistet. Auch werden Aussagen zur Abstufung der Wirksamkeit der einzelnen Maßnahmen in allgemeiner Form getroffen. Der Arbeitgeber ist verpflichtet, im Rahmen der Gefährdungsbeurteilung festzulegen und zu dokumentieren, welche Maßnahmen oder gegebenenfalls Maßnahmenkombinationen zur Erreichung des Schutzzieles umgesetzt werden.

(3) In Abschnitt 4.3 werden für einzelne Tätigkeiten Schutzmaßnahmen beschrieben. Es handelt sich um eine ergänzende Hilfestellung zu den Aussagen aus Abschnitt 4.2 für die betriebliche Praxis.

(4) In Abschnitt 5 werden allgemeine Hinweise zur Erstellung eines Schutzmaßnahmenkonzeptes für begründete Ausnahmen gegeben, in denen der Beurteilungsmaßstab derzeit nicht unterschritten werden kann.

4.2 Grundlegende Schutzmaßnahmen

4.2.1 Staubarme Materialien und Verfahren

(1) Materialien und Arbeitsverfahren sind so auszuwählen und einzusetzen, das eine möglichst geringe Staubfreisetzung erfolgt.

(2) Ist keine Substitution möglich, so hat der Arbeitgeber vor der Aufnahme von Tätigkeiten Maßnahmen festzulegen, mit denen das Auftreten von quarzhaltigem Staub so weit wie möglich minimiert werden kann.

(3) Es sollen nur solche Strahlmittel verwendet werden, die nicht mehr als 2 vom Hundert ihres Gewichts (2 Gewichts-%) an kristallinem Siliciumdioxid enthalten.

(4) Es sollen nur solche Schleifwerkzeuge verwendet werden, deren Schleifmittel kein kristallines Siliciumdioxid enthält. Dies gilt nicht für Schleifkörper aus Naturstein.

(5) Der Arbeitgeber hat Materialien, Arbeitsverfahren, Maschinen und Geräte nach dem Stand der Technik in Bezug auf die Staubfreisetzung auszuwählen.

(6) Die Staubentwicklung lässt sich beispielsweise dadurch vermindern, dass Materialien in emissionsarmen Verwendungsformen eingesetzt werden. Staubarme Materialien sind z. B. vorkonfektionierte Baumaterialien, befeuchtete Rohstoffe (Antrocknung vermeiden), Granulate, Pasten oder bereits fertig gemischte Materialien wie Mörtel oder Spachtelmassen.

(7) Es ist zu prüfen, ob Nassverfahren eingesetzt werden können. Bei Abbrucharbeiten ist die Arbeitsstelle nach Möglichkeit mit Wasser/Wassernebel zu befeuchten.

(8) Bei Spritzbetonarbeiten sind grundsätzlich Verfahren mit geringer Staubfreisetzung zu wählen, z. B. Nass-Spritzverfahren.

(9) Bei Strahlarbeiten sind Verfahren mit geringer Staubfreisetzung zu wählen, z.B. Nass- oder Feuchtstrahlverfahren oder Verfahren mit integrierter Absaugung des Strahlgutes, z. B. Saugkopfstrahlverfahren oder Vakuumstrahlverfahren.

(10) Produktionsrückstände sind so zu handhaben, dass möglichst wenig Staub freigesetzt wird.

4.2.2 Technische Schutzmaßnahmen

(1) Lässt sich die Entstehung von Stäuben nicht vermeiden, sind vorrangig technische Schutzmaßnahmen anzuwenden. Nachfolgend sind technische Schutzmaßnahmen geordnet nach abnehmender Wirksamkeit aufgeführt:

1. Geschlossene Systeme, falls dies nicht möglich ist gekapselte Maschinen und Anlagen mit integriertem Staubhandling (z. B. geschlossene statt offene Transportsysteme),
2. Maschinen mit Absaugung an der Emissionsquelle,
3. Erfassung und Absaugung der Stäube an der Emissionsquelle, z. B. durch nachführbare Einrichtungen.
4. Verwendung von Luftreinigern,
5. Raumlüftung mit gleichmäßiger Durchlüftung des Raumes.

(2) Staub emittierende Anlagen, Maschinen und Geräte müssen mit einer wirksamen Absaugung versehen sein, soweit dies nach dem Stand der Technik möglich ist oder die Staubfreisetzung nicht durch andere Maßnahmen verhindert wird. Sie müssen so konstruiert und gebaut sein, dass Gefahren durch diese Stäube vermieden werden oder die Stäube aufgefangen und gefahrlos beseitigt werden können[12]. Ist die Anlage bzw. Maschine im Normalbetrieb nicht vollkommen geschlossen, so sind die Einrichtungen zum Auffangen und/oder Abführen so anzuordnen, dass sie die größtmögliche Wirkung entfalten.

(3) Bei Tätigkeiten mit Staubexposition ist eine Ausbreitung des Staubes auf unbelastete Arbeitsbereiche zu verhindern.

(4) Bei Tätigkeiten mit Freisetzung von Stäuben ist eine freie Lüftung oder die Verwendung von Luftreinigern als alleinige Schutzmaßnahme in der Regel nicht ausreichend.

(5) Bei Neuanschaffung von mobilen, mit Kabinen ausgestatteten Arbeitsmaschinen müssen diese Kabinen geschlossen, mit wirksamer Zuluftfilterung und klimatisiert vorgesehen werden (mindestens Filter Staubklasse M mit wirksamer Randdichtung gegenüber dem Gehäuse oder Maßnahmen gemäß DGUV Information 201-004)[13][14]. Bei vorhandenen Arbeitsmaschinen soll in Abhängigkeit von der Gefährdung gegenüber Quarz-(A-Staub) die Möglichkeit einer Nachrüstung geprüft werden.

(6) Ist die Wirksamkeit einer technischen Schutzmaßnahme nicht ausreichend, ist eine Kombination von Maßnahmen zu ergreifen. Dabei ist der Umsetzung mehrerer technischer/organisatorischer Schutzmaßnahmen Vorrang vor persönlichen Schutzmaßnahmen zu geben.

(7) Werden handgeführte Maschinen (z. B. Trennschleifer, Schlitz- oder Putzfräsen oder Schleifgeräte) verwendet, so sind diese mit Entstaubern mindestens der Staubklasse M auszustatten (Eine Auswahl geeigneter Maschinen mit Stauberfassungselementen und Entstaubern ist im Internet unter *www.gisbau.de* abrufbar.).

(8) Bei der Planung von technischen Schutzmaßnahmen ist zu beachten, dass die Wirksamkeit dieser Maßnahmen von der Anordnung der Arbeitsplätze und den dort durchgeführten Tätigkeiten abhängt. Die Besonderheiten der Emissionsquelle (z. B. thermische Strömungen oder Tätigkeiten mit impulsbehafteten Emissionen wie Schleifen) sind zu berücksichtigen.

(9) Bei der Kombination und Anordnung von verschiedenen lufttechnischen Maßnahmen sind mögliche Wechselwirkungen durch Luftströmungen und Verschleppungen zu beachten. Lüftungskurzschlüsse sind zu vermeiden. Zugluft auf Grund von geöffneten Türen, Fenstern oder Durchgängen, die die Absaugleistung beeinträchtigt, ist zu vermeiden.

(10) Ist eine vollständige Erfassung an der Emissionsquelle nicht möglich, so können an ortsveränderlichen Arbeitsplätzen Geräte (z. B. mobile Luftreiniger und Erfassungseinrichtungen mit einem Absaugarm) zur Absaugung in unmittelbarer Nähe der Emissionsquelle verwendet werden. An stationären Arbeitsplätzen sind bevorzugt lüftungstechnische Maßnahmen (z. B. technische Be-/Entlüftung) anzuwenden.

(11) Schutzmaßnahmen nach Absatz 1 oder eine Arbeitsplatzlüftung, mit der Stäube gerichtet vom Bediener weggeführt werden können und eine Verschleppung in andere Arbeitsbereiche vermieden wird, sind vorrangig anzuwenden.

(12) Der Arbeitsraum muss mit ausreichend Zuluft versorgt werden, um die abgesaugte Luft zu ersetzen. Es ist für ausreichend dimensionierte Zuluftöffnungen zu sorgen. Die Zuluft muss den betroffenen Raumbereich durchströmen.

(13) Nicht gereinigte, abgesaugte Luft wird so abgeführt, dass sie nicht in Arbeitsbereiche zurückgelangen kann. Kann nicht sichergestellt werden,

dass abgeführte Luft nicht in den Arbeitsbereich Dritter gelangt, ist diese zu filtern. Die Anforderungen der TA-Luft bleiben unberührt.

(14) Abgesaugte Luft, die quarzhaltigen Staub enthält, darf in den Arbeitsbereich nur zurückgeführt werden, wenn diese unter Anwendung von behördlich oder von den Trägern der gesetzlichen Unfallversicherung anerkannten Verfahren und Geräten wirksam gereinigt wurde. Eine wirksame Reinigung ist bei lufttechnischen Anlagen erreicht, wenn die Einrichtung bestimmungsgemäß verwendet wird und

1. die Quarz-A-Staub-Konzentration in der gereinigten Luft 0,005 mg/m^3 unter Betriebsbedingungen nicht überschreitet (Bestimmungsgrenze des zur Prüfung verwendeten Messverfahrens mindestens zwischen 0,005 mg/m^3 und 0,015 mg/m^3) oder
2. der Durchlassgrad der Filteranlage bezogen auf die A-Staubkonzentration im Rohgas < 0,005 % beträgt.

Die Arbeitsfilter müssen jeweils mindestens der Staubklasse M (DIN EN 60335-2-69, Anhang AA oder gleichwertig) entsprechen. Details bezüglich der Anforderungen zur Raumlüftung finden sich in der DGUV Regel 109-002.

(15) Einrichtungen zum Abscheiden, Erfassen und Niederschlagen von Stäuben müssen dem Stand der Technik entsprechen. Der für eine wirksame Erfassung erforderliche Absaugvolumenstrom ist zu ermitteln und stellt die Grundlage für die Einrichtung der Anzeige/Warneinrichtung und für die jährliche Wirksamkeitsüberprüfung dar. Bereits bei der ersten Inbetriebnahme ist die ausreichende Wirksamkeit der Staubminderungsmaßnahmen zu überprüfen. Bei der Beschaffung sind Maschinen und Geräte zu bevorzugen, die staubtechnisch geprüft sind (z. B. DGUV Test-Zeichen mit dem Zusatz „staubtechnisch geprüft"). Die Einrichtungen sind mindestens jährlich auf ihre Funktionsfähigkeit zu prüfen, zu warten und ggf. in Stand zu setzen. Die Ergebnisse der Prüfungen sind zu dokumentieren und mindestens bis zur nächsten Prüfung aufzubewahren.

(16) Arbeitsräume für stationäre Tätigkeiten, in denen Staub auftreten kann, sind möglichst so zu gestalten und zu unterhalten, dass Wände und Decken zur Vermeidung von Staubanhaftung glatt sind, Ablagerungsflächen z. B. durch Abschrägungen oder Verkleidungen vermieden werden und Fußböden und Oberflächen leicht zu reinigen sind. Staubablagerungen sind zu vermeiden.

4.2.3 Organisatorische Schutzmaßnahmen

(1) Es sind geeignete organisatorische Maßnahmen (z. B. Verbot, Nahrungs- und Genussmittel am Arbeitsplatz aufzunehmen sowie Pausen- und Bereitschafträume und staubgeschützte Kabinen wie Leit- und Steuerstände mit stark verschmutzter Arbeitskleidung zu betreten) zu treffen, um die Anzahl der staubexponierten Beschäftigten sowie das Ausmaß der Exposition so weit wie möglich zu verringern.

(2) Arbeitsplätze sind regelmäßig zu reinigen. Im Rahmen der Gefährdungsbeurteilung sind konkrete Reinigungsintervalle festzulegen. Dabei ist insbesondere zu prüfen, welche Arbeitsräume, Verkehrswege, Betriebsanlagen, Maschinen und Geräte mit zu betrachten sind.

(3) Arbeitsräume unterschiedlich hoher Staubbelastung sind durch bauliche oder lüftungstechnische Maßnahmen von anderen Arbeitsbereichen nach Möglichkeit zu trennen.

(4) Der Arbeitgeber hat sicher zu stellen, dass Arbeitsräume mit hoher Staubbelastung nur für Beschäftigte zugänglich sind, die dort Tätigkeiten auszuführen haben.

(5) Für staubintensive Tätigkeiten sind geeignete organisatorische Maßnahmen zu ergreifen, um die Dauer der Exposition so weit wie möglich zu verkürzen.

(6) Der Arbeitgeber hat darauf zu achten, dass Arbeitsmittel (beispielsweise Geräte, Maschinen, Anlagen) im Hinblick auf die Staubvermeidung in einem ordnungsgemäßen und funktionsfähigen Betriebszustand gehalten und verwendet werden.

(7) Bei Verwendung von Maschinen mit geschlossenen Fahrerkabinen, die mit einem Filter zur Reinigung der Außenluft ausgestattet sind (dies ist in der Regel bei klimatisierten Kabinen der Fall), sind die Türen und Fenster während des Betriebes geschlossen zu halten.

(8) Der Arbeitgeber hat für Tätigkeiten mit staubenden Materialien unter Berücksichtigung der Gefährdungsbeurteilung eine arbeitsplatz- und tätigkeitsbezogene Betriebsanweisung zu erstellen.

(9) Der Arbeitgeber hat die staubexponierten Beschäftigten anhand der Betriebsanweisung über auftretende Gefährdungen sowie über die Schutzmaßnahmen mündlich zu unterweisen. Die Unterweisung ist vor Aufnah-

me der Beschäftigung und danach mindestens jährlich arbeitsplatz- und tätigkeitsbezogen durchzuführen. Inhalt, Zeitpunkt und Teilnehmer der Unterweisung sind vom Arbeitgeber zu dokumentieren.

(10) Bei Tätigkeiten, bei denen quarzhaltige Stäube auftreten können, hat der Arbeitgeber sicherzustellen, dass die Beschäftigten als Teil der Unterweisung eine allgemeine arbeitsmedizinisch-toxikologische Beratung erhalten. In der Beratung sind den Beschäftigten in einer für den Laien verständlichen Beschreibung die möglichen gesundheitlichen Folgen der Gefährdung und deren Vermeidung zu erläutern und sie sind über ihre Ansprüche auf arbeitsmedizinische Vorsorge zu informieren. Für die in dieser Technischen Regel angesprochenen Gefährdungen beinhaltet die Beratung daher insbesondere folgende Informationen:

1. Hauptaufnahmeweg ist das Einatmen quarzhaltiger Stäube. Schwere körperliche Arbeit erhöht die Menge eingeatmeter Stäube.
2. Nach einer Latenz von ca. 20-30 Jahren können schwere Schädigungen der Atemorgane und Krebserkrankungen (Lungenkrebs) entstehen. Das Risiko der Krebsentstehung steigt tendenziell mit zunehmender Aufnahmedosis von quarzhaltigen Stäuben. Auch bei Unterschreitung des Beurteilungsmaßstabs für Quarz (A-Staub) kann ein Krebsrisiko nicht ausgeschlossen werden (s. Abschnitt 2.3).
3. Lungenbläschengängige (alveolengängige) quarzhaltige Stäube können dosisabhängig zu einer dauerhaften Schädigung der Lunge mit messbarer Einschränkung der Lungenfunktion sowie zu einem dauerhaften Lungengerüstumbau führen, der auch ohne fortgesetzte Exposition fortschreiten kann und medizinischen Maßnahmen kaum zugänglich ist (Silikose).
4. Lungenkrebserkrankungen und Silikose können unter bestimmten Bedingungen als Berufskrankheit anerkannt werden.
5. Fortgesetztes inhalatives Zigarettenrauchen verstärkt die nachteilige Wirkung quarzhaltiger Stäube, da u. a. der Selbstreinigungsmechanismus der Lunge nachhaltig gestört wird.
6. Persönliche Schutzausrüstung (Atemschutz) kann nur dann eine Schutzfunktion entfalten, wenn sie korrekt verwendet wird. Das Tragen kann zu einer zusätzlichen körperlichen Belastung führen.
7. Verhaltensweisen bei Erkrankungsverdacht mit Hinweis auf arbeitsmedizinische Beratungsmöglichkeit bei Symptomen. Erste Symptome eines Gesundheitsschadens können z. B. neu einsetzender und über

Wochen anhaltender Husten, Auswurf mit Blutbeimengungen, neu auftretende Atemnot sein.

Die Beteiligung des mit der arbeitsmedizinischen Vorsorge beauftragten Arztes an der Beratung ist angesichts der krebserzeugenden Eigenschaften von quarzhaltigem Staub grundsätzlich erforderlich. Unter „Beteiligung des mit der arbeitsmedizinischen Vorsorge beauftragten Arztes" ist nicht zwingend zu verstehen, dass er die Beratung durchgängig persönlich vornimmt. Das Beteiligungsgebot kann beispielsweise erfüllt werden durch ärztliche Schulung der Personen, die die Unterweisung durchführen, oder durch Mitwirkung bei der Erstellung geeigneter Unterweisungsmaterialien (s. AMR 3.2).

(11) Bei Tätigkeiten mit Exposition gegenüber Quarzfeinstaub ist ein Eintrag nach § 14 Absatz 3 GefStoffV vorzunehmen (z. B. in der Zentralen Expositions-Datenbank ZED)[15], insbesondere wenn der Beurteilungsmaßstab überschritten ist.

(12) Ergibt die Gefährdungsbeurteilung eine Gefährdung durch verunreinigte Arbeitskleidung, hat der Arbeitgeber eine getrennte Aufbewahrungsmöglichkeit für Arbeits- und Straßenkleidung vorzusehen. Verschmutzte Kleidung verbleibt in diesen Fällen im Betrieb und wird auf Veranlassung des Arbeitgebers sachgerecht gereinigt. Alternativ kann Einwegschutzkleidung verwendet werden.

(13) Das Abblasen der Kleidung ist verboten, es sei denn, geeignete Einrichtungen wie z. B. spezielle Luftduschkabinen stehen zur Verfügung. Dabei ist im Rahmen der Gefährdungsbeurteilung zu prüfen, ob geeigneter Atemschutz zur Verfügung gestellt und getragen werden muss. Alternativ ist das Absaugen verstaubter Kleidung mit geeigneten Absaugeinrichtungen zulässig.

(14) Für die Beschäftigten sind gemäß der Gefährdungsbeurteilung vom Arbeitgeber Waschräume zur Verfügung zu stellen. Bei nicht stationären Arbeitsplätzen sind Waschgelegenheiten ausreichend.

(15) Der Arbeitsbereich ist abzugrenzen und zu kennzeichnen. Im Gefahrenbereich ist das Rauchen zu untersagen. Die Kennzeichnung erfolgt mit dem Verbotszeichen gemäß den Technischen Regeln für Arbeitsstätten (ASR) A1.3:

1. P006 „Zutritt für Unbefugte verboten" und
2. P001 „Rauchen verboten".

4.2.4 Persönliche Schutzmaßnahmen

(1) Der Arbeitgeber hat die gemäß dem Ergebnis der Gefährdungsbeurteilung und nach Maßgabe der GefStoffV notwendige und geeignete persönliche Schutzausrüstung (z. B. Atemschutzgeräte, Schutzbrillen, Schutzhandschuhe, Schutzkleidung) zur Verfügung zu stellen und deren Pflege und Wartung sicher zu stellen. Dabei ist die PSA- Benutzungsverordnung zu beachten. Die Trageverpflichtung ist in der Betriebsanweisung zu regeln. Z.B. bei folgenden zeitlich befristeten staubintensiven Tätigkeiten ist in der Regel das Tragen von Atemschutz erforderlich:

1. Reinigen von Filteranlagen,
2. Entleeren von Staubkammern,
3. Kontrollgängen in Aufbereitungsanlagen,
4. Wartung und Instandsetzung inkl. den dabei notwendigen Reinigungsarbeiten (siehe auch Abschnitt 4.3.5),
5. Ausbrechen von Feuerfestzustellungen.

(2) Die Beschäftigten sind verpflichtet, diese persönliche Schutzausrüstung nach den Vorgaben der Betriebsanweisung und der Unterweisung zu tragen. Träger von Atemschutzgeräten müssen im Umgang mit den Geräten geübt sein und mindestens einmal jährlich hierzu unterwiesen werden. Die Unterweisung enthält insbesondere den sachgerechten Gebrauch, die Kontrolle auf augenscheinlich erkennbare Mängel und die sachgerechte Aufbewahrung der Atemschutzgeräte am Verwendungsort. Der Arbeitgeber hat dafür zu sorgen, dass nach dem Abschluss der Unterweisung eine Trageübung durchgeführt wird. Hierzu gehören unter anderem das Anlegen des Gerätes, die Kontrolle des Dichtsitzes des Atemanschlusses und Gewöhnungsübungen.

(3) Die Atemschutzgeräte sind

1. gemäß Herstellerhinweisen zu lagern,
2. durch Wartungs-, Reparatur- und Ersatzmaßnahmen sowie ordnungsgemäße Lagerung während der gesamten Benutzungsdauer in gutem Funktionszustand und in einem hygienisch einwandfreien Zustand zu halten und
3. auszutauschen, wenn sie schadhaft sind oder die Wiederbenutzung unzulässig ist (Gerätekennzeichnung NR; „non-reusable").

(4) Insbesondere ist sicher zu stellen, dass Atemschutzgeräte am Verwendungsort staubfrei und trocken aufbewahrt werden.

(5) Das Tragen von belastender persönlicher Schutzausrüstung darf keine Dauermaßnahme sein (siehe § 7 Absatz 5 Satz 2 GefStoffV).

(6) Die Auswahl eines Atemschutzgerätes gegen Partikel ist in Abhängigkeit von der Höhe der Quarz (A-Staub)-Exposition gemäß DGUV Regel 112-190 (Benutzung von Atemschutzgeräten) vorzunehmen.

(7) Geeignete Atemschutzgeräte sind z. B. Helme oder Hauben mit Gebläseunterstützung und Partikelfilter mindestens der Klasse TH2P, Halbmasken mit mindestens einem Filter der Klasse P2, partikelfiltrierende Halbmasken mindestens der Klasse FFP2 und Isoliergeräte.

(8) In der Regel sind Halbmasken mit Partikelfilter der Kategorie P2 (maximale Belastung an Quarz (A-Staub) 10 x 0,05 mg/m^3) bzw. filtrierende Halbmasken FFP2 (maximale Belastung an Quarz (A-Staub) 10 x 0,05 mg/m^3) ausreichend. Bei staubintensiven Tätigkeiten, bei denen die Gefährdungsbeurteilung ergibt, dass die Schutzwirkung (maximale Belastung) von P2- oder FFP2-Masken überschritten werden kann, ist Atemschutz der höheren Kategorie (P3 oder FFP3) erforderlich. Bevorzugt sind gebläseunterstützte Atemschutzgeräte (Frischluft- oder Druckluftschlauchgeräte mit Haube oder Helm; z.B. TH2P (maximale Belastung an Quarz (A-Staub) 20 x 0,05 mg/m^3) einzusetzen. Diese Geräte gelten nicht als belastender Atemschutz und besitzen einen besseren Tragekomfort. Sie bieten bezüglich Handhabung und sachgerechter Benutzung eine höhere Sicherheit und einen vergleichsweise höheren Schutzfaktor. Die Geräte müssen eine Warneinrichtung für Ausfall oder Schwächerwerden des Gebläses besitzen[16]. Die Warneinrichtung soll daher neben unzureichender Stromversorgung auch vor Filtersättigung schützen.

(9) An mobilen Arbeitsplätzen können bei kurzzeitigen Tätigkeiten (bis 15 Minuten) auch Geräte der Kategorie TH1P (maximale Belastung an Quarz (A- Staub) 5 x 0,05 mg/m^3 verwendet werden. Es ist darauf zu achten, dass zur Einhaltung einer Quarz (A-Staub)- Konzentration von 0,4 mg/m^3 (Überschreitungsfaktor 8 bezogen auf Beurteilungsmaßstab von 0,05 mg/m^3) bei schnelllaufenden Maschinen in der Regel mindestens eine technische Schutzmaßnahme (Maschinen mit Absaugung an der Emissionsquelle, Absaugung des Arbeitsplatzes möglichst nahe an der Emissionsquelle) erforderlich ist.

(10) Bei Benutzung von Atemschutz ist zu prüfen, ob arbeitsmedizinische Pflichtvorsorge zu veranlassen oder arbeitsmedizinische Angebotsvorsorge anzubieten ist (s. Abschnitt 6).

4.3 Tätigkeitsbezogene Schutzmaßnahmen

4.3.1 Lagern

(1) Staubende Materialien (z. B. Schüttgüter) sind nach Möglichkeit in geschlossenen Systemen zu lagern, z. B. in geschlossenen Silos, in Säcken, Big-Bags oder abgedeckten Containern und vor Beschädigungen zu schützen (z. B. Rammschutz für Sackware).

(2) Bei offen gelagerten staubenden Materialien sind zur Vermeidung von Staubaufwirbelungen z.B. folgende Maßnahmen geeignet:

1. Feuchthalten der gelagerten Materialien,
2. Abdecken mit Planen,
3. windgeschützte Lagerung (z. B. durch Trennwände, Erdwälle, Windschutzbepflanzung, Windschutzzäune, abgesenkte Lagerflächen).

4.3.2 Transportieren und Fördern (LKW, Kipper, Mulden, Stetigförderer)

4.3.2.1 Fahrstraßen

Auf unbefestigten Fahrstraßen, die nicht gereinigt werden können, sind Staubaufwirbelungen zu vermeiden. Dies kann zum Beispiel durch Befeuchtung mit Wasser (ggf. unter Anwendung von Staubbindemitteln wie CMA (Calcium-Magnesium-Acetat) oder Magnesiumchlorid geschehen. Diese Maßnahmen sind im Rahmen der Gefährdungsbeurteilung angemessen zu berücksichtigen. Auf eine Befeuchtung kann verzichtet werden, wenn sich keine Personen in staubgefährdeten Bereichen von Fahrstraßen aufhalten und wenn das Fahrpersonal durch wirksame Zuluftfilterung geschützt ist.

4.3.2.2 Stetigförderer (Gurtförderer, Kettenförderer, Becherwerke, Schneckenförderer u. a.)

(1) Stetigförderer zum Transport von staubendem Material sind soweit wie möglich einzuhausen und – insbesondere im Bereich von Beschickung und Auswurf sowie an den Materialübergabestellen an den Schnittpunk-

ten der einzelnen Anlagenkomponenten – mit einem Entstaubungssystem auszurüsten. Dabei ist zu beachten, dass ein leichter Zugang für Reinigungs- und Instandhaltungsarbeiten gewährleistet ist, z. B. durch eine abschnittsweise Einhausung.

(2) Ist eine vollständige Einhausung nicht möglich, sind Beschickungs-, Auswurf- und Materialübergabestellen sowie Förderabschnitte mit starker Staubentwicklung mit einer Staubabsaugung oder Wasserberieselung auszurüsten. Reinigungssysteme (Abstreifer) für Fördergurte sind zu kapseln bzw. in eine vorhandene Einhausung zu integrieren.

(3) Die freie Fallhöhe an Abwurf- und Übergabestellen von Stetigförderern ist so gering wie möglich zu halten.

4.3.2.3 Pneumatische Fördersysteme

(1) Das Rohrleitungssystem pneumatischer Fördersysteme sollte möglichst einfach ausgelegt sein (kurze Wege, möglichst wenig Einbauten). Mögliche Verstopfungen bei horizontal verlaufenden Leitungen sind durch ein leichtes Gefälle zu vermeiden.

(2) An den Umlenkungsstellen der Förderströme ist Materialverschleiß möglichst zu vermeiden, z. B. durch verschleißfeste Bögen bzw. verschleißmindernde Verfahren. Die Reinigungsfilter für die abfließende Förderluft (Druckentlastung) sind regelmäßig zu warten bzw. zu reinigen.

4.3.3 Handhaben von Schüttgut und pulverförmigen Materialien

4.3.3.1 Allgemeines zum Ein-, Ab-, Umfüllen und Mischen

(1) Die Staubentwicklung bei diesen Vorgängen ist soweit wie möglich zu minimieren. Dies wird z. B. dadurch erreicht, dass

1. eine offene Handhabung von Schüttgut und pulverförmigem Material vermieden wird (z. B. durch Verwendung von Einwegkartons bei Spachtelmassen oder Putzmassen),
2. staubendes Material, sofern prozessbedingt möglich und sinnvoll, befeuchtet wird,
3. freiwerdende Stäube mit geeigneten Erfassungselementen so nah wie möglich an der Entstehungsstelle abgesaugt werden,
4. Abwurfhöhen minimiert werden oder der Weg des Abwurfmaterials mit einer Umhüllung versehen ist,

5. Auffangvorrichtungen für Abfallmaterial beim Verarbeiten von quarzhaltigen Materialien, z. B. ablaufender Gießschlicker oder Pressgranulat vorhanden sind.

(2) Bei stationären Umschlagstellen und bei Beschickung mittels Lkw, Kipper, Radlader o.ä. im stationären Betrieb sind staubmindernde Maßnahmen zu ergreifen, z.B. durch eine Wasserbedüsung oder eine möglichst vollständige Einhausung des Aufgabebereichs (bauliche Maßnahme z.B. Lamellenvorhänge).

4.3.3.2 Sackaufgabe

(1) Zur staubarmen Aufgabe von Sackware in Silos, Behälter oder Förderanlagen sind bevorzugt abgesaugte Sackentleerstationen zu verwenden. Dabei sind Art und Größe der Säcke und die Sackentleerstation aufeinander abzustimmen.

(2) Entleerte Säcke sind bedeutende Staubquellen. Sie müssen daher, wenn möglich, im Bereich einer Staubabsaugung oder in einem speziellen Leersackverdichter für die Entsorgung komprimiert werden.

(3) Analoge Maßnahmen sind bei der Entleerung von Big Bags zu treffen.

4.3.3.3 Absacken

(1) Die Absackvorrichtung ist möglichst einzuhausen, und die beim Füllvorgang aus den Säcken entweichende Luft ist vollständig zu erfassen und abzusaugen. Vor der Entnahme der befüllten Säcke sind diese staubdicht zu verschließen.

(2) Bei der Auswahl des Sackmaterials ist auf Staubdichtheit zu achten. Säcke sollten so gestaltet sein, dass bei der Entleerung keine Restmengen im Sack verbleiben, die bei der Entsorgung zu Staubentwicklung führen können.

(3) Analoge Maßnahmen sind bei Big Bags zu treffen.

4.3.4 Be- und Verarbeiten von festen Materialien

4.3.4.1 Zerkleinern

Zerkleinerungsaggregate (Backenbrecher, Prallbrecher, Kreiselbrecher, Mühlen etc.) sind staubarm zu gestalten. Dies kann z. B. durch eine Kapselung, insbesondere im Bereich von Beschickung und Austrag, durch eine Absaugung oder eine Wasserbedüsung erreicht werden.

4.3.4.2 Spanende Bearbeitung (Schneiden, Trennen, Schleifen, Fräsen).

(1) Bei der Auswahl der Bearbeitungsverfahren sind staubarme Techniken zu bevorzugen, z. B. durch Auswahl langsam laufender Maschinen oder Anwendung von grobspanenden Fertigungsverfahren. Alternativ sind Nass- anstelle von Trockenbearbeitungsverfahren einzusetzen.

(2) Freiwerdende Stäube sind möglichst quellennah abzusaugen; die verwendeten Anlagen sind nach Möglichkeit einzuhausen.

(3) Bei Verwendung von zerspanenden Maschinen, bei denen durch Wasserzuführung eine Staubminderung erreicht werden soll und deren Wasserzuführung im Umlaufverfahren ohne Aufbereitung betrieben wird, ist täglich das Umlaufwasser auszuwechseln.

4.3.5 Reinigungsarbeiten

(1) Reinigungsarbeiten sind regelmäßig auf Grundlage der Gefährdungsbeurteilung so durchzuführen, dass die Freisetzung und Aufwirbelung von Staub so gering wie möglich sind, z. B. mit Feucht- oder Nassverfahren oder saugend unter Verwendung geeigneter Staubsauger oder Entstauber.

(2) Geeignete Maßnahmen zum staubarmen Reinigen sind:

1. Verwendung fest installierter Staubsauganlagen, Staub beseitigender Maschinen oder Geräte,
2. feuchtes Wischen oder Nassreinigen,
3. Kehren mit ausreichender Vermischung des Kehrgutes mit Bindemittel (wie Wasser, Calcium-Magnesium-Acetat oder Magnesiumchlorid) oder
4. Kehren befestigter Verkehrswege mit Kehrsaugmaschinen und Filterung der Prozessluft.

(3) Geeignet sind für den industriellen Bereich und die Bauendreinigung Staub beseitigende Maschinen oder Geräte, wie z. B. Industriestaubsauger (mindestens Staubklasse M) und Kehrsaugmaschinen mit wirksamer Staubfilterung.

(4) Filteranlagen oder mobile Stauberfassungen sind außerhalb des Hauptarbeitsbereiches unter Berücksichtigung von Zuluft und Windeinflüssen zu reinigen. Der Staubsack ist vor dem Herausnehmen aus dem Behälter möglichst zu verschließen.

4.3.6 Großflächige Staubemissionen im Freien (z.B. Landwirtschaft, Gartenbau)

(1) Die großflächige Ausbreitung von Stäuben ist nach Möglichkeit zu vermeiden.

(2) Falls dies nicht möglich ist, sollen Fahrzeuge eingesetzt werden, die über klimatisierte Kabinen mit gefilterter Zuluft verfügen. Eine wirksame Zuluftfilterung kann als gegeben angesehen werden, wenn diese mindestens der Kategorie 2 nach DIN EN 15695-1 entspricht.

4.3.7 Tätigkeiten in Dentallaboratorien

Werden Tätigkeiten in Dentallaboratorien wie die Be- und Verarbeitung quarz- und cristobalithaltiger Einbettmassen beim Einbetten, Ausbetten und Strahlen zahntechnischer Werkstücke so durchgeführt, wie in der VSK Mineralische Stäube in Dentallaboratorien beschrieben, so kann der Arbeitgeber davon ausgehen, dass das Minimierungsgebot erfüllt ist (VSK „Dentaltechnik", siehe auch DGUV Information 213-730).

5 Schutzmaßnahmenkonzept bei Überschreitung des Beurteilungsmaßstabes

(1) Ist trotz Umsetzung der Maßnahmen nach Anhang I Nummer 2.3 GefStoffV und Einhaltung der branchenüblichen Betriebs- und Verfahrensweisen der Beurteilungsmaßstab überschritten, hat der Arbeitgeber ein Schutzmaßnahmenkonzept zu erstellen, das beschreibt, wie innerhalb von drei Jahren der Beurteilungsmaßstab entsprechend der in Abschnitt 2.3 dargestellten Minimierung unterschritten werden kann.

(2) Das Schutzmaßnahmenkonzept hat folgende Inhalte zu berücksichtigen:

1. Beschreibung des Arbeitsplatzes und der Tätigkeit
   Die Tätigkeiten, die zu der Überschreitung des Beurteilungsmaßstabes führen, sind ausführlich zu beschreiben. Dabei sind ggf. Gruppen von Beschäftigten zu unterscheiden, die unterschiedlich hoch exponiert sind (ggf. sind für die Höchstexponierten andere Maßnahmen möglich und nötig als für andere über dem Beurteilungsmaßstab exponierte Beschäftigte).

2. Beschreibung der getroffenen Schutzmaßnahmen
   Die bisher getroffenen technischen und organisatorischen Maßnahmen zur Expositionsminderung sind zu beschreiben (branchenübliche Betriebs- und Verfahrensweisen) – siehe dazu Abschnitt 4 Schutzmaßnahmen.

3. Bisher erreichtes Expositionsniveau
   a) Die mit den getroffenen Maßnahmen erreichte Exposition ist bevorzugt anhand von Messwerten darzustellen.
   b) Qualitätskriterien für Daten: Wenn möglich, sind 50-, 90- und 95 Perzentile (ab 10 Werten 90 Perzentil, ab 20 Werten 95 Perzentil) anzugeben, ansonsten der Median und die Spanne der Daten.
   c) Grundsätzlich ist bei Datenkollektiven die Nennung der Anzahl der Messwerte erforderlich.

4. Geplante Maßnahmen (Maßnahmenplan)
   a) Es ist ausführlich zu beschreiben, welche weiteren Maßnahmen bzw. Maßnahmenkombinationen zur Expositionsminderung geplant sind und warum diese Maßnahmen voraussichtlich zur Unterschreitung des Beurteilungsmaßstabes führen werden.
   b) Weiterhin ist zu beschreiben, wie die Beschäftigten bis zur Unterschreitung des Beurteilungsmaßstabes geschützt werden (ggf. welcher Atemschutz verwendet werden soll, wie die Tragezeitbegrenzung berücksichtigt wird, usw.).
   c) Es wird empfohlen, bzgl. bestehender Branchenlösungen bei den Verbänden, staatlichen Überwachungsbehörden oder Unfallversicherungsträgern nachzufragen.

5. Zeitplan der Umsetzung
   Es ist ein angemessener Zeitraum für die Umsetzung der geplanten Maßnahmen festzulegen, maximal 3 Jahre. Der Fortschritt der Umset-

zung der geplanten Maßnahmen ist innerhalb der festgelegten Umsetzungsfrist auch auf ihre Wirksamkeit hin regelmäßig zu prüfen. Dies ist zu dokumentieren.

6. Begründete Ausnahme
   Liegt ein vollständiges Schutzmaßnahmenkonzept gemäß den Nummern 1–5 vor, kann der Arbeitgeber davon ausgehen, dass die Tätigkeit eine begründete Ausnahme[2] darstellt.

(3) Begründete Ausnahmen, deren Relevanz über den Einzelbetrieb hinausgeht, sollten in Branchenlösungen von den Sozialpartnern und Unfallversicherungsträgern erarbeitet werden. Diese Branchenlösungen sind nach den Vorgaben dieser TRGS, insbesondere des Abschnitts 5, zu erstellen, der Geschäftsführung des AGS zur Kenntnis zu bringen und auf der Webseite der BAuA/DGUV zu veröffentlichen sowie aktuell zu halten.

(4) Der Arbeitgeber kann vorliegende Branchenlösungenanwenden und muss in diesem Fall die Schutzmaßnahmen nach branchenüblichen Betriebs- und Verfahrensweisen nicht selbst ermitteln sowie keine Ausnahme nach §19 Abs.1 GefStoffV zu beantragen. Auf die Einbindung der betrieblichen Interessenvertretungen wird hingewiesen.

6 Arbeitsmedizinische Vorsorge

(1) Die allgemeinen Vorgaben in Abschnitt 4 der AMR 3.2 sind zu berücksichtigen. Die folgenden Absätze enthalten hierzu spezielle Ausführungen. Unberührt bleiben Vorgaben in anderen Arbeitsmedizinischen Regeln, insbesondere in der AMR „Abweichungen nach Anhang Teil 1 Absatz 4 ArbMedVV bei Tätigkeiten mit krebserzeugenden oder keimzellmutagenen Gefahrstoffen der Kategorie 1A oder 1B“ (AMR 11.1).

(2) Für jeden der im folgenden Absatz aufgeführten möglichen Vorsorgeanlässe ist vom Arbeitgeber zu prüfen, ob die jeweiligen Auslösekriterien vorliegen und entsprechend eine Vorsorge zu veranlassen oder anzubieten.

(3) Vorsorgeanlässe für die in dieser Technischen Regel angesprochenen Tätigkeiten und Gefährdungen sind insbesondere:

1. Pflichtvorsorge
   a) bei Tätigkeiten mit silikogenem Staub, wenn eine wiederholte Exposition nicht ausgeschlossen werden kann (Anhang Teil 1 Absatz 1 Nummer 1 Buchstabe b ArbMedVV; Tätigkeiten oder Verfahren, bei denen Beschäftigte alveolengängigen Stäuben aus kristallinem Siliciumdioxid in Form von Quarz und Cristobalit ausgesetzt sind, sind in der TRGS 906 als krebserzeugende Tätigkeiten oder Verfahren der Kategorie 1A oder 1B im Sinne der Gefahrstoffverordnung bezeichnet.);
   b) bei Tätigkeiten mit alveolengängigem Staub (A-Staub) wenn der Arbeitsplatzgrenzwert (AGW) von 1,25 mg/m^3 alveolengängiger Staub (A-Staub) nicht eingehalten wird (Anhang Teil 1 Absatz 1 Nummer 1 Buchstabe a ArbMedVV);
   c) bei Tätigkeiten mit einatembarem Staub (E-Staub) wenn der Arbeitsplatzgrenzwert (AGW) von 10 mg/m^3 nicht eingehalten wird (Anhang Teil 1 Absatz 1 Nummer 1 Buchstabe a ArbMedVV);
   d) bei Tätigkeiten, die das Tragen von Atemschutzgeräten der Gruppen 2 und 3 erfordern (Anhang Teil 4 Absatz 1 Nummer 1 ArbMedVV; AMR 14.2 - Einteilung von Atemschutzgeräten in Gruppen).

2. Angebotsvorsorge
   a) bei Tätigkeiten mit alveolengängigem Staub (A-Staub) wenn der Arbeitsplatzgrenzwert (AGW) von 1,25 mg/m^3 eingehalten wird, aber eine Exposition nicht ausgeschlossen werden kann (Anhang Teil 1 Absatz 2 Nummer 1 ArbMedVV);
   b) bei Tätigkeiten mit einatembarem Staub (E-Staub) wenn der Arbeitsplatzgrenzwert (AGW) von 10 mg/m^3 eingehalten wird, aber eine Exposition nicht ausgeschlossen werden kann (Anhang Teil 1 Absatz 2 Nummer 1 ArbMedVV);
   c) bei Tätigkeiten, die das Tragen von Atemschutzgeräten der Gruppen 1 erfordern (Anhang Teil 4 Absatz 2 Nummer 2 ArbMedVV; AMR 14.2 - Einteilung von Atemschutzgeräten in Gruppen);
   d) nach Beendigung der Tätigkeiten mit silikogenem Staub (Anhang Teil 1 Absatz 3 Nummer 1 Buchstabe b ArbMedVV; Tätigkeiten oder Verfahren, bei denen Beschäftigte alveolengängigen Stäuben aus kristallinem Siliciumdioxid in Form von Quarz und Cristobalit ausgesetzt sind, sind in der TRGS 906 als krebserzeugende Tätigkeiten oder Verfahren der Kategorie 1A oder 1B im Sinne der Gefahrstoffverordnung bezeichnet.).

Anhang zu TRGS 559: Ablaufschema Festlegung von Schutzmaßnahmen

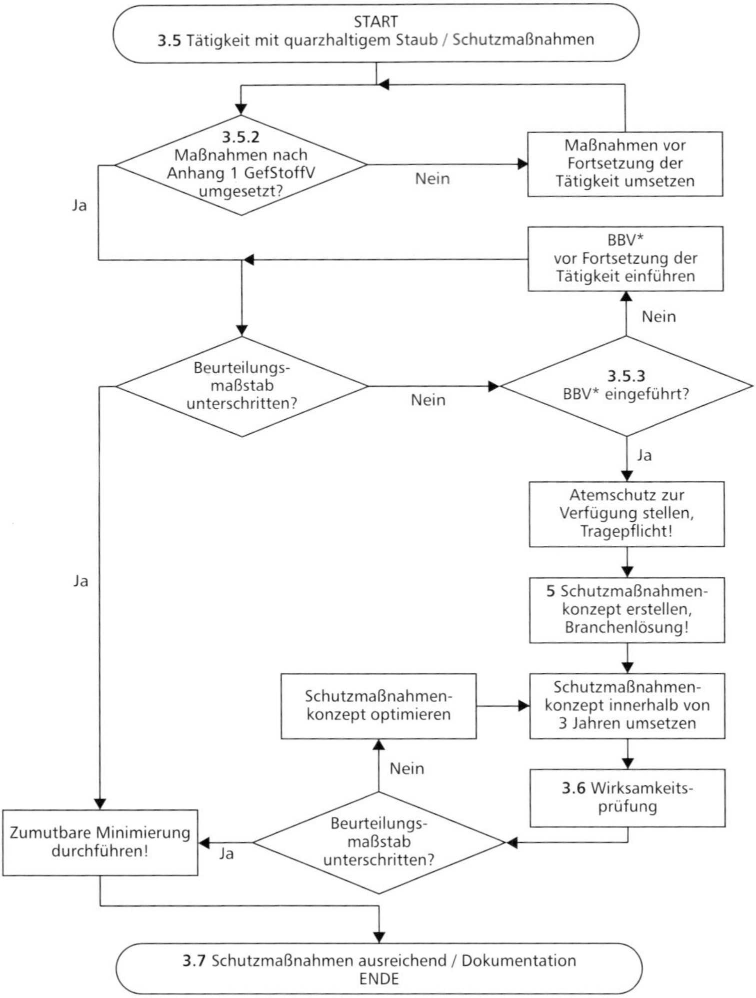

Das Schema visualisiert das in der TRGS 559 beschriebene Vorgehen.
Zahlen in Fettdruck verweisen auf den jeweiligen TRGS-Abschnitt.
*BBV = Branchenübliche Verfahrens- und Betriebsweisen.

Literaturhinweise

1 Zitierte Literatur

[1] Bestimmung entsprechend den Probenahmekonventionen nach DIN EN 481:1993-09

[2] Bekanntmachung des BMAS vom 29. Juli 2016 zum Beurteilungsmaßstab für Quarz (A-Staub): *https://www.baua.de/DE/Angebote/Rechtstexte-und-Technische-Regeln/Regelwerk/TRGS/pdf/Beurteilungsmassstab-Quarz.pdf?__blob=publicationFile&v=4*

[3] Begründung zum Beurteilungsmaßstab zu Quarz (Fassung v. 13.8.2015: *https://www.baua.de/DE/Angebote/Rechtstexte-und-Technische- Regeln/Regelwerk/TRGS/pdf/900/Quarz.pdf?__blob=publicationFile&v=2).*

[4] *https://www.baua.de/DE/Angebote/Rechtstexte-und-Technische-Regeln/Regelwerk/Glossar/Glossar_node.html*

[5] Das Staubungsverhalten pulverförmiger Schüttgüter kann mit einem geeigneten standardisierten Verfahren z. B. nach DIN 33897 oder DIN EN 15051 quantitativ bestimmt werden.

[6] z. B. nach: „BVT-Merkblatt über die besten verfügbaren Techniken zur Lagerung gefährlicher Substanzen und staubender Güter" (BREF „Emissions from Storage") durch Bestimmung der „dispersiveness class" aus den dort enthaltenen Listen oder dem Einfachen Maßnahmenkonzept Gefahrstoffe (EMKG) der BAuA, herunterladbar unter *www.baua.de/emkg*

[7] *https://www.bgbau.de/themen/sicherheit-und-gesundheit/staub/*

[8] DGUV Information 213-582 (Hinweis: In der Methodenbeschreibung wurde die Bestimmungsgrenze mit 0,025 mg/m^3 angegeben, obwohl dies die Nachweisgrenze des Verfahrens ist – siehe Literaturstellen 9 und 10)

[9] Mattenklott, M.: Die Nachweisbarkeit von Quarz-A-Staub bei Arbeitsplatzmessungen, Gefahrstoffe- Reinhaltung der Luft 66 (2006) Nr. 5 217-219

[10] IFA Arbeitsmappe 6013 Nachweis- und Bestimmungsgrenzen partikulärer Gefahrstoffe in der A- und E-Staub-Fraktion (Lieferung 2/18)

[11] NEPSI: Sozialübereinkommen Quarzfeinstaub; weitere Informationen auf *www.nepsi.eu*

[12] Anhang I Abschnitt 1.5.13 der RL 2006/42/EU; Maschinenrichtlinie.

[13] *https://www.bgbau.de/fileadmin/Themen/Arbeitsschutz/Zuluftfilter_fuer_Fahrerkabinen_ bei_Abbrucharbeiten.pdf*

[14] *http://www.bmas.de/DE/Presse/Pressemitteilungen/2016/bei-staubminimierung-an-einem-strang-ziehen.html?nn=67546*

[15] *https://www.dguv.de/ifa/gestis/zentrale-expositionsdatenbank-(zed)/index.jsp*

[16] DGUV Regel 112-190 „Benutzung von Atemschutzgeräten"; DIN EN 12941:2017-02 – Entwurf; DIN EN 12942:2017-02 – Entwurf

2 Gesetze, Verordnungen und Technische Regeln

[1] Gesetz über die Bereitstellung von Produkten auf dem Markt (Produktsicherheitsgesetz – ProdSG),

[2] Gesetz über technische Arbeitsmittel und Verbraucherprodukte (Geräte- und Gesetz über die Durchführung von Maßnahmen des Arbeitsschutzes zur Verbesserung der Sicherheit und des Gesundheitsschutzes der Beschäftigten bei der Arbeit (Arbeitsschutzgesetz – ArbSchG),

[3] Gesetz zum Schutz vor gefährlichen Stoffen (Chemikaliengesetz – ChemG),

[4] Verordnung zum Schutz vor Gefahrstoffen (Gefahrstoffverordnung – GefStoffV) mit zugehörigen Technischen Regeln für Gefahrstoffe (TRGS), insbesondere

1. TRGS 400 „Gefährdungsbeurteilung für Tätigkeiten mit Gefahrstoffen"
2. TRGS 402 „Ermitteln und Beurteilen der Gefährdungen bei Tätigkeiten mit Gefahrstoffen: Inhalative Exposition",
3. TRGS 420 „Verfahrens- und stoffspezifische Kriterien (VSK) für die Gefährdungsbeurteilung",
4. TRGS 460 „Vorgehensweise zur Ermittlung des Standes der Technik",
5. TRGS 504 „Tätigkeiten mit Exposition gegenüber A- und E-Staub",
6. TRGS 517 „Tätigkeiten mit potentiell asbesthaltigen mineralischen Rohstoffen und daraus hergestellten Zubereitungen und Erzeugnissen"

7. TRGS 519 „Asbest: Abbruch-, Sanierungs- oder Instandhaltungsarbeiten“,
8. TRGS 521 „Abbruch-, Sanierungs- und Instandhaltungsarbeiten mit alter Mineralwolle“,
9. TRGS 555 „Betriebsanweisung und Information der Beschäftigten“
10. TRGS 600 „Substitution“
11. TRGS 900 „Arbeitsplatzgrenzwerte”,
12. TRGS 906 „Verzeichnis krebserzeugender Tätigkeiten oder Verfahren nach § 3 Abs. 2 Nr. 3 GefStoffV“.

[5] Verordnung zur arbeitsmedizinischen Vorsorge (ArbMedVV)

[6] Verordnung über Sicherheit und Gesundheitsschutz auf Baustellen (Baustellenverordnung - BaustellV),

[7] Verordnung über Arbeitsstätten (Arbeitsstättenverordnung - ArbStättV)

[8] ASR A1.3 „Sicherheits- und Gesundheitsschutzkennzeichnung“,

[9] ASR A4.1 „Sanitärräume”,

[10] AMR Nr. 3.2 „Arbeitsmedizinische Prävention“,

[11] AMR Nr. 11.1 „Abweichungen nach Anhang Teil 1 Absatz 4 ArbMedVV bei Tätigkeiten mit krebserzeugenden oder keimzellmutagenen Gefahrstoffen der Kategorie 1A oder 1B“,

[12] AMR Nr. 14.2 „Einteilung von Atemschutzgeräten in Gruppen“

3 Vorschriften, Regeln und Informationen der gesetzlichen Unfallversicherungsträger

[1] DGUV Vorschrift 1 „Grundsätze der Prävention”,

[2] DGUV Vorschrift 38 „Bauarbeiten”,

[3] DGUV Regel 100-001 „Grundsätze der Prävention“,

[4] DGUV Regel 100-500 „Betreiben von Arbeitsmitteln“,

[5] DGUV Regel 109-002 „Arbeitsplatzlüftung - Lufttechnische Maßnahmen”,

[6] DGUV Regel 112-190 „Benutzung von Atemschutzgeräten”,

[7] DGUV Information 240-011 „Mineralischer Staub: Teil 1: Quarzhaltiger Staub“,

[8] DGUV Information 240-014 „Staubbelastung“,

[9] DGUV Information 201-004 „Fahrerkabinen mit Anlagen zur Atemluftversorgung auf Erdbaumaschinen und Spezialmaschinen des Tiefbaues“ (BGI 581),

[10] DGUV Information 213-701 „BG/BGIA-Empfehlungen für die Gefährdungsbeurteilung nach der Gefahrstoffverordnung – Allgemeiner Teil“,

[11] DGUV Information 213-730 „Mineralische Stäube beim Ein-, Ausbetten und Strahlen in Dentallaboratorien – Empfehlungen Gefährdungsermittlung der Unfallversicherungsträger (EGU) nach der Gefahrstoffverordnung“.

4 Normen

[1] DIN EN 481:1993-09 „Arbeitsplatzatmosphäre; Festlegung der Teilchengrößenverteilung zur Messung luftgetragener Partikel“,

[2] DIN EN 1093–1 „Sicherheit von Maschinen – Bewertung der Emission von luftgetragenen Gefahrstoffen – Teil 1: Auswahl der Prüfverfahren“,

[3] DIN EN 15051 „Arbeitsplatzatmosphäre – Messung des Staubungsverhaltens von Schüttgütern – Anforderungen und Referenzprüfverfahren“,

[4] VDI 2262 Luftbeschaffenheit am Arbeitsplatz; Minderung der Exposition durch luftfremde Stoffe,

[5] DIN EN 60335–2–69 / VDE 0700–69 Sicherheit elektrischer Geräte für den Hausgebrauch und ähnliche Zwecke; Teil 2–69: Besondere Anforderungen für Staub- und Wassersauger einschließlich kraftbetriebener Bürsten für industrielle und gewerbliche Zwecke (IEC 60335–2–69:2002, modifiziert).

5 Weitere Publikationen und Informationsquellen

[1] GESTIS-Stoffdatenbank (*http://www.dguv.de/ifa/gestis/index.jsp*),

[2] BGIA-Report 8/2006 „Quarzexposition am Arbeitsplatz" (*https://www.dguv.de/ifa/publikationen/reports-download/bgia-reports-2005-bis-2006/bgia-report-8-2006/index.jsp*),

[3] Fachausschussinformation „Praxisleitfaden Quarzfeinstaub, Leitfaden über bewährte Praktiken zum Gesundheitsschutz der Arbeitnehmer durch gute Handhabung und Verwendung von kristallinem Siliciumdioxid und dieses enthaltender Produkte" (*https://www.bgrci.de/fachwissen-portal/start/gefahrstoffe/staeube/sozialer-dialog-und-praxis-leitfaden-quarzfeinstaub/*) (*https://www.nepsi.eu/good-practice-guide*),

[4] Das Staubungsverhalten quarzfeinstaubhaltiger Produkte – D. Dahmann, K. Möcklinghoff in: Gefahrstoffe – Reinhaltung der Luft 60 (2000) Nr. 5, Seite 213 ff,

[5] Umweltbundesamt (Herausgeber): Integrierte Vermeidung und Verminderung der Umweltverschmutzung, BVT-Merkblatt über die besten verfügbaren Techniken zur Lagerung gefährlicher Substanzen und staubender Güter, Januar 2005 (*https://www.umweltbundesamt.de/sites/default/files/medien/419/dokumente/bvt_lagerung_vv.pdf*),

[6] Hessisches Sozialministerium (Herausgeber): Handlungsanleitung zur guten Arbeitspraxis – „Schutz der Beschäftigten vor Stäuben und Aerosolen an Gießereiarbeitsplätzen", Mai 2008. (*https://www.baua.de/DE/Angebote/Publikationen/Kooperation/Giesserei.html?__blob=publicationFile&v=3*)

Weitere TRGS mit Anforderungen an Baustellen

Besonders in Zusammenhang mit Abbruch-, Sanierungs- oder Instandsetzungsmaßnahmen sind zahlreiche weitere Technische Regeln für Gefahrstoffe zu beachten. Dazu gehören u. a.:

TRGS 400 Gefährdungsbeurteilung für Tätigkeiten mit Gefahrstoffen (Juli 2017), GMBl 2017 S. 638 [Nr. 36] (vom 08.09.2017)

TRBA/TRGS 406 Sensibilisierende Stoffe für die Atemwege (Juni 2008), GMBl S. 845-855 [Nr. 40/41] (vom 19.08.2008), korrigiert GMBl S. 254 [Nr. 12-14] (vom 27.03.2009)

TRGS 500 Schutzmaßnahmen (September 2019), GMBl 2019 S. 1330-1366 [Nr. 66/67] (vom 13.12.2019), GMBl 2020 S. 88 [Nr. 4] (vom 31.01.2020)

TRGS 512 Begasungen (Januar 2007), GMBl S. 207 [Nr. 10/11] (vom 28.02.2007), zuletzt geändert und ergänzt: GMBl 2012 S. 875 vom 17.10.2012 [Nr. 45/46]

TRGS 519 Asbest: Abbruch-, Sanierungs- oder Instandhaltungsarbeiten (Januar 2014), GMBl 2014 S. 164-201 vom 20.03.2014 [Nr. 8/9], zuletzt geändert und ergänzt: GMBl 2025 S 144-145 vom 28.02.2025 [Nr. 7]

TRGS 521 Abbruch-, Sanierungs- und Instandhaltungsarbeiten mit alter Mineralwolle (Februar 2008), GMBl S. 279-286 [Nr. 14] (vom 25.03.2008)

TRGS 524 Schutzmaßnahmen bei Tätigkeiten in kontaminierten Bereichen (Februar 2010), GMBl 2010 S. 419-450 [Nr. 21] (vom 01.04.2010), zuletzt geändert und ergänzt: GMBl S. 1018 [Nr. 49-51] (vom 19.12.2011)

TRGS 528 Schweißtechnische Arbeiten (Februar 2020), GMBl 2020 S. 236-276 [Nr. 12-13] (vom 30.03.2020), berichtigt: GMBl 2020 S. 463 [Nr. 23] (vom 07.08.2020)

Im Straßenbau können zudem relevant sein:

TRGS 517 Tätigkeiten mit potenziell asbesthaltigen mineralischen Rohstoffen und daraus hergestellten Gemischen und Erzeugnissen (Februar 2013), GMBl 2013 S. 382-396 vom 09.04.2013 [Nr. 18], zuletzt geändert und ergänzt: GMBl 2015 S. 137-138 [Nr. 7] (vom 02.03.2015)

TRGS 551 Teer und andere Pyrolyseprodukte aus organischem Material (August 2015), GMBl 2015 S. 1066-1083 [Nr. 54] (vom 06.10.2015), geändert und ergänzt: GMBl 2016, S 8-10 [Nr. 1] (vom 27.01.2016)

Diese Technischen Regeln finden Sie in Gänze unter https://shop.forum-verlag.com/beiblatt-3289-juni25. Oder scannen Sie hierfür nebenstehenden QR-Code.

Lärm- und Vibrations-Arbeitsschutzverordnung sowie Technische Regeln zur Lärm- und Vibrations-Arbeitsschutzverordnung (TRLV)

LärmVibrationsArbSchV
Verordnung zum Schutz der Beschäftigten vor Gefährdungen durch Lärm und Vibrationen (Lärm- und Vibrations-Arbeitsschutzverordnung)

vom 6. März 2007 (BGBl. I S. 261), die zuletzt durch Artikel 3 der Verordnung vom 21. Juli 2021 (BGBl. I S. 3115) geändert worden ist.

Abschnitt 1
Anwendungsbereich und Begriffsbestimmungen

§ 1 Anwendungsbereich

(1) Diese Verordnung gilt zum Schutz der Beschäftigten vor tatsächlichen oder möglichen Gefährdungen ihrer Gesundheit und Sicherheit durch Lärm oder Vibrationen bei der Arbeit.

(2) Das Bundesministerium der Verteidigung kann für Beschäftigte, die Lärm und Vibrationen ausgesetzt sind oder ausgesetzt sein können, Ausnahmen von den Vorschriften dieser Verordnung zulassen, soweit öffentliche Belange dies zwingend erfordern, insbesondere für Zwecke der Landesverteidigung oder zur Erfüllung zwischenstaatlicher Verpflichtungen der Bundesrepublik Deutschland. In diesem Fall ist gleichzeitig festzulegen, wie die Sicherheit und der Gesundheitsschutz der Beschäftigten nach dieser Verordnung auf andere Weise gewährleistet werden kann.

§ 2 Begriffsbestimmungen

(1) Lärm im Sinne dieser Verordnung ist jeder Schall, der zu einer Beeinträchtigung des Hörvermögens oder zu einer sonstigen mittelbaren oder unmittelbaren Gefährdung von Sicherheit und Gesundheit der Beschäftigten führen kann.

(2) Der Tages-Lärmexpositionspegel ($L_{EX,8h}$) ist der über die Zeit gemittelte Lärmexpositionspegel bezogen auf eine Achtstundenschicht. Er umfasst alle am Arbeitsplatz auftretenden Schallereignisse.

(3) Der Wochen-Lärmexpositionspegel ($L_{EX,40h}$) ist der über die Zeit gemittelte Tages-Lärmexpositionspegel bezogen auf eine 40-Stundenwoche.

(4) Der Spitzenschalldruckpegel ($L_{pC,peak}$) ist der Höchstwert des momentanen Schalldruckpegels.

(5) Vibrationen sind alle mechanischen Schwingungen, die durch Gegenstände auf den menschlichen Körper übertragen werden und zu einer mittelbaren oder unmittelbaren Gefährdung von Sicherheit und Gesundheit der Beschäftigten führen können. Dazu gehören insbesondere

1. mechanische Schwingungen, die bei Übertragung auf das Hand-Arm-System des Menschen Gefährdungen für die Gesundheit und Sicherheit der Beschäftigten verursachen oder verursachen können (Hand-Arm-Vibrationen), insbesondere Knochen- oder Gelenkschäden, Durchblutungsstörungen oder neurologische Erkrankungen, und
2. mechanische Schwingungen, die bei Übertragung auf den gesamten Körper Gefährdungen für die Gesundheit und Sicherheit der Beschäftigten verursachen oder verursachen können (Ganzkörper-Vibrationen), insbesondere Rückenschmerzen und Schädigungen der Wirbelsäule.

(6) Der Tages-Vibrationsexpositionswert A(8) ist der über die Zeit nach Nummer 1.1 des Anhangs für Hand-Arm-Vibrationen und nach Nummer 2.1 des Anhangs für Ganzkörper-Vibrationen gemittelte Vibrationsexpositionswert bezogen auf eine Achtstundenschicht.

(7) Fachkundig ist, wer über die erforderlichen Fachkenntnisse zur Ausübung einer in dieser Verordnung bestimmten Aufgabe verfügt. Die Anforderungen an die Fachkunde sind abhängig von der jeweiligen Art der Aufgabe. Zu den Anforderungen zählen eine entsprechende Berufsausbildung oder Berufserfahrung jeweils in Verbindung mit einer zeitnah ausgeübten einschlägigen beruflichen Tätigkeit sowie die Teilnahme an spezifischen Fortbildungsmaßnahmen.

(8) Der Stand der Technik ist der Entwicklungsstand fortschrittlicher Verfahren, Einrichtungen oder Betriebsweisen, der die praktische Eignung einer Maßnahme zum Schutz der Gesundheit und zur Sicherheit der Beschäftigten gesichert erscheinen lässt. Bei der Bestimmung des Standes der Technik sind insbesondere vergleichbare Verfahren, Einrichtungen oder Betriebsweisen heranzuziehen, die mit Erfolg in der Praxis erprobt wor-

den sind. Gleiches gilt für die Anforderungen an die Arbeitsmedizin und die Arbeitshygiene.

(9) Den Beschäftigten stehen Schülerinnen und Schüler, Studierende und sonstige in Ausbildungseinrichtungen tätige Personen, die bei ihren Tätigkeiten Lärm und Vibrationen ausgesetzt sind, gleich.

Abschnitt 2
Ermittlung und Bewertung der Gefährdung; Messungen

§ 3 Gefährdungsbeurteilung

(1) Bei der Beurteilung der Arbeitsbedingungen nach § 5 des Arbeitsschutzgesetzes hat der Arbeitgeber zunächst festzustellen, ob die Beschäftigten Lärm oder Vibrationen ausgesetzt sind oder ausgesetzt sein können. Ist dies der Fall, hat er alle hiervon ausgehenden Gefährdungen für die Gesundheit und Sicherheit der Beschäftigten zu beurteilen. Dazu hat er die auftretenden Expositionen am Arbeitsplatz zu ermitteln und zu bewerten. Der Arbeitgeber kann sich die notwendigen Informationen beim Hersteller oder Inverkehrbringer von Arbeitsmitteln oder bei anderen ohne weiteres zugänglichen Quellen beschaffen. Lässt sich die Einhaltung der Auslöse- und Expositionsgrenzwerte nicht sicher ermitteln, hat er den Umfang der Exposition durch Messungen nach § 4 festzustellen. Entsprechend dem Ergebnis der Gefährdungsbeurteilung hat der Arbeitgeber Schutzmaßnahmen nach dem Stand der Technik festzulegen.

(2) Die Gefährdungsbeurteilung nach Absatz 1 umfasst insbesondere

1. bei Exposition der Beschäftigten durch Lärm
   a) Art, Ausmaß und Dauer der Exposition durch Lärm,
   b) die Auslösewerte nach § 6 Satz 1 und die Expositionswerte nach § 8 Abs. 2,
   c) die Verfügbarkeit alternativer Arbeitsmittel und Ausrüstungen, die zu einer geringeren Exposition der Beschäftigten führen (Substitutionsprüfung),
   d) Erkenntnisse aus der arbeitsmedizinischen Vorsorge sowie allgemein zugängliche, veröffentlichte Informationen hierzu,
   e) die zeitliche Ausdehnung der beruflichen Exposition über eine Achtstundenschicht hinaus,

f) die Verfügbarkeit und Wirksamkeit von Gehörschutzmitteln,
g) Auswirkungen auf die Gesundheit und Sicherheit von Beschäftigten, die besonders gefährdeten Gruppen angehören, und
h) Herstellerangaben zu Lärmemissionen sowie

2. bei Exposition der Beschäftigten durch Vibrationen
   a) Art, Ausmaß und Dauer der Exposition durch Vibrationen, einschließlich besonderer Arbeitsbedingungen, wie zum Beispiel Tätigkeiten bei niedrigen Temperaturen,
   b) die Expositionsgrenzwerte und Auslösewerte nach § 9 Abs. 1 und 2,
   c) die Verfügbarkeit und die Möglichkeit des Einsatzes alternativer Arbeitsmittel und Ausrüstungen, die zu einer geringeren Exposition der Beschäftigten führen (Substitutionsprüfung),
   d) Erkenntnisse aus der arbeitsmedizinischen Vorsorge sowie allgemein zugängliche, veröffentlichte Informationen hierzu,
   e) die zeitliche Ausdehnung der beruflichen Exposition über eine Achtstundenschicht hinaus,
   f) Auswirkungen auf die Gesundheit und Sicherheit von Beschäftigten, die besonders gefährdeten Gruppen angehören, und
   g) Herstellerangaben zu Vibrationsemissionen.

(3) Die mit der Exposition durch Lärm oder Vibrationen verbundenen Gefährdungen sind unabhängig voneinander zu beurteilen und in der Gefährdungsbeurteilung zusammenzuführen. Mögliche Wechsel- oder Kombinationswirkungen sind bei der Gefährdungsbeurteilung zu berücksichtigen. Dies gilt insbesondere bei Tätigkeiten mit gleichzeitiger Belastung durch Lärm, arbeitsbedingten ototoxischen Substanzen oder Vibrationen, soweit dies technisch durchführbar ist. Zu berücksichtigen sind auch mittelbare Auswirkungen auf die Gesundheit und Sicherheit der Beschäftigten, zum Beispiel durch Wechselwirkungen zwischen Lärm und Warnsignalen oder anderen Geräuschen, deren Wahrnehmung zur Vermeidung von Gefährdungen erforderlich ist. Bei Tätigkeiten, die eine hohe Konzentration und Aufmerksamkeit erfordern, sind störende und negative Einflüsse infolge einer Exposition durch Lärm oder Vibrationen zu berücksichtigen.

(4) Der Arbeitgeber hat die Gefährdungsbeurteilung unabhängig von der Zahl der Beschäftigten zu dokumentieren. In der Dokumentation ist anzugeben, welche Gefährdungen am Arbeitsplatz auftreten können und welche Maßnahmen zur Vermeidung oder Minimierung der Gefährdung der

Beschäftigten durchgeführt werden müssen. Die Gefährdungsbeurteilung ist zu aktualisieren, wenn maßgebliche Veränderungen der Arbeitsbedingungen dies erforderlich machen oder wenn sich eine Aktualisierung auf Grund der Ergebnisse der arbeitsmedizinischen Vorsorge als notwendig erweist.

§ 4 Messungen

(1) Der Arbeitgeber hat sicherzustellen, dass Messungen nach dem Stand der Technik durchgeführt werden. Dazu müssen

1. Messverfahren und -geräte den vorhandenen Arbeitsplatz- und Expositionsbedingungen angepasst sein; dies betrifft insbesondere die Eigenschaften des zu messenden Lärms oder der zu messenden Vibrationen, die Dauer der Einwirkung und die Umgebungsbedingungen und
2. die Messverfahren und -geräte geeignet sein, die jeweiligen physikalischen Größen zu bestimmen, und die Entscheidung erlauben, ob die in den §§ 6 und 9 festgesetzten Auslöse- und Expositionsgrenzwerte eingehalten werden.

Die durchzuführenden Messungen können auch eine Stichprobenerhebung umfassen, die für die persönliche Exposition eines Beschäftigten repräsentativ ist. Der Arbeitgeber hat die Dokumentation über die ermittelten Messergebnisse mindestens 30 Jahre in einer Form aufzubewahren, die eine spätere Einsichtnahme ermöglicht.

(2) Messungen zur Ermittlung der Exposition durch Vibrationen sind zusätzlich zu den Anforderungen nach Absatz 1 entsprechend den Nummern 1.2 und 2.2 des Anhangs durchzuführen.

§ 5 Fachkunde

Der Arbeitgeber hat sicherzustellen, dass die Gefährdungsbeurteilung nur von fachkundigen Personen durchgeführt wird. Verfügt der Arbeitgeber nicht selbst über die entsprechenden Kenntnisse, hat er sich fachkundig beraten zu lassen. Fachkundige Personen können insbesondere der Betriebsarzt und die Fachkraft für Arbeitssicherheit sein. Der Arbeitgeber darf mit der Durchführung von Messungen nur Personen beauftragen, die über die dafür notwendige Fachkunde und die erforderlichen Einrichtungen verfügen.

Abschnitt 3
Auslösewerte und Schutzmaßnahmen bei Lärm

§ 6 Auslösewerte bei Lärm

Die Auslösewerte in Bezug auf den Tages-Lärmexpositionspegel und den Spitzenschalldruckpegel betragen:

1. Obere Auslösewerte:
   $L_{EX,8h}$ = 85 dB(A) beziehungsweise $L_{pC,peak}$ = 137 dB(C),
2. Untere Auslösewerte:
   $L_{EX,8h}$ = 80 dB(A) beziehungsweise $L_{pC,peak}$ = 135 dB(C).

Bei der Anwendung der Auslösewerte wird die dämmende Wirkung eines persönlichen Gehörschutzes der Beschäftigten nicht berücksichtigt.

§ 7 Maßnahmen zur Vermeidung und Verringerung der Lärmexposition

(1) Der Arbeitgeber hat die nach § 3 Abs. 1 Satz 6 festgelegten Schutzmaßnahmen nach dem Stand der Technik durchzuführen, um die Gefährdung der Beschäftigten auszuschließen oder so weit wie möglich zu verringern. Dabei ist folgende Rangfolge zu berücksichtigen:

1. Die Lärmemission muss am Entstehungsort verhindert oder so weit wie möglich verringert werden. Technische Maßnahmen haben Vorrang vor organisatorischen Maßnahmen.
2. Die Maßnahmen nach Nummer 1 haben Vorrang vor der Verwendung von Gehörschutz nach § 8.

(2) Zu den Maßnahmen nach Absatz 1 gehören insbesondere:

1. alternative Arbeitsverfahren, welche die Exposition der Beschäftigten durch Lärm verringern,
2. Auswahl und Einsatz neuer oder bereits vorhandener Arbeitsmittel unter dem vorrangigen Gesichtspunkt der Lärmminderung,
3. die lärmmindernde Gestaltung und Einrichtung der Arbeitsstätten und Arbeitsplätze,
4. technische Maßnahmen zur Luftschallminderung, beispielsweise durch Abschirmungen oder Kapselungen, und zur Körperschall-

minderung, beispielsweise durch Körperschalldämpfung oder -dämmung oder durch Körperschallisolierung,

5. Wartungsprogramme für Arbeitsmittel, Arbeitsplätze und Anlagen,
6. arbeitsorganisatorische Maßnahmen zur Lärmminderung durch Begrenzung von Dauer und Ausmaß der Exposition und Arbeitszeitpläne mit ausreichenden Zeiten ohne belastende Exposition.

(3) In Ruheräumen ist unter Berücksichtigung ihres Zweckes und ihrer Nutzungsbedingungen die Lärmexposition so weit wie möglich zu verringern.

(4) Der Arbeitgeber hat Arbeitsbereiche, in denen einer der oberen Auslösewerte für Lärm ($L_{EX,8h}$, $L_{pC,peak}$) überschritten werden kann, als Lärmbereiche zu kennzeichnen und, falls technisch möglich, abzugrenzen. In diesen Bereichen dürfen sich Beschäftigte nur aufhalten, wenn das Arbeitsverfahren dies erfordert und die Beschäftigten eine geeignete persönliche Schutzausrüstung verwenden; Absatz 1 bleibt unberührt.

(5) Wird einer der oberen Auslösewerte überschritten, hat der Arbeitgeber ein Programm mit technischen und organisatorischen Maßnahmen zur Verringerung der Lärmexposition auszuarbeiten und durchzuführen. Dabei sind insbesondere die Absätze 1 und 2 zu berücksichtigen.

§ 8 Gehörschutz

(1) Werden die unteren Auslösewerte nach § 6 Satz 1 Nr. 2 trotz Durchführung der Maßnahmen nach § 7 Abs. 1 nicht eingehalten, hat der Arbeitgeber den Beschäftigten einen geeigneten persönlichen Gehörschutz zur Verfügung zu stellen, der den Anforderungen nach Absatz 2 genügt.

(2) Der persönliche Gehörschutz ist vom Arbeitgeber so auszuwählen, dass durch seine Anwendung die Gefährdung des Gehörs beseitigt oder auf ein Minimum verringert wird. Dabei muss unter Einbeziehung der dämmenden Wirkung des Gehörschutzes sichergestellt werden, dass der auf das Gehör des Beschäftigten einwirkende Lärm die maximal zulässigen Expositionswerte $L_{EX,8h}$ = 85 dB(A) beziehungsweise $L_{pC,peak}$ = 137 dB(C) nicht überschreitet.

(3) Erreicht oder überschreitet die Lärmexposition am Arbeitsplatz einen der oberen Auslösewerte nach § 6 Satz 1 Nr. 1, hat der Arbeitgeber dafür Sorge zu tragen, dass die Beschäftigten den persönlichen Gehörschutz bestimmungsgemäß verwenden.

(4) Der Zustand des ausgewählten persönlichen Gehörschutzes ist in regelmäßigen Abständen zu überprüfen. Stellt der Arbeitgeber dabei fest, dass die Anforderungen des Absatzes 2 Satz 2 nicht eingehalten werden, hat er unverzüglich die Gründe für diese Nichteinhaltung zu ermitteln und Maßnahmen zu ergreifen, die für eine dauerhafte Einhaltung der Anforderungen erforderlich sind.

Abschnitt 4
Expositionsgrenzwerte und Auslösewerte sowie Schutzmaßnahmen bei Vibrationen

§ 9 Expositionsgrenzwerte und Auslösewerte für Vibrationen

(1) Für Hand-Arm-Vibrationen beträgt

1. der Expositionsgrenzwert A(8) = 5 m/s^2 und
2. der Auslösewert A(8) = 2,5 m/s^2.

Die Exposition der Beschäftigten gegenüber Hand-Arm-Vibrationen wird nach Nummer 1 des Anhangs ermittelt und bewertet.

(2) Für Ganzkörper-Vibrationen beträgt

1. der Expositionsgrenzwert A(8) = 1,15 m/s^2 in X- und Y-Richtung und A(8) = 0,8 m/s^2 in Z- Richtung und
2. der Auslösewert A(8) = 0,5 m/s^2.

Die Exposition der Beschäftigten gegenüber Ganzkörper-Vibrationen wird nach Nummer 2 des Anhangs ermittelt und bewertet.

§ 10 Maßnahmen zur Vermeidung und Verringerung der Exposition durch Vibrationen

(1) Der Arbeitgeber hat die in § 3 Abs. 1 Satz 6 festgelegten Schutzmaßnahmen nach dem Stand der Technik durchzuführen, um die Gefährdung der Beschäftigten auszuschließen oder so weit wie möglich zu verringern. Dabei müssen Vibrationen am Entstehungsort verhindert oder so weit wie möglich verringert werden. Technische Maßnahmen zur Minderung von Vibrationen haben Vorrang vor organisatorischen Maßnahmen.

(2) Zu den Maßnahmen nach Absatz 1 gehören insbesondere

1. alternative Arbeitsverfahren, welche die Exposition gegenüber Vibrationen verringern,
2. Auswahl und Einsatz neuer oder bereits vorhandener Arbeitsmittel, die nach ergonomischen Gesichtspunkten ausgelegt sind und unter Berücksichtigung der auszuführenden Tätigkeit möglichst geringe Vibrationen verursachen, beispielsweise schwingungsgedämpfte handgehaltene oder handgeführte Arbeitsmaschinen, welche die auf den Hand-Arm-Bereich übertragene Vibration verringern,
3. die Bereitstellung von Zusatzausrüstungen, welche die Gesundheitsgefährdung auf Grund von Vibrationen verringern, beispielsweise Sitze, die Ganzkörper-Vibrationen wirkungsvoll dämpfen,
4. Wartungsprogramme für Arbeitsmittel, Arbeitsplätze und Anlagen sowie Fahrbahnen,
5. die Gestaltung und Einrichtung der Arbeitsstätten und Arbeitsplätze,
6. die Schulung der Beschäftigten im bestimmungsgemäßen Einsatz und in der sicheren und vibrationsarmen Bedienung von Arbeitsmitteln,
7. die Begrenzung der Dauer und Intensität der Exposition,
8. Arbeitszeitpläne mit ausreichenden Zeiten ohne belastende Exposition und
9. die Bereitstellung von Kleidung für gefährdete Beschäftigte zum Schutz vor Kälte und Nässe.

(3) Der Arbeitgeber hat, insbesondere durch die Maßnahmen nach Absatz 1, dafür Sorge zu tragen, dass bei der Exposition der Beschäftigten die Expositionsgrenzwerte nach § 9 Abs. 1 Satz 1 Nr. 1 und § 9 Abs. 2 Satz 1 Nr. 1 nicht überschritten werden. Werden die Expositionsgrenzwerte trotz der durchgeführten Maßnahmen überschritten, hat der Arbeitgeber unverzüglich die Gründe zu ermitteln und weitere Maßnahmen zu ergreifen, um die Exposition auf einen Wert unterhalb der Expositionsgrenzwerte zu senken und ein erneutes Überschreiten der Grenzwerte zu verhindern.

(4) Werden die Auslösewerte nach § 9 Abs. 1 Satz 1 Nr. 2 oder § 9 Abs. 2 Satz 1 Nr. 2 überschritten, hat der Arbeitgeber ein Programm mit technischen und organisatorischen Maßnahmen zur Verringerung der Exposition durch Vibrationen auszuarbeiten und durchzuführen. Dabei sind insbesondere die in Absatz 2 genannten Maßnahmen zu berücksichtigen.

Abschnitt 5
Unterweisung der Beschäftigten; Beratung durch den Ausschuss für Betriebssicherheit

§ 11 Unterweisung der Beschäftigten

(1) Können bei Exposition durch Lärm die unteren Auslösewerte nach § 6 Satz 1 Nr. 2 oder bei Exposition durch Vibrationen die Auslösewerte nach § 9 Abs. 1 Satz 1 Nr. 2 oder § 9 Abs. 2 Satz 1 Nr. 2 erreicht oder überschritten werden, stellt der Arbeitgeber sicher, dass die betroffenen Beschäftigten eine Unterweisung erhalten, die auf den Ergebnissen der Gefährdungsbeurteilung beruht und die Aufschluss über die mit der Exposition verbundenen Gesundheitsgefährdungen gibt. Sie muss vor Aufnahme der Beschäftigung und danach in regelmäßigen Abständen, jedoch immer bei wesentlichen Änderungen der belastenden Tätigkeit, erfolgen.

(2) Der Arbeitgeber stellt sicher, dass die Unterweisung nach Absatz 1 in einer für die Beschäftigten verständlichen Form und Sprache erfolgt und mindestens folgende Informationen enthält:

1. die Art der Gefährdung,
2. die durchgeführten Maßnahmen zur Beseitigung oder zur Minimierung der Gefährdung unter Berücksichtigung der Arbeitsplatzbedingungen,
3. die Expositionsgrenzwerte und Auslösewerte,
4. die Ergebnisse der Ermittlungen zur Exposition zusammen mit einer Erläuterung ihrer Bedeutung und der Bewertung der damit verbundenen möglichen Gefährdungen und gesundheitlichen Folgen,
5. die sachgerechte Verwendung der persönlichen Schutzausrüstung,
6. die Voraussetzungen, unter denen die Beschäftigten Anspruch auf arbeitsmedizinische Vorsorge haben, und deren Zweck,
7. die ordnungsgemäße Handhabung der Arbeitsmittel und sichere Arbeitsverfahren zur Minimierung der Expositionen,
8. inweise zur Erkennung und Meldung möglicher Gesundheitsschäden.

(3) Um frühzeitig Gesundheitsstörungen durch Lärm oder Vibrationen erkennen zu können, hat der Arbeitgeber sicherzustellen, dass ab dem Überschreiten der unteren Auslösewerte für Lärm und dem Überschreiten der Auslösewerte für Vibrationen die betroffenen Beschäftigten eine

allgemeine arbeitsmedizinische Beratung erhalten. Die Beratung ist unter Beteiligung des in § 7 Abs. 1 der Verordnung zur arbeitsmedizinischen Vorsorge genannten Arztes durchzuführen, falls dies aus arbeitsmedizinischen Gründen erforderlich sein sollte. Die arbeitsmedizinische Beratung kann im Rahmen der Unterweisung nach Absatz 1 erfolgen.

§ 12 Beratung durch den Ausschuss für Betriebssicherheit

Der Ausschuss nach § 21 der Betriebssicherheitsverordnung vom 3. Februar 2015 (BGBl. I S. 49), die zuletzt durch Artikel 1 der Verordnung vom 28. Mai 2021 (BGBl. I S. 1224) geändert worden ist, berät das Bundesministerium für Arbeit und Soziales auch in Fragen der Sicherheit und des Gesundheitsschutzes bei lärm- oder vibrationsbezogenen Gefährdungen. § 21 Absatz 4 und 5 der Betriebssicherheitsverordnung gilt entsprechend.

§ 13 (weggefallen)

§ 14 (weggefallen)

Abschnitt 6
Ausnahmen, Straftaten und Ordnungswidrigkeiten, Übergangsvorschriften

§ 15 Ausnahmen

(1) Die zuständige Behörde kann auf schriftlichen oder elektronischen Antrag des Arbeitgebers Ausnahmen von den Vorschriften der §§ 7 und 10 zulassen, wenn die Durchführung der Vorschrift im Einzelfall zu einer unverhältnismäßigen Härte führen würde und die Abweichung mit dem Schutz der Beschäftigten vereinbar ist. Diese Ausnahmen können mit Nebenbestimmungen verbunden werden, die unter Berücksichtigung der besonderen Umstände gewährleisten, dass die sich daraus ergebenden Gefährdungen auf ein Minimum reduziert werden. Diese Ausnahmen sind spätestens nach vier Jahren zu überprüfen; sie sind aufzuheben, sobald die Umstände, die sie gerechtfertigt haben, nicht mehr gegeben sind. Der Antrag des Arbeitgebers muss Angaben enthalten zu

1. der Gefährdungsbeurteilung einschließlich deren Dokumentation,

2. Art, Ausmaß und Dauer der ermittelten Exposition,
3. den Messergebnissen,
4. dem Stand der Technik bezüglich der Tätigkeiten und der Arbeitsverfahren sowie den technischen, organisatorischen und persönlichen Schutzmaßnahmen,
5. Lösungsvorschlägen und einem Zeitplan, wie die Exposition der Beschäftigten reduziert werden kann, um die Expositions- und Auslösewerte einzuhalten.
6. (weggefallen)

Die Ausnahme nach Satz 1 kann auch im Zusammenhang mit Verwaltungsverfahren nach anderen Rechtsvorschriften beantragt werden.

(2) In besonderen Fällen kann die zuständige Behörde auf Antrag des Arbeitgebers zulassen, dass für Tätigkeiten, bei denen die Lärmexposition von einem Arbeitstag zum anderen erheblich schwankt, für die Anwendung der Auslösewerte zur Bewertung der Lärmpegel, denen die Beschäftigten ausgesetzt sind, anstatt des Tages- Lärmexpositionspegels der Wochen-Lärmexpositionspegel verwendet wird, sofern

1. der Wochen-Lärmexpositionspegel den Expositionswert $L_{EX,40h}$ = 85 dB(A) nicht überschreitet und dies durch eine geeignete Messung nachgewiesen wird und
2. geeignete Maßnahmen getroffen werden, um die mit diesen Tätigkeiten verbundenen Gefährdungen auf ein Minimum zu verringern.

§ 16 Straftaten und Ordnungswidrigkeiten

(1) Ordnungswidrig im Sinne des § 25 Abs. 1 Nr. 1 des Arbeitsschutzgesetzes handelt, wer vorsätzlich oder fahrlässig

1. entgegen § 3 Abs. 1 Satz 2 die auftretende Exposition nicht in dem in Absatz 2 genannten Umfang ermittelt und bewertet,
2. entgegen § 3 Abs. 4 Satz 1 eine Gefährdungsbeurteilung nicht dokumentiert oder in der Dokumentation entgegen § 3 Abs. 4 Satz 2 die dort genannten Angaben nicht macht,
3. entgegen § 4 Abs. 1 Satz 1 in Verbindung mit Satz 2 nicht sicherstellt, dass Messungen nach dem Stand der Technik durchgeführt werden, oder entgegen § 4 Abs. 1 Satz 4 die Messergebnisse nicht speichert,

4. entgegen § 5 Satz 1 nicht sicherstellt, dass die Gefährdungsbeurteilung von fachkundigen Personen durchgeführt wird, oder entgegen § 5 Satz 4 nicht die dort genannten Personen mit der Durchführung der Messungen beauftragt,
5. entgegen § 7 Abs. 4 Satz 1 Arbeitsbereiche nicht kennzeichnet oder abgrenzt,
6. entgegen § 7 Abs. 5 Satz 1 ein Programm mit technischen und organisatorischen Maßnahmen zur Verringerung der Lärmexposition nicht durchführt,
7. entgegen § 8 Abs. 1 in Verbindung mit Abs. 2 den dort genannten Gehörschutz nicht zur Verfügung stellt,
8. entgegen § 8 Abs. 3 nicht dafür Sorge trägt, dass die Beschäftigten den dort genannten Gehörschutz bestimmungsgemäß verwenden,
9. entgegen § 10 Abs. 3 Satz 1 nicht dafür sorgt, dass die in § 9 Abs. 1 Satz 1 Nr. 1 oder § 9 Abs. 2 Satz 1 Nr. 1 genannten Expositionsgrenzwerte nicht überschritten werden,
10. entgegen § 10 Abs. 4 Satz 1 ein Programm mit technischen und organisatorischen Maßnahmen zur Verringerung der Exposition durch Vibrationen nicht durchführt oder
11. entgegen § 11 Abs. 1 nicht sicherstellt, dass die Beschäftigten eine Unterweisung erhalten, die auf den Ergebnissen der Gefährdungsbeurteilung beruht und die in § 11 Abs. 2 genannten Informationen enthält.
12. (weggefallen)
13. (weggefallen)

(2) Wer durch eine in Absatz 1 bezeichnete vorsätzliche Handlung das Leben oder die Gesundheit eines Beschäftigten gefährdet, ist nach § 26 Nr. 2 des Arbeitsschutzgesetzes strafbar.

§ 17 Übergangsvorschriften

(1) Für den Bereich des Musik- und Unterhaltungssektors ist diese Verordnung erst ab dem 15. Februar 2008 anzuwenden.

(2) Für Wehrmaterial der Bundeswehr, das vor dem 1. Juli 2007 erstmals in Betrieb genommen wurde, gilt bis zum 1. Juli 2011 abweichend von § 9 Abs. 2 Nr. 1 für Ganzkörper-Vibrationen in Z-Richtung ein Expositionsgrenzwert von $A(8) = 1{,}15\ m/s^2$.

(3) Abweichend von § 9 Abs. 2 Nr. 1 darf bis zum 31. Dezember 2011 bei Tätigkeiten mit Baumaschinen und Baugeräten, die vor dem Jahr 1997 hergestellt worden sind und bei deren Verwendung trotz Durchführung aller in Betracht kommenden Maßnahmen nach dieser Verordnung die Einhaltung des Expositionsgrenzwertes für Ganzkörper-Vibrationen nach § 9 Abs. 2 Nr. 1 nicht möglich ist, an höchstens 30 Tagen im Jahr der Expositionsgrenzwert für Ganzkörper-Vibrationen in Z-Richtung von A(8) = 0,8 m/s^2 bis höchstens 1,15 m/s^2 überschritten werden.

Anhang Vibrationen

1. Hand-Arm-Vibrationen

1.1 Ermittlung und Bewertung der Exposition

Die Bewertung des Ausmaßes der Exposition gegenüber Hand-Arm-Vibrationen erfolgt nach dem Stand der Technik anhand der Berechnung des auf einen Bezugszeitraum von acht Stunden normierten Tagesexpositionswertes A(8); dieser wird ausgedrückt als die Quadratwurzel aus der Summe der Quadrate (Gesamtwert) der Effektivwerte der frequenzbewerteten Beschleunigung in den drei orthogonalen Richtungen a_{hwx}, a_{hwy}, a_{hwz}.

Die Bewertung des Ausmaßes der Exposition kann mittels einer Schätzung anhand der Herstellerangaben zum Ausmaß der von den verwendeten Arbeitsmitteln verursachten Vibrationen und mittels Beobachtung der spezifischen Arbeitsweisen oder durch Messung vorgenommen werden.

1.2 Messung

Im Falle von Messungen gemäß § 4 Abs. 2

a) können Stichprobenverfahren verwendet werden, wenn sie für die fraglichen Vibrationen, denen der einzelne Beschäftigte ausgesetzt ist, repräsentativ sind; die eingesetzten Verfahren und Vorrichtungen müssen hierbei den besonderen Merkmalen der zu messenden Vibrationen, den Umweltfaktoren und den technischen Merkmalen des Messgeräts angepasst sein;
b) an Geräten, die beidhändig gehalten oder geführt werden müssen, sind die Messungen an jeder Hand vorzunehmen. Die Exposition wird unter

Bezug auf den höheren der beiden Werte ermittelt; der Wert für die andere Hand wird ebenfalls angegeben.

1.3 Interferenzen

§ 3 Abs. 3 Satz 2 ist insbesondere dann zu berücksichtigen, wenn sich Vibrationen auf das korrekte Handhaben von Bedienungselementen oder das Ablesen von Anzeigen störend auswirken.

1.4 Indirekte Gefährdung

§ 3 Abs. 3 Satz 2 ist insbesondere dann zu berücksichtigen, wenn sich Vibrationen auf die Stabilität der Strukturen oder die Festigkeit von Verbindungen nachteilig auswirken.

1.5 Persönliche Schutzausrüstungen

Persönliche Schutzausrüstungen gegen Hand-Arm-Vibrationen können Teil des Maßnahmenprogramms gemäß § 10 Abs. 4 sein.

2. Ganzkörper-Vibrationen

2.1 Bewertung der Exposition

Die Bewertung des Ausmaßes der Exposition gegenüber Ganzkörper-Vibrationen erfolgt nach dem Stand der Technik anhand der Berechnung des auf einen Bezugszeitraum von acht Stunden normierten Tages-Vibrationsexpositionswertes A(8); dieser wird ermittelt aus demjenigen korrigierten Effektivwert der frequenzbewerteten Beschleunigung 1,4 a_{wx}, 1,4 a_{wy} oder a_{wz} der drei zueinander orthogonalen Richtungen x, y oder z, bei dem der Zeitraum, der zu einer Überschreitung des Auslösewertes beziehungsweise des Expositionsgrenzwertes führt, am geringsten ist.

Die Bewertung des Ausmaßes der Exposition kann mittels einer Schätzung anhand der Herstellerangaben zum Ausmaß der von den verwendeten Arbeitsmitteln verursachten Vibrationen und mittels Beobachtung der spezifischen Arbeitsweisen oder durch Messung vorgenommen werden.

2.2 Messung

Im Falle von Messungen gemäß § 4 Abs. 2 können Stichprobenverfahren verwendet werden, wenn sie für die betreffenden Vibrationen, denen der einzelne Beschäftigte ausgesetzt ist, repräsentativ sind. Die eingesetzten Verfahren müssen den besonderen Merkmalen der zu messenden Vibrationen, den Umweltfaktoren und den technischen Merkmalen des Messgeräts angepasst sein.

2.3 Interferenzen

§ 3 Abs. 3 Satz 2 ist insbesondere dann zu berücksichtigen, wenn sich Vibrationen auf das korrekte Handhaben von Bedienungselementen oder das Ablesen von Anzeigen störend auswirken.

2.4 Indirekte Gefährdungen

§ 3 Abs. 3 Satz 2 ist insbesondere dann zu berücksichtigen, wenn sich Vibrationen auf die Stabilität der Strukturen oder die Festigkeit von Verbindungen nachteilig auswirken.

2.5 Ausdehnungen der Exposition

Wenn die Ausdehnung der beruflichen Exposition über eine Achtstundenschicht hinaus dazu führt, dass Beschäftigte vom Arbeitgeber überwachte Ruheräume benutzen, müssen in diesen die Ganzkörper-Vibrationen auf ein mit dem Zweck und den Nutzungsbedingungen der Räume zu vereinbarendes Niveau gesenkt werden. Fälle höherer Gewalt sind ausgenommen.

TRLV Lärm
Teil 3: Lärmschutzmaßnahmen

Ausgabe: August 2017
GMBl 2017 S. 615 [Nr. 34/35] (v. 05.09.2017)

1 Anwendungsbereich

(1) Die TRLV Lärm, Teil 3 „Lärmschutzmaßnahmen“ beschreibt das Vorgehen bei der Festlegung von Schutzmaßnahmen nach dem Stand der Technik, wie es in der LärmVibrationsArbSchV gefordert ist. Ihre Dokumentation ist gemäß LärmVibrationsArbSchV Teil der Gefährdungsbeurteilung (siehe auch TRLV Lärm, Teil 1 „Beurteilung der Gefährdung durch Lärm“).

(2) Unabhängig von den in dieser TRLV beschriebenen Vorgehensweisen sind von dem Arbeitgeber die Beschäftigten oder ihre Interessenvertretung, sofern diese vorhanden ist, aufgrund der einschlägigen Vorschriften zu beteiligen.

2 Begriffsbestimmungen

In der TRLV Lärm, Teil 3 „Lärmschutzmaßnahmen“ sind die Begriffe so verwendet, wie sie in der TRLV Lärm, Teil „Allgemeines“ definiert sind.

3 Grundsätze bei der Festlegung und Durchführung von Schutzmaßnahmen

3.1 Rangfolge der Schutzmaßnahmen

(1) Die aufgrund der Gefährdungsbeurteilung bei Lärmexpositionen festgelegten Schutzmaßnahmen sind nach dem Stand der Technik durchzuführen, um die Gefährdung der Beschäftigten auszuschließen oder so weit wie möglich zu verringern.

(2) Bei der Festlegung und Durchführung der Schutzmaßnahmen ist die folgende Rangfolge zu berücksichtigen:

1. Die Lärmemission muss am Entstehungsort verhindert oder so weit wie möglich verringert werden.
2. Technische Schutzmaßnahmen haben Vorrang vor organisatorischen Schutzmaßnahmen.
3. Technische oder organisatorische Schutzmaßnahmen haben Vorrang vor individuellen Schutzmaßnahmen (persönlicher Gehörschutz).

3.2 Vorrang technischer Schutzmaßnahmen vor organisatorischen Schutzmaßnahmen

(1) Um die Gefährdung der Beschäftigten auszuschließen oder so weit wie möglich zu verringern und entsprechend die Lärmemission am Entstehungsort zu verhindern oder so weit wie möglich zu verringern, haben dem Stand der Technik entsprechende technische Schutzmaßnahmen Priorität: Nutzung geräuscharmer Technologien (Verfahren, Einrichtungen oder Betriebsweisen), Nutzung von Schallschutzmaßnahmen auf dem Ausbreitungsweg von Luft- und Körperschall und Nutzung von technischen Schallschutzmaßnahmen direkt am Arbeitsplatz.

(2) Wenn diese technischen Schutzmaßnahmen geprüft und soweit wie möglich umgesetzt wurden, sind zur weiteren Umsetzung des Minimierungsgebotes organisatorische Schutzmaßnahmen vorzusehen, um noch bestehende Gefährdungen der Beschäftigten durch Lärmexpositionen auszuschließen oder soweit wie möglich zu verringern.

3.3 Vorrang technischer oder organisatorischer Schutzmaßnahmen vor individuellen Schutzmaßnahmen (persönlicher Gehörschutz)

(1) Technische und einige organisatorische Schutzmaßnahmen wirken für alle Beschäftigten und erreichen dadurch die weitestgehende Schutzwirkung.

(2) Erst wenn durch technische und organisatorische Schutzmaßnahmen Gefährdungen der Gesundheit und Sicherheit der Beschäftigten nicht ausgeschlossen werden können, sind individuelle Schutzmaßnahmen (z. B. persönlicher Gehörschutz) anzuwenden.

4 Maßnahmen zur Vermeidung und Verringerung der Lärmexposition

4.1 Alternative Arbeitsverfahren zur Verringerung der Lärmexposition

In der Praxis werden bereits zahlreiche „lärmarme Arbeitsverfahren" mit Erfolg eingesetzt. Einige Beispiele für alternative lärmarme Arbeitsverfahren sind in Tabelle 1 zusammengestellt:

Tab. 1 Beispiele für alternative „lärmarme" Arbeitsverfahren

Verfahren/Arbeitsprinzip	
lärmarm	**geräuschintensiv**
Ablegen	Abwerfen
Absaugen	Abblasen
Bohren	Stanzen
Drehschrauber	Schlagschrauber
Elektroantrieb	Verbrennungsmotor
Gießen	Schmieden
Gleitlager	Wälzlager
hydraul. Verformen (Kraftformer)	Bördeln mit Hammer
hydraul. Ziehen/Drücken	Richten mit Hammer
Kleben	Nieten
Optische Signalgebung	Akustische Signalgebung
Laserschneiden	Trennen mechanisch
Pressen	Schlagen
Sägen	Trennschleifen
Schrauben	Nieten
Schweißen	Nieten
Taumelnieten	Schlagnieten
Transport kontinuierlich	Transport stoßweise

4.2 Auswahl und Einsatz neuer Arbeitsmittel unter dem vorrangigen Gesichtspunkt der Lärmminderung

(1) Hauptverursacher von Lärm am Arbeitsplatz sind Maschinen. Die von einer Maschine erzeugte Geräuschemission, d. h. die abgestrahlte Schallleistung, bestimmt die schalltechnische Qualität der Maschine. Eine Maschine mit im Vergleich höherer schalltechnischer Qualität, d. h. niedrigerem Schallleistungspegel, führt direkt zu einer geringeren Lärmeinwirkung auf die Beschäftigten, also zu geringeren Tages-Lärmexpositionspegeln an Arbeitsplätzen. Dies gilt insbesondere an Arbeitsplätzen direkt an einer Maschine (Bedienerplatz) sowie an weiter entfernten Arbeitsplätzen. Aus diesem Grund ist die Auswahl von im Vergleich leiseren Maschinen ein wesentlicher Schritt in Richtung einer verminderten Lärmbelastung von Beschäftigten.

(2) Ein Vergleich der schalltechnischen Qualität von neuen Maschinen kann vor ihrer Beschaffung insbesondere durch die Verwendung der nach EG-Maschinenrichtlinie bzw. 9. ProdSV vom Maschinenhersteller zu liefernden Informationen über Geräuschemissionswerte vorgenommen werden. Diese auch als Geräuschemissionsangabe bezeichnete Information über die Eigenschaft einer Maschine, Schall zu erzeugen, muss der Maschinenhersteller sowohl in der Betriebsanleitung als auch in den Verkaufsprospekten, sofern in diesen Prospekten die Leistungsmerkmale der Maschinen beschrieben werden, zur Information potentieller Käufer angeben. Dies schließt ebenfalls technische Informationsbeschreibungen auf Internetportalen mit ein.

(3) Durch die entsprechend 9. ProdSV normgerechte Geräuschangabe werden potentielle Käufer in die Lage versetzt, unter den von verschiedenen Herstellern angebotenen Maschinen diejenige auszuwählen, die die niedrigste Geräuschemission aufweist. Damit wird dem Arbeitgeber ermöglicht, seiner Pflicht als Maschinenbetreiber nachzukommen, möglichst leise und damit weniger gehörgefährdende Arbeitsmittel einzusetzen. Angaben über die Geräuschemission sind darüber hinaus unverzichtbar

- für die rechnerische Prognose der Lärmimmission an Arbeitsplätzen (siehe Anlage 3 der TRLV Lärm, Teil 1 „Beurteilung der Gefährdung durch Lärm"),
- im Rahmen der Planung neuer Arbeitsstätten,
- bei der Erarbeitung von Lärmminderungsprogrammen.

(4) Die Geräuschemissionsangabe für eine Maschine enthält nach 9. ProdSV die in Tabelle 2 dargestellten Geräuschemissionswerte.

Tab. 2 Nach der EG-Maschinenrichtlinie (2006/42/EG) bzw. 9. ProdSV vom Maschinenhersteller anzugebende Geräuschemissionswerte

Für Maschinen mit einem Emissions-Schalldruckpegel L_{pA} am Arbeitsplatz von:	**Nach der EG-Maschinenrichtlinie (2006/42/EG) bzw. 9. ProdSV anzugebende Geräuschemissionswerte**		
≤ 70 dB	Emissions-Schalldruckpegel am Arbeitsplatz	L_{pA}	≤ 70 dB
> 70 dB bis ≤ 80 dB	Emissions-Schalldruckpegel am Arbeitsplatz	L_{pA}	= ... dB
> 80 dB	Emissions-Schalldruckpegel am Arbeitsplatz und Schallleistungspegel	L_{pA} L_{WA}	= ... dB = ... dB
Zusätzlich ist ab $L_{pC,peak}$ > 130 dB anzugeben:	Emissions-Spitzenschalldruckpegel	$L_{pC,peak}$	= ... dB

Bei jeder Angabe von Schallemissionswerten ist vom Hersteller oder seinem Bevollmächtigten die für diese Werte bestehende Unsicherheit anzugeben. Die Betriebsbedingungen der Maschine während der Messung und die Messmethode sind zu beschreiben.

(5) Die Anwendung der schalltechnischen Kenngrößen Emissions-Schalldruckpegel am Arbeitsplatz L_{pA}, Schallleistungspegel L_{WA} und Emissions-Spitzenschalldruckpegel $L_{pC,peak}$ setzt ein ausreichendes Verständnis der Kenngrößen voraus. Nur so kann eine unbedingt zu vermeidende Verwechslung mit den Schallpegeln zur Beschreibung der Lärmexposition sicher vermieden werden (siehe dazu die Begriffsbestimmungen in der TRLV Lärm, Teil „Allgemeines").

Hinweis:
Eine der wesentlichen Schwierigkeiten zum Verständnis akustischer Kenngrößen für die Bereiche Emission, Immission und Exposition besteht in dem verwendeten logarithmischen Maß „dB". Dieses bei allen Kenngrößen benutzte Maß führt, da es häufig fälschlicherweise als physikalische Einheit interpretiert wird, zu Missverständnissen, weil davon ausgegangen wird, dass es sich jeweils um dieselbe physikalische Größe handelt. Dies ist allerdings nicht der Fall. Vielmehr unterscheiden sich die verschiedenen mit dB gekenn-

zeichneten Kenngrößen in ihrer physikalischen Aussage erheblich. So ist der vom Maschinenhersteller in dB angegebene Schallleistungspegel von einer Maschine als Emissionskenngröße grundsätzlich unabhängig von der Umgebung, in der die Maschine aufgestellt wird. Man könnte eine solche Maschine also z. B. in einem relativ kleinen Raum mit schallharten Wänden oder in einem relativ großen Raum mit hoch schallabsorbierenden Wänden aufstellen. Die abgegebene Schallleistung der Maschine wäre, würde man sie unter den gleichen Betriebsbedingungen betreiben, dieselbe. Die normgerechte Ermittlung des Schallleistungspegels würde unter diesen Bedingungen also zu gleichen Messergebnissen führen. Jedoch, und dies gilt es zu beachten, würde sich in beiden Räumen ein unterschiedlicher Schalldruckpegel ergeben, demnach eine unterschiedliche Lautstärke. Erwartungsgemäß wäre es im kleinen Raum mit wenig Absorption erheblich lauter als im großen Raum mit hoher Absorption.

(6) Werden Geräuschemissionswerte einer Maschine vom Hersteller oder Inverkehrbringer angegeben, so erfolgen diese entsprechend der sogenannten Zweizahlangabe nach DIN EN ISO 4871. Bei dieser Angabeform wird neben den jeweilig erforderlichen gemessenen Geräuschemissionswerten (L_{pA}, $L_{pC,peak}$, L_{WA}) auch die entsprechende Unsicherheit (K_{pA}, $K_{pC,peak}$, K_{WA}) getrennt angegeben. Ein Beispiel für eine sachgerechte Geräuschemissionsangabe auf Basis der Maschinenrichtlinie zeigt Abbildung 1 in Anlage 3 der TRLV Lärm, Teil 1 „Beurteilung der Gefährdung durch Lärm" zur Gefährdungsbeurteilung. Demzufolge sind neben den Geräuschemissionswerten und den zugehörigen Messunsicherheiten auch die im Rahmen der Messung verwendeten Geräuschtestnormen anzugeben.

(7) Für Maschinen, die überwiegend im Freien betrieben werden und der EG-„Outdoor"-Richtlinie (2000/14/EG) bzw. 32. BImSchV unterliegen, z. B. Baumaschinen, erfolgt die Information über die Geräuschemissionswerte zusätzlich nach den dort getroffenen Festlegungen.

(8) Wenn der Stand der Technik der Geräuschemission in Form eines Emissionsrichtwertes für die jeweilige Maschinenart bekannt ist, muss dieser bei der Auswahl der Maschine berücksichtigt werden. Dieser Emissionsrichtwert beschreibt die erreichbare Lärmminderung für die Maschinenart. Ist ein solcher Wert nicht veröffentlicht (entsprechende Daten liegen zurzeit nur in wenigen Fällen vor), müssen die für die Produktionsaufgabe geeigneten Maschinenmodelle hinsichtlich ihrer Geräuschemission verglichen und die leiseste Maschine ausgewählt werden. Die Auswahl soll auf einer

möglichst breiten Basis erfolgen. Untersuchungen haben gezeigt, dass hier ein Lärmminderungspotential von mehr als 10 dB möglich ist.

Hinweis:
Eine Beispielsammlung findet sich in Anlage 1.

(9) Um für die Beschaffung von Maschinen sachgerechte Informationen zur Geräuschemission von den jeweiligen Maschinenherstellern einholen zu können, kann das Formblatt nach Anlage 3 verwendet werden.

4.3 Lärmmindernde Gestaltung und Einrichtung der Arbeitsstätten und Arbeitsräume

4.3.1 Allgemeines

(1) Ein Ergebnis der Gefährdungsbeurteilung gemäß LärmVibrationsArbSchV kann sein, dass Arbeitsräume so zu gestalten sind, dass die Schallausbreitungsbedingungen (z. B. Schallpegelabnahme, Nachhallzeit) dem Stand der Technik entsprechen.

(2) Das Schallabsorptionsvermögen der Raumbegrenzungsflächen kann erheblichen Einfluss auf die Höhe des Schallpegels an den einzelnen Arbeitsplätzen haben.

(3) Eine geeignete akustische Gestaltung der Raumbegrenzungsflächen ist insbesondere bei größeren Umbaumaßnahmen oder bei Neubauten zu berücksichtigen. Oft kann sie durch die Kombination von Funktionen wie Wärmeisolation und Schallabsorption sogar besonders kostengünstig realisiert werden. Aber auch in bestehenden, ungünstig gestalteten Arbeitsräumen ist eine raumakustische Nachbesserung als flankierende Lärmminderungsmaßnahme häufig unumgänglich. Zu empfehlen ist auch eine Kombination von Abschirmmaßnahmen (Schallschirme) mit einer lokalen Erhöhung des Schallabsorptionsgrades.

4.3.2 Reflexionsschall und Schallpegelabnahme bei Entfernung von der Schallquelle

Der Stand der Technik kann als eingehalten gelten, wenn die Schallpegelabnahme pro Abstandsverdoppelung im Abstandsbereich von 0,75 m bis 6 m in den Oktavbändern mit den Mittenfrequenzen von 500 Hz bis 4 000 Hz mindestens 4 dB beträgt. Weitere fachliche Erläuterungen finden sich in Anlage 4.

4.3.3 Mittlerer Schallabsorptionsgrad

Der Stand der Technik kann als eingehalten gelten, wenn der mittlere Schallabsorptionsgrad α in den relevanten Oktavenbändern mit den Mittenfrequenzen von 500 Hz bis 4 000 Hz mindestens 0,3 beträgt. Weitere fachliche Erläuterungen finden sich in Anlage 5.

Hinweis:
Die Relevanz von Oktavbändern orientiert sich am Spektrum der Geräuschemission.

4.4 Technische Maßnahmen zur Luftschallminderung und zur Körperschallminderung an Maschinen

(1) Maßnahmen zur Minderung von Luft- und Körperschall sind zunächst an der Quelle der Schallerzeugung zu ergreifen, dann auf dem Schallausbreitungsweg und schließlich am Ort der Schalleinwirkung. Bei den Schallquellen kann man zwischen Luft-, Flüssigkeits- und Körperschallquellen unterscheiden.

(2) Luftschallquellen sind alle strömenden Gase, z. B. Luft, die durch Turbulenzen, Druckstöße und Pulsationen direkt Schall (strömungsmechanische Geräusche) erzeugen können. Insofern gilt es zum Beispiel

- Arbeitsdrücke, Druckänderungen und Strömungsgeschwindigkeiten zu verringern,
- Hindernisse in der Strömung und auch in der Nähe von Rotoren zu vermeiden.

(3) Körperschallquellen sind z. B. mechanische Stöße, abrollende Maschinenelemente, Unwuchten und Ruckgleitvorgänge. Dabei steht die Vermeidung von abrupten Änderungen von Kräften und Beschleunigungen im Vordergrund. Maßnahmen sind z. B.

- die zeitliche Dehnung von Stoßimpulsen,
- die Vermeidung von Spiel zwischen sich bewegenden Teilen,
- eine Erhöhung der Zähnezahl oder die Verwendung der Schrägverzahnung,
- die Sicherstellung glatter Rollflächen und
- die Verwendung hochwertiger Lager.

(4) Unter Maßnahmen auf dem Übertragungsweg sind alle Lärmminderungsmaßnahmen zu verstehen, die die Schallübertragung von der Quelle bis zur schallabstrahlenden Oberfläche einer Maschine durch einen Eingriff in den Schallausbreitungsweg verringern.

Dazu gehören Maßnahmen wie eine Luftschallminderung durch

- die Teilkapselung einzelner lauter Maschinenaggregate,
- die Verwendung von Schalldämpfern, z. B. bei Schallausbreitung in Kanälen und an Öffnungen von Luftaustritten,

und eine Körperschallminderung durch

- die Verwendung von ausreichend nachgiebigen Zwischenschichten oder Elementen,
- elastische Lagerungen,
- Trennfugen in Bauelementen etc.

(5) Die Schallabstrahlung einer Maschine kann dann noch verringert werden, indem die direkte Luftschallabstrahlung durch Schalldämpfer oder Schallschirme vor Öffnungen behindert bzw. die Abstrahlung von Körperschall vermieden wird. Letzteres kann z. B. durch

- die Verkleinerung von schallabstrahlenden Maschinenoberflächen,
- den Einsatz von Lochblechen erreicht werden.

4.5 Wartungsprogramme für Arbeitsmittel, Arbeitsplätze und Anlagen

Regelmäßige Wartung von Arbeitsmitteln, Arbeitsplätzen und Anlagen stellt eine nachhaltige Effizienz in der Produktion sicher und verhindert u. a. zusätzlich, dass sich die Lärmexposition der Beschäftigten unerwartet und möglicherweise unbemerkt erhöht. Dazu sind u. a. die entsprechenden Empfehlungen der Hersteller zu Wartungsintervallen zu berücksichtigen. Durch regelmäßige Wartung z. B. von Werkzeugen (Sägeblätter, Fräsköpfe etc.) kann eine verschleißbedingte Schallpegelerhöhung vermieden werden.

4.6 Arbeitsorganisatorische Maßnahmen zur Lärmminderung durch Begrenzung von Dauer und Ausmaß der Exposition und Arbeitszeitpläne mit ausreichenden Zeiten ohne belastende Exposition

(1) Unter arbeitsorganisatorischen Maßnahmen sind raum- oder zeitorganisatorische Änderungen zu verstehen, durch die die Anzahl der lärmexponierten Beschäftigten so gering wie möglich gehalten wird und die zur Verminderung des Ausmaßes der täglichen Schallexposition beitragen.

(2) Dies kann z. B. erfolgen durch:

- Wechsel von Tätigkeitsanteilen in laut(er)en und leis(er)en Arbeitsbereichen („job rotation"), Verlegung lärmintensiver Tätigkeiten in Arbeitsphasen bzw. in Schichtabschnitte mit geringer Anzahl anwesender Beschäftigter; Beispiele sind: Nieten im Flugzeugbau, Rüttelrost für Gießereien, Betrieb besonders lauter Maschinen (z. B. Scheuertrommel in Gießerei) in Zeiten mit geringerer Personalbesetzung;
- Verlagerung lärmintensiver Arbeiten (z. B. Richtarbeiten) in einen separaten Raum.

(3) Allerdings ist zu beachten, dass arbeitsorganisatorische Maßnahmen auch dann nur einen relativ geringen Beitrag zur Reduzierung der Lärmexposition leisten können, wenn trotz der Maßnahmen Zeitanteile mit erhöhten Lärmexpositionen nicht vermieden werden können.

Liegt die Exposition an einem Arbeitsplatz z. B. bei 95 dB(A), so darf die Expositionsdauer höchstens eine halbe Stunde pro Tag betragen, wenn in den restlichen 7,5 Stunden ein Expositionspegel von 80 dB(A) nicht überschritten wird. Nur dann wird der Tages-Lärmexpositionspegel von 85 dB(A) nicht erreicht.

Hinweis:
Eine Halbierung der Expositionszeit bewirkt gemäß der Formel 6.2.2 in TRLV Lärm, Teil 2 „Messung von Lärm", eine Verringerung des Tages-Lärmexpositionspegels um nur 3 dB(A), falls während der übrigen Zeit keine Exposition von mehr als 70 dB(A) vorliegt.

4.7 Tätigkeiten mit gleichzeitiger Belastung durch Lärm, arbeitsbedingte ototoxische Substanzen oder Vibrationen

4.7.1 Tätigkeiten mit gleichzeitiger Belastung durch Lärm und arbeitsbedingte ototoxische Substanzen

(1) Bei Kombinationswirkungen mit gleichzeitiger Belastung durch Lärm und arbeitsbedingte ototoxische Substanzen werden folgende zusätzliche präventive Schutzmaßnahmen bereits ab Erreichen der unteren Auslösewerte empfohlen:

- Substitution arbeitsbedingter ototoxischer Substanzen (Liste in Abschnitt 5.5 der TRLV Lärm, Teil 1 „Beurteilung der Gefährdung durch Lärm"),
- Verringerung der Exposition gegenüber arbeitsbedingten ototoxischen Substanzen,
- Lärmminderung und Benutzung von persönlichem Gehörschutz,
- arbeitsmedizinische Vorsorge.

(2) Mögliche Kombinationswirkungen sind in die Information und Unterweisung der Beschäftigten einzubeziehen.

4.7.2 Tätigkeiten mit gleichzeitiger Belastung durch Lärm und Vibrationen

(1) Wissenschaftliche Untersuchungen zeigen, dass es sowohl bei Hand-Arm-Vibrationen als auch bei Ganzkörper-Vibrationen durch gleichzeitig einwirkenden Lärm zu Wechselwirkungen im Sinne einer – gegenüber fehlender Vibrationsexposition – Verstärkung der Gefährdung des Gehörs kommen kann. Allerdings gibt es für diese Wechselwirkungen derzeit noch keine präzisen Dosis-Wirkungs-Beziehungen.

(2) Bei Kombinationswirkungen mit gleichzeitiger Belastung durch Lärm und Vibrationen werden folgende zusätzliche präventive Maßnahmen bereits ab Erreichen der unteren Auslösewerte für Lärm- bzw. Vibrationsexpositionen empfohlen:

- alternative Arbeitsverfahren zur Verringerung der Lärmexposition (siehe Abschnitt 4.1),
- Verringerung der Vibrationsexposition,
- Lärmminderung und Benutzung von persönlichem Gehörschutz,
- arbeitsmedizinische Vorsorge.

(3) Mögliche Kombinationswirkungen sind in die Information und Unterweisung der Beschäftigten einzubeziehen.

4.8 Wechselwirkung zwischen Lärm und akustischen Gefahrensignalen

(1) Wird durch Lärm die Wahrnehmung akustischer Signale, Warnrufe oder gefahrankündigender Geräusche beeinträchtigt und entsteht hierdurch eine erhöhte Unfallgefahr, muss der Arbeitgeber den Lärm nach dem Stand der Technik so vermindern, dass Signale, Warnrufe oder gefahrankündigende Geräusche in ausreichendem Maße wahrgenommen werden können.

(2) Ist eine ausreichende Verminderung des Lärms nicht möglich, hat der Arbeitgeber dafür zu sorgen, dass die Signalgebung entsprechend verbessert wird.

(3) Durch die Benutzung von Gehörschutz darf die Wahrnehmung von Gefahrensignalen nicht unzulässig beeinträchtigt werden. Die Wahrnehmbarkeit von Gefahrensignalen (Fahrzeugführer, Gleisoberbau) ist auch im Auswahlverfahren für Gehörschutz zu berücksichtigen.

5 Anforderungen an Kennzeichnung und Abgrenzung von Lärmbereichen oder Lärmarbeitsplätzen

(1) Ein Arbeitsbereich ist als Lärmbereich zu kennzeichnen und, falls technisch möglich, abzugrenzen, wenn die Lärmbelastung der Beschäftigten an den dort befindlichen stationären Arbeitsplätzen während der Arbeitsschicht einen der oberen Auslösewerte ($L_{EX,8h}$, $L_{pC,peak}$) überschreitet. In gleicher Weise ist ein Bereich zu kennzeichnen und ggf. abzugrenzen, an dem keine ständigen Arbeitsplätze vorhanden sind, es aber bei einem täglichen Aufenthalt von acht Stunden zum Überschreiten von mindestens einem der oberen Auslösewerte kommen kann.

(2) Ein mobiler Arbeitsplatz (z. B. Gabelstapler) ist als Lärmarbeitsplatz entsprechend zu kennzeichnen, wenn der für diesen Arbeitsplatz ermittelte Tages-Lärmexpositionspegel den oberen Auslösewert von 85 dB(A) überschreiten kann.

Hinweis:
Es wird empfohlen, auch solche Arbeitsbereiche oder mobile Arbeitsplätze zu kennzeichnen und ggf. abzugrenzen, in denen einer der oberen Auslösewerte für Lärm ($L_{EX,8h}$, $L_{pC,peak}$) erreicht (d. h. $L_{EX,8h}$ = 85 dB(A) oder $L_{pC,peak}$ = 137 dB(C)) werden kann.

(3) Ferner sind Maschinen zu kennzeichnen, in deren Betriebsanleitung (gemäß 9. ProdSV) ein A-bewerteter Emissionsschalldruckpegel von 85 dB(A) oder mehr ausgewiesen wird, wenn bei deren beabsichtigter Verwendung einer der oberen Auslösewerte überschritten werden kann. Dies gilt auch für handgehaltene oder handgeführte Maschinen. Dies ist nicht erforderlich, wenn diese Maschinen in einem gekennzeichneten Lärmbereich verwendet werden.

(4) Für die Kennzeichnung ist das Gebotszeichen „Gehörschutz benutzen" (M003) gem. ASR A1.3 „Sicherheits- und Gesundheitsschutzkennzeichnung" zu verwenden.

(5) Der Arbeitgeber muss bei Lärmexposition im Bereich der oberen Auslösewerte grundsätzlich davon ausgehen, dass der maximal zulässige Expositionswert überschritten wird, wenn der Gehörschutz bei Aufenthalt in Lärmbereichen nicht – auch zeitweise nicht – benutzt wird. Daher ist in Lärmbereichen Gehörschutz zu tragen.

(6) Im Rahmen der Gefährdungsbeurteilung sind Maßnahmen des Arbeitsschutzes festzulegen, um Lärmbereiche abzugrenzen und, wenn dies technisch möglich und aufgrund des Expositionsrisikos notwendig ist, den Zugang zu ihnen einzuschränken.

6 Auswahl und Verwendung von persönlichem Gehörschutz

6.1 Allgemeines

(1) Gehörschutzmittel sind dann geeignet, wenn sie für den einzelnen Beschäftigten nach seinen Arbeitsbedingungen unter Berücksichtigung seiner Sicherheit und Gesundheit ausgewählt werden. Gehörschutzmittel müssen eine CE-Kennzeichnung besitzen und mit einer Informationsbroschüre des Herstellers gemäß Nummer 1.4 des Anhangs II der Richtlinie 89/686/EWG auf dem Markt bereitgestellt werden. Werden die Gehör-

schutzmittel nach der VO (EU) 2016/425 auf dem Markt bereitgestellt, müssen neben der CE-Kennzeichnung eine Anleitung und Informationen des Herstellers gemäß Nummer 1.4 des Anhangs II dieser Verordnung vorhanden sein.

(2) Die Anhörung und Beteiligung der Beschäftigten bei der Auswahl von Gehörschutz erhöht die Trageakzeptanz und damit die Schutzwirkung. Entsprechende Mitbestimmungsrechte ergeben sich aus dem Arbeitsschutzgesetz (ArbSchG) in Verbindung mit dem Betriebsverfassungsgesetz (BetrVG) und entsprechenden Rechtsgrundlagen in anderen Bereichen.

6.2 Arten von Gehörschützern

6.2.1 Kapselgehörschützer

Kapselgehörschützer sind geeignet,

- wenn häufiges Auf- und Absetzen des Gehörschützers erforderlich ist, z. B. bei nur kurzem Aufenthalt im Lärmbereich, bei nur kurzzeitig auftretender Lärmeinwirkung,
- wenn wegen zu enger Gehörgänge Gehörschutzstöpsel nicht vertragen werden,
- wenn beim Tragen von Stöpseln eine Neigung zu Gehörgangsentzündungen beobachtet wird,
- wenn der Verschmutzungsgrad der Hände die Handhabung eines anderen Gehörschutzmittels behindert.

6.2.1.1 Kapselgehörschützer mit pegelabhängiger Schalldämmung

Diese eignen sich sehr gut an Arbeitsplätzen, an denen Kommunikation erforderlich ist und gelegentlich sehr hohe Schallpegel auftreten. Kapselgehörschützer mit pegelabhängiger Schalldämmung können für Personen mit Hörminderung die Kommunikationsfähigkeit erhöhen, ohne deren Gehör zu gefährden.

6.2.1.2 Kapselgehörschützer mit Kommunikationseinrichtung

Durch den Sprechfunk darf keine zusätzliche Gefährdung des Gehörs entstehen. Die Sprach- und Signalerkennung von Umgebungsschall wird bei Benutzung von Kapselgehörschützern mit Kommunikationseinrichtung deutlich schlechter. Dadurch darf kein Unfallrisiko entstehen. Der Arbeitgeber hat den Gehörschützer so auszuwählen, dass der Gesamtpegel am Ohr durch Lärm und Kommunikation die maximal zulässigen Expositionswerte nicht überschreitet und die Sprach- und Signalverständlichkeit gegeben sind. Gut geeignet sind Komplettgeräte, weil Funkeinrichtung und Gehörschutz vom Hersteller aufeinander abgestimmt sind. Bei nicht geprüften Kombinationen ist der Arbeitgeber für die Kompatibilität der Systeme verantwortlich.

6.2.1.3 Kapselgehörschützer mit Radioempfang oder Musikwiedergabe

An Arbeitsplätzen mit monotoner Tätigkeit kann das Tragen eines Kapselgehörschützers mit integriertem Radioempfang oder integrierter Musikwiedergabe die Motivation der Beschäftigten positiv beeinflussen. Durch den Radioempfang oder die Musikwiedergabe darf keine zusätzliche Gefährdung des Gehörs entstehen. Die Sprach- und Signalerkennung wird beim Radio- oder Musikhören deutlich schlechter. Durch das Radio- oder Musikhören darf kein Unfallrisiko entstehen.

6.2.2 Gehörschutzstöpsel

(1) Gehörschutzstöpsel ohne Bügel sind zu empfehlen

- für Arbeitsplätze mit andauernder Lärmeinwirkung,
- bei zu starker Schweißbildung unter Kapselgehörschützern,
- bei gleichzeitigem Tragen von Brille und Gehörschützer,
- wenn andere persönliche Schutzausrüstungen (Kopfschutz, Schutzbrille, Atemschutz, Visier, Strahlerhelm) getragen werden müssen.

(2) Bügelstöpsel verursachen beim Anschlagen am Bügel einen lauten Impuls am Ohr des Trägers und sind nicht geeignet für Arbeitsplätze, wo mit dem Anschlagen des Bügels gerechnet werden muss, z. B. Schweißerarbeitsplätze.

(3) Es werden auch Gehörschutzstöpsel mit Verbindungsschnur angeboten. Sie sind für Tätigkeiten, bei denen die Gefahr des Einzugs der Verbindungsschnur z. B. durch bewegte Maschinenteile besteht, ungeeignet.

6.2.3 Gehörschutz-Otoplastiken

(1) Gehörschutz-Otoplastiken sind zu empfehlen, wenn

- Kapselgehörschützer ungeeignet sind und andere Gehörschutzstöpsel nicht vertragen werden,

- aufgrund arbeitsmedizinischer Befunde oder
- bei schon vorhandenen Hörverlusten ein besonders sicherer Schutz notwendig wird.

(2) Nur bei fachgerechter Herstellung und Funktionskontrolle bei Auslieferung sowie regelmäßig wiederkehrender Funktionskontrolle im Abstand von höchstens drei Jahren ist die Schutzwirkung der Gehörschutz-Otoplastiken gewährleistet. Eine Zusammenlegung der Funktionskontrolle mit der arbeitsmedizinischen Vorsorge hat sich als praktikabel erwiesen.

(3) Gehörschutz-Otoplastiken gewährleisten erfahrungsgemäß eine hohe Trageakzeptanz.

(4) Durch entsprechende Wahl der Filter (besonders flache Dämmkurve) kann bei der Verwendung von Gehörschutz-Otoplastiken eine gute Sprachverständlichkeit und Signalerkennung erreicht werden. Diese Gehörschutz-Otoplastiken eignen sich auch für den Einsatz in Bereichen des Musik- und Unterhaltungssektors.

(5) Aufgrund ihrer individuellen Anfertigung ist bei Gehörschutz-Otoplastiken die Gefahr des falschen Einsetzens deutlich geringer als bei anderen Gehörschutzstöpseln.

6.3 Auswahl und Verwendung von Gehörschutz – maximal zulässige Expositionswerte

6.3.1 Allgemeines

(1) Unter Einbeziehung der dämmenden Wirkung des Gehörschutzes muss sichergestellt werden, dass der auf das Gehör des Beschäftigten einwirkende Lärm die maximal zulässigen Expositionswerte $L'_{EX,8h}$ = 85 dB(A) beziehungsweise $L'_{pC,peak}$ = 137 dB(C) nicht überschreitet.

(2) Für die Gehörschutz-Auswahl und zur Sicherstellung der Einhaltung der maximal zulässigen Expositionswerte kann ein einfaches Verfahren angewendet werden.

(3) Darin wird die bei der Baumusterprüfung ermittelte Schalldämmung der Gehörschützer verwendet. Damit kann in der betrieblichen Praxis die Auswahl des Gehörschutzes zur Einhaltung der maximal zulässigen Expositionswerte $L'_{EX,8h}$ = 85 dB(A) bzw. $L'_{pC,peak}$ = 137 dB(C) leichter erfolgen. Um diese Werte in der Praxis sicher einhalten zu können, muss von den

Schalldämmwerten der Herstellerangaben (Werte aus Laborprüfungen) ein Korrekturwert (Praxisabschlag) abgezogen werden. Dies ist erforderlich, da die Schalldämmung aufgrund der Tragegewohnheiten der Beschäftigten in der Praxis häufig geringer ist, als bei der Baumusterprüfung (Laborbedingungen) ermittelt wurde und vom Hersteller normgerecht angegeben wird.

6.3.2 Statistisches Verfahren zur Abschätzung der Einhaltung der maximal zulässigen Expositionswerte

(1) Der am Ohr unter dem Gehörschutz wirksame Tages-Lärmexpositionspegel (im Folgenden als Restschallpegel $L'_{EX,8h}$ bezeichnet) darf die maximal zulässigen Expositionswerte nicht überschreiten. Dieses Verfahren entspricht weitgehend dem HML-Check nach DIN EN 458 (H = hohe, M = mittlere, L = tiefe Frequenzanteile). Für die Auswahl von Gehörschutz werden die M- und L-Werte herangezogen, der H-Wert wird nicht verwendet.

(2) Die Zuordnung der folgenden Geräuschklassen kann nach dem subjektiven Klangeindruck oder nach Bestimmung der Schallpegeldifferenz $L_C - L_A$ erfolgen:

$L_C - L_A \leq 5$ dB	Geräuschklasse HM
$L_C - L_A > 5$ dB	Geräuschklasse L

mit:

- L_C ist der Schalldruckpegel, gemessen mit der Frequenzbewertung C,
- L_A ist der Schalldruckpegel, gemessen mit der Frequenzbewertung A.

Der Schalldruckpegel kann der Tages-Lärmexpositionspegel oder der mit der Tätigkeit verbundene äquivalente Dauerschalldruckpegel sein.

(3) Beispiele für Geräuschquellen der Geräuschklasse HM sind in Tabelle 3, für Geräuschquellen der Geräuschklasse L in Tabelle 4 aufgeführt.

Tab. 3 Beispiele für Geräuschquellen der Geräuschklasse HM – mittel- bis hochfrequent mit $L_C - L_A \leq 5$ dB

Brennschneider	Rollenrotations-Hochdruck-Pressen
Dragiertrommeln	Rüttelformmaschinen
Drehmaschinen	Schlagschrauber
Druckluftdüsen	Schleifmaschinen
Elektro-Nagler	Schmiedehämmer
Falzmaschinen	Spinnmaschinen
Getränkeabfüllanlagen	Strick- und Wirkmaschinen
Gussputzarbeiten	Trennschleifmaschinen
Holzbearbeitungsmaschinen	Webmaschinen
Honmaschinen	Zentrifugen
Hydraulikpumpen	

Tab. 4 Beispiele für Geräuschquellen der Geräuschklasse L – überwiegend tieffrequent mit $L_C - L_A > 5$ dB

Bagger	Konverter-Anlagen
Elektro-Schmelzöfen	Kupol-Öfen
Elektro-Umformersatz	Metall-Druckgießmaschinen
Feuerungen	Planierraupen
Hochofenanlagen	Strahlanlagen
Kollergänge	Verbrennungsöfen
Kompressor-Anlagen (Kolben)	

(4) Die Korrekturwerte K_s entsprechen den üblichen Differenzen zwischen der Laborschalldämmung und Praxisschalldämmung. Sie resultieren aus Problemen bei der Benutzung von Gehörschutz.

Als Praxiskorrekturwerte K_s für Benutzer von Gehörschutz werden verwendet:

- vor Gebrauch zu formende Gehörschutzstöpsel K_s = 9 dB
- fertig geformte Gehörschutzstöpsel K_s = 5 dB
- Bügelstöpsel K_s = 5 dB
- Kapselgehörschützer K_s = 5 dB
- Gehörschutz-Otoplastiken mit Funktionskontrolle K_s = 3 dB

(5) Die Restschallpegel werden je nach Geräuschklasse nach folgenden Formeln berechnet:

Geräuschklasse HM – mittel- bis hochfrequent:

$L'_{EX,8h} = L_{EX,8h} - (M - K_s)$

mit

$L'_{EX,8h}$ ist der Restschallpegel in dB(A)

$L_{EX,8h}$ ist der Tages-Lärmexpositionspegel in dB(A)

M ist der Dämmwert für mittlere Frequenzen in dB

K_s ist der Praxiskorrekturwert in dB

Geräuschklasse L – überwiegend tieffrequent:

$L'_{EX,8h} = L_{EX,8h} - (L - K_s)$

mit

$L'_{EX,8h}$ ist der Restschallpegel in dB(A)

$L_{EX,8h}$ ist der Tages-Lärmexpositionspegel in dB(A)

L ist der Dämmwert für tiefe Frequenzen in dB

K_s ist der Praxiskorrekturwert in dB

(6) Für Spitzenschalldruckpegel gilt ein analoges Verfahren: Der am Ohr wirksame Restspitzenschallpegel $L'_{pC,peak}$ darf den Wert des Spitzenschalldruckpegels in Höhe von 137 dB(C) nicht überschreiten.

Geräuschklasse HM – mittel- bis hochfrequent:

$L'_{pC,peak} = L_{pC,peak} - (M - K_s)$ mit

$L'_{pC,peak}$ ist der Restspitzenschallpegel in dB(C)

$L_{pC,peak}$ ist der Spitzenschalldruckpegel in dB(C)

M ist der Dämmwert für mittlere Frequenzen in dB

K_s ist der Praxiskorrekturwert in dB

Geräuschklasse L – überwiegend tieffrequent:

$L'_{pC,peak} = L_{pC,peak} - (L - K_s - 5\text{ dB})$ mit

$L'_{pC,peak}$ ist der Restspitzenschallpegel in dB(C)

$L_{pC,peak}$ ist der Spitzenschalldruckpegel in dB(C)

L ist der Dämmwert für tiefe Frequenzen in dB

K_s ist der Praxiskorrekturwert in dB

6.3.3 Qualifizierte Unterweisung und Benutzung von Gehörschutz bei sehr hoher Lärmexposition

(1) Die Einhaltung der maximal zulässigen Expositionswerte ist auch an Arbeitsplätzen mit sehr hoher Lärmexposition durch Benutzung von geeignetem Gehörschutz sicherzustellen. An solchen Arbeitsplätzen besteht jedoch die Gefahr, dass sich die maximal zulässigen Expositionswerte mit den auf dem Markt erhältlichen Gehörschützern unter Berücksichtigung der Praxisabschläge (Praxiskorrekturwert) nicht einhalten lassen.

(2) Um in diesen Fällen einen ausreichenden Schutz unter Verwendung von Gehörschutz sicherzustellen, ist eine qualifizierte Unterweisung zur Benutzung des Gehörschutzes durchzuführen. Dieses Verfahren ist verbunden mit regelmäßigen Unterweisungen, die praktische Handhabungsübungen einschließen, was entsprechend zu dokumentieren ist. Unter diesen Voraussetzungen kann davon ausgegangen werden, dass die Schalldämmwerte der Laborprüfung in der Praxis erreicht werden.

(3) Zur Überprüfung der Einhaltung der maximal zulässigen Expositionswerte können in solchen Fällen die aus der Laborprüfung ermittelten Schalldämmwerte des Gehörschutzes (Herstellerangaben) ohne Berücksichtigung von Praxisabschlägen angesetzt werden, so dass sich entsprechend niedrigere Werte für den am Ohr unter dem Gehörschutz wirksamen Schalldruckpegel ergeben.

(4) Unabhängig von der Gehörschutz-Auswahlmethode sind an Arbeitsplätzen oder bei persönlicher Exposition ab einem Tages-Lärmexpositionspegel von $L_{EX,8h}$ = 110 dB(A) besondere Schutzmaßnahmen erforderlich, die eine qualifizierte Unterweisung und Benutzung von Gehörschutz einschließen.

6.3.4 Überprotektion

(1) Eine zu hohe Schalldämmung kann zur Überprotektion führen, mit der Folge, dass Gefahrensignale und Orientierungsgeräusche nicht mehr gehört werden können und die Sprachkommunikation unmöglich wird. Die Überprotektion ist deshalb zu vermeiden. Die Auswahl erfolgt so, dass der Restschallpegel am Ohr im Bereich von 70 dB(A) bis 80 dB(A) liegt.

(2) Im Einzelfall kann eine hohe Schalldämmung als angenehm empfunden werden. Ist dabei die Gefahr des Überhörens von Gefahrensignalen aus-

geschlossen, können auch eine höhere Schalldämmung und damit ein geringerer Restschallpegel am Ohr angemessen sein.

6.3.5 Anforderungen aus anderen Rechtsbereichen

Die Auswahl von Gehörschutz für bestimmte Tätigkeiten kann auch anderen rechtlichen Bestimmungen unterliegen. Zum Beispiel sind bei der Teilnahme am öffentlichen Straßenverkehr besondere Anforderungen zu berücksichtigen. Weiterführende Informationen sind z. B. der DGUV Information 212-673 „Empfehlungen zur Benutzung von Gehörschützern durch Fahrzeugführer bei der Teilnahme am öffentlichen Straßenverkehr" (bisher BGI 673) [3] sowie der VBG-Veröffentlichung „Lärmschutzmaßnahmen für Triebfahrzeugführer und Lokrangierführer" (bisher BGI/GUV-I 5147) [4] zu entnehmen.

6.4 Gehörschutz-Tragepflicht

(1) Der Arbeitgeber hat nach § 8 Absatz 3 LärmVibrationsArbSchV dafür Sorge zu tragen, dass die Beschäftigten den persönlichen Gehörschutz bestimmungsgemäß verwenden.

(2) Bei Erreichung oder Überschreitung eines der oberen Auslösewerte ($L_{EX,8h}$ = 85 dB(A) beziehungsweise $L_{pC,peak}$ = 137 dB(C)) ist die Einhaltung der Gehörschutz-Tragepflicht der Beschäftigten durch den Arbeitgeber sicherzustellen und zu kontrollieren.

(3) Für Baustellenarbeitsplätze sind in Anlage 2 laute Arbeitsverfahren genannt, bei denen von einer Überschreitung der oberen Auslösewerte auszugehen ist.

6.5 Überprüfung des ausgewählten persönlichen Gehörschutzes

(1) Der Arbeitgeber hat in regelmäßigen Abständen in Abhängigkeit von den Einsatzbedingungen Sichtprüfungen der Gehörschützer und der Tragegewohnheiten durchzuführen. Diese Sichtprüfungen sind mindestens jährlich durchzuführen, bei besonderen Einsatzbedingungen (z. B. Kälte, Feuchtigkeit, Staub) sind die Prüffristen zu verkürzen. Hierzu empfiehlt sich eine entsprechende Dokumentation. Die Prüfung bezieht sich insbesondere darauf, ob

- der Gehörschutz während der gesamten Lärmexposition benutzt wird,
- der Gehörschutz beschädigt ist,
- der Gehörschutz falsch benutzt wird.

(2) Für Gehörschutzstöpsel existieren Messverfahren zur Bestimmung der individuellen Schalldämmung. Sie können zum Training oder im Rahmen der Beratung bei der arbeitsmedizinischen Vorsorge zum Einsatz kommen. Die Ergebnisse erlauben die Beurteilung, ob der Gehörschutz für die Beschäftigten passend ausgewählt wurde und von ihnen korrekt benutzt wird.

(3) Wiederverwendbare Gehörschützer müssen regelmäßig gewartet und gereinigt werden, um Hautreizungen und andere Ohrprobleme zu vermeiden. Von einer sachgemäßen Reinigung der Gehörschützer ist auszugehen, wenn die Reinigungshinweise entsprechend der Benutzerinformation des Herstellers berücksichtigt werden.

(4) Beschädigte Dichtungskissen oder Gehörschutz mit nicht mehr ausreichender Schutzwirkung sind unverzüglich auszutauschen.

6.6 Auswahl von Gehörschutz für besonders gefährdete Gruppen

(1) Besonders gefährdete Gruppen sind insbesondere Beschäftigte mit Einsatzeinschränkungen. Besonders bei Beschäftigten mit Hörminderung stehen zunächst technische oder organisatorische Maßnahmen im Vordergrund. Darüber hinaus darf ein bereits geschädigtes Gehör nicht weiter durch Lärm belastet werden, um eine Verschlimmerung zu vermeiden.

(2) Für die Auswahl von Gehörschützern für Personen mit bestehendem Innenohrschaden (Hörminderung mit audiometrisch nachweisbaren Merkmalen eines Haarzellschadens, die bei 3 kHz 40 dB überschreitet) sind daher folgende Kriterien besonders wichtig:

- Die Schalldämmung muss auch in der betrieblichen Praxis sicher gewährleistet sein.
- Die ohnehin verringerte Sprach- und Signalverständlichkeit sowie das verringerte Richtungshören dürfen zusätzlich so wenig wie möglich beeinträchtigt werden. Daher sind Gehörschutzstöpsel zu bevorzu-

gen, die ein möglichst gewohntes Hören ermöglichen (Gehörschutzstöpsel mit flacher Dämmcharakteristik).

- Notwendige Gefahrensignale und andere Signale müssen sicher gehört werden können. Im Einzelfall können auch Gehörschützer mit pegelabhängiger Dämmung geeignet sein. Die Wahrnehmbarkeit ist durch Hörproben festzustellen.
- Unverträglichkeit gegenüber Stöpseln oder Kapseln.
- Es müssen geeignete Trageversuche durchgeführt werden.
- Ärztliche Hinweise sind zu beachten.

(3) Von Personen mit anerkanntem Innenohrschaden ist der Gehörschutz konsequent ab einem Tages-Lärmexpositionspegel von 80 dB(A) zu benutzen.

7 Das Lärmminderungsprogramm bei Überschreiten einer der oberen Auslösewerte

7.1 Allgemeines

(1) Der Arbeitgeber ist verpflichtet, ein Lärmminderungsprogramm aufzustellen und durchzuführen, wenn der Tages-Lärmexpositionspegel $L_{EX,8h}$ den Wert von 85 dB(A) bzw. der Spitzenschalldruckpegel $L_{pC,peak}$ den Wert von 137 dB(C) überschreitet (Abbildung 1).

(2) Ziel des Lärmminderungsprogramms ist die Reduzierung der Lärmexposition an bestehenden Arbeitsplätzen, die Anpassung der Arbeitsbedingungen an den Stand der Technik und die Minimierung der Lärmgefährdung der Beschäftigten.

(3) Bei wesentlichen Änderungen am Arbeitsplatz ist zu prüfen, ob das Lärmminderungsprogramm unter Berücksichtigung der Weiterentwicklung des Standes der Technik angepasst werden muss. Ein Lärmminderungsprogramm ist solange durchzuführen, bis die oberen Auslösewerte nicht mehr überschritten werden.

(4) Ausgehend von der Gefährdungsbeurteilung wird das Lärmminderungsprogramm aufgestellt und durchgeführt (Abbildung 2).

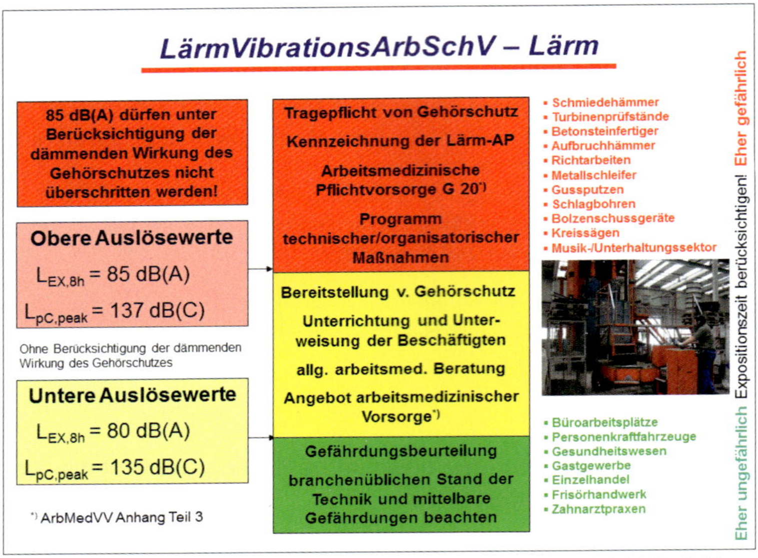

Abb. 1: Übersicht Maßnahmen gem. Ampelmodell nach LärmVibrationsArbSchV – Teil Lärm

Arbeitsschritte eines Lärmminderungsprogramms
Ermittlung der Lärmschwerpunkte
Vergleich mit dem Stand der Technik
Ursachenanalyse
Auswahl geeigneter Lärmminderungsmaßnahmen nach Stand der Technik
Lärmminderungsprognose
Erstellung des Lärmminderungsprogramms mit Prioritätenliste und Zeitplan
Durchführung konkreter Maßnahmen
Wirksamkeitskontrolle

Abb. 2: Arbeitsschritte eines Lärmminderungsprogramms

7.2 Ermittlung der Lärmschwerpunkte

(1) Für eine gezielte und effektive Vorgehensweise ist es zweckmäßig, im ersten Schritt der Aufstellung eines Lärmminderungsprogramms zunächst festzustellen, in welchen Bereichen und an welchen Maschinen Lärmminderungsmaßnahmen vordringlich sind. Dabei kann man sich in der Regel auf die im Rahmen der Ermittlung von Lärmbereichen gewonnenen Ergebnisse stützen. Einen guten Überblick gibt die Schallpegeltopographie (Abbildung 3). Zur genaueren Eingrenzung der wesentlichen lärmerzeugenden Maschinen dürften dann in der Regel wenige zusätzliche Messungen ausreichen.

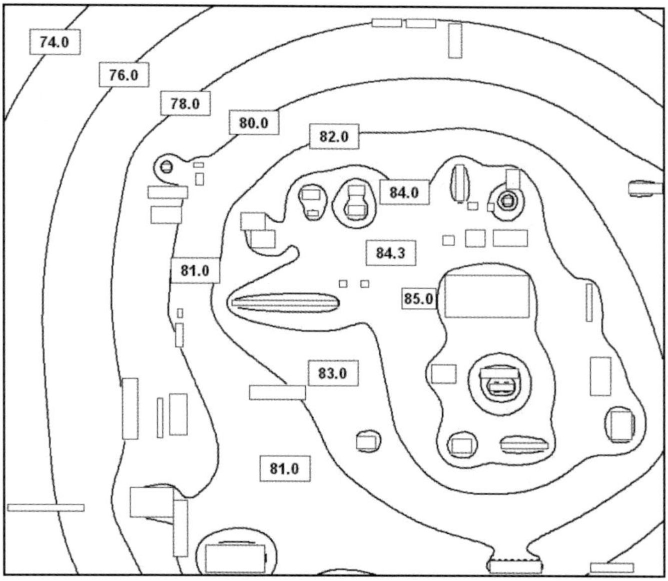

Abb. 3: Beispiel für eine Schallpegeltopographie mit Angabe der Schalldruckpegelverteilung (Quelle: IFA – Institut für Arbeitsschutz der DGUV)

(2) Um die Geräuschanteile der einzelnen Maschinen an der Lärmexposition eines Beschäftigten an einem Arbeitsplatz genauer zu quantifizieren und die durch einzelne Lärmminderungsmaßnahmen erreichbaren Erfolge ermitteln zu können, kann man die Geräusche der verschiedenen Maschinen an dem jeweils betrachteten Einwirkungsort separat erfassen,

indem man die einzelnen Maschinen abschaltet. In Fällen, in denen dies nicht möglich ist, müssen die Schallleistungspegel der einzelnen Maschinen messtechnisch erfasst und eine Lärmprognose durchgeführt werden. Geeignete Mess- und Berechnungsverfahren werden in Normen beschrieben.

(3) Liegen die Schallleistungspegel der einzelnen Maschinen schon vor, können unter der Berücksichtigung der raumakustischen Eigenschaften der Arbeitsstätte die Schalldruckpegelverteilung (Topographie) für den Raum berechnet sowie Lärmminderungserfolge durch Maßnahmen an einzelnen Maschinen prognostiziert werden.

7.3 Vergleich mit dem Stand der Lärmminderungstechnik

(1) Nach der LärmVibrationsArbSchV ist die Einhaltung des Standes der Technik erforderlich. Deshalb ist zu klären, ob die für die Lärmbelastung relevanten Maschinen und Werkzeuge sowie die Raumakustik dem Stand der Lärmminderungstechnik entsprechen.

Bemerkung:
Der Stand der Technik ist nach § 2 Absatz 7 LärmVibrationsArbSchV definiert als „der Entwicklungsstand fortschrittlicher Verfahren, Einrichtungen oder Betriebsweisen, der die praktische Eignung einer Maßnahme zum Schutz der Gesundheit und zur Sicherheit der Beschäftigten gesichert erscheinen lässt. Bei der Bestimmung des Standes der Technik sind insbesondere vergleichbare Verfahren, Einrichtungen oder Betriebsweisen heranzuziehen, die mit Erfolg in der Praxis erprobt worden sind. Gleiches gilt für die Anforderungen an die Arbeitsmedizin und die Arbeitshygiene.“

(2) Dabei sind insbesondere vergleichbare Verfahren, Einrichtungen oder Betriebsweisen heranzuziehen, die mit Erfolg in der Praxis erprobt worden sind.

(3) Zur Beurteilung der Geräuschemission von Arbeitsmitteln werden in der Regel die Geräuschemissionskennwerte wie der Schallleistungspegel oder der Emissions-Schalldruckpegel am Arbeitsplatz herangezogen.

(4) Um den aktuellen Stand der Lärmminderungstechnik für Maschinen einer bestimmten Art zu ermitteln, bedarf es genau genommen der Erfassung der Geräuschemission einer repräsentativen Auswahl der jeweiligen Maschinengruppe. Dabei sind die Geräuschemissionsdaten in Abhängigkeit

von bestimmten Leistungsparametern, z. B. Nennleistung, Nenndrehzahl oder Gewicht, systematisch auszuwerten. Erfahrungsgemäß können die von unterschiedlichen Herstellern angebotenen Maschinen einer Art und in derselben Leistungsklasse bei vergleichbaren Betriebsbedingungen um 5 bis 20 dB(A) abweichende Geräuschemissionen aufweisen. Die gezielte Auswahl einer leisen Maschine kann sich deshalb ganz wesentlich auf die Lärmsituation an den entsprechenden Arbeitsplätzen auswirken. Maschinen mit im Vergleich geringeren Geräuschemissionswerten führen zu niedrigeren Lärmexpositionspegeln der Beschäftigten.

(5) Eine in der Praxis anwendbare Regel besagt, dass die Anforderungen an den Stand der Lärmminderungstechnik bei der Beschaffung neuer Arbeitsmittel als erfüllt gelten, wenn der Emissions-Schalldruckpegel am Arbeitsplatz der Maschine oder der 1 m-Messflächenschalldruckpegel den Wert von 70 dB(A) unterschreitet. Diese Anforderung bedeutet, dass sich an den entsprechenden Arbeitsplätzen bei Überlagerung mehrerer entsprechender Lärmquellen und Schallreflexion an den Raumbegrenzungsflächen in der Regel ein Schalldruckpegel von weniger als 80 dB(A) ergibt.

(6) Für verschiedene Arbeitsmittel kann der Stand der Lärmminderungstechnik auch durch die Beschreibung des prinzipiellen Aufbaus oder konstruktiver Details eines Bauteiles oder eines Werkzeuges definiert werden. Das kann z. B. in maschinenspezifischen Normen festgelegt sein. Informationsschriften mit Beispielen für weitere Lösungen sind in Abschnitt 8 Literaturhinweise zusammengestellt.

7.4 Ursachenanalyse

(1) Die Analyse der Ursachen und Auswirkungen von Lärm konzentriert sich vorrangig auf die identifizierten Lärmschwerpunkte. Ursachenanalyse bedeutet hier die Lokalisierung der dominierenden Geräuschquellen an den entsprechenden Anlagen und Maschinen und die Untersuchung der Ursachen der Geräuschentstehung.

(2) Auf eine entsprechende Analyse kann man ggf. verzichten, wenn man sich gleich für eine Kapselung der gesamten Maschine oder einen Ersatz der Maschine durch eine neue, leisere Maschine entscheidet und damit die erforderliche Pegelminderung erreicht wird. Außerdem liegen für viele Maschinenarten bereits entsprechende in der Literatur beschrie-

bene Untersuchungsergebnisse vor, auf die man ggf. zurückgreifen kann. In vielen Fällen sind dem Maschinenhersteller die Hauptgeräuschquellen und Geräuschursachen bereits bekannt und er kann hier möglicherweise geeignete Lärmminderungsmaßnahmen anbieten.

(3) Neben den Geräuschursachen an den Maschinen und Anlagen selbst kann auch eine ungünstige raumakustische Situation (starke Schallreflexionen) eine Geräuschursache sein, die es im Rahmen der Ursachenanalyse zu untersuchen gilt.

(4) Die Durchführung der Messungen und Untersuchungen im Rahmen der Ursachenanalyse erfordert ggf. den Einsatz aufwändiger Messgeräte für Luftschall- und Körperschallanalysen, Schallintensitätsmessungen oder Rechenprogramme, über die nur entsprechend spezialisierte Fachfirmen, Ingenieurbüros und Institute verfügen, sodass der betroffene Betrieb bei diesem Schritt auf externe Berater angewiesen sein kann.

7.5 Auswahl und Beschreibung geeigneter Lärmminderungsmaßnahmen

7.5.1 Allgemeines

In Anlehnung an DIN EN ISO 11690-2 kann man folgende grundlegenden Lärmminderungsmöglichkeiten unterscheiden:

- Maßnahmen an der Quelle,
- Maßnahmen auf dem Übertragungsweg,
- organisatorische Maßnahmen.

7.5.2 Maßnahmen an der Quelle

(1) Unter den Maßnahmen an der Quelle werden konstruktive Lärmminderungsmaßnahmen verstanden, die sich unmittelbar auf die Schallentstehung, -übertragung oder -abstrahlung einer Geräuschquelle (z. B. Maschine) auswirken. Solche Maßnahmen sind oft besonders wirksam und wirtschaftlich, da sich an der Stelle der Schallentstehung ggf. schon mit kleinen Änderungen große Pegelminderungen erreichen lassen. Dabei kann man die in der folgenden Tabelle 5 zusammengestellten Prinzipien für konstruktive Lärmminderungsmaßnahmen unterscheiden:

Tab. 5: Gliederung von konstruktiven Lärmminderungsmaßnahmen

Mechanisch angeregte Geräusche	– Minderung oder zeitliche Dehnung der Krafteinwirkung – Versteifung der Struktur im Kraftfluss – Minderung der Körperschallübertragung – Beeinflussen der Schallabstrahlung
Strömungsmechanische Geräusche	– Vermeidung von Turbulenzen – Minderung von Druckschwankungen

(2) Die Realisierung derartiger Maßnahmen an einer Maschine wird durch eine enge Zusammenarbeit mit dem Hersteller erleichtert. Weitere Hinweise zur Lärmminderung an der Quelle (Maschinen, Anlagen) finden sich in der DIN EN ISO 11688 Teil 1.

(3) Zu den Maßnahmen an der Quelle gehören auch Wartungs- und Instandhaltungsarbeiten, da sich der Pflegezustand einer Maschine auf die Geräuschemission auswirken kann (z. B. schlechte Schmierung, ausgeschlagene Lager, undichte Kapseln und Türen). So bedürfen ggf. vorhandene Schallschutzeinrichtungen, wie Kapseln und Schalldämpfer, einer regelmäßigen Überprüfung.

(4) Zu den Maßnahmen an der Quelle gehören auch der Austausch einer alten Maschine gegen eine neue lärmarme Maschine und der Einsatz alternativer lärmarmer Arbeitsverfahren (siehe Abschnitt 5). Der Ersatz einer Maschine ist vor allem dann zu überlegen, wenn an der alten Maschine relativ kostenaufwändige Lärmminderungsmaßnahmen erforderlich sind oder keine geeigneten Lärmminderungsmöglichkeiten gesehen werden.

7.5.3 Maßnahmen auf dem Übertragungsweg

(1) Unter den Maßnahmen auf dem Übertragungsweg sind alle Lärmminderungsmaßnahmen zu verstehen, die die Schallübertragung in die Umgebung durch einen Eingriff in den Schallausbreitungsweg verringern. Dazu gehören Maßnahmen, wie

- Körperschallisolierung, z. B. durch Aufstellung einer Maschine auf Schwingelementen,
- Kapselung einer Maschine,
- Einsatz von Schalldämpfern, z. B. bei Schallausbreitung in Kanälen,
- Abschirmung durch Stellwände,

- schallabsorbierende Gestaltung von Raumbegrenzungsflächen (raumakustische Maßnahmen),
- Schallschutzkabine, z. B. Maschinenkontrollstand oder Meisterbüro.

(2) Derartige Maßnahmen können im Vergleich zu den zuvor erläuterten primären Maßnahmen mit höheren Kosten verbunden sein, z. B. bei einer schallabsorbierenden Nachrüstung eines bestehenden Raumes.

7.5.4 Organisatorische Maßnahmen

(1) Unter organisatorischen Lärmminderungsmaßnahmen sind raum- oder zeitorganisatorische Änderungen zu verstehen, die zu einer geringeren Lärmexposition der Beschäftigten führen. Entsprechende Maßnahmen sind z. B. die Verlagerung lärmintensiver Arbeiten (z. B. Richtarbeiten) oder der Betrieb besonders lauter Maschinen in einem separaten Raum (z. B. Scheuertrommel in einer Gießerei). Zeitorganisatorische Maßnahmen sind z. B. die Verlegung lauter Arbeitsprozesse in personalarme Schichten oder die Koordination von lärmintensiven und lärmarmen temporären Arbeitsplätzen (z. B. Baustellenkreissägen nicht vor reflexionsstarken Wänden platzieren oder Stemmarbeiten nicht zeitgleich neben Spachtelarbeiten durchführen lassen).

(2) Die zuvor erläuterten technischen Lärmminderungsmaßnahmen haben Vorrang vor organisatorischen Maßnahmen. Grundsätzlich empfiehlt es sich, im Rahmen der Aufstellung eines Lärmminderungsprogramms zunächst alle denkbaren Lärmminderungsmöglichkeiten und Alternativen aufzunehmen, um daraus später bei der Festlegung der Prioritäten die am besten geeigneten Maßnahmen des Arbeitsschutzes auswählen zu können.

7.6 Lärmminderungsprognose

(1) Die Lärmminderungsprognose ist die Voraussage der durch Realisierung von einzelnen Lärmminderungsmaßnahmen an den Arbeitsplätzen erreichbaren Reduzierung der Lärmexposition. Dabei müssen neben der ggf. an einer Maschine oder Lärmquelle zu erwartenden Minderung der Schallemission auch andere Einflussgrößen, wie der Abstand des betrachteten Arbeitsplatzes zur Schallquelle, die Schallausbreitungsverhältnisse und die Dauer der Einwirkung Berücksichtigung finden.

(2) In vielen Fällen ist durch eine Lärmminderungsmaßnahme an einer einzelnen Maschine oder Lärmquelle nur eine begrenzte Minderung des Lärmexpositionspegels erreichbar, z. B. weil sich die Lärmbelastung aus der Schalleinwirkung von verschiedenen Maschinen bzw. Lärmquellen zusammensetzt oder die Maßnahme nur innerhalb bestimmter Zeiträume wirksam ist (Maschine wird nur zeitweise betrieben oder Kapsel muss zeitweise geöffnet werden).

(3) Um Fehlinvestitionen zu vermeiden, empfiehlt es sich, vor der Durchführung von aufwändigen Schallschutzmaßnahmen eine sorgfältige Lärmminderungsprognose zu erarbeiten. Die Durchführung von Lärmminderungsprognosen erfordert entsprechenden Sachverstand und erfolgt z. B. mit Hilfe einer dem Stand der Technik entsprechenden Software.

(4) Die entsprechenden Berechnungen ermöglichen darüber hinaus auch eine Prognose, wie sich die Lärmminderungsmaßnahmen an einzelnen Lärmquellen bzw. Maschinen auf die Lärmsituation in dem Raum auswirken.

(5) In welcher Form und mit welchem Aufwand die Lärmminderungsprognose erstellt wird, ist in jedem Einzelfall zu entscheiden. Generell sollten jedoch die Aufwendungen für die Erstellung der Lärmminderungsprognose auf der einen Seite und für die Realisierung der Lärmminderungsmaßnahmen auf der anderen Seite in einer sinnvollen Relation zueinander stehen.

7.7 Prioritätenliste, Zeitplan und Wirksamkeitskontrolle

(1) Bei der Auswahl der Lärmminderungsmaßnahmen und der Festlegung der Prioritäten, d. h. der Rangfolge für die Durchführung der Maßnahmen des Arbeitsschutzes, sind verschiedene Aspekte zu berücksichtigen.

(2) Wichtigster Gesichtspunkt im Sinne der LärmVibrationsArbSchV ist dabei die Höhe der Lärmexposition. So empfiehlt es sich, zunächst an den Arbeitsplätzen mit den höchsten Lärmexpositionspegeln anzusetzen, um die damit verbundene große Gefährdung der Beschäftigten zu vermeiden oder zumindest zu verringern. Weitere Kriterien für die Auswahl von Lärmminderungsmaßnahmen und die Festlegung der Prioritäten können die erreichbaren Lärmminderungserfolge und die Anzahl der davon betroffenen Beschäftigten sein.

(3) In regelmäßigen Abständen ist jeweils eine Wirksamkeitskontrolle zu den vorgesehenen und bis zum Stichtag jeweils umgesetzten Lärmminderungsmaßnahmen durchzuführen. Über eine Statusdokumentation mit Begründungen für die ggf. noch nicht umgesetzten Maßnahmen ist das Lärmminderungsprogramm dann jeweils zu aktualisieren und mit angepassten Prioritäten und neuer Zeitplanung fortzuschreiben.

(4) Grundsätzlich gilt, dass das Lärmminderungsprogramm solange durchzuführen ist, bis die oberen Auslösewerte nicht mehr überschritten werden.

8 Literaturhinweise

[1] Normenreihe DIN EN 352: Gehörschützer – Allgemeine Anforderungen – Teil 1 bis Teil 3, – Sicherheitstechnische Anforderungen und Prüfungen – Teil 4 bis Teil 8

[2] DIN EN 458:2016-07: Gehörschützer – Empfehlungen für Auswahl, Einsatz, Pflege und Instandhaltung – Leitfaden; Deutsche Fassung EN 458:2016

[3] Empfehlungen zur Benutzung von Gehörschützern durch Fahrzeugführer bei der Teilnahme am öffentlichen Straßenverkehr, DGUV Information 212-673, DGUV, 2013

[4] Lärmschutzmaßnahmen für Triebfahrzeugführer und Lokrangierführer, VBG-Fachinformation, VBG, 2016

[5] DIN EN ISO 3382-2:2008-09: Akustik – Messung von Parametern der Raumakustik – Teil 2: Nachhallzeit in gewöhnlichen Räumen (ISO 3382-2:2008); Deutsche Fassung EN ISO 3382-2:2008

[6] DIN EN ISO 3740:2001-03: Akustik – Bestimmung des Schallleistungspegels von Geräuschquellen – Leitlinien zur Anwendung der Grundnormen (ISO 3740:2000); Deutsche Fassung EN ISO 3740:2000

[7] DIN EN ISO 4871:2009-11: Akustik – Angabe und Nachprüfung von Geräuschemissionswerten von Maschinen und Geräten (ISO 4871:1996); Deutsche Fassung EN ISO 4871:2009

[8] DIN EN ISO 11200:2014-10: Akustik – Geräuschabstrahlung von Maschinen und Geräten – Leitlinien zur Anwendung der Grundnormen zur

Bestimmung von Emissions-Schalldruckpegeln am Arbeitsplatz und an anderen festgelegten Orten (ISO 11200:2014); Deutsche Fassung EN ISO 11200:2014

[9] DIN EN ISO 11688-1:2009-11: Akustik – Richtlinien für die Gestaltung lärmarmer Maschinen und Geräte – Teil 1: Planung (ISO/TR 11688-1:1995); Deutsche Fassung EN ISO 11688-1:2009

[10] DIN EN ISO 11688-2:2001-03: Akustik – Richtlinien für die Gestaltung lärmarmer Maschinen und Geräte – Teil 2: Einführung in die Physik der Lärmminderung durch konstruktive Maßnahmen (ISO/TR 11688-2:1998); Deutsche Fassung EN ISO 11688-2:2000

[11] DIN EN ISO 11689:1997-03: Akustik – Vorgehensweise für den Vergleich von Geräuschemissionswerten für Maschinen und Geräte (ISO 11689:1996); Deutsche Fassung EN ISO 11689:1996

[12] DIN EN ISO 11690-1:1997-02: Akustik – Richtlinien für die Gestaltung lärmarmer maschinenbestückter Arbeitsstätten – Teil 1: Allgemeine Grundlagen (ISO 11690-1:1996); Deutsche Fassung EN ISO 11690-1:1996

[13] DIN EN ISO 11690-2:1997-02: Akustik – Richtlinien für die Gestaltung lärmarmer maschinenbestückter Arbeitsstätten – Teil 2: Lärmminderungsmaßnahmen (ISO 11690-2:1996); Deutsche Fassung EN ISO 11690-2:1996

[14] DIN EN ISO 11690-3:1999-01: Akustik – Richtlinien für die Gestaltung lärmarmer maschinenbestückter Arbeitsstätten – Teil 3: Schallausbreitung und -vorausberechnung in Arbeitsräumen (ISO/TR 11690-3:1997); Deutsche Fassung EN ISO 11690-3:1998

[15] DIN EN ISO 14257:2011-11: Akustik – Messung und Parametrisierung der Schallausbreitungskurven in Arbeitsräumen zum Zweck der Beurteilung der akustischen Qualität (ISO 14257:2001); Deutsche Fassung EN ISO 14257:2001

[16] VDI 3760:1996-02: Berechnung und Messung der Schallausbreitung in Arbeitsräumen

[17] VDI-Handbuch Lärmminderung (VDI-ETS-Richtlinien, z. B. VDI 3752 Bl. 1: 1993-07 „Emissionskennwerte technischer Schallquellen; Werkzeugmaschinen; Pressen zum Schneiden von Blech (Schneidpressen)“, VDI 3743:2003-09 „Emissionskennwerte technischer Schallquellen – Pumpen; Kreiselpumpen“)

[18] Hertwig, R.; Maue J. H.: Geräuschminderung im Betrieb – Lärmminderungsprogramm. In: IFA-Handbuch Sicherheit und Gesundheitsschutz am Arbeitsplatz. Kennzahl 230 250, Lfg. 1 – VII/2009, 2. Auflage. Hrsg.: Institut für Arbeitsschutz der DGUV, Sankt Augustin. Erich Schmidt, Berlin 2003. Loseblatt-Ausgabe

[19] Gehörschutz, DGUV Information 212-024, DGUV, 2011

[20] Maßnahmen zur Minderung der Lärmgefährdung bei der Abfallsammlung, DGUV Information 214-058, DGUV, 2008

[21] IFA-Reports: Lärmbelastung an Baustellenarbeitsplätzen (www.dguv.de → z. B. unter Webcode d6387)

[22] IFA-Programm Software zur Auswahl von Gehörschützern, im Internet verfügbar unter www.dguv.de, Webcode d4785

[23] FB HM, SG FALV, Leise Maschinen – Auswahl und Beschaffung, DGUV-Information FB HM-013, Ausgabe 8/2010, Webcode d131683

[24] Raumakustik in industriellen Arbeitsräumen – Anforderungen, Grundlagen, Messverfahren, Maßnahmen, Lärmminderungserfolge, IFA-LSA-Blatt 01-234, Hrsg.: DGUV, 2014

[25] Geräuschgeminderte Diamanttrennscheiben, IFA-LSA-Blatt 02-375, Hrsg.: DGUV, 2015

[26] Hertwig, R.: Lärmminderung bei der Betonfertigteilherstellung. In: IFA-Handbuch Sicherheit und Gesundheitsschutz am Arbeitsplatz. Kennzahl 230 245, Lfg. 36 – XII/1999, 2. Auflage. Hrsg.: Institut für Arbeitsschutz der DGUV, Sankt Augustin. Erich Schmidt, Berlin 2003. Loseblatt-Ausgabe

[27] Fischer, S.; Hertwig, R.: Geräuschminderung bei der spanabhebenden Metallbearbeitung – Lärmgeminderte Schleifscheiben. In: IFA-Handbuch Sicherheit und Gesundheitsschutz am Arbeitsplatz. Kennzahl 230 243, Lfg. 36 – XII/1999, 2. Auflage. Hrsg.: Institut für Arbeitsschutz der DGUV, Sankt Augustin. Erich Schmidt, Berlin 2003. Loseblatt-Ausgabe

[28] Hertwig, R.: Geräuschgeminderte Sägeblätter für Holz, Kunststoff und Aluminium – Marktübersicht, Schalldruckpegel in Labor und Praxis. In: IFA-Handbuch Sicherheit und Gesundheitsschutz am Arbeitsplatz. Kennzahl 230 246, Lfg. 2 – XII/2012, 2. Auflage. Hrsg.: Institut für Arbeitsschutz der DGUV, Sankt Augustin. Erich Schmidt, Berlin 2003. Loseblatt-Ausgabe

[29] Schelle, F.: Geräuschgeminderte Druckluftdüsen – Ergebnisse aus Labormessungen, Hinweise zur Auswahl, Bezugsquellen. In: IFA-Handbuch Sicherheit und Gesundheitsschutz am Arbeitsplatz. Kennzahl 230 241, Lfg. 2 – XII/2016, 2. Auflage. Hrsg.: Institut für Arbeitsschutz der DGUV, Sankt Augustin. Erich Schmidt, Berlin 2003. Loseblatt-Ausgabe

[30] Dantscher, S.; Sickert, P.: Vergleich der Beurteilungskriterien für die individuelle Schalldämmung von Gehörschutz; Lärmbekämpfung Bd. 10 (2015) Nr. 2, S. 77-82

[31] Sickert, P.: Handlungsanleitung für audiometrische Verfahren zur Bestimmung der individuellen Schalldämmung von Gehörschutz; DAGA 2015. 41. Jahrestagung für Akustik „Fortschritte der Akustik“. 16.–19. März 2015, Nürnberg – Vortrag. CD-Rom, S. 1350-1353

Die Anlagen 1 bis 5 der TRLV Lärm Teil 3 sind zu finden unter https://shop.forum-verlag.com/beiblatt-3289-juni25. Oder scannen Sie hierfür nebenstehenden QR-Code.

TRLV Vibrationen
Teil 3: Vibrationsschutzmaßnahmen

Ausgabe: März 2015
GMBl 2015 S. 524 [Nr. 25/26]

1 Anwendungsbereich

(1) Die TRLV Vibrationen, Teil 3 „Vibrationsschutzmaßnahmen", beschreibt das Vorgehen bei der Festlegung von Schutzmaßnahmen nach dem Stand der Technik, wie es in der LärmVibrationsArbSchV gefordert ist. Die Dokumentation der Schutzmaßnahmen ist Teil der Gefährdungsbeurteilung (siehe auch TRLV Vibrationen, Teil 1 „Beurteilung der Gefährdung durch Vibrationen"). Ganzkörper-Vibrationen und Hand-Arm-Vibrationen sind getrennt zu betrachten.

(2) Unabhängig von den in dieser TRLV beschriebenen Vorgehensweisen sind von dem Arbeitgeber die Beschäftigten oder ihre Interessenvertretung, sofern diese vorhanden ist, aufgrund der einschlägigen Vorschriften zu beteiligen.

2 Begriffsbestimmungen

In dieser TRLV sind die Begriffe so verwendet, wie sie im Teil „Allgemeines" der TRLV Vibrationen definiert sind.

3 Ableitung von Vibrationsschutzmaßnahmen

Ausgangspunkt sind die in der Gefährdungsbeurteilung identifizierten Hauptvibrationsquellen und die von ihnen ausgehende Belastung (TRLV Vibrationen, Teil 1 „Beurteilung der Gefährdung durch Vibrationen"). Abbildung 1 beinhaltet ein Ablaufschema aller folgenden Schritte und die Tabelle 1 in der Anlage des Dokuments enthält einige Fragen, die in diesem Zusammenhang wichtig sind. In Abhängigkeit vom Tages-Vibrationsexpositionswert A(8) sind folgende drei Fälle nach dem Ampelmodell zu unterscheiden.

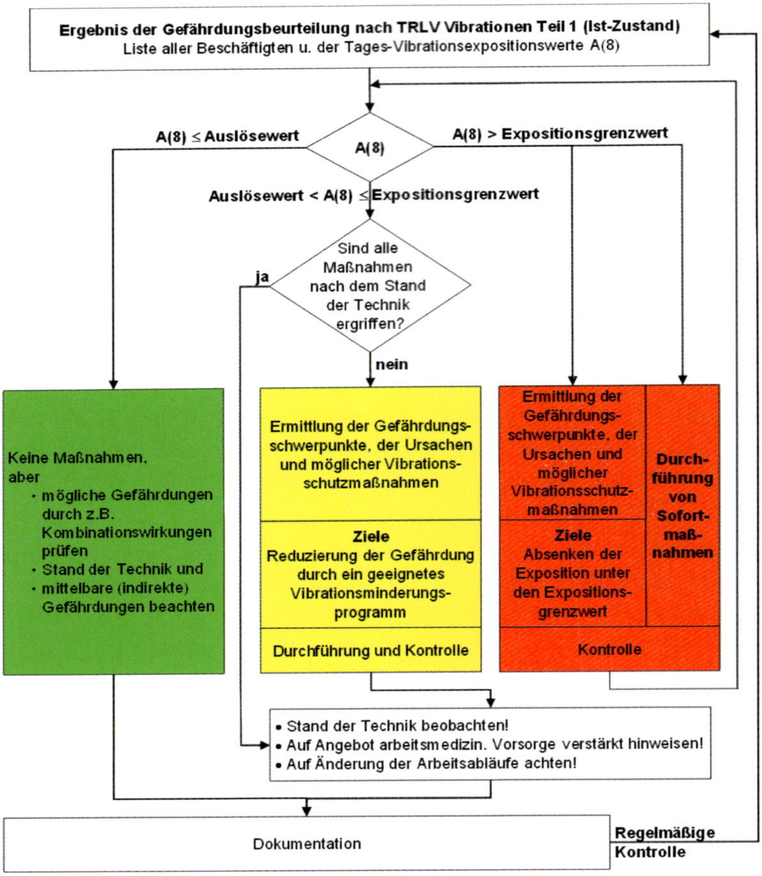

Abb. 1: Ablaufplan zur Auswahl und Durchführung von Schutzmaßnahmen

3.1 Ergebnis der Gefährdungsbeurteilung

3.1.1 Fall A: A(8) > Expositionsgrenzwert (roter Bereich)

Falls Expositionsgrenzwerte überschritten werden, müssen unverzüglich Sofortmaßnahmen ergriffen werden. Eine genaue Ursachenermittlung (Abschnitt 3.2) und die weitere Planung von Schutzmaßnahmen (Abschnitt 3.3) müssen dazu parallel erfolgen. Es ist zu kontrollieren, ob das Ziel erreicht wird, die Exposition unter den Expositionsgrenzwert abzusenken.

3.1.2 Fall B: Auslösewert < A(8) ≤ Expositionsgrenzwert (gelber Bereich)

(1) Befindet sich der Tages-Vibrationsexpositionswert A(8) zwischen den Auslöse- und Expositionsgrenzwerten, wird aus den zusammengetragenen möglichen Vibrationsschutzmaßnahmen ein schlüssiger Plan entworfen – das so genannte Vibrationsminderungsprogramm (Abschnitt 3.5). Darin sind zweckmäßigerweise Verantwortlichkeiten und Termine festzulegen und zu dokumentieren. Es umfasst alle betrieblichen Maßnahmen, die zur Vermeidung oder Verringerung der Gefährdung durch Vibrationen getroffen werden.

(2) Falls alle Schutzmaßnahmen nach dem Stand der Technik ergriffen worden sind, müssen keine weiteren Maßnahmen getroffen werden. Sollten Beschäftigte aber auf Dauer in diesem Bereich Vibrationen ausgesetzt sein, sind Gefährdungen wahrscheinlich und es ist so zu verfahren, wie im Abschnitt 3.5.2 beschrieben.

3.1.3 Fall C: A(8) ≤ Auslösewert (grüner Bereich)

Falls der Tages-Vibrationsexpositionswert A(8) die Auslösewerte unterschreitet, werden Maßnahmen nach der LärmVibrationsArbSchV nur in zwei Fällen ergriffen:

1. Gesundheitsgefährdende Wechsel- und Kombinationswirkungen (z. B. Kälte, ungünstige Körperhaltungen) erfordern weitere Maßnahmen des Arbeitsschutzes.
2. Beim Vorliegen mittelbarer Gefährdungen durch Vibrationsexpositionen, wie sie in TRLV Vibrationen, Teil 1 „Beurteilung der Gefährdung durch Vibrationen“, beschrieben sind.

§ 4 ArbSchG bleibt hiervon unberührt.

3.1.4 Schutzmaßnahmen allgemein

(1) In allen Fällen, in denen die Beurteilung der Vibrationsexposition ergeben hat, dass Schutzmaßnahmen zu ergreifen sind, wird zunächst eine Liste der Expositionsabschnitte nach Art, Ausmaß und Dauer der Vibrationsexposition erstellt.

(2) Dann wird eine weitere Liste von möglichen Schutzmaßnahmen aufgestellt (Tabelle 4 der Anlage).

(3) In einem weiteren Schritt werden je nach Höhe der Exposition Ziele für Schutzmaßnahmen formuliert (Abschnitt 3.3.1). Um diese zu erreichen, werden geeignete Maßnahmen des Arbeitsschutzes ausgewählt und in die Zielvorgaben aufgenommen. Die Maßnahmen werden mit Terminen und Verantwortlichkeiten versehen und dokumentiert sowie später dann ihr Erfolg kontrolliert.

(4) Danach ist eine Überprüfung der Schutzmaßnahmen bei Änderungen des Arbeitsablaufs nötig, etwa wenn

- Arbeitsmittel neu beschafft werden,
- Arbeitsverfahren neu eingeführt oder umgestaltet werden,
- die Überprüfung der Gefährdungsbeurteilung sich aufgrund der Ergebnisse der arbeitsmedizinischen Vorsorge als notwendig erweist.

3.2 Ursachenanalyse

(1) Die Analyse der Ursachen und Auswirkungen von Vibrationen baut auf der Gefährdungsbeurteilung auf. Die tägliche Exposition lässt sich meist in Expositionsabschnitte mit unterschiedlicher Gefährdung unterteilen. Diese Teilexpositionen entstehen durch die Benutzung unterschiedlicher Geräte oder durch unterschiedliche Einsatzbedingungen und Belastungszustände. Anhand einer Liste der Expositionsabschnitte (Teilexpositionen) lassen sich die Gefährdungsschwerpunkte nach Art, Ausmaß und Dauer erkennen, wenn diese nach ihrem Anteil an der Gesamtexposition geordnet werden.

(2) Wenn die Gefährdungsschwerpunkte bekannt sind, werden in einem nächsten Schritt bereits eingeleitete sowie weitere mögliche Schutzmaßnahmen aufgelistet. In den Tabellen 2 und 3 der Anlage sind beispielhaft Fragen aufgeführt, die auf Ursachen von Vibrationsbelastungen abzielen, verbunden mit Beispielen für entsprechende Schutzmaßnahmen. Die Maßnahmen sind daraufhin zu überprüfen,

- welchen Minderungserfolg sie versprechen (wenn möglich als erwartete Absenkung des A(8)),
- wie schnell sie sich umsetzen lassen,
- welcher Aufwand mit ihrer Umsetzung verbunden ist,

- welcher Art (technisch, organisatorisch) sie sind und
- für wie viele Beschäftigte sich die Gefährdungssituation verbessert.

(3) Ein Muster für die Liste der möglichen Schutzmaßnahmen befindet sich in Tabelle 4 der Anlage. Die Antworten auf diese Fragen werden je nach Arbeitsbedingungen unterschiedlich ausfallen.

Beide Aufstellungen bilden die Grundlage der folgenden Schritte.

3.3 Beschreibung des zu erreichenden Ziels der Vibrationsschutzmaßnahmen

Zur Formulierung des Ziels der Vibrationsschutzmaßnahmen und zu ihrer Durchführung enthält Tabelle 1 der Anlage einen Fragenkatalog, der diese Schritte unterstützt.

3.3.1 Formulierung der Ziele

(1) Die LärmVibrationsArbSchV sieht je nach Höhe der Exposition die folgenden Ziele für Vibrationsschutzmaßnahmen vor:

- **wenn A(8) > Expositionsgrenzwert (roter Bereich):**
  Unterschreiten des Expositionsgrenzwertes durch Sofortmaßnahmen
- **wenn Auslösewert < A(8) $\leq$ Expositionsgrenzwert (gelber Bereich):**
  Reduzierung der Gefährdung im Ergebnis eines Vibrationsminderungsprogramms (siehe Abschnitt 3.5)
- **wenn A(8) $\leq$ Auslösewert (grüner Bereich):**
  keine oder keine weiteren Maßnahmen erforderlich, aber
  - weitere Maßnahmen beim Vorliegen von gesundheitsgefährdenden Wechsel- und Kombinationswirkungen (z. B. Kälte, ungünstige Körperhaltungen),
  - falls mittelbare Gefährdungen vorliegen, sind diese durch geeignete Schutzmaßnahmen zu verringern.

(2) Bei der Festlegung der Ziele kommt dem Stand der Technik eine besondere Bedeutung zu. Maßnahmen zur Minderung der Gefährdung durch Vibrationen enthalten beispielhaft die Tabellen 2 und 3 der Anlage.

3.3.2 Auswahl der Maßnahmen

(1) Wenn die Ziele formuliert sind, werden anhand der Liste der Gefährdungsschwerpunkte und der möglichen Schutzmaßnahmen (Tabellen 2 und 3 der Anlage) konkrete Maßnahmen ausgewählt. Für ein Vibrationsminderungsprogramm sind diese zweckmäßigerweise mit Zeitplänen für ihre Durchführung und Kontrolle zu versehen (Abschnitt 3.3.3 und Tabelle 4 der Anlage).

(2) Bei der Auswahl der Schutzmaßnahmen ist Folgendes zu beachten:

- Die Gefährdung durch Vibrationen ist gemäß § 4 ArbSchG und § 10 LärmVibrationsArbSchV vorrangig durch Schutzmaßnahmen an der Quelle der Vibrationen zu reduzieren.
- Technische Maßnahmen werden vor allem durch den Vergleich mit dem Stand der Technik identifiziert, etwa die Möglichkeit des Einsetzens neuer Arbeitsmittel oder Nachrüstung vorhandener Arbeitsmittel. Technische Maßnahmen zur Nachrüstung von Arbeitsmitteln sind z. B. Austausch der Haltegriffe, Nachrüstung mit geeigneten Schwingsitzen oder Einbau von Dämmmatten.
- Den nach Art, Ausmaß und Dauer größten Expositionen (Gefährdungsschwerpunkten) wird durch Maßnahmen mit großem Minderungserfolg zuerst begegnet.
- Technische Maßnahmen haben die Priorität vor organisatorischen Maßnahmen.
- Kollektive Maßnahmen haben gemäß § 4 ArbSchG Vorrang vor individuellen.
- Wenn Sofortmaßnahmen die Exposition unter die Expositionsgrenzwerte absenken sollen, haben Maßnahmen, die sich schnell durchführen lassen, eine höhere Priorität.
- Es ist zu überprüfen, ob sich Arbeitsverfahren durch solche ersetzen lassen, die nicht oder nur in geringem Umfang mit Vibrationsbelastungen verbunden sind.
- Leicht umsetzbare Maßnahmen sind in jedem Fall durchzuführen (Einkaufspolitik, Wartung, Kontrolle der Betriebsbedingungen).

3.3.3 Durchführung und Kontrolle

Zeitpläne mit klar benannten Verantwortlichen und Erfolgskriterien, wie für ein Vibrationsminderungsprogramm nach bewährter Praxis üblich, sind auch in allen anderen Fällen zweckmäßig, um die Durchführung der Maßnahmen sicherzustellen. Der Erfolg der Maßnahmen ist zu überprüfen und das Ablaufschema in Abbildung 1 gegebenenfalls noch einmal durchlaufen.

3.4 Substitution

(1) Kann die Arbeitsaufgabe mit verschiedenen Arbeitsmitteln oder Arbeitsverfahren durchgeführt werden, hat das Arbeitsmittel bzw. das Arbeitsverfahren Vorrang, das die geringere Vibrationsbelastung verursacht. Das Ergebnis der Substitutionsprüfung ist in der Dokumentation der Gefährdungsbeurteilung festzuhalten.

(2) Dabei sind nicht nur Art, Ausmaß und tägliche Dauer der Vibrationen zu berücksichtigen, sondern auch die Gesamtdauer der Verwendung des Arbeitsmittels bzw. -verfahrens, das zur Erfüllung der Arbeitsaufgabe erforderlich ist. Eine leistungsärmere Maschine erzeugt beispielsweise bei gleichen Ankopplungskräften zwar einen geringeren Momentanwert, die Gesamtexpositionsdauer steigt jedoch oft so an, dass die Gesamtbelastung höher wird.

(3) Beispiele sind bereits im Abschnitt 4.3 der TRLV Vibrationen, Teil 1 „Beurteilung der Gefährdung durch Vibrationen“, aufgeführt.

3.5 Vibrationsminderungsprogramm

(1) Das Vibrationsminderungsprogramm hat das Ziel, die Exposition der Beschäftigten durch Vibrationen soweit zu reduzieren, dass der Stand der Technik erreicht ist oder die Tages-Vibrationsexpositionswerte unterhalb der Auslösewerte liegen. Dabei ist sicherzustellen, dass die Tages-Vibrationsexpositionswerte A(8) nicht die Expositionsgrenzwerte überschreiten.

(2) Es ist möglich, dass Tages-Vibrationsexpositionswerte A(8) auch auf lange Sicht über den Auslösewerten liegen, obwohl alle Schutzmaßnahmen getroffen worden sind. In diesem Fall ist regelmäßig zu überprüfen, ob der Stand der Technik nicht eine Verringerung der Gefährdung ermöglicht. Diese Überprüfung ist mindestens alle zwei Jahre durchzuführen. Im Rahmen der Unterweisung ist in diesen Fällen verstärkt auf das Angebot der arbeitsmedizinischen Vorsorge aufmerksam zu machen.

(3) Anhand der Aufstellungen für die Gefährdungsschwerpunkte und der möglichen Schutzmaßnahmen aus den Tabellen 2 und 3 der Anlage sind

anhand der Kriterien in Abschnitt 3.3.2 diejenigen Maßnahmen auszuwählen, die zum Erreichen des Ziels nötig sind.

(4) Das Vibrationsminderungsprogramm enthält zweckmäßigerweise zu jeder ausgewählten Maßnahme einen Zeitplan zur Umsetzung. Darin stehen neben Fristen für die Umsetzung die dafür Verantwortlichen, die Kriterien für Ergebniskontrollen und Kontrolltermine. Es umfasst somit die betrieblichen Maßnahmen des Arbeitsschutzes, die zur Vermeidung oder Verringerung der Gefährdung durch Vibrationen getroffen werden.

(5) Wenn die Zielvorgaben Angaben für die Minderung der Tages-Vibrationsexpositionswerte A(8) vorsehen, geschieht die Erfolgskontrolle durch statistisch gesicherte Ermittlung oder durch fachkundige Messungen.

(6) Um den Erfolg des Vibrationsminderungsprogramms zu erhöhen, bindet der Arbeitgeber die Beschäftigten eng in dessen Umsetzung ein.

(7) Wird bei den Wirksamkeitskontrollen festgestellt, dass die angestrebten Ziele nicht erreicht worden sind, werden weitere Schutzmaßnahmen in das Vibrationsminderungsprogramm aufgenommen. Dabei ist die Ermittlung der Gefährdungsschwerpunkte und unter Umständen auch die Gefährdungsbeurteilung an die geänderten Bedingungen anzupassen.

3.6 Verfügbarkeit und Wirksamkeit von persönlichen Schutzausrüstungen

Persönliche Schutzausrüstungen sind in der Rangfolge das letzte Mittel, das als Schutz gegen Gefährdungen am Arbeitsplatz eingesetzt werden kann. Sie sind nur dann als langfristige Schutzmaßnahme in Erwägung zu ziehen, wenn alle anderen Möglichkeiten ausgeschöpft worden sind.

3.6.1 Vibrations-Schutzhandschuhe

(1) Vibrations-Schutzhandschuhe, die auch mit der Bezeichnung „Antivibrations-Schutzhandschuhe“ verkauft werden, tragen das CE-Kennzeichen. Das sind z. B. Handschuhe, die die Anforderungen der DIN EN ISO 10819:2013-12 erfüllen.

(2) Die o. g. Prüfnorm gestattet keine Aussagen über die Reduzierung der Gefährdung bei der Verwendung in der Praxis. Daher sind die Schutzei-

genschaften der Vibrations-Schutzhandschuhe gemäß § 2 Absatz 1 der PSA-Benutzungsverordnung (PSA-BV) separat zu beurteilen.

(3) Bei Frequenzen unterhalb von 150 Hz (9 000 U/min.) bieten Vibrations-Schutzhandschuhe keine signifikante Risikoverringerung. Für die meisten kraftbetriebenen Handwerkzeuge bedeutet dies, dass die Reduzierung der frequenzbewerteten Beschleunigung durch Vibrations-Schutzhandschuhe vernachlässigt werden kann. Bei Werkzeugen, die mit hohen Drehzahlen arbeiten (oder Vibrationen in hohen Frequenzen produzieren) und mit einem nicht zu festen Griff gehalten werden, kann mit Vibrations-Schutzhandschuhen eventuell eine gewisse Verringerung der Vibrationsgefährdung erzielt werden. Als alleinige Schutzmaßnahme bei Hand-Arm-Vibrationen reichen Vibrations-Schutzhandschuhe nicht aus.

3.6.2 Vibrations-Schutzschuhe

In bisher durchgeführten Untersuchungen konnte keine Vibrationsminderung für übliche Vibrationen am Arbeitsplatz durch Schuhunterbau und Schuhsohle festgestellt werden. Die Prüfstelle für Schutzschuhe bestätigt nur die „schockabsorbierende" Wirkung der Absätze.

3.7 Schutz vor Kälte

(1) Eine niedrige Körpertemperatur erhöht das Risiko von kalten und steifen Fingern sowie allgemeiner Unterkühlung, verbunden mit einer höheren muskulären Steifigkeit aufgrund geringerer Durchblutung. Bei kalter und feuchter Witterung mindert bei Arbeiten im Freien eine wärmende und vor Nässe schützende Kleidung die Auskühlung. Handschuhe und weitere Kleidungsstücke sind auf ihren Sitz und ihre Wirksamkeit, den Körper und die Hände in der Arbeitsumgebung warm und trocken zu halten, zu prüfen.

(2) Bei Temperaturen von mindestens 17 °C an Arbeitsplätzen in Arbeitsräumen ist im Allgemeinen keine Spezialkleidung erforderlich. Es gilt, Maschinen zu vermeiden, die die Hände frieren lassen, z. B. Maschinen mit Stahlgehäuse oder pneumatische Werkzeuge, deren Abluft über die Hände des Bedieners streicht. Für Arbeiten im Freien gibt es Maschinen, so u. a. Kettensägen, mit heizbaren Griffen für warme Hände.

4 Literaturhinweise

[1] DIN V 45695:1996: Hand-Arm-Schwingungen – Leitfaden zur Verringerung der Gefährdung durch Schwingungen – Technische und organisatorische Maßnahmen (CR 1030-1:1995 + CR 1030-2:1995). Beuth Verlag, Berlin

[2] DIN V 45696-1:2006: Ganzkörper-Schwingungen – Leitfaden zur Verringerung der Gefährdung durch Schwingungen – Teil 1: Technische Maßnahmen durch die Gestaltung von Maschinen (CEN/TR 15172-1:2005). Beuth Verlag, Berlin

[3] DIN V 45696-2:2006: Ganzkörper-Schwingungen – Leitfaden zur Verringerung der Gefährdung durch Schwingungen – Teil 2: Organisatorische Maßnahmen am Arbeitsplatz (CEN/TR 15172-1:2005). Beuth Verlag, Berlin

[4] Handbuch Ganzkörper-Vibration: A 219, Bundesministerium für Arbeit und Soziales, Bonn, Juli 2007

[5] Handbuch Hand-Arm-Vibration: A 220, Bundesministerium für Arbeit und Soziales, Bonn, August 2007

[6] VDI 3831:2012: Schutzmaßnahmen gegen die Einwirkung mechanischer Schwingungen auf den Menschen

Die Anlage der TRLV Vibration Teil 3
ist zu finden unter
https://shop.forum-verlag.com/beiblatt-3289-juni25.
Oder scannen Sie hierfür nebenstehenden QR-Code.

Notizen

Notizen